中华经典名著

全本全注全译丛书

高华平 王齐洲 张三夕◎译注

韩非子

中華書局

图书在版编目(CIP)数据

韩非子/高华平,王齐洲,张三夕译注. —2 版. —北京:中华书局,2015.1(2025.4 重印)
(中华经典名著全本全注全译丛书)
ISBN 978-7-101-10702-9

Ⅰ.韩… Ⅱ.①高…②王…③张… Ⅲ.①法家②《韩非子》-注释③《韩非子》-译文 Ⅳ.B226.5

中国版本图书馆 CIP 数据核字(2015)第 012016 号

书　　名 韩非子
译 注 者 高华平　王齐洲　张三夕
丛 书 名 中华经典名著全本全注全译丛书
责任编辑 张彩梅
装帧设计 毛　淳
责任印制 陈丽娜
出版发行 中华书局
(北京市丰台区太平桥西里 38 号　100073)
http://www.zhbc.com.cn
E-mail:zhbc@zhbc.com.cn
印　　刷 北京中科印刷有限公司
版　　次 2010 年 6 月第 1 版
2015 年 1 月第 2 版
2025 年 4 月第 25 次印刷
规　　格 开本/880×1230 毫米　1/32
印张 24⅝　字数 450 千字
印　　数 266001-286000 册
国际书号 ISBN 978-7-101-10702-9
定　　价 54.00 元

目　录

前 言

韩非生年不详。根据《史记·老庄申韩列传》记载，韩非是韩国的宗族公子，“为人口吃，不能道说而善著书”。他曾与秦国的丞相李斯一同问学于荀子，李斯自以为不如韩非。韩非所处的时代是中国历史上诸侯争霸、战乱连绵的空前动荡时期，他目睹了韩国屡次败于秦国，损兵削地，国势日衰，便多次上书韩王，希望韩王变法图强，但韩王均不采纳。当时有一位叫堂谿公的人，劝韩非行礼辞让，修行藏智，以求身全名遂，而不要设法度以犯众怒，舍安途而行险道，但韩非表示提倡法治，乃是“利民萌便众庶之道也”，自己不会改变信念，便继续宣传自己的法家思想主张，并结合现实写下了《孤愤》、《说难》、《五蠹》、《内外储说》、《说林》等十余万言的著作。韩非的著述流传到秦国，秦王嬴政读后十分欣赏，说：“寡人得见此人与之游，死不恨矣！”李斯告诉秦王说：“此韩非之所著书也。”秦王马上进攻韩国索要韩非。韩非到了秦国，取得了秦王的信任，却招致了李斯的嫉妒。鉴于韩非到了秦国后曾上书秦王应先进攻赵国和齐国、暂缓进攻韩国，并揭发秦王的宠臣姚贾私交诸侯，李斯便联合姚贾一同陷害韩非，二人向秦王进谗言，诬陷韩非是韩国的奸细，“终为韩不为秦也”，留下韩非是个祸患，建议找借口“诛之”。秦王受蒙蔽，下令将韩非治罪。韩非想向秦王解释，但无法得见。李斯则派人给韩非送去毒药，逼迫韩非自杀。不久，秦王悔悟，派人去救韩非，但韩非已死于狱中。这一年是秦王嬴政十四年，即前233年。著名学者钱穆先生在《先秦诸子系年》中根据韩非和李斯同学于荀卿的史实，假定韩非与李斯年龄相当，推定韩非生于前281年，死时约四十八岁。现在学术界大多采用这一结论。

韩非的思想，《史记·老庄申韩列传》说他“喜刑名法术之学，而其归本于黄老”。这对韩非思想的基本特点和思想渊源均有所涉及。

韩非为先秦法家思想的集大成者，他的思想的基本特点就是要坚决而全面地推行法治。他在《问辩》篇中说：“明主之国，令者，言最贵者也；法者，事最适者也。言无二贵，法不两适，故言行而不轨于法令者必禁。”除法令之外不再有别的东西，可见这种法治的全面。而且，在韩非看来，封建国家的富强和诸侯霸业的完成，都必有赖于法治：

> 故明主之国，无书简之文，以法为教；无先王之语，以吏为师；无私剑之悍，以斩者为勇。是境内之民，其言谈者必轨于法，动作者归之于功，为勇者尽之于军。是故无事则国富，有事则兵强，此之谓王资。既蓄王资而承敌国之衅，超五帝侔三王者，必此法也。
>
> （《五蠹》）

韩非的法治思想继承并发展了战国以来早期法家特别是商鞅、慎到、申不害三人的法治思想，形成了一个法、术、势相结合的思想体系。

韩非是一位法治理论家，而不是一位法令的制订者。他认为立法权是君主所独操的，其他任何人不得染指，所以他也不可能去制定法令。他给“法”下的定义是：

> 法者，宪令著于官府，刑罚必于民心，赏存乎慎法，而罚加乎奸令者也。此臣之所师也。
>
> （《定法》）

> 法者，编著之图籍，设之于官府，而布之于百姓者也……故法莫如显，而术不欲见。

(《难三》)

这里,韩非讲的是用文字详细规定的成文法。它由政府颁布和保存,是臣民们一切言行的标准,其刑罚的条款一定是家喻户晓、深入人心的,即它是具有公开性和强制性的行为规则。从内容上说,这种“法”主要就是《二柄》篇所说的“刑德”二柄:

明主之所导制其臣者,二柄而已矣。二柄者,刑德也。何谓刑德?曰:杀戮之谓刑,庆赏之谓德。

换言之,在韩非看来,“法”的内容其实很简单,就是君主给臣民们的规定——哪些不能做,做了要受惩罚;哪些应该做,做了会得奖赏。只有人人都明确了自己的职责,完全按照职责规定的范围行事了,如果因罪受到惩罚,也不要怨恨君主,如果因功受赏,也不要对君主感恩,那么,臣民个个都在忠于职守,而“君人者高枕而守已完矣”(《守道》)。

以“法”治国的确是一件于君于民皆十分有利的事情,但这个“法”——“刑德”的标准该如何制定呢?这就涉及一个立法原则的问题。韩非认为,根本的原则就是要“因道全法”,即要根据客观的规律制定法令:

古之全大体者:望天地,观江海,因山谷,日月所照,四时所行,云布风动;不以智累心,不以私累己;寄治乱于法术,托是非于赏罚,属轻重于权衡;不逆天理,不伤情性;不吹毛而求小疵,不洗垢而察难知;不引绳之外,不推绳之内;不急法之外,不缓法之内;守成理,因自然;祸福生乎道法,而不出乎爱恶;荣辱之责在乎己,而不在乎人。

(《大体》)

例如,人的本性都是“自为”——即自私自利、好逸恶劳的:“人为婴儿也,父母养之简,子长而怨;子盛壮成人,其供养薄,父母怒而诮之。子、父,至亲也,而或谯或怨者,皆挟相为而不周于为己也。”(《外储说左上》)“舆人成舆,则欲人之富贵;匠人成棺,则欲人之夭死也。”“后妃、夫人、太子之党成而欲君之死也，君不死，则势不重。情非憎君也，利在君之死也。”(《备内》)顺应这样的人情、天理去立“法”，所以韩非就特别提出君主的立法一是应合乎人的趋利避害的本性：“利所禁，禁所利，虽神不行；誉所罪，毁所赏，虽尧不治。夫为门而不使入，委利而不使进，乱之所以产也。”(《外储说左下》)二是不应为人的主观意愿或好恶、情感所左右，特别是应防止奸臣劫弑君主、篡夺君权的各种“奸术”——“备内”。又如，君主立法“因道全法”，而“道”的特性是“不同于万物”的。“道无双，故曰一。是故明君贵独道之容。”(《扬权》)这就是说，“法”的内容应显示君主至高无上的权威性和他的独裁的合理性。再如，自然界春生秋杀，人类社会亦应是，“善之生如春，恶之死如秋，故民劝极力而乐尽情，此之谓上下相得”。所以“圣主之立法也，其赏足以劝善，其威足以胜暴，其备足以必完法”(《守道》)。具体来说，法令要像自然界的春秋一样“赏莫如厚，使民利之；誉莫如美，使民荣之；诛莫如重，使民畏之；毁莫如恶，使民耻之”(《八经》)，起到繁荣和萧杀的作用。又由于人性自私自利的贪欲太重，故君主在立法时应“重刑少赏”(《饬令》)，他认为：“刑胜而民静，赏繁而奸生。故治民者，刑胜，治之首也；赏繁，乱之本也。”(《心度》)

与此同时，韩非还认为立法应因时制宜，因时变法：“古今异俗，新故异备。”因而圣人立法“不期修古，不法常可，论世之事，因为之备”(《五蠹》)。立法一定要适应时势的需要，韩非在《心度》篇说：

> 法与时转则治，治与世宜则有功。故民朴而禁之以名则治，世知维之以刑则从。时移而治不易者乱，能治众而禁不变者削。故圣人之治民也，法与时移而禁与能变。

另外，韩非还提出了立法应力求详明而又“易见”、“易知”、“易为”等原则，以便于实行“法治”。

有了这些立法原则，制订出完备的法律，但这还不够，还有更重要的工作要做，那就是执“法”。韩非认为执“法”时，一是要一视同仁、不避亲贵，二是要信赏必罚，严格谨慎。《有度》篇说：“法不阿贵，绳不挠曲。法之所加，智者弗能辞，勇者弗敢争。刑过不避大臣，赏善不遗匹夫。”《饰邪》篇说：“当魏之方明《立辟》、从宪令之时，有功者必赏，有罪者必诛，强匡天下，威行四邻；及法慢，妄予，而国日削矣。”“故先王明赏以劝之，严刑以威之。赏刑明，则民尽死；民尽死，则兵强主尊。”《内储说上七术》说：“是以刑法不必则禁令不行。”都在说明赏罚严明的意义。但是，如果仅仅就执“法”而论执“法”，还不是韩非法治思想的特点，韩非法治思想的特点在于他认为“徒法”而无“术”、“势”与之结合，就不能真正成功地实行法治。韩非说，如果君主只是行“法”，“然而无术以知奸，是以其富强也资人臣而已矣。”(《定法》)商鞅于秦孝公时在秦国实现的变法就是如此。而如果只有“法”和“术”，没有“势”也不行：“桀为天子，能制天下，非贤也，势重也；尧为匹夫，不能正三家，非不肖也，位卑也。千钧得船则浮，锱铢失船则沉，非千钧轻锱铢重也，有势之与无势也。”(《功名》)“无庆赏之功，刑罚之威，释势委法，尧、舜户说而人辨之，不能治三家。”(《难势》)“势者，君之马也。无术以御之，身虽劳，犹不免乱。”(《外储说右下》)所以，“法”、“术”、“势”一定要相互配合运用：“君执柄以处势，故令行禁止”(《八经》)；“抱法处势则治，背法去势则乱”(《八说》)。

韩非的法治思想既以“法”、“术”、“势”相互结合为特征，他就不能不对“法”、“术”、“势”的内涵和外延做出明确的界定与说明。他对“法”的界定已见于前，下面再看他对“术”的论述：

术者，藏之于胸中，以偶众端，而潜御群臣者也。

(《难三》)

术者，因任而授官，循名而责实，操杀生之柄，课群臣之能者也。

(《定法》)

在韩非看来，所谓“术”就是君主驾驭臣下的一种政治艺术。这种术有两个特点：一是它是“潜御群臣者”，因而它如韩非自己所说：“法莫如显，而术不欲见。”即它是隐蔽的、秘密的，令人不可捉摸的；一是它是君主独操的：“用术，则亲爱近习莫之得闻也。”（《难三》）也因此，韩非的“术”论，实际包含着两方面的内容：一是我们通常所说的政治艺术或领导艺术，如韩非在《主道》、《扬权》、《二柄》、《安危》、《功名》、《内储说上七术》、《难二》、《定法》、《诡使》、《八说》、《八经》诸篇中反复讲到的“形名参同”、“众端参观”等通过检验名实是否相符以考察臣下言行是否一致及功过赏罚的施行，就属于今天仍具有一定积极意义或正价值的内容，至于如《内储说上七术》篇中的“挟智而问”、“倒言反事”、“众端参观”、“疑诏诡使”以及《八说》篇中的“听无门户”，《难三》和《八经》篇中的“奖励告奸”之术，乃至于为了除奸而使用行刺暗杀、爵禄引诱等手段，轻则可称政治阴谋与权术，重则可名之为肮脏与卑污。

“势”，被韩非称为“胜众之资也”（《八经》），但韩非所谓“势”实际也包含两个层面：一是“自然之势”，二是“人为之势”或政治权势，如他在《功名》篇中说的“千钧得船则浮，锱铢失船则沉”，《难势》篇说：“飞龙乘云，腾蛇游雾，吾不以龙蛇为不托于云雾之势也。”这是指一般自然的条件与形势，即“自然之势”；而在政治上如果谁掌握政权，就可以推行法令，驾驭群臣，韩非反复讲“尧为匹夫，不能正三家”，“桀纣为天子，能制天下”（《功名》），就是强调政治权势的重要性。在此基础上，韩非阐述了自己的“势”治理论，《喻老》篇说：“势重者，人君之渊也。君人者，势重于人臣之间，失则不可复得也。”《外储说右下》说：“以田连、成窍之巧，共琴而不能成曲，人主又安能与其臣共势以成功乎?”权势不仅不能借人，连共同使用也不行。君主只能“抱法处势”、“设势”、“用势”，在“法”、“术”、“势”的结合中治理国家。

当然，韩非的这一套法治理论也不完全是他个人凭空创造出来的，他是法家思想的集大成者，他对他之前的商鞅的严刑峻法思想，申不害的“术”治观念，慎到的“势”治学说都有批判地继承。他肯定了商鞅的

"刑重而必"、"法不阿贵"、"任法不任智"、"修耕战"及"告奸连坐之法",但却批评他"无术于上",在"术治"方面的不足。他认为申不害虽懂得使韩昭王用术,但却"未尽于法也",致使韩国有"法不勤饰于官之患也"(《定法》)。至于慎到则仅仅言及"势"而没有涉及"法"和"术"。韩非清醒地认识到了商、申、慎三人理论的长短利弊,故而他能取长补短,形成了自己法、术、势相结合的法家思想体系。

不仅如此,韩非对先秦其他诸子学派,也是采取的一种客观评价和批判继承的正确态度。《外储说左上》说:"是以言有纤察微难而外务也,故季(良)、惠(施)、宋(钘)、墨(翟)皆画策也;论有迂深闳大,非用也,故魏(牟)、长(卢子)、瞻(何)、陈(骈)、庄(周)皆鬼魅也;行有拂难坚确,非功也,故务(光)、卞(随)、鲍(焦)、介(之推)、田仲皆坚瓠也。"对先秦各家都有所批评。《五蠹》篇说:"儒以文乱法,侠以武犯禁",并将"学者"、"言谈者"、"带剑者"、"患御者"、"商工之民"斥责为"五蠹"。但韩非对儒、道、墨、名诸家又实际都有吸收。对于道家,韩非的《喻老》、《解老》篇既是中国学术史上最早解说《老子》的文献,而在《扬权》、《主道》等篇中,韩非又对老子创始的道家学说作了淋漓尽致的发挥。所谓"圣人执一以静,使名自命,令事自定"、"圣人之道,去智与巧,智巧不去,难以为常"(《扬权》)、"道在不可见,用在不可知。虚静无事,以暗见疵"(《主道》)等等,这些明显是对老子学说的继承。对名家学说,韩非嘲笑兒说、公孙龙的"白马非马论"虽可服齐稷下学者,但"乘白马而过关,则顾白马之赋"(《外储说左上》);而对其参验形名的名实论则加以吸收,并形成了其"术"论中的基本内容。对于墨家,虽然韩非也斥之为"愚诬之学",反对其"兼爱"、"非攻"之说,而对其"尚同"、"非乐"、"非命"、"非儒"思想则有所吸收,韩非专制独裁、功利实用的主张也深受墨家思想的影响,所以在《外储说左上》篇中韩非借田鸠之口称赞"墨子之学"的"其言多不辨",又借惠施之口称赞墨子为鸢不如车輗之巧之说乃"大巧"。这就说明韩非对某一学说的态度并不是一概否定或一概肯定,而是具体问题具体分析的。

儒家学说，韩非批评最多。但是，韩非曾问学于儒家的荀子，他的文章中虽不见称引荀子，但其“人性自为”之说，其崇尚法治的主张，显然是源于荀子的“性恶论”和“隆礼重法”的思想。他对儒家的批评，只是否定其无益于国家的崇尚文饰、空谈仁义，而非就其理论思想本身和针对儒家大师其人。因此在韩非的文章中找不到一处对儒者的谩骂，甚至找不出一处庄子式的对孔子漫画式的嘲讽，而纯粹是一种客观的剖析。如《五蠹》篇说：“仲尼，天下圣人也，修行明道以游海内，海内说其仁、美其义而为服役者七十人。盖贵仁者寡，能义者难也。故以天下之大，而为服役者七十人，而仁义者一人。……今学者之说人主也，不乘必胜之势，而务行仁义则可以王，是求人主之必及仲尼，而以世之凡民皆如列徒，此必不得之数也。”这并不是理论的批评，而只是一种价值的评判，而价值的评判之余虽也有“言行不轨于法令者必禁”（《问辩》）的主张，但基本上不是商鞅那样要“燔《诗》《书》而明法令”，因为韩非主要是说“故行仁义者非所誉，誉之则害功；文学者非所用，用之则害法”（《五蠹》），即只要“不用”、“不誉”儒家学说就行了，还没有说要把它斩尽杀绝。故而韩非自己的文章中也常引《诗》《书》，而《外储说左下》“齐宣王问匡倩”的故事中，则盛赞儒者“不博、不弋、不鼓瑟”的做法为懂得大小、贵贱、上下之义。这也说明，韩非对儒家学说也并非全盘否定与批判的，而只是斥其愚诬无用，而于其中符合自己思想的内容则是有所吸收的。

韩非的文章，收集在《韩非子》一书中。《韩非子》原名《韩子》，至宋，因尊唐代韩愈为韩子，改称韩非书为《韩非子》。《韩非子》大概是汉代刘向整理内府图书时编集而成的。《汉书·艺文志》“诸子略·法家”类著作著录“《韩子》五十五篇”。梁代阮孝绪《七录》也著录为“《韩子》二十卷”，后来《隋书·经籍志》、《旧唐书·经籍志》、《新唐书·艺文志》、《宋史·艺文志》都著录为“《韩子》二十卷”。这个著录，与今天的通行本相同。《韩非子》现在可知的最古的刻本为宋乾道本，但今已不存，传世的有清张敦仁影钞本和吴鼒嘉庆二十二年的复刻本，清初钱曾述古堂本也是影钞宋乾道本（“四部丛刊”用此本）。明代最有影响的有《韩子迂评》本、至今仍流传的《道藏》本和明万历赵用贤刊刻的“赵用贤本”，清人的本子一般都是在此基础上的翻刻。

《韩非子》现存五十五篇，见于《史记》的韩非著作有《孤愤》、《说难》、《内外储说》、《说林》、《五蠹》诸篇。这些篇目可以肯定出自韩非之手，其余的有些则是编集时的附入。如《初见秦》是上秦王书，但并不是韩非所作；第二篇《存韩》前面是韩非的上秦王书，后面则是李斯的驳议及李斯上韩王书。其余《问田》中称韩非为“韩子”，应是韩非后学所记；《饬令》属节录《商君书·靳令》而成，说明该篇的思想虽为韩非所认可，但文字也不是韩非的原创。

《韩非子》五十五篇文章，按内容来看似可以分为十组。第一组包括《五蠹》、《八说》、《六反》、《诡使》、《亡征》五篇，这组文章通过细致的分析，批判了他所否定的各种社会现象，然后提出了自己的法治理论。第二组包括《奸劫弑臣》、《说疑》、《爱臣》、《八奸》、《备内》五篇，较上一组考察的社会现象更集中，重点分析了奸臣篡权的各种阴谋活动，还分析了宫廷内部潜藏的危险。第三组包括《孤愤》、《说难》、《难言》、《和氏》、《人主》、《问田》六篇，跟韩非的政治经历有关，表明了作者的政治立场。第四组包括《八经》、《定法》、《有度》、《心度》、《守道》、《制分》、《饬令》、《二柄》、《南面》、《用人》、《安危》、《三守》、《难势》、《功名》共十四篇，是韩非为君主设计的建国纲领，全面论证了他的专政理论和方法。第五组包括《显学》、《忠孝》、《饰邪》、《问辩》四篇，主要是批判了先秦诸子各家的学术主张，表达了加强思想控制的要求。第六组包括《扬权》、《主道》、《解老》、《喻老》、《大体》、《观行》六篇，主要是解说《老子》或黄老之道以表明自己的哲学观点。第七组包括《难一》、《难二》、《难三》、《难四》四篇，采用辩难的方式，阐述了韩非的政治观点。第八组包括《内外储说》六篇和《十过》，韩非从大量的历史故事和民间传说中概括出一些论点，进一步论述了其法、术、势相结合的法治理论，这几篇文章形象生动，文学性强。第九组包括《说林》上、下两篇，是韩非搜集的原始资料。第十组包括《存韩》、《初见秦》两篇，是与韩非相关的历史事件的记录，不是韩非所作。

韩非的文章观点鲜明，逻辑性强，笔锋犀利，分析精辟，文风峻刻，而且富有文学色彩，历来为人们所推崇，值得我们认真学习和欣赏。《韩非子》是先秦诸子散文走向成熟的杰作。

本书以南京大学“《韩非子》校注组”（实际负责人为周勋初先生）的《韩非子校注》（江苏人民出版社 1982 年版）为底本，读者可以参考该书。

本书自第一篇《初见秦》至第三十五篇《外储说右下》，共三十五篇为高华平注译，自第三十六篇《难一》至第四十五篇《诡使》为王齐洲注译，第四十六篇《六反》至第五十五篇《制分》为张三夕注译，书稿最后由高华平总稿。《前言》也由高华平撰写。特此说明。

高华平

二〇一〇年一月

初见秦

【题解】

“初见秦”，即初次去见秦王。本篇实为作者求见秦王的上书，主旨是劝说秦王用战争称霸诸侯、兼并天下。文章认为秦国“号令赏罚，地形利害，天下莫若也”，而秦国之所以并未成就“霸王之名”，乃是由于“谋臣”不“忠”。文章着重论述了战争是统一天下的手段，提出了“战者，万乘之存亡也”的观点。

本篇提出的“亡韩”主张与韩非“存韩”的思想并不相符；文中十次称秦昭襄王为“大王”，但根据史书记载，韩非在秦昭襄王时并未到过秦国。因此，学术界历来都认为本篇不是韩非所作。关于本篇的作者，向来未有定论，有张仪作、范雎作、蔡泽作、荀子作、吕不韦作等多说。

臣闻[①]：“不知而言，不智；知而不言，不忠。”为人臣不忠，当死；言而不当，亦当死。虽然，臣愿悉言所闻，唯大王裁其罪。

臣闻：天下阴燕阳魏[②]，连荆固齐，收韩而成从[③]，将西面以与强秦为难[④]。臣窃笑之。世有三亡，而天下得之，其此之谓乎！臣闻之曰：“以乱攻治者亡，以邪攻正者亡，以逆攻顺者亡。”今天下之府库不盈，囷仓空虚[⑤]，悉其士民，张军数十百万，其顿首戴羽为将军断死于前不至千人，皆以言死。白刃在前，斧锧在后[⑥]，而却走不能死也，非其士民不能死也，上不能故也。言赏则不与，言罚则不行，赏罚不信，故士民不死也。今秦出号令而行赏罚，有功无功相事也。出其父母怀衽之中，生未尝见寇耳。闻战，顿足徒裼[⑦]，犯白刃，蹈炉炭，断死于前者，皆是也。夫断死与断生者不同，而民为之者，是贵奋死也。夫一人奋死可以对十，十可以对百，百可以对千，千可以对万，万可以克天下矣。今秦地折长补短，方数千里，名师数十百万。秦之号令赏罚，地形利害，天下莫若也。以此与天下[⑧]，天下不足兼而有也。是故秦战未尝不克，攻未尝不取，所当未尝不破[⑨]，开地数千里，此其大功也。然而兵甲顿，士民病，蓄积索，田畴荒，囷仓虚，四邻诸侯不服，霸王之名不成。此无异故，其谋臣皆不尽其忠也。

【注释】

①臣：作者自称。一般认为本篇非韩非子创作，因而这个“臣”不是韩非子。

②阴燕阳魏：阴，指北面；阳，指南面。此处是以赵国为中心而言。燕，诸侯国名，范围包括今河北北部和山西、内蒙古和辽宁的部分地区。魏，诸侯国名，范围包括今河南北部、东部和山西南部及山东、河北的部分地区。

③收韩而成从（zònɡ）：纠合韩国形成合纵阵营。收，接纳，纠合。从，通“纵”，指合纵，战国时齐、楚、燕、赵、韩、魏六国联合抗秦称

为“合纵”，秦国对六国远交近攻则称为“连衡”。韩，诸侯国名，范围包括今河南中部、西部和山东部分地区。

④秦：诸侯国名，范围包括今陕西大部和四川、甘肃、河南部分地区。

⑤囷(qūn)仓：指藏粮食的仓库。囷，圆形的谷仓。

⑥斧锧(zhì)：古代腰斩死刑时的垫具。

⑦顿足徒裼(xī)：猛力顿足，脱去上衣，赤膊上阵。裼，脱去上衣露出身体。

⑧与：攻取。

⑨所当未尝不破：对抗的军队没有不被击破的。当，通“挡”，阻挡，对抗。

【译文】

我听说：“不知道而发表意见，不明智；知道而不发表意见，是对主上不忠。”作为人臣而对主上不忠，应当处死；发表言论而不得当，也应当处死。尽管这样，我还是愿意把我听说的全都讲出来，希望大王裁决我的罪过。

我听说：天下以赵国为中心往北则联合燕国，往南则连接魏国，和楚国连成一体而与齐国巩固联系，又纠合韩国形成合纵阵营，将向西与强大的秦国为敌。我私下觉得好笑。一国有三种情形可导致灭亡，而天下各诸侯国都具备了，说的大概就是现在六国的所为吧！我听说过这样的话：“以混乱的国家攻打安定的国家会灭亡，以邪恶的国家攻打正义的国家会灭亡，以倒行逆施的国家攻打顺应时势的国家会灭亡。”现在天下各国府库不充足，粮仓空虚，还发动他们全国的民众，排列起数十百万军队，其中在将军面前叩头发誓要到前面冲锋陷阵决一死战的不下千人，都说要直到战死。但等到开战，前面有闪亮的刀剑，后面是治罪的斧锧，仍然向后逃跑而不能冲锋拼死，这不是他们的士民不能拼死作战，而是六国的君主不能使他们拼死战斗的缘故。说要奖赏的却不给，说要处罚的也不执行，无论赏或罚都不守信用，所以士民都不愿去拼死。如今秦国颁布法令而严格施行赏罚，有功无功完全依照事实来定。秦国的士民离开父母的怀抱以后，还没有见过敌人。一旦听说战事发生，就跺脚赤膊，冒着白刃，赴汤蹈火，在阵前血战而死的到处都是。拼死和贪生并不一样，但秦国的士民甘愿拼死，是因为他们以奋战而死为贵。一个人拼死奋战可以抵得上十个人，十个可以抵得上百人，百人可以抵得上千人，千人可以抵得上万人，一万个这样的人就可以攻取天下。现在秦国的土地取长补短，方圆达数千里，威名远扬的军队有几十上百万。秦国的号令赏罚严明，地形的便利要害，天下各国都比不上。凭着这些来攻取天下，天下各国还不够它来兼并和占有。所以秦国作战没有不胜利的，进攻没有不夺取的，阻挡他们的敌人没有不被打败的，开拓了几千里的疆土，这是多么大的成就。但就是这样的秦国仍然是军备困顿，士民疲惫，贮备空虚，田地荒芜，粮仓乏粮，四周邻近的诸侯都不归服，霸王的功名无法成就。这没有别的缘故，完全是由于秦国的谋臣没有尽忠。

臣敢言之：往者齐南破荆①，东破宋②，西服秦，北破燕，中使韩、魏，土地广而兵强，战克攻取，诏令天下。齐之清济浊河③，足以为限；长城巨防④，足以为塞。齐，五战之国也，一战不克而无齐⑤。由此观之，夫战者，万乘之存亡也。且臣闻之曰："削株无遗根，无与祸邻，祸乃不存。"秦与荆人战，大破荆，袭郢⑥，取洞庭、五渚、江南⑦，荆王君臣亡走，东服于陈⑧。当此时也，随荆以兵，则荆可举；荆可举，则其民足贪也，地足利也，东以弱齐、燕，中以凌三晋。然则是一举而霸王之名可成也，四邻诸侯可朝也，而谋臣不为，引军而退，复与荆人为和。令荆人得收亡国，聚散民，立社稷主，置宗庙，令率天下西面以与秦为难。此固以失霸王之道一矣。天下又比周而军华下，大王以诏破之，兵至梁郭下[9]。围梁数旬，则梁可拔；拔梁，则魏可举；举魏，则荆、赵之意绝；荆、赵之意绝，则赵危；赵危而荆狐疑；东以弱齐、燕，中以凌三晋。然则是一举而霸王之名可成也，四邻诸侯可朝也，而谋臣不为，引军而退，复与魏氏为和。令魏氏反收亡国，聚散民，立社稷主，置宗庙，令率天下西面以与秦为难。此固以失霸王之道二矣。前者穰侯之治秦也[10]，用一国之兵而欲以成两国之功[11]，是故兵终身暴露于外，士民疲病于内，霸王之名不成。此固以失霸王之道三矣。

【注释】

①齐：诸侯国名，范围包括今山东大部和河北、河南部分地区。荆：楚国的别名，范围包括今湖北全部及湖南、河南、安徽、江西、浙江、江西部分地区。

②宋：诸侯国名，范围包括今河南东南部和山东、江苏部分地区。

③清济浊河：济，指济水，流经今河南、山东境内的一条黄河支流，河水清澈，故称“清济”。河，指黄河，黄河河水混浊，故称“浊河”。

④巨防：指“防门”，齐国长城西段的一个要塞，位于今山东平阴南。

⑤一战不克而无齐：指齐湣王十七年（前284）燕、赵等五国联军在济西打败齐军的事。燕国名将乐毅连续攻下齐国七十座城池，并攻破齐国都城临淄，齐湣王逃到莒，被楚将所杀，所以说“一战不克而无齐”。

⑥郢（yǐng）：楚国都城，位于今湖北荆州古城北。

⑦洞庭、五渚：洞庭，洞庭湖，今在湖南。五渚，在汉水流域，具体所在不详。

⑧陈:楚国地名,位于今河南淮阳,前 278 年秦将白起攻破楚国都城郢都,楚国迁都到陈。

⑨梁郭:魏国都城大梁的外城。梁,魏国都城大梁,位于今河南开封。郭,古代在城的外围加固的一道城墙,即外城。

⑩穰侯:指秦昭襄王时秦国的丞相魏冉。魏冉的封地在穰(今河南邓州境内),故称穰侯。

⑪成两国之功:指魏冉用秦国军队夺取当时最富裕的定陶作为自己的封邑,既为秦国建立了功勋,又为自己的侯国扩大了地盘。两国,指秦国和穰侯自己的封国。

【译文】

我冒昧地述说以下的事实:从前齐国南面打败了楚国,东面击败了宋国,西面征服了秦国,北面打败了燕国,中部驱使韩国和魏国,疆域广大而兵力强盛,战无不胜、攻无不克,号令天下。齐国境内的济水和黄河,足够作为防线;齐国长城的巨防要塞,足够用来作为防守的堡垒。齐国曾连续五次战胜他国,但一次战争不能取胜就差不多灭亡了。由此看来,战争是一个国家存亡的根本。况且下臣我听说:“砍树不要留下一点根,不要靠近祸患,祸患就不会发生。”秦国和楚国交战,把楚国打得大败,袭取了郢,攻下了洞庭、五渚、江南,楚国君臣逃走,到东部的陈城苟安防守。在这个时候,如果用兵对楚跟踪追击,那楚国就能攻下;楚国全被攻下,那么它的百姓就能被全部占有,土地能被完全利用,再用这样的条件往东面去削弱齐国和燕国,在中部侵犯取代晋国故地的韩、赵、魏。这样就可以一举而成就霸王的功名,四周的诸侯邻国就会都来朝拜秦国,但秦国的谋臣却不这样做,却带领军队撤退了,又和楚国人讲和。使得楚国人能够收拾残破的国家,聚集起四散的民众,建立起社稷坛上的神主,设置祭祀的宗庙,使他们带领天下各国往西面来与秦国为敌。这确实让秦国失去了一次称霸的机会。天下各国就相互勾结而驻兵于魏国华阳境内,大王您发布命令打败他们,秦军到达魏都大梁城下。围攻大梁只要几十天，大梁就可以攻下；攻下了大梁，魏国就可以取得；攻占了魏国，那么楚国和赵国联合的意图就无法实现；楚国和赵国联合的意图无法实现，那么赵国就会危急；赵国危急而楚国就会犹豫不决；秦国趁机东面削弱齐国和燕国，中部侵犯晋国故地的韩、赵、魏三国。这样就可以一举而成就霸王的功名，四周的诸侯邻国就会来朝拜秦国，但秦国的谋臣却不这样做，率领秦军撤退后又与魏国讲和。这使魏国得以回过头来收拾残破的国家，聚集逃散的民众，带领天下各国西面来与秦国为敌。这确实再次让秦国失去了实现霸王之道的机会。以前穰侯魏冉治理秦国，用秦国全国的兵力来完成秦国和他自己侯国这两个国家的事功，因此秦军常年在外奔波，民众在国内疲惫不堪，但霸王的功名却没能成就。这确实第三次使秦国失去了成就霸王之道的机会。

赵氏，中央之国也，杂民所居也，其民轻而难用也。号令不治，赏罚不信，地形不便，下不能尽其民力。彼固亡国之形也，而不忧民萌[①]，悉其士民军于长平之下[②]，以争韩上党[③]。大王以诏破之，拔武安[④]。当是时也，赵氏上下不相亲也，贵贱不相信也。然则邯郸不守[⑤]。拔邯郸，管山东河间[⑥]，引军而去，西攻修武[⑦]，逾羊肠[⑧]，降代、上党[⑨]。代三十六县，上党十七县，不用一领甲，不苦一士民，此皆秦有也。代、上党不战而毕为秦矣，东阳、河外不战而毕反为齐矣[⑩]，中山、呼沲以北不战而毕为燕矣[⑪]。然则是赵举，赵举则韩亡，韩亡则荆、魏不能独立，荆、魏不能独立，则是一举而坏韩、蠹魏、拔荆，东以弱齐、燕，决白马之口以沃魏氏[⑫]，是一举而三晋亡，从者败也。大王垂拱以须之，天下编随而服矣，霸王之名可成。而谋臣不为，引军而退，复与赵氏为和。

夫以大王之明，秦兵之强，弃霸王之业，地曾不可得，乃取欺于亡国，是谋臣之拙也。且夫赵当亡而不亡，秦当霸而不霸，天下固以量秦之谋臣一矣。乃复悉士卒以攻邯郸，不能拔也，弃甲兵弩，战竦而却，天下固已量秦力二矣。军乃引而复，并于李下⑬，大王又并军而至，与战不能克之也，又不能反，军罢而去，天下固以量秦力三矣。内者量吾谋臣，外者极吾兵力。由是观之，臣以为天下之从，几不难矣。内者，吾甲兵顿，士民病，蓄积索，田畴荒，囷仓虚；外者，天下皆比意甚固。愿大王有以虑之也。

【注释】

①民萌：民众。萌，通“氓”。

②长平：赵国地名，位于今山西高平西北。

③上党：战国韩、赵各置郡。因上党地区而得名。在今山西长治。

④武安：赵国地名，在今河北武安西南。

⑤邯郸：赵国都城，位于今河北邯郸。

⑥管山东河间：包抄崤山以东、黄河以北、漳水以南的地区。管，包抄、控制。山东，崤山以东一带。河间，指黄河以北、漳水以南的地区，因处于黄河、漳水两条大河之间，故称“河间”。

⑦修武：赵国地名，位于今河南获嘉。

⑧羊肠：古代军事要塞名，位于今山西壶关东南。

⑨代、上党：代，赵国郡名，位于今山西东北部和河北西北部一带。上党，韩国郡名，位于今山西东南部。

⑩东阳、河外：指今河北太行山以东及滹沱河以外地区。东阳，赵国地名，位于今河北南部太行山以东。河外，指滹沱河以南地区。

⑪中山、呼沲：中山，春秋战国时期的国名，位于今河北中部灵寿与唐县一带。呼沲，即滹沱河，在今河北境内。

⑫白马之口：古代黄河白马渡口，位于今河南滑县东北。

⑬李下：赵国地名，位于今河南温县境内。

【译文】

赵国，是地处神州中央的国家，工商游食之民居住的地方，那里的百姓轻佻而难以役使。赵国的法令制度没有确立，赏罚执行不严，地形不利于防守，又不能使下面的民众使出全部的力量。它本来就是亡国的形势，却不顾念百姓，把全部士民都征调驻扎在长平城下，来争夺韩国的上党郡。大王您下令击败他们，攻下了武安。在这个时候，赵国上下不能团结一心，贵族与平民相互不信任。这样邯郸就无法守住。攻下邯郸，包抄崤山以东和黄河、漳水之间的地区，率军进一步开拔，向西进攻修武，越过羊肠要塞，迫使代郡、上党郡投降。代郡三十六县，上党十七县，不费一兵一卒，不辛苦一个士民，这些地方就都为秦国所有了。代郡、上党不经交战都是秦国的了，东阳、滹沱河外不交战而都属于齐国了，中山、滹沱河以北不交战而全部属于燕国了。这样赵国就被占领了，赵国被占领了韩国就会灭亡，韩国灭亡了，楚国、魏国就不能独存，楚国、魏国不能独存，这样就一次行动而破坏了赵国、侵蚀了魏国、又挟制了楚国，东面因此而削弱了齐国、燕国，决开黄河上的白马渡口水淹魏国，这样就一次举动而灭亡了赵、魏、韩这三个晋国故地的国家，和它们合纵的盟国也遭到了失败。大王您只要垂手等待，天下诸侯国就会排列相随来向您表示臣服，霸王的功名也就可以成就了。但是秦国的谋臣不这样做，带着秦国的军队撤退后又与赵国讲和。凭着大王您的圣明，秦国军队的强大，舍弃霸王的功业，土地竟然没有取得，还受到了行将灭亡的国家的欺骗，这都是因为谋臣的笨拙。况且赵国应当灭亡而没能灭亡，秦国应当称霸而没能称霸，天下各国已经估计到秦国谋臣的笨拙，这是其一。秦国又发动它全部的士兵去进攻邯郸，邯郸不能攻克，丢弃铠甲兵器和弓弩，战战栗栗地退却，天下确实已经估量到秦军的武力不强，这是其二。秦国的军队于是又被带回来，汇集在李下，大王您又派来了援军，与赵军交战不能取胜，又不能撤回，军队疲惫不堪才退兵，天下确实估量到了秦国的实力，这是其三。诸侯各国既估量到我国谋臣的能力，在外部又耗尽了我国的兵力。由此，我认为山东六国的合纵，差不多没有什么困难了。在国内，我们的武器装备残破，士民疲弊，府库亏空，田地荒芜，粮食空虚；在国外，天下各国相互勾结的意愿更坚固了。希望大王对此予以考虑。

且臣闻之曰："战战栗栗，日慎一日。苟慎其道，天下可有。"何以知其然也？昔者纣为天子[①]，将率天下甲兵百万，左饮于淇溪[②]，右饮于洹溪[③]，淇水竭而洹水不流，以与周武王为难。武王将素甲三千，战一日，而破纣之国，禽其身[④]，据其地而有其民，天下莫伤。知伯率三国之众以攻赵襄主于晋阳[⑤]，决水而灌之三月，城且拔矣，襄主钻龟筮占兆[⑥]，以视利害，何国可降。乃使其臣张孟谈[⑦]。于是乃潜行而出，反知伯之约，得两国之众，以攻知伯，禽其身，以复襄主之初。今秦地折长补短，方数千里，名师数十百万。秦国之号令赏罚，地形利害，天下莫如也。以此与天下，可兼而有也。臣昧死愿望见大王，言所以破天下之从，举赵，亡韩，臣荆、魏，亲齐、燕，以成霸王之名，朝四邻诸侯之道。大王诚听其说，一举而天下之从不破，赵不举，韩不亡，荆、魏不臣，齐、燕不亲，霸王之名不成，四邻诸侯不朝，大王斩臣以徇国，以为王谋不忠者戒也。

【注释】

①纣：指商纣王。商朝的最后一位君主，著名的暴君。

②淇溪：指今河南东北部的淇水。

③洹(huán)溪：今河南北部的安阳河，卫水的支流之一。

④禽：同“擒”。下文“禽其身”的“禽”字与此同。

⑤知伯率三国之众以攻赵襄主于晋阳：智伯率领自己和韩、魏两家的三支军队在晋阳进攻赵襄子。知伯，即智伯瑶，春秋末期晋国的六卿之一，知，同“智”。三国之众，指智伯和韩、魏两家的共三支私属军队。赵襄主，即赵襄子，也是晋国当时的六卿之一。晋阳，赵襄子的封邑，位于今山西太原南。

⑥钻龟筮占兆：占卜和占筮，以根据兆象推断吉凶。钻龟，占卜的方法，钻烧龟甲，从上面出现的裂纹形状来推断吉凶。筮，用五十根蓍草按一定的方式计算，把得出的奇数和偶数作为阴阳符号，排列成卦，以推断吉凶。占兆，从兆象上进行推断。

⑦张孟谈：人名，赵襄子的家臣，有计谋。

【译文】

况且我听说：“畏惧戒备，一天比一天谨慎。如果能谨慎遵循这个处事之道，天下就可以据有。”怎么知道会这样呢？从前纣做天子，准备率天下的百万军队，东到淇溪饮水，西到洹溪饮水，淇溪的水喝干了洹溪也喝得断流了，用这样强大的军队来和周武王交战。周武王率领身穿丧服的三千士兵，作战一整天，攻破了纣的国都，活捉了纣本人，占领了纣的土地，拥有了纣的民众，天下的人没有谁同情纣王。智伯率领自己和韩氏、魏氏共三家的私属部队到晋阳攻打赵襄子，决开晋水的河堤来淹灌晋阳达三个月之久，晋阳城将要攻下，赵襄子钻龟算卦希望借助卦象来做推断，以便权衡得失利害，看可以去哪一家投降。便派自己的家臣张孟谈出使。张孟谈因此秘密出城，使韩、魏背弃了与智伯订立的盟约，争取到韩、魏两家的军队，合力进攻智伯，活捉了智伯本人，从而恢复了赵襄主原来的势力。现在秦国的土地取长补短，方圆数千里，威名远扬的军队几十上百万人。秦国的法令赏罚严明，地形便利要害，天下各国都不如。凭这些来与天下争霸，天下可以被吞并和占有。我冒死希望来拜见大王，说出可以破坏天下的合纵同盟，攻占赵国，灭亡韩国，臣服楚国、魏国，使齐国、燕国向秦国亲近，以便成就霸王功名，让四邻诸侯到秦国来朝拜的策略。大王如果真的听从我的陈说，采取一次行动而天下的合纵同盟不破，赵国未被攻下，韩国没能灭亡，楚国、魏国没有臣服，齐国、燕国不来亲近，秦国霸王的功名没有成就，四周的诸侯邻国不来朝拜，大王您可以杀死我并将我的尸首示众，作为给大王谋划不忠者的儆戒。

存韩

【题解】

存韩，意即保存韩国。本篇实际包括三部分：第一部分自开头至“不可悔也”，是韩非给秦王的上书，主旨是劝说秦王伐赵而存韩；第二部分自“诏以韩客之所上书”至“愿陛下幸察愚臣之计，无忽”，为李斯上秦王书，反驳韩非的主张，认为应当伐韩。第三部分自“秦遂遣斯使韩也”至结尾，是李斯一次出使韩国时给韩王的上书，陈述了韩国背秦的危害。本篇后两部分明显不是韩非所作，三部分之所以被混合在一起名之为“存韩”篇，大约是因为编辑《韩非子》一书的人，认为三部分的内容都涉及韩国的存亡问题所致。

韩事秦三十余年①，出则为扞蔽②，入则为席荐。秦特出锐师取地而韩随之，怨悬于天下，功归于强秦。且夫韩入贡职，与郡县无异也。今臣窃闻贵臣之计，举兵将伐韩。夫赵氏聚士卒③，养从徒④，欲赘天下之兵，明秦不弱则诸侯必灭宗庙⑤，欲西面行其意，非一日之计也。今释赵之患，而攘内臣之韩，则天下明赵氏之计矣。

夫韩，小国也，而以应天下四击，主辱臣苦，上下相与同忧久矣。修守备，戒强敌，有蓄积，筑城池以守固。今伐韩，未可一年而灭，拔一城而退，则权轻于天下，天下摧我兵矣。韩叛，则魏应之⑥，赵据齐以为原⑦，如此，则以韩、魏资赵假齐以固其从，而以与争强，赵之福而秦之祸也。夫进而击赵不能取，退而攻韩弗能拔，则陷锐之卒勤于野战，负任之旅罢于内攻⑧，则合群苦弱以敌而共二万乘⑨，非所以亡韩之心也。均如贵臣之计，则秦必为天下兵质矣⑩。陛下虽以金石相弊，则兼天下之日未也。

今贱臣之愚计：使人使荆⑪，重币用事之臣，明赵之所以欺秦者；与魏质以安其心，从韩而伐赵，赵虽与齐为一，不足患也。二国事毕，则韩可以移书定也。是我一举二国有亡形，则荆、魏又必自服矣。故曰："兵者，凶器也。不可不审用也。"以秦与赵敌衡，加以齐，今又背韩，而未有以坚荆、魏之心。夫一战而不胜，则祸构矣。计者，所以定事也，不可不察也。赵、秦强弱，在今年耳。且赵与诸侯阴谋久矣。夫一动而弱于诸侯，危事也；为计而使诸侯有意伐之心，至殆也。见二疏⑫，非所以强于诸侯也。臣窃愿陛下之幸熟图之！攻伐而使从者间焉⑬，不可悔也。

【注释】

①韩：战国诸侯国名，范围包括今河南中部、西部和山西东南部。秦：战国诸侯国名，范围包括今陕西大部、甘肃东南部、四川北部和河南部分地区。

②扞(hàn)蔽：屏障。扞，臂衣，射箭时戴在左手臂上的一种皮制袖套。蔽，车帷，古代车上用来遮挡风尘的织物。

③赵氏：指赵国，范围包括今山西大部、河北西南部和河南、山东部分地区。

④从(zòng)徒：主张合纵抗秦的一伙人。从，通“纵”，合纵。

⑤宗庙：放祖宗神主和祭祀的地方，象征国家。

⑥魏：战国诸侯国名，范围包括今河南北部、东部和河北、山东部分地区。

⑦赵据齐以为原：齐，指齐国，战国时其疆土包括今山东大部、河北东南部和河南部分地区。原，高而平的地方，引申为后盾。赵国据有今河北西北部和山西东北部，与秦国相接，齐国在赵国的背后，所以赵国以齐国为后盾。

⑧罢：通“疲”。

⑨二万乘(shèng)：两个万乘之国，这里指赵国和齐国。万乘，万乘之国，泛指兵力强大的国家。乘，指兵车。

⑩质：射箭的靶子，这里比喻攻击的目标。

⑪荆：楚国的别名，战国时楚国的范围包括今湖北全部、湖南大部和河南、安徽、江西、浙江、江苏等部分地区。

⑫见二疏：表现出两方面的疏漏。见，同“现”，表现。疏，疏漏，这里指由疏漏导致的危殆之事。

⑬从(zòng)者：合纵的国家。从，同“纵”，合纵。

【译文】

韩国侍奉秦国三十多年了，在外，它像屏障一样庇护着秦国；在内，它像坐席一样供秦国使用。秦国只要派出自己的精兵进攻别国的土地，韩国就总是跟随在它的后面，韩国和天下各国都结下仇怨，而利益则归于强大的秦国。而且韩国向秦国入贡尽职，与秦国的郡县没有什么区别。现在我听说秦国尊贵大臣们计议，准备发动军队攻打韩国。那个赵国聚集士兵，豢养了一伙鼓吹合纵抗秦的游士，想要联合天下各国的军队，宣扬不削弱秦国则各诸侯国就一定会倾覆，他们想向西面进军来实现自己的意图,已经不是一朝一夕的事情了。如今秦国要放下赵国这样的祸患,而除掉韩国这样的内臣,那么天下各国就会明白赵国合纵攻秦的计谋正确了。

韩国是一个小国,却要用它来应付天下各国的四面攻击,它的君主受辱而臣下劳苦,君臣上下同忧患已经很久了。韩国修筑了防御的工事,警戒强大的敌人,物质储备丰富,修建了城墙和护城河用以坚守。现在进攻韩国,不可能一年灭亡它,如若攻下一座城池便撤退,那秦国就会被天下轻视,天下各国就会摧毁我们秦军。韩国背叛秦国,那么魏国就会响应,赵国就会依据齐国作为后盾来与秦国对抗,如果是这样的话,就等于用韩国、魏国去资助赵国,凭借齐国的后盾来巩固合纵联盟,而以这样的态势来和赵国争胜负,就是赵国的福气秦国的灾祸。如果秦国向前进攻赵国而不能夺取,退回来攻打韩国又不能攻下,那么它的冲锋陷阵的士兵苦于野外交战,它的运输供给的队伍疲于军内的消耗,这就等于将一批劳苦疲弱的士兵集合起来与两个大国为敌,这不是秦国所以要进攻消灭韩国的本意。要是真的按照那些尊贵大臣们的计谋,那么秦国一定会成为天下各国共同攻击的目标。陛下您虽然寿同金石一样长久,那兼并天下的日子也不会到来。

现在我这个卑贱下臣的计策是:派人出使楚国,用重金贿赂楚国当权的大臣,让楚国明白赵国所以用来欺骗秦国的伎俩;派人去魏国做人质以使魏国安心,跟韩国一同去攻打赵国,赵国虽然和齐国连为一体,也不用担心。赵国和齐国的事情完成之后,那么韩国可用一封书信就把它平定了。这样我们秦国就可以一次行动而使赵国和齐国有了亡国的形势,楚国和魏国也一定会自动臣服了。所以《老子》说:“军队是不吉祥的工具,不能不谨慎使用。”秦国和赵国相比力量差不多,加上齐国,现在又使韩国背叛了秦国,而又没有什么措施来坚定楚国、魏国和秦国联合的决心。如果秦国一仗不能攻下韩国,那么就要构成大祸。计谋是决定事情成败的环节,不能不郑重考虑。赵国和秦国谁强谁弱,就在今年了。况且赵国和各诸侯国暗中谋划已经很久了。秦国一次进攻韩国不能取胜而向别的诸侯国示弱，这是件危险的事；制定计谋而使各诸侯国对秦国产生了图谋之心，则是最大的危险。出现了以上两种疏忽，不是在诸侯国面前称强的办法。我谨希望陛下周密考虑！秦国攻打韩国而使合纵的国家钻了空子，后悔可就来不及了。

诏以韩客之所上书[①]，书言韩子之未可举[②]，下臣斯[③]。臣斯甚以为不然。秦之有韩，若人之有腹心之病也，虚处则怢然[④]，若居湿地，著而不去[⑤]，以极走[⑥]，则发矣。夫韩虽臣于秦，未尝不为秦病，今若有卒报之事[⑦]，韩不可信也。秦与赵为难，荆苏使齐[⑧]，未知何如。以臣观之，则齐、赵之交未必以荆苏绝也；若不绝，是悉秦而应二万乘也。夫韩不服秦之义而服于强也，今专于齐、赵，则韩必为腹心之病而发矣。韩与荆有谋，诸侯应之，则秦必复见崤塞之患[⑨]。

非之来也，未必不以其能存韩也，为重于韩也。辩说属辞，饰非诈谋，以钓利于秦，而以韩利窥陛下。夫秦、韩之交亲，则非重矣，此自便之计也。

臣视非之言，文其淫说靡辩，才甚。臣恐陛下淫非之辩而听其盗心，因不详察事情。今以臣愚议：秦发兵而未名所伐，则韩之用事者以事秦为计矣。臣斯请往见韩王，使来入见，大王见，因内其身而勿遣[⑩]，稍召其社稷之臣[⑪]，以与韩人为市，则韩可深割也。因令象武发东郡之卒[⑫]，窥兵于境上而未名所之，则齐人惧而从苏之计，是我兵未出而劲韩以威擒，强齐以义从矣。闻于诸侯也，赵氏破胆，荆人狐疑，必有忠计。荆人不动，魏不足患也，则诸侯可蚕食而尽，赵氏可得与敌矣。愿陛下幸察愚臣之计,无忽。

【注释】

①韩客:指韩非。

②韩子:韩国的君主,指韩国。

③斯:李斯,当时秦国的丞相。

④恢(hài):痛苦,愁苦。

⑤著:同“着”,留,粘着。

⑥极:通“亟”,急于。

⑦卒:同“猝”,突然。

⑧荆苏:人名,秦国派往齐国去劝说齐国和赵国绝交的使臣,生平不详。

⑨崤塞之患:指魏国信陵君率领五国之兵打败秦将蒙骜,追击到函谷关一事。崤(xiáo)塞,崤山的要塞,这里指函谷关,位于今河南渑池西,古代是秦国和中原往来的交通咽喉。

⑩内:同“纳”,扣留。

⑪社稷:土地神和谷神,象征国家。

⑫象武:应是“蒙武”之误。蒙武,秦将蒙恬的父亲。东郡:秦国郡名,位于今河南北部的滑县一带。

【译文】

秦王下诏命令将韩非的上书,以及上书中所说的韩国不可攻取的事,下达给大臣李斯。大臣李斯对韩非的说法很不以为然。认为秦国身边有韩国存在,就像人的心腹有大病灶一样,平时无事的时候就已经很难受,如同居住在潮湿的地方,总觉得身上粘滞不快,一旦要快跑赶路,病就发了。韩国虽然向秦国称臣,但不一定不是秦国的心病,现在如果遇上有紧急上报的事情,韩国是不可信任的。秦国和赵国敌对,荆苏出使齐国,不知结果如何。依下臣看来,齐国、赵国之间的联盟未必因为荆苏的出使断绝；如果齐、赵联盟不断绝，这就是要秦国尽全力来应付两个万乘之国。韩国不会服从于秦国的道义而只会屈服于强权，现在如果秦国专注于齐国和赵国，那么韩国就一定会成为秦国的心腹之病而发作。韩国与楚国有合谋，诸侯国响应它们，那么秦国就会再现诸侯追兵逼近函谷关那样的祸事。

韩非到秦国来，未必不是因为他能保存韩国而求得到韩国的重用。韩非能言善辩且擅长以文辞掩饰欺诈的计谋，以便在秦国捞取好处，而为了韩国的利益来窥视陛下。如果秦国和韩国的交往亲密，那么韩非就重要了，这是他利于自己的打算。

下臣我考察韩非的言辞，他用华丽的言辞修饰惑乱人心，很有才华。我恐怕陛下您被韩非华丽的言辞所迷惑而顺从了他从秦国捞取好处的野心，因而不详细考察事情的真实情形。现在依下臣愚昧的计议：秦可以派军队出去而不说明要去进攻谁，那么韩国的执政者就会把侍奉秦国作为自己的策略。下臣李斯我请求前往面见韩王，让韩王前来秦国朝见您，大王您见到韩王，趁机扣留他而不让他回去，随即召集韩国的执政大臣，用韩王来和韩国人谈判，那么韩国的土地就可以大量地被割占了。又趁势命令蒙武发动东郡的士兵，陈兵在国境上而不说明去处，那么齐国人就会恐惧而听从荆苏的计策，这样我国的军队还未出动而强大的韩国就被我们用威力擒住，强大的齐国则因为道义而服从。各诸侯国听到这个消息，赵国人会吓破胆，楚国人会犹豫不决，必然会形成忠于我国的计策。楚国人不敢行动，魏国就不用担心了，而各诸侯国就可以被我们像蚕吃桑叶一样地消灭，这样就可以和赵国对抗了。希望陛下您能够审察愚臣我的计策，不要忽视它。

秦遂遣斯使韩也。

李斯往诏韩王，未得见，因上书曰："昔秦、韩戮力一意，以不相侵，天下莫敢犯，如此者数世矣。前时五诸侯尝相与共伐韩[①]，秦发兵以救之。韩居中国，地不能满千里，而所以得与诸侯班位于天下，君臣相保者，以世世相教事秦之力也。先时五诸侯共伐秦[②]，韩反与诸侯先为雁行以向秦军于关下矣[③]。诸侯兵困力极，无奈何，诸侯兵罢。杜仓相秦[④]，起兵发将以报天下之怨而先攻荆。荆令尹患之[⑤]，曰：'夫韩以秦为不义，而与秦兄弟共苦天下。已又背秦，先为雁行以攻关。韩则居中国，展转不可知。'天下共割韩上地十城以谢秦[⑥]，解其兵。夫韩尝一背秦而国迫地侵，兵弱至今，所以然者，听奸臣之浮说，不权事实，故虽杀戮奸臣，不能使韩复强。

【注释】

①五诸侯尝相与共伐韩：五诸侯国联合伐韩一事，史实不详。

②五诸侯共伐秦：五诸侯共伐秦一事，发生在前298年。五诸侯，指魏、赵、韩、宋、齐五国。

③关下：函谷关的下面。

④杜仓：人名，一作"士仓"，秦昭襄王时在秦国任丞相。

⑤令尹：楚国的行政长官，相当于其他诸侯国的相。

⑥上地：指上党地区，位于今山西东南部。割韩国上党地区十座城池向秦国谢罪，事在前262年。

【译文】

秦王于是便派李斯出使韩国。

李斯前往告谕韩王，没能入宫见到韩王，因而上书韩王说："从前秦国、韩国同心协力，互不侵犯，天下各国不敢来侵犯，像这样平安度过了很长时间。前些年五个诸侯国曾联合来攻打韩国，秦国发兵来救援。韩国位于神州大地中间，土地方圆不满千里，它之所以能与各诸侯国并列于天下，君臣上下得以保全，是凭着世世代代侍奉秦国的结果。早些时候魏、赵、韩、宋、齐五国共同攻击秦国，韩国反而首先如雁阵的头雁一样走在前面到函谷关下向秦军进攻。各诸侯国军队疲惫、力量耗尽，对秦军无可奈何，撤军回国。此时杜仓担任秦相，发兵遣将来报复天下伐秦的怨仇但却先进攻楚国。楚国的令尹感到忧虑，说：'韩国认为秦国不义，但又与秦国结为兄弟一起令天下痛苦。后来又背弃了秦国，首先率领天下各国来进攻函谷关。韩国是地处中原的国家，反复无常令人不可捉摸。'各国共同迫使韩国割让了上党地区的十座城池来向秦国谢罪，解除秦军的威胁。韩国一次背叛秦国便使国家困窘土地被占，直到如今仍兵力弱小，之所以会这样，是由于听从了奸臣的虚浮之言，不衡量事实，因此后来虽然杀掉了奸臣，也不能使韩国再度强盛。

"今赵欲聚兵士，卒以秦为事，使人来借道，言欲伐秦，其势必先韩而后秦。且臣闻之：'唇亡则齿寒。'夫秦、韩不得无同忧，其形可见。魏欲发兵以攻韩，秦使人将使者于韩。今秦王使臣斯来而不得见，恐左右袭曩奸臣之计①，使韩复有亡地之患。臣斯不得见，请归报，秦韩之交必绝矣。斯之来使，以奉秦王之欢心，愿效便计，岂陛下所以逆贱臣者邪？臣斯愿得一见，前进道愚计，退就菹戮②，愿陛下有意焉。今杀臣于韩，则大王不足以强，若不听臣之计，则祸必构矣。秦发兵不留行，而韩之社稷忧矣。臣斯暴身于韩之市③，则虽欲察贱臣愚忠之计，不可得已。边鄙残，国固守，鼓铎之声于耳④，而乃用臣斯之计，晚矣。且夫韩之兵于天下可知也，今又背强秦。夫弃城而败军，则反掖之寇必袭城矣⑤。城尽则聚散，聚散则无军矣。城固守，则秦必兴兵而围王一都，道不通，则难必谋，其势不救，左右计之者不用，愿陛下熟图之。若臣斯之所言有不应事实者，愿大王幸使得毕辞于前，乃就吏诛不晚也。秦王饮食不甘，游观不乐，意专在图赵，使臣斯来言，愿得身见，因急于陛下有计也。今使臣不通，则韩之信未可知也。夫秦必释赵之患而移兵于韩，愿陛下幸复察图之，而赐臣报决。”

【注释】

①曩(nǎng)：从前，过去。

②菹(zū)戮：碎尸。菹，切碎肉块。

③暴(pù)身：暴尸示众。

④铎：古代乐器，大铃的一种。

⑤反掖：反于掖下，指从肘腋下发动叛变。

【译文】

“现在赵国准备聚集军队，最终会以秦国为目标，赵国派人来向韩国借道，说是要进攻秦国，但这种形势一定是先攻打韩国而后攻打秦国。况且下臣我听说过这样的话：‘嘴唇没有了，牙齿就会寒冷。’秦国和韩国不能不同忧共患，这种情形可以看出。魏国想要调兵来进攻韩国，秦国便派人将魏国派去秦国联络的使者送到韩国。现在秦王派他的臣子李斯来韩国却不能见到您韩王，恐怕您身边的大臣又在沿袭从前背叛秦国的计策，而使韩国又有失去土地的祸患。下臣李斯我不能见到您，请求回去汇报，秦国和韩国的邦交一定会断绝。李斯我来出使的目的，是为了讨得秦王的欢心，希望给您献上有利的计谋，难道这就是陛下您用来迎接我的适宜方式吗？下臣李斯我希望能见您一面，上前向您讲出我愚拙的计策，再退回来接受刑罚，恳请陛下留意我的这番话。现在您把我杀死在韩国，大王您并不因此而强大，如果您不听我的计策，那必然会构成祸患。秦国发兵不停地前进，那么韩国的江山就堪忧了。下臣李斯我如果在韩国被暴尸示众，那么您想再听下臣我愚忠的计策，也不可能了。等到您的国家边境残破，国都需要坚守，战鼓之声在耳边回响，那时才采用下臣我李斯的计策，已经晚了。况且韩国的兵力在天下的地位是可以知道的，现在又背叛了强大的秦国。如果军队弃守城邑而吃了败仗，那么内部谋叛的人一定会乘虚攻击城邑。城邑丢弃了，那么人马兵器也就散了，人马兵器散了，那国家就没有武装了。如果固守城市，那么秦国一定会出兵围攻其中的一座大城市，道路交通被阻断，就难以谋划，这种形势就无法挽救，左右大臣的计谋又不适用，希望大王您认真考虑。如果下臣我李斯所说的有不符合事实的地方，也希望大王您能让我把话说完，然后再把我送到行刑官那里去也不迟。秦王吃不香，游玩不快乐，心里专门想着谋取赵国，派下臣李斯我来传话，希望能亲自见到您，和大王您商量计策。如今作为使臣的我无法与您通报，那么韩国的忠诚就无法让人知道。秦国一定会放下赵国这个祸患而把兵力转向韩国，希望陛下您再一次认真考虑这个问题，赐给我您的答复。”

难言

【题解】

本篇陈述了向君主进言的困难，故题名“难言”。这应该是韩非入秦以前向韩王的一篇上书。文章先概括陈述了向君主进言时经常受到的各种曲解和诬蔑，接着列举出历史上许多才士能臣向君主进言不被采用反遭杀戮的例子，说明“度量虽正，未必听也；义理虽全，未必用也”的道理，并劝君主体察“世之仁贤忠良有道术之士”的真心，听取他们的进言。

臣非非难言也，所以难言者：言顺比滑泽，洋洋纚纚然[①]，则见以为华而不实；敦祗恭厚，鲠固慎完，则见以为掘而不伦[②]；多言繁称，连类比物，则见以为虚而无用；总微说约，径省而不饰，则见以为刿而不辩[③]；激急亲近，探知人情，则见以为谮而不让；闳大广博[④]，妙远不测[⑤]，则见以为夸而无用；家计小谈，以具数言，则见以为陋；言而近世，辞不悖逆，则见以为贪生而谀上；言而远俗，诡躁人间，则见以为诞；捷敏辩给，繁于文采，则见以为史；殊释文学，以质信言，则见以为鄙；时称诗书，道法往古，则见以为诵。此臣非之所以难言而重患也。

【注释】

①缅缅(sǎ)然:有条理的样子。

②掘而不伦:笨拙而不成体统。掘,通"拙"。

③刿(guì)而不辩:锋芒太露而不善于辩说。刿,刺伤。

④闳:通"宏"。

⑤妙远不测:深远而不可捉摸。妙,通"眇",高远之义。

【译文】

下臣韩非我不是没有能力进言,之所以难于进言在于:言语和顺而流畅,丰富而有条理,就被认为是华而不实;言语厚道而恭敬,鲠直而周到,就被认为是笨拙不成体统;讲话论说过多、繁征博引,广作比拟,就被认为是空洞无用之言;概括精微的道理而简要述说,直率而简略,就被认为是直白显露而不够委婉;激烈明快而无所避讳,触及他人内心的隐情,就被认为是诬陷而不懂谦让;宏大广博,深远难测,就被认为是夸夸其谈,大而无当;家长里短,一件件细细慢谈,就被认为是浅薄短见;言词切近世俗,词语不违背众人之情,就被认为是贪生怕死、不敢直言,只会奉承当今的君王;言谈不同于世俗,跟世人见解两样,就被认为是荒诞不经;反应敏捷而雄辩,文采斐然,就被认为是藻饰过多而不够质朴;弃绝文献典籍的征引,质朴诚实一一陈说,就被认为是粗俗无文;不时称引《诗》《书》等先圣典章,称道效法古代的圣贤,就被认为是死背古书,不懂实践。这些就是下臣韩非我所以难于向君主进言而深感忧虑的地方。

故度量虽正,未必听也;义理虽全,未必用也。大王若以此不信,则小者以为毁訾诽谤,大者患祸灾害死亡及其身。故子胥善谋而吴戮之[①],仲尼善说而匡围之[②],管夷吾实贤而鲁囚之[③]。故此三大夫岂不贤哉?而三君不明也[④]。上古有汤[⑤],至圣也;伊尹[⑥],至智也。夫至智说至圣,然且七十说而不受,身执鼎俎为庖宰,昵近习亲,而汤乃仅知其贤而用之。故曰:以至智说至圣,未必至而见受,伊尹说汤是也;以智说愚必不听,文王说纣是也[⑦]。故文王说纣而纣囚之;翼侯炙[⑧];鬼侯腊[⑨];比干剖心[⑩];梅伯醢[⑪];夷吾束缚;而曹羁奔陈[⑫];伯里子道乞[⑬];傅说转鬻[⑭];孙子膑脚于魏[⑮];吴起抆泣于岸门[⑯],痛西河之为秦[⑰],卒枝解于楚[⑱];公叔痤言国器反为悖[⑲],公孙鞅奔秦[⑳];关龙逢斩[㉑];苌弘分胣[㉒];尹子阱于棘[㉓];司马子期死而浮于江[㉔];田明辜射[㉕];宓子贱、西门豹不斗而死人手[㉖];董安于死而陈于市[㉗];宰予不免于田常[㉘];范雎折胁于魏[㉙]。此十数人者,皆世之仁贤忠良有道术之士也,不幸而遇悖乱暗惑之主而死。然则虽贤圣不能逃死亡避戮辱者,何也?则愚者难说也,故君子难言也。且至言忤于耳而倒于心,非贤圣莫能听,愿大王熟察之也。

【注释】

①子胥:指伍子胥,名员,春秋时楚国人,后为吴大夫。他先帮助吴王阖闾打败了楚国,后帮助吴王夫差打败了越国,最后因吴王夫差听信谗言,被赐剑自杀。

②仲尼:孔子名丘,字仲尼。匡:春秋时宋国的地名,位于今河南长垣西南。孔子游说诸侯,曾在匡地遭到围攻。

③管夷吾:管仲名夷吾,春秋时齐桓公的相。鲁囚之:管仲曾帮助齐国的公子纠与公子小白(即后来的齐桓公)争夺齐国的君位,

公子纠失败后，管仲在鲁国被囚禁，后被捆绑交给齐人。

④三君：指吴王夫差、匡地的行政长官和当时鲁国的国君，韩非此处为了行文方便都称为国君。

⑤汤：指商汤，商朝的开国君主。

⑥伊尹：商汤的相，在商汤建国的过程中发挥了重要作用。

⑦文王说纣：周文王劝说商纣王。文王，指周文王姬昌。纣，指商纣王，名受辛，商代最后一个君主，是个暴君。

⑧翼侯：即鄂侯，商纣王的臣子，据说他劝说商纣王而被烤死。

⑨鬼侯：又称九侯，商纣王的臣子，据说他因劝说商纣王而被杀死，做成干肉。腊(xī)：制成干肉。

⑩比干：商纣王的叔父，据说他因劝说商纣王而被剖心而死。

⑪梅伯醢(hǎi)：据说梅伯因屡谏商纣王而被剁成肉酱。梅伯，人名，商纣王的臣子。醢，剁成肉酱。

⑫曹羁奔陈：前670年，戎入侵曹国，曹国大夫曹羁劝曹伯宜守不宜攻，曹伯不听，战败而死。曹羁逃奔到陈国。

⑬伯里子道乞：百里奚原是虞国的大夫，后来到秦国，辅佐秦穆公成为霸主，但曾在齐国因困苦而沿路乞食。伯里子，即百里奚。

⑭傅说转鬻(yù)：傅说原是奴隶，在做商王武丁的相之前，曾被几次转卖。傅说，人名，商王武丁的相。转鬻，转卖。

⑮孙子膑脚于魏：孙膑曾在魏国被挖掉膝盖骨。孙子，孙膑，孙武的子孙，距孙武百余年，著有《孙膑兵法》一书。膑，挖掉膝盖骨的刑罚。

⑯吴起：战国时卫国人，先担任魏国将领，后来到楚国，任楚悼王令尹，楚悼王死后被杀。吴起在担任魏国的西河守时，因魏武侯听信谗言将他召回，他预计这个地方会被秦国夺去，回头眺望，痛心流泪。抆(wěn)：擦拭。岸门：地名，位于今山西河津南。

⑰西河：魏国郡名，位于今陕西东部靠近黄河一带，因为在黄河以

西，故名“西河”。

⑱枝：通“肢”，肢解。

⑲公孙痤（cuó）：人名，魏惠王的相。

⑳公孙鞅：即商鞅，战国时卫国人，称卫鞅，因先在魏国为公孙痤的家臣，故称公孙鞅；又因在秦国实行变法，立有军功，被封为商君，后人也称之为商鞅。

㉑关龙逄（páng）：夏桀王的大臣，因为向夏桀进谏被杀。

㉒苌弘：人名，春秋时周灵王、景王、敬王时的大臣。胣（chǐ）：裂腹剖肠。

㉓尹子：人名，事迹不详。棘：丛生的荆棘，这里比喻牢狱。

㉔司马子期：即楚公子诘，楚惠王时曾担任大司马，故称为“司马子期”。他在前479年，楚国的白公胜发动政变时被杀。

㉕田明：人名，事迹不详。辜射：通“辜磔”，指分尸的酷刑。

㉖宓子贱：人名，孔子的学生，曾在单（shàn）父（位于今山东单县南）任官。西门豹：魏国人，魏文侯时任地方官，不信神，带领民众治水开渠，推动了当地农业的发展。二人“不斗而死人手”的史实不详。

㉗董安于：一作董阏于，春秋末期晋国人，晋卿赵鞅的家臣。

㉘宰予不免于田常：宰予最终遭到田常的杀戮。宰予，一名宰我，孔子的学生，曾在齐国做临淄大夫。田常，即田成子，春秋末期齐国的大夫，后杀掉齐简公控制齐国政权。宰予因反对田常而被杀。

㉙范雎（jū）：字叔，战国时魏国人。早年在魏国时，曾受人陷害被打断肋骨，后逃到秦国，改名张禄，做了秦昭襄王的相，受封为“应侯”。

【译文】

所以提出的办事原则虽然正确，君主不一定会听从；治国的道理虽然完美，君主不一定会采用。大王您如果认为这些话不可靠，轻则可以把这些话看作诋毁与诽谤，重则就会使说这些话的人遭祸处死。因此伍子胥善于谋划吴国却杀了他，孔子会游说人主却遭到匡人的围困，管仲确实贤能鲁君却将他囚禁起来。伍子胥、孔子、管仲这三位大夫难道没有才能吗？而是吴国、匡地和鲁国这三个国家的君主不明智。上古的商汤，是极圣明的君主；伊尹，是最明智的大臣。最明智的大臣向最圣明的君主陈述自己的治国主张，尚且说了七十次而不被接受，最后伊尹只好亲自操炊具去为商汤做厨师，通过亲近使商汤熟悉接受自己，商汤这时才知道伊尹贤能而使用他。因此说：以最明智的臣子去向最圣明的君主进言，这样的臣子也不一定会被接受，伊尹向商汤进言就是如此；以明智的大臣向愚昧的君主进言一定不会被采纳，周文王向商纣王进言就是如此。所以周文王向商纣王进言商纣王却将他囚禁起来；翼侯被纣王烤死；鬼侯被纣王制成了干肉；比干被纣王剖了心；梅伯被纣王剁成了肉酱；管仲被鲁庄公捆绑；而曹羁逃奔到了陈国；百里奚在齐国沿路乞食；傅说做奴隶时被多次转卖；孙膑在魏国被挖掉了膝盖骨；吴起在岸门抹眼泪，痛哭西河之地将要成为秦国的领土，他自己最后在楚国被肢解；公孙痤向魏惠王推荐杰出的人才反被认为是说胡话，商鞅则逃到了秦国；关龙逢向夏桀进谏而被斩首；苌弘向周王进谏遭到裂腹剖肠；尹子被关进了牢狱；司马子期被杀抛尸江上；田明受到了分尸的酷刑；宓子贱、西门豹不与人争斗却被他人所杀；董安于被逼自杀而后又陈尸街市示众；宰予最终遭到田常的杀戮；范雎在魏国遭到陷害被打折了肋骨。这十几位士人，都是当时社会的仁厚贤德忠良有本领的人，不幸遇上了荒谬昏乱的君主而死。这就说明了即使是贤能明智之士也不能逃避死亡，躲开受刑凌辱，这是什么原因呢？是昏庸的君主难以劝谏，所以有道的君子难以进言。况且恳切合理的意见逆耳而不顺心，如果不是圣贤之君是听不进去的，我希望大王您对此深思熟虑。

爱臣

【题解】

本篇取篇首二字为题。爱臣，即君主所宠爱的大臣。本篇的主旨是阐述君主所宠爱的大臣潜在的危害，目的是告诫君主，必须对大臣严加防范，防止他们坐大、篡权。历史上的所有颠覆国家、弑君夺权的事情的发生，都是由于大臣权势过大的结果。因此，明君对于“爱臣”应依法办事，用各种措施使他们循规蹈矩。

爱臣太亲，必危其身；人臣太贵，必易主位；主妾无等，必危嫡子；兄弟不服，必危社稷。臣闻千乘之君无备[①]，必有百乘之臣在其侧[②]，以徙其民而倾其国；万乘之君无备[③]，必有千乘之家在其侧[④]，以徙其威而倾其国。是以奸臣蕃息，主道衰亡。是故诸侯之博大，天子之害也；群臣之太富，君主之败也。将相之管主而隆家，此君人者所外也。万物莫如身之至贵也，位之至尊也，主威之重，主势之隆也。此四美者，不求诸外，不请于人，议之而得之矣[⑤]。故曰：人主不能用其富，则终于外也。此君人者之所识也[⑥]。

【注释】

①千乘(shèng)之君:拥有一千辆兵车的君主,这里泛指中等国家的君主。

②百乘之臣:拥有一百辆兵车的大臣,这里泛指中等国家的大臣。

③万乘之君:拥有一万辆兵车的君主,这里指大国的君主。

④千乘之家:拥有一千辆兵车的大夫。家,私家、大夫,指大国的权臣。

⑤议:通“义”,适宜。

⑥识(zhì):记,记住。

【译文】

宠爱的大臣过于亲近,一定危及君主本身;大臣的地位太尊贵,一定会改变君主的权位;王后和妃子没有了主次等级,一定会危及正妻所生的嫡子;王子之间弟弟不服从兄长,一定会危及国家的安定。我听说千乘之君没有戒备,一定会有百乘之臣在他的旁边窥视,准备夺走他的百姓颠覆他的国家;万乘之君没有戒备,一定会有千乘的私家大夫在他身边窥视,以便夺走他的权势倾覆他的国家。因此奸臣繁衍滋长,君主的统治就会衰亡。所以诸侯强大,是天子的祸害;群臣过于富有,君主就会衰败;将相控制君主而使私家兴盛起来,这是做君主的所要加以排除的。在万事万物中,没有比君主自身更高贵的,没有比君位更尊严的,没有比君主的威力更强大的,没有比君主的权势更隆盛的。这四种美好的东西,不需向外面去寻求,不用向他人请求赐予,措置适宜就可以得到。所以说:人主如果不能利用自己的财富,终会被奸臣所窃取。这是一个统治天下的君主所要记住的。

昔者纣之亡①,周之卑②,皆从诸侯之博大也;晋之分也③,齐之夺也④,皆以群臣之太富也。夫燕、宋之所以弑其君者⑤,皆此类也。故上比之殷、周,中比之燕、宋,莫不从此术也。是故明君之蓄其臣也⑥，尽之以法，质之以备。故不赦死，不宥刑，赦死宥刑，是谓威淫。社稷将危，国家偏威。是故大臣之禄虽大，不得借威城市；党与虽众，不得臣士卒。故人臣处国无私朝，居军无私交，其府库不得私贷于家。此明君之所以禁其邪。是故不得四从⑦，不载奇兵；非传非遽⑧，载奇兵革，罪死不赦。此明君之所以备不虞者也。

【注释】

①纣：指商纣王，商朝的最后一个王。

②周：指东周王朝。

③晋之分：指前403年晋国的卿韩氏、赵氏、魏氏三家瓜分了晋国，建立了三个封建国家。

④齐之夺：指前481年齐国当权的大臣田常（田成子）发动政变，杀死齐简公，控制政权，史称"田氏代齐"。

⑤燕、宋之所以弑其君者：指前316年燕王哙让国于他的大臣子之和此前宋国大夫司城子罕劫杀宋桓侯的事。

⑥蓄：蓄养。

⑦四从：四匹马拉的车作为随从。四，通"驷"，指四匹马拉的车子。从，指随从的车。

⑧传：传车，驿车。遽：传送紧急文件的驿马。

【译文】

从前商纣王灭亡，东周走向卑弱，都是源于诸侯的强大；晋国被瓜分，齐国被他人夺取，都因为大臣们太富有了。燕国、宋国之所以国君被人劫杀，都是因为这种缘故。所以远处对照商、周的亡国，近世对照燕、宋的弑君，都是走的这条道路。因此英明的君主蓄养他的臣子，完全让他们按照法律办事，正直规矩。所以君不赦免死罪，不减轻刑罚；

赦免死罪而减轻刑罚，这就叫做散失威权，国家将会危急，国家的大权就会旁落。国家将要倾覆，君权先旁落于大臣之手。因此大臣的俸禄虽然丰厚，也不能凭借威势在城中炫耀；大臣的党羽虽然很多，也不能将士兵作为自己的私属。所以作为人臣在国都中不能有私家的朝会，在军队任职时跟他国没有私下的交往，他们仓库里的财物不能私自借给私家。这是英明的君主用来禁止大臣奸邪的方法。因此大臣不能有四匹马拉的车子相随，车上不能带任何兵器；不是递送紧急公文的车马，如果私自带了一件武器，也要判处死刑而不予赦免。这是英明的君主所用来防止不测的措施。

主道

【题解】

主道，就是为君之道。

文章继承黄老学派的思想，批判地改造了道家学说，将道家虚静无为的哲学思想运用到政治生活中去，作为君主治国用人的基本原则。

文章分三个层次：第一个层次是论述“明君守始以知万物之源，治纪以知善败之端”，君主应保持虚静无为，遇事不表露自己的欲望和成见，使臣下无法探测君主的心意，以杜绝他们窥测君意、窃国篡权的企图；第二个层次是根据“道在不可见，用在不可知；虚静无事，以暗见疵”的原则，以静制动，以不变应万变，借助形名参验之术来督责臣下，验证其言行、事功是否相符；第三个层次是强调君主依据验证的结果，严行赏罚。臣下确实有功，“虽疏贱必赏”，确实有过，“虽近爱必诛”，使运用形名参验之术的结果落到实处。

本篇用韵文写成，句式整齐而凝练，别具一格。

道者，万物之始，是非之纪也。是以明君守始以知万物之源，治纪以知善败之端。故虚静以待，令名自命也，令事自定也。虚则知实之情，静则知动者正[①]。有言者自为名，有事者自为形，形名参同，君乃无事焉，归之其情。故曰：君无见其所欲[②]，君见其所欲，臣自将雕琢[③]；君无见其意，君见其意，臣将自表异[④]。故曰：去好去恶[⑤]，臣乃见素[⑥]；去旧去智，臣乃自备。故有智而不以虑，使万物知其处；有贤而不以行，观臣下之所因；有勇而不以怒，使群臣尽其武。是故去智而有明，去贤而有功，去勇而有强。群臣守职，百官有常，因能而使之，是谓习常。故曰：寂乎其无位而处，漻乎莫得其所[⑦]。明君无为于上，群臣竦惧乎下[⑧]。明君之道，使智者尽其虑，而君因以断事，故君不穷于智；贤者敕其材[⑨]，君因而任之，故君不穷于能；有功则君有其贤，有过则臣任其罪，故君不穷于名。是故不贤而为贤者师，不智而为智者正。臣有其劳，君有其成功，此之谓贤主之经也。

【注释】

①者：通"诸"，之。

②见：同"现"。下文"见其欲"、"见其意"、"见素"之"见"皆同此。

③雕琢：指精心粉饰自己的言行。

④表异：表现出违背真实情况，即伪装。

⑤好恶(hào wù)：爱好、厌恶。

⑥素：本色，这里指实情。

⑦漻(liáo)乎：寥廓，高远空旷的样子。漻，通"寥"。

⑧竦(sǒng)：通"悚"，害怕，恐惧。

⑨敕其材：鼓励他们进献自己的才能。敕，慰勉、鼓励。材，通"才"，才能。

【译文】

道，是万物的本原，是非的准则。所以圣明的君主把握这个本原以了解万物的由来，研究这个准则以认识事情成败的原因。因此君主用虚静的态度对待一切，让事物以它所反映的内容来确定名称，让事情以它自身的性质去形成。保持无成见的虚心，就能知道事物的真相；保持宁静，就能知道行动是否正确。发言的自己会形成名声，做事的自己表现出形状，让言行验证相合，君主就可以无所事事，而让事物呈现出它们的真相。所以说：君主不要表现出自己的爱好，君主表现出自己的爱好，臣子们就将要去精心粉饰自己的言行；君主不要表现出自己的意图，君主表现出自己的意图，臣子们就要去极力伪装自己的观点。所以说：君主不要表现出自己的好恶，臣下就会表现出自己的本真之情；君主去掉自己的成见与智巧，臣下就会处处谨慎对待。因此君主虽然富有智慧却不用智慧思虑，让世上万物各处于自己的位置；富有才能却不凭才能去行事，以此来观察臣下言行的依据；有勇力也不用来逞威，而让群臣完全发挥出他们的武勇。所以君主去掉自己的智慧而臣下就表现出他们的明智，去掉自己的贤能而臣下就会逞贤立功，去掉自己的勇力而获得国家的强大。群臣各尽自己的职守，百官都有常法，君主根据他们各人的才能而加以使用，这就叫做遵照常规办事。所以说：寂静啊！君主好像没有处于君位；寥廓啊！臣下不知道君主在哪里。君主在上面无为而治，群臣在下面诚惶诚恐地尽职。圣明君主的处事原则，是让明智的人完全使出他们的智慧去思虑问题，而君主借助他们的智慧去决断政事，因此君主不会在智慧上有穷尽；有才能的人进献出他们的才干，君主依据他们的才能任用他们，因此君主不会在才能上有穷尽；获得成功君主就有了贤能的名声，有过错就让臣下来承担罪过，所以君主在好名声上没有穷尽。所以君主不贤而能做贤者的老师，不智而能做智者的君长。臣下承担辛劳，君主享受成功，这就叫做贤明君主的守常之道。

道在不可见，用在不可知；虚静无事，以暗见疵。见而不见，闻而不闻，知而不知。知其言以往，勿变勿更，以参合阅焉。官有一人,勿令通言,则万物皆尽。函掩其迹[①],匿其端,下不能原;去其智,绝其能,下不能意。保吾所以往而稽同之,谨执其柄而固握之。绝其望,破其意,毋使人欲之。不谨其闭,不固其门,虎乃将存[②]。不慎其事,不掩其情,贼乃将生。弑其主,代其所[③],人莫不与[④],故谓之虎。处其主之侧为奸臣,闻其主之忒,故谓之贼。散其党,收其余,闭其门,夺其辅,国乃无虎。大不可量,深不可测,同合刑名[⑤],审验法式,擅为者诛,国乃无贼。是故人主有五壅:臣闭其主曰壅,臣制财利曰壅,臣擅行令曰壅,臣得行义曰壅,臣得树人曰壅。臣闭其主,则主失位;臣制财利,则主失德;臣擅行令,则主失制;臣得行义,则主失明;臣得树人,则主失党。此人主之所以独擅也,非人臣之所以得操也。

【注释】

①函掩:包含、掩盖。函,通"含",包含。

②虎:喻指阴谋篡权夺位的臣子。

③所:处所,这里指君位。

④与:听从,引申为归附。

⑤刑名:即"形名"。刑,通"形"。

【译文】

做君主的原则在于不能让臣下看出自己的心意,这个原则的运用在于不能使臣下知道自己的想法;君主保持虚静无为的态度,隐蔽地观察臣下的过失。看见了就好像没看见,听见了就好像没听见,知道了就好像不知道。君主了解臣下的主张之后,不要变更它,应用验证的办法考察他的言行是否合一。每个官职都只有一个人,不要让他们互相通气交谈,那么一切事情的真相就全都显露了。君主严密地包藏起自己的行迹，隐蔽起自己的念头，臣下无从探测；君主去掉自己的智慧，不要表现自己的才能，臣下就无法揣度。保守我所向往的意愿而考察臣下是否和我相同，谨慎地抓住权柄而牢固地把握它。杜绝臣下的窥视，破除他们的揣度，不要使人贪图我的权柄。不能谨慎地插好门栓，不牢固地守好你的门户，那么阴谋篡权的臣子就会像老虎一样闯入。不能谨慎地行事，不掩饰你的真实意图，奸臣的企图就将会产生。杀掉自己的君主，取代君主的位置，没有人不归附于他，所以这样的奸臣就叫做虎。潜伏在君主的身边，窥伺着君主疏忽出错的时候，所以这样的奸臣就叫做贼。君主应离散奸臣的同党，收审他的余孽，阻塞他的私门，铲除他的帮凶，国家就没有老虎了。君主的意图决策显得广大无边，深不可测，对臣下的言行加以审核，要求达到完全一致，擅自行动就要严惩，国家就不会有奸贼了。因此君主会受臣下五种蒙蔽：臣下遮蔽君主的耳目是一种蒙蔽，臣下控制君主的财利是一种蒙蔽，臣下擅自发号施令是一种蒙蔽，臣下收取仁义的名声是一种蒙蔽，臣下培植私人党羽是一种蒙蔽。臣下闭塞君主的耳目，君主就失去了其俯视天下的地位；臣下控制国家的财利，君主就失掉了以利收买人心的恩德；臣下擅自发号施令，君主就失去了对号令的控制；臣下能施行仁义获取名声，君主就失去了他的圣明；臣下能够拉帮结伙、培植党羽，君主就真的变成了孤家寡人。这些方面本来是君主所独自掌握的，不是臣下所能操纵的。

人主之道，静退以为宝。不自操事而知拙与巧，不自计虑而知福与咎。是以不言而善应，不约而善增。言已应，则执其契[1]；事已增，则操其符[2]。符契之所合，赏罚之所生也。故群臣陈其言，君以其言授其事，事以责其功。功当其事，事当其言，则赏；功不当其事，事不当其言，则诛。明君之道，臣不得陈言而不当。是故明君之行赏也，暧乎如时雨[3]，百姓利其泽；其行罚也，畏乎如雷霆，神圣不能解也。故明君无偷赏，无赦罚。赏偷，则功臣堕其业[④]；赦罚，则奸臣易为非。是故诚有功，则虽疏贱必赏；诚有过，则虽近爱必诛。疏贱必赏，近爱必诛，则疏贱者不怠，而近爱者不骄也。

【注释】

①契：古代一种凭证。在竹简或木片上刻字，分成两半，当事人双方各执一半，验证时将两半相合。

②符：古代调兵遣将时的凭证。用竹、木或铜、玉制成，中分为二，双方各执一半，验证时将两半相合。

③暖乎：温润的样子。

④堕其业：懈惰他们的事业。堕，通“惰”，懈惰。

【译文】

君主的原则，要将“静退”视为珍宝。不自己亲自操劳事务而知道臣下做得好与不好，不自己谋划考虑事情而知道臣下的计谋是得祸还是得福。所以君主不说话却善于应对，不对臣下作规定而臣下却能做更多的事情。既然口头上已对臣下的主张做出反应，就应该拿出契约来检查；事情既然增加了功效，就应拿出符契来兑现。以符契相合来验证，就是赏罚所以形成的依据。所以群臣陈述他们的想法，君主按他们陈述的主张交给他们要办的事务，根据交给他们的事情来责求应有的功效。功效与事情相称，事情与他们当初的言辞相称，就给予奖赏；功效与事情不相称，事情与他们当初的主张不相称，就给予严惩。圣明君主的行事原则，臣下不能陈述自己的主张而不恰当。所以圣明的君主施行赏赐，就像及时雨那样温润，百姓都蒙受他的恩泽；君主施行刑罚，就像雷霆那样威严，就是神圣也不可能解脱。因此圣明的君主不会随便给予赏赐，不会赦免应该给予的刑罚。随便给予奖赏，那么功臣就会懈惰他们的功业；赦免应有的刑罚，那么奸臣就会轻易地为非作歹。所以确实有功，即使是与自己关系疏远而卑贱的人也一定奖赏；确实有错，那么就算是自己亲近喜爱的人也一定要严惩。疏远卑贱的人一定奖赏，亲近喜爱的人一定惩罚，那么疏远卑贱的人就会兢兢业业，而亲近喜爱的人也不会骄横了。

有 度

【题解】

有度，意即治理国家要有法度。

文章强调法度治国的重要性，认为国家强弱、治乱的关键，就在于是否能奉法或奉公法、去私意，这一点可以从古代历史事实中得到证明。全文共用五段来论述自己的观点。第一段，引用楚、齐、燕、魏四国之事为例，说明强弱在于是否奉法；第二段，讲君主必须以法为准则择人量功；第三段，讲臣下应奉公守法，一心一意为君主办事；第四段，论君主不必亲自察看百官而应任势用法，这样就能做到轻松治国；第五段，论法的神圣，君主要做到“法不阿贵，绳不挠曲”，保持其客观公正性。

《有度》是《韩非子》一书中少有的专论其“法”学说的一篇，其中有不少地方与《管子·明法》相同，但这并不能说明《有度》不是韩非所作。

国无常强，无常弱。奉法者强，则国强；奉法者弱，则国弱。荆庄王并国二十六[①]，开地三千里；庄王之氓社稷也[②]，而荆以亡。齐桓公并国三十[③]，启地三千里；桓公之氓社稷也，而齐以亡。燕襄王以河为境[④]，以蓟为国[⑤]，袭涿、方城[⑥]，残齐[⑦]，平中山[⑧]，有燕者重，无燕者轻；襄王之泯社稷也，而燕以亡。魏安釐王攻燕救赵[9]，取地河东[10]，攻尽陶、魏之地[11]；加兵于齐，私平陆之都[12]；攻韩拔管[13]，胜于淇下[14]；睢阳之事[15]，荆军老而走；蔡、召陵之事[16]，荆军破；兵四布于天下，威行于冠带之国；安釐王死而魏以亡。故有荆庄、齐桓，则荆、齐可以霸；有燕襄、魏安釐，则燕、魏可以强。今皆亡国者，其群臣官吏皆务所以乱而不务所以治也。其国乱弱矣，又皆释国法而私其外，则是负薪而救火也，乱弱甚矣！

【注释】

①荆庄王并国二十六：楚庄王吞并了二十六国。荆庄王，即楚庄王，春秋时期楚国的君主，“春秋五霸”之一。并国二十六，据《左传》和《史记·十二诸侯年表》，楚庄王在位期间曾灭庸等国，侵伐他国共十四次，其余不详。

②泯：通“泯”，灭，死。社稷：土地神和谷神，象征国家。

③齐桓公并国三十：齐桓公吞并了三十个国家。齐桓公，即齐国公子小白，即位后为桓公，著名的“春秋五霸”之一。并国三十，据史载，齐桓公曾灭谭、遂、项三国，侵伐他国二十三次，其余不详。

④燕襄王：即燕昭王，又称昭襄王，所以史书上有时称燕昭王，有时称燕襄王。

⑤蓟(jì)：燕国的都城，位于今北京西南。

⑥涿：燕国地名，位于今河北涿州。方城：燕国地名，位于今河北固安西南。

⑦残齐：攻破齐，指燕昭王二十八年(前284)燕联合秦、赵、韩、魏等国攻齐，燕将乐毅攻破齐国，攻占了齐国七十多座城池。

⑧平中山：灭掉了中山国，指燕昭王十七年(前295)燕国帮助赵国

灭掉了中山国。中山,战国时白狄鲜虞族建立的国家,位于今河北灵寿至唐县一带。

⑨魏安釐王攻燕救赵:指魏安釐王五年(前272)魏攻打燕国和魏安釐王二十年(前257)援救赵国之事。

⑩取地河东:指前257—前256年,魏公子无忌在河东(黄河以东的今山西南部)打败秦军,夺取了被秦国侵占的河东地区。

⑪陶:定陶,位于今山东定陶北。魏:指卫。战国后期,卫国疆域只剩下今河南濮阳一带,和陶接壤,长期依附于魏国,后被魏所灭,所以这里以"魏"代"卫"。

⑫平陆:战国时齐国的五都之一,位于今山东汶上西北。

⑬攻韩拔管:指魏公子无忌出兵攻打韩国管地一事。管,韩国地名,位于今河南郑州东北。

⑭淇:淇水,卫河的支流,在今河南东北部。

⑮睢阳:宋国地名,位于今河南商丘南。

⑯蔡:指上蔡,楚国地名,位于今河南上蔡西南。召(shào)陵:楚国地名,位于今河南郾城东。

【译文】

一个国家不可能永久强大,也不可能永久衰弱。君主坚决按法办事,国家就强大;君主完全不按法办事,国家就衰弱。楚庄王曾吞并了二十六个国家,开拓三千里疆域;楚庄王抛弃国家死亡之后,楚国便随之衰弱。齐桓公吞并了三十个国家,开辟了三千里疆土;齐桓公死后,齐国因此衰弱。燕昭王以黄河作为国境,以蓟为国都,又将涿、方城作为国都的外城,攻破了齐国,消灭了中山国,得到燕国支持的国家威望就重,没有燕国支持的国家威望就轻;燕昭王死后,燕国也因此衰弱。魏安釐王攻打燕国救援赵国,夺回了河东魏国的故地,完全攻占了定陶和卫国领土;对齐国用兵,夺取了齐国的平陆之都;攻占了韩国的管地,又在淇水下游取胜;在睢阳的战事中,楚军因长期作战疲惫不堪而逃走;在蔡和召陵的战争中,楚军被打败;魏国的军队布满天下,威风传遍中原文明发达的国家;魏安釐王死后魏国随之衰弱。所以有了楚庄王、齐桓公,楚国和齐国就可以称霸;有了燕昭王、魏安釐王,燕国和魏国就可以强大。现在这些国家都衰弱了,是因为它们的群臣官吏都去干那些使国家乱而不是使国家治的事情。这些国家本已经混乱衰弱了,他们的群臣又舍弃国法而营私舞弊,这就如同背着干柴而去救火,国家会更加混乱和衰弱。

故当今之时,能去私曲就公法者,民安而国治;能去私行行公法者,则兵强而敌弱。故审得失有法度之制者,加以群臣之上,则主不可欺以诈伪;审得失有权衡之称者,以听远事,则主不可欺以天下之轻重。今若以誉进能,则臣离上而下比周;若以党举官,则民务交而不求用于法。故官之失能者其国乱。以誉为赏,以毁为罚也,则好赏恶罚之人[1],释公行,行私术,比周以相为也。忘主外交,以进其与,则其下所以为上者薄矣。交众、与多,外内朋党,虽有大过,其蔽多矣。故忠臣危死于非罪,奸邪之臣安利于无功。忠臣之所以危死而不以其罪,则良臣伏矣;奸邪之臣安利不以功,则奸臣进矣:此亡之本也。若是,则群臣废法而行私重,轻公法矣。数至能人之门[2],不一至主之廷;百虑私家之便,不一图主之国。属数虽多,非所以尊君也;百官虽具,非所以任国也。然则主有人主之名,而实托于群臣之家也,故臣曰[3]:亡国之廷无人焉。廷无人者,非朝廷之衰也。家务相益,不务厚国;大臣务相尊,而不务尊君;小臣奉禄养交,不以官为事。此其所以然者,由主之不上断于法,而信下为之也。故明主使法择人，不自举也；使法量功，不自度也。能者不可弊④，败者不可饰，誉者不能进，非者弗能退⑤，则君臣之间明辩而易治⑥，故主雠法则可也⑦。

【注释】

①好(hào)赏恶(wù)罚：喜欢奖赏，厌恶刑罚。好，喜欢。恶，厌恶。

②数(shuò)：屡次，多次。

③臣：韩非自称。

④弊：通“蔽”，遮蔽，引申为埋没。

⑤非：通“诽”，诽谤。

⑥辩：通“辨”，分辨。

⑦雠(chóu)：用，运用。

【译文】

现在这个时代，一个国家能够除掉奸邪谋私之行而遵循国家法令的，老百姓就能安宁而国家就能治理得很好；能除掉图谋私利的行为而实行国家法令的，就会军队强大而敌人弱小。所以明察得失又有法度的规定，凌驾于群臣之上，那么这样的君主就不可能被臣下欺诈；明察得失而又以法度作标准以听取远方的事情，那么君主就不可能被天下轻重颠倒的事所欺骗。现在如果根据声誉选拔人才，那么群臣就会背离君主而在下面结党营私；如果根据朋党的关系来推荐官员，那么老百姓就会努力于结党勾结而不求依法办事。所以官吏不称职，一个国家就会混乱。以虚假的名声为依据奖赏，以诽谤的流言作为依据施行处罚，那么喜欢奖赏而厌恶处罚的人，就会丢掉国家法定的职责，玩弄个人手段，互相包庇利用。臣下不顾及君主而在朝廷外忙于个人私交，利用机会引进他的党羽，那么这些臣下所用来为君主尽力的心思就少了。臣下私交多了，党羽多了，朝廷内外结成死党，虽然有了大的罪过，为他掩盖罪过的人却很多。因此忠臣无罪却遭遇危难而死，奸邪之臣没有功劳却坐享安乐利益。忠臣之所以遭遇危难并不是因为有罪,那么良臣就会隐退不出;奸邪之臣坐享安乐利益不是因他们有功,那么奸臣就能得到进用:这是国家衰亡的根本原因。如果像这样,群臣就会废弃法度而设法捞取个人权势,不把国家的法令当回事了。屡次进出奸臣的家门,一次也不到君主的朝廷去;天天想着自己的好处,一次也不考虑君主国家的利益。君主的下属官吏虽然很多,但都不是朝廷所需要用来尊崇君主的;各种官员虽然一应俱全,但却不是君主所需要用来担任国家大事的。这样就使君主虽有一国之君的名声,实际上则要依附群臣的私家。所以下臣我说:衰亡的国家朝廷中没有人。朝廷里没有人,不是朝廷中的臣子少了。私家致力于相互谋利,不努力于富强国家;大臣们致力于相互尊崇,不努力于尊崇君主;小臣们则拿国家的俸禄去培养私交,不把官职当回事。之所以会造成这种局面,是因为君主在上面不依法决断政事,而听任下面的大臣胡作非为。所以圣明的君主用法制来选拔人才,不凭自己的意愿来用人;按法制来考核臣下的功勋,而不靠自己的主观来推测。有才能的人不被埋没,坏人无从掩饰,徒有虚名的人不能进用,遭受诽谤的人不能被免职,那么君主就能明辨臣下的功过是非而国家就容易治理,所以君主用法就可以了。

贤者之为人臣,北面委质①,无有二心。朝廷不敢辞贱,军旅不敢辞难;顺上之为,从主之法,虚心以待令,而无是非也。故有口不以私言,有目不以私视,而上尽制之。为人臣者,譬之若手,上以修头,下以修足;清暖寒热,不得不救;镆铘傅体②,不敢弗搏。无私贤哲之臣③,无私事能之士。故民不越乡而交,无百里之慼④。贵贱不相逾,愚智提衡而立,治之至也。今夫轻爵禄,易去亡,以择其主,臣不谓廉⑤。诈说逆法,倍主强谏⑥,臣不谓忠。行惠施利,收下为名,臣不谓仁。离俗隐居，而以诈非上，臣不谓义。外使诸侯，内耗其国，伺其危崄之陂[7]，以恐其主曰"交非我不亲，怨非我不解"，而主乃信之，以国听之，卑主之名以显其身，毁国之厚以利其家，臣不谓智。此数物者，险世之说也，而先王之法所简也。先王之法曰："臣毋或作威，毋或作利，从王之指[8]；无或作恶，从王之路。"古者世治之民，奉公法，废私术，专意一行，具以待任[9]。

【注释】

①北面委质：朝北面向君主行礼。北面，古代君主向南而坐，臣下朝见则向北，故称北面。委质，初次见面向尊长献礼称委贽。质，通"贽"，礼物。一说"质"指身体，"委质"指委身于地，朝君礼拜。

②镆铘傅体：宝剑逼近身体。镆铘，一作"莫邪"，古代的宝剑名称。傅，通"附"，加于，逼近。

③无：通"毋"，不要。

④慼：通"戚"，指亲戚。

⑤臣：韩非自称。下文"臣不谓忠"、"臣不谓仁"、"臣不谓义"、"臣不谓智"之"臣"与此同。

⑥倍主强谏：违背君主意图强行谏说。倍，通"背"，违背。

⑦崄(xiǎn)：同"险"。陂(bēi)：山坡。

⑧从王之指：顺从君主的旨意。指，通"旨"，旨意。

⑨具：通"俱"，完全，全部。

【译文】

贤能的人做臣子，向北面朝见君主行礼，忠心不二。在朝廷任职不敢推辞卑贱的任务，在军队不敢拒绝危难的战事；顺从君主的指使，遵守君主的法令,一心一意等待君主的命令,而无个人的是非之见。所以臣子有口不为自己的私利辩说,有眼不为个人的目的察看,而君主能完全加以控制。做人臣的,就像人的手一样,上面用手来修饰头,下面用手来修饰脚;遇到冷暖寒热的侵袭,不得不用手来护卫身体;遇到宝剑逼近身体的时候,不得不用手来格斗。不私心偏袒贤能而有智慧的大臣,不偏爱侍奉有才能的人。所以臣民不跨越乡里到别的地方去交游,没有百里以外的亲戚。贵者和贱者不超越名分界限,愚者和智者以法为准则而立身社会,这是国家治理到了最好的境地。现在那些人轻视朝廷的官爵俸禄,随便就离开自己的君主而另外选择主人,我不认为这种行为是方正的。进言欺诈、违背法令,违反君主的意愿强行劝谏,我不认为这种行为可称为忠。施行恩惠赐与利益,收买人心来抬高自己的名声,我不认为这样的行为能称为仁。逃离社会去隐居,而用欺诈的言论非议君主,我不认为这种行为能称为义。出使其他诸侯国,损耗自己的国家,趁国家危急的时候,威吓自己国家的君主说"要和其他国家结交离开了我就不可能亲近,和其他国家的怨仇没有我就不能解开",而君主就相信他,把国家听任他来处理,他就贬低君主的名声来炫耀自己,损耗国家的财富来为自己的私家谋利,我不认为这种行为是智。这几件事,是动乱社会流行的说法,但却是先王的法令所摒绝的。先王的法令说:"臣下不要逞自己的私威,不要谋求自己的私利,顺从君主的旨意;不要违法作恶,要遵循君主指引的道路。"古时候治理得很好的国家的臣民,奉行国家的法令,抛弃结党谋私的手段,专心一意为君主办事,一切等待君主的任用。

夫为人主而身察百官,则日不足,力不给。且上用目,则下饰观;上用耳,则下饰声;上用虑,则下繁辞。先王以三者为不足,故舍己能而因法数,审赏罚。先王之所守要[1],故法省而不侵。独制四海之内,聪智不得用其诈,险躁不得关其佞,奸邪无所依。远在千里外,不敢易其辞;势在郎中[②],不敢蔽善饰非;朝廷群下,直凑单微,不敢相逾越。故治不足而日有余[③],上之任势使然也。

【注释】

①要:要领,指“因法数,审赏罚”。

②郎中:君主的侍从近臣,负责通报和警卫。

③治不足:没有过多的事情要做,意思是办事不觉得费力。

【译文】

做君主的如果要亲自考察百官,那么就会时间不够用,精力供应不足。况且君主使用眼睛,臣下就会修饰外观;君主使用耳朵,臣下就会修饰声音;君主使用思虑,臣下就会夸夸其谈。先王因为靠耳、目、思虑三者是不够的,所以放弃自己的聪明才智而依靠法术,严明赏罚。先王掌握了“因法数,审赏罚”的要领,所以法令简要而权威不受侵害。独自控制着天下的一切,聪明机巧的人也不能玩弄他们的奸诈,阴险浮躁的人不能施展他们的谄媚口才,奸邪的人就没有什么可依靠的了。臣子虽然远在千里之外,也不敢擅改君主的口令;处在郎中的位置,也不敢隐瞒好事掩饰坏事;朝廷的群臣在下面,都直接将个人微薄的力量汇集到君主那里,不敢相互逾越职守。所以君主就会觉得事情不够办而每天都有闲暇,这是君主任用权势使它这样的。

夫人臣之侵其主也,如地形焉,即渐以往,使人主失端,东西易面而不自知。故先王立司南以端朝夕[①]。故明主使其群臣不游意于法之外,不为惠于法之内,动无非法。峻法,所以禁过外私也;严刑,所以遂令惩下也。威不贰错[②],制不共门。威、制共,则众邪彰矣;法不信,则君行危矣;刑不断，则邪不胜矣。故曰：巧匠目意中绳[3]，然必先以规矩为度；上智捷举中事，必以先王之法为比。故绳直而枉木斫，准夷而高科削，权衡县而重益轻[4]，斗石设而多益少[5]。故以法治国，举措而已矣。法不阿贵，绳不挠曲。法之所加，智者弗能辞，勇者弗敢争。刑过不避大臣，赏善不遗匹夫。故矫上之失，诘下之邪，治乱决缪[6]，绌羡齐非[7]，一民之轨，莫如法。厉官威民，退淫殆[8]，止诈伪，莫如刑。刑重，则不敢以贵易贱；法审，则上尊而不侵。上尊而不侵，则主强而守要，故先王贵之而传之。人主释法用私，则上下不别矣。

【注释】

①司南：古代测定方向的仪器。朝夕：早晨和傍晚，这里指东、西方向。

②威不贰错：威势不能两方面共同树立。贰，指君臣两方面。错，通“措”。置，引申为树立。

③中(zhòng)绳：合乎绳墨。绳，古代木匠取直的墨线。

④县：通“悬”。

⑤斗石：都是容量单位。十斗为一石，重一百二十斤。

⑥缪：通“谬”，谬误。

⑦绌：通“黜”，削减。

⑧殆：通“怠”，怠惰。

【译文】

人臣侵犯他的君主，正如地形一样，是逐渐地改变的，让君主迷失方向，东西方位都改变了还不自知。所以先王要设置司南仪器来帮助测定东、西方向。因此圣明的君主使他的群臣不在法令规定之外打主意，不在法令规定之内随便施加恩惠，一举一动都要依法而行。峻法，是用来禁止过错、防止谋私的方法;严刑,是用来贯彻命令、惩治臣下的手段。威势不能君臣同时树立,权力不能君臣共同拥有。威势和权力如果君臣共同拥有,那么各种违法的活动就会明目张胆地进行;执法不坚决落实,君主就会有危险;执行刑罚不果断,奸邪就不能制服了。所以说:巧妙的木匠用肉眼来测度结果也合乎绳墨,但首先一定要依据规矩来作为法度;智慧极高的人虽能很快把事情做得合适,但必须以先王的法制为标准。因此用墨线来量直,弯曲的木头就要被砍削;用准来测量是否平,那么凸出的部分就要被削掉;用秤来称重量,那么重的就要减些给轻的;设置斗石来量多少,那么多的就要减些给少的。所以用法来治国,就是用法作为标准来衡量事物罢了。法令不偏袒权贵,绳墨不迁就曲木。法令施加到人的身上,有智慧的人不能用言辞来辩解,勇敢的人不能用武力来抗争。惩罚罪过不避开大臣,奖赏好事不漏掉普通百姓。因此纠正上面的过失,追究下面的奸邪,治理混乱而判断谬误,削除多余的而纠正错误,统一人们的行为使合乎规范,没有比法更好的了。整治官吏而威镇百姓,遏止过于懈怠的行为,制止诈伪的发生,没有比刑更顶用的了。刑罚严厉,臣下就不敢凭高贵的地位轻视那些低贱的人;法令严明,那么君主就能得到尊崇而不会被侵犯。君主得到尊崇而不会被侵犯,那么君主就会强大而掌握着治国的要领,所以先王把它看得很重并将它传下来。君主如果放弃法制而用私意办事,那君臣之间就没有区别了。

二柄

【题解】

二柄，指刑与赏，即杀戮和奖赏这两种用来治理臣下的权柄。

全文分三段。第一段分析并强调了君主掌握和运用赏罚两种权柄的重要性。因为人臣都是“畏诛罚而利庆赏”的，所以刑赏二柄就能发挥作用；而刑赏二柄又关系到国家的安危，所以君主应独自掌握这两种权柄。第二段论述了正确运用刑赏二柄的方法，即“审合刑名”的主张：“功当其事，事当其言，则赏；功不当其事，事不当其言，则罚”，目的是要使臣下不能“越官而有功”，“陈言而不当”。第三段进一步阐述君主在使用刑赏二柄时应注意的问题，即君主必须“掩其情”，“匿其端”，不表露自己的好恶，使臣下没有“缘以侵其主”的依据，不能蒙蔽君主。

明主之所导制其臣者[①]，二柄而已矣。二柄者，刑德也。何谓刑德？曰：杀戮之谓刑，庆赏之谓德。为人臣者畏诛罚而利庆赏，故人主自用其刑德，则群臣畏其威而归其利矣。故世之奸臣则不然[②]，所恶，则能得之其主而罪之；所爱，则能得之其主而赏之。今人主非使赏罚之威利出于己也，听其臣而行其赏罚，则一国之人皆畏其臣而易其君，归其臣而去其君矣。此人主失刑德之患也。夫虎之所以能服狗者，爪牙也，使虎释其爪牙而使狗用之，则虎反服于狗矣。人主者，以刑德制臣者也，今君人者释其刑德使臣用之，则君反制于臣矣。故田常上请爵禄而行之群臣③，下大斗斛而施于百姓④，此简公失德而田常用之也，故简公见弑。子罕谓宋君曰⑤："夫庆赏赐予者，民之所喜也，君自行之；杀戮刑罚者，民之所恶也，臣请当之⑥。"于是宋君失刑而子罕用之。故宋君见劫。田常徒用德而简公弑，子罕徒用刑而宋君劫。故今世为人臣者兼刑德而用之，则是世主之危甚于简公、宋君也。故劫杀拥蔽之主⑦，兼失刑德而使臣用之，而不危亡者，则未尝有也。

【注释】

①导：通"道"，由。

②故：通"顾"，可是。

③田常：即田成子，也称陈恒、陈成子，春秋末年齐国的大臣。前481年，他发动政变，攻杀了齐国当时的君主齐简公，控制了齐国的政权。

④斛：古代的量器，十斗为一斛。

⑤子罕：即皇喜，姓戴。战国中期宋国的司城（掌管城建的官员），兼管刑狱，他劫杀了宋桓侯，夺取了宋国政权。宋君：指宋桓侯，被子罕劫杀。

⑥臣：子罕自称。

⑦拥：通"壅"，堵塞。

【译文】

圣明的君主所用来控制他的臣下的工具，只是两个权柄而已。两个权柄,就是刑和德。什么叫刑和德呢?回答是:杀戮就叫做刑,奖赏就叫做德。做人臣的害怕刑罚而想从奖赏获利,因此君主独自使用刑罚和奖赏,那么群臣就畏惧君主的威势而趋向君主奖赏的利诱。可是世上的奸臣却不是这样,他们对自己所讨厌的人,就能从君主那里窃取刑罚而治他的罪;对于自己所喜爱的人,他们又能从君主那里窃取奖赏而赏赐给他。如果君主不能使赏罚的威势和权力从自己手中发出,听由他的大臣窃取自己的权柄而施行自己的赏罚,那么整个国家的人就都害怕奸臣而轻视君主,投靠奸臣而背离君主。这就是君主失去了刑德二柄的祸患。老虎之所以能制服狗的原因,在于虎有锋利的爪牙,假如让虎去掉锋利的爪牙而让狗来用它,那么虎就反而要被狗制服了。君主靠的就是用刑德二柄来制服臣下,如果统驭臣下的君主舍弃了刑德二柄而让臣下来使用它,那么君主就反会被臣下制服了。所以田常从君主那里求得爵禄而赏赐给群臣,采用小斗斛进大斗斛出的办法向百姓施行恩惠,这样齐简公就失去了奖赏这一权柄而田常却使用了它,所以齐简公就被田常攻杀了。子罕对宋桓侯说:"奖励赏赐,是老百姓所喜爱的,君主您自己施行;杀戮刑罚,是老百姓所厌恶的,下臣我请求来掌管。"因此宋桓侯失去了刑罚这一权柄而子罕却使用了它。所以宋桓侯被劫杀了。田常只采用了奖赏而齐简公就被攻杀,子罕只采用了刑罚而宋桓侯就被劫杀。如果当今做臣下的统摄了奖赏和刑罚的大权,那么君主的危险就比齐简公、宋桓侯还要严重。因此被劫杀被蒙蔽的君主,同时失去了刑德二柄而让臣下使用,这样还不身危国亡的,还从未有过。

人主将欲禁奸,则审合刑名[①];刑名者,言与事也。为人臣者陈而言[②],君以其言授之事,专以其事责其功。功当其事,事当其言,则赏;功不当其事,事不当其言,则罚。故群臣其言大而功小者则罚,非罚小功也,罚功不当名也;群臣其言小而功大者亦罚，非不说于大功也[3]，以为不当名也害甚于有大功，故罚。昔者韩昭侯醉而寝[4]，典冠者见君之寒也，故加衣于君之上，觉寝而说，问左右曰："谁加衣者？"左右对曰："典冠。"君因兼罪典衣与典冠。其罪典衣，以为失其事也；其罪典冠，以为越其职也。非不恶寒也，以为侵官之害甚于寒。故明主之畜臣，臣不得越官而有功，不得陈言而不当。越官则死，不当则罪。守业其官，所言者贞也，则群臣不得朋党相为矣。

【注释】

①刑：通"形"，指事实。

②而：通"尔"，你的。

③说：同"悦"。下文"觉而说"之"说"与此同。

④韩昭侯：战国时韩国的君主。

【译文】

君主想要禁绝奸邪，就要仔细审察形名是否相合；形和名，就是言论和事实。做人臣的陈述他的主张，君主就根据他的言论而授予他事情，又专就他所做的事情责求他相应的功效。功效与他做的事情相当，事情和他的言论相当，就奖赏他；功效和他所做的事不相当，事情和他的言论不相当，就惩罚他。所以群臣的言论大而功效小的就惩罚他，不是惩罚他功效小，是惩罚他的功效和言论不相当；群臣说小了而功效大也要惩罚，不是不喜欢臣下建立了大的功效，是因为他的言行不符的危害比立下了大功还大，所以就惩罚他。从前韩昭侯酒醉后睡着了，掌管君主帽子的官员见到韩昭侯冷，就拿衣服盖到韩昭侯身上，韩昭侯醒来后很高兴，问身边的侍从说："是谁给我盖上的衣服？"身边的侍从回答说："是负责帽子的官员。"韩昭侯因此同时治了负责帽子的官员和负责衣服的官员的罪。韩昭侯治负责衣服官员的罪，是因为他失职了；治负责帽子的官员的罪，是因为他超越了自己的职权。韩昭侯不是喜欢受冷，是因为违反官员职责的危害比受寒冷更大。所以圣明的君主蓄养臣下，臣下不能超越自己的职权去立功，不能陈述不适当的意见。超越自己的职权要严惩，意见不适当要治罪。臣下要恪守自己的职责，他所说的话都要与事实相符，那么臣下就不能结成朋党营私舞弊了。

人主有二患：任贤，则臣将乘于贤以劫其君；妄举，则事沮不胜。故人主好贤，则群臣饰行以要君欲，则是群臣之情不效；群臣之情不效，则人主无以异其臣矣。故越王好勇而民多轻死[①]；楚灵王好细腰而国中多饿人[②]，齐桓公妒而好内[③]，故竖刁自宫以治内[④]；桓公好味，易牙蒸其子首而进之[⑤]；燕子哙好贤[⑥]，故子之明不受国[⑦]。故君见恶[⑧]，则群臣匿端；君见好，则群臣诬能。人主欲见，则群臣之情态得其资矣。故子之托于贤以夺其君者也，竖刁、易牙因君之欲以侵其君者也。其卒，子哙以乱死，桓公虫流出户而不葬[⑨]。此其故何也？人君以情借臣之患也。人臣之情非必能爱其君也，为重利之故也。今人主不掩其情，不匿其端，而使人臣有缘以侵其主，则群臣为子之、田常不难矣。故曰："去好去恶，群臣见素。"群臣见素，则大君不蔽矣。

【注释】

①越王好勇而民多轻死：越王喜爱勇敢，就有很多人不怕死。越王，指越王勾践，春秋时越国的君主。

②楚灵王好细腰而国中多饿人：楚灵王喜欢细腰，国内就有很多饿

死的人。楚灵王,春秋时楚国的君主。据说,楚灵王喜欢细腰,他的臣下为了使腰变细,都只吃一顿饭,等到一年后,朝廷上的大臣多面黄肌瘦。

③齐桓公妒而好内:齐桓公妒嫉男人而喜好女色。齐桓公,名小白,春秋时齐国的国君,著名的“春秋五霸”之一。妒,嫉妒男子。好内,爱好女色。

④竖刁:齐桓公宠爱的侍仆。自宫:自己阉割。治内:治理宫中的事。

⑤易牙:齐桓公宠信的侍臣。

⑥子哙(kuài):战国时燕国的君主,为了让贤,他曾要把王位让给燕相子之。

⑦子之:子哙的相。前316年,子哙把王位让给他。

⑧见:同“现”,表现。下文“见好”、“见素”之“见”与此同。

⑨虫流出户而不葬:前643年,齐桓公患重病,易牙、竖刁、开方等乘机作乱,堵塞宫门,饿死齐桓公,齐桓公三月不得葬,尸体生蛆虫,爬出门外。

【译文】

君主有两种祸患:如果任用贤人,那么臣下就会借贤能的名声来劫持他的君主;随意地选用人才,那么事情就会败坏而不成功。所以君主喜欢用贤能的人,那么群臣就会修饰他的行为来迎合他的君主的心愿,这样群臣的真情就不会表现出来;群臣的真情不呈现出来,那么君主就无法分辨出臣下的好坏了。所以越王勾践喜爱勇敢而民众就大都不怕死;楚灵王喜欢细腰就使楚国有很多人为使腰变细节食饿死;齐桓公嫉妒男人而喜好女色,竖刁因此自行阉割而治理宫内的事;齐桓公喜爱美味,易牙就蒸了自己儿子的头进献给桓公;燕王子哙喜爱贤才准备将王位让贤,子之就表面上不接受燕王的位置。所以君主表现出厌恶什么,那么群臣就会把这方面的事隐藏起来;君主表现出爱好什么,那么群臣就会假称自己有这方面的才能。君主的欲望表现出来,群臣就会借此表现自己的情态。所以子之是假托贤名来篡夺君位的人,竖刁、易牙是顺着他的君主的欲望而侵害他的君主的人。这样的结果,子哙因为让位子之的混乱而死亡,齐桓公尸体的蛆虫爬到门外而得不到安葬。这是什么原因呢?是君主把自己的真情显露给臣下而被臣下利用的祸患。人臣的真实本心并不一定会爱他们的君主,而只是因为看重利益的缘故。如果君主不掩饰自己的真情,不隐藏起自己准备要做的事情,而让人臣有机会借此来侵犯他的君主,那么群臣要做子之、田常就不难了。因此说:"君主不表现出自己的好恶,群臣就会显现他们的本来面目。"群臣显现出他们的本来面目,那么君主就不会受到蒙蔽了。

扬　权

【题解】

扬权，就是宣扬君权。

本篇从哲学的高度，提出了君权至上的主张。文章认为道是与万物不同、独一无二而又支配一切的，君主体现了道的这些特点，故“明君贵独道之容”，应该树立至高无上的权威。作者还论述了君主“用一之道”的原则和方法。基本原则就是要虚静无为，掌握形名之术，控制刑德权柄，方法是要神秘莫测，坚决打击朋党势力，摧毁臣下结盟的可能，消除威胁君主至高无上权威的力量，保持君主独尊的地位。

根据《文选·蜀都赋》唐代刘逵的注，韩非的这篇文章又名“扬榷(què)”，有纲要的意思，也可讲通。此处依一般的读法，仍称“扬权”。

天有大命，人有大命。夫香美脆味，厚酒肥肉，甘口而疾形；曼理皓齿，说情而捐精①。故去甚去泰②，身乃无害。权不欲见③，素无为也。事在四方，要在中央。圣人执要，四方来效。虚而待之，彼自以之。四海既藏，道阴见阳④。左右既立⑤，开门而当⑥。勿变勿易，与二俱行⑦。行之不已，是谓履理也。

夫物者有所宜，材者有所施，各处其宜，故上无为。使鸡司夜，令狸执鼠[8]，皆用其能，上乃无事。上有所长，事乃不方。矜而好能，下之所欺；辩惠好生[9]，下因其材。上下易用，国故不治。

用一之道，以名为首。名正物定，名倚物徙。故圣人执一以静，使名自命，令事自定。不见其采，下故素正。因而任之，使自事之；因而予之，彼将自举之；正与处之，使皆自定之。上以名举之，不知其名，复修其形。形名参同，用其所生。二者诚信，下乃贡情。

谨修所事，待命于天。毋失其要，乃为圣人。圣人之道，去智与巧，智巧不去，难以为常。民人用之，其身多殃；主上用之，其国危亡。因天之道，反形之理，督参鞠之[10]，终则有始[11]。虚以静后，未尝用己。凡上之患，必同其端[12]；信而勿同，万民一从。

【注释】

①说：同“悦”。捐：耗费，丢弃。

②泰：通“太”，过分。

③见：同“现”。

④道：由，从。

⑤左右：指文事和武备。一说指辅政的大臣。

⑥开门而当：打开耳目听听看看。开门，指打开耳目等感觉器官。当，受，接受。

⑦二：指“天有大命，人有大命”。

⑧狸：猫。

⑨辩惠好生：即好生辩惠。惠，通“慧”。

⑩鞠：通“鞫”，寻根究底。

⑪有：通“又”。

⑫端：指事物的一个方面。

【译文】

自然有必然的趋势，人类有普遍的法则。香脆鲜美的食物，肥美浓厚的醇酒，虽然吃在口里很甜美但却会对身体有害；细腻的肤色和洁白的牙齿，虽然令人生爱怜之情却要耗费你的精气。因此去掉这些过分的和过度的，身体就不会受到损害。权谋不要表现出来，它的本色是自然无为的。事情要由四方的臣去做，而国家的最高权力却在中央君主手里。圣人掌握着国家的关键，四方的臣民就来效力。君主用虚静的态度来对待他们，他们会自然用上自己的才能。君主既已胸怀中包藏四海，就可从静中观察臣子的动态。辅佐的大臣既已按法制设立，君主就只要打开自己的耳目考察他们的行为。不要经常变更，要按自然与人类的普遍法则行动。坚持这样做不要停止，这就叫做按事理办事。

事物都有它适宜的用处，才能都有它施展的地方，各自处在适当的位置上，所以君主可以无为而治。让鸡来负责报晓，让猫来负责捉鼠，臣下像这样都使用他们的才能，君主就可以无所事事了。君主如果在某一方面具有特长，就会在处理国家大事方面不当。君主自夸自大而喜好贤能，就会被臣下所欺骗；君主喜欢卖弄口才和智慧，臣下就会利用这种特性行骗。君主和臣下的地位和作用颠倒了，国家就治理不好。

以道的原则治理国家，要把确定客观事物的名称摆在首位。名称正确地反映了客观事物，事物的性质就明确了；名称有偏差事物就捉摸不定。所以圣明的人把握道而虚静以待，名称要让它所反映的内容自己确定，让事物依自己的性质去确定。君主不表现出自己的才能，臣下就会显现出自己真正的本色。依据其本色而任用他们，使他们自行办理政事；依据他们的本色而分派事情，他们将自动地去承担办理政事。

正确地运用这种原则来安排臣下，使臣下都能自行地完成任务。君主以臣下的主张来举用他，不知他的主张是否恰当，就去考察它付诸行动后的效果。效果和主张相符，那就根据结果予以奖赏。赏罚二者都确实兑现了，臣下就会贡献出真诚。

君主应谨慎地处理自己的政事，等待天的命令。不要失去了国家的权柄，这样才能成为圣人。圣人的治理原则，是去掉个人的智巧；个人的智巧不去掉，就难以把这个原则作为治国的常规。一般人任用智巧，自身就会多遭祸殃；君主如果使用智巧，他的国家就会危殆灭亡。依据自然的法则，推及事物的具体道理，考察事物寻根问底，这样周而复始。使认识产生于虚静地观察事物之后，从来不用自己的主观臆断。凡是君主所遇到的祸患，一定是由于片面地赞同某一方面的意见；态度真诚而不轻易赞同某一方面的意见，民众就会一致服从君主。

夫道者，弘大而无形；德者，核理而普至。至于群生，斟酌用之，万物皆盛[①]，而不与其宁。道者，下周于事，因稽而命，与时生死。参名异事，通一同情。故曰：道不同于万物，德不同于阴阳[②]，衡不同于轻重[③]，绳不同于出入[④]，和不同于燥湿[⑤]，君不同于群臣。——凡此六者，道之出也。道无双，故曰一。是故明君贵独道之容。君臣不同道，下以名祷。君操其名，臣效其形，形名参同，上下和调也。

凡听之道，以其所出，反以为之入。故审名以定位，明分以辩类[⑥]。听言之道，溶若甚醉[⑦]。唇乎齿乎，吾不为始乎；齿乎唇乎，愈惛惛乎[⑧]。彼自离之，吾因以知之；是非辐凑[⑨]，上不与构。虚静无为，道之情也；参伍比物，事之形也。参之以比物，伍之以合虚。根干不革，则动泄不失矣。动之溶也[⑩]。无为而攻之。喜之，则多事；恶之，则生怨。故去喜去恶,虚心以为道舍。上不与共之,民乃宠之;上不与义之⑪,使独为之。上固闭内扃⑫,从室视庭⑬,咫尺已具,皆之其处。以赏者赏,以刑者刑,因其所为,各以自成。善恶必及,孰敢不信?规矩既设,三隅乃列。

【注释】

①盛:通“成”。

②阴阳:古代中国人认为任何事物必由一正一反的两个基本因素构成,这两个因素就是阴阳。

③衡:指衡器,称重量的器具。

④绳:木工用的墨线。出入:指凹凸于墨线之外不平直的部分。

⑤和:古代的乐器名,小型的笙,定音律用。燥湿:指乐器随着气候的干燥或潮湿而声音有所变化。

⑥分:分际,界限。辩:通“辨”,辨别。

⑦溶:通“容”,容貌。

⑧惛(hūn):通“昏”,糊涂。

⑨辐凑:车轮上的辐条凑集在车毂上,比喻聚集,集中。

⑩溶:通“搈”,摇动,扰乱。

⑪义:通“议”,议论。

⑫内扃(jiōng):关上门,比喻君主深藏不露。内,同“纳”。

⑬从室视庭:从内室向庭院中观察,比喻“道阴见阳”。

【译文】

道是广大而没有具体形状的,德是内含着理而普遍存在的。至于万物,都是自然地吸取了道、德的内在之理而形成的,可不与它们一同停息。道,普遍存在于万事万物之中,它根据对事物的考核而给予它们不同的名称,让它们随时间的推移而产生和死亡。考察它们的名称各不相同,而“以道观之”则实质没有区别。所以说:道与万物是不同的,德和阴阳是不一样的，衡器和它衡量的轻重是不相同的，墨线和它所矫正的凹凸不平的部分不同，和这种定音器与由于受燥湿影响而形成声音变化不同，君主和群臣不相同。以上这六种具体的事物，都是道衍化出来的。道是独一无二的，所以叫做一。因此圣明的君主尊重道那独一无二的样子。君主和臣下遵循的原则不同，臣下用自己的主张向君主祈求。君主操纵着臣下的主张，臣下贡献出他们的事功，臣下的事功和他们向君主进献的主张符合了，君臣上下的关系就和谐了。

君主听取分辨臣下言论的原则，是要用臣下发表出来的言论，反过来作为他们所贡献事功的检验根据。所以要审核言论来确定职位，弄清是非界限来辨析臣下的类别。听取考察臣下言辞的方法，要像喝醉酒的样子。臣下摇唇鼓舌，君主我却不发一言；臣下鼓舌摇唇，君主我越发装成糊涂的样子。臣下自己分析他们的意见，君主我则由此而知道他们的意图；正确的和错误的意见都集中到君主手里，但君主却不与他们一起讨论。虚静无为，是道本来的面貌；验证和连结事物，是由事物的实际情形决定的。用连结事物的方法来全面加以验证，用合乎虚静之道的原则来交互衡量。树木的根本和主干不移动，那么怎么摇动它也不会有失。尽管臣下动摇和扰乱君主，君主仍要以无为的原则处理一切。君主表现出喜爱，臣下就会讨好多事；君主表现出厌恶，臣下就会同样怨恨某种事物。所以君主要去掉爱憎的表现，使内心虚空成为容纳道的住所。君主不和臣下共同拥有权力，臣下就会尊敬君主；君主不和臣下讨论事情，让臣下单独去做事情。君主应紧紧地把门关上，从内室窥视庭院的动静，咫尺间微小的事物，一切都纳入君主的视野。认为该奖赏的就奖赏，认为该惩罚的就惩罚。赏罚的根据在于臣下的所作所为，一切都是他们自己造成的。他们做的好事和坏事一定会得到相应的赏罚，谁还敢不忠诚老实？法度规则既已具备了，其他方面就都可端正了。

主上不神，下将有因；其事不当，下考其常。若天若地，是谓累解；若地若天，孰疏孰亲？能象天地，是谓圣人。欲治其内，置而勿亲；欲治其外，官置一人；不使自恣，安得移并[①]？大臣之门，唯恐多人。凡治之极，下不能得。周合刑名[②]，民乃守职；去此更求，是谓大惑。猾民愈众，奸邪满侧。故曰：毋富人而贷焉，毋贵人而逼焉，毋专信一人而失其都国焉。腓大于股[③]，难以趣走[④]。主失其神，虎随其后[⑤]。主上不知，虎将为狗。主不蚤止[⑥]，狗益无已。虎成其群，以弑其母[⑦]。为主而无臣，奚国之有？主施其法，大虎将怯；主施其刑，大虎自宁。法刑苟信，虎化为人，复反其真[⑧]。

欲为其国，必伐其聚[⑨]；不伐其聚，彼将聚众。欲为其地，必适其赐；不适其赐，乱人求益。彼求我予，假仇人斧；假之不可，彼将用之以伐我。黄帝有言曰[⑩]："上下一日百战。"下匿其私，用试其上；上操度量，以割其下。故度量之立，主之宝也；党与之具，臣之宝也。臣之所不弑其君者，党与不具也。故上失扶寸[⑪]，下得寻常[⑫]。有国之君，不大其都；有道之臣，不贵其家。有道之君，不贵其臣；贵之富之，彼将代之。备危恐殆，急置太子，祸乃无从起。内索出圉[⑬]，必身自执其度量。厚者亏之，薄者靡之。亏靡有量，毋使民比周，同欺其上。亏之若月，靡之若热。简令谨诛，必尽其罚。

【注释】

①移并：改变、侵占，指侵越职权。

②刑：通"形"。

③腓大于股：小腿肚大于大腿。腓（féi），腿肚子，小腿后面鼓起的肉。

④趣：通“趋”，急匆匆地小跑。

⑤虎：比喻阴谋篡权的大臣。

⑥蚤止：尽早禁止。蚤，通“早”。

⑦母：喻指君主。

⑧反：同“返”，恢复。

⑨聚：通“丛”，指丛生的草木，这里比喻朋党。

⑩黄帝：传说中我国原始社会的部落首领，战国至秦汉时期的黄老道家学派把他和老子说成本学派的创始人，法家在理论上采用道家学说，故也引用黄帝之言。

⑪扶寸：古代长度的计量单位，四指的宽度为一扶，一指的宽度为一寸。

⑫寻常：古代长度的计量单位，八尺为一寻，两寻为一常。

⑬内索出圉（yǔ）：在宫廷内搜索，在宫廷外防御。圉，通“御”，防御、抵御。

【译文】

君主不神秘莫测，臣下将有造成奸诈的依据；君主处理事情不当，臣下就会作为常例来援引。像天和地那样，这才叫做平正；像地和天那样，哪有什么亲近和疏远？能够像天地那样行事，就可以称为圣人。想把宫廷之内治理好，必须设置左右近臣而又不亲近他们；想把宫廷以外治理好，每个官职只设置一个专人；不让他们放肆行动，怎么会出现侵职越权的事？大臣的门下，最令人担心的就是有很多人投奔。凡是治理达到最佳境地，臣下就不能结党营私。规定人臣的主张和事功必须切合，臣民就会恪守他的职责。舍弃这种办法而寻求别的方法，这就叫最大的迷惑。刁猾狡诈的人就会越来越多，奸邪之臣就会布满君主的四周。所以说：不要使别人太富裕而自己要向他借贷，不要使别人太尊贵而自己反而受到逼迫，不要专门相信一个人而丢失了自己的都城和国家。小腿比大腿还粗，就会难以小步快跑。君主如果失去了神秘莫测之术，奸臣就会紧随其后。君主如果不知情，这些如老虎一样的奸臣就会伪装成狗。君主如果不及早制止，狗就会不断增加。等到那些奸臣成了群，他们就会杀掉君主。作为一个君主而没有臣下，那这个君主也就没有国家。君主施行法令，如虎的奸臣就害怕；君主施行刑罚，如虎的奸臣就会安静驯服。法令刑罚如果真正执行了，如虎的奸臣也会重新做人，恢复他作为人的本来面目。

准备治理好国家，一定要像砍伐丛生的杂草一样斩除朋党；不斩除草丛般的朋党，朋党将聚集得越来越多。想要治理好国境，一定要将奖赏控制在适当程度；不将奖赏控制在适当程度，乱臣的要求就会越提越多。他们提出要求我就给予，这等于借给仇人斧头；借给仇人斧头是不可行的，他将用这把斧头来砍我。黄帝有句话说："君臣上下一天内就有上百次冲突。"臣下隐匿他们的私情，用以试探君主；君主操纵法度，用来制裁臣下。设立法度，是君主的法宝；形成朋党，是臣子的法宝。臣下之所以还不敢弑君篡位，是他的朋党还没有形成。所以君主在法度方面有一点偏差，臣下就会利用它谋取巨大的利益。统治国家的君主，不使分封出去的都邑扩大；恪守为臣原则的臣子，不会使属下的私家尊贵起来。懂得治国之道的君主，不使他的臣下显贵起来；使臣下富裕显贵起来，他就将会取代自己。君主防备危险发生的办法，是赶快立继位的太子，祸患就无从发生。在宫廷内搜索奸臣在宫廷外防御奸邪，君主一定要亲自掌握法度。对于势力大的要削弱他的力量，对于势力弱的可适当增加一些。削弱和增加都要有分寸，不要使臣下趁机勾结起来，共同欺侮君主。削弱要像月亮那样逐渐变小，增加要像物体受热那样逐渐变大。法令简明而惩罚谨慎，对该罚的人都要惩罚。

毋弛而弓，一栖两雄。一栖两雄，其斗𪡏𪡏[①]。豺狼在牢，其羊不繁。一家二贵，事乃无功。夫妻持政，子无适从。

为人君者，数披其木[②]，毋使木枝扶疏；木枝扶疏，将塞公闾，私门将实，公庭将虚，主将壅围。数披其木，无使木枝外拒；木枝外拒，将逼主处。数披其木，毋使枝大本小；枝大本小，将不胜春风；不胜春风，枝将害心[③]。公子既众[④]，宗室忧吟。止之之道，数披其木，毋使枝茂。木数披，党与乃离。掘其根本，木乃不神。填其汹渊[⑤]，毋使水清。探其怀，夺之威。主上用之，若电若雷。

【注释】

①噰噰(yán)：鸟争斗鸣叫的声音。

②数(shuò)披其木：经常削剪大臣的枝干。数，多次，经常。木，树木，这里比喻大臣。

③枝将害心：树枝将损害树干。心，指树的中心、主干。

④公子：君主的儿子，除太子以外，都称公子。

⑤汹渊：汹涌的深潭，比喻奸党势力雄厚。

【译文】

不要放松你的弓，要防止一只鸟窝中有两只雄鸟。一只鸟窝有两只雄鸟，彼此就会发出争斗叫唤的声音。豺狼钻进了羊圈，羊群的数量就不会增多。一个家庭有两个人同时尊贵，家务就没有一件能决定。夫妇俩同时主持家务，儿子就会无所适从。

做君主的，应当经常削剪臣下的树干，不要让他们的树木枝叶茂密；臣下的树干枝叶茂密，将会把朝廷堵塞起来，私家的门下就会充实富裕，朝廷的衙门就会门可罗雀，君主就将会被壅蔽围困。君主经常削剪树木，不要使树枝向外伸展，树枝向外伸展，将会逼迫君主的住处。经常削剪树木，不要使树枝大树干小；树枝大树干小，将经不起春风的吹拂；经不起春风的吹拂，树枝就会损害树干。太子以外的公子太多，嫡长子一系就要担忧而哀吟了。制止他们的方法，就是要经常削剪树木，不要使树枝太茂盛了。树木经常被削剪，枝叶一样聚集的朋党就离散了。将树的根和树干都掘起来了，大树就没有神气了。将奸党势力雄厚的深潭填起来，不要让水奔腾咆哮。探测臣下和公子心中的阴谋，剥夺掉他们的权势。君主使用自己的权势，要像雷电一样迅疾果断。

八　奸

【题解】

八奸，指奸臣篡夺君权的八种阴谋手段。文章列举了奸臣所以篡夺政权的八种手段，分析其对君主统治的危害，并针对这八种奸术，提出了相应的防范措施，最后则指出当时的君主如不能采用正确的方法防奸，则存在亡国的危险。

全文分段展开：第一段，揭露人臣所采用的阴谋手段，告诫君主"不可不察"；第二段，阐述针对这八种阴谋手段明君如何一一破除；第三段，围绕防奸这一中心议题，从正反两个方面说明"进贤才"和"劝有功"的必要性。

凡人臣之所道成奸者有八术：一曰在同床。何谓同床？曰：贵夫人，爱孺子，便僻好色[①]，此人主之所惑也。托于燕处之虞[②]，乘醉饱之时，而求其所欲，此必听之术也。为人臣者内事之以金玉，使惑其主，此之谓"同床"。二曰在旁。何谓在旁？曰：优笑侏儒[③]，左右近习，此人主未命而唯唯[④]，未使而诺诺[⑤]，先意承旨，观貌察色以先主心者也。此皆俱进俱退，皆应皆对，一辞同轨以移主心者也。为人臣者内事之以金玉玩好，外为之行不法，使之化其主，此之谓“在旁”。三曰父兄。何谓父兄？曰：侧室公子[6]，人主之所亲爱也；大臣廷吏，人主之所与度计也。此皆尽力毕议，人主之所必听也。为人臣者事公子侧室以音声子女，收大臣廷吏以辞言，处约言事，事成则进爵益禄，以劝其心，使犯其主，此之谓“父兄”。四曰养殃。何谓养殃？曰：人主乐美宫室台池，好饰子女狗马以娱其心，此人主之殃也。为人臣者尽民力以美宫室台池，重赋敛以饰子女狗马，以娱其主而乱其心，从其所欲，而树私利其间，此谓“养殃”。五曰民萌[7]。何谓民萌？曰：为人臣者散公财以说民人[8]，行小惠以取百姓，使朝廷市井皆劝誉己，以塞其主而成其所欲，此之谓“民萌”。六曰流行。何谓流行？曰：人主者，固壅其言谈，希于听论议[9]，易移以辩说。为人臣者求诸侯之辩士，养国中之能说者，使之以语其私。为巧文之言，流行之辞，示之以利势，惧之以患害，施属虚辞以坏其主，此之谓“流行”。七曰威强。何谓威强？曰：君人者，以群臣百姓为威强者也。群臣百姓之所善之，则君善之；非群臣百姓之所善，则君不善之。为人臣者，聚带剑之客，养必死之士，以彰其威，明为己者必利，不为己者必死，以恐其群臣百姓而行其私，此之谓“威强”。八曰四方。何谓四方？曰：君人者，国小则事大国，兵弱则畏强兵。大国之所索，小国必听；强兵之所加，弱兵必服。为人臣者，重赋敛，尽府库，虚其国以事大国，而用其威求诱其君；甚者举兵以聚边境而制敛于内，薄者数内大使以震其君[10]，使之恐惧，此之谓“四方”。凡此八者，人臣之所以道成奸，世主所以壅劫[11]，失其所有也，不可不察焉。

【注释】

①便(pián)僻：善于逢迎谄媚。好色：美色。

②燕处之虞：指君主退朝以后在后宫的安逸快乐生活。燕，通“晏”，安乐。虞，通“娱”，安逸快乐。

③优笑侏儒：以歌舞、诙谐取乐君主的人和身材矮小的人。侏儒，身材矮小的人，古代统治者常把这种人作为取乐的玩物。

④唯唯：应承的声音，表示顺从。

⑤诺诺：应承的声音，表示顺从。

⑥侧室公子：君主嫡长子以外的儿子，泛指君主的叔伯或兄弟。

⑦民萌：民众。萌，通“氓”。

⑧说民人：讨好人民、百姓。说，同“悦”，取悦、讨好。

⑨希：通“稀”，稀少。

⑩数(shuò)内：屡次引进。内，同“纳”，引进。

⑪世主：当代的君主。劫：挟制。

【译文】

大凡人臣所用来造成他们的奸诈目的的手段共有八种：第一种叫“同床”。什么叫“同床”呢？“同床”就是说宠幸的夫人，受偏爱的年轻美貌的姬妾，她们善于谄媚和利用自己的美色，这些都是君主所迷惑的对象。她们在君主居于后宫享乐的时候，酒醉饭饱之际，来请求她们想得到的东西，这是君主一定听从的手段。做人臣的在后宫用金玉财宝来侍奉她们，让她们迷惑君主而答应人臣请托的事情，这就叫做“同床”。第二种叫“在旁”。什么叫“在旁”呢？就是指优笑、侏儒，以及君主身边的亲信、侍从。这些人在君主还没有下达命令时就开始点头哈腰，还未指派他们任务时已唯唯诺诺，君主的意图还未表达出来他们已按君主将要表达的意思去办事了，察言观色事先猜测到君主的心意。

这些人都和君主一同进出，一同应对，只要他们统一口径和行动就可以改变君主的心意。做人臣的在宫内用珍贵的玩物和宝物来贿赂他们，在宫外为他们干不法的事，让他们去影响君主，这就叫“在旁”。第三种叫“父兄”。什么叫“父兄”呢？“父兄”是指君主的兄弟和叔伯，他们是君主所亲近宠爱的人；大臣和朝廷的官吏，是和君主一起谋划国事的人。这些人都是竭尽全力为君主出谋划策，而君主一定会听从的。做人臣的用音乐和美女来侍奉君主的兄弟或叔伯，用花言巧语来收买朝廷的大臣和官吏，让他们在关键时刻为自己的事情游说，事成之后就为他们晋爵加禄，用来鼓励他们进一步为自己卖力，使他们来干扰君主，这就叫做“父兄”。第四种叫“养殃”。什么叫“养殃”呢？“养殃”是指君主喜爱修饰宫殿居室楼台池沼，装饰打扮子女狗马来使自己欢心，这个就是君主的祸殃。做人臣的就用尽民力来精心装饰君主的宫殿居室楼台池沼，加重百姓的赋税来打扮子女狗马，用来博得君主的欢心而扰乱君主的心意，以便君主顺从他们的欲求，而在这中间达到自己谋私的目的，这就叫做“养殃”。第五种叫“民萌”。什么叫“民萌”呢？“民萌”是指人臣散发公家的财物来取悦人民，施行小恩小惠来收买百姓，使朝廷和百姓都称颂赞美自己，以蒙蔽君主而使他们的欲望得逞，这就叫做“民萌”。第六种叫“流行”。什么叫“流行”呢？“流行”是说做君主的人本来就闭塞着与人交流的渠道，很少听到各种议论，很容易被动听的辩说左右。做人臣的便搜求国内外的辩士，豢养了本国能说会道的人，让他们去向君主为自己进言。辩士们用华美而流利的言辞，有利的形势来开导他，用祸患来恐吓他，编造虚假的言辞来损害君主，这就叫做“流行”。第七种叫“威强”。什么叫“威强”呢？“威强”是说君主以群臣百姓为自己的强大威势。群臣百姓认为好的，那么君主就认为好；不是群臣百姓认为好的，那么君主也就不认为是好的。做人臣的聚集起大群刺客，豢养了一批亡命之徒，以显扬自己的威风，以表明拥护自己的人必有好处，不拥护自己的人一定会被处死，用以恐吓群臣百姓而实行自己的私心，这就叫做“威强”。第八种叫“四方”。什么叫“四方”呢？“四方”是说，作为一个君主，自己国家小，就要侍奉大国；自己国家军队弱，就害怕军队强大的国家。大国所索取的，小国一定会听从；强大的军队逼近，弱小的军队一定会屈服。做人臣的，便加重百姓的赋税，用尽国库的贮备，耗空国家的力量来侍奉大国，借用大国的威力来诱迫自己的君主；严重的招引大国军队压境来挟制国内，轻点的则屡次引进大国使者来恐吓自己的君主，让他恐惧，这就叫做“四方”。以上总共八条，都是人臣所用来完成他们的奸道，当代的君主所以被堵塞挟持，以至于失掉自己所有权势的原因，君主对此是不可以不明察的。

明君之于内也，娱其色而不行其谒，不使私请。其于左右也，使其身必责其言，不使益辞。其于父兄大臣也，听其言也必使以罚任于后，不令妄举。其于观乐玩好也，必令之有所出，不使擅进擅退，不使群臣虞其意。其于德施也，纵禁财，发坟仓[①]，利于民者，必出于君，不使人臣私其德。其于说议也，称誉者所善，毁疵者所恶，必实其能，察其过，不使群臣相为语。其于勇力之士也，军旅之功无逾赏，邑斗之勇无赦罪[②]，不使群臣行私财。其于诸侯之求索也，法则听之，不法则距之[③]。所谓亡君者，非莫有其国也，而有之者皆非己有也。令臣以外为制于内，则是君人者亡也。听大国为救亡也，而亡亟于不听，故不听。群臣知不听，则不外诸侯，诸侯知不听，则不受臣之诬其君矣[④]。

【注释】

①坟仓：大的仓库，指国家粮仓。

②邑斗：乡间里的私斗。

③距：通“拒”，拒绝。

④诬：不真实，欺骗。

【译文】

圣明的君主对于后宫的人，享受她们的美色而不理睬她们的禀告，不让她们有私人的请求。对于身边的近侍，使用他们但要考察他们说的话，不让他们夸大其辞。对父兄和大臣，听取他们的意见，一定要用惩罚措施来使用他们，让他们为自己意见的后果担保，不要让他们随意胡乱举荐。对于观赏玩乐的东西，一定要使它在法令上有所依据，不能让人臣擅自进献或撤裁，不让群臣揣度到君主的心意。对于恩惠的实施，发放国库的财物，分发官仓的粮食，一切利于老百姓的事，一定要用君主的名义，不能让人臣私自收获恩德。对于辩说议论，赞美称颂的人所称颂的，诽谤批评的人所憎恶的，一定要落实他们的才能，查明他们的过失，不能让群臣相互吹捧或诽谤。对于有勇力的人，作战立功不能破格奖赏，乡邑私斗不能赦免罪行，不能让群臣利用个人财富收买有勇力的人。对于其他诸侯国的索求，合法的就答应，不合法的就拒绝。被称为亡国之君的，不一定是丧失了自己的国家，而是虽有国家，却不真正属于自己所有了。让人臣以外国的力量控制了国内，那么也就等于说君主丧失了自己的国家。听从大国的要求目的是为了挽救国家的灭亡，但灭亡的速度比不听从大国的索求还快，因此就不听从大国的要求。群臣知道君主不会听从大国的，就不会到国外去结交；各诸侯国知道自己的要求这个国家的君主不会听从，就不会接受该国的臣子对自己君主的胡言乱语了。

明主之为官职爵禄也，所以进贤材劝有功也[①]。故曰：贤材者处厚禄，任大官；功大者有尊爵，受重赏。官贤者量其能，赋禄者称其功[②]。是以贤者不诬能以事其主，有功者乐进其业，故事成功立。今则不然，不课贤不肖[③]，不论有功劳，用诸侯之重，听左右之谒，父兄大臣上请爵禄于上，而下卖之以收财利及以树私党。故财利多者买官以为贵，有左右之交者请谒以成重。功劳之臣不论，官职之迁失谬。是以吏偷官而外交[④]，弃事而亲财。是以贤者懈怠而不劝，有功者隳而简其业，此亡国之风也。

【注释】

①材：通“才”。凡“贤材”同此。

②称其功：衡量他的功劳。称，衡量他的功劳是否相称。

③不肖：与“贤”相对，德才不好。

④外交：和国外诸侯结交。

【译文】

圣明的君主施行官职和爵禄的目的，是为了用来提拔有道德有才能的人并奖励有功劳的人。所以说，有德才的人享受丰厚的俸禄，担任很高的官职；功劳大的人获得尊贵的爵位，享有丰厚的赏赐。任命贤德的人官职要估计到他的才能，授予臣下爵禄要考量他的功劳是否相称。因此贤德的人不隐藏自己的才能而为君主效力，有功劳的人乐于向君主进献自己的功业，所以君主的事情能办成而臣下的功业能建立。现在却不是这样，不考核一个人是否贤德，不评定一个人是否有功劳，任用诸侯所看重的人，听信左右近侍的禀告，君主的叔伯和兄弟向君主请求来爵禄，而在朝堂之下出卖官爵用来收获私利和树立自己的私人党羽。所以钱财多的人就买官而成为尊贵的人，同君主左右近侍交往的人，通过请托而成为权势显赫的人。有功劳的大臣得不到评定，官职的变动颠倒混乱。因此官吏都懈怠职事而忙着到国外去结交诸侯，抛弃事业而追求财利。所以有德才的人事业懈怠而不努力做事，有功劳的人堕落而轻慢自己的职业，这是亡国的风气啊。

十　过

【题解】

“十过”，即君主治国时会犯的十种过错。文章先总论君主所犯“十过”的内容，然后分段逐一征引史实，说明由这些过错带来的亡国亡身的惨祸，希望君主能以此作为借鉴，避免重蹈历史的覆辙。

本篇层次分明而逻辑谨严，这在《韩非子》一书中也是十分突出的。

十过：一曰，行小忠[①]，则大忠之贼也[②]。二曰，顾小利，则大利之残也。三曰，行僻自用，无礼诸侯，则亡身之至也。四曰，不务听治而好五音[③]，则穷身之事也。五曰，贪愎喜利，则灭国杀身之本也。六曰，耽于女乐，不顾国政，则亡国之祸也。七曰，离内远游而忽于谏士，则危身之道也。八曰，过而不听于忠臣，而独行其意，则灭高名为人笑之始也。九曰，内不量力，外恃诸侯，则削国之患也。十曰，国小无礼，不用谏臣，则绝世之势也。

【注释】

①小忠：指对个人的忠。

②大忠：指对君主和国家的忠。

③五音：指古代音乐中的宫、商、角、徵、羽五种音调，此处泛指音乐。

【译文】

十种过错：第一种是，奉行个人之间小忠，就是对大忠的祸害。第二种是，贪图眼前的小利，就是对大利的危害。第三种是，行为怪僻而自以为是，对别的诸侯国没有礼貌，就是丧身的最大危险。第四种是，不致力于处理国家政事而沉溺于靡靡之音，就是使自身走上末路的事情。第五种是，贪心固执而又喜好逐利，就是亡国杀身的祸根。第六种是，沉溺于女子的轻歌曼舞，不管国家政事，就是亡国的灾祸。第七种是，离开朝廷而去边远地方游玩而又不听谏士的规劝，就是危害自身的做法。第八种是，有过错而不听从忠臣的劝告，而又要一意孤行，就是丧失美好名声而被人取笑的开始。第九种是，在国内不量力而行，在国外仰仗其他诸侯国，就是国家被削弱的祸患。第十种是，国家弱小而又不讲礼貌，不采用谏臣的意见，就是断绝后代的趋势。

奚谓小忠？昔者楚共王与晋厉公战于鄢陵[①]，楚师败，而共王伤其目。酣战之时，司马子反渴而求饮[②]，竖谷阳操觞酒而进之[③]。子反曰："嘻！退，酒也。"谷阳曰："非酒也。"子反受而饮之。子反之为人也，嗜酒，而甘之，弗能绝于口，而醉。战既罢，共王欲复战，令人召司马子反，司马子反辞以心疾。共王驾而自往，入其幄中[④]，闻酒臭而还[⑤]，曰："今日之战，不穀亲伤[⑥]。所恃者，司马也，而司马又醉如此，是亡楚国之社稷而不恤吾众也[⑦]。不穀无复战矣。"于是还师而去，斩司马子反以为大戮[⑧]。故竖谷阳之进酒，不以仇子反也，其心忠爱之而适足以杀之。故曰：行小忠，则大忠之贼也。

【注释】

①楚共王：名审，春秋时楚国的国君。晋厉公：名州蒲，又名寿曼，春秋时晋国的国君。鄢陵：郑国地名，在今河南鄢陵西北。前575年晋、楚两国曾在该地发生大战。

②司马：古代官名，掌管军政。子反：楚公子侧，字子反，时任楚国司马。

③竖谷阳：年轻的侍从谷阳。竖，年轻侍从。谷阳，人名。觞：古代盛酒的器具。

④幄：帐幕。

⑤臭(xiù)：气味，这里指酒的气味。

⑥不穀：古代天子、诸侯王自谦的称呼，意即不善。

⑦亡：通"忘"。社稷：土地神和谷神，象征国家。

⑧大戮：斩首陈尸，古代的一种酷刑。

【译文】

什么叫小忠呢？从前楚共王和晋厉公在鄢陵交战，楚国军队被打败，而楚共王的眼睛受了伤。战斗打到正激烈的时候，楚国的司马子反口渴了想找水喝，年轻的侍从谷阳拿起一壶酒送过去。子反说："哼！拿开！这是酒。"谷阳说："这不是酒。"子反接受并喝起了它。子反这个人，嗜好喝酒而觉得这壶里的酒很甜美，不停地喝，结果喝醉了。战斗已经结束，楚共王想再开战，派人召见司马子反，子反以心病为托辞不去应召。楚共王乘车自己前去找司马子反，进到子反的帐幕中，闻到满是酒气便回去了，楚共王说："今天的战斗，本王我自身都受了伤。我们作战的军队所依靠的人，就是司马。但司马又酒醉得像这样，这个司马忘记楚国的江山社稷不关心我的部下。我不用再和晋国作战了！"因此带领军队撤回去了，将司马子反斩首陈尸示众。所以年轻的侍仆谷阳进献上酒，并不是他仇恨子反，他的内心是出于忠爱子反却恰恰是杀了他。因此说奉行个人之间的小忠，就是大忠的祸害。

奚谓顾小利？昔者晋献公欲假道于虞以伐虢[①]。荀息曰[②]："君其以垂棘之璧与屈产之乘[③]，赂虞公[④]，求假道焉，必假我道。"君曰："垂棘之璧，吾先君之宝也；屈产之乘，寡人之骏马也。若受吾币不假之道[⑤]，将奈何？"荀息曰："彼不假我道，必不敢受我币。若受我币而假我道，则是宝犹取之内府而藏之外府也，马犹取之内厩而著之外厩也。君勿忧。"君曰："诺。"乃使荀息以垂棘之璧与屈产之乘赂虞公而求假道焉。虞公贪利其璧与马而欲许之。宫之奇谏曰[⑥]："不可许。夫虞之有虢也，如车之有辅[⑦]。辅依车，车亦依辅，虞、虢之势正是也。若假之道，则虢朝亡而虞夕从之矣。不可，愿勿许。"虞公弗听，遂假之道。荀息伐虢克之，还反处三年[⑧]，兴兵伐虞，又克之。荀息牵马操璧而报献公，献公说曰[⑨]："璧则犹是也。虽然，马齿亦益长矣[⑩]。"故虞公之兵殆而地削者，何也？爱小利而不虑其害。故曰：顾小利，则大利之残也。

【注释】

①晋献公：名诡诸，春秋时晋国的国君。虞：春秋时诸侯国名，位于今山西平陆西北。虢：春秋时的诸侯国名，位于今河南陕县东南。

②荀息：晋献公时晋国的大夫。

③垂棘之璧：晋国垂棘地方产的璧玉。垂棘，晋国地名，产美玉，具体地址不详。屈产之乘：屈产地方产的良马。屈产，晋国地名，产良马，位于今山西石楼东南。

④虞公：虞国的国君。

⑤币：指古代用作礼物的玉、马、皮、帛之类的物品。

⑥宫之奇：人名，虞公执政时虞国的大夫。

⑦辅：古代绑在车子两边起保护作用的木棍。一说“车”为“牙床”，“辅”为“颊骨”。

⑧反：同“返”。

⑨说：同“悦”。

⑩马齿：马的牙齿，喻指马的年龄。

【译文】

什么叫贪图小利？从前晋献公想向虞国借道去攻打虢国。荀息说：“君王您如果用垂棘之璧和屈产之地的骏马，去贿赂虞公，向虞公请求借路的事，他一定会借路给我们。”晋献公说：“垂棘之璧，是先君留传下来的宝物；屈产地方出的骏马，是我的良马。如果他收了我的贵重礼物而不借路给我，那将怎么办？”荀息说：“虞公他不借路给我们，一定不敢接受我们的礼物。如果接受了我们的礼物而借我们路，那么这些宝物就好像从宫内的仓库里取出来藏到宫外的仓库里，骏马就好像从宫内的马棚里牵出来拴到宫外的马棚里。您不用担心。”晋献公说：“好吧。”于是派荀息拿着垂棘之璧和屈产之地的良马去贿赂虞公，以求借道。虞公贪图美璧和骏马之利而准备答应晋献公。宫之奇进谏说：“不能答应。虞国的边上有虢国的存在，就好像是车子边上绑有护着它的木棍。护车的木棍依靠车子而存在，车子也依赖木棍的保护，虞国和虢国的形势正像车子和车辐一样。如果借给晋国道路，那么虢国早晨灭亡而虞国晚上就会步其后尘。不能行，希望不要答应晋国。”虞公不听从宫之奇的进谏，结果借给了晋国道路。荀息攻打虢国取胜，回来过了三年，发兵攻打虞国，又攻克了虞国。荀息牵着马拿着垂棘之璧来报告晋献公，晋献公高兴地说：“璧玉还是原来的样子。尽管如此，马的年齿却长了。”因此虞公的军队失败而国土被侵占的原因，是什么呢？是由于贪图眼前的小利而不顾及它的危害。所以说：贪图小利，就是对大利益的危害。

奚谓行僻？昔者楚灵王为申之会[①]，宋太子后至[②]，执而囚之；狎徐君[③]；拘齐庆封[④]。中射士谏曰[⑤]："合诸侯，不可无礼，此存亡之机也。昔者桀为有戎之会而有缗叛之[⑥]，纣为黎丘之蒐而戎、狄叛之[⑦]，由无礼也。君其图之。"君不听，遂行其意。居未期年[⑧]，灵王南游，群臣从而劫之。灵王饿而死乾溪之上[⑨]。故曰：行僻自用，无礼诸侯，则亡身之至也。

【注释】

①楚灵王：春秋时楚国君主。申：春秋时诸侯国名，位于今河南南阳西北。前538年楚灵王在此地集会诸侯，这就是"申之会"。

②宋太子：春秋时宋国宋平公的儿子，名佐。

③徐君：春秋时徐国的国君。徐，春秋时代的诸侯国名，位于今安徽泗县北。

④庆封：人名，春秋时齐国的卿。

⑤中射士：春秋时君主宫中的武职侍卫官。

⑥有戎之会：传说中夏桀举行的一次会集诸侯的行动。有戎，又作"有仍"，夏代时的诸侯国名，位于今山东济宁附近。有缗：古代部落名，位于今山东金乡南。

⑦黎丘：古地名，位于今河南虞城北。蒐(sōu)：古代军礼之一，指春天围猎，有检阅军队的意思。

⑧期(jī)年：一周年。

⑨乾溪：又写作"乾谿"，楚国地名，位于今安徽亳县东南。前530年，楚灵王率军讨伐徐国，驻兵乾溪。这时楚国宫中发生内乱，杀死太子，立公子比为王。楚军听到这个消息溃败，灵王在乾溪自缢身死。韩非这里说的和《左传》等史书的记载有异。

【译文】

什么叫行为怪僻呢？从前楚灵王召集诸侯赴申地集会。宋太子来晚了，楚灵王便把他捉住囚禁起来；楚灵王又侮弄徐国国君；把齐国的庆封拘禁起来。楚灵王手下的中射士进谏说："聚集诸侯，不能不讲礼貌，这是国家存亡的关键。过去夏桀举行有戎之会而有缗氏叛乱；商纣王主持黎丘的春季围猎而西方和北方的少数民族叛乱，都是因为他们不讲外交礼仪。您仔细考虑考虑这种事吧！"楚灵王不听从中射士的进谏，结果仍按自己的意思去做。过了不到一年，楚灵王南游，群臣随之而劫持了他。楚灵王饿死在乾溪之上。所以说行为怪僻而自以为是，对诸侯没有礼貌，就是丧身的最大危险。

奚谓好音？昔者卫灵公将之晋[①]，至濮水之上[②]，税车而放马，设舍以宿。夜分，而闻鼓新声者而说之[③]。使人问左右，尽报弗闻。乃召师涓而告之[④]，曰："有鼓新声者，使人问左右，尽报弗闻。其状似鬼神，子为我听而写之[⑤]。"师涓曰："诺。"因静坐抚琴而写之。师涓明日报曰："臣得之矣，而未习也，请复一宿习之。"灵公曰："诺。"因复留宿。明日，已习之，遂去之晋。晋平公觞之于施夷之台[⑥]。酒酣，灵公起。公曰："有新声，愿请以示。"平公曰："善。"乃召师涓，令坐师旷之旁[⑦]，援琴鼓之。未终，师旷抚止之，曰："此亡国之声，不可遂也。"平公曰："此道奚出[⑧]？"师旷曰："此师延之所作[⑨]，与纣为靡靡之乐也。及武王伐纣，师延东走，至于濮水而自投。故闻此声者，必于濮水之上。先闻此声者，其国必削，不可遂。"平公曰："寡人所好者，音也，子其使遂之。"师涓鼓究之。平公问师旷曰："此所谓何声也？"师旷曰："此所谓清商也[10]。”公曰：“清商固最悲乎？”师旷曰：“不如清徵[11]。”公曰：“清徵可得而闻乎？”师旷曰：“不可。古之听清徵者，皆有德义之君也。今吾君德薄，不足以听。”平公曰：“寡人之所好者，音也，愿试听之。”师旷不得已，援琴而鼓。一奏之，有玄鹤二八[12]，道南方来，集于郎门之垝[13]。再奏之，而列。三奏之，延颈而鸣，舒翼而舞，音中宫商之声，声闻于天。平公大说，坐者皆喜。平公提觞而起为师旷寿，反坐而问曰：“音莫悲于清徵乎？”师旷曰：“不如清角[14]。”平公曰：“清角可得而闻乎？”师旷曰：“不可。昔者黄帝合鬼神于泰山之上[15]，驾象车而六蛟龙[16]，毕方并辖[17]，蚩尤居前[18]，风伯进扫[19]，雨师洒道[20]，虎狼在前，鬼神在后，腾蛇伏地，凤皇覆上，大合鬼神，作为清角。今吾君德薄，不足听之。听之，将恐有败。”平公曰：“寡人老矣，所好者音也，愿遂听之。”师旷不得已而鼓之。一奏之，有玄云从西北方起；再奏之，大风至，大雨随之，裂帷幕，破俎豆[21]，隳廊瓦。坐者散走，平公恐惧，伏于廊室之间。晋国大旱，赤地三年。平公之身遂癃病[22]。故曰：不务听治，而好五音不已，则穷身之事也。

【注释】

①卫灵公：名元，春秋时卫国的君主。

②濮水：古代水名，在河南东北部，流经当时的卫国，今已不存。

③说：同“悦”。下文“平公大说”、“知伯说”等处之“说”同此。

④师涓：卫灵公的乐官。

⑤写：录谱，把乐曲记录下来。

⑥晋平公：名彪，春秋时晋国的君主。施夷：晋国地名，位于今山西

曲沃西。

⑦师旷：晋平公的乐官，也是当时的著名乐师。

⑧道：由，从。下文"道南方来"之"道"同此。

⑨师延：商纣王时的乐师。

⑩清商：古乐调名称。

⑪清徵：古乐调名称。

⑫二八：即"二"和"八"的乘积"十六"。

⑬郎：通"廊"，指宫殿旁边有覆盖的游廊。垝(guǐ)：通"危"，屋脊。

⑭清角：古乐调名称。

⑮黄帝：我国原始社会后期的著名部落首领，传说中的著名帝王，即轩辕氏。泰山：即今山东的泰山，五岳之一。

⑯蛟龙：古代传说中能兴风作浪、发洪水的龙。

⑰毕方：传说中的木神。辖(xiá)：车轴两端的小铁链。

⑱蚩尤：传说中黄帝时代的九黎首领，后被黄帝所擒杀。

⑲风伯：传说中的风神。

⑳雨师：传说中的雨神。

㉑俎(zǔ)：古代宴会或祭祀时盛牛、羊、猪的礼器。豆：古代盛肉或其他食品的器具。

㉒癃(lóng)病：手脚不灵活的病，即瘫痪病。

【译文】

什么叫沉溺于音乐？从前卫灵公准备到晋国去，来到濮水边上，卸下车放开马，布置住处来住宿。半夜的时候，听到有人弹奏新乐曲很喜欢。让人问身边的侍从，侍从都说没有听到。便把乐官师涓召来问他，说："我听到有弹奏新乐曲的，让人问身边的侍从，侍从都说没有听到。音调好像出自鬼神，你替我倾听并把它记录下来。"师涓回答说："好吧。"便安静坐在那里弹奏着琴记录下了这首乐曲。师涓第二天报告卫灵公说："我已得到了这首乐曲，但还不熟悉，请求再给一个夜晚熟悉它。”卫灵公说：“好吧。”于是又留在濮水边住了一夜。第二天，师涓也熟悉了这首曲子，便离开卫国前往晋国。晋平公在施夷这个地方的高台上宴请卫灵公。喝到高兴之际，卫灵公站起来，说：“我有首新乐曲，希望请求得到您的允许演示演示。”晋平公说：“好。”于是召来师涓，让他坐在晋平公的乐官师旷的旁边，拿起琴来演奏。没有演奏完，师旷轻轻按住制止住师涓，说：“这是亡国之音，不能把它弹完。”晋平公问道：“这首乐曲从哪里来？”师旷说：“这是师延所创作的，是他为商纣王写的靡靡之音。等周武王伐纣的时候，师延往东逃走，来到濮水边上投水而死。所以听到这首乐曲，一定是在濮水边上。先听到这首乐曲的，他的国家一定会被削弱，不能让他弹完。”晋平公说：“我所喜欢的，是音乐，你还是让他弹完吧。”师涓弹完了这首乐曲。晋平公问师旷说：“这叫做什么乐调呢？”师旷说：“这就是人们所说的清商调。”晋平公说：“清商是最悲伤的乐调吗？”师旷说：“不如清徵乐调悲伤。”晋平公说：“能听听清徵乐调吗？”师旷说：“不行。古代听清徵乐调的，都是有德义的君主。如今君主您的德义不够丰厚，不具备听这种乐调的条件。”晋平公说：“我所喜欢的，只是音乐，希望能试着听一下。”师旷没有办法，拿过琴来弹奏。演奏一遍，有十六只黑色的鹤，由南方飞来，聚集到宫廷廊门的顶上。演奏第二遍，这十六只黑色的鹤排成行列。演奏第三遍，这些鹤都伸长了脖子鸣叫，张开了翅膀起舞。鹤的鸣叫声合乎宫商乐调的节拍，声音直达天空。晋平公非常高兴，在座的人都很欢喜。晋平公举起酒杯为师旷祝寿，回到座位上问道：“音乐没有比清徵乐调更悲伤的了吗？”师旷说：“清徵还不如清角乐调悲伤。”晋平公说：“能把清角乐调演奏给我听吗？”师旷说：“不行。从前黄帝在泰山之上会合鬼神，驾驶着象牙车用六条蛟龙拉车，木神毕方站在车辖旁边，蚩尤在前面开路，风伯在前面清扫，雨师为他洒水清洗道路，虎狼在前面守卫，鬼神在后面扈从，腾蛇匐伏在地，凤凰飞翔在上，广泛会合鬼神，创作出了清角乐调。现在君主您的德义还浅薄，不能够来听这个乐调。如果听了，恐怕会有灾害。”晋平公说：“我年纪大了，所喜爱的是音乐，希望能听到这个乐调。”师旷不得已演奏了这一乐调。第一遍演奏，有黑云从西北方升起。第二遍演奏，大风吹来，大雨随之而到，吹裂了帐幕，吹翻了盛祭品的器具，毁坏了廊瓦。在座的人四散逃走，晋平公也十分恐惧，匐伏在廊屋之间。晋国因此遭受大旱，三年间土地寸草不生。晋平公最后也得了瘫痪病。所以说不努力处理国家政事，而没止境地嗜好音乐，就是自身走上末路的事情。

奚谓贪愎？昔者智伯瑶率赵、韩、魏而伐范、中行①，灭之。反归②，休兵数年，因令人请地于韩。韩康子欲勿与③，段规谏曰④：“不可不与也。夫知伯之为人也⑤，好利而骜愎⑥。彼来请地而弗与，则移兵于韩必矣。君其与之。与之，彼狃，又将请地他国。他国且有不听，不听，则知伯必加之兵。如是，韩可以免于患而待其事之变。”康子曰：“诺。”因令使者致万家之县一于知伯。知伯说，又令人请地于魏。宣子欲勿与⑦，赵葭谏曰⑧：“彼请地于韩，韩与之。今请地于魏，魏弗与，则是魏内自强，而外怒知伯也。如弗予，其措兵于魏必矣。不如予之。”宣子曰：“诺。”因令人致万家之县一于知伯。知伯又令人之赵请蔡、皋狼之地⑨，赵襄子弗与⑩。知伯因阴约韩、魏将以伐赵。襄子召张孟谈而告之曰⑪：“夫知伯之为人也，阳亲而阴疏。三使韩、魏而寡人不与焉，其措兵于寡人必矣。今吾安居而可？”张孟谈曰：“夫董阏于⑫。简主之才臣也⑬，其治晋阳⑭，而尹铎循之⑮，其余教犹存，君其定居晋阳而已矣。”君曰：“诺。”乃召延陵生⑯，令将车骑先至晋阳，君因从之。君至，而行其城郭及五官之藏。城郭不治，仓无积粟，府无储钱，库无甲兵，邑无守具。襄子惧，乃召张孟谈曰："寡人行城郭及五官之藏，皆不备具，吾将何以应敌?"张孟谈曰："臣闻圣人之治，藏于民，不藏于府库，务修其教不治城郭。君其出令，令民自遗三年之食，有余粟者入之仓；遗三年之用，有余钱者入之府；遗有奇人者使治城郭之缮。"君夕出令，明日，仓不容粟，府无积钱，库不受甲兵。居五日而城郭已治，守备已具。君召张孟谈而问之曰："吾城郭已治，守备已具，钱粟已足，甲兵有余。吾奈无箭何?"张孟谈曰："臣闻董子之治晋阳也，公宫之垣皆以荻蒿楛楚墙之[17]，有楛高至于丈。君发而用之。"于是发而试之，其坚则虽菌簵之劲弗能过也[18]。君曰："吾箭已足矣，奈无金何?"张孟谈曰："臣闻董子之治晋阳也，公宫令舍之堂，皆以炼铜为柱、质。君发而用之。"于是发而用之，有余金矣。号令已定，守备已具。三国之兵果至。至则乘晋阳之城，遂战。三月弗能拔。因舒军而围之，决晋阳之水以灌之。围晋阳三年。城中巢居而处，悬釜而炊，财食将尽，士大夫羸病。襄子谓张孟谈曰："粮食匮，财力尽，士大夫羸病，吾恐不能守矣！欲以城下，何国之可下?"张孟谈曰："臣闻之，亡弗能存，危弗能安，则无为贵智矣。君释此计者。臣请试潜行而出，见韩、魏之君。"张孟谈见韩、魏之君曰："臣闻唇亡齿寒。今知伯率二君而伐赵，赵将亡矣。赵亡，则二君为之次。"二君曰："我知其然也。虽然，知伯之为人也，粗中而少亲。我谋而觉，则其祸必至矣。为之奈何?"张孟谈曰："谋出二君之口而入臣之耳，人莫之知也。"二君因与张孟谈约三军之反，与之期日。夜遣孟谈入晋阳，以报二君之反。襄子迎孟谈而再拜之，且恐且喜。二君以约遣张孟谈[19]，因朝知伯而出，遇智过于辕门之外[20]。智过怪其色，因入见知伯曰："二君貌将有变。"君曰："何如？"曰："其行矜而意高，非他时之节也，君不如先之。"君曰："吾与二主约谨矣，破赵而三分其地，寡人所以亲之，必不侵欺。兵之著于晋阳三年，今旦暮将拔之而向其利[21]，何乃将有他心？必不然。子释勿忧，勿出于口。"明旦，二主又朝而出，复见智过于辕门。智过入见曰："君以臣之言告二主乎？"君曰："何以知之？"曰："今日二主朝而出，见臣而其色动，而视属臣[22]。此必有变，君不如杀之。"君曰："子置勿复言。"智过曰："不可，必杀之。若不能杀，遂亲之。"君曰："亲之奈何？"智过曰："魏宣子之谋臣曰赵葭，韩康子之谋臣曰段规，此皆能移其君之计。君其与二君约，破赵国，因封二子者各万家之县一。如是，则二主之心可以无变矣。"知伯曰："破赵而三分其地，又封二子者各万家之县一，则吾所得者少。不可。"智过见其言之不听也，出，因更其族为辅氏。至于期日之夜，赵氏杀其守堤之吏而决其水灌知伯军。知伯军救水而乱，韩、魏翼而击之，襄子将卒犯其前，大败知伯之军而擒知伯。知伯身死军破，国分为三，为天下笑。故曰：贪愎好利，则灭国杀身之本也。

【注释】

①智伯瑶：春秋末期晋国六卿中最强的一个。伐范、中行：指前458年，智伯率领赵、韩、魏三家灭掉了范、中行二家，剩下四家。

②反：同“返”。

③韩康子：名虔(qián)，晋国的卿。灭智伯后，为晋国三家之一。

④段规：韩康子的家臣。

⑤知伯：即智伯，智伯瑶。知，同“智”。

⑥骜愎：傲慢。骜，通“傲”。

⑦宣子：指魏宣子，名驹，晋国的卿。他书作“桓子”。

⑧赵葭：魏宣子的家臣。

⑨蔡：晋国地名，当时属赵氏，所在地不详。皋狼：晋国地名，位于今山西离石西北。

⑩赵襄子：晋国的卿，名无恤。

⑪张孟谈：赵襄子的家臣。

⑫董阏于：赵简子的家臣，一作董安于。

⑬简主：即赵简子，赵襄子的父亲。

⑭晋阳：赵氏封邑，在今山西太原西南。

⑮尹铎：赵襄子的家臣。

⑯延陵生：赵襄子的家臣。姓延陵，名生。

⑰荻：野生植物，象芦苇。蒿：通“藁”，稻麦秸秆。楛(hù)：荆棘类植物。楚：荆棘。

⑱菌簬(lù)：一种非常坚硬的竹子。菌，通“箘”。

⑲以：通“已”。

⑳智过：晋国大夫，智伯的族人。

㉑向：通“享”。

㉒属：通“瞩”，注目。

【译文】

什么叫贪心固执？从前智伯瑶率领赵、韩、魏进攻范氏、中行氏，而消灭了他们。返回自己封地之后，好几年没有用兵，便派人到韩氏请求割让土地给自己。韩康子想不给他土地，段规劝谏说：“不能不给他土地。智伯瑶的处世特点，是贪爱利益而傲慢。他来请求割让土地而你没有给他，那一定会调遣军队来攻打韩氏。您还是给他。给他，他会习惯成性，又将要向其他国家请求割地。其他国家将会有人不听从他，不听从他，他就一定会派军去进攻。如果这样，韩氏您就可以免于祸患而等待事情的变化。”韩康子说：“好吧。”于是派使者送一个万户人家的县境给智伯。智伯又派人去魏氏请求割让土地。魏宣子准备不给他，赵葭劝谏说：“智伯向韩氏请求割让土地，韩氏给了他土地。现在向魏氏请求割让土地，魏氏不给，那么这就是魏氏自恃强大，而对外使智伯恼怒。如果不给智伯土地，他一定会加兵于魏来进攻。不如给他土地。”魏宣子说：“好吧。”于是派人送一个万户人口的县境给智伯。智伯又派人到赵氏请求割让蔡、皋狼地方，赵襄子不给他。智伯暗地里约韩、魏两家准备来讨伐赵氏。赵襄子召来张孟谈把这一情况告诉他说：“智伯对他人，表面亲近而实际上疏远。三次派人出使韩、魏而都没有来拜访我，他一定会派兵来攻打我。我现在应该怎么处置才好呢？”张孟谈说：“董阏于，是您父亲赵简主的才臣，他治理晋阳，而现在尹铎继任，董阏于的教化仍然存在，您定居晋阳就可以了。”赵襄子说：“行。”便召来延陵生，命令他率领车马骑兵先到晋阳，赵襄子随后也跟着去了晋阳。赵襄子到了晋阳，巡视了晋阳的内外城防和各职事官府库的储藏。内外城墙没有修理好，仓库没有存粮，库房里没有存钱，武器库里没有铠甲武器，城内没有防守的装备。赵襄子心中害怕，因此召来张孟谈说：“我巡视了内外城墙和百官的府库，都无充足的器具，我将用什么来迎敌？”张孟谈说：“我听说圣人治理国家，财富储藏在老百姓中间，不储藏在百官的府库里，努力搞好教化而不单纯修缮城郭。您可以下达一个命令，命令老百姓自留三年的粮食，有多余粮食的送到官仓里去；自留下三年的费用，有多余钱币的送到官府里去；留下耕种者后有多余的闲人派去修缮城郭。”赵襄子晚上下达命令，第二天，仓库里堆不下粮食，官府里没有地方存放钱，武器库房里不能接受送来的兵器了。过了五天而内外城防已修治好，守卫的器械已具备。赵襄子召来张孟谈问他说："我的内外城已修治好，守卫的器械已具备，钱粮已充足，武器已充足有余。我缺少箭怎么办？"张孟谈说："我听说董阏于治理晋阳的时候，官署的墙垣都是用芦苇麦秆荆棘灌木之类筑起来的，有的荆棘长达一丈。您可以挖出来使用它。"因此挖出来试验，荆棘的坚韧度胜过坚硬竹子。赵襄子说："我的箭已经够了，但没有做箭头的铜怎么办？"张孟谈说："我听说董阏于治理晋阳的时候，地方长官的住处，都采用冶炼出的铜来做柱子和柱子的础石。您可以取出来使用。"因此取来加以使用，还有多余的铜。号令已经制定，守卫的装备已经具备，智伯率领韩、魏三国的军队果然来到。到达后就进攻晋阳城，于是开战。三个月还不能攻下。因此就疏散开军队加以围攻，决开晋阳的河水来淹灌。围困了晋阳城三年。晋阳城内的人像鸟筑巢一样在房顶或高处居住，吊起锅来做饭吃，财物和粮食将要耗尽，士大夫瘦弱疲惫。赵襄子对张孟谈说："粮食缺乏，财力用尽，士大夫瘦弱疲惫，我恐怕坚守不住了！想要举城投降，哪一家可以去投降？"张孟谈说："我听说，如果将灭亡的不能保存，危险的不能安宁，就用不着重视智能了。您暂且打消这个念头。我请求尝试悄悄出城，去面见韩氏和魏氏。"张孟谈见到韩氏、魏氏说："我听说嘴唇没有了牙齿就会寒冷。现在智伯率领你们两家来进攻赵氏，赵氏将要灭亡了。赵氏灭亡，那么你们两家就会紧随其后。"韩氏和魏氏说："我们知道是这样。尽管如此，智伯做人粗暴而少仁爱。如果我们的谋划被他发觉，那么我们的祸害一定会到来。怎么处理这个问题？"张孟谈说："谋划从你们二位的口里说出而传到我的耳中，没有人会知道。"韩氏、魏氏便和张孟谈约定三家军队一同反对智伯，与他们约好了日期。夜晚派张孟谈进入到晋阳城，向赵襄子报告韩、魏两家的谋反。赵襄子迎来张孟谈两次向他下拜，又惊又喜。韩康子、魏宣子因为约定遣回了张孟谈，因此朝见智伯之后出来，在军门外遇到了智过。智过对二人的脸色感到奇怪，因此到军营中面见智伯说："从韩康子和魏宣子的脸色看上去他们二家将有变化。"智伯说:"怎么回事?"智过说:"他们的行动傲慢而意气高扬,不像平时的样子。您不如先动手。"智伯说:"我和韩、魏二家商量得很周密,攻下赵氏后三家瓜分他的土地,我因此对他们很亲近,他们一定不会欺骗我。军队围攻晋阳已经三年,现在早晚间将要攻下它而享受它的利益,怎么会有他心?一定不会这样。你就放心,不要将这些话说出去让他们听到了。"第二天,韩康子和魏宣子又朝见智伯出来,在军门前再次遇到智过。智过进军营见智伯说:"您将我的话告诉韩氏和魏氏了吗?"智伯说:"你怎么知道的?"智过说:"今天韩康子和魏宣子朝拜您以后出去,看到我脸色有变化,而看的时候眼睛盯着我。这其中一定有变故,您不如杀了他们。"智伯说:"你放下这个问题不要再说了。"智过说:"不行,一定要杀了他们。如果您不能杀他们,那就亲近他们。"智伯说:"亲近他们又怎么样?"智过说:"魏宣子的谋臣叫赵葭,韩康子的谋臣叫段规,这两个人都能改变他们主人的主意。您可与这两个人约定,攻下赵氏后,便分封这两个人各一个万户人口的县境。如果这样,那么韩康子和魏宣子就可以不会有变化了。"智伯说:"攻下赵氏而三家瓜分它的土地,又分封赵葭、段规二人每人一个万户人口的县境,那么我所得到的就少了。不行。"智过因为自己的话不被听取,就出走了,并更改自己家族的姓为辅氏。到了约定日期的夜晚,赵氏杀了智伯守堤的将吏挖开河水淹灌智伯的军队。智伯的军队因救水而大乱,韩氏和魏氏的军队又从两侧攻击智伯的军队,赵襄子率军在正面进攻,把智伯的军队打得大败活捉了智伯。智伯被杀军队被打败,他的属地被分为三份,被天下人耻笑。所以说:贪心固执而喜好利益,就是亡国杀身的祸根。

奚谓耽于女乐?昔者戎王使由余聘于秦[①],穆公问之曰[②]:"寡人尝闻道而未得目见之地,愿闻古之明主得国失国常何以?"由余对曰:"臣尝得闻之矣,常以俭得之,以奢失之。”穆公曰：“寡人不辱而问道于子，子以俭对寡人，何也？”由余对曰：“臣闻昔者尧有天下[③]，饭于土簋[④]，饮于土铏[⑤]。其地南至交趾[⑥]，北至幽都[⑦]，东西至日月之所出入者，莫不宾服。尧禅天下，虞舜受之[⑧]，作为食器，斩山木而财之[⑨]，削锯修其迹，流漆墨其上，输之于宫以为食器。诸侯以为益侈，国之不服者十三。舜禅天下而传之于禹[⑩]，禹作为祭器，墨染其外，而朱画其内，缦帛为茵，蒋席颇缘[⑪]，觞酌有采[⑫]，而樽俎有饰。此弥侈矣，而国之不服者三十三。夏后氏没，殷人受之，作为大路[⑬]，而建九旒[⑭]，食器雕琢，觞酌刻镂，白壁垩墀，茵席雕文。此弥侈矣，而国之不服者五十三。君子皆知文章矣，而欲服者弥少。臣故曰：俭其道也。”由余出，公乃召内史廖而告之[⑮]，曰：“寡人闻邻国有圣人，敌国之忧也。今由余，圣人也，寡人患之，吾将奈何？”内史廖曰：“臣闻戎王之居，僻陋而道远，未闻中国之声。君其遗之女乐，以乱其政，而后为由余请期，以疏其谏。彼君臣有间而后可图也。”君曰：“诺。”乃使内史廖以女乐二八遗戎王[⑯]，因为由余请期。戎王许诺，见其女乐而说之[⑰]，设酒张饮，日以听乐，终岁不迁，牛马半死。由余归，因谏戎王，戎王弗听，由余遂去之秦。秦穆公迎而拜之上卿[⑱]，问其兵势与其地形。既以得之，举兵而伐之，兼国十二，开地千里。故曰：耽于女乐，不顾国政，则亡国之祸也。

【注释】

①由余：春秋时晋国人，流落到戎为臣，后到秦，受秦穆公重用。

②穆公：即秦穆公，名任好，春秋时秦国的君主，在位时秦国国力增

强，有人将他列为“春秋五霸”之一。

③尧：我国原始社会末期的部落首领。

④土簋（guǐ）：用土烧制成的盛食物的器具。

⑤土铏（xíng）：用土烧制成的盛汤的器具。

⑥交趾：古代中国南方边境的地名，在今越南境内。

⑦幽都：中国古代北方边境的地名，在今北京。

⑧虞舜：即舜，我国原始社会末期的部落首领，尧的继位人。因出于有虞氏部落，故称虞舜。

⑨财：通“裁”，制作。

⑩禹：夏王朝的建立者。

⑪蒋席颇缘：用蒋草编成的席子，上面饰有斜纹的边缘。蒋，一种草。颇，偏，指斜纹。

⑫觞酌：酒杯和用来舀酒的勺子。酌，通“勺”，一种有柄的用来舀东西的器具。

⑬大路：即大辂，天子乘坐的车子。路，同“辂”。

⑭九旒（liú）：旗子下面悬垂的九条饰物，古代天子用的旗有九旒，也有的为十二旒。

⑮内史：春秋时诸侯国管理财政开支和租税收入的官吏。廖：人名。

⑯遗（wèi）：赠给。下文“夜遗公子”之“遗”与此同。

⑰说：同“悦”。

⑱上卿：地位最高的卿。

【译文】

什么叫沉溺于女子的轻歌曼舞？从前戎王派由余出访秦国，秦穆公问由余说：“我曾经听说过治国的道理但没能亲眼见到，希望听你谈一谈古代的明君常常因为什么而亡国兴国？”由余回答说：“我曾听说过，总是因为俭朴而获得天下，因为奢侈而丢失国家。”秦穆公说：“我不怕屈身向你询问治国的道理，你用'俭朴'一语来回答我，这是为什么呢？"由余回答说："我听说从前尧统治天下的时候，用土钵子来盛饭，用土罐子来盛汤，他的国土南到交趾，北来幽都，东、西方达到了太阳升起和落下的地方，没有人不表示臣服。尧禅让天下，虞舜接受了天下，制作饮食器具，砍下山上的树来裁制，用斧砍刀锯打磨光滑，在上面涂抹油漆，再送到宫中作为饮食器具。诸侯们认为这些过于奢侈，不臣服的诸侯国有十三个。虞舜禅让天下而传给了夏禹，禹制作祭祀用的器具，在器具的外面涂上漆，而在器具内面画上彩画，用没有花纹的帛做垫席，用蒋草编成的有斜纹边缘的席子，酒杯和勺子上有文采，礼器上有纹饰。这些比过去更奢侈了，而诸侯国不臣服的有三十三个。夏代灭亡，殷人接受了天下，制作了天子乘的车子，而树起有九条飘带的旗子，饮食的器具上雕饰着花纹，酒杯和勺子上刻镂着图案，居室的墙壁和台阶上涂饰着白灰，卧席坐垫上绘饰着文采。这比以前更加奢侈了，而诸侯国不表示臣服的达五十三个。君子都知道用华丽的文采来装饰，但打算臣服的诸侯却越来越少。所以我说俭朴是治国之道。"由余从宫中出来，秦穆公召来内史廖告诉他说："我听说一个国家有圣人，就是敌对国家的忧患。现在由余就是圣人，我对他感到忧虑，我该怎么办？"内史廖说："我听说戎王所处的地方，偏僻简陋而道路遥远，没有听到过中原地区的音乐。您可以送给他能歌善舞的女子，用以搅乱他的政治，而后再为由余请求延长回国的日期，借此疏远他对戎王的劝谏。戎王君臣之间有了嫌隙，然后就可以谋取它了。"秦穆公说："好吧。"便派内史廖将十六名能歌善舞的女子送给戎王，借机向戎王请求延长由余的归期。戎王满口答应，看到能歌善舞的女子十分高兴，摆出酒席开怀畅饮，每天听歌观舞，一年到头不变，他的牛马死了一半。由余回国，便劝谏戎王，戎王不接受劝谏，由余最后离开戎王到了秦国。秦穆公迎接他并任用他为秦国的上卿，向他询问西戎的军队形势和地理情况。掌握了敌方的情况后，发动军队进攻西戎，兼并了十二个国家，开拓了上千里的土地。所以说，沉溺于轻歌曼舞的女子，不顾及国家政治，就是亡国的灾祸。

奚谓离内远游？昔者齐景公游于海而乐之[①]。号令诸大夫曰："言归者死。"颜涿聚曰[②]："君游海而乐之，奈臣有图国者何？君虽乐之，将安得？"齐景公曰："寡人布令曰'言归者死'，今子犯寡人之令。"援戈将击之。颜涿聚曰："昔桀杀关龙逢而纣杀王子比干[③]，今君虽杀臣之身，以三之可也。臣言为国，非为身也。"延颈而前曰："君击之矣！"君乃释戈趣驾而归[④]。至三日，而闻国人有谋不内齐景公者矣[⑤]。齐景公所以遂有齐国者，颜涿聚之力也。故曰：离内远游，则危身之道也。

【注释】

①齐景公：春秋时齐国的君主，名杵，前547—前490年在位。

②颜涿聚：人名，齐国的大夫，孔子的学生。

③桀：夏桀王，著名的暴君。关龙逢：夏桀王的臣子。纣：商纣王，商代著名的暴君。比干：商纣王的大臣，因强谏纣王而被剖腹掏心。

④趣：通"促"，催促。

⑤内：同"纳"。

【译文】

什么叫离开朝廷而到边远的地方去游玩？从前齐景公到渤海去游玩并以此为乐，对诸位朝臣大夫下令说："说要回家的就处死。"颜涿聚说："国君您到海上游玩而以此为乐，如果朝中大臣有阴谋篡夺您的国家怎么办？国君虽然以此为乐，但失去了国家您还怎么可能这样？"齐景公说："我发布命令说提出回朝的人要处死，现在你违犯了我的命令。"拿起戈来要刺杀颜涿聚。颜涿聚说："从前夏桀杀关龙逢而商纣王杀了王子比干。今天国君您即使杀了我，我能和关龙逢、比干一起成为三个忠臣没有什么可遗憾的。我进言是为了国家，而不是为我个人。"伸着头上前说："您来砍吧。"齐景公于是放下戈，催促车驾回宫。回到宫中才三天，听说国都中有人谋划不接纳齐景公回都城。齐景公之所以最终能统治齐国，靠的是颜涿聚的力量。所以说离开朝廷而到远方游玩，就是危害自身的做法。

奚谓过而不听于忠臣？昔者齐桓公九合诸侯①，一匡天下，为五伯长②，管仲佐之③。管仲老，不能用事，休居于家。桓公从而问之曰："仲父家居有病，即不幸而不起此病，政安迁之？"管仲曰："臣老矣，不可问也。虽然，臣闻之，知臣莫若君，知子莫若父。君其试以心决之。"君曰："鲍叔牙何如④？"管仲曰："不可。鲍叔牙为人，刚愎而上悍。刚则犯民以暴，愎则不得民心，悍则下不为用。其心不惧，非霸者之佐也。"公曰："然则竖刁何如⑤？"管仲曰："不可。夫人之情莫不爱其身。公妒而好内，竖刁自獖以为治内⑥。其身不爱，又安能爱君？"公曰："然则卫公子开方何如⑦？"管仲曰："不可。齐、卫之间不过十日之行，开方为事君，欲适君之故，十五年不归见其父母，此非人情也。其父母之不亲也，又能亲君乎？"公曰："然则易牙何如⑧？"管仲曰："不可。夫易牙为君主味，君之所未尝食唯人肉耳，易牙蒸其子首而进之，君所知也。人之情莫不爱其子，今蒸其子以为膳于君，其子弗爱，又安能爱君乎？"公曰："然则孰可？"管仲曰："隰朋可[9]。其为人也，坚中而廉外，少欲而多信。夫坚中，则足以为表；廉外，则可以大任；少欲，则能临其众；多信，则能亲邻国。此霸者之佐也，君其用之。”君曰：“诺。”居一年余，管仲死，君遂不用隰朋而与竖刁。刁莅事三年，桓公南游堂阜[10]，竖刁率易牙、卫公子开方及大臣为乱。桓公渴馁而死南门之寝公守之室[11]，身死三月不收，虫出于户。故桓公之兵横行天下，为五伯长，卒见弑于其臣，而灭高名，为天下笑者，何也？不用管仲之过也。故曰：过而不听于忠臣，独行其意，则灭其高名为人笑之始也。

【注释】

①齐桓公：春秋时齐国的君主，名小白，著名的“春秋五霸”之一。

②五伯：指春秋时代的齐桓公、晋文公、楚庄王、吴王阖庐和越王勾践。伯，通“霸”。

③管仲：名夷吾，齐桓公的相。

④鲍叔牙：春秋时齐国的大夫，曾举荐管仲为相。上：通“尚”。

⑤竖刁：齐桓公的年轻侍仆，名刁。

⑥猜(fén)：同“豮”，阉割，指割去睾丸。治内：管理宫内事务。

⑦卫公子开方：卫国的公子开方。春秋时期卫国的疆域范围在今河南东北部和河北、山东部分地区。卫国的公子开方，在齐国做官，受齐桓公的宠信。

⑧易牙：齐桓公的近臣，又作狄牙。

⑨隰(xí)朋：人名，齐桓公的左相。

⑩堂阜：齐国地名，位于今山东蒙阴西北。

⑪公守之室：临时守卫的地方。

【译文】

什么叫有过错而不听从忠臣的劝告？从前齐桓公多次会合诸侯，一举匡正天下，成为五霸之首，管仲辅佐他。管仲年老，不能执掌国政了，退休闲居在家。齐桓公前往看望问管仲说："老人家在家生病了，假如不幸一病不起，国家的政事移交给谁？"管仲说："为臣我老了，不值得询问了。尽管如此，我听说，没有比君主更了解大臣的了，没有比父亲更了解儿子的了。君主您就按自己的心愿来决定吧。"齐桓公说："鲍叔牙接替您怎么样？"管仲说："不行。鲍叔牙这个人刚强固执只会凶悍。刚强就会用粗暴的态度侵扰民众，固执就不能获得民众的拥护，凶悍就不能使民众听他使唤。他的心里对这些没有畏忌，不是霸王的辅佐人才。"齐桓公说："那么，竖刁怎么样？"管仲说："不行。人之常情没有不爱惜自己身体的。您生性嫉妒男子而喜爱女人，竖刁就自己阉割了来为您管理宫内事务。他对自己的身体都不爱惜，又怎么会爱您呢？"齐桓公说："那么，卫公子开方怎么样？"管仲说："不行。齐国、卫国之间不过十天的路程，开方为了侍奉您，因为迎合您的缘故，十五年不回家去看望他的父母，这不符合人之常情。他连自己的父母都不去亲近，还能真心亲近您吗？"齐桓公说："那么易牙怎么样呢？"管仲说："不行。易牙为您主管伙食，您所不曾尝过的味道只有人肉，易牙蒸了自己儿子的头进献给您，这是您所知道的。人之常情没有不爱自己儿子的，现在易牙蒸了自己的儿子作为食物进献给君主，他连自己的儿子都不爱，又怎么会爱您呢？"齐桓公说："那么谁合适呢？"管仲说："隰朋可以。隰朋这个人，内心坚贞行为廉洁方正，欲望不多很讲信用。内心坚贞，就可以作为表率；行为方正，就可以担当大任；欲望少，就能够统驭百姓；很讲信用，就能与邻国亲近。这样的人是霸王的好帮手，您可以任用他。"齐桓公说："好吧。"过了一年多，管仲死了，齐桓公便不再任用隰朋而将政权交给了竖刁。竖刁执政三年，齐桓公往南到堂阜去游玩，竖刁率领易牙、卫公子开方以及大臣们乘机作乱。齐桓公因饥渴死在了南门寝宫旁守卫住的房子里，死了三个月没有人收尸，蛆虫都爬出了门外。齐桓公的军队横行天下，成为五霸之首，最后却被他的臣下所杀，且灭掉了他的赫赫名声，被天下人耻笑，这是什么原因呢？不采用管仲意见的过失。所以说有过失而不听从忠臣的劝告，就是丧失美好名声而被人取笑的开始。

奚谓内不量力？昔者秦之攻宜阳①，韩氏急。公仲朋谓韩君曰②："与国不可恃也③，岂如因张仪为和于秦哉④！因赂以名都而南与伐楚，是患解于秦而害交于楚也。"公曰："善。"乃警公仲之行，将西和秦。楚王闻之⑤，惧，召陈轸而告之曰⑥："韩朋将西和秦，今将奈何？"陈轸曰："秦得韩之都一，驱其练甲，秦、韩为一以南向楚，此秦王之所以庙祠而求也，其为楚害必矣。王其趣发信臣，多其车、重其币以奉韩，曰：'不穀之国虽小，卒已悉起，愿大国之信意于秦也⑦。因愿大国令使者入境视楚之起卒也。'"韩使人之楚，楚王因发车骑陈之下路⑧，谓韩使者曰："报韩君，言弊邑之兵今将入境矣⑨。"使者还报韩君，韩君大悦，止公仲。公仲曰："不可。夫以实害我者，秦也；以名救我者，楚也。听楚之虚言而轻强秦之实祸，则危国之本也。"韩君弗听。公仲怒而归，十日不朝。宜阳益急，韩君令使者趣卒于楚，冠盖相望而卒无至者。宜阳果拔，为诸侯笑。故曰：内不量力，外恃诸侯者，则国削之患也。

【注释】

①宜阳：韩国地名，位于今河南宜阳西。

②公仲朋:一作公仲侈,韩宣惠王的相。韩君:指韩宣惠王。

③与国:盟国,指楚国。

④张仪:秦惠王的相,战国连横派的代表人物。

⑤楚王:指楚怀王。

⑥陈轸:楚怀王的谋臣,纵横家。

⑦信:通"申"。

⑧下路:即夏路,指楚国通往北方的大路。

⑨弊邑:对自己国家的谦称。弊,通"敝"。

【译文】

什么叫在国内不量力而行?从前秦国进攻韩国的宜阳,韩国很着急。公仲朋对韩宣惠王说:"楚国这个盟国不可靠,还不如通过张仪跟秦国讲和。借这个机会用一座有名的城市贿赂秦国而向南一起讨伐楚国,这样就解除了秦国的祸患而把祸患转移到了楚国。"韩宣惠王说:"好。"便告诫公仲朋出使,准备西面与秦国讲和。楚怀王听到这个消息,心中恐惧,召来陈轸告诉他说:"韩国公仲朋准备西行与秦国讲和,现在我们该怎么办?"陈轸说:"秦国得到韩国的一座城市,驱使它的精锐部队,秦国、韩国联结一体而往南向楚国开来,这是秦王在宗庙祭祀中所祈求的东西,它一定会成为楚国的危害。大王您赶快派遣可靠的使臣,多给他一些车马,准备贵重的礼物,用来奉送韩国,对韩国说:'我的楚国虽然很小,已发动了全部士兵准备来帮助你们,希望贵国向秦国表明你不屈的决心。为此希望贵国派使者来敝国境内,考察楚国发动士兵的情况。'"韩国的使者来到楚国,楚怀王因此便调动车马军队陈列在通往韩国的路上,对韩国的使者说:"请报告韩国国君,就说楚国的军队现在就要进入韩国境内了。"使者回韩国报告给韩宣惠王,韩宣惠王非常高兴,制止住公仲朋到秦国讲和。公仲朋说:"不行。以实际行动危害我国的,是秦国;从名义上发兵救援我国的,是楚国。听信楚国的空话而轻视秦国的实际祸害,这是危害国家的根源。"韩宣惠王不接受他的劝告。公仲朋气愤地回去了,十天没有上朝。宜阳更加危急,韩宣惠王派使者到楚国催促,人来人往彼此相望但楚军最终也没有来到。宜阳结果被秦国攻下,韩国被其他诸侯国取笑。所以说:在国内不量力而行,在国外依靠别的诸侯国,就是国家疆域被削弱的祸患。

奚谓国小无礼?昔者晋公子重耳出亡[①],过于曹[②],曹君袒裼而观之[③]。釐负羁与叔瞻侍于前[④]。叔瞻谓曹君曰:"臣观晋公子,非常人也。君遇之无礼,彼若有时反国而起兵,即恐为曹伤。君不如杀之。"曹君弗听。釐负羁归而不乐,其妻问之曰:"公从外来而有不乐之色,何也?"负羁曰:"吾闻之,有福不及,祸来连我。今日吾君召晋公子,其遇之无礼。我与在前,吾是以不乐。"其妻曰:"吾观晋公子,万乘之主也;其左右从者,万乘之相也。今穷而出亡过于曹,曹遇之无礼。此若反国,必诛无礼,则曹其首也。子奚不先自贰焉。"负羁曰:"诺。"盛黄金于壶,充之以餐,加璧其上,夜令人遗公子。公子见使者,再拜,受其餐而辞其璧。公子自曹入楚,自楚入秦。入秦三年,秦穆公召群臣而谋曰:"昔者晋献公与寡人交,诸侯莫弗闻。献公不幸离群臣,出入十年矣。嗣子不善,吾恐此将令其宗庙不被除而社稷不血食也。如是弗定,则非与人交之道。吾欲辅重耳而入之晋,何如?"群臣皆曰:"善。"公因起卒,革车五百乘,畴骑二千[⑤],步卒五万,辅重耳入之于晋,立为晋君。重耳即位三年,举兵而伐曹矣。因令人告曹君曰:"悬叔瞻而出之,我且杀而以为大戮。"又令人告釐负羁曰:"军旅薄城[⑥],吾知子不违也。其表子之间,寡人将以为令,令军勿敢犯。"曹人闻之。率其亲戚而保釐负羁之闾者七百余家。此礼之所用也。故曹,小国也,而迫于晋、楚之间,其君之危犹累卵也,而以无礼莅之,此所以绝世也。故曰:国小无礼,不用谏臣,则绝世之势也。

【注释】

①公子重耳:晋献公的庶子,即位后称晋文公。公子重耳曾因受晋献公宠信的骊姬的谄害,被迫流亡国外。

②曹:春秋时代诸侯国名,位于今山东定陶西。

③袒裼(tǎn xī):脱去上衣露出上身。据说重耳属骈肋(肋骨连在一起),他脱去上衣时曹国国君趁机偷看。

④釐负羁:人名,即僖负羁,曹国的大夫。叔瞻:人名,曹国的大夫。

⑤畴(chóu)骑:同样规格的马。畴,类,同类。

⑥薄:通"迫",迫近。

【译文】

什么叫国家弱小而不讲礼貌?从前晋国的公子重耳出国流亡,经过曹国。曹国国君趁重耳脱掉上衣露出上身时偷看重耳的骈肋。釐负羁和叔瞻一同随侍在曹国国君跟前。叔瞻对曹国国君说:"我看晋公子重耳,不是个平常之人。国王您对他不礼貌,他如果有一天回到晋国发兵报复,就恐怕会伤害曹国。国君您不如将他杀了。"曹国国君不听从。釐负羁回到家里郁郁不乐,他的妻子问他说:"您从外面回来不高兴,这是为什么?"釐负羁说:"我听过这样的话,君主有福你赶不上,有祸到来会连累我。今天我们的国君召见晋公子重耳,他对待重耳没有礼貌。我参与其事在君王跟前,我因此郁郁不乐。"他的妻子说:"我看晋公子重耳,是万乘之国的君主;他身边的随从,都是万乘之君的相。现在被迫出来流亡,经过曹国,曹国对待他不礼貌。这个人回到晋国,一定会讨伐那些不讲礼貌的,那么曹国就是第一个了。你何不先表明自己与曹国国君不一样呢?”釐负羁说:“好吧。”把黄金盛在壶里,上面装满饭食,加上玉璧盖在上面,夜晚派人送给晋公子重耳。重耳见到釐负羁派去的人,两次下拜,接受了饭食而推却了玉璧。重耳从曹国到楚国,从楚国到秦国。来到秦国三年,秦穆公召集群臣商议说:“昔日晋献公和我结交,诸侯人人都听说了。晋献公不幸去世,前后已有十年了。他的继位的儿子不好,我恐怕这将会使晋国的宗庙无人洒扫,而社稷之神没有人去祭祀。像这样了我还不去安定晋国,那就不是与人结交的道理。我想要辅助重耳回到晋国去,怎么样?”群臣都说:“好。”秦穆公因此发兵,有兵车五百辆,整齐的骑兵二千人,步兵五万人,辅佐重耳进入晋国,立为晋国的国君。重耳即王位三年,率兵来讨伐曹国。因此派人告诉曹国国君说:“把叔瞻给我从城墙上吊下来,我将杀了他陈尸示众。”又让人告诉釐负羁说:“军队迫近曹国都城,我知道你不会和我作对。把你的街巷做上标记,我将发布命令,命令军队不能侵犯。”曹国人听说这个消息,率领自己的亲戚逃到釐负羁街巷里保全性命的共有七百多家。这就是讲礼貌的用处。这说明曹国是个小国,要在晋国和楚国的夹缝中生存,曹国国君的危险就像累叠起来的鸡蛋一样,而他还以无礼的态度来对待大国,这就是它所以灭亡的原因。所以说国家弱小而不讲礼貌,不任用劝谏的大臣,就是断绝后代的趋势。

孤　愤

【题解】

“孤愤”是指法家思想家在与当权重臣斗争中的孤特之势和悲愤的心情。

本文揭示了当时诸侯国内存在的维护君主专权的“智法之士”和结党营私盗窃国柄的“当涂之人”的尖锐对立，着重分析了“当涂之人”如何利用各种有利条件与“智法之士”争取控制君主，而君主由于受“当涂之人”的欺骗和蒙蔽，以至于失势亡国的严重局面，这也是“智法之士”无法得到君主了解和信任，往往遭受杀戮和迫害，并产生强烈孤立无援和悲愤之感的原因。

文章逻辑严密而言词犀利，带有强烈的感情色彩，读后令人扼腕。司马迁曾以此篇和《说难》为韩非在秦国遭囚禁所作，并用以激励自己发愤著书，完成其历史巨著——《史记》的创作。

智术之士[①]，必远见而明察，不明察，不能烛私；能法之士[②]，必强毅而劲直，不劲直，不能矫奸。人臣循令而从事，案法而治官[③]，非谓重人也。重人也者，无令而擅为，亏法以利私，耗国以便家，力能得其君，此所为重人为[④]。智术之士明察，听用，且烛重人之阴情；能法之士劲直，听用，且矫重人之奸行。故智术能法之士用,则贵重之臣必在绳之外矣。是智法之士与当涂之人[5],不可两存之仇也。

当涂之人擅事要,则外内为之用矣。是以诸侯不因,则事不应,故敌国为之讼[6];百官不因,则业不进,故群臣为之用;郎中不因[7],则不得近主,故左右为之匿;学士不因,则养禄薄礼卑,故学士为之谈也。此四助者,邪臣之所以自饰也。重人不能忠主而进其仇,人主不能越四助而烛察其臣,故人主愈弊而大臣愈重[8]。

凡当涂者之于人主也,希不信爱也[9],又且习故。若夫即主心,同乎好恶,固其所自进也。官爵贵重,朋党又众,而一国为之讼。则法术之士欲干上者,非有所信爱之亲、习故之泽也,又将以法术之言矫人主阿辟之心[10],是与人主相反也。处势卑贱,无党孤特。夫以疏远与近爱信争,其数不胜也;以新旅与习故争,其数不胜也;以反主意与同好恶争,其数不胜也;以轻贱与贵重争,其数不胜也;以一口与一国争,其数不胜也。法术之士操五不胜之势,以岁数而又不得见;当涂之人乘五胜之资,而旦暮独说于前。故法术之士奚道得进,而人主奚时得悟乎?故资必不胜而势不两存,法术之士焉得不危?其可以罪过诬者,以公法而诛之;其不可被以罪过者,以私剑而穷之。是明法术而逆主上者,不僇于吏诛[11],必死于私剑矣。朋党比周以弊主,言曲以便私者,必信于重人矣。故其可以功伐借者,以官爵贵之;其不可借以美名者,以外权重之。是以弊主上而趋于私门者,不显于官爵,必重于外权矣。今人主不合参验而行诛,不待见功而爵禄⑫,故法术之士安能蒙死亡而进其说?奸邪之臣安肯乘利而退其身?故主上愈卑,私门益尊。

【注释】

①智术之士:懂得使用驭臣之术的人。智,同“知”。下文凡言“智术之士”与此同。

②能法之士:能推行法治的人,指法家人物。

③案:通“按”,按照,依照。

④为:通“谓”。

⑤涂:通“途”。下文凡言“当涂之人”与此同。

⑥讼:通“颂”,颂扬。下文“一国为之讼”之“讼”与此同。

⑦郎中:君主的侍从官员,负责通报警卫。

⑧弊:通“蔽”,蒙蔽。下文“弊主”之“弊”与此同。

⑨希:通“稀”,稀少。

⑩阿辟之心:邪恶之心。辟,通“僻”。

⑪僇:通“戮”,杀害。

⑫见:同“现”,表现。

【译文】

通晓法术的人,一定有远见而明察秋毫,不明察秋毫,就不能洞察隐私;能推行法治的人,一定是坚定果断而刚劲正直,不刚劲正直,就不能纠察和惩治奸邪。一般臣子遵循法令去办事,依照法律而履行职责,不能称为控制大权的人。控制国家大权的人,无视国家法令而擅自作为,破坏国家法律以谋取私利,耗费国家财富而便利私家,他的势力能够控制国君,这就是所谓控制国家大权的人。通晓法术的人明察秋毫,如果听信并任用他们,他们将洞察那些控制国家大权者的阴谋奸术;能推行法治的人刚劲正直,如果听信并任用他们,他们将纠察惩办控制国家大权者的不法行为。所以通晓法术的人被任用,那么尊贵弄权的大臣一定为法制所不容。因此通晓法术的人与当道掌权者,是势不两立的仇敌。

当道掌权者控制国家的大权,那么国内外的势力就都要为他们所用。因此诸侯不依靠他们,那事情就不会被答应,所以其他诸侯国就要为他们唱赞歌;朝中百官不凭借他们,自己的功业就无法进献给君主,所以群臣人人都要为他们使用;郎中这些君主的侍从如果不依靠他们,就不能靠近君主,所以君主身边的人都要为他们隐瞒罪行;治学术的人不依靠他们,就会收入微薄地位低下,所以这些做学问的人就为他们吹捧。这四种辅助势力,是奸邪之臣所用来粉饰自己的手段。控制国家大权的人不能够忠于君主而举荐法术之士,君主不可能超过奸臣的四种辅助势力而洞察所有臣子,所以君主就越来越被蒙蔽而大臣就日益控制住国家的大权。

凡是当道掌权者对于他们的君主,很少有不被君主信任和宠爱的,而且是君主所亲昵熟悉的。至于投合君主的心意,迎合君主的好恶,这本来就是他们所得到进用的手段。他们官爵高权位重,党羽又多,况且全国上下都在赞颂他们。而法术之士想要求得君主的任用,跟君主没有信任和宠爱的那种关系,也没有受君主亲昵熟悉的恩泽,又要用法术的言论来纠正君主邪恶的偏心,这些就和君主的心意相违背。法术之士所处的政治地位卑贱,没有党羽且孤立无援。凭着与君主疏远的关系来与君主信任宠爱的人相争,从常理上说是不能取胜的;凭着新来旅客的身份与君主所熟悉亲昵的人相争,从常理上说是不能取胜的;凭着与君主心意相违背的行为和与迎合君主好恶的人相争,从常理上说是不能取胜的;凭着轻微低贱的地位与官爵尊贵的人相争,从常理上说是不能取胜的;凭着一张嘴和全国上下的一致附和声相争,从常理说是不能取胜的。法术之士处在这五种不利的情势之下,又加上常年不能与君主见面;当道掌权者凭借着五种有利形势,且能随时在君主面前单独进说。法术之士通过什么途径才能得到进用,而君主又何时才能醒悟呢?因此凭不能取胜的形势而又与当道掌权者势不两立,法术之士怎么能不危险?如果当道掌权者能用罪名诬陷,就借用国家的法令杀害他们;如果不能加给罪名的,就用私家的剑客来结束他们的性命。这样深明法术而违背君主心意的法术之士,不是死于官吏的刑杀,必定会死于私家的剑客。互相勾结成死党以蒙蔽君主,颠倒是非而便利私家的人,一定会被控制国家大权者信任。所以对可以用功劳做借口的,就用官爵让他尊贵起来;对于不能用好名声做借口的,就利用国外诸侯的势力使他们尊贵起来。所以蒙蔽君主而奔走于控制国家大权者的私门的,不是在官爵上显赫,就一定借用外国诸侯的势力显贵。现在君主不检验名实是否相符就实行刑戮,不等待功劳建立就授予爵禄,因此法术之士怎么能冒着死亡的危险而进献他们的学说呢?奸邪之臣又怎么肯当着利益而自动引退?所以君主的地位越来越低,奸臣私家的地位则越来越尊贵。

夫越虽国富兵强[①],中国之主皆知无益于己也,曰:“非吾所得制也。”今有国者虽地广人众,然而人主壅蔽,大臣专权,是国为越也。智不类越[②],而不智不类其国,不察其类者也。人之所以谓齐亡者[③],非地与城亡也,吕氏弗制而田氏用之[④];所以谓晋亡者[⑤],亦非地与城亡也,姬氏不制而六卿专之也[⑥]。今大臣执柄独断,而上弗知收,是人主不明也。与死人同病者,不可生也;与亡国同事者,不可存也。今袭迹于齐、晋,欲国安存,不可得也。

凡法术之难行也,不独万乘[⑦],千乘亦然。人主之左右不必智也,人主于人有所智而听之,因与左右论其言,是与愚人论智也;人主之左右不必贤也,人主于人有所贤而礼之,因与左右论其行,是与不肖论贤也。智者决策于愚人,贤士程行于不肖，则贤智之士羞而人主之论悖矣。人臣之欲得官者，其修士且以精洁固身[8]，其智士且以治辩进业[9]。其修士不能以货赂事人，恃其精洁而更不能以枉法为治，则修智之士不事左右、不听请谒矣。人主之左右，行非伯夷也[10]，求索不得，货赂不至，则精辩之功息，而毁诬之言起矣。治辩之功制于近习，精洁之行决于毁誉，则修智之吏废，则人主之明塞矣。不以功伐决智行，不以参伍审罪过，而听左右近习之言，则无能之士在廷，而愚污之吏处官矣。

万乘之患，大臣太重；千乘之患，左右太信：此人主之所公患也。且人臣有大罪，人主有大失，臣主之利相与异者也。何以明之哉？曰：主利在有能而任官，臣利在无能而得事；主利在有劳而爵禄，臣利在无功而富贵；主利在豪杰使能，臣利在朋党用私。是以国地削而私家富，主上卑而大臣重。故主失势而臣得国，主更称蕃臣[11]，而相室剖符。此人臣之所以谲主便私也。故当世之重臣，主变势而得固宠者，十无二三。是其故何也？人臣之罪大也。臣有大罪者，其行欺主也，其罪当死亡也。智士者远见而畏于死亡，必不从重人矣；贤士者修廉而羞与奸臣欺其主，必不从重臣矣。是当涂者之徒属，非愚而不知患者，必污而不避奸者也。大臣挟愚污之人，上与之欺主，下与之收利侵渔，朋党比周，相与一口，惑主败法，以乱士民，使国家危削，主上劳辱，此大罪也。臣有大罪而主弗禁，此大失也。使其主有大失于上，臣有大罪于下，索国之不亡者，不可得也。

【注释】

①越：诸侯国名，范围包括今浙江大部和江苏、江西部分地区，春秋末战国初越国曾一度强盛。

②智：同“知”，知道。下文“不智”之“智”与此同。

③齐：诸侯国名，范围包括今山东北部、东部和河北东南部。

④吕氏：齐在周初为吕尚的封国，后由其子孙世袭，故称吕氏。田氏：本是春秋时陈国的公子，到齐国后称田氏。前481年齐国执政大臣杀死齐简公吕壬，控制了政权。前386年田和立为齐侯，取代了吕氏政权。

⑤晋：诸侯国名，范围包括今山西大部和河南、河北、陕西部分地区。

⑥姬氏：晋国在周初是周成王的弟弟唐叔虞的封国，姬姓，故称姬氏。六卿：指春秋末晋国的六家掌权贵族，即范氏、中行氏、知氏、赵氏、韩氏、魏氏。

⑦万乘(shèng)：万辆兵车，泛指大国。

⑧修士：从品德上严格要求自己的人。

⑨治辩：办事、才干。辩，通“办”。

⑩伯夷：商朝末年孤竹国君主的大儿子，曾让位于他的弟弟。周武王伐纣后，他逃到首阳山，不食周粟而死。古代把他视为清高廉洁的典范。

⑪蕃臣：领有封地的臣属。蕃，通“藩”。

【译文】

越国虽国家富足军队强盛，但中原地区的君主都知道越国对自己没有什么用处，说：“它不是我所能控制的。”现在一个国家虽然土地广阔人口众多，但这个国家的君主被蒙蔽，大臣专权跋扈，这样君主对自己的国家就像对越国一样不能控制了。知道自己的国家和越国不一样，而不知道失去了对国家的控制已使国家不像是自己的了，这是不懂得明察事情的类似性。人们之所以说齐国灭亡了的原因,不是齐国的土地和城镇不存在了,而是说吕氏不能控制而田氏占有了它;所以说晋国灭亡了的原因,也不是说晋国的土地和城镇消灭了,而是说姬氏不能控制而被六卿把持了。现在大臣执掌权柄独断专行,但君主不懂得收回,这是君主不明智。与病死的人患同样的病的人,不可能活下去;与灭亡的国家有同样政情的,不可能存在。现在沿袭齐国、晋国亡国的故事,想要国家安稳存在下去,是不可能的。

大凡法术难以推行,不只是在大国是这样,在中小国家也是如此。君主的身边近侍不一定智慧,君主认为某人有智慧而听取他的意见,因而与身边的近侍评论智慧的人的言论,这是在与愚蠢的人讨论智慧;君主的身边近侍不一定贤德,君主认为某人有贤德而礼遇此人,因而与身边的近侍评论贤德的人的品行,这是与品德不良的人讨论贤德的人。智慧的人的计谋要由愚者来决断,贤德的人的德行要由品行不良的人来评定,那么贤智的人就感到耻辱而君主的论断也就荒谬了。人臣中想要获取官爵的,那些从品德上修养自己的人将用廉正高洁来约束自己,那些智慧之士将要用办事的才干来进献功业。这些品德好的人不会用财物贿赂去侍奉别人,坚持自身的廉洁更不可能违反法制去处理事情,那么品德修养好的人和明智的人就不会侍奉君主身边的近侍,也不会理睬私下的请托。君主身边的近侍,不具有伯夷那样高洁的品行,索求的东西得不到,贿赂的财物不上门,那么修士和智者高尚的品德与竭尽全力建立的功绩就会被埋没,而诽谤和诬陷的言论就随之而起。办事的才能和功绩被君主的身边近侍所制约,高洁廉正的品行由诽谤和吹捧来裁决,那么修士和智者一类的官吏就要被斥退,而君主的明察就被阻塞了。不凭功劳去决定人的才智和德行,不借助检验名实的符合来审定人的罪过,而听信君主身边近侍亲信的言词,那么没有才能的人就占据朝廷,而愚蠢污浊的官吏就会窃取职位。

大国的祸患,是大臣的权势太重;中小国家的祸患,是君主对身边的近侍过于亲信，这是君主共同的祸患。况且臣子犯有大罪，就等于君主有大的过失，臣子和君主的利益是相互对立的。怎么知道这样的呢？是因为：君主的利益在于有才能就授予官职，臣子的利益在于没有才能而能得到任用；君主的利益在于有功劳而授予爵禄，臣子的利益在于没有功劳也要取得富贵；君主的利益在于让豪杰之士发挥才能，臣子的利益在于结成党羽谋取私利。因此国家的疆土被削而私家却富裕了，君主的地位卑弱了而大臣的权势加重了。所以君主失去权势而大臣却夺得了国家，君主变得改称藩臣，而臣子则用符节来发号施令。这就是人臣所以欺诈君主谋取私利的原因。因此当代控制国家大权的大臣，君主位势转变以后而能稳固得到宠信的，十个中还不到二三个。这是什么缘故呢？这是臣子的罪过太大了。那些有大罪的臣子，他们的行为欺骗君主，依他们的罪行应当被处死。智术之士见识高远而害怕受牵连遭死罪，一定不肯跟随那些位高权重的大臣；贤德开明的士人品格美好正直，耻于与欺骗君主之辈为伍，也一定不会追随那些位高权重的大臣。这些当道掌权者的门徒党羽，不是愚蠢而不知道祸患的人，就一定是污浊而不回避行奸作恶的人。大臣挟持着一班愚蠢而污浊的人，对上同他们一道欺骗君主，对下同他们一道谋取私利侵害百姓，互相勾结成一个团体，相互用一个腔调说话，迷惑君主败坏法制，以扰乱人民，使国家危难削弱，君主烦忧屈辱，这是他们的重大罪恶。臣子有大罪而君主不加禁止，这是很大的过失。假如一个国家的君主在上面有大的过失，臣子在下面犯有重大的罪行，还想求得国家不亡，那是不可能的。

说　难

【题解】

说(shuì)难，是指游说、说服或进说君主的困难。

文章分析了进说君主过程中会遭到的种种困难和危险，认为进说根本的困难在于难以弄清君主的真实心理，从而以适当的话去适应它；如果不根据君主的心理与要求进言，则会存在种种危险。接着文章还正面阐述了进说的具体原则和方法，关键的一点是要说者“知饰所说之所矜而灭其所耻”。文章还列举历史故事和民间传说，强调取得进说成功，一定要迎合君主的心理，获得君主的信任，甚至不惜卑躬屈节，使用种种诡诈的手段。

最后，文章把封建君主比为喉下有逆鳞数尺的龙，进说的人存在着随时可能婴龙鳞、遭杀戮的危险，揭露了封建君主喜怒无常的特点。

本篇和《孤愤》，司马迁认为是韩非囚秦所作，《史记·韩非列传》则全文录入此篇，但文字略有差异。同时，《韩非子》中前面有《难言》一篇，谈的也是向君主进言的困难，两篇可以互相参看。

凡说之难[①]：非吾知之有以说之之难也[②]，又非吾辩之能明吾意之难也，又非吾敢横失而能尽之难也[③]。凡说之难：在知所说之心，可以吾说当之。所说出于为名高者也，而说之以厚利，则见下节而遇卑贱，必弃远矣。所说出于厚利者也，而说之以名高，则见无心而远事情，必不收矣。所说阴为厚利而显为名高者也，而说之以名高，则阳收其身而实疏之；说之以厚利，则阴用其言显弃其身矣。此不可不察也。

【注释】

①说(shuì)：游说，进说。

②知：同“智”。说之：指进说君主。

③横失：即横佚，指进言纵横驰骋，无所顾忌。失，通“佚”。

【译文】

大凡进说的困难，不是难在我的才智有可以说服君主的能力，也不是难在我的口才足以阐明我的心意，也不是难在我敢于纵横捭阖尽量地说出我全部的意见。大凡进说的困难：难在了解我所进说对象的心理，能够用我的话去适应它。所进说的对象是位表现出想要得到高尚名声的君主，而进说者却用厚利来游说他，就会被看成是节操低下的人而得到卑贱的待遇，一定会遭到抛弃和疏远。所进说的对象是位表现出对厚利有兴趣的君主，进说者用高尚的名声去游说他，那么进说者就会被看作没有心计且不切实际，一定不会被采纳。所进说的对象是暗地里想得到厚利而表面却装作追求高名的君主，进说者如果用名声来游说他，那么就会表面上被采用而实际上被疏远；进说者如果用厚利来游说他，就会暗地里采纳进说者的意见而公开地抛弃进说者本人。这些是不能不明察的。

夫事以密成，语以泄败。未必其身泄之也，而语及所匿之事，如此者身危。彼显有所出事，而乃以成他故，说者不徒知所出而已矣，又知其所以为，如此者身危。规异事而当,知者揣之外而得之[1],事泄于外,必以为己也,如此者身危。周泽未渥也,而语极知,说行而有功,则德忘;说不行而有败,则见疑,如此者身危。贵人有过端[2],而说者明言礼义以挑其恶,如此者身危。贵人或得计而欲自以为功,说者与知焉,如此者身危。强以其所不能为[3],止以其所不能已,如此者身危。故与之论大人[4],则以为间己矣;与之论细人[5],则以为卖重。论其所爱,则以为借资;论其所憎,则以为尝己也。径省其说,则以为不智而拙之;米盐博辩[6],则以为多而久之。略事陈意,则曰怯懦而不尽;虑事广肆,则曰草野而倨侮。此说之难,不可不知也。

【注释】

①知:同"智",明智,聪明。

②贵人:此指君主。下文"贵人或得计"中的"贵人"同此。

③强(qiǎng):勉强。

④大人:指大臣。

⑤细人:指小人,君主的近侍。

⑥米盐:指日常琐事,这里形容具体细致。

【译文】

事情由于保密而成功,讲话因为泄密而失败。不一定是进言者本身泄密,而是进言者的话触及了君主心中所隐藏着的事,像这样的情况进言者就会身遭危险。君主表面上在做某件事,但内心却想办成另外的事情,进说者不仅知道君主表面上所做的事,而且知道他所以这样做的原因,像这样的情况进言者就会身遭危险。君主谋划一件不平常的事情而进言者说的合乎他的心意,聪明的人从外表就猜测到了,事情在外面泄露了,君主一定认为是进说者泄了密,像这样的情况进说者就会身遭危险。君主对进说者的恩泽还不深厚,而进说者却知无不言,如果他的说词施行而获得成功,就会忘记他的功德;如果他的说词行不通而遭到失败,就会被君主怀疑,像这样的情况进说者就会身遭危险。君主有过错,而进说者毫不掩饰地阐明礼义来指正他的毛病,像这样的情况进说者就会身遭危险。君主有时计谋得当而想要自己来作为独特的功绩,但进说者也知道这个计谋,像这样的情况进言者就会身遭危险。勉强君主所不能做的事情,制止君主所不愿停下来的事情,像这样的情况进说者就会身遭危险。所以进说者和君主讨论大臣,君主就会认为是在离间自己和大臣的关系;和君主议论君主的左右近侍,君主就认为进说者是在卖弄自己的身价。谈论君主喜爱的人,君主就认为进说者在寻找靠山;谈论君主憎恶的人,君主就认为是在试探他。直截了当地进说,君主会认为进说者不聪明而把他当笨人;具体细致广博地谈论,君主会认为他废话太多而驳杂繁芜。进说者简略地陈述意见,君主就会说他怯弱而不敢完全说出自己的意见;把考虑到的事情广泛而不受拘束地谈出来,君主就会说他粗野莽撞而傲慢。这些进说的困难,是不能不知道的。

凡说之务,在知饰所说之所矜而灭其所耻。彼有私急也,必以公义示而强之。其意有下也,然而不能已,说者因为之饰其美而少其不为也。其心有高也,而实不能及,说者为之举其过而见其恶[①],而多其不行也。有欲矜以智能,则为之举异事之同类者,多为之地,使之资说于我,而佯不知也以资其智。欲内相存之言[②],则必以美名明之,而微见其合于私利也。欲陈危害之事,则显其毁诽而微见其合于私患也。誉异人与同行者,规异事与同计者。有与同污者,则必以大饰其无伤也;有与同败者,则必以明饰其无失也。彼自多其力，则毋以其难概之也[3]；自勇其断，则无以其谪怒之[4]；自智其计，则毋以其败穷之。大意无所拂悟[5]，辞言无所系縻，然后极骋智辩焉。此道所得，亲近不疑而得尽辞也。伊尹为宰[6]，百里奚为虏[7]，皆所以干其上也。此二人者，皆圣人也；然犹不能无役身以进，如此其污也！今以吾言为宰虏，而可以听用而振世，此非能仕之所耻也[8]。夫旷日离久，而周泽既渥，深计而不疑，引争而不罪，则明割利害以致其功，直指是非以饰其身[9]，以此相持，此说之成也。

【注释】

①见：同"现"。此为揭示之义。

②内：同"纳"，进献。

③概：古代量米麦时刮平斗斛的器具，引申为压平、压抑。

④谪：指摘、责备，引申为过失。

⑤悟：通"忤"，忤逆、违逆。

⑥伊尹：名挚，商汤的相，据说他曾任商汤的宰，即厨师。

⑦百里奚：春秋时虞国的大夫，曾为奴隶，后被秦穆公任用为秦国的大夫。

⑧能仕：智能之士。仕，通"士"。

⑨饰：通"饬"，修治、端正。

【译文】

大凡进说的要领，在于懂得美化进说的对象自以为得意的事情而掩盖他认为羞耻的事情。君主有隐秘的急切要求，进说者一定要指明这是合乎公义的而勉励他去做。君主心中有卑下的念头，然而又不能克制，进说者就要趁机为这种念头美化而抱怨他不去实现。君主的心中有过高的期望，而实际上达不到，进说者就要举出这种期望的缺点而揭示它的坏处，称赞他不去这样做。如果君主想炫耀自己的智能，进说者就应给他举出不同情形下的同类事情，多为他提供依据，使他能借助于我的主张，而进说者自己则假装不知以帮助他自逞才智。如果想要进献与人相安之言，就一定要用美好的名义来阐明，而又暗示它合乎君主的私利。如果想要陈说有危害的事情，那就要表明这样做会带来毁谤，而又暗示它对君主也有害处。进说者要称赞与君主行为相同的另一个人，要筹划与君主思路相同的另一件事。有与君主行为同样卑污的人，进说者一定要大力粉饰这样的人没有害处；有与君主同样遭受失败的人，进说者一定要明白帮他掩饰表明他没有过错。君主自己夸耀他的力量，那就不要用难办的事来压抑他；君主自己认为他的决断果敢，那就不要用他的过失来触怒他；君主自以为他的计谋明智，那就不要用失败去困窘他。进说的内容对君主没有违逆，言辞与君主的心意没有抵触，这样以后就可以尽情施展自己的才智和口才了。由这种方式所得到的，是君主对进说者亲近不疑而进说者能够畅所欲言。伊尹曾做厨师，百里奚做奴隶，都是为了求得君主的重用。这两个人，都是圣人；然而还不得不身为贱役以便求得任用，他们是如此之卑下啊！现在如果因为我的话能被采用而做厨师和奴隶，可以被听从采用就能拯救天下，智能之士并不认为耻辱。经历了很长的时间，而君主的恩泽已经深厚，进说者深远的计谋不会被怀疑，争论是非而不会被加罪，就可以明白地分析利害得失来建立功业，直截了当地指出是非来端正君主的言行，能用这样的方式互相对待，这就是进说的成功。

昔者郑武公欲伐胡[①]，故先以其女妻胡君以娱其意。因问于群臣，“吾欲用兵，谁可伐者？”大夫关其思对曰[②]：“胡可伐。”武公怒而戮之，曰：“胡，兄弟之国也。子言伐之，何也？”胡君闻之，以郑为亲己，遂不备郑。郑人袭胡，取之。

宋有富人[3]，天雨墙坏。其子曰："不筑，必将有盗。"其邻人之父亦云。暮而果大亡其财。其家甚智其子，而疑邻人之父。此二人说者皆当矣，厚者为戮，薄者见疑，则非知之难也，处知则难也。故绕朝之言当矣[4]，其为圣人于晋，而为戮于秦也[5]，此不可不察。

昔者弥子瑕有宠于卫君[6]。卫国之法：窃驾君车者罪刖[7]。弥子瑕母病，人间往夜告弥子，弥子矫驾君车以出。君闻而贤之，曰："孝哉！为母之故，忘其刖罪。"异日，与君游于果园，食桃而甘，不尽，以其半啖君。君曰："爱我哉！忘其口味以啖寡人。"及弥子色衰爱弛，得罪于君，君曰："是固尝矫驾吾车，又尝啖我以余桃。"故弥子之行未变于初也，而以前之所以见贤而后获罪者，爱憎之变也。故有爱于主，则智当而加亲；有憎于主，则智不当见罪而加疏。故谏说谈论之士，不可不察爱憎之主而后说焉。

夫龙之为虫也，柔可狎而骑也；然其喉下有逆鳞径尺，若人有婴之者[8]，则必杀人。人主亦有逆鳞，说者能无婴人主之逆鳞，则几矣。

【注释】

①郑武公：春秋初期郑国的君主，名掘突。郑，春秋诸侯国名，位于今河南中部，黄河以南。胡：春秋时诸侯国名，位于今河南郾城西南。

②关其思：人名，郑国大夫。

③宋：春秋时诸侯国名，范围包括今河南东部和山东、江苏部分地区。

④绕朝：人名，春秋时秦国的大夫。

⑤为戮于秦：绕朝曾劝秦康公不要让晋国的大夫士会回晋国，秦康公不听，士会回晋国后用反间计，说绕朝和自己是同谋，因此秦国把绕朝杀了。

⑥弥子瑕：人名，春秋时卫灵公的宠臣。卫君：指卫灵公，春秋时卫国的君主，名元。卫，春秋时诸侯国名，范围包括今河南东北部和河北、山东部分地区。

⑦罪刖(yuè)：罪该处以刖刑。刖，古代砍掉脚或脚趾的刑罚。

⑧婴：通“撄”，触动。下文“无婴”之“婴”与此同。

【译文】

从前郑武公想要进攻胡国，故意先将自己的女儿嫁给胡国的君主为妻使他快乐。此后郑武公问群臣说：“我想打仗，哪个国家可以攻打？”大夫关其思回答说：“胡国可以攻打。”郑武公大怒杀掉了关其思，说：“胡国，是郑国的兄弟之国。你说要攻打它，是什么意思？”胡国国君听说之后，认为郑国是亲近自己，结果就不防备郑国。郑国偷袭胡国，攻占了它。宋国有个富人，天下雨把他家的墙冲坏了。富人的儿子说：“不把墙修起来，一定会有窃贼的。”他邻居家的老人也这样说。夜晚果然丢失了很多财物。这个富人家很赞赏自己的儿子聪明，而怀疑邻居家的老人。这两个人的话都对，但重者被杀，轻者被怀疑，这说明不是了解事情有困难，而是处理了解到的事情很困难。所以绕朝的话是恰当的，他在晋国被认为是圣明的，而在秦国却被杀了，这种情况是不能不明察的。

从前弥子瑕受卫灵公宠信。卫国的法令：偷驾国君车子的要处以砍脚的刑罚。弥子瑕的母亲病重，有人抄近路连夜去告诉弥子瑕，弥子瑕假托国君的命令驾驶卫灵公的车出城。卫灵公听说后称赞他说：“孝敬啊！为了母亲的缘故，忘记了砍脚的刑罚。”另一天，弥子瑕和卫灵公在果园里游玩，摘一个桃子吃觉得很甜，没有吃完，把剩下的一半给卫灵公吃。卫灵公说："弥子瑕多么爱我啊！忘了这是他自己喜欢吃的东西而把剩下的桃子给我吃。"等弥子瑕容颜衰老宠爱减退时，得罪了卫灵公，卫灵公说："这个人本来就曾假托我的命令驾驶我的车，又曾把他吃剩的桃子给我吃。"所以弥子瑕的行为与当初并无变化，以前被认为是美德的行为却成为后来获罪的原因，这是君主的爱憎之情发生了变化。因此如果受君主的宠爱，那么智谋就会被认为得当而与君主更加亲近；如果被君主憎恶，那么智谋就会被认为不恰当并被治罪，与君主的关系也会越来越疏远。所以进谏陈说的人，不能不观察君主的爱憎而后才对君主进说。

龙这种动物，驯服时可以和它游戏并骑着它；但是它的喉下有一尺长的倒长着的鳞片，如果有人触动了这些鳞片，龙就一定会杀死他。君主也有倒长着的鳞片，进说的人能够不触动君主倒长着的鳞片，那就差不多了。

和氏

【题解】

和氏,即卞和。本篇是用文章开头一句中的人名作题目。

本篇先叙述了楚人和氏献璞被砍脚的故事,接着以法术之士与和氏之璧相比,说明法术之士不被任用反遭迫害的困境,最后借吴起、商鞅惨遭杀害的事实,进一步证明法术之士虽对国家具有很大的贡献,但仍不免自身危亡的艰难处境。本篇谴责了旧贵族对法家人士的残酷迫害,高度评价了吴起、商鞅变法的历史功绩,充满悲愤之情。

近人王先慎《韩非子集解》认为:"此篇(韩)非未入秦时为韩著之,故得引秦为喻。"可备一说。

楚人和氏得玉璞楚山中[①],奉而献之厉王[②]。厉王使玉人相之。玉人曰:"石也。"王以和为诳,而刖其左足[③]。及厉王薨,武王即位。和又奉其璞而献之武王。武王使玉人相之。又曰:"石也。"王又以和为诳,而刖其右足。武王薨,文王即位[④]。和乃抱其璞而哭于楚山之下,三日三夜,泪尽而继之以血。王闻之,使人问其故,曰:"天下之刖者多矣,子奚哭之悲也?"和曰:"吾非悲刖也,悲夫宝玉而题之以石,贞士而名之以诳，此吾所以悲也。”王乃使玉人理其璞而得宝焉，遂命曰“和氏之璧”。

【注释】

①楚：春秋时期的楚国，范围包括今湖北大部和湖南部分地区。和氏：即卞和，春秋时期的楚国人。楚山：即荆山，位于今湖北南漳西。

②厉王：春秋时楚国君主，依《韩非子》此篇，为楚武王之前在位。楚武王名通，前740—前690年在位。

③刖：古代一种砍掉脚的酷刑。

④文王：指楚文王，楚武王的儿子，名赀，前689—前677年在位。

【译文】

楚国人卞和从荆山中得到一块玉璞，就将它献给楚厉王。楚厉王派玉匠鉴定这块玉璞。玉匠说：“这是块石头。”楚厉王认为卞和是欺骗自己，砍掉了卞和的左脚。等到楚厉王死了，楚武王继承王位。卞和又捧着他的玉璞将它献给楚武王。楚武王派玉匠来鉴定这块玉璞。玉匠又说：“这是块石头。”楚武王也认为卞和是欺骗自己，因而治罪砍掉了卞和的右脚。楚武王死了，楚文王继位。卞和便抱着他的玉璞在荆山下哭泣，哭了三天三夜，泪哭完了流出血来。楚文王听说此事，派人去问卞和缘故，对卞和说：“天下被治罪砍掉脚的人很多，你干嘛哭得这样伤心？”卞和说：“我不是为我受砍脚的罪伤心，是伤心我那块宝玉被称为石头，我是一位忠贞之士却被称作是骗子，这才是我所感到伤心的地方。”楚文王便派玉匠加工他的玉璞从里面获得了宝玉，于是就称之为“和氏之璧”。

夫珠玉，人主之所急也。和虽献璞而未美，未为主之害也，然犹两足斩而宝乃论，论宝若此其难也。今人主之于法术也，未必和璧之急也；而禁群臣士民之私邪。然则有道者之不僇也[①]，特帝王之璞未献耳。主用术，则大臣不得擅断，近习不敢卖重；官行法，则浮萌趋于耕农[②]，而游士危于战陈[③]；则法术者乃群臣士民之所祸也。人主非能倍大臣之议[④]，越民萌之诽，独周乎道言也，则法术之士虽至死亡，道必不论矣。

【注释】

①僇：通"戮"。

②浮萌：游民。萌，通"氓"，民。

③陈：通"阵"。

④倍：通"背"，违背。

【译文】

珍珠宝玉，是君主所急切需要的。卞和即使献上了玉璞而不美，但不成为君主的危害，然而还是双脚被砍之后宝玉才被论定，论定宝玉是这样的困难啊。现在君主对于法术，不一定如需求和氏之璧那样急迫；而法术又是禁止群臣士民的自私邪恶行为的。然而法术之士还没有遭到杀害，就只是因他们那成就帝王大业的玉璞还未献上去罢了。君主运用权术，大臣就不能专权独断，左右近侍就不敢弄权；官府执行法令，游民就要奔赴去从事农耕，而游侠之士就要在战场冒着危险，那么法术之士就成了群臣士民认为祸害的东西。君主如果不是能够违背大臣的议论，超越民众的诽谤，独自使自己的主张与法术相契合，那么法术之士即使到死，他们的学说也一定不被认定。

昔者吴起教楚悼王以楚国之俗曰[①]："大臣太重，封君太众[②]。若此，则上逼主而下虐民，此贫国弱兵之道也。不如使封君之子孙三世而收爵禄，绝灭百吏之禄秩[③]，损不急之枝官[④]，以奉选练之士。”悼王行之期年而薨矣[⑤]，吴起枝解于楚[⑥]。商君教秦孝公以连什伍[⑦]，设告坐之过，燔诗书而明法令，塞私门之请而遂公家之劳，禁游宦之民而显耕战之士。孝公行之，主以尊安，国以富强，八年而薨[⑧]，商君车裂于秦[⑨]。楚不用吴起而削乱，秦行商君法而富强。二子之言也已当矣，然而枝解吴起而车裂商君者，何也？大臣苦法而细民恶治也。当今之世，大臣贪重，细民安乱，甚于秦、楚之俗，而人主无悼王、孝公之听，则法术之士，安能蒙二子之危也而明己之法术哉？此世所以乱无霸王也。

【注释】

①吴起：战国时期卫国人，法家代表人物。他先到鲁国为将，后到魏国，魏文侯时任魏国西河郡守，然后离魏至楚，在楚悼王支持下变法。前381年楚悼王死后，吴起被旧贵族射杀。楚悼王：战国时楚国国君，名类，前401—前381年在位。

②封君：指有封邑的贵族。

③禄秩：各种等级的俸禄。秩，等级。

④枝官：多余的官。枝，树的旁枝，此喻多余的无用之物。

⑤期(jī)年：一周年。

⑥枝解：分裂肢体的酷刑。枝，通“肢”。

⑦商君：即商鞅。战国时卫国人，称卫鞅，又叫公孙鞅，法家人物，曾帮助秦孝公实行变法，又立有军功，被封于商，故称商君。秦孝公：战国时期秦国的国君，名渠梁，前361—前338年在位。什伍：古代的户籍编制，五家为伍，十家为什。

⑧八年:根据《史记·商君列传》,秦孝公三年(前359)商鞅即任秦国的左庶长,开始实行变法,到秦孝公二十四年(前338)孝公死,秦孝公实际实行商鞅的变法二十一年。

⑨车裂:将头和四肢分别拴在五辆车上,用马拉开以撕裂肢体的酷刑。

【译文】

从前吴起用楚国的国情教导楚悼王说:"楚国大臣的权势太重,有封邑的贵族太多。像这样的情形,就会对上威胁到君主而对下虐待百姓,这是使国贫穷军队疲弱的做法。还不如使封邑贵族的子孙超过三代的就收回爵禄,取消减少各种等级官吏的俸禄,裁减多余的官员,用这些节省下来的费用来供养选拔和训练的武士。"楚悼王推行吴起的办法一年就死了,吴起在楚国被处以肢解的酷刑。商鞅教秦孝公对百姓户籍实行什伍编制,设立不告奸的罪过,烧掉儒家的诗书以彰明法令,堵塞私人的请托而进用对国家有功劳的人,禁止以游说谋求官职的人而使耕战之士显贵。秦孝公实行商鞅的变法,君主因此尊贵平安,国家因此富强,过了八年秦孝公死了,商鞅在秦国被处以车裂酷刑。楚国不任用吴起国家被削弱混乱,秦国实行商鞅之法国家富强。吴起、商鞅的主张已被证明是正确的,然而肢解吴起而车裂商鞅的原因,是什么呢?大臣苦于吴起、商鞅的法令而小民憎恨他们的法治。现在的社会,大臣贪鄙而权势重,小民安于混乱,比秦国、楚国的情况还严重,但君主却不能像楚悼王、秦孝公那样听取正确意见,那么法术之士,又怎么能够冒着吴起、商鞅的危险而阐明自己的法术呢?这就是当今社会所以混乱而没有霸王的原因。

奸劫弑臣

【题解】

奸劫弑臣，就是奸邪、劫主、弑君之臣。

本文分两大部分。自开头至“而世之学者弗知也”，为第一大部分。自“且夫世之愚学”至“而世主之所多求也”，为第二大部分，在第一部分，韩非重点在论述防奸。文章首先揭露奸臣取得君主宠信的手段，并分析了其劫主弑君的严重后果；然后提出自己的防奸主张，认为君防止“擅主之臣”的劫弑，必须运用法术，“循名实而定是非，因参验而审言辞”，运用自己的权势，厚赏重罚，“使天下必为己视听”。在第二部分，作者主要批判了“世之愚学，皆不知治乱之情”，而“妄非有术之士”。文章先指出儒家人物根本不能与法术之士相比，他们的谈说完全是愚人妄说；接着分析了“有术之士”所以“至于死而不显于世”的原因，再提出自己的希望，即君主不要受“仁义惠爱”之说的左右，而应严刑重罚，操法术之数，以期“致霸王之功”。

本文的最后一段，《战国策·楚策四》和《韩诗外传》卷四均作孙子与楚春申君书，但从这段文字的内容来看，是说被劫弑而死亡的君主的极大痛苦，与全文关系密切，文意相连，一般视为韩非的原作。

凡奸臣皆欲顺人主之心以取亲幸之势者也。是以主有所善，臣从而誉之；主有所憎，臣因而毁之。凡人之大体，取舍同者则相是也，取舍异者则相非也。今人臣之所誉者，人主之所是也，此之谓同取；人臣之所毁者，人主之所非也，此之谓同舍。夫取舍合而相与逆者，未尝闻也。此人臣之所以取信幸之道也。夫奸臣得乘信幸之势以毁誉进退群臣者，人主非有术数以御之也，非参验以审之也，必将以曩之合已信今之言[①]，此幸臣之所以得欺主成私者也。故主必欺于上而臣必重于下矣，此之谓擅主之臣。

国有擅主之臣，则群下不得尽其智力以陈其忠，百官之吏不得奉法以致其功矣。何以明之？夫安利者就之，危害者去之，此人之情也。今为臣尽力以致功，竭智以陈忠者，其身困而家贫，父子罹其害；为奸利以弊人主[②]，行财货以事贵重之臣者，身尊家富，父子被其泽；人焉能去安利之道而就危害之处哉？治国若此其过也，而上欲下之无奸，吏之奉法，其不可得亦明矣。故左右知贞信之不可以得安利也，必曰："我以忠信事上，积功劳而求安，是犹盲而欲知黑白之情，必不几矣[③]；若以道化行正理[④]，不趋富贵，事上而求安，是犹聋而欲审清浊之声也，愈不几矣。二者不可以得安，我安能无相比周、蔽主上、为奸私以适重人哉？"此必不顾人主之义矣。其百官之吏亦知方正之不可以得安也，必曰："我以清廉事上而求安，若无规矩而欲为方圆也[⑤]，必不几矣；若以守法不朋党治官而求安，是犹以足搔顶也，愈不几也。二者不可以得安，能无废法行私以适重人哉？"此必不顾君上之法矣。故以私为重人者众，而以法事君者少矣。是以主孤于上而臣成党于下，此田成之所以弑简公者也[6]。

【注释】

①曩(nǎng)：过去，从前。

②弊：通“蔽”，蒙蔽。

③几：通“冀”，希望。下文“愈不几”、“必不几”、“愈不几”中的三个“几”皆同此。

④道化：指法术。

⑤规矩：画圆和画方的器具。规，画圆的器具。矩，画方的器具。

⑥田成：即田常，春秋末期齐国的执政大臣。前 481 年，他发动政变，杀掉了齐简公，控制了齐国政权。简公：春秋末期齐国君主，前 481 年，被田常发动政变所杀。

【译文】

凡是奸臣都想顺从君主的心意来取得君主亲幸的权势。因此君主有所喜欢的东西，臣下就跟着赞美它；君主有所憎恶的东西，臣下就随之而诋毁它。凡是人的大致情况，取舍相同的互相肯定，取舍不同的就互相反对。现在臣子所赞美的东西，是君主所肯定的，这就叫做同取；臣子所诋毁的东西，是君主所反对的，这就叫做同舍。取舍一致而互相对立的，还没有听说过。这是臣子所用来取得信任和宠幸的途径。奸臣能够凭借君主宠幸的权势来诋毁或夸奖而提升或罢免群臣，而君主如果没有权术来驾驭他，没有参验的办法来审察他，君主就将会因为从前奸臣和自己意见相同而相信他现在说的话，这是君主宠幸的臣子所以能够欺骗君主、成就私利的原因。所以君主一定会在上面受欺骗，而臣子一定会在下面握重权，这就叫做控制君主的臣子。

国家有了控制君主的臣子，那么群臣就不能完全使出他们的智能来进献出他们的忠诚，各种职务的官吏就不能遵循法令来献出他们的事功。如何知道是这样呢？安全有利的事情就抢着去做，危险有害的事就忙着躲避，这是人之常情。现在做臣子的尽力去达到他的事功，使尽聪明才智进献出他的忠诚的结果，是他自身处境困难而家庭贫穷，父亲儿子都遭受祸害；做奸谋私来蒙蔽君主，使用财货来侍奉尊贵掌大权的臣子的结果，是自身尊显而家庭富有，父亲儿子都得到恩泽；人们怎么可能离开安全有利的道路而靠近危害的地方呢？治理国家出现了这样的过错，而君主还希望臣下没有奸诈，官吏们都奉公守法，这不可能做到也就很明显了。所以君主左右的近臣知道忠贞诚实不能得到安全和利益，一定说："我用忠诚老实的态度侍奉君主，积累功劳来求得自己的安乐，这就像盲人想要知道黑白的情况一样，一定没有希望；如果依照法术推行正理，不去攀附权贵，仅靠侍奉君主而求得安乐，这就好像聋子想辨别声音的清浊，更没有希望了。这两条路都不能够求得安乐，我怎么能不与人相互勾结、蒙蔽君主、作奸行私来趋奉有权势的人呢？"这样一定不会顾及臣下侍奉君主的道德原则。这个国家各种职务的官吏，也知道正直无邪不能够求得安乐，一定说："我凭着清正廉明侍奉君主以求安乐，就像没有规矩而想画成方圆，一定是没有希望的；如果靠守法不结成私党做好本职工作而求安乐，这就像用脚来给头顶搔痒，更没有希望了。这两条途径不能够求得安乐，怎么能不抛开法制行私而来迎合有权势的人呢？"这样就一定不会顾及君主的法令了。所以用徇私来趋奉有权势者的人就很多，而依法来侍奉君主的人就很少。因此君主被孤立在上面而臣子在下面结成了私党，这就是田成之所以能弑齐简公的原因。

夫有术者之为人臣也，得效度数之言[①]，上明主法，下困奸臣，以尊主安国者也。是以度数之言得效于前，则赏罚必用于后矣。人主诚明于圣人之术[②]，而不苟于世俗之言，循名实而定是非，因参验而审言辞。是以左右近习之臣，知伪诈之不可以得安也，必曰："我不去奸私之行，尽力竭智以事主，而乃以相与比周妄毁誉以求安，是犹负千钧之重陷于不测之渊而求生也[③]，必不几矣。"百官之吏亦知为奸利之不可以得安也，必曰："我不以清廉方正奉法，乃以贪污之心枉法以取私利，是犹上高陵之颠堕峻溪之下而求生，必不几矣。"安危之道若此其明也，左右安能以虚言惑主，而百官安敢以贪渔下？是以臣得陈其忠而不弊[④]，下得守其职而不怨。此管仲之所以治齐[⑤]，而商君之所以强秦也[⑥]。

从是观之，则圣人之治国也，固有使人不得不爱我之道，而不恃人之以爱为我也。恃人之以爱为我者危矣，恃吾不可不为者安矣。夫君臣非有骨肉之亲，正直之道可以得利，则臣尽力以事主；正直之道不可以得安，则臣行私以干上。明主知之，故设利害之道以示天下而已矣。夫是以人主虽不口教百官，不目索奸邪，而国已治矣。人主者，非目若离娄乃为明也[⑦]，非耳若师旷乃为聪也[⑧]。目必不任其数，而待目以为明，所见者少矣，非不弊之术也。耳必不因其势，而待耳以为聪，所闻者寡矣，非不欺之道也。明主者，便天下不得不为己视，天下不得不为己听。故身在深宫之中而明照四海之内，而天下弗能蔽弗能欺者，何也？暗乱之道废而聪明之势兴也。故善任势者国安，不知因其势者国危。古秦之俗[⑨]，君臣废法而服私，是以国乱兵弱而主卑。商君说秦孝公以变法易俗而明公道，赏告奸，困末作而利本事。当此之时，秦民习故俗之有罪可以得免，无功可以得尊显也，故轻犯新法。于是犯之者其诛重而必，告之者其赏厚而信，故奸莫不得而被刑者众，民疾怨而众过日闻。孝公不听，遂行商君之法。民后知有罪之必诛，而告私奸者众也，故民莫犯，其刑无所加。是以国治而兵强，地广而主尊。此其所以然者，匿罪之罚重而告奸之赏厚也。此亦使天下必为己视听之道也。至治之法术已明矣，而世之学者弗知也。

【注释】

①度数：法度术数，即法术。

②圣人之术：指法治措施。

③钧：古代重量计算单位，三十斤为一钧。

④弊：通“蔽”，蒙蔽，下文如“不弊之术”、“弗能弊”、“之弊”皆同此。

⑤管仲之所以治齐：指春秋时管仲协助齐桓公治理齐国，使齐桓公成为“春秋五霸”之一的事。管仲，字夷吾，齐桓公的相。齐，春秋时诸侯国名，范围包括今山东北部、东部和河北东南部。

⑥商君之所以强秦：指商鞅在秦孝公的支持下在秦国实行变法，使秦国走向富强一事。商君，指商鞅，即公孙鞅，战国时卫国人，法家代表人物。秦，春秋时诸侯国名，范围包括今陕西大部、甘肃东南部和四川、河南部分地区。

⑦离娄：传说中古代眼力特别好的人，能看到百步以外极细小的东西。

⑧师旷：春秋时著名的乐师，善于辨别音乐，故被视为听力特别好的人。

⑨古秦：古时候的秦国，指秦孝公任用商鞅变法之前的秦国。

【译文】

懂得法术的人担任大臣，是能够进献法术的主张，对上彰明君主的法令，对下制服奸臣，以便崇尊君主而安定国家的人。因此法术的主张能够进献于前，而赏罚也一定使用于后。君主真正懂得法治的措施，而不迁就于世俗的言论，根据名实是否相符来判定是非，靠比较检验实际效果来审查言词是否正确。因此君主身边的亲近宠幸之臣，知欺诈奸伪不能够得到安乐，一定说："我不抛弃奸诈谋私的行为，竭尽智力来侍奉君主，而用相互勾结、对人妄加赞扬和诽谤来求得安乐，这就像背着千钧的重量陷入了无底的深渊而寻求生还，一定没有希望。"各种官吏也知道谋求奸利不能够求得安全，一定说："我不用清洁廉正来奉行法令，而用贪污之心违反法令来谋取私利，这就像登上高山的顶端堕入到峻峭的山涧溪流而寻求生还，一定没有希望。"安乐和危险的道路像这样明显，君主身边的近侍怎么会用虚假的言辞来迷惑君主，而各种官吏又怎么敢用贪污之心来侵害百姓？因此臣子能够呈现出他们的忠心而不蒙蔽君主，臣下能恪守职责而没有怨言。这是管仲之所以治理好齐国，商鞅之所以使秦国富强的办法。

由此看来，圣人治理国家，本来就有使人不得不爱我的办法，而不依赖人根据自己的私心偏爱而为我效力。依赖人根据自己的私心偏爱而为我效力就危险了，依靠我使人不得不为我效力的办法才平安。君臣之间不存在骨肉间的亲情，依靠正直的途径可以得到利益，那么臣子就会尽力侍奉君主；依靠正直的途径不能获得安全，那么臣子就会采用奸术来侵犯君主。圣明的君主知道这个道理，所以就设置奖励和惩罚的措施来昭示天下。因此君主虽不亲口教化百官，不亲眼搜索奸邪，而国家已经治理好了。君主，不需要视力像离娄那样才叫做眼明，不需要听力像师旷那样才叫做耳聪。观察事物如果不运用术，而要等待亲眼看见才以为看清了，所看到的东西就少，这不是不受蒙蔽的办法。听取情况如果不借助有利的形势，而要等亲耳听见才算是清楚，所听到的东西就少，这不是不受欺骗的办法。圣明的君主，使天下的人不得不为我看东西，使天下人不得不替我听情况。所以君主身在深宫之中而明察四海之内，而天下人不能蒙蔽不能欺骗他，这是什么原因呢？因为愚昧混乱的办法废除了而耳聪目明的权势运用了。所以善于动用权势的国家就安定，不懂得凭借权势的国家就危险。古代秦国的风俗，君臣都废弃法令而实行奸私，因此国家混乱军队衰弱而君主地位卑下。商鞅说服秦孝公用改变旧风俗来明确奉公为国的原则，奖赏告发奸私，抑制工商业而推动农耕。在这个时候，秦国的民众习惯于旧风俗有罪可以获得赦免，无功可以获得尊显的惯例，因而轻易触犯新法。所以对犯法的人惩办严厉而坚决，对告发奸邪的人奖赏优厚而守信，所以奸邪的人被捉拿受惩罚的很多，老百姓痛恨埋怨众人的责备声每天都能听到。秦孝公不理睬这些，坚持推行商鞅的新法。老百姓后来知道有罪一定会受惩罚，而告发营私奸诈的人很多，所以老百姓没有人犯法，刑罚没有施加的对象。因此国家治理得很好而军队强大，土地广阔而君主尊贵。之所以能这样，是因为隐瞒罪犯的刑罚重而告发奸邪的奖赏丰厚。这也是使天下一定为自己视听的办法。使国治理得极好的法术已明了，而当世的学者不知道。

且夫世之愚学，皆不知治乱之情，谡诶多诵先古之书[①]，以乱当世之治；智虑不足以避阱井之陷[②]，又妄非有术之士。听其言者危，用其计者乱，此亦愚之至大而患之至甚者也。俱与有术之士有谈说之名，而实相去千万也，此夫名同而实有异者也。夫世愚学之人比有术之士也，犹蚁垤之比大陵也[③]，其相去远矣。而圣人者，审于是非之实，察于治乱之情也。故其治国也，正明法，陈严刑，将以救群生之乱，去天下之祸，使强不陵弱，众不暴寡，耆老得遂，幼孤得长，边境不侵，君臣相亲，父子相保，而无死亡系虏之患，此亦功之至厚者也！愚人不知，顾以为暴。愚者固欲治而恶其所以治，皆恶危而喜其所以危者。何以知之？夫严刑重罚者，民之所恶也，而国之所以治也；哀怜百姓轻刑罚者，民之所喜，而国之所以危也。圣人为法国者，必逆于世而顺于道德[④]。知之者，同于义而异于俗；弗知之者，异于义而同于俗。天下知之者少，则义非矣。

【注释】

①谑诶(zhé jiá)：话多，喋喋不休。

②阱(jǐng)：捕捉野兽用的陷坑。

③蚁垤：蚁窝上隆起的小土堆。

④道德：法家治国的原则标准，源于黄老道家的思想而又有所变化。

【译文】

社会上那些愚蠢的学者，都不懂得国家治和乱的实情。喋喋不休地背诵上古的书籍，用来扰乱当代的政治；他们的智慧思虑不足以避开面前的陷阱，还胡乱批评懂得法术的人。听从他们的话治理国家就危险，采用他们的计谋管理国家就混乱，这些人也可以说是最愚蠢的人而他们的言论则是最大的祸患。同样都称为懂得法术的人，有善于谈说的名声，但实际上则相差十万八千里，这是名声相同而实质不同的两种人。社会上那些愚蠢的学者与法术之士相比，好比是蚁窝上隆起的小土堆和大山，二者相差太远了。而圣人，是明辨是非的实际，明察治和乱的实情的。所以圣人治理国家，公正地阐明法令，设置严厉的刑罚，将要用来解救民众的祸乱，消除天下的灾祸，使强的不欺凌弱的，人多的不强暴人少的，六七十岁的老人能享尽天年，幼子孤儿能够顺利成长，国家的边境不受到侵犯，君臣关系密切，父子互相护养，而没有死亡和被俘虏的忧患，这也就是最大的功劳。愚蠢的人不知道，反而认为这些是残暴。愚蠢的人本来就是希望国家治理好而讨厌所以治理好国家的办法，都厌恶危乱而喜欢所以导致危乱的原因。怎么知道是这样的呢？因为严刑重罚，是老百姓所厌恶的，却是国家所以治理好的方法；哀怜百姓使用轻的刑罚，是老百姓所喜欢的，但却是国家所以危乱的原因。圣人以法治国，一定会违反社会的成见而顺应道德。懂得这些的人，就会赞成这个原则而异于世俗偏见；不懂得这个原则的人，就会反对这个原则而与世俗偏见相同。天下懂得这个原则的人少，这个原则就不合理了。

处非道之位，被众口之谮，溺于当世之言，而欲当严天子而求安，几不亦难哉！此夫智士所以至死而不显于世者也。楚庄王之弟春申君有爱妾曰余[①]，春申君之正妻子曰甲。余欲君之弃其妻也，因自伤其身以视君而泣[②]，曰："得为君之妾，甚幸。虽然，适夫人非所以事君也，适君非所以事夫人也。身故不肖，力不足以适二主，其势不俱适，与其死夫人所者，不若赐死君前。妾以赐死[③]，若复幸于左右，愿君必察之，无为人笑。"君因信妾余之诈，为弃正妻。余又欲杀甲而以其子为后，因自裂其亲身衣之里[④]，以示君而泣，曰："余之得幸君之日久矣，甲非弗知也，今乃欲强戏余。余与争之，至裂余之衣，而此子之不孝，莫大于此矣。"君怒，而杀甲也。故妻以妾余之诈弃，而子以之死。从是观之，父之爱子也，犹可以毁而害也。君臣之相与也，非有父子之亲也，而群臣之毁言，非特一妾之口也，何怪夫贤圣之戮死哉！此商君之所以车裂于秦[⑤]，而吴起之所以枝解于楚者也[⑥]。凡人臣者，有罪固不欲诛，无功者皆欲尊显。而圣人之治国也，赏不加于无功，而诛必行于有罪者也。然则有术数者之为人也，固左右奸臣之所害，非明主弗能听也。

【注释】

①楚庄王：即楚顷襄王，战国时期楚国的君主，名横，前298—前263年在位。春申君：黄歇的封号。他是楚国的公子，考烈王时曾任令尹。

②视：通“示”。

③以：通“已”。

④里：衣服的衬里。

⑤车裂：古代将人的头和四肢绑在五辆车上，用马拉开，撕裂身体的酷刑，俗称“五马分尸”。商鞅在秦国遭受了这种酷刑。

⑥枝解：即肢解，分解肢体的酷刑。吴起在楚国遭受到这种酷刑。枝，通“肢”。

【译文】

法术之士处在遭受非难的位置上，被众人诬陷，淹没在当代流言之中，而想要面对严厉的天子而求安，不也是很困难吗！这就是那些法术之士到死还不能在社会上享有声望的原因。楚国顷襄王的弟弟春申君有位宠爱的妾叫做余，春申君的正妻的儿子叫做甲。余想让春申君抛弃他的正妻，便把自己的身体弄伤了给春申君看并哭泣着说：“能做您的妾，我感到非常荣幸。尽管如此，顺从您的正妻就不能用同样的方式来侍奉您，顺从您又不能用同样的方式侍奉您的正妻。我本来没有贤德，能力不够用来侍奉两位主人，实际情势是不能同时都服侍好，与其今后死在您正妻那里，还不如您就将我赐死。我这个妾如果被您赐死，如再宠幸您身边的女子，希望您一定要明察这个女子的才德，不要被人笑话。”春申君因此相信了余的欺诈，为她抛弃了正妻。余又想杀死甲而让自己的儿子成为封君继承人，便撕裂了自己贴身衣服的衬里，拿去给春申君看并哭泣说：“我得到您的宠幸已很久了，甲不是不知道，今天还想强行调戏我。我和他抗争，他竟撕裂我的内衣，这样不孝顺的儿子，没有比他更厉害的了。”春申君发怒杀了甲。所以春申君的正妻因为妾余氏的欺诈而被抛弃，而儿子因为余氏被杀死。由此看来，父亲的爱子，尚且还可以借诽谤被陷害。君臣之间的交往，没有父子之间的亲密关系，而群臣们诽谤的言谈，又不只是像春申君的妾那样只有一张嘴，这就不要奇怪那些圣人贤士会被杀死了！这就是商鞅之所以在秦国被车裂，吴起之所以在楚国被肢解的原因。大凡人臣，犯有罪行本来不愿被处罚，没有功劳但都想要尊贵显赫。而圣明的人治理国家，赏赐不给予没有功劳的人，刑罚一定要施行到犯有罪行的人。这样就会是法术之士处世，必然要遭到君主左右奸臣的陷害，不是英明的君主不会听取他的主张。

世之学者说人主，不曰“乘威严之势以困奸邪之臣”，而皆曰“仁义惠爱而已矣”。世主美仁义之名而不察其实，是以大者国亡身死，小者地削主卑。何以明之？夫施与贫困者，此世之所谓仁义；哀怜百姓不忍诛罚者，此世之所谓惠爱也。夫有施与贫困，则无功者得赏；不忍诛罚，则暴乱者不止。国有无功得赏者，则民不外务当敌斩首，内不急力田疾作，皆欲行货财事富贵，为私善立名誉，以取尊官厚俸。故奸私之臣愈众，而暴乱之徒愈胜，不亡何待？夫严刑者，民之所畏也；重罚者，民之所恶也。故圣人陈其所畏以禁其邪，设其所恶以防其奸，是以国安而暴乱不起。吾以是明仁义爱惠之不足用，而严刑重罚之可以治国也。无捶策之威[①]，衔橛之备[②]，虽造父不能以服马[③]；无规矩之法[④]，绳墨之端[⑤]，虽王尔不能以成方圆[⑥]；无威严之势，赏罚之法，虽尧舜不能以为治[⑦]。今世主皆轻释重罚严诛，行爱惠，而欲霸王之功，亦不可几也。故善为主者，明赏设利以劝之，使民以功赏而不以仁义赐；严刑重罚以禁之，使民以罪诛而不以爱惠免。是以无功者不望，而有罪者不幸矣。托于犀车良马之上，则可以陆犯阪阻之患[8]；乘舟之安，持楫之利[9]，则可以水绝江河之难；操法术之数，行重罚严诛，则可以致霸王之功。治国之有法术赏罚，犹若陆行之有犀车良马也，水行之有轻舟便楫也，乘之者遂得其成。伊尹得之[10]，汤以王[11]；管仲得之，齐以霸；商君得之，秦以强。此三人者，皆明于霸王之术，察于治强之数，而不以牵于世俗之言；适当世明主之意，则有直任布衣之士，立为卿相之处；处位治国，则有尊主广地之实：此之谓足贵之臣。汤得伊尹，以百里之地立为天子；桓公得管仲[12]，立为五霸主[13]，九合诸侯，一匡天下；孝公得商君，地以广，兵以强。故有忠臣者，外无敌国之患，内无乱臣之忧，长安于天下，而名垂后世，所谓忠臣也。若夫豫让为智伯臣也[14]，上不能说人主使之明法术度数之理以避祸难之患，下不能领御其众以安其国。及襄子之杀智伯也[15]，豫让乃自黔劓[16]，败其形容，以为智伯报襄子之仇。是虽有残刑杀身以为人主之名[17]，而实无益于智伯若秋毫之末。此吾之所下也，而世主以为忠而高之。古有伯夷、叔齐者[18]，武王让以天下而弗受[19]，二人饿死首阳之陵[20]。若此臣，不畏重诛，不利重赏，不可以罚禁也，不可以赏使也，此之谓无益之臣也。吾所少而去也，而世主之所多而求也。

【注释】

①捶策：马鞭。

②衔橛：马嚼子。

③造父:人名,春秋末期晋国人,以善于驾驭车马著称。

④规:画圆的工具。矩:画方的工具。

⑤绳墨:木匠画线用的工具。

⑥王尔:古代的巧匠。

⑦尧舜:二人都是我国原始社会末期的部落首领。

⑧阪:山坡。阻:险要地带。

⑨持:通“恃”。楫:划船的桨。

⑩伊尹:商汤的相,帮助商汤灭了夏桀。

⑪汤:商汤,他在伊尹的帮助下灭掉夏桀。王(wàng):称王,统治天下。

⑫桓公:即齐桓公。

⑬五霸:春秋时期先后称霸的五位诸侯国王,据《荀子·王霸》篇记载为齐桓公、晋文公、楚庄王、吴王阖庐和越王勾践。

⑭豫让:智伯的家臣。智伯:名瑶,春秋末期晋国的六卿之一,后被韩、赵、魏三家联合击败。

⑮襄子:即赵襄子,又称赵襄主,名无恤,春秋末期晋国的六卿之一。

⑯黔:黑色。劓:古代割鼻子的刑罚。

⑰刑:通“形”,指身体。

⑱伯夷、叔齐:商朝末年孤竹君主的两个儿子,都因不肯继承王位而逃到周,后又阻止周武王伐纣。周武王灭商后,二人不食周粟,饿死首阳山上。

⑲武王:指周武王姬发。

⑳首阳:即首阳山,位于今山西运城。

【译文】

当代的学者劝说君主,不说“凭借威严的权势去抑制奸邪的臣子”,却都说“只要施行仁义惠爱就可以了”。当今的君主欣赏仁义的名声而不考察它的实质,因此严重的国家灭亡而君主身死,轻一点的国家疆土被削而君位卑下。凭什么证明这一点呢？施舍给贫困的人，是当今社会所说的仁义；哀怜百姓而不忍心去惩罚他们，是当今社会所说的惠爱。如果施舍给贫困的人，那么没有功劳的人就得到了奖赏；不忍心惩罚有罪的人，那么暴乱分子就不能禁止。国家有了无功得赏的人，那么老百姓对外就不会致力于作战杀敌，对内不努力种田耕作，都想要用财货侍奉有权有势的人，用私人的善行树立名誉，以获取高官厚禄。所以谋私作奸的臣子越来越多，而暴乱的人们就越来越猖獗，国家不灭亡还等什么？严厉的刑罚，是老百姓所畏惧的；严重的惩罚，是民众所厌恶的。所以圣明的君主设置老百姓所畏惧的刑罚来禁止邪恶，设立他们所厌恶的惩罚来防止奸诈，因此国家平安而暴乱不发生。我从这里明白仁义惠爱不值得使用，而严刑重罚可以把国家治理好。没有马鞭的威风，马嚼头的约束，即使是造父也不能来制服拉车的马匹；离开了规矩的法度，绳墨的校正，即使是王尔也不能来成就方圆；无威严的权势，赏罚的法制，即使尧舜也不能把国家治理好。现在社会上的君主都放弃重罚和严厉的惩办，实行仁爱恩惠，想要建立霸王的功业，也是没有希望的。所以善于做君主的，明确奖赏设立利益来鼓励民众，使老百姓凭借功劳获奖赏而不靠仁义得恩赐；用严刑重罚来禁止他们，使老百姓因为犯罪受惩罚而不因为爱惠免罪责。因此没有功劳就不要指望奖赏，而犯有罪过的不能侥幸逃脱惩罚。依靠犀牛角做的车子和良马，就可以在陆地上克服山坡险要的障碍；凭借船的安稳，依靠桨的作用，就可以在水上克服横渡江河的困难；掌握了法术的方法，实行重罚严诛，就可以成就霸王的功业。治理国家有法术赏罚，就像陆地上行走有犀牛角做的车和良马，在水上行驶有轻便的船和适宜的桨，乘坐它的人便能获得成功。伊尹掌握了法术赏罚，商汤因此统治天下；管仲掌握了法术赏罚，齐桓公因此称霸；商鞅掌握了法术赏罚，秦国因此富强。这三个人，都懂得霸王之术，明察于治理好国家并使它富强的方法，而不因此被世俗之言所牵制；顺应当代英明君主的心意，就会有可能直接任用平民百姓，将之提拔到卿相的位置；处在卿相的位置上治理国家，就有了尊崇君主开拓疆土的实效：这个便叫做值得尊重的大臣。商汤得伊尹，凭借方圆百里之地成为天子；齐桓公得到管仲，成为五霸之首，九次会合天下的诸侯，一举而匡正天下；秦孝公得到商鞅，土地因此扩展，军队因此强大。所以有忠臣的君主，在外没有敌国侵犯的祸患，在内没有叛乱之臣的忧虑，天下长久平安，而名声流传后世，这就是所谓忠臣。至于说豫让做智伯的臣子，对上不能说服君主使他明白法术之理，以避免祸难，对下不能领导统驭部众来安定国家。等到赵襄子杀了智伯，豫让便涂黑身子割掉鼻子，毁了自己的形貌，以便为智伯报赵襄子的仇。这虽然有摧残自己的形貌牺牲自己的生命来为君主报仇的名声，但实际上对智伯没有秋毫之末那样的益处。这是我看不起他的原因，而君主们却认为豫让忠而推崇他。古代有伯夷、叔齐，周武王把天下让给他们而不接受，二人饿死在首阳山上。像这样的臣子不畏惧严厉的惩罚，不贪图优厚的奖赏，不能用刑罚来限制他，也不能通过赏赐来使用他，这叫做对国家无益的臣子。这是我所鄙弃的，但当代的君主却称赞且访求他们。

谚曰："厉怜王[①]。"此不恭之言也。虽然，古无虚谚，不可不察也。此谓劫杀死亡之主言也[②]。人主无法术以御其臣，虽长年而美材，大臣犹将得势擅事主断，而各为其私急。而恐父兄豪杰之士[③]，借人主之力，以禁诛于己也，故弑贤长而立幼弱，废正的而立不义[④]。故《春秋》记之曰[⑤]："楚王子围将聘于郑[⑥]，未出境，闻王病而反[⑦]。因入问病，以其冠缨绞王而杀之，遂自立也。齐崔杼其妻美[⑧]，而庄公通之[⑨]，数如崔氏之室[⑩]。及公往，崔子之徒贾举率崔子之徒而攻公[⑪]。公入室，请与之分国，崔子不许；公请自刃于庙[⑫]，崔子又不听；公乃走，逾于北墙。贾举射公，中其股，公坠，崔子之徒以戈斫公而死之，而立其弟景公[13]。”近之所见：李兑之用赵也[14]，饿主父百日而死[15]；卓齿之用齐也[16]，擢湣王之筋[17]，悬之庙梁，宿昔而死。故厉虽痈肿疕疡[18]，上比于《春秋》，未至于绞颈射股也；下比于近世，未至饥死擢筋也。故劫杀死亡之君，此其心之忧惧，形之苦痛也，必甚于厉矣。由此观之，虽“厉怜王”可也。

【注释】

①厉：通“疠”，麻风病，这里指生麻风病的人。

②谓：通“为”。

③父兄：指君主的叔伯父和兄弟。

④的：通“嫡”。

⑤《春秋》：古代的编年史，这里指《左传》。

⑥楚王子围：指春秋时楚共王的儿子，名围，任楚国的令尹。前541年杀楚王郏敖自立，即楚灵王。

⑦反：同“返”。

⑧崔杼：春秋时齐国的大夫。

⑨庄公：齐庄公，名光，春秋时齐国的君主，前553—前548年在位。

⑩数(shuò)：多次、屡次。

⑪贾举：崔杼的家臣。

⑫庙：宗庙，安放祖宗神主和进行祭祀的地方。

⑬景公：指齐景公，名杵臼，春秋时齐国的君主，齐庄公之弟。

⑭李兑：战国时赵国大臣。

⑮主父：即赵武灵王，名雍，前299年他传位给自己的小儿子何，自称主父。前295年李兑因帮助赵武灵王的幼子何与长子章争夺

君权，围困赵武灵王于沙丘宫达三个月，把他饿死。

⑯卓齿：战国时的楚将。前284年燕、秦等五国联合攻齐，楚国派卓齿率兵救齐，卓齿在齐国做了齐滑王的相。

⑰滑王：指齐滑王，名地，战国时齐国的君主。

⑱疕（bǐ）：头疮。疡：溃烂。

【译文】

谚语说："麻风病人可怜国王。"这是一句不恭敬的话。尽管如此，古代没有虚妄的谚语，不能不加以审察。这是为就被劫杀死亡的君主而说的。君主没有法术来统御他的臣子，即使是年龄大而资质好，大臣仍将要获得权势擅自处理和决断事情，而各人只顾自己私人的要事。奸臣因为害怕君主的叔伯、兄弟和豪杰之士，借君主的力量来约束和诛罚自己，因而杀掉贤良成年的君主而立幼小懦弱的君主，废掉嫡长子而立不该继位的人。所以《春秋》记载说："楚国的公子围将要到郑国去访问，还没有出国境，听说楚王病重而返回。趁入宫去探问楚王的病情，用他的帽子上的带子绞杀了楚王，于是自立为王。齐国的崔杼，他的妻子貌美，齐庄公与她通奸，多次钻进崔杼的家中。等到齐庄公回家时，崔杼的手下叫贾举的率领崔杼的仆从攻击齐庄公。齐庄公进入崔杼家中，请求分一部分国家与崔杼，崔杼不答应；齐庄公又请求让他在宗庙里自杀，崔杼又不答应；齐庄公于是逃跑，翻越崔家的北墙。贾举用箭射击齐庄公，射中了大腿，齐庄公掉下来了，崔杼的手下人用戈乱砍齐庄公把他杀了，而立齐庄公的弟弟齐景公为王。"最近所能看到的：李兑在赵国掌权，把主父饿了上百天将他饿死；卓齿在齐国掌权，抽了齐滑王的筋，把他吊在宗庙的大梁上，过了一夜齐滑王就死了。所以麻风病人虽然长疮生脓，但向上和《春秋》上的记载相比，还不至于缠住脖颈和射中大腿；向下和当代相比，还不至于饿死抽筋。因此被劫杀死亡的君主，他们内心的恐惧，肉体上的痛苦，一定超过了麻风病人。从这些看来，即使麻风病人哀怜那些被劫杀的君主，也是应该的。

亡征

【题解】

亡征，即亡国的征兆。

本篇由两大部分构成。第一部分是重点，详细列举了可能导致国家灭亡的四十七种征兆；第二部分则较简略，分析了导致亡国的内因和外因，说明真正导致国家灭亡的是内因，并希望实行法家主张的君主能摧毁那些已有灭亡征兆的国家，兼并天下。

本篇对导致封建国家灭亡征兆的论列，涉及当时国家的政治、经济、思想、军事、外交等众多方面，反映了战国时期统治阶级高层内部尖锐复杂的斗争局面，是认识当时社会政治历史面貌的重要文献资料。

本篇主题鲜明，详略得当，是一篇精心谋篇布局之作。

凡人主之国小而家大[①]，权轻而臣重者，可亡也。简法禁而务谋虑，荒封内而恃交援者，可亡也。群臣为学，门子好辩[②]，商贾外积，小民右仗者[③]，可亡也。好宫室台榭陂池，事车服器玩，好罢露百姓[④]，煎靡货财者，可亡也。用时日，事鬼神，信卜筮，而好祭祀者，可亡也。听以爵不待参验，用一人为门户者，可亡也。官职可以重求，爵禄可以货得者，可亡也。缓心而无成，柔茹而寡断[⑤]，好恶无决而无所定立者，可亡也。饕贪而无餍，近利而好得者，可亡也。喜淫辞而不周于法，好辩说而不求其用，滥于文丽而不顾其功者，可亡也。浅薄而易见[⑥]，漏泄而无藏，不能周密而通群臣之语者，可亡也。很刚而不和[⑦]，愎谏而好胜，不顾社稷而轻为自信者，可亡也。恃交援而简近邻，怙强大之救而侮所迫之国者，可亡也。羁旅侨士，重帑在外[⑧]，上间谋计，下与民事者，可亡也。民信其相[⑨]，下不能其上，主爱信之而弗能废者，可亡也。境内之杰不事，而求封外之士，不以功伐课试，而好以名问举错[⑩]，羁旅起贵以陵故常者[⑪]，可亡也。轻其适正[⑫]，庶子称衡，太子未定而主即世者，可亡也。大心而无悔，国乱而自多，不料境内之资而易其邻敌者，可亡也。国小而不处卑，力少而不畏强，无礼而侮大邻，贪愎而拙交者，可亡也。太子已置，而娶于强敌以为后妻，则太子危，如是则群臣易虑；群臣易虑者，可亡也。怯慑而弱守，蚤见而心柔懦[⑬]，知有谓可，断而弗敢行者，可亡也。出君在外而国更置，质太子未反而君易子，如是则国携[⑭]；国携者，可亡也。挫辱大臣而狎其身，刑戮小民而逆其使，怀怒思耻而专习则贼生；贼生者，可亡也。大臣两重，父兄众强[⑮]，内党外援以争事势者，可亡也。婢妾之言听，爱玩之智用，外内悲惋而数行不法者，可亡也。简侮大臣，无礼父兄，劳苦百姓，杀戮不辜者，可亡也。好以智矫法，时以行杂公，法禁变易，号令数下者[⑯]，可亡也。无地固，城郭恶，无畜积[⑰]，财物寡，无守战之备而轻攻伐者，可亡也。种类不寿，主数即世，婴儿为君，大臣专制，树羁旅以为党，数割地以待交者，可亡也。太子尊显，徒属众强，多大国之交，而威势蚤具者，可亡也。变褊而心急，轻疾而易动发，心悁忿而不訾前后者，可亡也。主多怒而好用兵，简本教而轻战攻者，可亡也。贵臣相妒，大臣隆盛，外借敌国，内困百姓，以攻怨仇，而人主弗诛者，可亡也。君不肖而侧室贤⑱，太子轻而庶子伉，官吏弱而人民桀，如此则国躁；国躁者，可亡也。藏怨而弗发，悬罪而弗诛，使群臣阴憎而愈忧惧，而久未可知者，可亡也。出军命将太重，边地任守太尊，专制擅命，径为而无所请者，可亡也。后妻淫乱，主母畜秽⑲，外内混通，男女无别，是谓两主⑳，两主者，可亡也。后妻贱而婢妾贵，太子卑而庶子尊，相室轻而典谒重，如此则内外乖；内外乖者，可亡也。大臣甚贵，偏党众强，壅塞主断而重擅国者，可亡也。私门之官用，马府之世绌㉑，乡曲之善举，官职之劳废，贵私行而贱公功者，可亡也。公家虚而大臣实，正户贫而寄寓富，耕战之士困，末作之民利者㉒，可亡也。见大利而不趋，闻祸端而不备，浅薄于争守之事，而务以仁义自饰者，可亡也。不为人主之孝，而慕匹夫之孝，不顾社稷之利，而听主母之令，女子用国，刑余用事者㉓，可亡也。辞辩而不法，心智而无术，主多能而不以法度从事者，可亡也。亲臣进而故人退，不肖用事而贤良伏，无功贵而劳苦贱，如是则下怨；下怨者，可亡也。父兄大臣禄秩过功，章服侵等，宫室供养大侈，而人主弗禁，则臣心无穷；臣心无穷者，可亡也。公婿公孙与民同门，暴傲其邻者，可亡也。

【注释】

①家:卿大夫的私家,这里指大臣食封的地区。

②门子:卿大夫的嫡子,泛指贵族。辩:动听的言辞、学术,这里指当时流行的、韩非认为无用的学术。

③右仗:崇尚兵仗。右,崇尚。仗,泛指兵器。

④罢:通"疲",使百姓疲劳。

⑤柔茹:软弱胆怯。茹,通"懦"。

⑥见:同"现"。

⑦很:同"狠"。

⑧帑(tǎng):钱财。

⑨相:指相国,辅助君主执掌国政地位最高的大臣。

⑩问:通"闻",声誉。错:通"措",安置。

⑪陵:通"凌",凌驾,超越。

⑫适:通"嫡"。

⑬蚤:通"早"。下文"威势蚤具"之"蚤"与此同。

⑭国携:国人有二心。携,贰。

⑮父兄:指君主的叔伯、兄弟。

⑯数(shuò):屡次,多次。下文"数即世"、"数割地"之"数"与此同。

⑰畜:通"蓄"。

⑱侧室:指君主的叔伯和兄弟。

⑲主母:君主的母亲,即太后。

⑳两主:两个主子,指妻后、太后的势力和君主的权势所形成的两个权力中心。

㉑绌(chù):通"黜",废弃、不用。

㉒末作:相对上文"本教"(即农业、练兵)而言,指工商业。

㉓刑余:指受过宫刑的人,即宦官。

【译文】

凡是君主的国力弱小而大臣的封地强大，君主的权势轻而臣下的权势过重，国家就可能要灭亡。君主忽视法制禁令而致力于计谋，荒怠国内的政事而依赖外国的外交支援，国家可能会灭亡。群臣都从事私学活动，贵族子弟们喜欢华而不实的言说，商人把财货积存在国外，老百姓尚武私斗，国家可能会灭亡。君主喜好修建宫殿台榭和池沼，爱好车马服饰和玩赏之物，总是使老百姓疲劳困顿，榨取挥霍老百姓的财物，国家可能会灭亡。办事挑选吉日良辰，侍奉鬼神，迷信卜筮而喜好祭神祀祖，国家可能会灭亡。听取意见只根据官爵的高低而不依靠比较检验，只通过一个人来上下沟通，国家可能会灭亡。官职可以依靠权势取得，爵禄可以用钱财买到，国家可能会灭亡。君主办事拖拖拉拉没有成效，软弱怯懦优柔寡断，好坏不分没有决断，国家可能会灭亡。贪心太大不知满足，追求财利贪图获取，国家可能会灭亡。喜欢浮夸的言辞而不考虑是否合法，爱好美丽的说辞而不求实用，沉溺于华丽的文采而不管它的功效，国家可能会灭亡。君主不持重而好轻易表露感情，机密泄露而不加掩藏，不能周密行事而将臣子的进言互相透露，国家可能会灭亡。凶狠暴戾而不随和，拒绝别人的劝谏而喜欢争强好胜，不考虑国家的安危而自以为是，国家可能会灭亡。倚仗着诸侯国的外交援助而轻慢邻国，依仗着强大国家的救援而轻侮邻近的国家，国家可能会灭亡。寄寓在国内的外国游士，把大量的钱财存放在国外，还使他们能在上面刺探国家的机密，在下面干预民众的事情，国家可能会灭亡。民众相信君主的相国，而不能亲近君主本人，君主宠爱信任相国而不能废弃他，国家可能会灭亡。国内的杰出人才不任用，而去追求国外的士人，不按功劳进行考核，而喜欢根据名声来任免，流寓的游士起用到尊贵的位置而超越了原有以常规确定爵禄的人，国家可能会灭亡。轻视嫡长子，使庶子和他抗衡，太子还没有确定而君主就去世了，国家可能会灭亡。君主狂妄自大而不知悔悟，国家混乱而自我感觉良好，不能正确估量本国的实力而轻视其邻近的敌国，国家可能会灭亡。国家弱小而不以卑恭处世，力量薄弱而不畏惧强敌，无礼貌而去侮辱强大的邻国，贪婪固执而不善于办理外交，国家可能会灭亡。太子已经设置，而又从强大的敌国娶来女子作为正妻，那么太子就危险了，像这样就会使群臣对太子改变忠心；群臣变心，国家可能会灭亡。君主胆小怕事而不敢坚持自己的意见，问题早已发现而内心软弱不敢去解决，知道可以怎样做，决定了也不敢去实行，国家可能会灭亡。出国的君主还在国外而国内另立了君主，做人质的太子还没回来而君主另立了太子，像这样国人就会有二心；国人有了二心，国家可能会灭亡。折磨侮辱大臣而又亲近戏弄他，用刑罚严惩了小民而又违反常理地使用他，这些人心怀忿怒、不忘耻辱而君主又特别亲近他们就会发生劫杀的事情；劫杀的事情发生，国家可能会灭亡。两个大臣同时被重用，君主的叔伯和兄弟众多而又强大，国内结成朋党国外寻找诸侯作为援助来争着侍奉权贵，国家可能会灭亡。君主听信婢妾的言辞，任用身边宠爱近臣的智术，朝廷内外人人悲愤而屡次不依法行事，国家可能会灭亡。轻慢侮辱大臣，对待叔伯和兄弟无礼，使百姓辛劳困苦，杀戮无辜人士，国家可能会灭亡。喜好用自己的小智谋去改变法制，经常用个人的私行去混淆公务，法令制度不断变化，号令的发布朝令夕改，国家可能会灭亡。没有险固的地形，城郭修筑得很差，又没有积蓄，国家的财物也很少，没有守卫和作战的准备而轻易从事战争，国家可能会灭亡。王族寿命不长，君主屡屡死亡，婴儿做了君主，大臣专权，树立游士以作为党羽，经常割让土地来求得外国的交往，国家可能会灭亡。太子过于尊贵显要，而他手下的人又众多而强大，结交众多的大国，而且他的威势过早具备，国家可能会灭亡。君主性情偏激而急躁，处理事情轻率而好冲动，积忿易怒而不思前想后，国家可能会灭亡。君主喜欢发怒而爱好战争，轻视农耕和练兵而对战争掉以轻心，国家可能会灭亡。尊贵的权臣相互嫉妒，大臣的权势强大，在国外借助敌国的势力，在国内困扰百姓，以攻击与自己有仇怨的人,但君主却并不惩罚这样的大臣,国家可能会灭亡。君主没有德才而他的叔伯和兄弟很贤德,太子权势轻而庶子权势强大,官吏软弱而人民不服管教,像这样国家就动荡不安;国家动荡不安,国家可能会灭亡。君主怀恨而不发作,对犯罪的臣子迟迟不予处罚,致使群臣暗中憎恨君主而心中更加恐惧,长期不知道自己将有什么结果,国家可能会灭亡。派出军队时授予将领的权势太重,边疆地区驻守的官吏地位过高,擅自独断专行,自己径直处理事情而不向君主请示,国家可能会灭亡。君主的正妻淫乱后宫,太后蓄养姘夫,宫廷内外混淆私通,男女之间没有分别,这就形成了君主和由君主的后宫、太后组成的两个权力中心;一个国家有两个权力中心,国家可能会灭亡。君主的正妻受轻视而婢妾地位尊贵,太子地位卑下而庶子受尊崇,相国的权力小而君主身边的近侍权势重,像这样就会使朝廷内外背离;朝廷内外背离,国家可能会灭亡。大臣很尊贵,私党人多势强,封锁君主的决定而又独揽国家大权,国家可能会灭亡。贵族权臣的私属被任用,立下军功者的后代却遭排斥,偏僻乡村里有善名的人被选拔出来,官吏中立下功劳者却被抛开,重视谋私的行为而轻贱为国立功,国家可能会灭亡。国家空虚而大臣殷实,有固定户籍的人贫困而寄寓客居的人富裕,农耕和参军的人穷困,而从事工商业的人得利,国家可能会灭亡。看到国家大利而不去追求,发现出乱的苗头而不加防备,对带兵打仗的事浅薄无知,而努力用仁义道德来自我粉饰,国家可能会灭亡。不致力于君主的孝,而仿效一般人的孝,不顾及国家的利益,而听从母后的命令,女人当国,宦官掌权,国家可能会灭亡。能说会道但不符合法制,心里聪明但缺乏法术,君主多才多艺但不按法律行事,国家可能会灭亡。宠信的臣子进用而原有的大臣被斥退,无才无德的人掌权而有才有德的人隐匿起来,没有功劳的人地位尊贵而劳苦为国的人地位卑下,像这样臣民就会怨恨;臣民怨恨,国家可能会灭亡。君主的叔伯和兄弟的俸禄超过了他们的功劳,旗帜车服超过了规定的等级,宫室的供养太奢侈,而君主不知道加以禁止,那么臣下的欲望就会无止境地膨胀；臣下的贪心没有止境，国家可能会灭亡。王亲国戚和老百姓同居一处，对民横行霸道，国家可能会灭亡。

亡征者，非曰必亡，言其可亡也。夫两尧不能相王①，两桀不能相亡②；亡、王之机，必其治乱、其强弱相踦者也③。木之折也必通蠹④，墙之坏也必通隙。然木虽蠹，无疾风不折；墙虽隙，无大雨不坏。万乘之主，有能服术行法以为亡征之君风雨者，其兼天下不难矣！

【注释】

①尧：我国原始社会末期的部落首领。王（wàng）：做王、统治。

②桀：夏朝的最后一个王，著名的暴君。

③踦（qī）：偏重，不平衡。

④蠹（dù）：蛀蚀。

【译文】

亡国的征兆，不是说一个国家有这个征兆一定会灭亡，是说它可能会灭亡。两个尧不能相互统治对方，两个桀不能相互灭亡对方；灭亡或统治的关键，一定是出现了双方的国家治理得好或坏、两国的强和弱相差得很远的情况。树木折断一定通过虫蛀，土墙倒塌一定由于有了裂缝。但是树木虽然生了蛀虫，没有大风是不会折断的；土墙虽然出现了裂缝，没有大雨是不会倒塌的。拥有万乘兵车国家的君主，如能运用法术来作为摧毁出现亡国征兆国家的暴风骤雨，那么他兼并天下是不难的！

三　守

【题解】

三守，即君主必须掌握的三条原则。这三条原则概括起来就是指君主要深藏不露、自主决断和大权独揽。文章认为君主如果能把握好这三条原则，"则国安身荣"；不能把握好这三条原则就会出现"三劫"，使"国危身殆"。文章所谓"三劫"，就是奸臣通过公开的方式、操纵政事的途径和专擅刑罚的形式以篡权劫主。君主能以"三守"防范"三劫"，就能巩固政权。

本篇在《韩非子》一书中是篇幅较短的一篇，言简意明。韩非所谓"三守不完，劫杀之征"，表明了该篇和《亡征》篇中"漏泄而无藏"等"亡征"的联系。

人主有三守[①]。三守完，则国安身荣；三守不完，则国危身殆。何谓三守？人臣有议当途之失、用事之过、举臣之情，人主不心藏而漏之近习能人[②]，使人臣之欲有言者不敢不下适近习能人之心，而乃上以闻人主。然则端言直道之人不得见，而忠直日疏。爱人，不独利也，待誉而后利之；憎人，不独害也，待非而后害之。然则人主无威而重在左右矣。恶自治之劳惮[3]，使群臣辐凑之变[4]，因传柄移藉[5]，使杀生之机、夺予之要在大臣，如是者侵。此谓三守不完。三守不完，则劫杀之征也。

【注释】

①守：掌握、控制。

②能人：指善于钻营而得到重用的人。

③恶(wù)：厌恶。惮：通“瘅”，劳累。

④辐凑：车辐条集中在车毂上，比喻向中心归聚。

⑤藉：通“阼”，势位。

【译文】

君主有三条必须掌握的原则。三条必须掌握的原则使用得很完备，就能做到国家安定而自身尊荣；三条必须掌握的原则使用得不好，就会使国家不安而自身危险。什么叫君主必须掌握的三条原则呢？臣子中有议论当权大臣的过失、执政者的过失、群臣的实情的，君主不把这些隐藏在心中而泄露给左右亲信和善于钻营而受重用的人，使得臣子中想向君主进言的人不敢不先向下顺从君主的这些亲信和靠钻营而获重用的人的心意，而后才朝上向君主进言。这样就使讲真话和公正办事的人不能见到君主，而忠诚耿直之士就一天天被疏远。君主喜爱一个人，不能独自决定去奖赏他，要等待左右的人都称赞他之后才能奖赏他；君主憎恶一个人，不能单独决定去处罚他，要等到左右大臣都反对他而后才能给予处罚，这样就说明君主没有了权威而大权旁落到了左右大臣的手里。君主讨厌自己亲自处理政事太劳累，让群臣聚集在一起施行政事，臣子就会趁机向靠投机钻营获重用的人或君主平日的亲信转移权柄而变换势位，使得杀生之关键、予夺的决定权落到了大臣手里，像这样就使君主受到侵害。这就叫做君主必须掌握的三条原则使用得不完善。必须掌握的三条原则使用得不完备，那就是发生劫主弑君的征兆。

凡劫有三：有明劫，有事劫，有刑劫。人臣有大臣之尊，外操国要以资群臣，使外内之事非己不得行。虽有贤良，逆者必有祸，而顺者必有福。然则群臣直莫敢忠主忧国以争社稷之利害①。人主虽贤，不能独计，而人臣有不敢忠主②，则国为亡国矣。此谓国无臣。国无臣者，岂郎中虚而朝臣少哉③？群臣持禄养交，行私道而不效公忠，此谓明劫。鬻宠擅权，矫外以胜内，险言祸福得失之形，以阿主之好恶。人主听之，卑身轻国以资之，事败与主分其祸，而功成则臣独专之。诸用事之人，一心同辞以语其美，则主言恶者必不信矣④，此谓事劫。至于守司囹圄⑤，禁制刑罚，人臣擅之，此谓刑劫。三守不完，则三劫者起；三守完，则三劫者止。三劫止塞，则王矣⑥。

【注释】

①社稷：土地神和谷神，象征国家。

②有：通“又”。

③郎中：官名，君主的侍从，负责通报和警卫工作。

④主：为首，带头。

⑤囹圄（líng yǔ）：监狱。

⑥王（wàng）：称王，统治天下。

【译文】

凡是篡夺君主权威的情况有三种：有公开篡权的，有通过政事篡权的，有专擅刑罚篡权的。臣子有了大臣的显要地位，在朝廷之外操纵国家权柄来收买群臣，使朝廷内外的事不通过自己不能办。即使有贤德正直的人，违逆自己的一定有祸，而顺从自己的一定有福。这样群臣就不敢忠于君主为国家担忧而来争论国家的利害了。君主虽然有贤才但不能一个人来计议国事，而群臣又不敢忠于君主，那么君主的国家就形同已灭亡的国家。这叫做国家没有群臣。国家没有群臣，难道是郎中职位空缺而朝廷中的臣子太少了吗？群臣都用俸禄去培养党羽，谋求个人私利而不对国家尽忠，这叫做公开篡权。卖弄君主对自己的宠爱而独揽大权，假托其他诸侯国的势力来控制国内，渲染祸福得失的形势，用来迎合君主的好恶。君主听了他的话，降低身份轻视国家利益来资助他，事情失败了就让君主来分担祸害，而事情成功了臣子就独自专有功绩。各种投机钻营的人，都众口一词来夸奖他的功绩，那么带头说他不好的人一定不会被信任，这叫做通过政事来篡权。至于说守司监狱，法令刑罚，臣子独揽大权，这就叫专擅刑罚篡权。君主必须掌握的三条原则使用不完善，那么三种篡权的情况就会发生；三条原则使用完善，那么三种篡权的威胁就能防止。三种篡权的情况杜绝了，君主就可以统治天下了。

备　内

【题解】

备内，即防备宫内后妃和儿子等人的弑君篡位。

本篇是韩非阐述其“性恶论”的代表作之一。韩非认为，人与人之间都是利害关系。“故舆人成舆，则欲人之富贵；匠人成棺，则欲人之夭死也。非舆人仁而匠人贼也，人不贵，则舆不售；人不死，则棺不买。情非憎人，利在人之死也。”君主和后妃、儿子之间，也存在着严重的利害冲突，奸臣常常利用这一点窥觇君权，以至劫君弑主。故君主应该“按法以治众，众端以参观”，时刻“备内”，“则奸邪无所容其私”。

本篇的第三段不是谈“备内”而是论“禁奸”，认为“犯法为逆以成大奸者，未尝不从尊贵之臣也”。而“尊贵之臣”，往往是君主宠信和亲近的大臣。从这个意义上说，防范他们，也就是防止统治集团内部的篡权窃位，即是“备内”。

人主之患在于信人。信人，则制于人。人臣之于其君，非有骨肉之亲也，缚于势而不得不事也①。故为人臣者，窥觇其君心也无须臾之休，而人主怠傲处其上，此世所以有劫君弑主也。为人主而大信其子，则奸臣得乘于子以成其私，故李兑傅赵王而饿主父②。为人主而大信其妻，则奸臣得乘于妻以成其私，故优施傅丽姬杀申生而立奚齐[3]。夫以妻之近与子之亲而犹不可信，则其余无可信者矣。

【注释】

①缚：通“薄”，迫。

②李兑：战国时期赵国人，曾任赵国司寇。赵王：指赵惠文王，名何，战国时赵国君主，赵武灵王的小儿子。主父：指赵武灵王，前299年他传位给自己的小儿子何，自称主父。前295年赵武灵王的长子章起兵争夺王位，被李兑等击败，章投奔住在沙丘宫的主父，李兑等围困沙丘宫达三个多月，主父被饿死。

③优施：春秋时晋国的优(以歌舞取乐的人)，名施。丽姬：即骊姬，晋献公的妾。杀申生而立奚齐：前655年，骊姬在优施的教唆下，向晋献公进谗，逼走晋献公的几个儿子，改立奚齐为太子。申生，晋献公的太子。奚齐，骊姬生的儿子。

【译文】

君主的祸患在于相信别人。相信别人，就会被别人所控制。臣子对于他的君主，没有骨肉亲情，只是迫于君主的权势不得不侍奉。所以做臣子的，窥探他的君主的心思没有一刻停止，但君主却怠慢倨傲地处于朝堂之上，这就是世上有挟持甚至谋杀君主事情发生的原因。做君主而太相信自己的儿子，那么奸臣就会利用君主的儿子来成就他的奸私，因此李兑辅助赵惠文王而将赵武灵王饿死。做君主而太相信自己的妻子，那么奸臣就会利用君主的妻子而达到他个人的目的，因此优施帮助骊姬杀掉了太子申生而立奚齐为太子。以妻子的亲近和儿子的亲情关系还不能相信，那么其余的人就没有可以相信的了。

且万乘之主，千乘之君，后妃、夫人适子为太子者[1]，或有欲其君之蚤死者[②]。何以知其然？夫妻者[③]，非有骨肉之恩也，爱则亲，不爱则疏。语曰："其母好者其子抱。"然则其为之反也，其母恶者其子释。丈夫年五十而好色未解也[④]，妇人年三十而美色衰矣。以衰美之妇人事好色之丈夫，则身见疏贱，而子疑不为后，此后妃、夫人之所以冀其君之死者也。唯母为后而子为主，则令无不行，禁无不止，男女之乐不减于先君，而擅万乘不疑，此鸩毒扼昧之所以用也[⑤]。故《桃左春秋》曰[⑥]："人主之疾死者不能处半。"人主弗知，则乱多资。故曰：利君死者众，则人主危。故王良爱马[⑦]，越王勾践爱人[⑧]，为战与驰。医善吮人之伤，含人之血，非骨肉之亲也，利所加也。故舆人成舆，则欲人之富贵；匠人成棺，则欲人之夭死也。非舆人仁而匠人贼也，人不贵，则舆不售；人不死，则棺不买。情非憎人也，利在人之死也。故后妃、夫人太子之党成而欲君之死也，君不死，则势不重。情非憎君也，利在君之死也。故人主不可以不加心于利己死者。故日月晕围于外[⑨]，其贼在内，备其所憎，祸在所爱。是故明王不举不参之事，不食非常之食；远听而近视以审内外之失，省同异之言以知朋党之分，偶参伍之验以责陈言之实；执后以应前，按法以治众，众端以参观；士无幸赏，无逾行；杀必当，罪不赦：则奸邪无所容其私。

【注释】

①适：通"嫡"。

②蚤：通"早"。

③夫：发语词，无实际意义。

④解:通“懈”,松懈,减弱。

⑤鸩(zhèn):一种毒鸟,用它的羽毛泡的酒能毒死人。

⑥《桃左春秋》:先秦时流行的一部史书,已失传,作者不详。

⑦王良:春秋末年晋国人,以善于驾驭车马而著名。

⑧越王勾践:春秋末期至战国初期越国的国君,曾被吴王夫差战败,他卧薪尝胆,终于战胜吴国。

⑨晕:围绕日月的白色光圈。

【译文】

况且拥有万乘兵车和千乘兵车的君主,他们的后妃、夫人和嫡亲儿子中做太子的,也有希望他们的君主早死的。怎么知道是这样的呢?妻子,与丈夫本没有骨肉间的恩情,相爱就亲,不相爱就疏远。俗话说:“母亲漂亮儿子就受宠爱。”那么这句反过来说就是:母亲丑儿子就被疏远。男人年至五十而喜好女色的兴致还不减弱,女人一到三十岁美色已经衰退。凭美色衰减的女人去侍奉好色的男人,女人自己被疏远和贱视,她的儿子会怀疑自己不能做王位的继承人,这就是后妃、夫人希望她的君主早死的原因。只要母亲做太后儿子做君主,就能使有令必行,有禁必止,太后和君主的男女欢爱并不比老君主在位时有所减少,而独掌国家权力无疑,这就是在酒中下毒药、绞杀行刺这些手段被采用的原因。所以《桃左春秋》一书说:“君主因疾病而死的还占不到死亡君主总数的一半。”君主不懂得这个道理,奸臣作乱就会有更多的凭借。所以说认为君主死了对自己有利的人多对君主就危险。因此王良喜欢马,越王勾践喜欢人,是为了战争和奔驰。医生善于吮吸别人的伤口,吸出别人的脓血,不是与别人有骨肉亲情,是利益加在这种行为上面。因此造车的人制造成车子,就希望别人富贵;造棺材的人制成棺材,就希望别人早死。这不是造车的人仁德,制棺材的人狠毒。别人不富贵,那么车子就卖不掉;别人不死,那么就没有人买棺材。本意并不是憎恨别人,而是因为利益就在别人的死亡上。所以后妃、夫人、太子的私党形成就希望君主早死；君主不死，那他们的权势就不会加重。他们的本意不是憎恨君主，而是他们的利益在君主的死亡上。因此君主不能不留心那些认为自己死了对他们有利的人。所以日月外面有白色的光环围绕，内部必定有毛病，防备自己所憎恨的人，祸害却在自己所亲爱的人身上。因此明智的君主不做没有办法验证的事情，不吃不寻常的食物；打听远处的事观察近处的事来考察朝廷内外的过失，审视相同与不同的言辞了解朋党的区分，对比事前事后的检验结果来探求臣下陈言的实情；用事后的结果来对照事前的言行，按照法令来治理民众，根据各方面的情况来检验观察；士民没有侥幸得到奖赏的，没有违反法令的行为；杀的一定当杀，有罪的不能赦免，那么奸邪就没有地方容身了。

徭役多则民苦，民苦则权势起，权势起则复除重，复除重则贵人富。苦民以富贵人，起势以藉人臣，非天下长利也。故曰：徭役少则民安，民安则下无重权，下无重权则权势灭，权势灭则德在上矣。今夫水之胜火亦明矣，然而釜鬵间之[①]，水煎沸竭尽其上，而火得炽盛焚其下，水失其所以胜者矣。今夫治之禁奸又明于此，然守法之臣为釜鬵之行，则法独明于胸中，而已失其所以禁奸者矣。上古之传言，《春秋》所记[②]，犯法为逆以成大奸者，未尝不从尊贵之臣也。然而法令之所以备，刑罚之所以诛，常于卑贱，是以其民绝望，无所告愬[③]。大臣比周，蔽上为一，阴相善而阳相恶[④]，以示无私，相为耳目，以候主隙，人主掩蔽，无道得闻[⑤]，有主名而无实，臣专法而行之，周天子是也。偏借其权势，则上下易位矣，此言人臣之不可借权势也。

【注释】

①釜:大锅。鬵(qín):釜类的烹煮器。

②《春秋》:春秋时鲁国的一部编年史书,此处泛指史书。

③愬:通“诉”,申诉。

④阴:暗处,暗地里。阳:明处,明地里。

⑤道:由,从。

【译文】

统治者摊派下来的劳役太多民众就会困苦;民众困苦臣子就会产生权势;臣子的权势产生了免除的徭役赋税就多了,免除的徭役和赋税多了,贵人就富有起来了。用使民众困苦的办法来使贵人富有,用形成权势的途径来帮助人臣富贵,这不是国家的长远利益。所以说:徭役少老百姓就安定,老百姓安定臣下就没有过重的权力,臣下没有过重的权力那么权势就会消灭,臣下的权势消灭了那么恩德就属于君主了。现在那个水能灭火的道理已经很清楚了,然而用锅之类的器具把水和火隔开,水在上面沸腾以致烧干,而火在下面却烧得十分旺盛,这是因为水失去了所以灭火的条件。现在法治中禁止奸邪发生的道理又比这个还清楚,那些守法的臣子起了像釜鬵那样阻隔奸邪的作用,那么法律只在君主自己心中明白,却已经失去了它的禁奸的作用了。上古流传下来的传说,《春秋》这类史书上所记载的,都显示违法谋逆而构成大罪过的,差不多都出自尊贵的大臣。然而法令所防备的,刑罚所处罚的,通常是那些地位卑贱的人,因此百姓感到绝望,没有地方能够申诉。大臣们相互勾结,蒙蔽君主而串通一气,表面上相互憎恨而暗地里彼此要好,以表示他们没有私情,实际上相互作为耳目,以便等待钻君主的空子,君主被他们蒙蔽,无从得以听到实情,有君主之名而无君主之实,大臣垄断国家法令而独断专行,周天子就是这样的。旁落他手中的大权,那么君臣上下的地位就改变了,这是说君主是不能把自己的权势让给臣子的。

南面

【题解】

古代君主临朝听政时，坐北朝南，以示尊贵，因此“南面”成了做君主统治天下的代称，而《汉书·艺文志》称君主统治之术为“人君南面之术”。本篇正是以“南面”为题，论述了君主治国的几项原则。一是不能依靠未被任用的臣子去防备已经任用的臣子，而应该“明法以制大臣之威”，这叫做“明法”。二是要防止被臣下的言论所蒙蔽，或被他们办的事所迷惑，而应该循名责实，要求他们的言辞和事功相符，臣子言辞不能得到检验或敷衍塞责，以及沉默不言，都要追究责任，这就是“责实”。三是应变古“正治”，因为不变法，就不能达到治理好国家的目的，所以必须要变革古法，讲求实效。

人主之过，在已任臣矣，又必反与其所不任者备之，此其说必与其所任者为仇，而主反制于其所不任者。今所与备人者，且曩之所备也[1]。人主不能明法而以制大臣之威，无道得小人之信矣[2]。人主释法而以臣备臣，则相爱者比周而相誉，相憎者朋党而相非[3]。非誉交争，则主惑乱矣。人臣者，非名誉请谒无以进取[4]，非背法专制无以为威，非假于忠信无以不禁；三者，惛主坏法之资也[5]。人主使人臣虽有智能，不得背法而专制；虽有贤行，不得逾功而先劳；虽有忠信，不得释法而不禁：此之谓明法。

【注释】

①曩(nǎng)：从前，过去。

②道：从，由。

③非：通“诽”，诽谤。下文“非誉”之非与此同。

④请谒：指暗中托人说情。

⑤惛(hūn)主：使君主迷惑。惛，糊涂，愚笨。

【译文】

君主的过失，在于已经任用了大臣，又总是反过来用未被任用的人一起来防备已被任用的大臣，这样被任用的大臣和未被任用的人的意见一定互相对立，而君主反而被他所未被任用的人控制了。现在与君主一起防备别人的人，正是从前君主所要防备的人。君主不能彰明法度来控制大臣的威势，就没有办法得到小人的相信。君主抛弃法制而采用一些大臣来防备另一些大臣，那么大臣中关系好的就会互相勾结而彼此吹捧，关系不好的就会各自结成私党而相互诽谤。诽谤和吹捧争斗不止，那么君主就迷惑昏乱了。做臣子的，不互相吹捧和暗中请托就无法加官晋爵，不违背法纪和擅权专断就无法建立自己的威势，不假借忠信之名就无法逃脱法禁；这三项，是使君主惑乱和法制败坏的手段。君主要使臣子即使有智慧才能，不能违背法纪而专权；即使有才德的行为，不能在立功之前而提前得到奖赏；即使有忠信的品德，也不能放弃法制而不受制约。这就叫做彰明法度。

人主有诱于事者，有壅于言者，二者不可不察也。人臣易言事者，少索资，以事诬主。主诱而不察，因而多之，则是臣反以事制主也。如是者谓之诱，诱于事者困于患。其进言少，其退费多，虽有功，其进言不信。不信者有罪，事有功者不赏，则群臣莫敢饰言以惛主。主道者，使人臣前言不复于后[①]，后言不复于前，事虽有功，必伏其罪，谓之任下。

人臣为主设事而恐其非也，则先出说设言曰："议是事者，妒事者也。"人主藏是言，不更听群臣；群臣畏是言，不敢议事。二势者用，则忠臣不听而誉臣独任。如是者谓之壅于言，壅于言者制于臣矣。主道者，使人臣必有言之责，又有不言之责。言无端末辩无所验者[②]，此言之责也；以不言避责持重位者，此不言之责也。人主使人臣言者必知其端以责其实，不言者必问其取舍以为之责[③]，则人臣莫敢妄言矣，又不敢默然矣，言、默则皆有责也。

人主欲为事，不通其端末，而以明其欲[④]，有为之者，其为不得利，必以害反。知此者，任理去欲。举事有道，计其入多，其出少者，可为也。惑主不然，计其入[⑤]，不计其出[⑥]，出虽倍其入，不知其害，则是名得而实亡。如是者功小而害大矣。凡功者，其入多，其出少，乃可谓功。今大费无罪而少得为功，则人臣出大费而成小功，小功成而主亦有害。

【注释】

①使：假如。复：复合，相符合，有一致、应验的意思。

②端末：开头和结尾。

③取舍：指赞成和反对的态度。

④以：通"已"，已经。

⑤入：所得的利益。

⑥出：指付出的代价。

【译文】

君主有被事情所迷惑的，有被言辞蒙蔽的，对这二者不可不注意。臣子中把事情说得很轻易的人，要求的代价少，用事情来欺骗君主。君主受这种人的欺骗而不加考察，因而夸奖他，那么臣下就反过来借这种事情控制了君主。像这种事情就叫做被诱惑，被事情诱惑的君主就会困于祸患。臣下对君主进言办事花费得很少，但下去办这件事实际花费得很多，事情即使办成了，也说明他讲的话不诚实。不诚实的人就有罪，事情即使办成了也不能赏赐，群臣就不敢修饰言辞来迷惑君主了。做君主的原则，假如臣子前面所说的和后面做的事不一致，后面所说的和前面所做的事不一致，即使事情有成效，也一定要使他受到应有的惩罚，这就叫做使用臣下的方法。

臣子为君主筹划事情恐怕受到别人非议，就事先设计放出话来说："议论这件事的人，就是嫉妒这件事的人。"君主将这番话听到心里，不再听取群臣的意见；群臣也害怕这种话，不敢议论这件事情。这两种局面起了作用，那么忠臣的话就不会被听取而沽名钓誉的臣子就会被专门受任用。像这种情况就叫做被言论所蒙蔽，被言论所蒙蔽的君主就会被臣下所控制。做君主的原则，要让人臣一定负有言论得当的责任，又负有该说不说的责任。言论无头无尾、辩词无法验证的，这就有言论不当的责任；用不说话来逃避责任、保持其贵重权势的，这就有该说不说的责任。君主对于臣下中说话的人要心中明白他所说的来龙去脉，以便责求他的实效，对于不说话的人一定要问清他的态度以便明确他的责任，那么臣下就不敢乱讲，又不敢默不做声了，说话和不说话就都有他的责任。

君主准备做某件事，不全面掌握事情的始末，就将自己的想法表明，这样还去做这件事的话，不但没有好处，反而一定会受害。懂得这一点的君主就会顺应客观事理而去掉自己的主观欲望。办事情有它的原则,考虑到它所获得的利益多,它付出的代价少,就可以做。糊涂的君主不是这样,只考虑所获得的利益,不考虑所付出的代价;付出的代价虽然成倍地超过所得到的利益,不知道它的危害,那么结果是名义上得到利益而实际却失去利益。像这样的话,就是功绩小而危害大。凡是计算功劳,一件事情获得的多,付出的少,才可以叫做功劳。现在花费很大却没有罪而获得很少却有功,那么臣下就会以大的花费去完成很小的成功,小的事功即使完成而君主也会被损害。

不知治者,必曰:“无变古①,毋易常。”变与不变,圣人不听,正治而已。然则古之无变,常之毋易,在常古之可与不可。伊尹毋变殷②,太公毋变周③,则汤、武不王矣④。管仲毋易齐⑤,郭偃毋更晋⑥,则桓、文不霸矣⑦。凡人难变古者,惮易民之安也。夫不变古者,袭乱之迹;适民心者,恣奸之行也。民愚而不知乱,上懦而不能更,是治之失也。人主者,明能知治,严必行之,故虽拂于民,必立其治。说在商君之内外而铁殳⑧,重盾而豫戒也⑨。故郭偃之始治也,文公有官卒;管仲始治也,桓公有武车:戒民之备也。是以愚戆窳堕之民⑩,苦小费而忘大利也,故夤虎受阿谤⑪。而辗小变而失长便,故邹贾非载旅。狎习于乱而容于治,故郑人不能归⑫。

【注释】

①无:通“勿”,不要。

②伊尹:商汤的相,曾帮助商汤灭夏。殷:即商朝。毋:通“无”。下文“毋变周”、“毋易齐”、“毋更晋”三个“毋”字与此同。

③太公：指姜太公，名尚，字子牙，也称吕尚，曾帮助周武王伐商，建立周朝。

④汤、武：商汤、周武王。王（wàng）：称王，即统治天下。

⑤管仲：字夷吾，春秋时齐国人，齐桓公的相。

⑥郭偃：春秋时晋国的大夫，曾帮助晋文公改革法制，建立霸业。

⑦桓、文：齐桓公、晋文公，春秋时代著名的霸王。

⑧商君：即商鞅，曾帮助秦孝公变法图强，因功封于於、商，故称商君。殳（shū）：古代的一种兵器，有长柄。

⑨豫：同“预”，预先。

⑩愚：鲁莽。堕：通“惰”。

⑪贪虎：疑为人名，不详。

⑫“而辄小”至“故郑人不能归”：历来注释家怀疑其有错简或脱文，文意不通，今不译出。

【译文】

不懂得治理国家的人，一定会说：“不要改变古法，不要更改常规。”但改变还是不改变，圣人并不理会这些说法，正确地治理好国家就行了。既然这样，古法常规是否不加改变，在于古法常规是可行还是不可行。如果伊尹不改变殷朝的古法，姜太公不改变周朝的常规，那么商汤和周武王就不能统治天下。管仲不改变齐国的古法，郭偃不变更晋国的常规，那么齐桓公、晋文公就不可能称霸天下。凡是难以改变古法的人，是由于害怕改变民众安于旧传统的习惯。而不改变古法，是沿袭乱国的陈迹；适应民众的心愿，是放纵奸邪的行为。老百姓愚昧而不懂得祸乱，君主懦弱而不能改革现状，这是治理国家的失误。做君主的人，他的明智应该懂得如何治理好国家，他的严厉一定能执行法令，所以虽然他会违背民众的意愿，他也一定能确立治国的办法。这种说法表现在商鞅在朝内或外出时都要有兵甲守卫、层层盾牌预先戒备。所以郭偃刚刚实行法治的时候，晋文公身边安排有护卫的官兵；管仲开始推行法治的时候，齐桓公的周围有武装的战车：这都是防备民众的措施。因此鲁莽愚昧怠惰的民众，会为小的损失苦恼而忘却国家的大利，所以夤虎受到阿谤。而輗小变而失长便，故邹贾非载旅。狎习于乱而容于治，故郑人不能归。

饰　邪

【题解】

饰，通“饬”(chì)。饰邪，即整饬邪恶的意思。

本篇认为，迷信龟数、依恃大国和玩弄智巧，都是治国的邪术、法治的大敌。文章首先运用历史事实，论证了占卜和星象的荒诞无稽；接着用很大的篇幅，说明了明法亲民的重要性，反对小国依恃大国，“行小忠而贼大忠”和“过法立智”；最后提出“明主之道，必明于公私之分，”希望明主能通过法治，使人臣去私心，行公义。

本篇“故曰小知不可使谋事，小忠不可使主法”一段，与《十过》篇“奚谓小忠”一段，仅有少数文字的差异，大部分皆是相同的，这说明韩非认为竖谷阳献酒楚司马子反，导致子反被杀一事，是十分典型的“行小忠，则大忠之贼也”，值得治国者着重整饬，故韩非在本篇中再次援引为例。

凿龟数策[①]，兆曰“大吉”[②]，而以攻燕者[③]，赵也[④]。凿龟数策，兆曰“大吉”，而以攻赵者，燕也。剧辛之事燕[⑤]，无功而社稷危[⑥]；邹衍之事燕[⑦]，无功而国道绝。赵代先得意于燕[⑧]，后得意于齐[⑨]，国乱节高，自以为与秦提衡[⑩]，非赵龟神而燕龟欺也。赵又尝凿龟数策而北伐燕，将劫燕以逆秦，兆曰“大吉”。始攻大梁而秦出上党矣[11]，兵至釐而六城拔矣[12]；至阳城[13]，秦拔邺矣[14]，庞援揄兵而南[15]，则鄣尽矣[16]。臣故曰[17]：赵龟虽无远见于燕，且宜近见于秦。秦以其“大吉”，辟地有实，救燕有有名[18]。赵以其“大吉”，地削兵辱，主不得意而死。又非秦龟神而赵龟欺也。初时者，魏数年东乡攻尽陶、卫[19]，数年西乡以失其国，此非丰隆、五行、太一、王相、摄提、六神、五括、天河、殷抢、岁星数年在西也[20]，又非天缺、弧逆、刑星、荧惑、奎台数年在东也[21]。故曰：龟策鬼神不足举胜，左右背乡不足以专战。然而恃之，愚莫大焉。

【注释】

①凿龟：即占卜，一种钻烧龟甲出现的裂纹形状推断吉凶的方法。龟，指龟甲。数策：即占筮，一种以计算蓍草的茎，排列成卦，用以预测吉凶的方法。策，蓍草的茎。

②兆：征兆，指钻烧龟甲出现的裂纹形状。

③燕：春秋时的诸侯国，范围包括今河北北部和中部及北京、山西、辽宁部分地区。

④赵：战国时的诸侯国，范围包括今山西大部及陕西、河南、河北、山东部分地区。

⑤剧辛：战国时赵国人，后到燕国，任燕昭王的大将。

⑥社稷：土地神和谷神，象征国家。

⑦邹衍：战国时齐国人，阴阳家的代表人物，后到燕国，为燕昭王师。

⑧赵代：赵国的别称。代，赵国地名，位于今河北蔚县和山西东北部。

⑨齐：战国时的诸侯国，范围包括今山东大部及河北东南部。

⑩秦：战国时的诸侯国，范围包括今陕西大部、甘肃东部及四川、河南部分地区。提衡：把秤提平，比喻力量相当。

⑪大梁：燕国地名，具体地点不详。上党：原韩国郡名，位于今山西东南部，后属秦国。

⑫釐：一作狸，燕国地名，位于今河北任丘东北。六城：所指不详。

⑬阳城：燕国地名，位于今河北顺平县东南。

⑭邺：原魏国地名，位于今河北临漳西南，当时属赵。

⑮庞援：即庞煖，赵国将领。

⑯鄗：赵国地名，位于今山东东平东部。

⑰臣：韩非自称。

⑱有有：又有。有，通“又”。

⑲乡：通“向”。下文“西乡”之“乡”与此同。陶：陶邑，原宋国地名，后属秦，位于今山东定陶北部。卫：春秋及战国初诸侯国，范围包括今河南东北部及山东部分地区，后被魏所灭。

⑳丰隆、五行、太一、王相、摄提、六神、五括、天河、殷抢、岁星：古代星名，当时星相家认为是吉星。

㉑天缺、弧逆、刑星、荧惑、奎台：古代星名，当时星相家认为是凶星。

【译文】

用龟甲占卜和蓍草预测吉凶，兆象说“大吉”，而根据这个兆象去进攻燕国的，是赵国。用龟甲占卜和蓍草预测吉凶，兆象说“大吉”，而根据这个兆象去进攻赵国的，是燕国。剧辛在燕国任职，没有建立功业而国家危险；邹衍事奉燕国，没有建立功业而国家几乎灭亡。赵国先战胜燕国，后战胜齐国，国内秩序不稳定但却趾高气扬，自认为和秦国势均力敌了，这并不是因为赵国的龟卜灵验而燕国的龟卜骗人。赵国又曾经卜筮而向北攻打燕国，打算挟持燕国以抗拒秦国，兆象说“大吉”。刚开始进攻大梁，秦国就从上党出兵攻打赵国了；赵国军队到达燕国的釐地，自己的六座城已被秦国攻占了；赵军到达阳城，秦国已攻下邺地；等到赵将庞援率军往南救援时，鄣一带地方已全部被秦军占领了。所以我说赵国的占卜即使对攻打燕国缺乏远见，也应对邻近的秦国攻打赵国有所预见。秦国却因此大吉，有开辟疆土的实惠，又有救援燕国的好名声。赵国因为占卜兆象上说“大吉”，疆土被侵削军队被打败，赵悼襄王也不得志而死。这也并不是秦国的卜筮灵验而赵国的卜筮不灵。当初的时候，魏国连续几年往东完全攻占了陶、卫，又连续几年往西失掉了自己的国土，这不是因为丰隆、五行、太一、王相、摄提、六神、五括、天河、殷抢、岁星这些吉星连续几年在西边秦国，也不是因为天缺、弧逆、刑星、荧惑、奎台这些凶星连续几年在东边魏国。所以说：卜筮鬼神不能用来推断战争胜负，星体在天空的方位不能决定战争的结果。但人们还凭信卜筮，真是再愚蠢不过了。

古者先王尽力于亲民[①]，加事于明法。彼法明，则忠臣劝；罚必，则邪臣止。忠劝邪止而地广主尊者，秦是也；群臣朋党比周以隐正道行私曲而地削主卑者，山东是也[②]。乱弱者亡，人之性也；治强者王[③]，古之道也。越王勾践恃大朋之龟与吴战而不胜[④]，身臣入宦于吴；反国弃龟[⑤]，明法亲民以报吴，则夫差为擒[⑥]。故恃鬼神者慢于法，恃诸侯者危其国。曹恃齐而不听宋[⑦]，齐攻荆而宋灭曹[⑧]。邢恃吴而不听齐[⑨]，赵伐吴而齐灭邢。许恃荆而不听魏[⑩]，荆攻宋而魏灭许。郑恃魏而不听韩[⑪]，魏攻荆而韩灭郑。今者韩国小而恃大国，主慢而听秦、魏，恃齐、荆为用，而小国愈亡。故恃人不足以广壤，而韩不见也。荆为攻魏而加兵许、鄢[⑫]，齐攻任、扈而削魏[⑬]，不足以存郑[⑭]，而韩弗知也。此皆不明其法禁以治其国，恃外以灭其社稷者也。

【注释】

①先王:指古代实行法治的君主。

②山东:指崤山以东地区,实即齐、楚、燕、赵、韩、魏六国。

③王(wàng):称王,即统治天下。

④越:战国时的诸侯国,范围包括今浙江大部和江苏、江西的部分地区。勾践:战国时越国的君主,前496—前465年在位。大朋之龟:即贵重的龟甲。朋,古代以贝壳为货币,五贝为一串,两串为一"朋"。吴:战国初诸侯国名,范围包括今江苏大部和安徽、浙江部分地区。

⑤反:同"返"。

⑥夫差:战国时吴国的君主,前473年,越王勾践灭吴,夫差求和不成,被擒后自杀。

⑦曹:诸侯国名,位于今山东定陶一带。齐:诸侯国名,范围包括今山东大部和河北东南部地区。宋:诸侯国名,范围包括今河南东南部和山东、江苏部分地区。

⑧荆:楚国的别名,范围包括今湖北的全部和湖南、河南、江西、安徽等部分地区。

⑨邢:诸侯国名,位于今河北邢台一带。

⑩许:诸侯国名,位于今河南叶县西。

⑪郑:诸侯国名,位于今河南新郑。

⑫鄢:魏国地名,位于今河南鄢陵西北。荆为攻魏而加兵许、鄢,史实不详。

⑬任:魏国地名,位于今山东济宁北。扈:原郑国地名,当时属魏,位于今河南原阳西。

⑭郑:指新郑,位于今河南新郑。前376年韩国灭郑后迁都于此,故用作韩国的代称。

【译文】

古代的先王尽力于亲近民众,从事于彰明法度。彰明法度,忠臣就能自我勉励;刑罚一定执行,奸臣就停止作恶。忠臣自我勉励,奸臣停止作恶而国土得到拓展,君主因此尊贵,秦国就是这样;群臣拉帮结伙,紧密勾结来破坏法治,谋私营利因而使国土削弱,君主卑下,崤山以东的六国就是这样的。混乱弱小的国家就衰亡,这是人事的常规;社会安定而强盛的国家就称霸天下,这是自古以来的道理。越王勾践依仗贵重的龟甲占卜来与吴国打仗而不能取胜,自己做俘虏到吴国去服贱役;回国以后抛弃龟卜,彰明法度、亲近民众以报复吴国,结果吴王夫差被他活捉。所以依仗鬼神保佑的就会忽视法治,依仗别的诸侯国的就会危害自己的国家。曹国依仗齐国而不听从宋国,齐国进攻楚国的时候宋国便灭掉了曹国。邢国依仗吴国而不听从齐国,赵国攻打吴国的时候齐国消灭了邢国。许国依仗楚国而不听从魏国,楚国进攻宋国的时候魏国便灭掉了许国。郑国依仗魏国而不听从韩国,魏国攻打楚国的时候韩国就消灭了郑国。现在韩国弱小而依仗大国,君主不重视法治而听从秦国、魏国,依仗齐国、楚国可以利用,而使韩国越来越衰亡。所以依仗别人不能拓广自己的疆土,但韩国却看不到这一点。楚国为了进攻魏国而对许、鄢用兵,齐国进攻任、扈而侵夺魏地,但这些都不足以保存韩国,而韩国不明白这一点。这些都是不彰明法律禁令来治理自己的国家,依仗国外的势力而使自己的国家灭亡的例子。

臣故曰:明于治之数,则国虽小,富;赏罚敬信,民虽寡,强。赏罚无度,国虽大,兵弱者,地非其地,民非其民也。无地无民,尧、舜不能以王,三代不能以强。人主又以过予,人臣又以徒取。舍法律而言先王明君之功者,上任之以国。臣故曰:是愿古之功,以古之赏赏今之人也。主以是过予,而臣以此徒取矣。主过予，则臣偷幸；臣徒取，则功不尊。无功者受赏，则财匮而民望；财匮而民望，则民不尽力矣。故用赏过者失民，用刑过者民不畏。有赏不足以劝，有刑不足以禁，则国虽大，必危。

故曰：小知不可使谋事①，小忠不可使主法。荆恭王与晋厉公战于鄢陵②，荆师败，恭王伤③。酣战，而司马子反渴而求饮④，其友竖谷阳奉卮酒而进之⑤。子反曰："去之，此酒也。"竖谷阳曰："非也。"子反受而饮之。子反为人嗜酒，甘之，不能绝之于口，醉而卧。恭王欲复战而谋事，使人召子反，子反辞以心疾。恭王驾而往视之，入幄中⑥，闻酒臭而还，曰："今日之战，寡人目亲伤。所恃者司马，司马又如此，是亡荆国之社稷而不恤吾众也⑦。寡人无与复战矣。"罢师而去之，斩子反以为大戮⑧。故曰：竖谷阳之进酒也，非以端恶子反也，实心以忠爱之，而适足以杀之而已矣。此行小忠而贼大忠者也。故曰：小忠，大忠之贼也。若使小忠主法，则必将赦罪以相爱，是与下安矣，然而妨害于治民者也。

【注释】

①知：同"智"。

②荆恭王：即楚共王，名审，春秋时楚国国君。晋厉公：春秋时晋国国君。鄢陵：郑国地名，位于今河南鄢陵西北。

③恭王伤：指楚共王在这次战争中被射伤左眼。

④司马：官名，掌管军政。子反：人名，楚公子侧的字。

⑤竖：年轻的侍仆。谷阳：人名。卮(zhī)：古代盛酒的器具。

⑥幄：帐篷。

⑦亡:通“忘”。

⑧戮:斩首陈尸,古代的一种酷刑。

【译文】

我所以说:认识到治理国家的法术,那么国家虽然小,可以富足;赏罚谨慎而诚信,民众虽然少,国家可以强盛。赏罚没有准则,国家虽广大,但军队弱小,那么土地可能会不属于自己,民众也会不属于自己。没有了土地和民众,尧舜也不能统治天下,夏、商、周三个朝代也不能强盛。君主又错误地给予奖励,臣民又白白地取得赏赐。那些置国法于不顾而谈论先王明君功绩的人,君主却把国事委托给他。我所以说:这是指望古代君主那样的功绩,用古代君主给臣下的奖赏赏赐给今天的人。君主用这种形式错误地给予奖赏,臣下用这种形式白白地取得赏赐。君主错误地给予奖赏,臣下就会抱有侥幸心理;臣下白白地取得了奖赏,那么功劳就不显得尊贵。没有功劳的人受到奖赏,国家的财力就会匮乏而民众就会埋怨;国家财力匮乏而民众埋怨,那么民众就不会为君主尽力了。所以使用奖赏错误就会失去民众,使用刑罚太滥民众就不再害怕。有奖赏不能起到鼓励作用,有刑罚不能起到禁止的作用,那么一个国家即使强大,也一定会危险。

所以说:一点小聪明不可以去谋划事情,只对私人效忠的人不能让他掌管法制。楚共王与晋厉公在鄢陵交战,楚军战败,楚共王左眼被射伤。战斗打得最紧张的时候,楚国的司马子反口渴找水喝,他的亲信年轻的侍仆谷阳捧了一壶酒递过去。子反说:“把它拿开,这是酒。”年轻的侍仆谷阳说:“不是的。”子反接过来把它喝了。子反这个人有嗜酒的特点,不能停口,喝醉了酒躺下。楚共王想再打一仗而找子反商量战事,让人来叫子反过去。子反用心病为借口推辞。楚共王驾车前去看望子反,进入到帐篷中,闻到酒气而回,说:“今天的战斗,我的眼睛受了伤,我所依仗的是司马,司马又醉成这样,这是忘记了楚国的江山不关心我的部众。我没有再战的条件了!”于是撤兵离去,杀了子反陈尸示众。所以说年轻的侍仆谷阳进献出酒来，本来不是要借此谋害子反，真实的心愿是用忠诚爱敬他，但恰恰只是起到了杀害他的效果而已。这就叫行小忠是大忠的祸害。如果让尽小忠的人掌管法制，那必将用相爱之心来赦免犯罪，这样他与下面的人就相安无事了，但却妨害了治理民众。

当魏之方明《立辟》、从宪令之时[①]，有功者必赏，有罪者必诛，强匡天下，威行四邻；及法慢，妄予，而国日削矣。当赵之方明《国律》、从大军之时[②]，人众兵强，辟地齐、燕；及《国律》慢，用者弱，而国日削矣。当燕之方明《奉法》、审官断之时[③]，东县齐国，南尽中山之地[④]；及《奉法》已亡，官断不用，左右交争，论从其下，则兵弱而地削，国制于邻敌矣。故曰：明法者强，慢法者弱。强弱如是其明矣，而世主弗为，国亡宜矣。语曰："家有常业，虽饥不饿；国有常法，虽危不亡。"夫舍常法而从私意，则臣下饰于智能；臣下饰于智能，则法禁不立矣。是妄意之道行，治国之道废也。治国之道，去害法者，则不惑于智能，不矫于名誉矣。昔者舜使吏决鸿水[⑤]，先令有功而舜杀之；禹朝诸侯之君会稽之上[⑥]，防风之君后至而禹斩之[⑦]。以此观之，先令者杀，后令者斩，则古者先贵如令矣。故镜执清而无事，美恶从而比焉；衡执正而无事，轻重从而载焉。夫摇镜则不得为明，摇衡则不得为正，法之谓也。故先王以道为常，以法为本。本治者名尊，本乱者名绝。凡智能明通，有以则行，无以则止。故智能单道，不可传于人。而道法万全，智能多失。夫悬衡而知平，设规而知圆[⑧]，万全之道也。明主使民饰于道之故，故佚而有功⑨。释规而任巧，释法而任智，惑乱之道也。乱主使民饰于智，不知道之故，故劳而无功。释法禁而听请谒，群臣卖官于上，取赏于下，是以利在私家而威在群臣。故民无尽力事主之心，而务为交于上。民好上交，则货财上流而巧说者用。若是，则有功者愈少。奸臣愈进而材臣退⑩，则主惑而不知所行，民聚而不知所道。此废法禁、后功劳、举名誉、听请谒之失也。凡败法之人，必设诈托物以来亲，又好言天下之所希有，此暴君乱主之所以惑也，人臣贤佐之所以侵也。故人臣称伊尹、管仲之功⑪，则背法饰智有资；称比干、子胥之忠而见杀⑫，则疾强谏有辞。夫上称贤明，下称暴乱，不可以取类，若是者禁。君之立法，以为是也，今人臣多立其私智以法为非者，是邪以智，过法立智。如是者禁，主之道也。

【注释】

①《立辟》：当是当时魏国刑书的名称。

②《国律》：据说是当时赵国刑书的名称。

③《奉法》：当是当时燕国刑书的名称。

④中山：春秋时期白狄族鲜虞人建立的国家，位于今河北灵寿至唐县一带。

⑤鸿水：即洪水。鸿，通“洪”。

⑥会稽：山名，位于今浙江绍兴东南。

⑦防风之君：传说中夏朝统治下东南滨海地区的一个部落首领。

⑧衡：秤，衡器。规：圆规，画圆的仪器。

⑨佚：通“逸”。

⑩材：通“才”。

⑪伊尹：商汤的相。管仲：齐桓公的相。

⑫比干：商纣王的臣子。子胥：指伍子胥，吴王夫差的相，因屡谏夫差被迫自杀。

【译文】

当魏国刚刚彰明《立辟》之法、遵从宪法律令行政的时候，有功劳的一定会受到奖赏，有罪行的人一定会受到惩罚，强盛得可以使天下归正，它的威名传遍四周的邻国；等到它的法令松弛，随便去给予奖赏，国家就日渐削弱了。当赵国刚刚彰明《国律》刑法，从事军队建设的时候，民众很多军队强盛，从齐国和燕国开辟了疆土；等到赵国的《国律》废弛，执政的人懦弱无能，而赵国就日渐削弱了。当燕国刚刚彰明《奉法》律令、重视官府判决的时候，往东把齐国的土地作为自己的郡县，往南完全占领了中山的土地；等到《奉法》律令消失，不实行官府判决，君主身边的亲信相互争斗不休，听从臣下来做出论断，结果军队衰弱而疆土被侵削，国家被邻近的敌国所控制。所以说：法制严明国家就强盛，法制松弛国家就衰弱。强弱是如此的清楚，而君主不严明法制，国家衰亡就是应该的了。俗话说："家庭有固定的产业，虽然遇到荒年也不会挨饿；国家有固定的法制，虽然遇到危难也不会衰亡。"舍弃固定的法制而凭个人的意志行事，臣下就会用智巧来粉饰自己；臣下用智巧来粉饰自己，法律禁令就起不了作用。这样，随心所欲的做法就通行起来，以法治国的原则就废弃了。以法治国的原则，是摒弃危害法制的行为，那么就能不被智能所困惑，不被虚假的名誉所欺骗。从前舜让官吏疏通洪水，在命令下达之前就立下功的舜杀掉了他们；禹在会稽山上接受各地诸侯的朝见，防风氏后到禹杀了他。由此看来，先于命令的就斩首，后于命令的要杀头，古代首先重视的是遵照法令办事。所以镜子保持清亮而不受干扰，美丑就自行显示出来了；衡器保持平正而不受干扰，轻重就得以衡量出来。摇动的镜子就不能清楚地照出事物，摇动的衡器就不能准确地衡量轻重，说的就是要遵守法制。所以先王把道作为治国的常规，把法作为立国的根本。法制严明，君主的名位就尊贵；法制混乱，君主的名位就丧失。凡是智能高强的人，有“道”和“法”作为根本原则才治国施政，没有“道”和“法”作为根本原则就作罢。所以智能只是一偏僻的小道，不能传给别人。“道”和“法”才是万全之策，而智能则往往容易失败。衡器设立起来了就知道轻重是否平衡，圆规设置起来了就知道是否画得圆，这就是万全之策。英明的君主由于让百姓用道来使自己端正的缘故，所以他不费力而能把国家治理得很好。放弃圆规而凭技巧，放弃法制而凭智巧，是使人惑乱的办法。昏乱的君主使民众用智巧来粉饰自己，是不懂得道的缘故，所以劳而无功。放弃法令而听从私人请托，群臣在上面出卖官爵，从下面获取报酬，所以利益归于私门而威权落到了群臣手里。所以民众没有尽力侍奉君主的心意，而极力结交上面的臣子。民众喜欢结交上面的臣子，那么财物就会流向大臣而花言巧语的人就会被录用。像这样，立有功劳的人就会越来越少。奸臣越来越得到进用而有才能的臣子被斥退，那么君主就会迷惑而不知该怎么办，民众聚在一起也不知道何去何从。这些都是废弃法制、不看重功劳，任用虚假名誉的人、听从请托求情的过错。凡是败坏法制的人，一定要设下骗局、假托事故来亲近君主，又喜欢谈论天下少见的东西，这就是暴君乱主所以受迷惑，贤能的臣子所以受侵害的原因。所以臣子称颂伊尹、管仲的功劳，他们违背法制粉饰智巧就有了根据；称赞比干、伍子胥的忠诚而被杀，那么他们激烈地向君主进谏就有了借口。就任用伊尹、管仲而言称颂君主贤明，就纣杀比干、夫差杀伍子胥而言又声称君主残暴昏乱，这两种事情不能进行类比，像这样进行类比的行为要禁止。君主立法，认为它是正确的，现在臣中很多人为了显示他的个人智巧而认为这些法制是不正确的，这就是用智巧来行奸邪，诋毁法制而标榜智巧。像这样的情况一定要禁止，这是做君主的原则。

明主之道，必明于公私之分，明法制，去私恩。夫令必行，禁必止，人主之公义也[①]；必行其私，信于朋友，不可为赏劝，不可为罚沮，人臣之私义也[②]。私义行则乱，公义行则治，故公私有分。人臣有私心，有公义。修身洁白而行公行正，居官无私，人臣之公义也；污行从欲[③]，安身利家，人臣之私心也。明主在上，则人臣去私心行公义；乱主在上，则人臣去公义行私心。故君臣异心，君以计畜臣，臣以计事君，君臣之交，计也。害身而利国，臣弗为也；害国而利臣，君不行也。臣之情，害身无利；君之情，害国无亲。君臣也者，以计合者也。至夫临难必死，尽智竭力，为法为之。故先王明赏以劝之[④]，严刑以威之。赏刑明，则民尽死；民尽死，则兵强主尊。刑赏不察，则民无功而求得，有罪而幸免，则兵弱主卑。故先王贤佐尽力竭智。故曰：公私不可不明，法禁不可不审，先王知之矣。

【注释】

①公义：指代表国家利益的原则、道理。

②私义：即违背国家利益而追求个人私利的原则。

③从：通“纵”。

④先王：指古代实行法治的君主。

【译文】

英明君主的治国原则，一定明确公私的区分，彰明法制，抛弃不符合法制的私人恩惠。有令必行，有禁必止，这是君主的公义；一定要实现自己个人的打算，讲朋友之间的信用，不能被国家的奖赏所鼓励，不能被君主的处罚所阻止，这是臣子的私义。私义实行，国家就乱；公义实行，国家就治，所以公、私是有界限的。臣子有私心，有公义。修养身心、廉正洁白做符合公义的事情，做官不谋私利，这是臣子的公义；玷污操行、放纵欲望，求自己的安乐和家庭的利益，这是臣子的私心。英明的君主在上，那么臣子就会摒弃私心而实行公义；昏乱的君主在上，那么臣子就会摒弃公义而实行私心。所以君臣心愿不同，君主用算计来畜养臣子，臣子用算计来侍奉君主，君主和臣子的交往，靠的是算计。有害于自身而有利于国家，臣子不做这样的事；对国家有害而对臣子有利，君主不做这样的事。臣子的本心，有害于自身就谈不上利益；君主的本心，有害于国家就谈不上亲近。君臣之间是用算计结合起来的。遇到危难一定拼死效忠，竭尽自己的智慧和力量，是法度使他们这样做的。所以先王彰明奖赏来鼓励他们，用严峻的刑罚来威慑他们。赏罚严明，那么臣民就会尽死力效忠；臣民尽死力效忠，那么国家就会军队强大而君主尊贵。刑赏不明，臣民就会没有功劳而希望获得奖赏，有罪行而侥幸企图免罚，国家就会军队弱小而君主卑下。所以先王贤德的辅佐竭尽自己的智能。所以说：公私界限不可不清楚，法律禁令不可不分明，先王懂得这个道理。

解　老

【题解】

《解老》是韩非对《老子》的解释。

《老子》一书今天通行的版本分为"道经"和"德经"两篇，共八十一章，"道经"在前，"德经"在后。一九七三年在长沙马王堆汉墓出土的西汉帛书《老子》，则是"德经"在前，"道经"在后。而一九九三年在湖北荆门出土的战国中期的郭店楚简《老子》则不分篇章，分别书写于甲、乙、丙三组长短不同的竹简上，字数约相当于今本《老子》字数的五分之二。韩非这篇《解老》引用《老子》的原文共十二章，而且也是今天属于"德经"的部分在前，"道经"的部分在后，这说明韩非见到的《老子》，应该是和马王堆帛书《老子》相近的文本。

韩非在这篇《解老》中从法家的立场出发，对《老子》的哲学思想作了批判和改造。他首次提出了"道"和"理"这一对哲学范畴，认为"道者，万物之所然也，万理之所稽也"；"万物各异理，而道尽稽万物之理"。这是中国哲学史上第一次从普遍规律与特殊规律关系的角度理解"道"和"理"范畴。他批评"无缘而妄意度"的认识方法，提出了"缘道理以从事则无不成"的观点；他把祸福互相转化的条件定在人的行动是否做到"思虑熟"和"行端直"上，说明人是否能远祸患而得福利，关键在于有无过分的贪欲和不合道理与法度的行为，这些都体现了他的鲜明的法家思想特点。

当然，由于韩非写作《解老》的目的，在于宣传他的法家思想，因此，他在解释《老子》时，多有主观的发挥，未必符合《老子》的原意。

德者[1]，内也。得者，外也。“上德不德”，言其神不淫于外也。神不淫于外，则身全。身全之谓德。德者，得身也。凡德者，以无为集，以无欲成，以不思安，以不用固。为之欲之，则德无舍；德无舍，则不全。用之思之，则不固；不固，则无功；无功，则生于德。德则无德，不德则有德。故曰：“上德不德，是以有德[2]。”

所以贵无为无思为虚者，谓其意无所制也。夫无术者，故以无为无思为虚也。夫故以无为无思为虚者，其意常不忘虚，是制于为虚也。虚者，谓其意无所制也。今制于为虚，是不虚也。虚者之无为也，不以无为为有常。不以无为为有常，则虚；虚，则德盛；德盛之谓上德。故曰：“上德无为而无不为也[3]。”

【注释】

①德：中国古代的哲学概念，与“道”相对应，指事物的本质属性。

②上德不德，是以有德：上德不自以为有德，因此而显示出它的德。这一句属于今本《老子》第三十八章的第一句，本文下面所引《老子》原文，自“上德无为而无不为也”，至“前识者，道之华也，而愚之首也”，都同属该章的内容。

③上德无为而无不为：此句今本《老子》作“上德无为而无以为”。

【译文】

德，是内部具有的东西。得，是外部得到的东西。“上德不德”，是说人的精神不游移在自身之外。精神不游移在自身之外，那么自身内在的本质就会保存，保存了自身内在的本质就叫德。德，是说具有自己内在的本质。凡是德，都是以无为来积聚，用无欲来成就，以不思虑来获得安定，用不役使来得到巩固的。你有作为有欲望，德就游移在外而没有归宿；德游移在外没有归宿，就不全了。你使用它思虑它，德就不能巩固，不巩固，就没有功效；没有功效，就是由于自以为有德。自以为有德就是没有德，不自以为有德就保全了德。所以说："最高的德不自以为有德，因此它才是有德。"

推崇无为、无思作为虚的原因，是说这样人的心意可不受任何牵制。那些没有掌握道术的人，故意用无为、无思来表现虚。故意用无为无思来表现虚，他的心中就常常不能忘记虚，这就被虚所牵制了。虚，是指人的心意不受任何东西牵制。现在被虚所牵制，这就不是真正的虚。真正做到虚的人的无为，是不把无为当作经常要注意的事的。不把无为当作经常要注意的事，就虚了；心意中虚了，德就充实；德充实了就是最高的德。所以说："上德是无为而又无所不为的。"

仁者，谓其中心欣然爱人也；其喜人之有福，而恶人之有祸也；生心之所不能已也，非求其报也。故曰："上仁为之而无以为也。"

义者，君臣上下之事，父子贵贱之差也，知交朋友之接也，亲疏内外之分也。臣事君宜，下怀上宜，子事父宜，贱敬贵宜，知交友朋之相助也宜，亲者内而疏者外宜。义者，谓其宜也，宜而为之。故曰："上义为之而有以为也。"

礼者，所以貌情也，群义之文章也，君臣父子之交也，贵贱贤不肖之所以别也。中心怀而不谕，故疾趋卑拜而明之[①]；实心爱而不知，故好言繁辞以信之[②]。礼者，外饰之所以谕内也。故曰：礼以貌情也。凡人之为外物动也，不知其为身之礼也。众人之为礼也，以尊他人也，故时劝时衰。君子之为礼，以为其身；以为其身，故神之为上礼③；上礼神而众人贰④，故不能相应；不能相应，故曰："上礼为之而莫之应。"众人虽贰，圣人之复恭敬尽手足之礼也不衰。故曰："攘臂而仍之。"

【注释】

①疾趋：用小步急走，表示敬意。

②信：通"申"，申明。

③神：精诚，专一不二。

④贰：不专一，有二心。

【译文】

仁，是说内心高兴自然而然地爱人；他喜欢别人得到幸福，而不喜欢别人遭到祸患；是出自内心抑制不住的情感，并不是为了求得别人的报答。所以说："最高的仁有所表现但不是为了什么而表现的。"

义，是指君臣上下的关系，父子贵贱的差别，知己朋友的交往，亲疏内外的分别。臣子侍奉君主恰如其分，儿子侍奉父亲恰如其分，卑贱的侍奉尊贵的恰如其分，知己朋友的相互帮助恰如其分，血缘关系亲近的人靠近自己而血缘关系疏远的人保持距离也恰如其分。义，说的是各种关系处理得很适宜，适宜才去做。所以说："最高的义就是要去做而且要做得非常恰当。"

礼，是用来表现内在实情的，是人与人之间各种关系有条理的表现，君臣父子的交往准则，贵和贱、贤和不肖分别的形式。内心怀有尊敬的感情而不能说出，所以就用疾趋卑拜的动作来表明心意；内里确实有所爱慕而他人并不了解，所以要用美好动听的言辞来加以申述。礼，是用外在的文饰形式来表明内心情感的方式。所以说:礼是表现情感的。凡是人受外界事物的影响而有所动作,并不懂得这种动作就是他自身的礼。一般的人行礼,是用来尊重他人的,所以有时认真有时马虎。君子行礼,是为了自身表现真情的需要;为了他自身的需要,所以要专心对待它而使之成为最高的礼;行最高的礼专心一意而一般的人则三心二意,所以两方面不能相应;两方面不能相应,所以说:"最高的礼实行起来却没有人相应。"一般的人虽然行礼时三心二意,圣人却仍然保持恭敬去实行一举一动合乎规范的礼仪而不懈怠。所以说:"奋臂而仍然实行礼。"

道有积而积有功;德者,道之功。功有实而实有光;仁者,德之光。光有泽而泽有事;义者,仁之事也。事有礼而礼有文;礼者,义之文也。故曰:"失道而后失德,失德而后失仁,失仁而后失义,失义而后失礼[①]。"

礼为情貌者也,文为质饰者也。夫君子取情而去貌,好质而恶饰。夫恃貌而论情者,其情恶也;须饰而论质者,其质衰也。何以论之?和氏之璧[②],不饰以五采[③];随侯之珠[④],不饰以银黄。其质至美,物不足以饰之。夫物之待饰而后行者,其质不美也。是以父子之间,其礼朴而不明,故曰礼薄也。凡物不并盛,阴阳是也;理相夺予,威德是也;实厚者貌薄,父子之礼是也。由是观之,礼繁者,实心衰也。然则为礼者,事通人之朴心者也。众人之为礼也,人应则轻欢,不应则责怨。今为礼者事通人之朴心而资之以相责之分,能毋争乎[⑤]?有争则乱,故曰:"夫礼者,忠信之薄也,而乱之首乎。"

【注释】

①失道而后失德：以下至“失义而后失礼”，今本作“失道而后德，失德而后仁，失仁而后义，失义而后礼。”

②和氏之璧：古代的宝石，相传是楚国卞和献给楚王的美玉。

③五采：指蓝、黄、赤、白、黑五色。

④随侯之珠：古代的名珠，相传随侯曾医治好了一条受伤的大蛇，蛇为报恩，衔给他一颗大宝珠，人称“随侯之珠”。

⑤毋：通“无”。

【译文】

道是有积聚而成的而积聚就有功效；德，就是道的功效。功效有实际的表现而实际表现就有光辉；仁，就是德的光辉。光辉有色泽而色泽有表现它的事情；义，就是表现仁的事情。事情有礼的规定而礼表现有文饰；礼，就是义的文饰。所以说：“失去了道之后也就失去了德，失去德之后也就失去了仁，失去仁之后也就失去了义，失去义之后也就失去了礼。”

礼是内心情感的表现，文采是内在本质的修饰。君子只要内在情感而不要外在表现，喜欢内在本质而厌恶外在文饰。如果依靠外在的表现而评论内在的情感，那么这种情感就是不好的；需要等待外在的文饰而讨论内在本质，那么这种本质一定是虚弱的。凭什么这样说呢？和氏之璧，不用五彩来装饰；随侯之珠，不用白银和黄金来装饰。它们二者的内在本质美到了极致，其他物质都不配来装饰它们。一件事物要等待其他东西来装饰以后才流行，它的本质肯定不美。因此父亲和儿子之间，使用的礼仪就很质朴而不拘形式，所以说礼是淡薄的。大凡事物不能同时旺盛，阴阳就是这样的；事理相互之间正反互相排斥，威德就是这样的；实情深厚的外貌却淡薄，父子之间的礼就是这样的。由此看来，礼仪繁琐的人内心的真实情感就衰弱。既然这样，说明施行礼，这种事情是为了沟通人的朴实的内心。一般人施行礼，别人回应就轻佻地欢乐，不回应就怨愤责备。现在行礼的人把本来用于沟通人的朴实之心的方式变成了一种提供众人互相指责的尺度，这能不发生争执吗？有争执就乱，所以说："礼，是忠信淡薄的表现，而且是争乱的开端。"

先物行先理动之谓前识。前识者，无缘而妄意度也[①]。何以论之？詹何坐[②]，弟子侍，牛鸣于门外。弟子曰："是黑牛也而白题[③]。"詹何曰："然，是黑牛也，而白在其角。"使人视之，果黑牛而以布裹其角。以詹子之术，婴众人之心[④]，华焉殆矣！故曰："道之华也。"尝试释詹子之察，而使五尺之愚童子视之，亦知其黑牛而以布裹其角也。故以詹子之察，苦心伤神，而后与五尺之愚童子同功，是以曰"愚之首也"。故曰："前识者，道之华也，而愚之首也。"

所谓"大丈夫"者，谓其智之大也。所谓"处其厚不处其薄"者[⑤]，行情实而去礼貌也。所谓"处其实不处其华"者，必缘理不径绝也。所谓"去彼取此"者，去貌、径绝而取缘理、好情实也。故曰："去彼取此。"

【注释】

①意度：主观揣测。意，通"臆"。

②詹何：战国时楚国人，道家人物，尊称"詹子"。

③题：额头。

④婴：纠缠。

⑤处其厚不处其薄：此句今本《老子》作"处其厚不居其薄"。下文"不处其华"，作"不居其华"。

【译文】

在事物出现之前就行动、在事理表现出之前就判断叫做前识。前识,是没有根据而主观臆测。凭什么这样断言呢?詹何在屋里坐,弟子在旁边侍候,有牛在门外鸣叫。弟子说:“正在叫的是一头黑牛额头是白色的。”詹何说:“是这样的,这是一头黑牛,白色在它的角上。”让人去看,果然是一头黑牛用白布缠着它的角。用詹子的道术,来扰乱众人的心,华而不实且太劳神费心了!所以说:“前识只是道的外在文饰。”如果试着抛弃詹何的智慧明察,而派一个五尺高的小孩去察看一下,也可以知道那是一头黑牛用白布裹着角。所以凭詹子的明察,劳心伤神,而后不过得到与五尺高的无知小孩相同的功效,因此说“这是愚蠢的开端”。所以《老子》说:“前识,是道的华而不实的外在文饰,是愚蠢的开端。”

所谓“大丈夫”,是说他的智慧很高。所谓“处其厚不处其薄”,是说表现出真实的情感而去掉外表的礼貌。所谓“处其实不处其华”,是指一定依事理而不胡乱行事。所谓“去彼取此”,是指去掉外表的礼貌和不按事理行事的行为而遵循事理、喜好真实的情感。所以说:“去掉那些,采取这些。”

人有祸,则心畏恐;心畏恐,则行端直;行端直,则思虑熟;思虑熟,则得事理[①]。行端直,则无祸害;无祸害,则尽天年[②]。得事理,则必成功。尽天年,则全而寿。必成功,则富与贵。全寿富贵之谓福。而福本于有祸。故曰:“祸兮福之所倚。”以成其功也。

人有福,则富贵至;富贵至,则衣食美;衣食美,则骄心生;骄心生,则行邪僻而动弃理。行邪僻,则身死夭;动弃理,则无成功。夫内有死夭之难而外无成功之名者,大祸也。而祸本生于有福。故曰:“福兮祸之所伏。”

【注释】

①事理：指事物内在的法则。

②天年：人的自然寿命。

【译文】

人有了灾祸，心里就会害怕恐惧；心中害怕恐惧，行为就会端正无邪；行为端正无邪，思虑就成熟；思虑成熟，就能掌握事物的法则。行为端正无邪，就没有祸害；没有祸害，就可以尽享天年。掌握了事物的法则，就一定会成功。能尽享天年，就可保全生命而且长寿。一定能成功，就可以富与贵。全身、长寿又富贵就叫做福。而福却原本于祸。所以说："祸啊原是福的依存之物。"因为它成就了人的功业。

人有了福，富贵就来了；富贵来了，衣食就美好；衣食美好，人的骄傲之心就会产生；骄傲之心产生，人的行为就邪恶不正且举动违背常理。行为邪恶不正，那么身体就会早死；举动违背常理，就不会取得成功。自身有早死夭折的灾难而在外又没有成功的名声，这是很大的灾祸。而灾祸却根源于福。所以说："福啊乃是灾祸所潜伏的地方。"

夫缘道理以从事者[①]，无不能成。无不能成者，大能成天子之势尊，而小易得卿相将军之赏禄。夫弃道理而妄举动者，虽上有天子诸侯之势尊，而下有猗顿、陶朱、卜祝之富[②]，犹失其民人而亡其财资也。众人之轻弃道理而易妄举动者，不知其祸福之深大而道阔远若是也，故谕人曰："孰知其极？"

人莫不欲富贵全寿，而未有能免于贫贱死夭之祸也。心欲富贵全寿，而今贫贱死夭，是不能至于其所欲至也。凡失其所欲之路而妄行者之谓迷，迷则不能至于其所欲至矣。今众人之不能至于其所欲至，故曰："迷。"众人之所不能至于其所欲至也，自天地之剖判以至于今。故曰：“人之迷也，其日故以久矣③。”

【注释】

①道理：指事物的法则。

②猗顿：春秋末期鲁国人，经营盐业和畜牧业而致富，财产可相当于王公贵族。陶朱：即范蠡，春秋末期楚国人，曾帮助越王勾践打败吴国，后改换姓名到了齐国，经营商业而致富，居住在陶（位于今山东定陶）十九年，自称陶朱公。卜祝：占卜吉凶和求神祝福的人，这种人借此致富，当时人数很多。

③故：通“固”。以：通“已”。

【译文】

根据事物固有的法则来办事，没有不成功的。没有不能成就的事业，往大的方面讲就能成就天子的权势，而从小的方面说则很容易取得卿相将军的赏赐与爵禄。抛弃事物的内在法则而轻举妄动，即使上有天子诸侯的尊贵权势，下有猗顿、陶朱、卜祝的财富，还是会失去他的人民丧失他的财产。一般的人之所以轻易地违背道理而轻举妄动，是由于不懂得祸福转化的道理深远广阔得像这个样子，所以《老子》明白地告诉人们说：“谁知道它的究竟呢？”

人没有不希望富贵长寿的，但却无人能避免贫贱死亡夭折的灾祸。心里想要富贵健康长寿，但现在却贫贱夭折而死，这说明不能达到他想要得到的。凡是失掉他所要走的路而胡乱行走就叫做“迷”，“迷”就不能达到他所要达到的地方。现在一般的人不能到达他们所想要到达的目的地，所以叫“迷”。一般的人不能达到他们所要达到目的，从开天辟地以来直到如今都是这样。所以说：“人们陷入迷途，日子的确已经很久了。”

所谓方者[1]，内外相应也，言行相称也。所谓廉者[2]，必生死之命也[3]，轻恬资财也。所谓直者，义必公正，公心不偏党也。所谓光者，官爵尊贵，衣裘壮丽也。今有道之士，虽中外信顺，不以诽谤穷堕；虽死节轻财，不以侮罢羞贪[4]；虽义端不党，不以去邪罪私；虽势尊衣美，不以夸贱欺贫。其故何也？使失路者而肯听习问知，即不成迷也。今众人之所以欲成功而反为败者，生于不知道理而不肯问知而听能。众人不肯问知听能，而圣人强以其祸败适之[5]，则怨。众人多而圣人寡，寡之不胜众，数也。今举动而与天下之为仇，非全身长生之道也，是以行轨节而举之也。故曰："方而不割，廉而不刿，直而不肆，光而不耀[6]。"

【注释】

①方：方正，指品行端正。

②廉：有棱角，有节操。

③必生死之命：冒着生命危险也一定去完成使命，指舍生忘死。

④罢：通"疲"，软弱无能。

⑤适：通"谪"，责备。

⑥方而不割，廉而不刿，直而不肆，光而不耀：这四句属于今本《老子》第五十八章。马王堆汉墓《老子》乙本作："方而不割，兼而不刺，直而不绁，光而不眺。"

【译文】

所谓方，是指人的内心和外表一致，说的和做的相符。所谓廉，是指人能舍生忘死，淡泊物质利益。所谓直，是指人行为一定公正，公正而无偏私。所谓光，是指人的官爵尊荣贵重，衣着华丽鲜亮。现在遵循道德的人，虽然内心和外表都真诚和顺，但并不因此议论困苦堕落的人；虽然能轻财死节，但并不因此侮辱软弱无能的人和耻笑贪利的人；虽然品行端正不偏私结党，但并不因此抛弃行为不端的人和责罚自私自利的人；虽然地位尊贵衣着鲜美，但并不因此藐视卑贱的人和欺侮贫穷的人。这是什么缘故？假如迷失路径的人肯听从熟悉情况的人的意见并向懂得的人请教，就不会成为迷路的人了。现在一般人之所以想要成功反而成为失败者，是由于他们本人不懂得事物的法则，而又不肯向懂得的人请教和听从能干的人的意见。一般的人不肯请教懂得的人和听从能干的人，而圣人硬要拿他们惹出的祸乱之事来责备他们，他们就会怨恨。一般的人人数多而圣人人数少，人数少的胜不过人数多的，这是必然的道理。如果一举一动都和天下的人作对，那就不是保全身体和长寿的办法，因此圣人用遵循法则引导人们。所以说："方正，却不割伤人；有棱角，却不刺伤人；正直，却不放纵；有光采，却不炫人眼目。"

聪明睿智，天也；动静思虑，人也。人也者，乘于天明以视，寄于天聪以听，托于天智以思虑。故视强，则目不明；听甚，则耳不聪；思虑过度，则智识乱。目不明，则不能决黑白之分；耳不聪，则不能别清浊之声；智识乱，则不能审得失之地。目不能决黑白之色则谓之盲，耳不能别清浊之声则谓之聋，心不能审得失之地则谓之狂。盲则不能避昼日之险，聋则不能知雷霆之害，狂则不能免人间法令之祸。书之所谓"治人"者[①]，适动静之节，省思虑之费也。所谓"事天"者[②]，不极聪明之力，不尽智识之任。苟极尽，则费神多；费神多，则盲聋悖狂之祸至，是以啬之。啬之者，爱其精神，啬其智识也。故曰："治人事天莫如啬[③]。"

【注释】

①书:指《老子》。下言“书”非另出注者与此同。

②事天:指使用人自然生成的听力、视力和智识。

③治人事天莫如啬:此句今本《老子》作“治人事天莫若啬”。

【译文】

听力、视力和聪明睿智,是自然赋予的;动、静和思考问题,是人有意识的作为。人,凭借自然赋予的视力看东西,依靠自然赋予的听力听声音,仗着自然赋予的智力来思考问题。所以视力用得过度,眼睛就不明亮;听力用得过度,耳朵就不灵敏;思考问题过度,就会智识昏乱。眼睛不明亮,就不能辨别黑白的区分;耳朵不聪敏,就不能分别声音的清浊;智识昏乱,就不能细察成败得失的根据。眼睛分不清黑白的区别,就叫做盲;耳朵分不清声音的清浊,就叫做聋;心不能分别成败得失的根据,就叫做狂。盲就不能避开白天容易发现的危险;聋就不能知道声如雷霆那样的危害;狂就不能免除人间法令的祸害。《老子》中所说的“治人”,就是要调适人的动、静的节奏,简省思考问题的耗费。所谓“事天”,是说不用尽耳目之力,不能竭尽智识的承受能力。如果将视力、听力和智虑的能力用到极限,那么耗费的精神就多;耗费的精神多,那么盲、聋、狂的祸患就会到来,因此要吝啬它们。吝啬它们,是指爱惜人的精神,吝啬人的智识。所以说:“治人事天没有比吝啬更重要的了。”

众人之用神也躁,躁则多费,多费之谓侈。圣人之用神也静,静则少费,少费之谓啬。啬之谓术也[①],生于道理。夫能啬也,是从于道而服于理者也。众人离于患[②],陷于祸,犹未知退,而不服从道理。圣人虽未见祸患之形,虚无服从于道理,以称蚤服[③]。故曰:“夫谓啬,是以蚤服[④]。”

知治人者,其思虑静;知事天者,其孔窍虚[⑤]。思虑静,故德不去;孔窍虚,则和气日入[⑥]。故曰:"重积德。"夫能令故德不去,新和气日至者,蚤服者也。故曰:"蚤服,是谓重积德。"积德而后神静,神静而后和多,和多而后计得,计得而后能御万物,能御万物则战易胜敌,战易胜敌而论必盖世[⑦],论必盖世,故曰"无不克"。无不克本于重积德,故曰"重积德,则无不克"。战易胜敌,则兼有天下;论必盖世,则民人从。进兼天下而退从民人,其术远,则众人莫见其端末。莫见其端末,是以莫知其极。故曰:"无不克,则莫知其极。"

【注释】

①谓:通"为",作为。

②离:通"罹",遭到。

③蚤:通"早"。下文凡言"蚤服"皆同此。

④夫谓啬,是以蚤服:此句马王堆帛书《老子》作"夫唯啬,是以早服"。今通行本作"夫唯啬,是谓早服"。

⑤孔窍:指人的耳、眼、鼻、口等器官。

⑥和气:即精气,古人认为自然界存在的一种极精微的气。

⑦论:指某种思想和理论。

【译文】

一般的人使用心神很浮躁,浮躁就会耗费多,耗费多就叫做浪费。圣人使用心神很平静,平静就耗费少,耗费少就叫吝啬。吝啬作为一种方法,产生于事物固有的法则。人能吝啬,这就是遵循事物的法则而服从于事理。一般人之所以遭遇祸患,是由于他们陷于祸害,还不懂得退避,不服从事物的法则。圣人虽然没有见到祸患的征兆,就虚静无为地服从于事物的法则,因此叫做早服。所以说:"因为能吝啬,因此称为早服。”

懂得安排人生的人,他的思虑就平静;知道依自然法则使用人的自然能力的人,他的眼、耳、口、鼻等器官就保持畅通。思虑平静,原有的德就不会离去;孔窍畅通,和气就不断地进来。所以说:“重新再积累德。”能让原有的德不离去,新鲜的和气不断地进来,就是“早服”之人。所以说:“早服,这就是重新再积累德。”积累德而后能心神安静,心神安静而后能和气增多,和气增多而后计谋得当,计谋得当而后能控制万物,能控制万物就能容易战胜敌人,容易战胜敌人那么他的思想理论就一定能称雄于世,思想理论能称雄于世,所以说“无往而不胜”。无往而不胜根源于重新再积累德,所以说“重新再积累德,就可以无往而不胜”。战斗容易胜过敌人,那么就可以兼并天下;思想理论一定能称雄于世,民众就会服从。进可以兼有天下而退可以使民众服从,这种术很深远,所以一般的人就看不出它的根由底细。看不出它的根由底细,因此就没有人知道它的究竟。所以说:“无往而不胜,就没有人知道它的究竟。”

凡有国而后亡之,有身而后殃之,不可谓能有其国、能保其身。夫能有其国,必能安其社稷[①];能保其身,必能终其天年;而后可谓能有其国、能保其身矣。夫能有其国、保其身者,必且体道。体道,则其智深;其智深,则其会远;其会远,众人莫能见其所极。唯夫能令人不见其事极,不见其事极者为保其身、有其国。故曰:“莫知其极。”“莫知其极,则可以有国。”

所谓“有国之母”[②]:母者,道也;道也者,生于所以有国之术;所以有国之术,故谓之“有国之母”。夫道以与世周旋者,其建生也长,持禄也久。故曰:“有国之母,可以长久。”

树木有曼根[3]，有直根。直根者，书之所谓"柢"也。柢也者，木之所以建生也；曼根者，木之所以持生也。德也者，人之所以建生也；禄也者，人之所以持生也。今建于理者，其持禄也久，故曰："深其根。"体其道者，其生日长，故曰："固其柢。"柢固，则生长；根深，则视久，故曰："深其根，固其柢，长生久视之道也[4]。"

【注释】

①社稷：土地神和谷神，象征国家。

②母：母亲，比喻根本。

③曼根：蔓延的根，即细根。下文"曼根"同此。曼，通"蔓"，蔓延。

④深其根，固其柢，长生久视之道也：此句今本作"有国之母可以长久，是谓深根固柢、长生久视之道"。

【译文】

凡是据有国家而后又让它灭亡了，拥有身体而后又使它遭受灾殃，这样的人不能说是能够据有国家、能保全身体。能够据有国家，一定能安定国家江山；能保全身体，一定能享尽它的自然寿命；而后才可能说得上是能够据有国家、能够保全身体。能够据有国家、保全身体的，将一定能实践道。实践道，那么他的智识就深远；他的智识深远，那么他的计谋就会久远；他的计谋久远，一般人就不能见出他的究竟。只有那样才可让人不能看出他的究竟，不能让人看出他的究竟的人称为能保全自身、据有国家。所以说："没有人知道他的究竟。""没有人知道他的究竟，就可以据有国家。"

所谓"有国之母"：母，是指治国之道；道，产生于据有国家的方法，所以称之为"有国之母"。用道来应接世事的人，他的生命就会长久，保持禄位就能久远。所以说："有国之母，可以长久。"树木有蔓延的细根，有直立的主根。直立的主根，就是《老子》书上所说的“柢”。柢，是树木所建立生命的根本；蔓延的细根，是树木所以保持生命的条件。德，是人所以建立生命的根本；禄，是人所以保持生命的条件。如果人的生命建立于事物自然的法则之上，他的爵禄就能保持长久，所以说：“深其根。”实践着人生之道的人，他的生命就一天天增长，所以说：“固其柢。”根柢巩固，就能生长；根本深远，就可以存活长久，所以说：“使它的根深远，使它的柢巩固，这是生存长久的方法。”

工人数变业则失其功①，作者数摇徙则亡其功。一人之作，日亡半日，十日则亡五人之功矣；万人之作，日亡半日，十日则亡五万人之功矣。然则数变业者，其人弥众，其亏弥大矣。凡法令更则利害易，利害易则民务变，务变之谓变业。故以理观之：事大众而数摇之②，则少成功；藏大器而数徙之，则多败伤；烹小鲜而数挠之，则贼其泽；治大国而数变法，则民苦之。是以有道之君贵静，不重变法。故曰：“治大国者若烹小鲜③。”

人处疾则贵医，有祸则畏鬼。圣人在上，则民少欲；民少欲，则血气治而举动理④；举动理，则少祸害。夫内无痤疽瘅痔之害⑤，而外无刑罚法诛之祸者，其轻恬鬼也甚。故曰：“以道莅天下，其鬼不神。”治世之民，不与鬼神相害也。故曰：“非其鬼不神也，其神不伤人也⑥。”鬼祟也疾人之谓鬼伤人，人逐除之之谓人伤鬼也。民犯法令之谓民伤上，上刑戮民之谓上伤民。民不犯法，则上亦不行刑；上不行刑之谓上不伤人。故曰：“圣人亦不伤民。”上不与民相害，而人不与鬼相伤，故曰：“两不相伤。”民不敢犯法，则上内不用刑罚，而外不事利其产业。上内不用刑罚，而外不事利其产业，则民蕃息。民蕃息而畜积盛[7]。民蕃息而畜积盛之谓有德。凡所谓祟者，魂魄去而精神乱，精神乱则无德。鬼不祟人则魂魄不去，魂魄不去而精神不乱，精神不乱之谓有德。上盛畜积而鬼不乱其精神，则德尽在于民矣。故曰："两不相伤，则德交归焉。"言其德上下交盛而俱归于民也。

【注释】

①工人：有技艺的人。数（shuò）：屡次，多次。下"数摇"、"数徙"、"数挠"之"数"同此。

②事：通"使"，役使。

③治大国者若烹小鲜：治理大国就像烹煮小鱼一样。这一段属今本《老子》第六十章，此句作"治大国若烹小鲜"。

④举动理：指行动符合法令的规定。

⑤痤（cuó）：痈。疽（jū）：肿毒。瘅（dàn）：黄胆病。痔（zhì）：痔疮。

⑥非其鬼不神也，其神不伤人也：此二句马王堆帛书相同，今通行本作"非其鬼不神，其神不伤人"。

⑦畜：通"蓄"。下文凡"畜积"之"畜"与此同。

【译文】

有技艺的人屡次变更他的作业就会丧失功效，劳动的人经常变动他手中的活计就会没有成绩。一个人工作，每天去掉半天时间，十天就少了五个人的功效；一万个人工作，每天去掉半天时间，十天就少了五万人的功效。这样看来屡次变更工作，这样的人越多，造成的损失就会越大。凡是法令变更了，利害的情况就改变了，利害改变了而民众的事务也就跟着变化，从事的事情变化了就叫变更作业。所以从事理上来看，役使民众而屡次变更他们的作业，就会减少他们的功效；收藏贵重的物品而经常搬动它，就会造成很多损坏；烹煮小鱼而屡次翻动它，就会伤害它的光泽；治理大国而经常变更法令，就会使老百姓受苦。因此懂得治国之道的君主推崇安静，不重视经常变更法令。所以说："治理大国就像烹制小鱼。"

人在生病的时候就尊重医生，有灾祸的时候就害怕鬼神。圣人在上面统治时，民众就欲望很少；民众欲望少，那么就会血气调和而举动符合法令；举动符合法令，祸害就少。一个人体内没有各种疾病的危害，而外面没有刑罚惩处的祸患，他就会把鬼神看得很轻淡。所以说："依据道来统治天下，那些鬼怪就不灵了。"太平盛世的民众，与鬼神不互相妨害。所以说："不是鬼神不显灵了，而是它们显灵也不能伤害人。"鬼怪使人疾病叫做鬼神伤人，人赶跑除掉了鬼怪叫做人伤鬼。民众违犯法令叫做民众伤害君主，君主用刑罚杀戮民众叫做君主伤害民众。民众不违犯法令，那么君主也就不惩处民众；君主不惩罚民众就叫做君主不伤人。所以说："圣人也不伤害民众。"君主与民众互不相害，而人与鬼神也不相伤，所以说："两不相伤。"民众不敢犯法，那么君主对内就不需要用刑罚，对外不从事于贪求民众财物的事业。君主对内不用刑罚，对外不从事贪求民众财物的事业，那民众就生息兴旺了。民众生息兴旺积蓄就会很多。民众生息兴旺而积蓄很多就叫做有德。大凡所谓作怪，就是人丧魂落魄精神错乱，精神错乱就是无德。鬼神不对人作怪那么人的魂魄就不离去，魂魄不离去精神就不会错乱，精神不错乱叫做有德。君主使民众积蓄很多而鬼怪又不能使民众精神错乱，那么德就都在民众中了。所以说："两不相伤，那么德就同时归于君主和民众了。"说的是那个德上下两方面都丰盛而归于民众了。

有道之君，外无怨仇于邻敌，而内有德泽于人民。夫外无怨仇于邻敌者，其遇诸侯也外有礼义。内有德泽于人民者，其治人事也务本[①]。遇诸侯有礼义，则役希起[②]；治民事务本，则淫奢止。凡马之所以大用者，外供甲兵而内给淫奢也。今有道之君，外希用甲兵，而内禁淫奢。上不事马于战斗逐北，而民不以马远淫通物，所积力唯田畴。积力于田畴，必且粪灌。故曰："天下有道，却走马以粪也③。"

人君无道，则内暴虐其民，而外侵欺其邻国。内暴虐，则民产绝；外侵欺，则兵数起。民产绝，则畜生少；兵数起，则士卒尽。畜生少，则戎马乏；士卒尽，则军危殆。戎马乏，则牸马出④；军危殆，则近臣役。马者，军之大用；郊者，言其近也。今所以给军之具于牸马近臣。故曰："天下无道，戎马生于郊矣。"

【注释】

①本：本业，指农业。下文"务本"之"本"同此。

②希：通"稀"，少。下文"希用甲兵"、"人希见生象也"等句中之"希"与此同。

③天下有道，却走马以粪也：天下太平，就会把奔跑的马歇下来施肥。自此以下至"咎莫憯于欲利"，属今本《老子》第四十六章。

④牸(zì)马：快生出小驹的母马。

【译文】

有道的君主，对外在邻国中没有怨仇，但对内对于人民却有恩泽。对外在邻国中没有怨仇，那么就说明他对待外面的各诸侯国有礼节仁义；对国内的人民有恩泽，就说明他治理民事时努力于发展农业生产。对待诸侯有礼节仁义，那么国家的劳役就少；治理民事努力于发展农业，那么过度的奢侈就会停止。马的大用处，是对外供用兵打仗，而对内供给过度的奢侈。现在有道的君主，对外很少用兵打仗，而对内禁止过度的奢侈。君主不用马去战斗追逐败逃的敌人，而民众不用马到远处去运输奢侈的物品，马所积聚的力量只用于农耕。积聚的力量只用于农耕，一定会用于施肥和灌溉。所以说："天下太平无事，就会把奔跑的马歇下来施肥。"

君主无道，对内就会残暴地虐待他的百姓，而对外就会侵略欺骗他的邻国。对内暴虐，就会把他的百姓的产业搞光；对外侵略欺诈，战争就会接连不断。百姓的产业耗尽，那么畜养的家畜就会少；战争连续不断，那么士兵就会耗尽。畜养的牲畜少，那么战马就缺乏；士兵拼光，那么军队就会危险。战马缺乏，那么快生产的母马也要被征用去打仗；军情危急，那么君主的近臣就要服役。马，是军队中重要的战略物资；郊，是说离君主身边很近的地方。现在所用来供应给军队的都是快生产的母马和君主身边的近臣了，所以说："天下无道，战马就在郊外生产马驹。"

人有欲，则计会乱；计会乱，而有欲甚；有欲甚，则邪心胜；邪心胜，则事经绝；事经绝，则祸难生。由是观之，祸难生于邪心，邪心诱于可欲。可欲之类，进则教良民为奸，退则令善人有祸。奸起，则上侵弱君；祸至，则民人多伤。然则可欲之类，上侵弱君而下伤人民。夫上侵弱君而下伤人民者，大罪也。故曰："祸莫大于可欲[①]。"是以圣人不引五色，不淫于声乐；明君贱玩好而去淫丽。

人无毛羽，不衣则不犯寒；上不属天而下不著地[②]，以肠胃为根本，不食则不能活；是以不免于欲利之心。欲利之心不除，其身之忧也。故圣人衣足以犯寒，食足以充虚，则不忧矣。众人则不然，大为诸侯，小余千金之资，其欲得之忧不除也。胥靡有免[③]，死罪时活，今不知足者之忧终身不解。故曰："祸莫大于不知足。"

故欲利甚于忧，忧则疾生；疾生而智慧衰；智慧衰，则失度量；失度量，则妄举动；妄举动，则祸害至；祸害至而疾婴内；疾婴内，则痛祸薄外；痛祸薄外，则苦痛杂于肠胃之间；苦痛杂于肠胃之间，则伤人也憯。憯则退而自咎，退而自咎也生于欲利。故曰："咎莫憯于欲利[④]。"

【注释】

①祸莫大于可欲：此马王堆汉墓帛书甲本《老子》作"罪莫大于可欲"。

②著：通"着"，附着。

③胥靡：犯轻罪罚作苦役的人。

④咎莫憯于欲利：罪责没有比贪利更惨痛的了。此句马王堆汉墓帛书《老子》甲本作"咎莫憯于欲得"。

【译文】

人心中有欲念，他的计划谋虑就会混乱；计划谋虑混乱，就会使欲念更强烈；欲念更强烈，那么邪恶的心愿就会压倒一切；邪恶的心愿压倒一切，那么办事的准则就会丢失；办事的准则丢失，那么祸乱灾难就会产生。由此看来，祸患灾难产生于邪恶的心愿，邪恶的心愿又是受可引起欲望的东西的引诱而产生。可以引起欲望的那类东西，进一步说可使好人为奸，退一步说可以使善人有灾祸。奸诈的事发生了，向上就会侵害和削弱君主；灾祸到来，那么百姓就会受到很大伤害。这样看来可以引起欲望的那类东西，向上会侵害和削弱君主而向下会伤害人民。向上侵害和削弱君主而向下伤害人民的行为，是很大的罪过。所以说："祸害没有比可引起人的欲望的东西更大的了。"因此圣人不被五色所引诱，不沉溺于音乐；英明的君主轻视珍贵的玩物而抛弃过分华丽的东西。

人没有长羽毛,不穿衣就不能御寒;上不与天相连而下不粘着于地,以肠胃为生存的根本,不吃东西就不能存活;因此就不能免除贪图得利的心思。贪图利益的心思不除掉,这是他身上的忧患。所以圣人穿衣只要能御寒就行,吃东西只求填饱肚子,这样就没有忧患了。一般的人则不是这样,大到做了诸侯,小到储备有千金的资本,他的想要贪求利益的欲念还不能除掉。犯有轻罪的苦役有时可以免罪,犯有死罪的人有时可遇赦得活。现在那些不知足的人的忧虑一辈子也没法解除。所以说:“祸害没有比不知道满足更大的了。”

因此想要得利的欲望的危害超过了忧患,忧患就会产生疾病;疾病产生了那么智慧就会衰减;智慧衰减,就会失去行为准则;失去行为准则,就会行为举止失措;行为举止失措,祸害就会到来;祸害到来而内心就会被疾病缠绕;内心被疾病缠绕,外面就会受痛苦和祸患所侵扰;痛苦和祸害在外面侵扰,那么身心的痛苦就会深入到内心的深处;身心的苦痛达到了肠胃这类身体的深处,那么对人的伤害就会非常惨痛。非常惨痛就会退下来自己悔恨自责,退下来自己责备一切痛苦的根源都产生于欲利。所以说:“罪责没有比贪利更惨痛的了。”

道者,万物之所然也,万理之所稽也[①]。理者,成物之文也[②];道者,万物之所以成也。故曰:“道,理之者也[③]”。物有理,不可以相薄;物有理不可以相薄,故理之为物之制。万物各异理,而道尽稽万物之理,故不得不化;不得不化,故无常操。无常操,是以死生气禀焉,万智斟酌焉,万事废兴焉。天得之以高,地得之以藏,维斗得之以成其威[④],日月得之以恒其光,五常得之以常其位[⑤],列星得之以端其行,四时得之以御其变气[⑥],轩辕得之以擅四方[⑦],赤松得之与天地统[⑧],圣人得之以成文章。道,与尧、舜俱智[⑨],与接舆俱狂[⑩],与桀、纣俱灭⑪，与汤、武俱昌⑫。以为近乎，游于四极；以为远乎，常在吾侧；以为暗乎，其光昭昭；以为明乎，其物冥冥。而功成天地，和化雷霆，宇内之物，恃之以成。凡道之情，不制不形，柔弱随时，与理相应。万物得之以死，得之以生；万事得之以败，得之以成。道譬诸若水，溺者多饮之即死，渴者适饮之即生；譬之若剑戟，愚人以行忿则祸生，圣人以诛暴则福成。故得之以死，得之以生，得之以败，得之以成。

人希见生象也，而得死象之骨，案其图以想其生也⑬，故诸人之所以意想者皆谓之"象"也。今道虽不可得闻见，圣人执其见功以处见其形⑭。故曰："无状之状，无物之象⑮。"

【注释】

①稽：符合，汇合。

②文：纹理，条理。

③道，理之者也：疑此句为《老子》原文，但不见于已知的各种版本的《老子》。这句意为道是能使万物条理化的东西。

④维斗：指围绕北斗星而形成的星系。古人以北斗星为天的轴心，众星拱卫北斗，好像联结在这个轴上，所以叫维斗。斗，指北斗星。

⑤五常：指五行，即金、木、水、火、土。

⑥四时：指春、夏、秋、冬四季。变气：变化的节气。

⑦轩辕：指黄帝，传说中的远古帝王，轩辕是他的名。

⑧赤松：即赤松子，传说中的仙人。

⑨尧、舜：都是我国原始社会的部落首领。

⑩接舆：人名，春秋末年楚国著名的狂士。

⑪桀、纣：指夏桀和商纣王，分别是夏朝末年和商朝末年的君主，都

是著名的暴君。

⑫汤、武:指商汤和周武王,分别是商代和周代的开国君主。

⑬案:通“按”,依据。

⑭见:同“现”,显露。

⑮无状之状,无物之象:这句属于今本《老子》第十四章中的句子。

【译文】

道,是万物所以如此的原因,是万理的总汇合。理,是构成万物的条理;道,是万物所以构成的根据。所以说:“道,是能使万物条理化的东西。”事物各有自己的理,不会互相侵扰;事物各有自己的理互不相扰,所以理成为万物的制约力量。万物各有自己与众不同的理,而道完全汇合了万物的理,所以道不能不随着具体事物而变化;由于不得不发生变化,所以就没有一成不变的规则。没有一成不变的规则,因此死生的气都禀受于它,一切智慧都从它那里吸取养分,万事万物的兴废都由它决定。天获得它而高,地获得它而包孕万物,北斗众星得到它可以成就自己的威势,日月得到它会永恒地发出它们的光芒,五行获得它会永远固定在它们的位置,众星获得它可以运行在它们正确的轨道,四时获得它可以用来控制变化的节气,黄帝得到它可以独自掌控四方,赤松子得到它能与天地同寿,圣人得到它可以成就礼乐刑政等文物制度。道,与尧、舜在一起体现为智慧,与接舆在一起体现为猖狂,与桀、纣在一起体现为灭亡,与汤、武在一起体现为昌盛。说它近吧,它遨游在极远的地方;说它远吧,又常在我们的身边;说它昏暗吧,它的光是那么明亮;说它明亮吧,作为一种物又很昏暗。它的功效成就了天地,它酝酿化成雷霆,天地间的万物,都依靠它而生成。道的情实,不制作也不显形,柔弱随时变化,同万物的理相适应。世上万物因得道而死,因得道而生;万物因得道而失败,因得道而成功。道可以说如同水,落水的人喝多了就会死,口渴的人适量饮用就可以生存;又如同是剑戟,愚蠢的人用它泄愤就会生祸,圣人用它来除暴就会造福。所以说因得道而死,因得道而生，因得道而失败，因得道而成功。

人很少看见活的象，而得到了死象的骨头，根据死象骨骼的模样想见象活着时的样子，所以人们将所想像的东西叫做“象”。现在道虽然不能听到看见，圣人根据它表现出的功效来推知它的形象。所以说：“道是没有形状的形状，没有具体事物的物象。”

凡理者，方圆、短长、粗靡、坚脆之分也[①]，故理定而后可得道也。故定理有存亡，有死生，有盛衰。夫物之一存一亡，乍死乍生，初盛而后衰者，不可谓常。唯夫与天地之剖判也具生，至天地之消散也不死不衰者谓“常”。而常者，无攸易，无定理。无定理，非在于常所，是以不可道也。圣人观其玄虚，用其周行，强字之曰“道”，然而可论。故曰：“道之可道，非常道也[②]。”

【注释】

①靡：细。

②道之可道，非常道也：此句属今本《老子》第一章中的句子，在马王堆帛书本《老子》中作“道可道，非恒道也”。

【译文】

理，是万物的方圆、短长、粗细、坚强和脆弱的区别，所以理确定以后事物才能得到说明。因此确定的理有存亡，有生死，有盛衰。万物有存有亡，忽生忽死，开始时兴盛而过后就衰败了，这就不能称为恒常。只有那个与天地的开辟一起产生，到天地消散而仍然不死亡衰败的才叫做恒常。而恒常，就是无所变化，没确定的理。没确定的理，不处在固定不变某个场所，因此无法说明。圣人观察到道的玄妙悠远，依据它普遍运行的法则，勉强给它取名字叫做“道”，但却不能论说。所以说：

"道如果能用话说出来,就不是恒常的道了。"

人始于生而卒于死。始之谓出,卒之谓入。故曰:"出生入死。"人之身三百六十节,四肢、九窍[①],其大具也。四肢与九窍十有三者[②],十有三者之动静尽属于生焉。属之谓徒也,故曰:"生之徒也,十有三者。"至死也,十有三具者皆还而属之于死,死之徒亦有十三。故曰:"生之徒十有三,死之徒十有三。"凡民之生生,而生者固动,动尽则损也;而动不止,是损而不止也。损而不止,则生尽;生尽之谓死,则十有三具者皆为死死地也。故曰:"民之生,生而动,动皆之死地,之十有三[③]。"

是以圣人爱精神而贵处静。不爱精神不贵处静,此甚大于兕虎之害。夫兕虎有域,动静有时。避其域,省其时[④],则免其兕虎之害矣。民独知兕虎之有爪角也,而莫知万物之尽有爪角也,不免于万物之害。何以论之?时雨降集,旷野闲静,而以昏晨犯山川,则风露之爪角害之。事上不忠,轻犯禁令,则刑法之爪角害之。处乡不节,憎爱无度,则争斗之爪角害之。嗜欲无限,动静不节,则痤疽之爪角害之[⑤]。好用其私智而弃道理,则网罗之爪角害之[⑥]。兕虎有域,而万害有原,避其域,塞其原,则免于诸害矣。凡兵革者,所以备害也。重生者,虽入军无忿争之心;无忿争之心,则无所用救害之备。此非独谓野处之军也。圣人之游世也,无害人之心,则必无人害;无人害,则不备人。故曰:"陆行不遇兕虎。"入山不恃备以救害,故曰:"入军不备甲兵。"远诸害,故曰:“兕无所投其角,虎无所错其爪⑦,兵无所容其刃。”不设备而必无害,天地之道理也。体天地之道,故曰:“无死地焉。”动无死地,而谓之“善摄生”矣。

【注释】

①九窍:指人身体中的口、眼、耳、鼻七窍及排泄大小便的二窍。

②有:通“又”。

③之十有三:这也是十有三。本段和下段引《老子》文句自“出生入死”至“善摄生”,都属于今本《老子》第五十章。韩非《解老》所引与今本《老子》文字有出入。

④省(xǐng):观察,检查。

⑤痤(cuó):疖子。疽(jū):结块状的恶疮。

⑥网罗:这里指法网。

⑦错:通“措”。

【译文】

人的生命从生下来开始从死亡时结束。开始叫做“出”,结束叫做“入”。所以说:“出就是出生而入就是死亡。”人的身体有三百六十个关节,四肢、九窍,这是人的重要部件。四肢和九窍的总数为十三,这十三个部件的一动一静都属于生的范围。属于生的范围就叫做“生之类”,所以说:“生之类的部件有十三个。”等到人死后,这十三个部件都反过来属于死亡一边,死亡之类的部件也有十三个,所以说:“生之徒十有三,死之徒十有三。”大凡民众生息不止,而活着的人本来就要动,动得过度就会受损害;而人的活动不停止,这种损害就不会停止。损害不停止,生命就耗尽了;生命耗尽就叫死,那么人的十三个部件就都成了不断走向死亡的条件。所以说:“人开始生下来,生下来就要动,动都要走向死亡,这都是借助人的十三个身体的部件。”

因此圣人爱惜他的精神而看重置身宁静。不爱惜精神、不看重居于宁静之处，这里面的危害比野牛和老虎的危害还大。野牛和老虎的活动有一定的地域，它们是动是静有一定的时间。避开它们活动的区域，弄清其活动时间，就可以免除它们的危害。人们只知道野牛和老虎有爪牙和头角，而不知道世上万物都有爪牙和头角，所以就不能避免万物的伤害。拿什么来证明它呢？一场及时雨下来之后，旷野闲静，而人起早贪黑地跋山涉水，那么风露的爪牙和头角就会伤害人。侍奉君主不忠，随便违犯禁令，那么刑法的爪牙和头角就会伤害他。生活在乡里不知节制情绪，爱憎没有一定的准则，那么争斗的爪牙和头角就会伤害他。嗜欲没有满足的时候，动静没有节制，那么疾病的爪牙和头角就会伤害他。喜欢使用个人的小智巧而不顾事物的普遍法则，那么法网的爪牙和头角就会伤害他。野牛和老虎的活动有一定的区域，而各种危害都有它的根源，避开它危害的区域，堵塞危害的根源，就可以避免这些危害了。大凡武器和盔甲是防止各种伤害的。重视自己生命的人，即使深入到行伍之中也没有忿怒争斗的心思；没有忿怒争斗之心，那么就用不上武器和盔甲这类救护危害的工具。这里不只是说的处在野外的军队。圣人在世上活动，没有害人的心理；那么就一定没有人危害他；没有人危害他，就不用防备人。所以说：“在陆地上走也不会遇到野牛和老虎。”走到山里不依靠武装来防备伤害，所以说：“进入到军队中也不准备武器和盔甲。”远离各种危害，所以说：“野牛没有地方使用它的角，老虎没有地方施行它的利爪，刀剑没有地方用上它的锋刃。”不设置防备措施而一定不会被伤害，这是自然之间的固有法则。体验自然的法则，所以说：“不会陷于死地。”活动而不会接近死地，这就叫做“善于保存自己的身体”。

爱子者慈于子，重生者慈于身，贵功者慈于事。慈母之于弱子也，务致其福；务致其福，则事除其祸；事除其祸，则思虑熟；思虑熟，则得事理；得事理，则必成功；必成功，则其行之也不疑；不疑之谓勇。圣人之于万事也，尽如慈母之为弱子虑也，故见必行之道。见必行之道则明，其从事亦不疑；不疑之谓勇。不疑生于慈，故曰："慈，故能勇[①]。"

周公曰[②]："冬日之闭冻也不固，则春夏之长草木也不茂。"天地不能常侈常费，而况于人乎？故万物必有盛衰，万事必有弛张，国家必有文武，官治必有赏罚。是以智士俭用其财则家富，圣人爱宝其神则精盛，人君重战其卒则民众，民众则国广。是以举之曰："俭，故能广。"

【注释】

①慈，故能勇：此句至下文引"俭，故能广"，属今本《老子》第六十七章。

②周公：指周武王的弟弟姬旦。他帮助武王灭商，有功封于周（位于今陕西岐山东北）。周公是他的封号。

【译文】

爱子女的人就会对子女十分怜惜，重视自己生命的人就会对自己的身体特别怜惜，看重事功的人就会对自己的事业很谨慎。慈母对她的幼小的孩子，致力于给他幸福；致力于给他幸福，就会从事于除去他的灾祸；从事于除去他的祸害，就会思虑成熟；思虑成熟，就能掌握事物的法则；掌握了事物的法则，就一定会成就事功；成就事功，那么行动起来就没有疑惑；没有疑惑就叫做勇。圣人对于世间万事，全都像慈母为幼小的孩子那样考虑，所以能看到一定能实行的道理。看到了一定能实行的道理就明智，圣人做事时就没有疑惑；没有疑惑就叫勇。没有疑惑来自慈爱之心，所以说："慈爱，因此能勇敢。"

周公说："冬天里冰冻得如果不坚固，那么春夏时节草木的生长就不茂盛。"大自然不能总是浪费与消耗，更何况是人呢？所以万物一定有盛也有衰，万事一定有弛也有张，国家一定有文也有武，官府办事一定有赏也有罚。因此智慧之士节省着使用他的资财就可以家庭富裕，圣人珍视他的精神就精力旺盛，君主不轻易打仗他的民众就多，民众多国力就宽裕。因此称之说："节俭，所以能宽裕。"

凡物之有形者易裁也，易割也。何以论之？有形，则有短长；有短长，则有小大；有小大，则有方圆；有方圆，则有坚脆；有坚脆，则有轻重；有轻重，则有白黑。短长、大小、方圆、坚脆、轻重、白黑之谓理。理定而物易割也。故议于大庭而后言则立①，权议之士知之矣。故欲成方圆而随其规矩②，则万事之功形矣。而万物莫不有规矩，议言之士，计会规矩也。圣人尽随于万物之规矩，故曰："不敢为天下先。"不敢为天下先，则事无不事，功无不功，而议必盖世，欲无处大官，其可得乎？处大官之谓为成事长。是以故曰："不敢为天下先，故能为成事长③。"

慈于子者不敢绝衣食，慈于身者不敢离法度，慈于方圆者不敢舍规矩。故临兵而慈于士吏则战胜敌，慈于器械则城坚固④。故曰："慈，于战则胜，以守则固。"夫能自全也而尽随于万物之理者⑤，必且有天生。天生也者，生心也，故天下之道尽之生也。若以慈卫之也，事必万全，而举无不当，则谓之宝矣。故曰："吾有三宝⑥，持而宝之。"

【注释】

①大庭：指朝廷，大臣们议事的地方。

②规矩：画圆形和方形的器具，这里比喻事物的法则。

③为成事长:成为办事的首领。此句马王堆帛书本《老子》作“故能为成器长”,今本《老子》作“故能成器长”。

④器械:这里指防守用的工具和兵器。

⑤自全:指保全自己,即不绝衣食,不离法度,不舍规矩。

⑥三宝:指慈、俭、不敢为天下先。

【译文】

大凡物体有形状的就容易裁断,容易分割。凭什么这样说呢?有形体,就有短长;有短长,就有大小;有大小,就有方圆;有方圆,就有坚强和脆弱之分;有坚强和脆弱之分,就有轻重之别;有轻重之别,就有黑白之异。短长、大小、方圆、坚脆、轻重、白黑就叫做事物的条理。条理确定了物体就容易分割。所以经过在朝廷中议论而后发表的主张就能成立,善于权衡各种议论的人知道这一点。因此想要画成方圆而遵循规矩,那么一切事物的功效就能显现出来。而万事万物无一没有它们的规矩,出谋献言的人,就是要计算人们的行为如何才符合这些规矩。圣人所有的言行都依据事物的规矩,所以说:“不敢走在天下人的前面。”不敢走在天下人的前面,事情就没有做不好的,功业就没有不能成就的,而他的议论一定超过世上的人,想要不处在重要职位上,这可能吗?处在重要职位就叫做办事的首领。因为这个缘故就说:“不敢走在天下人的前面,所以能成为办事的首领。”

对子女慈爱的人不敢断绝供给子女的衣食,怜惜身体的人不敢背离法令制度,看重方圆的人不敢舍弃规矩。所以临阵而爱惜士兵官吏那么战斗就能取胜,爱惜器械就能固守城池。所以说:“慈,于战则胜,以守则固。”那些能自我保全而处处都遵循万物的法则的人,必将有自然产生的东西。这个自然产生的东西,就是产生思想,所以天下的道都通过这种思想反映出来。如果用慈爱来护卫它,那事情一定万无一失,而行为也无不妥当,这就叫做宝。所以说:“我有三件宝贝,掌握而且珍视它。”

书之所谓“大道”也者，端道也。所谓貌“施”也者，邪道也。所谓“径”大也者[①]，佳丽也。佳丽也者，邪道之分也。“朝甚除”也者[②]，狱讼繁也。狱讼繁则田荒，田荒则府仓虚，府仓虚则国贫，国贫而民俗淫侈，民俗淫侈则衣食之业绝，衣食之业绝则民不得无饰巧诈，饰巧诈则知采文，知采文之谓“服文采”。狱讼繁，仓廪虚，而有以淫侈为俗，则国之伤也若以利剑刺之。故曰：“带利剑。”诸夫饰智故以至于伤国者，其私家必富；私家必富，故曰：“资货有余。”国有若是者，则愚民不得无术而效之；效之则小盗生。由是观之，大奸作则小盗随，大奸唱则小盗和。竽也者[③]，五声之长者也，故竽先则钟瑟皆随[④]，竽唱则诸乐皆和。今大奸作则俗之民唱，俗之民唱则小盗必和。故“服文采，带利剑，厌饮食，而货资有余者，是之谓盗竽矣[⑤]。”

人无愚智，莫不有趋舍。恬淡平安，莫不知祸福之所由来。得于好恶，怵于淫物，而后变乱。所以然者，引于外物，乱于玩好也，恬淡有趋舍之义，平安知祸福之计。而今也玩好变之，外物引之；引之而往，故曰“拔”。至圣人不然：一建其趋舍，虽见所好之物不能引，不能引之谓“不拔”；一于其情，虽有可欲之类神不为动，神不为动之谓“不脱”。为人子孙者，体此道以守宗庙，宗庙不灭之谓“祭祀不绝”。身以积精为德，家以资财为德，乡国天下皆以民为德。今治身而外物不能乱其精神，故曰：“修之身，其德乃真。”真者，慎之固也[⑥]。治家，无用之物不能动其计，则资有余，故曰：“修之家，其德有余。”治乡者行此节，则家之有余者益众，故曰：

"修之乡,其德乃长。"治邦者行此节,则乡之有德者益众,故曰:"修之邦,其德乃丰。"莅天下者行此节,则民之生莫不受其泽,故曰:"修之天下,其德乃普。"修身者以此别君子小人,治乡治邦莅天下者各以此科适观息耗⑦,则万不失一。故曰:"以身观身,以家观家,以乡观乡,以邦观邦,以天下观天下。吾奚以知天下之然也?以此。"

【注释】

①径大:把小路当作大路看待。径,指小路。

②朝甚除:官府里很脏。除,通"涂",脏,指官府处理的诉讼多,往来人员繁杂而弄得很脏。

③竽:古代的一种吹奏乐器,竹制,内装簧片,类似后世的笙。

④钟:古代的打击乐器。瑟:古代的一种弹奏乐器。

⑤是之谓盗竽矣:此句今本《老子》作"是谓盗夸"。

⑥慎:小心谨慎,引申为守护。

⑦科:条目。适(dí)观:对照着观察。

【译文】

《老子》书上所说的"大道",是指的正道。所说的"施",是指的邪道。所说的把"径"当大路,是因为这种小径精美华丽。而精美华丽的小路,也就是邪道的一部分。官府里很脏,是因为诉讼案件繁多。诉讼案件繁多就会使田园荒芜,田地荒芜就会使国家的府库粮仓空虚,府库粮仓空虚国家就贫穷,国家贫穷而民俗淫逸奢侈,民俗淫逸奢侈那么人民的衣食之业就会断绝,衣食之业断绝了人民就不能不装饰巧诈,装饰巧诈就知道要漂亮的打扮,知道漂亮的打扮就叫做"服文采"。诉讼的案件多,仓库空虚,而又以淫逸奢侈为习俗,那么国家受到的伤害就像用利剑刺的一样。所以说:"带着利剑。"那些装饰智巧以至于伤害国家的人,他的私家一定富有;私家一定富有,所以说:“财物有多余的。”一个国家有像这样的人,那么愚昧的民众就不会没有办法来仿效他们;仿效他们就会产生小盗贼。由此看来,大的奸诈兴起,那么小的盗贼就会跟着发生;大的奸诈首先唱,小的盗贼就会附和。竽,是五音中领头的,所以竽先吹奏起来,钟、瑟都会随之演奏,竽先吹出音乐那么各种乐器都会来附和。现在大的奸诈兴起世俗的庸人也就跟着唱,世俗的庸人唱小的盗贼一定附和。所以“从事于漂亮的打扮,佩带着利剑,饮食充足,而财物有余的人,这就叫做盗贼中的领唱的竽”。

人不论愚昧还是聪明,都会有追求和舍弃。清静寡欲平平安安的时候,没有人不知道祸福如何得来。被好恶情绪支配,被奢侈的东西所诱惑,而后引起思想的变乱。之所以会是这样,是因为被外物引诱,被珍贵好玩的物品扰乱内心。清静寡欲就有取舍的方向,平平安安就知道祸福的计划。但现在被珍贵的玩物变乱了,被外物所引诱;引诱他就跟着走,所以说:“拔”。至于圣人却不是这样:牢固建立起自己的取舍标准,即使见到爱好的东西也不会被引诱,不会被引诱就叫做“不拔”;专一不改变自己的性情,即使有能引起欲望的东西,精神也不为所动,精神不为所动这就叫做“不脱”。作子孙的人,实践这个原则来守护宗庙,宗庙的香火不灭就叫做“祭祀不绝”。身体以积累精气为德,家庭以积蓄财物为德,乡国和天下都以获得民众为德。现在修治自身而外物不能扰乱他的精神,所以说:“贯彻这个原则修养他自己的精神,他的德就真。”真,是说守护得很牢固。治理家庭,没有用的东西不能改变他的计划,那么资财就会有余,所以说:“贯彻这个原则修治他的家庭,他的德就有余。”治理乡里的人实行这一原则,那么家庭的盈余就会更多,所以说:“贯彻这个原则修治他的乡里,他的德就增长。”治理国家的实行这一原则,那么他的乡里的有德的人就更多,所以说:“贯彻这个原则修治他的国家,他的德就丰盛。”君临天下的人实行这一原则,那么他的人民无不受到他的恩泽,所以说:“贯彻这一原则修治天下,他的德就普及广大。”修治自身的人拿这个原则来区别君子和小人，治理乡里、国家和君临天下的人用这一原则对照观察生长和损耗，那么就可以万无一失。所以说：“用自身来观察自身，用家庭来观察家庭，用乡里来观察乡里，用国家来观察国家，用天下来观察天下。我怎么知道天下是这样的呢？就是用这个原则。”

喻　老

【题解】

“喻”，即譬喻，是一种用具体事例以说明抽象道理的方法；《喻老》，即用历史故事和民间传说以解释《老子》的哲学思想。文章分别解释了今本《老子》十二章中的观点，使《老子》一书中抽象的哲学观点与当时的社会现实生活经验结合起来，具有了强烈的时代精神和现实意义。但也因此使《老子》一书丰富的哲学意蕴变得过于狭隘和质实，以至于挤干和丧失。

《喻老》的写作目的是要说明法家治国或“君人”之术，故文章写得简练明白，条分缕析，采用的历史故事和民间传说都是经过精心安排和选择的，很有说服力。

本篇和前一篇《解老》都是韩非解读《老子》的著作，可以通过比较、参看二篇，发现其不同特点。

天下有道，无急患，则曰静，遽传不用①。故曰：“却走马以粪。”天下无道，攻击不休，相守数年不已，甲胄生虮虱②，燕雀处帷幄③，而兵不归。故曰：“戎马生于郊④。”

翟人有献丰狐、玄豹之皮于晋文公⑤。文公受客皮而叹曰：“此以皮之美自为罪。”夫治国者以名号为罪，徐偃王是也[⑥];以城与地为罪,虞、虢是也[⑦]。故曰:“罪莫大于可欲。”

智伯兼范、中行而攻赵不已[⑧],韩、魏反之,军败晋阳[⑨],身死高梁之东[⑩],遂卒被分,漆其首以为溲器[⑪]。故曰:“祸莫大于不知足。”

虞君欲屈产之乘与垂棘之璧[⑫],不听宫之奇[⑬],故邦亡身死。故曰:“咎莫憯于欲得[⑭]。”

【注释】

①遽传:古代传递紧急公文的方式,用马叫遽,用车叫传。

②甲:古代作战时将士护身的战衣。胄:头盔,古代将士作战时保护头部的帽子。虮:虱子的卵。

③帷幄:军队用的帐幕。

④戎马生于郊:此句及以下至“知足之为足矣”,引《老子》,除“罪莫大于可欲”一句外,皆出自今本《老子》第四十六章。

⑤翟:通“狄”,古代北方的少数民族。丰狐:大的狐。玄豹:带赤斑的黑豹。晋文公:名重耳,晋献公的庶子,因受后母骊姬的迫害,出奔狄,留住十二年,并流亡到多个诸侯国,后回到晋国做国君,成为著名的“春秋五霸”之一。

⑥徐偃王:名诞,徐国的国君,以仁义治国的典型,据说他是周穆王或春秋时人,被楚国所灭。

⑦虞:春秋时诸侯国名,位于今山西平陆东北。虢(guó):春秋时诸侯国名,位于今河南陕县。

⑧智伯:名瑶,春秋末期晋国的六卿之一,势力最强。范、中行(háng):范氏、中行氏都是春秋末期晋国六卿之一,前458年被智伯与赵、韩、魏三家所灭。前455年,智伯又与韩、魏两家攻打赵氏,赵氏用反间计争取到韩、魏二家,灭掉智伯。

⑨晋阳:赵氏的封邑,位于今山西太原西南。

⑩高梁:晋国地名,位于今山西临汾东北。

⑪溲器:饮器。一说为小便器。

⑫屈产:晋国地名,产良马,位于今山西石楼东南。垂棘:晋国地名,出玉石,具体地点不详。

⑬宫之奇:人名,春秋时虞国的大夫。

⑭咎莫憯于欲得:过失没有比贪欲更惨痛的了。憯,通“惨”。

【译文】

天下太平,没有战争,就叫静,传递紧急公文的车马用不上。所以说:“歇下奔跑的马来施肥。”天下不太平,攻战连年不断,互相防守多年都不停止,战士的铠甲头盔都生出了虱子,燕子和麻雀都住进了营帐,而军队仍然不能返回。所以说:“战马在郊外生产小马驹。”

有个狄国人向晋文公进献大狐狸和黑豹的皮。晋文公接受下来感叹道:“这两种动物因为它们的皮毛美丽而自己害了自己。”国君因为好名声而获罪,徐偃王就是这样;因为城池和土地而获罪,虞国和虢国就是这样。所以说:“罪过没有比可以引起欲望更大的了。”

智伯兼并了范氏和中行氏二家仍不停地进攻赵氏,韩氏、魏氏两家反过来进攻智伯,军队在晋阳战败,智伯死在高梁东面,土地最后被赵、魏、韩三家瓜分,他的头盖骨被涂上漆当了饮器。所以说:“祸患没有比不知足更大的了。”

虞国的君主想要得到晋国屈地产的良马和垂棘产的璧玉,不听从宫之奇的劝谏,所以他国家灭亡而自己失去生命。所以说:“过失没有比贪欲更惨痛的了。”

邦以存为常,霸王其可也;身以生为常,富贵其可也。不以欲自害,则邦不亡,身不死。故曰:“知足之为足矣①。”

楚庄王既胜②,狩于河雍③,归而赏孙叔敖④。孙叔敖请汉间之地[5]，沙石之处。楚邦之法，禄臣再世而收地，唯孙叔敖独在。此不以其邦为收者，瘠也，故九世而祀不绝[6]。故曰："善建不拔，善抱不脱，子孙以其祭祀世世不辍[7]。"孙叔敖之谓也。

制在己曰重，不离位曰静。重则能使轻，静则能使躁。故曰："重为轻根，静为躁君。"故曰："君子终日行，不离辎重"也。邦者，人君之辎重也。主父生传其邦[8]，此离其辎重者也，故虽有代、云中之乐[9]，超然已无赵矣。主父，万乘之主，而以身轻于天下。无势之谓轻，离位之谓躁，是以生幽而死。故曰："轻则失臣，躁则失君[10]。"主父之谓也。

【注释】

①知足之为足矣：见于今本《老子》第四十六章，"知足之为足矣"。今本《老子》作"故知足之足，常足矣"。

②楚庄王既胜：指前 597 年楚庄王出兵于邲（今河南郑州东），打败晋军之事。楚庄王，名侣，春秋时楚国君主，曾任命孙叔敖改革法制，建成霸业。

③河雍：即衡雍，郑国地名，位于今河南原阳西南。

④孙叔敖：春秋时楚国人，楚庄王时任令尹。

⑤汉间：汉水附近。

⑥九世而祀不绝：好多代祭祀不断，指孙叔敖的子孙好多代享有汉间的封地。九世，多代，"九"为虚数，多的意思。

⑦子孙以其祭祀世世不辍：此数句属今本《老子》第五十四章的内容，今本《老子》作"善建者不拔，善抱者不脱，子孙以祭祀不辍"。

⑧主父：即赵武灵王，名雍，战国时赵国君主，后传位给小儿子何，自称主父。

⑨代：赵国郡名，位于今河北蔚县和山西东北部邻近地区。云中：赵国郡名，位于今内蒙古自治区托克托县和山西西北部的邻近地区。

⑩轻则失臣，躁则失君：属今本《老子》第二十六章内容，长沙马王堆帛书《老子》甲、乙本作"轻则失本，重则失君"。

【译文】

国家以生存为根本，保存生存成为霸王也是可能的；身体以有生命为根本，保持生命实现富贵也是可能的。不用贪欲来祸害自己，那么国家就不会灭亡，身体就不会死亡。所以说："知道满足才是真正的满足。"

楚庄王已经取胜，在河雍打败晋国，回来后赏赐孙叔敖。孙叔敖请求汉水附近的贫瘠土地。楚国的法制规定，官吏的封地到第二代就收回，可只有孙叔敖的封地仍旧存在。这块封地不被楚国收回的原因，是因为它贫瘠，所以孙叔敖的后代好多代仍旧享有这块土地。所以说："善于建立的不能被拔掉，善于抱持的脱不开，子孙因此世代祭祀而不中断。"说的就是孙叔敖这样的。

控制在自己手中就称为重，不离开君位叫做静。君权重就能役使权位轻的臣下，君主静就能驱使浮躁的群臣。所以说："重是轻的根本，静是躁的主宰。"所以说："君子整天走路，离不开载着行李的车子。"国家，是君主的辎重。赵武灵王活着时就把国家传给了儿子，这是走路而离开了他的辎重，所以他虽然有代郡、云中的快乐，却轻飘飘地失掉了赵国。赵武灵王是大国的君主，却使自己被天下人看轻。没有权势就叫轻，离开了君位就叫躁，因此他活着被囚禁饿死。所以说："位轻就会失去臣子，浮躁就会失去君位。"说的就是赵武灵王这样的君主。

势重者，人君之渊也。君人者，势重于人臣之间，失则不可复得也。简公失之于田成①，晋公失之于六卿②，而邦亡身死。故曰："鱼不可脱于深渊[3]。"赏罚者，邦之利器也，在君则制臣，在臣则胜君。君见赏[4]，臣则损之以为德；君见罚，臣则益之以为威。人君见赏，而人臣用其势；人君见罚，人臣乘其威。故曰："邦之利器，不可以示人。"

越王入宦于吴[5]，而观之伐齐以弊吴[6]。吴兵既胜齐人于艾陵[7]，张之于江、济[8]，强之于黄池[9]，故可制于五湖[10]。故曰："将欲翕之，必固张之[11]；将欲弱之，必固强之。"晋献公将欲袭虞[12]，遗之以璧马[13]；知伯将袭仇由[14]，遗之以广车[15]。故曰："将欲取之，必固与之。"起事于无形，而要大功于天下，"是谓微明"。处小弱而重自卑损，谓"弱胜强"也。

【注释】

①简公：指齐简公，名任，春秋末期齐国的君主。田成：即田成子，名常，齐国执政的大臣，前 481 年，他发动政变，杀掉了齐简公，控制了齐国的政权。

②晋公：晋国的君主。六卿：指晋国当时控制国家实权的智伯、中行、赵、魏、韩、范六家。从晋平公（前 557—前 532 年在位）时起，晋国的六卿逐渐掌握了国家政权。

③鱼不可脱于深渊：此句和下文引《老子》文句自"邦之利器，不可以示人"，至"弱胜强"，均属今本《老子》第三十六章。

④见赏：表现出赏赐。见，同"现"。下文"见罚"之"见"与此同。

⑤越王入宦于吴：越王勾践到吴国去做吴王夫差的奴仆。越王，指越王勾践。入宦于吴，指前 494 年越国被吴国打败后，越王勾践被迫求和，到吴国做吴王夫差的马前卒一事。

⑥观之伐齐以弊吴：指前 486 年越王勾践见吴王夫差北上与齐国争霸，便去朝见夫差，送上礼物以示支持，但实则为了削弱吴国。

⑦艾陵：齐国地名，位于今山东莱芜东北。

⑧江：指长江。济：济水，黄河的一条支流，流经今河南东北部和山东中部。

⑨黄池：宋国地名，位于今河南封丘西南。前482年，吴王夫差曾在此与诸侯会盟，与晋定公争做盟主。

⑩五湖：这里指太湖，当时属吴国的腹心地区。

⑪固：通“姑”。下文“固强”、“固与”之“固”均同此。

⑫晋献公：春秋时晋国的君主，名诡诸。虞：春秋时的诸侯国名，位于今山西平陆东北。

⑬璧：指垂棘之璧。马：指屈产之乘。

⑭知伯：即智伯。知，同“智”。仇由：一作仇犹，春秋时狄人建立的国家，位于今山西盂县东北。

⑮广车：一种大车。根据《战国策·西周策》记载，智伯进攻仇由时，先用车子装一口大钟送去，军队随之进攻。

【译文】

权势是君主这条鱼儿的深潭。君主，一旦权势落到了臣子的手中，失去了就不可能再得到了。齐简公在田成子手中丢失了权势，晋国的君主在六卿那里丢失了权势，结果国破身死。所以说：“鱼儿不可以离开深潭。”赏罚是国家的锐利武器，掌握在君主手里就能制服臣子，掌握在臣子手里就会压倒君主。君主显露赏赐的意愿，臣子就会减少一部分去显示自己的恩德；君主显露出惩罚的计划，臣子就会增加一部分以显示自己的威势。君主表现出要用赏赐，大臣就会减去一些转施于人以作为自己的恩德；君主表现出要用刑罚，大臣则会加重一些以显示自己的威势。所以说：“国家的锐利武器不能显露给别人看。”

越王勾践到吴国去做吴王的奴仆，示意吴王攻打齐国以削弱吴国。吴国军队已在艾陵战胜了齐国，势力扩张到长江、济水流域，又在黄池地方逞强，因此越国可以在太湖地区制服吴国。所以说：“将要缩小它，必须暂且先扩张它；将要削弱它，必须暂且先让它强大一下。”晋献公准备袭取虞国，先赠给虞君璧玉和宝马；智伯将要袭取仇由，先赠给对方一辆大车。所以说：“要想夺取它，必须暂且先给予它。”不露形迹中开始行动，设法在天下求得大功，“这就叫做微妙的明智”。处在弱小的位置而能注重自己谦卑克制，这就叫做“柔弱胜刚强”。

有形之类，大必起于小；行久之物，族必起于少。故曰：“天下之难事必作于易，天下之大事必作于细[①]。”是以欲制物者于其细也。故曰：“图难于其易也，为大于其细也。”千丈之堤，以蝼蚁之穴溃；百尺之室，以突隙之烟焚[②]。故曰：“白圭之行堤也塞其穴[③]，丈人之慎火也涂其隙，是以白圭无水难，丈人无火患。”此皆慎易以避难，敬细以远大者也。扁鹊见蔡桓公[④]，立有间。扁鹊曰：“君有疾在腠理[⑤]，不治将恐深。”桓侯曰：“寡人无。”扁鹊出。桓侯曰：“医之好治不病以为功。”居十日，扁鹊复见曰：“君之病在肌肤，不治将益深。”桓侯不应。扁鹊出。桓侯又不悦。居十日，扁鹊复见曰：“君之病在肠胃，不治将益深。”桓侯又不应。扁鹊出。桓侯又不悦。居十日，扁鹊望桓侯而还走，桓侯故使人问之。扁鹊曰：“病在腠理，汤熨之所及也；在肌肤，针石之所及也；在肠胃，火齐之所及也[⑥]；在骨髓，司命之所属[⑦]，无奈何也。今在骨髓，臣是以无请也。”居五日，桓侯体痛，使人索扁鹊，已逃秦矣。桓侯遂死。故良医之治病也，攻之于腠理。此皆争之于小者也。夫事之祸福亦有腠理之地，故圣人蚤从事焉[⑧]。

【注释】

①天下之难事必作于易：自此句至下文“为大于其细也”，共引《老子》四句，皆属于今本《老子》第六十三章。

②突隙：烟囱的缝隙。突，指烟囱。

③白圭：战国时期的水利家，曾任魏惠王的相。

④扁鹊：古代的名医，姓秦名越人，一般认为其活动在春秋末至战国初。蔡桓公：春秋时蔡国的君主，名封人，前714—前695年在位。

⑤腠(còu)理：皮肤，表皮。

⑥火齐：清热去火的汤药。齐，通“剂”。

⑦司命：古代认为主宰人的生命的神。

⑧蚤：通“早”。

【译文】

有形体的东西，大的一定由小的发展而来；经历长久的事物，数量众多一定由数量少发展而来。所以说：“天下的难事一定开始于简易，天下的大事一定开始于细微。”因此就要在事物细小的时候想办法制服它。所以说：“解决困难的问题要从简单的地方开始，做大事要从细小的地方做起。”千丈的长堤，会因为蝼蚁的洞穴而崩溃；百尺的房屋，会因为烟囱的缝隙而焚毁。所以说：“白圭巡行大堤要堵塞蝼蚁的小洞，老年人防范火灾要用泥涂封好烟囱上的缝隙。因而在白圭的治理下没有水患，在老年人防范下没有火灾。”这些都是因为谨慎地对待容易的事以避免困难的事，郑重对待细小的漏洞以远离大的灾祸。扁鹊去拜见蔡桓侯，站了一会儿。扁鹊对蔡桓侯说：“君主您有病在表皮里，不治就会加深。”蔡桓侯说：“我没有病。”扁鹊出去了。蔡桓侯说：“医生喜欢给没有病的人治病来作为自己的功劳。”过了十天，扁鹊又来拜见说：“您的病在肌肤里，不治恐怕会深入体内。”蔡桓侯不答应。扁鹊出去。蔡桓侯又不高兴。过了十天，扁鹊又来拜见说：“您的病到了肠胃，不治还将会加深。”蔡桓侯又不答应。扁鹊出去了。蔡桓侯又不高兴。过了十天，扁鹊望见蔡桓侯扭头就跑，蔡桓侯派人来问扁鹊原因。扁鹊说：“疾病在表皮里，可以用汤药熏洗；在肌肤里，可用针石治疗到；在肠胃，可以用清热去火的汤药治疗到；在骨髓间，那是属于掌管生命的神的领地，医生是无可奈何了。现在桓侯的病已到了骨髓，我因此就不再请求了。”过了五天，蔡桓侯身体疼痛得厉害，派人去找扁鹊，扁鹊已逃到秦国去了。蔡桓侯最后病死了。因此良医给人治病，选择病在表皮的时候开始治。这都是在问题处于萌芽状态就争取解决。事情的祸福也有处于表皮的时候，所以圣人尽早地处理它。

昔晋公子重耳出亡[①]，过郑[②]，郑君不礼。叔瞻谏曰[③]：“此贤公子也，君厚待之，可以积德。”郑君不听。叔瞻又谏曰：“不厚待之，不若杀之，无令有后患。”郑君又不听，及公子返晋邦，举兵伐郑，大破之，取八城焉。晋献公以垂棘之璧假道于虞而伐虢，大夫宫之奇谏曰：“不可。唇亡而齿寒，虞、虢相救，非相德也。今日晋灭虢，明日虞必随之亡。”虞君不听，受其璧而假之道。晋已取虢，还，反灭虞。此二臣者皆争于腠理者也，而二君不用也。然则叔瞻、宫之奇亦虞、郑之扁鹊也，而二君不听，故郑以破，虞以亡。故曰：“其安易持也，其未兆易谋也[④]。”

昔者纣为象箸而箕子怖[⑤]，以为象箸必不加于土铏[⑥]，必将犀玉之杯[⑦]；象箸玉杯必不羹菽藿[⑧]，必旄、象、豹胎；旄、象、豹胎必不衣短褐而食于茅屋之下，则锦衣九重[⑨]，广室高台。吾畏其卒，故怖其始。居五年，纣为肉圃[⑩]，设炮烙[⑪]，登糟丘，临酒池，纣遂以亡。故箕子见象箸以知天下之祸。故曰:"见小曰明[12]。"

勾践入宦于吴,身执干戈为吴王洗马[13],故能杀夫差于姑苏[14]。文王见詈于王门[15],颜色不变,而武王擒纣于牧野[16]。故曰:"守柔曰强。"越王之霸也不病宦,武王之王也不病詈[17]。故曰:"圣人之不病也,以其不病,是以无病也[18]。"

【注释】

①重耳:即晋文公。在即位前,因受骊姬和惠公迫害,先后逃亡到狄和齐、秦等国。

②郑:诸侯国名,位于今河南中部,黄河以南地区。

③叔瞻:人名,郑国大夫。

④其安易持也,其未兆易谋也:属今本《老子》第六十四章。

⑤纣:商朝的最后一个王,著名的暴君。箕子:纣的叔父,官为太师。

⑥土铏(xíng):盛汤的陶制器皿。

⑦犀玉之杯:犀牛角和玉做的杯子。

⑧菽:豆类植物。藿:豆叶。

⑨锦衣九重:多层用华丽丝织品做的衣服。九重,形容锦衣的层数多,表示阔气。

⑩肉圃:挂满肉的园林,即肉林。下文"糟丘"即用酒糟堆积而成的山;"酒池",即用酒汇成的池子。

⑪炮烙:烤肉用的铜格,也用作杀人的刑具。

⑫见小曰明:此句和下文"守柔曰强"均属今本《老子》第五十二章。

⑬洗马:即走马前面,俗称"马前卒"。洗,通"先"。

⑭姑苏:即姑苏城,当时吴国的国都,位于今江苏苏州。

⑮文王见詈于王门:周文王在商纣王用玉装饰的门前被骂。文王,指周文王姬昌。詈,骂。王门,即“玉门”,指商纣王用玉装饰的门。后来周文王的儿子周武王姬发灭商。

⑯牧野:地名,位于今河南淇县南,周武王伐商的决战地。

⑰武王之王(wàng):武王称王。王,称王、统治。

⑱“圣人之不病也”至“是以无病也”:属今本《老子》第七十一章。

【译文】

从前晋国的公子重耳出国流亡,经过郑国,郑国国君对他不礼貌。叔瞻进谏说:“这是一位贤德的公子,君主您应厚礼招待他,可以借此积下您的恩德。”郑国的国君不听从。叔瞻又进谏说:“您不能厚礼接待他,不如把他杀了,不要留有后患。”郑国的国君也不听从。等到晋国的公子回到晋国做了国君,发兵来讨伐郑国,把郑国打得大败,夺取了郑国八座城池。晋献公用垂棘产的璧玉向虞国借道去进攻虢国,虞国的大夫宫之奇向虞君进谏说:“不行。嘴唇没有了,牙齿会觉得寒冷,现在虞国和虢国相互救助,不是互相施受恩德。如果今天晋国消灭了虢国,明天一定会随之灭掉虞国。”虞国的国君不听从,接受了晋国的璧玉而借给晋国道路。晋国已夺取了虢国,返回后,又转过来灭掉了虞国。这两位进谏的臣子都是在事物处在萌芽状态去据理力争,但郑国和虞国的国君却不能采用他们的建议。这样看来叔瞻、宫之奇也就是虞国和郑国的扁鹊,而郑国和虞国的国君不听从他们的意见,因此郑国被打败,虞国被消灭。所以说:“当事情安定时还容易维持,当事情的征兆没有显露时还容易想办法。”

从前商纣王制作象牙筷子使箕子恐惧,认为象牙筷子一定不会用在粗陋的盛汤陶罐里,一定要用犀牛角和玉做的杯子;象牙筷子和玉制的杯子一定不会来吃豆类叶子熬出的浓汤,一定要用来品尝旄牛、大象和豹的幼体;品尝旄牛、象和豹的幼体一定不会穿着短小的粗布衣裳在茅草屋下进食,那么就会要求穿多层的华美丝衣,住大厦高楼。我害怕出现这样的结果，所以对他的开端感到恐惧。过了五年，商纣王建起了挂满肉的园林，设置了烤肉用的炮烙，登上酒糟堆成的山丘，靠着蓄酒的池子，商纣王最终因此灭亡。所以箕子看到象牙筷子因而知道天下的灾祸。所以说："看到事物的萌芽状态叫做明。"

勾践到吴国去服贱役，手执兵器做吴王夫差的马前卒，因此能在吴国的国都姑苏城杀死夫差。周文王在商纣王的用玉装饰的门前挨骂，脸色没有任何改变，周武王则在牧野活捉了商纣王。所以说："保守柔弱才叫刚强。"越王勾践成就霸业不以做奴仆为苦恼，周武王据有天下不以当初父亲被骂为苦恼。所以说："圣人之所以不苦恼，因为他不把那些事看成是苦恼的，所以他不苦恼。"

宋之鄙人得璞玉而献之子罕①，子罕不受。鄙人曰："此宝也，宜为君子器，不宜为细人用。"子罕曰："尔以玉为宝，我以不受子玉为宝。"是鄙人欲玉，而子罕不欲玉。故曰："欲不欲，而不贵难得之货②。"

王寿负书而行③，见徐冯于周涂④。冯曰："事者，为也；为生于时，知者无常事⑤。书者，言也；言生于知，知者不藏书。今子何独负之而行？"于是王寿因焚其书而舞之。故知者不以言谈教，而慧者不以藏书箧⑥。此世之所过也，而王寿复之，是学不学也。故曰："学不学，复归众人之所过也。"

【注释】

①鄙人：边鄙之人、乡下人。璞玉：没有经过加工的玉石。子罕：即乐喜，春秋时期宋国人，宋平公时任宋国的司城(掌管工程的官)。

②欲不欲，而不贵难得之货：此句长沙马王堆帛书及今本《老子》均作："欲不欲，不贵难得之货。"下文"学不学，复归众人之所过"

作："学不学，复众人之所过。"自此句至下文所引《老子》"恃万物之自然而不敢为"(长沙马王堆帛书《老子》作"能万物之自然而不敢为"，今本《老子》作"辅万物之自然而不敢为")，均属今本《老子》第六十四章。

③王寿：人名，生平不详。

④徐冯：人名，生平不详。周涂：四通八达的道路。涂，通"途"，道路。

⑤知：同"智"。

⑥箧(qiè)：小箱子。

【译文】

宋国有个乡下人得到了一块璞玉将它献给子罕，子罕不肯接受。乡下人说："这是件宝物，应该成为君子的饰物，不应该为小人使用。"子罕说："你把宝玉当成宝物，我把不接受你的宝玉当成宝物。"这是因为乡下人想得到玉，而子罕不想要玉。所以说："把没有欲望当成欲望，不看重难得的财物。"

王寿背着书行走，在大路上遇到了徐冯。徐冯说："事情，是人为的；而办事的行动产生于当时的需要，聪明的人做事没有固定不变的模式。书籍，是记载人的言论的；言论生于智慧，因此聪明的人不收藏古籍。现在你为什么偏要背着书走路呢?"于是王寿就听他的话焚烧了自己的书扬掉书的灰烬。所以有智慧的人不用空言说教，而聪明的人用不着藏书的小箱子。不言教、不藏书是众人都指责的错误，而王寿现在却重复这样的过错，这是把不学习书本上的记载当成学习。所以说："把不学习作为学习，是回到众所指责的错误上去。"

夫物有常容，因乘以导之。因随物之容，故静则建乎德，动则顺乎道。宋人有为其君以象为楮叶者[①]，三年而成。丰杀茎柯[②]，毫芒繁泽，乱之楮叶之中而不可别也。此人遂以功食禄于宋邦。列子闻之曰[3]："使天地三年而成一叶，则物之有叶者寡矣。"故不乘天地之资而载一人之身，不随道理之数而学一人之智[4]，此皆一叶之行也。故冬耕之稼，后稷不能羡也[5]；丰年大禾，臧获不能恶也[6]。以一人力，则后稷不足；随自然，则臧获有余。故曰："恃万物之自然而不敢为也。"

空窍者[7]，神明之户牖也。耳目竭于声色，精神竭于外貌，故中无主。中无主，则祸福虽如丘山，无从识之。故曰："不出于户，可以知天下；不窥于牖，可以知天道[8]。"此言神明之不离其实也。

【注释】

①楮(chǔ)：树名，落叶乔木，叶子像桑叶而更粗糙。

②丰杀：宽狭。茎柯：叶片上的筋脉。

③列子：即列御寇，战国中期宋国人，道家人物。

④道理之数：指自然法则。

⑤后稷：周人的始祖，名弃，善种植农作物，相传尧舜时代曾担任农官。

⑥臧获：奴婢。分开则奴为臧，婢为获。

⑦空窍：指人的眼、耳、鼻、口等器官。

⑧"不出于户"至"可以知天道"句：这段话属于今本《老子》第四十七章，但今本《老子》中这段与《韩非》本篇所引略有出入。此段今本《老子》第四十七章作："不出户，知天下；不窥牖，见天道。"

【译文】

事物有自己固有的形态，可以凭借这种形态加以引导。因为顺着万物的固有形态，所以静止的时候不失事物的本性，运动的时候能顺应事物的法则。宋国有个用象牙为君主雕刻楮叶的人，三年才雕成。雕刻而成的叶子的宽狭和上面的筋脉，微毛和细芒色泽丰富，混杂在真的楮叶中间人们难以分别。这个人最终因为雕刻楮叶有功在宋国享受俸禄。列子听说这件事后说：“让自然界三年生成一片叶子，那植物有叶子的就很少了。”因此不依据大自然提供的条件而凭个人的本领来行事，不顺应自然界的法则而表现一个人的智巧，这都是用三年雕出一片楮叶的行为。因而冬天耕种的庄稼，后稷不能使它多产；丰收之年长出很好的谷物，奴婢也不能叫它枯败。凭一个人的力量，那么后稷不能使它丰足；顺应自然法则，那么奴婢也能获得丰产。所以说：“依照万物的自然法则行事而不敢勉强去做。”

人的五官等孔穴，是精神的门窗。耳目的能力被声色所耗尽，精神被外貌所耗尽，因此心中就没有了主宰。心中失去了主宰，那么祸福即使如山丘一样大，也没有办法认识它。所以说：“不出门，就可以知道天下的事情；不从窗户向外看，就可以知道自然变化的法则。”这是说精神离不开其实质。

赵襄主学御于王子于期①，俄而与于期逐，三易马而三后。襄主曰：“子之教我御，术未尽也？”对曰：“术已尽，用之则过也。凡御之所贵：马体安于车，人心调于马，而后可以进速致远。今君后则欲逮臣，先则恐逮于臣。夫诱道争远，非先则后也，而先后心皆在于臣，上何以调于马②？此君之所以后也。”白公胜虑乱③，罢朝，倒杖而策锐贯颐，血流至于地而不知。郑人闻之曰：“颐之忘，将何不忘哉！”故曰：“其出弥远者，其智弥少。”此言智周乎远，则所遗在近也。是以圣人无常行也。能并智，故曰：“不行而知。”能并视，故曰：“不见而明。”随时以举事，因资而立功，用万物之能而获利其上，故曰：“不为而成。”

【注释】

①赵襄主：即赵襄子，名无恤，春秋末期晋国的六卿之一。王子于期：即王良，晋国人，赵襄子的家臣，以善于驾驭车马著称。

②上：通“尚”。

③白公胜：春秋时楚平王太子建的儿子，因避难逃到吴国，回楚国后留在白邑（位于今河南息县东北），号白公。后在楚国作乱被杀。

【译文】

赵襄子向王子于期学习驾驭车马，不久就和于期比赛驾车，三次和王子于期交换了马匹仍然落后。赵襄子说：“你教我驾车，技术还没有完全教给我吗？”于期回答说：“技术已经完全教给你了，但你在运用上却有错误。凡是驾车所要注意的：在于让马的身体安稳于车子，人的注意力和马的动作协调，然后才可以快速奔跑到达远方。现在你跑在后面了就想赶上我，跑在前面了又怕被我赶上。引导马在路上作远程赛跑，不是跑在前面，就是跑在后面，而你跑在前面与跑在后面注意力都在我身上，还哪有心思来调马？这就是你落后的原因。”白公胜考虑作乱，散朝回来，倒拿着马鞭结果马鞭的尖针刺穿了脸颊，血流到了地上他也不知道。郑国人听了以后说：“脸颊都忘记了，还有什么不能忘记呢？”所以说：“走得愈远，知道得愈少。”这是说人们的智虑全都围绕着远事在转，就会丢弃近处的事。因此圣人没有固定不变的行动。远处的事和近处的事能同时考虑周到，所以说：“不行动就明白了。”远处的事和近处的事能同时看明白，所以说：“不看就明白了。”随着适当的时机办事，依靠客观条件立功，利用万物的特性而在上面获利，所以说：“不用去做而能成功。”

楚庄王莅政三年①，无令发，无政为也。右司马御座而与王隐曰②：“有鸟止南方之阜③，三年不翅，不飞不鸣，嘿然无声④，此为何名？”王曰：“三年不翅，将以长羽翼；不飞不鸣，将以观民则。虽无飞，飞必冲天；虽无鸣，鸣必惊人。子释之，不穀知之矣[5]。”处半年，乃自听政。所废者十，所起者九，诛大臣五，举处士六，而邦大治。举兵诛齐，则之徐州[6]，胜晋于河雍[7]，合诸侯于宋，遂霸天下。庄王不为小害善，故有大名；不蚤见示[8]，故有大功。故曰：“大器晚成，大音希声[9]。”

楚庄王欲伐越[10]，杜子谏曰[11]：“王之伐越，何也？”曰：“政乱兵弱。”杜子曰：“臣愚患之。智如目也，能见百步之外而不能自见其睫。王之兵自败于秦、晋，丧地数百里，此兵之弱也；庄蹻跻为盗于境内而吏不能禁[12]，此政之乱也。王之弱乱，非越之下也，而欲伐越，此智之如目也。”王乃止。故知之难，不在见人，在自见。故曰：“自见之谓明[13]。”

子夏见曾子[14]。曾子曰：“何肥也？”对曰：“战胜，故肥也。”曾子曰：“何谓也？”子夏曰：“吾入见先王之义则荣之，出见富贵之乐又荣之，两者战于胸中，未知胜负，故臞[15]。今先王之义胜，故肥。”是以志之难也，不在胜人，在自胜也。故曰：“自胜之谓强[16]。”

周有玉版[17]，纣令胶鬲索之[18]，文王不予[19]；费仲来求[20]，因予之。是胶鬲贤而费仲无道也。周恶贤者之得志也，故予费仲。文王举太公于渭滨者[21]，贵之也；而资费仲玉版者，是爱之也。故曰：“不贵其师，不爱其资，虽知大迷[22]，是谓要妙。”

【注释】

①楚庄王：名侣，春秋时楚国的君主，著名的“春秋五霸”之一。

②右司马：楚国官名，主管军政。

③阜:土丘。

④嘿:同"默",沉默。

⑤不穀:不善,先秦君主自谦的称呼。

⑥徐州:同"俆(shū)州",当时属齐国,位于今山东滕州东南。

⑦河雍:即衡雍,郑国地名,位于今河南原阳西南。

⑧蚤:通"早"。见:同"现"。

⑨大器晚成,大音希声:属今本《老子》第四十一章。希,通"稀"。

⑩越:春秋末期于古越族地区建立的国家,范围包括今浙江大部和江苏、江西部分地区。

⑪杜子:人名,生平不详。

⑫庄蹻跻:即庄跻,战国初期楚国的大盗,曾纵横于今天的湖南、贵州至云南地区。

⑬自见之谓明:此句属今本《老子》第三十三章。

⑭子夏:即卜商,孔子的学生,春秋时期卫国人。曾子:指曾参,孔子的学生,春秋时期鲁国人。

⑮臞(qú):消瘦。

⑯自胜之谓强:此句今本《老子》作:"自胜者强。"

⑰玉版:用玉做的刻有文字的板片。

⑱纣:商纣王。胶鬲:人名,商纣王的忠臣。

⑲文王:即周文王姬昌。

⑳费仲:商纣王宠信的臣子,善于阿谀逢迎。

㉑太公:即太公望,俗称姜太公,姜姓名尚,一名吕尚,长于军事谋略,曾帮助周武王灭商。渭:指渭水,在今陕西境内。

㉒自"不贵其师"至"是谓要妙"一段,属今本《老子》第二十七章。知,同"智"。

【译文】

楚庄公执政三年,没有发布任何命令,没有实施任何行政措施。右司马侍候在王座旁边用隐语向楚庄王说:“有只鸟栖息在南方的山丘上,三年来从不展翅,不飞翔也不鸣叫,默默无声,这是怎么讲?”楚庄王说:“这只鸟三年不展翅,是想借此生长羽翼;不飞翔也不鸣叫,是要借此观察民众的态度。虽然它现在不飞翔,一旦飞翔就直冲云天;虽然它现在不鸣叫,一旦鸣叫就会惊动众人。你放心吧,我已经明白了你的意思。”过了半年,楚庄王便亲自处理政事。他废止的事情有十件,他举办的事情有九件,诛杀了五位大臣,提拔了六位隐居的读书人,而楚国因此治理得很好。他兴兵讨伐齐国,在徐州打败了齐国的军队,在河雍战胜了晋国,在宋国会合诸侯,于是称霸天下。楚庄王不因小事妨害自己的长处,所以有大名声;不预先表露出自己的才能,因此能建立大功。所以说:“重大的器物最后才制成,宏伟的乐章不轻易发出声响。”

楚庄王准备进攻越国,杜子劝谏说:“大王您要讨伐越国,这是为什么?”楚庄王说:“因为越国政治混乱而军队弱小。”杜子说:“我愚昧地替大王担忧。人的智慧就如眼睛,能看到百步以外但却不能看到自己的眼睫毛。大王自己的军队被秦国和晋国打败,丧失了数百里的土地,这是军队弱小的表现;庄跻在楚国境内作乱而楚国的官吏不能禁止,这是政治混乱的表现。大王您国内的混乱弱小不在越国之下,但却想要进攻越国,这说明您的智慧如同眼睛一样。”楚庄王便停止了他的计划。因此认识事物的困难,不在于看清别人,而在于看清自己。所以说:“能自己认识自己才叫明察。”

子夏遇见曾参。曾参说:“你怎么变肥胖了?”子夏回答说:“打仗打胜了,所以肥胖了。”曾参说:“这是什么意思?”子夏说:“我在家里学习时看见前代圣王的义理,心中很敬仰;出门看到荣华富贵的快乐场面,心中又很羡慕。这两种态度在胸中交战,不知谁胜谁负,因此消瘦。现在先前圣贤的道理获胜了,因而肥胖了。”所以说一个人立志的困难,不在胜过别人,而在战胜自己。所以说:“能战胜自我就叫强。”

周文王有一块玉版,商纣王派胶鬲来索求,周文王不给;商纣王又派费仲来索求，就给了他。因为胶鬲是位贤臣而费仲是个奸佞之人。周文王不希望商朝贤德的人得志，因此就给了费仲。周文王把渭水边的姜太公提拔起来，是尊重他；而把玉版交给费仲，是想资助他这样的奸佞得志而扰乱商朝。所以说："假如不尊重他的老师，不爱惜可以利用的条件，虽然聪明，却是大糊涂，这就叫做奥妙。"

说林上

【题解】

说，指中国上古时期一种由民间传说和历史故事组成的文体形式；林，喻指数量的众多。“说林”，即众多“说”（以“说”体形式出现的文章）的汇集。《说林》分上下两篇，上篇由三十四则传说故事构成，下篇由三十七则传说故事构成，这些传说故事应该是韩非为他的论文写作而准备的资料。

《说林》所汇集的这些传说故事，内容非常丰富，包括政治、经济、军事、外交、哲学等诸多方面。从性质上来看，这些传说故事有的是从史书中摘取的，如“卫君怨吴”、“中行文子出亡”见于《左传》哀公五年；有的可能是他加工过的，因而明显具有寓言的性质，历来也被人们当作寓言看待，如“杨子过宋东之逆旅”、“三虱相与讼”等；有的还在后面加上了他自己的评语。《说林》中的这些传说故事，当初韩非准备所用以论证的观点今已不可知，但它们都具有深刻的寓意，足以发人深思，这是不容怀疑的。当然，其中有些传说故事，显出宣扬阴谋与权术的，可能是韩非为论述其“用术”的思想主张而准备。

汤以伐桀[①]，而恐天下言己为贪也，因乃让天下于务光[②]。而恐务光之受之也，乃使人说务光曰：“汤杀君而欲传恶声于子，故让天下于子。”务光因自投于河。

秦武王令甘茂择所欲为于仆与行事[③]。孟卯曰[④]：“公不如为仆。公所长者，使也。公虽为仆，王犹使之于公也。公佩仆玺而为行事，是兼官也。”

子圉见孔子于商太宰[⑤]。孔子出，子圉入，请问客。太宰曰：“吾已见孔子，则视子犹蚤虱之细者也。吾今见之于君。”子圉恐孔子贵于君也，因谓太宰曰：“君已见孔子，亦将视子犹蚤虱也。”太宰因弗复见也。

魏惠王为臼里之盟[⑥]，将复立于天子[⑦]。彭喜谓郑君曰[⑧]：“君勿听。大国恶有天子，小国利之。若君与大不听，魏焉能与小立之？”

【注释】

①汤：指商汤，商朝的开国君主。以：通“已”。桀：指夏桀，夏朝的最后一个君主。

②务光：人名，传说是夏朝末期的一位隐士。

③秦武王：名荡，战国时秦国的君主。甘茂：人名，秦武王时担任左相。仆：管君主车马的官。行事：一种负责外交事务的小官。

④孟卯：一作芒卯、昭卯，战国时齐国人，能说善辩，后为魏安釐王的将。

⑤子圉：人名，生平不详。商：宋的别名，宋国为周人安排商朝遗民而建立的国家，故又称商。太宰：宋国官名，职位和“相”相同。

⑥魏惠王：即梁惠王，名罃，战国时魏国的君主。臼里：地名，一作“九里”，位于今河南洛阳附近。

⑦立：通“位”。

⑧彭喜：人名，生平不详。

【译文】

商汤已经攻克夏桀，而担心天下人说自己是为了贪图夏桀的江山，便把国家让给务光。但又恐怕务光会真的接受，就派人去劝说务光说："商汤杀掉国家的君主而想把篡位的坏名声传给你，因此把天下让给你。"务光于是投河自杀。

秦武王让甘茂在仆和行事两个官职中选取自己愿意担任的一个。孟卯对甘茂说："您不如担任仆这个官职。您的特长，是出使诸侯。您虽担任仆，秦王仍然会让您去做使者的职事。这样您就佩带着仆的官印却担任使者，这是同时兼任两个官职啊。"

子圉将孔子引见给宋国的太宰。孔子出来，子圉进去，向宋太宰问他对孔子的看法。太宰说："我见过孔子之后，再看您就像跳蚤虱子一样微小了。我现在就要把他引见给我们宋国的国君。"子圉怕孔子被君主看重，于是对太宰说："君主见到孔子之后，也会把您看成像跳蚤和虱子一样了。"太宰因此不再引见孔子去见宋国的君主了。

魏惠王在臼里举行盟会，打算恢复名存实亡的周天子天下共主的地位。彭喜对郑国的君主说："君主您不要听他的。大国讨厌有一个天下的共主，小国认为有一个共主对他们有利。您如果和大国都不听他的，魏国怎么可能和小国一同恢复周天子的共主地位？"

晋人伐邢①，齐桓公将救之②。鲍叔曰③："太蚤④。邢不亡，晋不敝；晋不敝，齐不重。且夫持危之功，不如存亡之德大。君不如晚救之以敝晋，齐实利。待邢亡而复存之，其名实美。"桓公乃弗救。

子胥出走⑤，边候得之⑥。子胥曰："上索我者，以我有美珠也。今我已亡之矣。我且曰：子取吞之。"候因释之。

庆封为乱于齐而欲走越⑦。其族人曰："晋近，奚不之晋?”庆封曰:“越远,利以避难。”族人曰:“变是心也,居晋而可;不变是心也,虽远越,其可以安乎?”

【注释】

①邢:春秋诸侯国名,位于今河北西南部,后迁到夷仪(今山东聊城西南)。

②齐桓公:名小白,齐国的国君,著名的“春秋五霸”之一。

③鲍叔:指鲍叔牙,齐桓公的大臣。

④蚤:通“早”。

⑤子胥:指伍子胥,名员,春秋时楚国人。

⑥边候:指楚国防守边界关卡的官吏。

⑦庆封:春秋时齐国执政的卿,后因荒淫乱政被逐。越:诸侯国名,范围包括今浙江大部和江西、江苏部分地区。

【译文】

晋国人进攻邢国,齐桓公准备去救助邢国。鲍叔牙说:“太早了。邢国不灭亡,晋国就不会疲惫;晋国不疲惫,齐国的地位就不会显得重要。况且扶助那些处于危险中的国家的功德,不如恢复已灭亡的国家的功德大。您不如晚点去救助邢国而使它把晋国拖得疲惫不堪,对齐国真正有利。等到邢国灭亡之后再帮助它复国,那样名声才真正美好。”齐桓公便不去救助邢国了。

伍子胥从楚国出逃,楚国的边关守吏抓住了他。伍子胥说:“楚王搜捕我,因为我手里有美珠。现在我已经把美珠弄丢了。我将会对楚王说:你抢去吞到肚子里去了。”守吏于是放了他。

庆封在齐国作乱打算逃到越国去。他的族人对他说:“晋国近一些,为什么不到晋国去?”庆封说:“越国远一些,利于躲避灾难。”族人说:“改变你作乱的念头,居住在晋国就可以了;不改你作乱的念头,即使像越国那样远,难道就能安居了吗?”

智伯索地于魏宣子[①]，魏宣子弗予。任章曰[②]："何故不予？"宣子曰："无故请地，故弗予。"任章曰："无故索地，邻国必恐。彼重欲无厌，天下必惧。君予之地，智伯必骄而轻敌，邻邦必惧而相亲。以相亲之兵待轻敌之国，则智伯之命不长矣。《周书》曰[③]：'将欲败之，必姑辅之；将欲取之，必姑予之。'君不如予之以骄智伯。且君何释以天下图智氏，而独以吾国为智氏质乎？"君曰："善。"乃与之万户之邑。智伯大悦，因索地于赵，弗与，因围晋阳[④]。韩、魏反之外，赵氏应之内，智氏以亡。

秦康公筑台三年[⑤]。荆人起兵[⑥]，将欲以兵攻齐。任妄曰[⑦]："饥召兵，疾召兵，劳召兵，乱召兵。君筑台三年，今荆人起兵将攻齐，臣恐其攻齐为声，而以袭秦为实也，不如备之。"戍东边，荆人辍行。

齐攻宋，宋使臧孙子南求救于荆[⑧]。荆大说[⑨]，许救之，甚劝。臧孙子忧而反[⑩]。其御曰："索救而得，今子有忧色，何也？"臧孙子曰："宋小而齐大。夫救小宋而恶于大齐，此人之所以忧也，而荆王说，必以坚我也。我坚而齐敝，荆之所利也。"臧孙子乃归。齐人拔五城于宋而荆救不至。

【注释】

①智伯：智伯瑶，春秋末期晋国的六卿之一。魏宣子：《战国策·魏策一》和《史记·魏世家》作"桓子"，和韩非的记载不同。魏桓子，名驹，也是当时晋国的六卿之一。

②任章：人名，生平不详。

③《周书》：这里指《逸周书》，一部记载周朝训诰誓命的书，西汉时

有七十一篇,今存本已残缺。

④晋阳:春秋末期晋国六卿中赵氏的封邑,位于今山西太原西南。

⑤秦康公:春秋时秦国的君主,名罃。

⑥荆:楚的别名。楚开始建国在荆山一带,故又称荆。

⑦任妄:人名,生平不详。

⑧臧孙子:一作臧子,生平不详。

⑨说:同“悦”。

⑩反:同“返”。

【译文】

智伯向魏宣子索求土地,魏宣子不给。任章说:“为什么不给呢?”魏宣子说:“无缘无故来索取土地,所以我不给。”任章说:“无故索求土地,邻国一定会恐惧。他贪欲太大没有止境,天下一定全都恐惧他。您给他土地,智伯他一定会骄傲轻敌,邻国一定会因为害怕而互相亲近团结。凭相互亲近团结的军队对待轻视他国的敌人,那么智伯的寿命就不长了。《周书》上说:‘将要打败他,必定先姑且辅助他;想要夺取它,一定先要姑且给予他。’您不如给智伯土地而使他骄傲。况且您为什么放弃天下共同来对付智伯的机会,而单独把我们魏氏作为智伯的靶子呢?”魏宣子说:“好。”就给了智伯一个有万户人口的城邑。智伯非常高兴,趁机向赵氏索要土地,赵氏不给,智伯因而围攻赵氏的封邑晋阳。韩、魏两家在晋阳城外反戈,赵氏在晋阳城内接应,智伯于是灭亡。

秦康公花了三年时间来修筑游乐的高台。楚国人发动军队,准备派兵攻击齐国。任妄说:“饥荒会招来兵祸,疾疫会招来兵祸,劳役会招来兵祸,政治混乱会招来兵祸。您修筑高高的土台花了三年时间,现在楚国发动军队准备攻打齐国,下臣我担心他们攻打齐国只是虚张声势,而把袭击秦国作为实际目标,不如提防他们。”秦国派兵防守东部边界,楚国人停止了行动。

齐国进攻宋国,宋国派臧孙子往南方到楚国求救。楚国人非常高兴，答应救援宋国，极力鼓励他们坚守。臧孙子忧心忡忡地返回。他的马车夫说："您向楚国求救得到允诺，现在您脸上有忧色，是什么原因？"臧孙子说："宋国小齐国大。救了弱小的宋国而得罪了强大的齐国，这是使人感到忧虑的事情，而楚王很高兴，这一定是为了坚定我国抗齐的决心。我国坚决抵抗而齐国就会疲惫，这是楚国的利益所在。"臧孙子于是回国。齐国攻下了宋国五座城池楚国的救援却还没到。

魏文侯借道于赵而攻中山[①]，赵肃侯将不许[②]。赵刻曰[③]："君过矣。魏攻中山而弗能取，则魏必罢[④]。罢则魏轻，魏轻则赵重。魏拔中山，必不能越赵而有中山也。是用兵者魏也，而得地者赵也。君必许之。许之而大欢，彼将知君利之也，必将辍行。君不如借之道，示以不得已也。"

鸱夷子皮事田成子[⑤]。田成子去齐，走而之燕[⑥]，鸱夷子皮负传而从。至望邑[⑦]，子皮曰："子独不闻涸泽之蛇乎？泽涸，蛇将徙。有小蛇谓大蛇曰：'子行而我随之，人以为蛇之行者耳，必有杀子。不如相衔负我以行，人以我为神君也。'乃相衔负以越公道。人皆避之，曰：'神君也。'今子美而我恶。以子为我上客，千乘之君也[⑧]；以子为我使者，万乘之卿也。子不如为我舍人。"田成子因负传而随之。至逆旅[⑨]，逆旅之君待之甚敬，因献酒肉。

温人之周[⑩]，周不纳客。问之曰："客耶？"对曰："主人。"问其巷人而不知也，吏因囚之。君使人问之曰："子非周人也，而自谓非客，何也？"对曰："臣少也诵《诗》曰[⑪]：'普天之下，莫非王土；率土之滨，莫非王臣。'今君，天子，则我天子之臣也。岂有为人之臣而又为之客哉？故曰：主人也。"君使出之。

【注释】

①魏文侯：战国时魏国的君主，名斯，前349—前326年在位。赵：战国时的诸侯国，范围包括今山西大部和陕西、河南、山东、河北一部分。中山：春秋战国时白狄别支鲜虞族建立的国家，位于今河北中西部。

②赵肃侯：战国时赵国的君主，名语。赵肃侯与魏文侯生活的年代相差近五十年，根据《战国策·赵策一》，与魏文侯发生借地关系的应为赵烈侯，名籍，前408—前400年在位。

③赵刻：一作赵利，生平不详。

④罢：通“疲”，疲惫。

⑤鸱夷子皮：田成子的谋士。田成子：即田常，春秋末期齐国的执政，后杀齐简公控制了齐国的政权。

⑥燕：诸侯国名，范围包括今河北大部和山西、辽宁等的部分地区。

⑦望邑：春秋时期的邑名，所在不详。

⑧千乘：千辆兵车，相对“万乘”而言，为中等诸侯国家。

⑨逆旅：客店，旅馆。

⑩温：古代邑名，位于今河南洛阳白马寺以东。

⑪《诗》：即《诗经》。下引诗句见《诗经·小雅·北山》。

【译文】

魏文侯向赵国借道去攻打中山国，赵肃侯打算不允许。赵刻说：“国君您错了。魏国攻打中山国不能攻下，那么魏国一定会疲惫。魏国疲惫，其地位就降低，魏国的地位下降赵国就显得重要。魏国攻打中山国，一定不能越过赵国而据有中山国。这样出兵攻打中山国的是魏国，而获得中山国土地的是赵国。君王您一定要答应他们。答应他们则会使他们非常高兴，他们将会知道您是想从他们那里得到好处，一定会停止行动。您不如借给他们过道，而表现出不得已。”

鸱夷子皮侍奉田成子。田成子离开齐国，逃跑到燕国去，鸱夷子皮背着出入国境的文牒跟随其后。到达望邑，鸱夷子皮说：“您难道不曾听说干涸池塘里的蛇吗？池塘干涸了，蛇群准备搬迁。有一条小蛇对大蛇说：‘您在前面走我跟随在后面，人们会认为是在行走的蛇，一定会有人杀了您。不如你我嘴叼着嘴背着我行走，人们一定会认为我是神君。’于是便互相用嘴叼着背负着在大道上行走。人们都避开这两条蛇，说：‘这是神君。’现在您样子华美而我样子丑陋。把您作为我的上客，人家只会把您看成中等国家的君主；把您作为我的使者，人家会把您当成大国的卿相。您不如做我的舍人。”田成子因而背着出入国境的文牒跟随在鸱夷子皮的后面。到了客店，店主人招待他们特别恭敬，并给他们献上酒肉。

有个温邑人到东周的都城去，都城的守门人不接纳他。问他说：“你是外地的客人吗？”这个人回答说：“是主人。”问他同住一条街巷的人但不认识，守城的官吏就把他囚禁起来了。东周国君派人问他说：“你不是东周都城人，但却自称不是外地客人，这是为什么？”这个人回答说：“我从小背诵的《诗经》上面说：‘普天之下，没有什么地方不是周王的土地；从陆地到海边，没有人不是周王的臣民。’现在国君，您是周天子，那么我就是天子的臣民。难道有做天子臣民而又成为他的客人的道理吗？所以我说我是主人。”君主派来的人便把他放了。

韩宣王谓樛留曰①：“吾欲两用公仲、公叔②，其可乎？”对曰：“不可。晋用六卿而国分③，简公两用田成、阚止而简公杀④，魏两用犀首、张仪而西河之外亡⑤。今王两用之，其多力者树其党，寡力者借外权。群臣有内树党以骄主，有外为交以削地，则王之国危矣。”

绍绩昧醉寐而亡其裘[⑥]。宋君曰:“醉足以亡裘乎?”对曰:“桀以醉亡天下,而《康诰》曰‘毋彝酒’者[⑦];彝酒,常酒也。常酒者,天子失天下,匹夫失其身。”

管仲、隰朋从于桓公而伐孤竹[⑧],春往冬反[⑨],迷惑失道。管仲曰:“老马之智可用也。”乃放老马而随之,遂得道。行山中无水,隰朋曰:“蚁冬居山之阳,夏居山之阴。蚁壤一寸而仞有水[⑩]。”乃掘地,遂得水。以管仲之圣而隰朋之智,至其所不知,不难师于老马与蚁。今人不知以其愚心而师圣人之智,不亦过乎?

【注释】

①韩宣王:即韩宣惠王,战国时期韩国的君主。樛留:人名,生平不详。

②公仲、公叔:公仲名朋,公叔名伯婴,二人都是韩国的贵族。

③六卿:指春秋时晋国的赵氏、魏氏、韩氏、中行氏、范氏、智氏六家。后来,赵、魏、韩三家瓜分了晋国,晋国灭亡。

④简公:即齐简公,名任,春秋末期齐国的国君。田成:即田成子。阚(kàn)止:字子我,齐简公的宠臣,与田成子分任左右相。

⑤犀首:魏国的武职官名,这里指曾担任过这一官职的魏国人公孙衍。张仪:魏国人,曾担任魏惠文王的相,后入秦,任秦惠王的相。西河之外:指黄河以西原属于魏国的地区,位于今陕西东部、渭水以北。

⑥绍绩昧:姓绍绩,名昧,生平不详。

⑦《康诰》:《尚书》篇名。其中“毋彝酒”一句,见于今本《尚书·酒诰》。

⑧管仲:即管夷吾,齐桓公的相。隰朋:人名,齐桓公的左相。孤竹:古代国名,位于今河北卢龙到辽宁朝阳一带。

⑨反:同“返”。

⑩仞:古代计量高度的单位,八尺为一仞。

【译文】

韩宣王对樛留说:“我想要同时重用公仲朋和公叔伯婴,可以吗?”樛留回答说:“不可以。晋国任用六卿而国家被瓜分,齐简公任用田成子和阚止而被杀,魏国同时任用公孙衍和张仪而丢失了河西地区。现在大王您同时任用公仲朋和公叔伯婴,他们中力量大的就会结成私党,力量小的会借用其他诸侯国的势力。群臣中有人在国内树立私党对君主傲慢,有人交结外敌来分割土地,那么大王的国家就危险了。”

绍绩昧醉酒后睡觉丢失了他的皮衣。宋国的君主说:“醉酒足以丢失皮衣吗?”绍绩昧回答说:“夏桀因为醉酒而丢了国家,而《康诰》说‘不要常常喝酒’;彝酒,就是常常喝酒。常常喝酒,天子就会失掉天下,一般民众就会丧失性命。”

管仲、隰朋跟随齐桓公前去攻打孤竹国,春天去冬天回,迷失了道路。管仲说:“老马的智慧可以利用。”便放开老马在前面走自己跟随在后面,结果找到了路。走到山里时没有了饮水,隰朋说:“蚂蚁冬天住在山的南面,夏天住在山的北面。蚂蚁洞口的土堆高一寸而地下八尺就有水。”便沿蚂蚁洞掘地,终于找到了水。凭着管仲的聪明和隰朋的才智,遇到他们所不知道的问题,不以把老马和蚂蚁当成老师为难。现在的人不懂得用他们愚笨的心去学习圣人的智慧,不也是错误吗?

有献不死之药于荆王者,谒者操之以入[①]。中射之士问曰[②]:“可食乎?”曰:“可。”因夺而食之。王大怒,使人杀中射之士。中射之士使人说王曰:“臣问谒者,曰‘可食’,臣故食之,是臣无罪而罪在谒者也。且客献不死之药,臣食之而王杀臣，是死药也，是客欺王也。夫杀无罪之臣而明人之欺王也，不如释臣。”王乃不杀。

田驷欺邹君[3]，邹君将使人杀之。田驷恐，告惠子[4]。惠子见邹君曰：“今有人见君，则䀹其一目[5]，奚如？”君曰：“我必杀之。”惠子曰：“瞽[6]，两目䀹，君奚为不杀？”君曰：“不能勿䀹。”惠子曰：“田驷东慢齐侯[7]，南欺荆王。驷之于欺人，瞽也，君奚怨焉？”邹君乃不杀。

【注释】

①谒者：古代宫廷中主管通报传达的官。

②中射之士：君主的武职侍从。

③田驷：人名，生平不详。邹：诸侯国名，位于今山东邹城东南。

④惠子：指惠施，战国时宋国人，曾任魏惠王的相，以善辩著名，是名家学派的代表人物。

⑤䀹(jiá)：闭着眼睛。

⑥瞽(gǔ)：盲人。

⑦慢：通“谩”，欺骗。

【译文】

有人献给楚王长生不死的仙药，传递官拿着药往宫里去。君主的武职侍从问道：“可以吃吗？”传递官说：“可以。”武职侍从便夺过药吃掉了。楚王非常生气，派人来杀这名武职侍从。这名武职侍从让人去劝说楚王：“我问传递官，他说‘可以吃’，我因此就吃掉了，这说明我没有罪而罪过在传递官。况且那位客人献的是长生不死的仙药，我吃掉了仙药而大王杀了我，这说明那仙药是死药，这是客人欺骗大王。您杀死没有罪的人而只证明客人在欺骗大王，还不如放了我。”楚王于是就没有杀他。

田驷欺骗邹国的国君,邹国国君准备派人杀掉他。田驷害怕,告诉了惠施。惠施拜见邹国国君说:“如果有人来见您,就闭着一只眼睛,您怎么办?”邹国国君说:“我一定杀了他。”惠子说:“如果是一位盲人,两只眼睛都闭着,您为什么不杀他?”邹国国君说:“他是不能不两只眼睛都闭着。”惠施说:“田驷这个人在东边欺骗齐王,在南边欺骗楚王。田驷对欺骗人这个行为,就像盲人不能不闭眼睛一样是出于天性,您何必怨恨他?”邹国国君便不再派人去杀田驷了。

鲁穆公使众公子或宦于晋[①],或宦于荆。犁钼曰[②]:“假人于越而救溺子,越人虽善游,子必不生矣。失火而取水于海,海水虽多,火必不灭矣,远水不救近火也。今晋与荆虽强,而齐近,鲁患其不救乎!”

严遂不善周君[③],患之。冯沮曰[④]:“严遂相,而韩傀贵于君[⑤]。不如行贼于韩傀,则君必以为严氏也。”

张谴相韩[⑥],病将死。公乘无正怀三十金而问其疾[⑦]。居一日,君问张谴曰:“若子死,将谁使代子?”答曰:“无正重法而畏上,虽然,不如公子食我之得民也[⑧]。”张谴死,因相公乘无正。

【注释】

①鲁穆公:名显,战国时鲁国君主。

②犁钼(jū):一作黎且,人名,曾在齐国做官。

③严遂:人名,战国时韩哀侯的大臣。周君:指战国时的西周君主。此时的西周,是位于韩国西边的一个小诸侯国。

④冯沮:一作冯且,西周君主的臣子。

⑤韩傀:一作韩廆(wěi),韩哀侯的相。

⑥张谴：人名，生平不详。

⑦公乘无正：人名，生平不详。公乘，本为官名，主管战车，后以官为氏，成为复姓。

⑧公子食我：韩国的宗室贵族，名食我。

【译文】

鲁穆公派自己的儿子们有的到晋国去做官，有的到楚国去做官。犁鉏说："从越国借人来救溺水的孩子，越人虽然很会游水，但溺水的孩子一定不会得救。失了火而后从海里取水来救火，海水虽然很多，火一定不会被泼灭，因为远水救不了近火。现在晋国和楚国虽然强大，但齐国这个敌国是鲁国的近邻，鲁国的患难恐怕救不了吧！"

严遂和西周君主不和，西周君主很忧虑这件事。冯沮说："严遂任相，而韩傀受到韩国君主的器重。不如对韩傀行刺，那么韩国君主一定会认为是严遂干的。"

张谴任韩国的相，病重将死。公乘无正揣了三十块金币前去探望。过了一天，韩国君主问张谴说："如果您死了，叫谁来代替您呢？"张谴回答说："公乘无正重视法治而敬畏君主，尽管如此，他不如公子食我得民心。"张谴死后，韩国君主便任用公乘无正为相。

乐羊为魏将而攻中山[①]，其子在中山。中山之君烹其子而遗之羹，乐羊坐于幕下而啜之，尽一杯。文侯谓堵师赞曰[②]："乐羊以我故而食其子之肉。"答曰："其子而食之，且谁不食？"乐羊罢中山，文侯赏其功而疑其心。孟孙猎得麑[③]，使秦西巴持之归[④]，其母随之而啼。秦西巴弗忍而与之。孟孙归，至而求麑，答曰："余弗忍而与其母。"孟孙大怒，逐之。居三月，复召以为其子傅[⑤]。其御曰："曩将罪之[⑥]，今召以为子傅，何也？"孟孙曰："夫不忍麑，又且忍吾子乎？"故曰："巧诈不如拙诚。”乐羊以有功见疑，秦西巴以有罪益信。

曾从子[7]，善相剑者也。卫君怨吴王[8]。曾从子曰：“吴王好剑，臣相剑者也。臣请为吴王相剑，拔而示之，因为君刺之。”卫君曰：“子之为是也，非缘义也，为利也。吴强而富，卫弱而贫。子必往，吾恐子为吴王用之于我也。”乃逐之。

【注释】

①乐羊：人名，战国时魏文侯的将。

②文侯：指魏文侯。堵师赞：姓堵师，名赞，生平不详。

③孟孙：指鲁国的卿孟孙氏。麑（ní）：小鹿。

④秦西巴：姓秦西，名巴，生平不详。

⑤傅：师傅。

⑥曩（nǎng）：从前，过去。

⑦曾从子：人名，生平不详。

⑧卫君：卫国的君主，当指卫出公。吴王：吴国的国王，当指吴王夫差。据《左传·哀公十二年》记载，卫出公与吴王夫差曾有积怨。

【译文】

乐羊担任魏国将领进攻中山国，他的儿子在中山国。中山国的君主烹杀了他的儿子送来他儿子的肉汁，乐羊坐在军帐中吃下这些肉汁，吃完了一杯。魏文侯对堵师赞说：“乐羊为了我的缘故而吃下了他儿子的肉。”堵师赞回答说：“他的儿子都能吃下，还有谁不能吃？”乐羊从中山国作战回来，魏文侯奖赏了他的军功而怀疑他的用心。孟孙氏从前猎获到一头小鹿，让秦西巴带上它回家，小鹿的母亲跟在后边啼哭。秦西巴不忍心母鹿的哀啼而把小鹿放回了母鹿身边。孟孙氏回来后，到秦西巴那里索要小鹿。秦西巴回答说：“我不忍心而将它放回到了母鹿身边。”孟孙氏非常生气，把他赶跑了。过了三个月，又召回秦西巴让他做自己儿子的师傅。孟孙氏的车夫说：“您过去将他治罪，现在又召回来做您儿子的师傅，这是为什么？”孟孙氏说：“他对小鹿都不忍心，何况对我的儿子呢？”所以说：“智巧和诈伪不如笨拙和诚实。”乐羊因为有功而被怀疑，秦西巴因为有罪而更受信任。

曾从子，是善于鉴别剑的人。卫国国君怨恨吴国国王。曾从子说：“吴王喜好剑，我是位鉴别剑的工人。我请求去给吴王鉴别剑，拔出剑来给吴王看，借机替你把他杀了。”卫国国君说：“你之所以这样做，不是因为义，而是为了利。吴国强大而富足，卫国弱小而贫困。你一定要去，我恐怕你被吴王利用来对付我。”于是把他赶跑了。

纣为象箸而箕子怖[①]，以为象箸必不盛羹于土铏[②]，则必犀玉之杯，玉杯象箸必不盛菽藿[③]，则必旄象豹胎[④]，旄象豹胎必不衣短褐而舍茅茨之下，则必锦衣九重，高台广室也。称此为求，则天下不足矣。圣人见微以知萌，见端以知末，故见象箸而怖，知天下不足也。

周公旦已胜殷[⑤]，将攻商盖[⑥]。辛公甲曰[⑦]：“大难攻，小易服。不如服众小以劫大。”乃攻九夷而商盖服矣。

纣为长夜之饮[⑧]，欢以失日[⑨]，问其左右，尽不知也。乃使人问箕子。箕子谓其徒曰：“为天下主而一国皆失日，天下其危矣。一国皆不知而我独知之，吾其危矣。”辞以醉而不知。

【注释】

①纣：商朝的最后一个君主，著名的暴君。箕子：商纣王的叔父，曾任太师。

②土铏(xíng):盛汤用的陶制器皿。

③菽:豆类植物。藿:豆类的叶。

④旄:指牦牛。象:大象。豹胎:豹子未出生的幼体。

⑤周公旦:即姬旦,周武王姬发的弟弟,以辅佐周武王的儿子成王而著名。殷:商的别名。

⑥商盖:即商奄,商族在东方的重要根据地,位于今山东曲阜。

⑦辛公甲:即辛甲,商朝的大臣,因多次劝谏商纣王不听,出奔到周。

⑧长夜之饮:指不分昼夜地饮酒。

⑨失日:忘记了日期。

【译文】

商纣王制作象牙筷子而箕子深感恐惧,认为象牙筷子一定不会再用陶罐来盛汤,而一定会用犀牛角和美玉制作的杯子;美玉的杯子和象牙做的筷子一定不会用来盛菜叶,一定会用来吃牦牛、大象和豹的未出生的幼体这类珍贵的食物;吃牦牛、大象和豹未出生的幼体这类珍贵的食物一定不会再穿粗布短衫住在茅草屋下,而一定会穿上九层锦绣,住在高大的台基、宽广的大厦之上。按照这个标准追求下去,那么普天下的东西也不足以供他享受。圣人见到微小的现象就知道它的萌芽,看到事情的开端就能预知它的结果,所以他看到商纣王使用象牙筷子就感到恐惧,知道普天下的东西也不足以供他享受。

周公旦已经战胜了商朝,准备攻打商盖。辛公甲说:“大国难以攻下,小国容易征服。不如用先征服小国的办法来威胁大国。”于是进攻居住于淮水流域的九夷,结果商盖也就臣服了。

商纣王不分昼夜地饮酒,寻欢作乐忘记了时日,询问身边的侍从,身边的侍从都不知道。便派人去问箕子。箕子对自己的随从说:“做一国之主而使全国人都忘记了日期,这个国家恐怕是危险了。全国人都不知道日期而我一个人知道日期,那我恐怕就危险了。”便用喝醉了酒做托词说不知道。

鲁人身善织屦[①]，妻善织缟[②]，而欲徙于越。或谓之曰："子必穷矣。"鲁人曰："何也？"曰："屦为履之也，而越人跣行[③]，缟为冠之也，而越人被发[④]。以子之所长，游于不用之国，欲使无穷，其可得乎？"

陈轸贵于魏王[⑤]。惠子曰："必善事左右。夫杨，横树之即生，倒树之即生，折而树之又生。然使十人树之而一人拔之，则毋生杨[⑥]。至以十人之众，树易生之物而不胜一人者，何也？树之难而去之易也。子虽工自树于王，而欲去子者众，子必危矣。"

鲁季孙新弑其君[⑦]，吴起仕焉[⑧]。或谓起曰："夫死者，始死而血，已血而衄[⑨]，已衄而灰，已灰而土。及其土也，无可为者矣。今季孙乃始血，其毋乃未可知也。"吴起因去之晋。

【注释】

①屦(jù)：用草或麻绳编织而成的鞋子。

②缟(gǎo)：生绢，可做帽子。

③跣(xiǎn)行：光着脚走路。

④被：同"披"。

⑤陈轸：战国时人，属纵横家。魏王：指魏惠王。

⑥毋：通"无"。

⑦鲁：诸侯国名，范围包括今山东西南、江苏北部及安徽东南部部分地区。季孙：又称季氏，鲁庄公的弟弟季友之后，世为大夫，执鲁政，权势很盛。

⑧吴起：战国初期卫国人，早年曾在鲁国为将。吴起离开鲁国后到了魏国。

⑨衄(nǜ)：枯缩，这里指血流尽后皮肉枯缩。

【译文】

有个鲁国人很会织草鞋，妻子会纺织生绢，打算迁往越国去。有人对他说："你一定会陷于困窘。"鲁人说："为什么呢?"这个人说："草鞋的作用是为了穿在脚上，但越国人却光着脚走路，生绢做的帽子是为了戴在头上，而越人却披散着头发。凭你的长处，到用不着它的国家去活动，要想不困窘，怎么可能呢?"

陈轸受到魏王的尊重。惠子说："一定要好好侍奉君主身边的人。杨树，横栽着能活，倒插着能活，折断了再栽上它又能活。然而使十个人栽一个人拔，就没有活的杨树了。至于用十个人的力量，栽容易成活的树木而抵不住一个人的拔，这是什么原因？是因为栽种它难而拔掉它容易。你虽然善于在魏王那里建立自己，但想要赶跑你的人很多，你一定危险了。"

鲁国的季孙氏刚刚弑杀了鲁国的君主，吴起便入朝做官。有人对吴起说："人死的时候，刚死的时候流血，血流尽后便皮肉枯缩，皮肉枯缩后就成为残骸而化为尘土。等到化为了尘土，就不能作怪了。现在季孙氏就像人刚刚死去开始流血，他后面的变化恐怕还不可知吧。"吴起因而离开鲁国去了魏国。

隰斯弥见田成子[①]，田成子与登台四望。三面皆畅，南望，隰子家之树蔽之。田成子亦不言。隰子归，使人伐之。斧离数创，隰子止之。其相室曰[②]："何变之数也?"隰子曰："古者有谚曰：'知渊中之鱼者不祥。'夫田子将有大事，而我示之知微，我必危矣。不伐树，未有罪也；知人之所不言，其罪大矣。"乃不伐也。

杨子过于宋东之逆旅[③]。有妾二人，其恶者贵，美者贱。杨子问其故。逆旅之父答曰："美者自美，吾不知其美也；恶者自恶，吾不知其恶也。”杨子谓弟子曰：“行贤而去自贤之心，焉往而不美？”

卫人嫁其子而教之曰[④]：“必私积聚。为人妇而出[⑤]，常也；其成居，幸也[⑥]。”其子因私积聚，其姑以为多私而出之。其子所以反者[⑦]，倍其所以嫁。其父不自罪于教子非也，而自知其益富[⑧]。今人臣之处官者，皆是类也。

【注释】

①隰斯弥：人名，春秋时齐国大夫。田成子：即田常，春秋末期齐国的执政，弑齐简公而控制齐国。

②相室：家臣。

③杨子：指杨朱，战国时魏国人，北方道家学派的代表。

④卫：诸侯国名，范围包括今河南东北部和河北、山东部分地区。

⑤出：休妻，即把妻子赶回娘家，与其无条件离婚。

⑥幸：侥幸。

⑦反：同“返”。

⑧知：同“智”。

【译文】

隰斯弥去会见田成子，田成子和他一同登上高台四面眺望。三面都一览无余，向南眺望，隰斯弥家的树遮蔽了视线。田成子也没有说话。隰斯弥回到家里，派人去砍树。斧头刚砍了几道口子，隰斯弥就制止了砍伐。他身边的随从说：“你怎么变得这样快？”隰斯弥说：“古时的谚语有这样的话：‘视力能看到深潭里的鱼不吉利。’田成子将要做大事，我显示出我知道他的隐蔽，我就一定危险了。不砍掉我家园里的树，没有什么过错；知道了他人所不愿说的秘密，这个罪过可就大了。”于是就不砍树了。

杨朱经过宋国东部的一家客店。店主人有两个妾，那个长得丑的受尊重，而长得美的被轻贱。杨朱询问其中的原因。客店的主人回答说："长得美的自以为美，我不觉得她漂亮；长得丑的自以为丑，我不觉得她丑。"杨朱对他的弟子说："做贤德的事而去掉自以为贤德的念头，到哪里会不受赞美？"

有个卫国人嫁女儿而教导她说："一定要私下积攒财物。做人家的妻子被休回娘家，是平常的事；而终生在一起，则是侥幸的事。"他的女儿因而私下积聚财物，她的婆婆因为她私下积攒很多财物而将她休了。这个卫人的女儿所带回来的财物，加倍地超过了他给女儿的嫁妆。这个父亲不后悔自己教育女儿的错误，而自以为增加财富很聪明。现在处在官位上的臣子，都是这类人。

鲁丹三说中山之君而不受也①，因散五十金事其左右。复见，未语，而君与之食。鲁丹出，而不反舍，遂去中山。其御曰："反见，乃始善我，何故去之？"鲁丹曰："夫以人言善我，必以人言罪我。"未出境，而公子恶之曰："为赵来间中山。"君因索而罪之。

田伯鼎好士而存其君②，白公好士而乱荆③。其好士则同，其所以为则异。公孙友自刖而尊百里④，竖刁自宫而谄桓公⑤。其自刑则同，其所以自刑之为则异。慧子曰⑥："狂者东走，逐者亦东走。其东走则同，其所以东走之为则异。故曰：同事之人，不可不审察也。"

【注释】

①鲁丹：人名，生平不详。中山：指中山国，春秋战国时白狄别支鲜虞族建立的国家，位于今河北中部偏西。

②田伯鼎：人名，事迹不详。

③白公：指白公胜，春秋时楚平王太子建的儿子，太子建遭陷时，他逃到吴国，后被召回，安置在白邑（位于今河南息县东北），故人称之为“白公”。他曾采取种种手段招揽人心，供养士人。前479年发动叛乱，失败被杀。

④公孙友：人名，生平事迹不详。百里：人名，百里奚，春秋时虞国大夫，后为秦穆公的相。

⑤竖刁：齐桓公的年轻侍从。桓公：指齐桓公，著名的“春秋五霸”之一。

⑥慧子：即惠施。

【译文】

鲁丹三次游说中山国的君主而不被接受，于是散发五十金侍奉君主身边的侍从。再次去拜见中山国君主，没开口说话，君主就赐给他酒食。鲁丹从宫中出来，没有返回馆舍，就离开了中山国。他的马车夫说：“你回过头再去谒见时，君主才开始和我们交好，为什么要离开呢？”鲁丹说：“因为别人的话而对我好，也一定会因为别人的话加罪于我。”还没有走出国境，中山国的公子就中伤他说：“他是为赵国侦探中山国的。”中山国的君主便搜捕他治了他的罪。

田伯鼎喜欢养士因而挽救了他的君主，白公胜喜欢供养士人却在楚国作乱。他们的喜好养士是一样的，他们养士的目的则不相同。公孙友自己砍掉脚而使百里奚获得了秦穆公的尊贵，竖刁自宫而谄媚齐桓公。这两个人对自己用刑是相同的，但他们对自己用刑的目的则不同。惠施说：“疯子朝东跑，追赶他的人也向东跑。他们都朝东跑是相同的，他们朝东跑的原因则不同。所以说：对于做同样事情的人，不能不考察他们不同的动机。”

说林下

【题解】

见《说林上》。

伯乐教二人相踶马[1]，相与之简子厩观马。一人举踶马。其一人从后而循之，三抚其尻而马不踶。此自以为失相。其一人曰："子非失相也。此其为马也，踒肩而肿膝[2]。夫踶马也者，举后而任前，肿膝不可任也，故后不举。子巧于相踶马而拙于任肿膝。"夫事有所必归，而以有所肿膝而不任，智者之所独知也。惠子曰[3]："置猿于柙中[4]，则与豚同。"故势不便，非所以逞能也。

卫将军文子见曾子[5]，曾子不起而延于坐席，正身于奥[6]。文子谓其御曰："曾子，愚人也哉！以我为君子也，君子安可毋敬也？以我为暴人也，暴人安可侮也？曾子不僇[7]，命也。"

【注释】

①踶(dì)马：一种烈性的马，常用后蹄踢人，故称"踶马"。踶，踢。

②踒(wō)肩:马前腿的筋骨跌伤。

③惠子:即惠施,战国时期宋国人,名家的代表人物,曾任魏惠王的相。

④柙(xiá):关野兽的木笼子。

⑤卫将军文子:指公孙弥牟,字子之,卫灵公的孙子,曾任卫国的将军,谥号"文子"。曾子:即曾参,春秋末期鲁国人,孔子的学生。

⑥奥:正室的西南角,古时为坐席的尊位。

⑦僇:通"戮"。

【译文】

伯乐教两个人认识用后蹄踢人的烈马,一起到赵简子的马厩观察马。有一个人选出了一匹这样的烈马。另一个人从后面去抚摸它,抚摸了三次马屁股而这匹马并不踢人。这个人自以为选错了。另一个人说:"不是你认错了马。这是因为这匹马的前腿的筋骨跌伤膝部肿大。那些用后蹄踢人的马,抬起后腿就要用前腿支撑身体,这匹马前腿的膝部肿大不能支撑身体了,所以后腿就不能抬起来了。你善于识别用后腿踢人的烈马而不懂得马的前腿膝部肿大不能支撑身体。"凡事都有一定的发生根源,但马因为前腿膝部肿大而不能支撑身体这样的道理,却只有聪明的人才知道。"惠施说:"把猿关在木笼子里,那么它与猪也没有什么不同。"这是因为情势不利于它,不是它施展才能的地方。

卫将军文子去见曾参,曾参不起身请文子入座,自己却端坐在座席的尊位上。文子对自己的马车夫说:"曾参,是一个多么愚蠢的人啊!如果把我当成君子,对君子怎么可以不尊敬呢?如果把我当成残暴的人,对残暴的人怎么可以侮辱呢?曾参不遭到杀身之祸,那算他命好。"

鸟有翢翢者[①],重首而屈尾[②],将欲饮于河,则必颠,乃衔其羽而饮之。人之所有饮不足者,不可不索其羽也。

鳣似蛇[③],蚕似蠋[④]。人见蛇则惊骇,见蠋则毛起。渔者持鳣，妇人拾蚕，利之所在，皆为贲、诸⑤。

伯乐教其所憎者相千里之马，教其所爱者相驽马。千里之马时一，其利缓；驽马日售，其利急。此《周书》所谓“下言而上用者⑥，惑也”。

【注释】

①翢翢（zhōu）：古代的一种青黑色羽毛的鸟。

②重首：头部大。屈尾：短尾，秃尾。

③鳣：通“鳝”，鳝鱼。

④蠋（zhú）：毛虫。

⑤贲：孟贲，春秋时期卫国人，著名的勇士。诸：专诸，春秋时期吴国人，也是当时的著名勇士。

⑥《周书》：指《逸周书》，记载周朝训诰誓命的一部书。西汉时有七十一篇，今本已残缺。下言：指适用于一时一事的话。上用：指当作普遍的原则使用。

【译文】

有一种青黑羽毛的鸟，头大而秃尾，如果到河边去饮水，就会栽进河里，便要另一只鸟衔着它的羽毛才能够饮水。人有欲望不能得到满足的，不能不寻求伙伴来帮助自己。

鳝鱼形状像蛇，蚕的形状像毛虫。人看到蛇就会惊恐，看见毛虫就会汗毛竖起。捕鱼者抓鳝鱼，妇女拾蚕，因为利益所在，都变成了勇敢的孟贲、专诸。

伯乐教自己所憎恶的人识别千里马，教自己喜欢的人识别普通的马。千里马很少见，识别这种马获利慢；普通的马天天都有人买卖，识别这种马获利快。这就是《周书》上所说的“把适用于一时一事的话当成普通的原则来使用，这也是一种迷惑”。

桓赫曰[①]："刻削之道[②]，鼻莫如大，目莫如小。鼻大可小，小不可大也；目小可大，大不可小也。"举事亦然。为其后可复者也，则事寡败矣。

崇侯、恶来知不适纣之诛也[③]，而不见武王之灭之也[④]。比干、子胥知其君之必亡也[⑤]，而不知身之死也。故曰："崇侯、恶来知心而不知事，比干、子胥知事而不知心。"圣人其备矣。

宋太宰贵而主断[⑥]。季子将见宋君[⑦]，梁子闻之曰[⑧]："语必可与太宰三坐乎，不然，将不免。"季子因说以贵主而轻国。

【注释】

①桓赫：人名，生平不详。

②刻削：指雕刻艺术。

③崇侯：指崇侯虎，商纣王宠幸的大臣。恶来：人名，商纣王身边的近臣。纣：商纣王，商朝的最后一个君主，著名的暴君。

④武王：指周武王姬发，周朝的开国君主。

⑤比干：人名，商纣王的叔父，因向商纣王强谏，被剖心而死。子胥：指伍子胥，春秋时楚国人，后为吴王夫差的谋臣，因向夫差强谏，被逼自杀。

⑥宋太宰：宋国官名，职位和"相"相同。

⑦季子：人名，生平不详。宋君：疑指宋桓侯。

⑧梁子：人名，生平不详。

【译文】

桓赫说："雕刻的原则，雕鼻子不如先雕大一些，眼睛不如先雕小一些。鼻子雕大了可以改小，雕小了则不能变大；眼睛雕小了可以改大，雕大了则不能变小。”办事也是这样的。做的事如果事后可以补救，那事情就很少失败了。

崇侯、恶来知道不顺从商纣王要被诛杀，但预见不到周武王会灭掉纣王。比干、伍子胥知道他们的君主一定会灭亡，但不知道自己会被杀死。所以说：“崇侯、恶来知道君主的心理却不知道国事的兴废，比干、伍子胥知道国家的兴亡却不知道君主的心理。”圣人应该是两者兼备的。

宋国的太宰地位尊贵而处事专断。季子准备去见宋国的国君，梁子听到这个消息后说：“你说时一定会像与国君、太宰坐在一起时一样吗？如果不是这样，恐怕你免不了杀身之祸。”季子于是就说了一些注重养生而看轻国家的话。

杨朱之弟杨布衣素衣而出[①]。天雨，解素衣，衣缁衣而反[②]，其狗不知而吠之。杨布怒，将击之。杨朱曰：“子毋击也，子亦犹是。曩者使女狗白而往[③]，黑而来，子岂能毋怪哉？”

惠子曰：“羿执决持扞[④]，操弓关机[⑤]，越人争为持的[⑥]。弱子扞弓，慈母入室闭户。”故曰：“可必，则越人不疑羿；不可必，则慈母逃弱子。”

桓公问管仲[⑦]：“富有涯乎？”答曰：“水之以涯，其无水者也；富之以涯，其富已足者也。人不能自止于足，而亡其富之涯乎！”

【注释】

①杨朱：战国初期魏国人，道家人物。

②缁衣：黑色的衣服。反：同“返”。

③曩(nǎng):从前,以往。女:通“汝”。

④羿:指后羿,夏代东夷有穷氏的部落首领,以善射著称。决:古代射箭时戴在右手大拇指上的拉弦用具。扞(hàn):古代射箭时戴在左手臂上的一种皮质袖套。

⑤关:牵引。机:弩牙,发射箭的扳机。

⑥越人:喻指居住在边远地区关系疏远的人。的:箭靶。

⑦桓公:指齐桓公,齐国君主,著名的“春秋五霸”之一。管仲:名夷吾,齐桓公的相。

【译文】

杨朱的弟弟杨布穿着白色的衣服出去。天下雨,他脱下白色的衣服,穿上黑色的衣服回来,他家里的狗不认识对他乱叫。杨布很生气,要打狗。杨朱说:“你不要打它,你也是这样的。如果前些日子你的狗出去是白色的,变成黑色而回,你难道会不感到奇怪吗?”

惠施说:“后羿拿着拉弦的决戴上皮袖套,举起弓来牵引着射箭用的扳机,边远地方的陌生人也会争着为他举箭靶。小孩子套上袖套来拉弓,慈母也要躲进屋里关上门。”所以说:“一定能射中目标,那么越人也不会怀疑后羿;不一定能射中目标,那么慈母也会逃避拉弓的小孩子。”

齐桓公问管仲:“富有边际吗?”管仲回答说:“水的边际,就是没有水的地方;富的边际,就是富到已经满足的地步了。人不能自己在满足的地方停止,那么就没有富足的边际吧!”

宋之富贾有监止子者①,与人争买百金之璞玉②,因佯失而毁之,负其百金,而理其毁瑕,得千溢焉③。事有举之而有败,而贤其毋举之者,负之时也。

有欲以御见荆王者,众驺妒之④。因曰:“臣能撽鹿⑤。”见王。王为御,不及鹿;自御,及之。王善其御也,乃言众驺妒之。

荆令公子将伐陈[6]。丈人送之曰:“晋强[7],不可不慎也。”公子曰:“丈人奚忧?吾为丈人破晋。”丈人曰:“可。吾方庐陈南门之外。”公子曰:“是何也?”曰:“我笑勾践也[8]。为人之如是其易也,己独何为密密十年难乎?”

【注释】

①监止子:人名,生平不详。

②璞玉:没有经过雕琢的玉石。

③溢:同“镒”。一镒为二十两(或二十四两)。

④驺:养马人。

⑤擻(qiào):击,打。

⑥荆令公子将伐陈:当指前478年,楚国公孙朝率师灭陈一事。

⑦晋:春秋时诸侯国名,范围包括今山西大部和河南、河北、陕西的部分地区。

⑧勾践:人名,春秋末期越国的君主。

【译文】

宋国有个富商叫监止子的,和别人争着购买一块价值百金的璞玉,假装失手摔坏了璞玉,赔了主人百金,回家后让修好毁坏后留下的痕迹,卖出去获得了千镒黄金。事情有做了而失败的,因而认为不做的好,那是只看到了赔本的时候。

有个想凭自己驾驭车马的技能而求见楚王的人,很多养马的人嫉妒他。他便说:“我能追击奔跑的鹿。”见到楚王。楚王驾驭车马,赶不上鹿;他自己驾驭车马,就赶上鹿了。楚王称赞他驾驭车马的技能,他这才说明那些马夫嫉妒他。

楚国命公孙朝率师灭陈。老年人送别他说:“晋国强大,不能不小心。"公孙朝说:"老人家有什么可担忧的?我替您打败晋国。"老年人说:"可以。我将在陈国都城的南门外搭一座小房子。"公孙朝说:"这是为什么?"老年人说:"我这是笑勾践。做人办事是这样的容易,他为什么却独要勤勤恳恳遭受十年的艰难呢?"

尧以天下让许由[①],许由逃之,舍于家人,家人藏其皮冠。夫弃天下而家人藏其皮冠,是不知许由者也。

三虱相与讼[②],一虱过之,曰:"讼者奚说?"三虱曰:"争肥饶之地。"一虱曰:"若亦不患腊之至而茅之燥耳[③],若又奚患于是?"乃相与聚嘬其母而食之[④]。彘臞,人乃弗杀。

虫有虺者[⑤],一身两口,争食相龁也[⑥]。遂相杀,因自杀。人臣之争事而亡其国者,皆虺类也。

宫有垩[⑦],器有涤,则洁矣。行身亦然,无涤垩之地则寡非矣。

【注释】

①尧:我国原始社会末期的部落首领。许由:远古时代的隐士,相传尧把天下让给他,他不接受,逃到箕山下隐居。

②虱:一种吸人、畜血的寄生虫。讼:争辩。

③腊:祭祀名,周历十二月(夏历十月)举行,需要杀猪祭神。

④嘬(zuō):吸,吸血。

⑤虺(huǐ):古书上说的一种毒蛇。

⑥龁(hé):咬。

⑦垩:白土,引申为涂抹白色。

【译文】

尧将天下让给许由,许由逃避尧的禅让,住宿在一个普通人家,这家人把自己的皮帽子藏起来怕许由偷走。许由能抛弃天下而这家人却把自己的皮帽藏起来,这是不了解许由的缘故。

三只虱子互相争辩,一只虱子从旁边经过,说:“你们吵吵嚷嚷争些什么?”三只虱子说:“在争猪身上肥腴的地方。”路过的那只虱子说:“你们也不怕腊祭到来而烤猪的茅草在燃烧,你们又何必在这上面计较呢?”这三只虱子便聚在一起吸食母猪身上的血。母猪消瘦了,人们就不杀它了。

虫中有一种毒蛇,一个身体两张嘴,为了争食而互相撕咬。于是互相残杀,结果自己杀死了自己。人臣之间争权夺利而致使国家灭亡的,都像一个身子长着两张嘴的蛇一样。

宫墙涂上白色,器具用水冲洗,就洁净了。人修身处世也是这样,到了没有需要洗涤和涂白的地步,那么过错就很少了。

公子纠将为乱[①],桓公使使者视之。使者报曰:“笑不乐,视不见,必为乱。”乃使鲁人杀之。

公孙弘断发而为越王骑[②],公孙喜使人绝之[③],曰:“吾不与子为昆弟矣。”公孙弘曰:“我断发,子断颈而为人用兵,我将谓子何?”周南之战[④],公孙喜死焉。

有与悍者邻,欲卖宅而避之。人曰:“是其贯将满矣,子姑待之。”答曰:“吾恐其以我满贯也。”遂去之。故曰:“物之几者,非所靡也。”

孔子谓弟子曰:“孰能导子西之钓名也[⑤]?”子贡曰[⑥]:“赐也能。”乃导之,不复疑也。孔子曰:“宽哉,不被于利!洁哉,民性有恒!曲为曲,直为直。”孔子曰:“子西不免。”白公之难[⑦],子西死焉。故曰:“直于行者曲于欲。”

【注释】

①公子纠:春秋时期齐襄公的弟弟,桓公的哥哥。

②公孙弘:战国时魏国人。断发:剪断头发。当时中原各诸侯国的风俗是留长发,而越国人则是短发,故要“断发”。骑:骑士,指骑马的随从。

③公孙喜:魏国的将。绝:断绝关系。

④周南:东周王朝都城的南面,指伊阙山,位于今河南洛阳南。前293年,韩、魏、西周军队与秦将白起交战,秦军获胜,魏将公孙喜被杀。

⑤子西:春秋时楚平王的庶弟,楚昭王、楚惠王时曾任令尹。

⑥子贡:春秋时卫国人,孔子的学生,姓端木,名赐。

⑦白公之难:白公指楚平王的太子建的儿子,名胜,他在太子建死后,先逃奔到吴国,不久被子西召回,安邑在白置(位于今河南息县东北),号为白公。前479年,白公胜发动政变,后被杀。

【译文】

公子纠将要作乱,齐桓公派使者去观察他的动静。使者报告说:“公子纠笑得不快乐,看见东西如同没看见,一定会作乱。”齐桓公便让鲁国人把公子纠杀了。

公孙弘剪断了头发做了越王的随从,公孙喜派人和他绝交,说:“我不与你做兄弟了。”公孙弘说:“我剪断头发,而你冒断头的危险替人带兵打仗,我将怎么说你呢?”周南那场战斗中,公孙喜战死在那里。

有个与凶悍的人作邻居的人,想卖掉宅子而避开他。有人对他说:“这个凶暴的人将要恶贯满盈了,你姑且等待一下。”这个人回答说:“我担心他会用我来满他的恶贯。”于是离开了那个凶暴的人。所以说:“事情出现了危险的兆头,不是可以拖延的。”

孔子对他的弟子说:“谁能劝阻子西沽名钓誉呢?”子贡说:“我可以。”子贡便去劝阻子西,不再怀疑子西还会沽名钓誉。孔子说:“胸怀宽广啊，不被利益诱惑！品德纯洁啊，人的本性不变！曲的就是曲的，直的就是直的。”孔子说：“子西免不了会遭灾的。”白公发动叛乱的时候，子西死于叛乱。所以说：“行为刚直的人会屈从于个人的欲望。”

晋中行文子出亡①，过于县邑②。从者曰：“此啬夫③，公之故人。公奚不休舍，且待后车？”文子曰：“吾尝好音，此人遗我鸣琴④；吾好佩⑤，此人遗我玉环：是振我过者也。以求容于我者，吾恐其以我求容于人也。”乃去之。果收文子后车二乘而献之其君矣。

周趮谓宫他曰⑥：“为我谓齐王曰：以齐资我于魏，请以魏事王。”宫他曰：“不可，是示之无魏也。齐王必不资于无魏者，而以怨有魏者。公不如曰：‘以王之所欲，臣请以魏听王。’齐王必以公为有魏也，必因公。是公有齐也，因以有齐、魏矣。”

【注释】

①中行(háng)文子：即荀寅，晋国执政的六卿之一。

②县邑：指县城。晋国的制度，郡比县大。

③啬夫：古代职官名，为约束官吏的官员。

④遗(wèi)：赠送。

⑤佩：古代衣带上佩戴的玉饰。

⑥周趮(zào)：人名，生平不详。宫他：人名，生平不详。

【译文】

晋国的中行文子出逃，从县城里经过。他的随从说：“这个县里的啬夫，是在您的手下做过事的旧人。您干吗不在啬夫家里休息，暂且等待您后面随行的车辆？”中行文子说：“我曾喜爱音乐，这个人就赠送给我响亮的琴；我喜好玉佩，这个人就送给我玉环；这是助长我的过错。以求得我对他的好感的人，我担心他会把我作为礼物求得别人的容纳。”便离开了这个县里的啬夫。这位啬夫果然没收了中行文子的两辆在后面的随从车辆把它们献给了他的主子。

周趮对宫他说：“替我告诉齐王说：用齐国的力量帮我在魏国取得权位，让我拿魏国侍奉齐王。”宫他说：“不可以，这样就向齐王暴露了你在魏国没有权位。齐王一定不会资助在魏国没有权位的人，而因此和在魏国有权位的人结怨。你不如说：‘依大王的要求，我请求拿魏国来听命于大王。’齐王一定会认为你在魏国有权位，一定会依从你。这样你便有了齐国的帮助，因而在齐国和魏国都有了权位。”

白圭谓宋大尹曰[①]：“君长自知政，公无事矣。今君少主也而务名，不如令荆贺君之孝也，则君不夺公位，而大敬重公，则公常用宋矣。”

管仲、鲍叔相谓曰[②]：“君乱甚矣[③]，必失国。齐国之诸公子其可辅者，非公子纠，则小白也[④]。与子人事一人焉，先达者相收。”管仲乃从公子纠，鲍叔从小白。国人果弑君[⑤]。小白先入为君，鲁人拘管仲而效之，鲍叔言而相之。故谚曰：“巫咸虽善祝[⑥]，不能自祓也[⑦]；秦医虽善除[⑧]，不能自弹也[⑨]。”以管仲之圣而待鲍叔之助，此鄙谚所谓“虏自卖裘而不售，士自誉辩而不信”者也。

荆王伐吴[⑩]，吴使沮卫、蹷融犒于荆师[⑪]，而将军曰：“缚之，杀以衅鼓。”问之曰。“女来[⑫]，卜乎？”答曰：“卜。”“卜吉乎？”曰：“吉。”荆人曰：“今荆将欲女衅鼓，其何也？”答曰：“是故其所以吉也[⑬]。吴使臣来也，固视将军怒。将军怒，将深沟高垒;将军不怒,将懈怠。今也将军杀臣,则吴必警守矣。且国之卜,非为一臣卜。夫杀一臣而存一国,其不言吉,何也?且死者无知,则以臣衅鼓无益也;死者有知也,臣将当战之时,臣使鼓不鸣。"荆人因不杀也。

【注释】

①白圭:名丹,战国时人,曾任魏惠王的相,善于筑堤治水。大尹:宋国的官名。

②管仲:齐桓公的相。鲍叔:即鲍叔牙,管仲的好友。

③君:指当时齐国的君主齐襄公。

④小白:齐桓公的名字。

⑤国人:指齐国人。

⑥巫咸:商朝一个神巫的名字,后成为古代神巫的代称。

⑦祓(fú):古代驱除灾邪而举行的巫术仪式,这里代表除去灾祸。

⑧秦医:秦地的医生,此指扁鹊。

⑨弹:指用石针刺穴位治病。

⑩荆王伐吴:当指前537年楚灵王以诸侯及东夷兵伐吴之事。

⑪沮卫:人名,生平不详。蹷融:即蹷由,吴王余祭的弟弟。

⑫女:通"汝"。下文"今荆将欲女衅鼓"之"女"字与此同。

⑬故:通"固"。

【译文】

白圭对宋国的大尹说:"君主长大以后自己掌管政事,您就没事可干了。现在君主年幼追求名声,不如让楚国来祝贺君主的孝顺,那么君主就不会夺您的权位,而会极大地敬重您,而您将会长期在宋国掌权。"

管仲、鲍叔互相商议说:"齐国的君主很昏乱,必定会失掉江山。齐国国君的那些儿子值得辅佐的,不是公子纠,就是公子小白。我与你每人侍奉一位公子,谁先官位亨达就提携另一个人。"管仲就追随公子纠,鲍叔追随公子小白。齐国人果然杀掉他们原来的君主。公子小白先进入齐国做了国君，鲁国人拘禁起管仲将他送回了齐国，鲍叔向齐桓公推荐管仲，齐桓公于是任用管仲为相。所以谚语说："巫咸虽然善于祷告，但不能为自己祓除灾祸；扁鹊虽然善于治病，但不能用石针为自己除病。"凭着管仲这样的聪明还需要鲍叔的帮助，这就是俗谚所说的"奴隶自己卖皮衣卖不掉，士人自称善于辩说而无人相信"的情况。

楚王进攻吴国，吴国派沮卫、蹷融用酒食慰劳楚军，楚国将军说："把他们绑起来，杀了去祭鼓。"问沮卫、蹷融说："你们来的时候，占卜过没有？"沮卫、蹷融回答说："占卜过了。""你们占卜得的吉兆吗？"回答说："是吉兆。"楚国人说："现在我们楚国人将要用你们祭鼓，这是怎么回事？"回答说："这正是占卜为吉兆的原因。吴国派我们来，本来就是为了看你们的将军发怒的。你们的将军发怒，我们吴国就将提高警惕，深挖战壕高筑壁垒；你们将军不发怒，我们的军队就会懈怠。现在楚国将军杀了我们两位使臣，那么吴国一定会提高警惕而加强守卫。国家的占卜，不是为了一个人占卜。杀了一个使臣而使一个国家得以保存，这不叫吉兆，叫什么呢？况且死了的人如果没有知觉，那么你们用我们来祭鼓就没有益处；如果死人有知，我们将在吴楚交战之时，使你们的鼓没有声音。"楚国人因此没有杀他们。

知伯将伐仇由而道难不通①，乃铸大钟遗仇由之君。仇由之君大说②，除道将内之③。赤章曼枝曰④："不可。此小之所以事大也，而今也大以来，卒必随之，不可内也。"仇由之君不听，遂内之。赤章曼枝因断毂而驱⑤，至于齐，七月而仇由亡矣。

越已胜吴，又索卒于荆而攻晋。左史倚相谓荆王曰⑥："夫越破吴，豪士死，锐卒尽，大甲伤⑦。今又索卒以攻晋，示我不病也。不如起师与分吴。”荆王曰：“善。”因起师而从越。越王怒，将击之。大夫种曰[8]：“不可。吾豪士尽，大甲伤。我与战，必不克，不如赂之。”乃割露山之阴五百里以赂之[9]。

荆伐陈，吴救之，军间三十里。雨十日，夜星[10]。左史倚相谓子期曰[11]：“雨十日，甲辑而兵聚。吴人必至，不如备之。”乃为陈[12]。陈未成也而吴人至，见荆陈而反[13]。左史曰：“吴反复六十里，其君子必休，小人必食。我行三十里击之，必可败也。”乃从之，遂破吴军。

【注释】

①知伯：即智伯，指智伯瑶，春秋末期晋国执政的六卿之一。知，同“智”。仇由：春秋时期狄人建立的邻近晋国的一个国家，位于今山西盂县境内。

②说：同“悦”。

③内：同“纳”。下文“不可内”、“内之”诸“内”字同此。

④赤章曼枝：人名，仇由的大臣。

⑤毂：车轮的中心部分，有圆孔，可以插轴。

⑥左史倚相：春秋末期楚国的史官。

⑦大甲：坚甲，此代指军队的武器装备。

⑧大夫种：指越国的大夫文种，字子禽，本为楚国人，后辅助越王勾践灭吴。

⑨露山：越国的山名，具体位置不详。

⑩星：通“晴”。

⑪子期：人名，楚国的司马。

⑫陈：通“阵”。下文“陈未成”、“见荆陈”之“陈”同此。

⑬反:同“返”。

【译文】

智伯瑶将进攻仇由而道路艰难不通,就铸造了一口大钟赠送给仇由国的君主。仇由国的君主非常高兴,修通了道路准备接受大钟。大臣赤章曼枝说:“不行!这是小国侍奉大国的行为,而现在大国用它赠送小国,它的军队一定会跟着到来,不能接受它。”仇由的君主不听从,结果接受了大钟。赤章曼枝因此把车毂截短了赶路,逃到了齐国,七个月后仇由国便灭亡了。

越国已经战胜了吴国,又向楚国借兵来进攻晋国。楚国的左史倚相对楚王说:“越国打败吴国,豪杰之士战死,精锐之卒耗尽,武器装备破损。现在又借兵去进攻晋国,这是向我显示它还不疲敝。不如起兵和越国共同瓜分吴国。”楚王说:“好。”趁机起兵跟踪越军。越王很生气,将要进攻楚军。越国的大夫文种说:“不行。我国豪杰之士战死,武器装备残破。我们与楚国交战,一定不能取胜,不如贿赂他们。”便割让了露山以北五百里土地给楚国。

楚国进攻陈国,吴国去解救,吴、楚两军相距三十里。下了十天雨,夜晚天晴。楚国的左史倚相对子期说:“下了十天雨,盔甲和兵器都聚集在一起放着。吴国的军队一定会来,不如防备他们。”于是摆开阵势。阵势还没摆好吴国人就来了,看到楚国人摆开了阵势便退回去。左史倚相说:“吴国人来回跑了六十里,他们的当官的一定在休息,当兵的一定在吃饭。我们行军三十里去攻击它,一定能打败它。”便跟踪追击,结果打败了吴军。

韩、赵相与为难。韩子索兵于魏曰:“愿借师以伐赵。”魏文侯曰①:“寡人与赵兄弟,不可以从。”赵又索兵以攻韩,文侯曰:“寡人与韩兄弟,不敢从。”二国不得兵,怒而反②。已乃知文侯以构于己,乃皆朝魏。

齐伐鲁，索谗鼎[3]，鲁以其雁往[4]。齐人曰："雁也。"鲁人曰："真也。"齐曰："使乐正子春来[5]，吾将听子。"鲁君请乐正子春，乐正子春曰："胡不以其真往也？"君曰："我爱之。"答曰："臣亦爱臣之信。"

韩咎立为君[6]，未定也。弟在周[7]，周欲重之，而恐韩咎不立也。綦毋恢曰[8]："不若以车百乘送之。得立，因曰为戒；不立，则曰来效贼也。"

靖郭君将城薛[9]，客多以谏者。靖郭君谓谒者曰[10]："毋为客通。"齐人有请见者曰："臣请三言而已。过三言，臣请烹。"靖郭君因见之。客趋进曰[11]："海大鱼。"因反走。靖郭君曰："请闻其说。"客曰："臣不敢以死为戏。"靖郭君曰："愿为寡人言之。"答曰："君闻大鱼乎？网不能止，缴不能绊也[12]，荡而失水，蝼蚁得意焉。今夫齐亦君之海也。君长有齐，奚以薛为？君失齐，虽隆薛城至于天，犹无益也。"靖郭君曰："善。"乃辍，不城薛。

【注释】

①魏文侯：魏国的君主，名斯。

②反：同"返"。

③谗鼎：鼎名。

④雁：通"赝"，假的。下文"雁也"之"雁"同。

⑤乐正子春：春秋时鲁国人，曾参的学生。

⑥韩咎：韩国的公子，后与当政的大臣公仲朋相勾结，被立为韩釐王。

⑦周：即西周君主的都城，又称王城，位于今河南洛阳西部。

⑧綦毋恢：姓綦毋，名恢，西周君主的臣子。

⑨靖郭君:齐国贵族田婴的封号。薛:齐国地名,位于今山东滕州东南。

⑩谒者:掌传达的官。

⑪趋:小步快走,表示恭敬。

⑫缴(zhuó):此指带着生丝绳的箭。古人用丝绳系在箭上射鸟,射中后收绳,也可以用来射鱼。绖(guà):通"挂"。

【译文】

韩国、赵国相互为敌,韩国的君主向魏国借兵说:"希望借军队来讨伐赵国。"魏文侯说:"我和赵国是兄弟国家,不能够听从你的要求。"赵国又来向魏国借兵进攻韩国,魏文侯说:"我和韩国是兄弟国家,不敢听从你的命令。"两个国家借不到军队,忿恨地回去了。事后知道魏文侯是用这种方式来使两国和解,便都来朝拜魏文侯。

齐国攻打鲁国,向鲁国索要谗鼎,鲁国拿了一个假的送去。齐国人说:"这是假的。"鲁国人说:"这是真品。"齐国人说:"让乐正子春来,我们就相信你的话。"鲁国的国君请乐正子春前往,乐正子春说:"为什么不拿真的送去呢?"鲁国的国君说:"我舍不得谗鼎。"乐正子春回答说:"我也爱惜我的信誉。"

韩咎被立为韩国的国君,事情还没有定下来。韩咎的弟弟在西周的王城,西周人想使他地位尊显,又担心韩咎不能立为君主。綦毋恢说:"不如用百辆兵车把他送回。韩咎能立为君主,就说是给他弟弟做警卫的;不能立为君主,就说是来向韩国献贼来的。"

靖郭君将要在薛地筑城,很多门客都因此劝谏。靖郭君对传达官说:"不要为他们通报。"齐国有个请求拜见的人说:"我请求只说三个字而已。超过了三个字,请将我煮死。"靖郭君便接见了他。这个人小步快跑过来说:"海大鱼。"说完就回头跑。靖郭君说:"我想听你把意思讲完。"这个客人说:"我不敢拿生死来开玩笑。"靖郭君说:"希望您能给我详细说说。"客人回答说:"您听说过大鱼吗?网捕不住它,生丝绳也拖不住它，但是任性乱游而离开了水，蝼蚁也可以在它身上为所欲为。现在齐国就是您的海。您长久地控制齐国，又要薛城干什么？您如果失掉了齐国，即使薛城高到天上去，也没有益处。”靖郭君说：“讲得好。”便停止了修筑薛城，不把薛作为自己的城邑了。

荆王弟在秦，秦不出也。中射之士曰[①]：“资臣百金，臣能出之。”因载百金之晋，见叔向[②]，曰：“荆王弟在秦，秦不出也。请以百金委叔向。”叔向受金，而以见之晋平公曰[③]：“可以城壶丘矣[④]。”平公曰：“何也？”对曰：“荆王弟在秦，秦不出也，是秦恶荆也，必不敢禁我城壶丘。若禁之，我曰：‘为我出荆王之弟，吾不城也。’彼如出之，可以德荆；彼不出，是卒恶也，必不敢禁我城壶丘矣。”公曰：“善。”乃城壶丘。谓秦公曰[⑤]：“为我出荆王之弟，吾不城也。”秦因出之。荆王大说[⑥]，以炼金百镒遗晋。

阖庐攻郢[⑦]，战三胜，问子胥曰[⑧]：“可以退乎？”子胥对曰：“溺人者一饮而止，则无遂者，以其休也。不如乘之以沈之[⑨]。”

郑人有一子，将宦，谓其家曰：“必筑坏墙，是不善，人将窃。”其巷人亦云。不时筑，而人果窃之。以其子为智，以巷人告者为盗。

【注释】

①中射之士：宫中的武官侍从。

②叔向：即羊舌肸，春秋时晋国的卿，曾任晋平公的太傅。

③晋平公：春秋时晋国的君主，名彪。

④壶丘:一作“瓠丘”,晋国地名,位于今山西垣曲东南。

⑤秦公:春秋时秦国的君主,当指秦景公。

⑥说:同“悦”。

⑦阖庐:一作“阖闾”,春秋时吴国的君主,“春秋五霸”之一。郢:春秋时楚国的都城,位于今湖北荆州城北。

⑧子胥:指伍子胥,名员,楚国人,后为吴王的谋臣。

⑨沈:同“沉”。

【译文】

楚王的弟弟在秦国,秦国不放回他。中射之士说:“给我百金,我能让他离开秦国。”于是楚王就让他装载了百金到晋国去,拜见叔向说:“楚王的弟弟在秦国,秦国不放他出来。请求给叔向大人您百金来帮助想办法。”叔向接受了百金,因而引荐他去见晋平公说:“可以在壶丘筑城了。”晋平公说:“为什么?”叔向回答说:“楚王的弟弟在秦国,秦国不放他出来,这是秦国憎恶楚国,一定不敢禁止我国在壶丘筑城。如果他们禁止我们,我们就说:‘替我们把楚王的弟弟放出来,我们就不筑城了。’他们如果放人,我们可以获得楚国的感恩;他们如果不放,这是他们始终憎恶楚国,一定不敢禁止我们在壶丘筑城。”晋平公说:“好。”便在壶丘筑城。对秦国的君主说:“把楚王的弟弟放出来,我们就不再筑城了。”秦国于是放出了楚王的弟弟。楚王非常高兴,用百镒纯金赠送给晋国以表感激。

吴王阖庐攻打楚国郢都,战斗多次取胜,问伍子胥说:“可以退兵了吗?”伍子胥回答说:“要淹死别人的人只让被淹者喝一次水就停下,就不会成功,因为中途停止了。不如趁机将他沉入水底。”

郑国有个人的儿子,即将出去做官,对他的家里人说:“一定要把坏了的墙修筑起来,这个地方不修好,别人将会来偷窃。”这家人的街坊也这样说。没有及时修筑,果然有人进来偷了这家的东西。这个郑国人认为他的儿子聪明,而把告诉他应修墙的街坊当成是盗贼。

观　行

【题解】

观行，即观察人的行为。文章先说人的智慧和才能有其局限，英明的君主认识到这一点，所以能取长补短、“以有余补不足”；然后指出，人的才智、力量的局限，是一种客观的必然，这正如宇宙万物有实和虚、利和害、生和死两个方面一样，是不能凭自己的主观愿望改变的，英明的君主要明白这一道理，不能对臣下提出力不能及的片面要求，而应该根据可以成功的形势，找出容易成功的法则，以法术观行，以便“用力寡而功名立”。

本篇短小精悍，观点鲜明，层次分明而说理透彻。

古之人目短于自见，故以镜观面；智短于自知，故以道正己[①]。故镜无见疵之罪[②]，道无明过之怨。目失镜，则无以正须眉；身失道，则无以知迷惑[③]。西门豹之性急[④]，故佩韦以缓己[⑤]；董安于之心缓[⑥]，故佩弦以自急。故以有余补不足、以长续短之谓明主。

【注释】

①道：客观规则。这里指法术。

②见：同“现”，现出。

③无以知迷惑：指无法分清是非。

④西门豹：战国初期魏国人，魏文侯时曾任魏国的邺(位于今河北临漳西南)令。

⑤韦：熟牛皮。这里指柔韧的皮带。

⑥董安于：一作董阏于，春秋末期晋国人，赵简子的家臣。

【译文】

古人的眼睛不能看见自己的面孔，所以要用镜子来照自己的面容；智力缺乏自知之明，所以要用道术来端正自己。因此镜子没有照出毛病的罪过，道不会因暴露过失而受到怨恨。眼睛如果失去了镜子，就无法来修整胡须和眉毛；人如果失去了道的指导，就无法分辨出是非。西门豹生性急躁，所以要佩带柔韧的皮带提醒自己从容沉着；董安于心性迟缓，所以要佩带绷紧的弓弦策励自己明快敏捷。因此能用多余的补充不足的、用长的来接短的就称得上是英明的君主。

天下有信数三：一曰智有所不能立，二曰力有所不能举，三曰强有所不能胜。故虽有尧之智而无众人之助①，大功不立；有乌获之劲而不得人助②，不能自举；有贲、育之强而无法术③，不得长胜。故势有不可得，事有不可成。故乌获轻千钧而重其身④，非其身重于千钧也，势不便也。离朱易百步而难眉睫⑤，非百步近而眉睫远也，道不可也。故明主不穷乌获以其不能自举，不困离朱以其不能自见。因可势，求易道，故用力寡而功名立。时有满虚⑥，事有利害，物有生死，人主为三者发喜怒之色，则金石之士离心焉⑦。圣贤之朴深矣。故明主观人，不使人观己。明于尧不能独成，乌获不能自举，贲、育之不能自胜，以法术则观行之道毕矣。

【注释】

①尧:我国原始社会末期的部落首领,传说中的圣智贤君。

②乌获:人名,战国时秦国著名的大力士。

③贲、育:孟贲、夏育,两个人都是卫国人,战国时期著名的勇士。

④钧:古代的计量单位,三十斤为一钧。

⑤离朱:即离娄,传说为黄帝时人,视力极强,能看到百步以外的毫毛。

⑥时有满虚:指月亮有盈有亏。月圆为满,月缺为亏,这里是说自然条件的变化。

⑦金石之士:指心坚如金石的忠贞之士。

【译文】

天下有三种必然之理:一是智慧总有不能办成的事情,二是力气总有举不起来的东西,三是实力再强也有不能战胜的对手。所以即使有尧那样的智慧而没有众人的帮助,也不能建立大功;即使有乌获那样的强大力量而没有别人的帮助,也不能把自己举起来;即使有孟贲、夏育那样的勇猛而没有法术的指导,也不能长久取胜。所以形势总有不能具备的,事情总有不能办到的。所以乌获把千钧看得很轻而以自己的重量为重,不是他的身体比千钧还重,而是客观条件不便于他举起自己。离朱易于看到百步之外的事物而难以看到自己的眉毛和睫毛,不是百步之外的距离近而眉毛和睫毛远,自然的法则不允许这样。所以英明的君主不能使乌获因不能举起自己而狼狈,不能使离朱因不能看到自己的面容而困窘。根据可以成功的形势,找出容易成功的法则,所以用力少而功名可以建立。月亮有圆有缺,事情有利有害,事物有生有死,君主对这三种变化表现出喜怒感情,那么坚贞之士就会和他离心离德了。圣贤的道术十分深远。所以英明的君主观察人,而不使人来观察自己。懂得尧也不能独个成功,乌获不能举起自己,孟贲、夏育不能胜过自己,用法术来观察臣下,那么观行之道都尽在其中了。

安危

【题解】

安危，即国家的安定之术和危亡之道。在这篇文章中，韩非提出了明是非、辨善恶、讲法度、无爱憎、不考虑别人的非誉、严格依法行事和诚信无欺等七种安定国家的方法。同时，文章又列举了六种危害国家安定的“危道”，这就是君主不依法度裁决、徇私枉法、以人民的祸害为利、以民众的灾祸为乐、危害人民的平安生活、对人不能根据自己真实的好恶来决定亲近或疏远。

文章指出国家安定之术的关键是使天下皆“极智”于法制，在法令规定的范围内充分发挥自己的才智。而法制的制定与实施，一定要充分考虑到民众物质利益上的需求，不要使人们失去了生存的乐趣。韩非在此篇中把法制与人的意愿、特别是人的“乐生”和衣食等物质生活的具体要求结合起来讨论，这是难能可贵的。

安术有七，危道有六。

安术：一曰赏罚随是非，二曰祸福随善恶，三曰死生随法度，四曰有贤不肖而无爱恶，五曰有愚智而无非誉，六曰有尺寸而无意度，七曰有信而无诈。

危道：一曰斫削于绳之内[①]，二曰断割于法之外[②]，三曰利人之所害，四曰乐人之所祸，五曰危人于所安，六曰所爱不亲、所恶不疏。如此，则人失其所以乐生，而忘其所以重死。人不乐生，则人主不尊；不重死，则令不行也。

使天下皆极智能于仪表③，尽力于权衡④，以动则胜⑤，以静则安⑥。治世使人乐生于为是，爱身于为非，小人少而君子多。故社稷常立⑦，国家久安。奔车之上无仲尼⑧，覆舟之下无伯夷⑨。故号令者，国之舟车也。安则智廉生，危则争鄙起。故安国之法，若饥而食，寒而衣，不令而自然也。先王寄理于竹帛⑩，其道顺，故后世服。今使人去饥寒，虽贲、育不能行⑪；废自然，虽顺道而不立。强勇之所不能行，则上不能安。上以无厌责已尽，则下对"无有"；无有，则轻法。法所以为国也，而轻之，则功不立，名不成。

【注释】

①绳：木工用的墨线，比喻法度。

②断割：锯断，比喻任意裁决。

③仪表：标记，标准，比喻国家的法令。

④权衡：称物的衡器，比喻国家的法令。

⑤动：指战争。

⑥静：指治理国家。

⑦社稷：土地神和谷神，象征国家。

⑧仲尼：孔子的字，这里是作为智士的典型而举例的。

⑨伯夷：商朝末年孤竹国君的长子，因推让君位而外逃，这里作为廉士的典型而列举。

⑩竹帛：竹简和丝帛，中国古代在东晋以前主要将文字书写于竹简和丝帛上，故以"竹帛"来代指典籍。

⑪贲、育：指孟贲、夏育，战国时代卫国人，著名的大力士。

【译文】

使国家安定的办法有七种，使国家危乱的途径有六种。

使国家安定的办法：一是赏罚要根据是非而定，二是祸福要根据行为的善恶而获得，三是生死要根据法律的规定而决定，四是判断臣民要根据各人实际的贤和不肖而不凭君主个人的爱憎，五是用人只根据其本人的愚蠢或智慧而不考虑别人的诽谤或赞美，六是衡量事物要有标准而不是随意猜想，七是要守信用而不欺骗。

使国家危乱的途径：一是斫削木材偏到准绳以内（徇私枉法），二是锯断木材偏到了规则之外（任意裁决），三是以别人的祸害为利，四是以别人的灾祸为乐，五是危害别人的平安生活，六是对自己所亲爱的人不亲近、所厌恶的人不疏远。像这样，人们就失去了乐于生存的前提，而忘记了看重生命的原因。人们不乐于生存，那么君主就不会受到尊重；不把死亡看得很重，那么法令就无法推行。

使天下的人都能在国家的法制规定内尽情发挥自己的才智，在法律允许的范围内充分施展才干，用来打仗就能取胜，用来治国就能平安。治理国家能使人乐于在做合法的事情中生活，爱惜生命而不去做违法的事，这样就坏人少而好人多。所以国家就能够长久存在，永久平安。逃奔的车子上没有孔子这样的智士，倾覆的船只下没有伯夷这样的廉士。所以说法令就是国家的船和车。安定那么智士廉士就会产生，危乱则争夺贪鄙就会涌现。所以使国家安定的办法，就如人饿了要吃饭，冷了要穿衣，不必发布命令人自然就会去做。先王把治国的道理写在竹帛上，由于它的道理顺应了自然的要求，所以后世信服。假如让人去掉不饥不寒的自然要求，即使是孟贲、夏育那样的勇士也做不到；违背了客观的需要，即使沿先王之道也行不通。如果强制连勇士也做不到的事，那么君主就不能安宁。君主以无厌的贪欲向已被搜刮干净的民众索求，那么民众就会回答说："我一无所有了"；一无所有，民众就会轻视法令。法令是用来维系国家的,而民众轻视它,那么君主的功业就不能建立,而名声也无法成就。

闻古扁鹊之治其病也[①],以刀刺骨;圣人之救危国也,以忠拂耳。刺骨,故小痛在体而长利在身;拂耳,故小逆在心而久福在国。故甚病之人利在忍痛,猛毅之君以福拂耳。忍痛,故扁鹊尽巧;拂耳,则子胥不失[②]:寿安之术也。病而不忍痛,则失扁鹊之巧;危而不拂耳,则失圣人之意。如此,长利不远垂,功名不久立。

人主不自刻以尧而责人臣以子胥[③],是幸殷人之尽如比干[④];尽如比干,则上不失,下不亡。不权其力而有田成[⑤],而幸其身尽如比干,故国不得一安。废尧、舜而立桀、纣[⑥],则人不得乐所长而忧所短。失所长,则国家无功;守所短,则民不乐生。以无功御不乐生,不可行于齐民。如此,则上无以使下,下无以事上。

【注释】

①扁鹊:古代的名医,姓秦名越人。他的生平事迹和活动年代,传说很多,记载不一。

②子胥:指伍子胥,名员,春秋时代楚国人,后为吴国大夫,是吴王夫差的谋臣。

③尧:我国原始社会末期的部落联盟的首领,传说中的贤君。

④殷:商朝的别称。商朝因盘庚迁都于殷(位于今河南安阳西),所以商又称殷。比干:人名,商纣王的叔父,因屡次劝谏纣王,被剖心而死。

⑤田成:即田成子,名常,春秋末期齐国的当权大臣,后杀死齐简

公,控制了政权。

⑥舜:我国原始社会末期继尧之后的一位部落首领,也是传说中的贤君。桀:夏代的最后一个王,著名的暴君。纣:商代的最后一个王,也是一位著名的暴君。

【译文】

听说古代扁鹊给人治病,用刀刺人的骨头;圣明的人治理国家,用忠言来刺激人的听觉。刺人的骨头,因此身体虽有小的疼痛但可获得长远的利益;刺激听觉,因此心里虽然有小的不快但国家却可获得长久的福利。所以病人的好处要在忍痛中获得,勇猛刚毅的君主要为得到福利而听逆耳的话。病人忍住疼痛,所以扁鹊能充分发挥他的技巧;君主能听逆耳的话,那么国家就不会失去伍子胥那样的忠臣:这是国家长治久安的办法。生了病而不能忍受受刺的疼痛,那么扁鹊的技巧就无法发挥;国家危乱而不听逆耳忠言,那么就丧失了做圣明君主的好办法。像这样,长远的利益就不能留传后世,功业名声就不能长久地确立。

君主不能用尧的标准严格要求自己却要求臣下都像伍子胥,这就是希望殷人个个都如比干那样尽忠;都像比干那样,就可以使君主没有过失,臣下不会背离君主。君主不估计自己的力量而手下又有田成这样的大臣,但还幻想臣下都如比干,所以他的国家得不到一天安宁。废弃尧、舜而立桀、纣这类暴君,那么人们就不能以他们能做的事为快乐而忧虑他们所做不到的。人们失去了在法令规定的范围内充分发挥才智的愿望,那么国家就不能建立功业;整天为做不到的事忧虑,那么人们就失去了生活的乐趣。以无功的君主去驾驭失去了生存乐趣的人们,这种治国方法在平民中是行不通的。像这样的话,君主就没有办法役使臣下,而臣下也没有办法来侍奉君主。

安危在是非,不在于强弱。存亡在虚实,不在于众寡。

故齐，万乘也[①]，而名实不称，上空虚于国，内不充满于名实，故臣得夺主[②]。桀，天子也，而无是非：赏于无功，使谗谀以诈伪为贵；诛于无罪，使伛以天性剖背[③]。以诈伪为是，天性为非，小得胜大[④]。

明主坚内，故不外失。失之近而不亡于远者无有。故周之夺殷也，拾遗于庭。使殷不遗于朝，则周不敢望秋毫于境，而况敢易位乎？

明主之道忠法[⑤]，其法忠心，故临之而治，去之而思。尧无胶漆之约于当世而道行，舜无置锥之地于后世而德结。能立道于往古，而垂德于万世者之谓明主。

【注释】

①乘：兵车，包括一车四马。

②臣：指田成。主：指齐简公。

③伛（yǔ）：曲背，弯腰。

④小：指商汤。他原为夏桀的臣属，统治的地区很小。大：大国，指夏桀。

⑤忠：通"衷"，适合。下文"忠心"之"忠"与此同。

【译文】

国家的安危在于能分辨是非，而不在于强弱。国家的强弱在于君主是否握有实权，而不在于他的臣民的多少。所以齐国，虽是一个拥有万辆兵车的大国，但名称和实际不符，君主有名无实，在国内名位与实权上都已空虚，所以臣下得以篡夺君主的权位。夏桀，是天子，但对臣下没有是非之分：赏赐没有功劳的人，使阿谀奉承的人以欺诈手段取得富贵；诛杀无罪的人，使驼背的人因天生的缺陷而被剖开了背。把欺诈虚伪当成了好行为，把纯朴的本性当成了错误，弱小的商汤得以战胜夏桀。

圣明的君主巩固内部，所以他的国家不被外国颠覆。在国内治理上有过失而不被远方的他国灭亡的君主是没有的。所以周朝夺取商朝，是在商朝的庭院捡到的。假如商朝不在自己的朝廷上丢失了什么，那么周朝连商朝境内的一丝一毫也不敢窥视，更何况夺取商朝的天下？

圣明君主的治国原则是适合于法，这个法又适合民心，所以用这个法治国就能把国家治理好，去掉了它民众就思念。尧和当时的人没有订立坚固的契约而他的治国之道能够畅行；舜没有立锥之地留给后代却结下了恩德。能根据古代尧舜的治国之道来确立现在的治国方法，而留传下万代恩德的国君就叫做圣明的君主。

守　道

【题解】

守道，即守国之道，也就是确保国家政权的原则。文章的开头“圣王之立法也，其赏足以劝善，其威足以胜暴，其备足以必完法”，是全文的论点，然后分别依次论证这一论点。文章首先论述“圣人立法”应做到“赏足以劝善”，只有做到“功多者位尊，力极者赏厚，情尽者名立”，才能使上下相得，人们乐于为君竭忠尽力，而君主也可以高枕无忧。接着，文章又从使“贲、育之所不能犯，盗跖不能取”的角度，论述“立法”应重罚的主张。最后，说明君主应严格执法，只有法令严明，才能“使人尽力于权衡，死节于官职”，而庸主也可不失天下。

文章用简短的篇幅，重申了韩非的立法和执法原则，观点鲜明，层次分明。

圣王之立法也，其赏足以劝善，其威足以胜暴，其备足以必完法。治世之臣[①]，功多者位尊，力极者赏厚，情尽者名立。善之生如春，恶之死如秋，故民劝极力而乐尽情，此之谓上下相得。上下相得，故能使用力者自极于权衡[②]，而务至于任鄙[③]；战士出死，而愿为贲、育[④]；守道者皆怀金石之心[5]，以死子胥之节[6]。用力者为任鄙，战如贲、育，中为金石，则君人者高枕而守己完矣。

【注释】

①治世：治理得好的社会。

②权衡：秤锤为权，秤杆为衡，这里比喻法度。

③任鄙：人名，战国时秦国的大力士。

④贲、育：孟贲、夏育，两人都是战国时期的卫国人，著名的大力士。

⑤金石之心：比喻像金石一样坚贞不变的心。

⑥子胥：指伍子胥，名员，春秋末期楚国人，后为吴王夫差的大夫，因屡次进谏，触怒夫差，被逼自杀，被人视为忠臣的典范。

【译文】

圣明的君主确立法治，他的赏赐足以鼓励人们做好事，他的威刑足以制服暴乱，他的措施足以保证法制完善。治理得好的社会的臣民，功劳多的地位尊贵，竭尽能力的人得到优厚的赏赐，尽心尽忠的人名声得以树立。好的东西就像春天的草木一样蓬勃生长，坏的东西就像秋天的草木一样枯萎死亡，所以民众互相劝勉乐于竭力尽忠，这就叫做君主和臣民相得相宜。君臣上下相得相宜，所以能使出力的人在法度的范围内尽力，努力做到发挥出任鄙那样的力量；战斗之士拼死向前，而希望成为孟贲、夏育那样的勇士；维护法治的人都心如金石一样坚贞，愿像伍子胥那样尽忠守节。出力的都愿成为任鄙那样的力士，战士都愿成为孟贲、夏育，心中坚如金石，做君主的就可以高枕无忧而确保国家政权的原则也就完备了。

古之善守者，以其所重禁其所轻，以其所难止其所易，故君子与小人俱正，盗跖与曾、史俱廉[1]。何以知之？夫贪盗不赴溪而掇金，赴溪而掇金则身不全。贲、育不量敌，则无勇名；盗跖不计可，则利不成。明主之守禁也，贲、育见侵于其所不能胜，盗跖见害于其所不能取，故能禁贲、育之所不能犯，守盗跖之所不能取，则暴者守愿[2]，邪者反正。大勇愿，巨盗贞，则天下公平，而齐民之情正矣。

【注释】

①盗跖：春秋末期著名的强盗，贪而不廉的典型。曾：指曾参，孔子的学生，以孝闻名。史：指史鳍，一名史鱼，春秋时卫国的大夫，以廉正闻名。

②愿：谨慎。

【译文】

古代善于守道的人，用重刑禁止轻罪，用人们所难以违犯的法令制止人们容易犯的罪行，所以君子、小人都安分守法，而盗跖贪鄙者与曾参、史鳍这样的廉正之士都同样廉洁。怎么知道是这样呢？因为贪心的盗贼不到深涧里去捡金子，如果到深涧里捡金子身体就难以保全。孟贲、夏育不估量敌人的力量，就不会有勇力的名声；盗跖不估量成功的可能性，就不可能成功。圣明的君主紧握法禁，这就是要使孟贲、夏育为了在所不能取胜的地方取胜结果却受到制裁，使盗跖在不能取得东西的地方窃取东西而受到惩罚，所以能够禁止孟贲、夏育在不能取胜的地方取胜，防守住盗跖在不能盗取东西的地方行窃，强暴的人就谨慎了，为非作歹的人也会回到正道上来。凶猛的人谨慎了，大盗贼也廉正了，那么社会就公正太平，而平民百姓的思想也就端正了。

人主离法失人，则危于伯夷不妄取[1]，而不免于田成、盗跖之祸[2]。何也？今天下无一伯夷，而奸人不绝世，故立法度量。度量信，则伯夷不失是，而盗跖不得非。法分明，则贤不得夺不肖[3]，强不得侵弱，众不得暴寡。托天下于尧之法[4]，则贞士不失分，奸人不侥幸。寄千金于羿之矢[5]，则伯夷不得亡，而盗跖不敢取。尧明于不失奸，故天下无邪；羿巧于不失发，故千金不亡。邪人不寿而盗跖止。如此，故图不载宰予[6]，不举六卿[7]；书不著子胥，不明夫差[8]。孙、吴之略废[9]，盗跖之心伏。人主甘服于玉堂之中[10]，而无瞋目切齿倾取之患[11]；人臣垂拱于金城之内[12]，而无扼腕聚唇嗟唶之祸[13]。服虎而不以柙[14]，禁奸而不以法，塞伪而不以符[15]，此贲、育之所患，尧、舜之所难也。故设柙，非所以备鼠也，所以使怯弱能服虎也；立法，非所以备曾、史也，所以使庸主能止盗跖也；为符，非所以豫尾生也[16]，所以使众人不相谩也。不独恃比干之死节[17]，不幸乱臣之无诈也；恃怯之所能服，握庸主之所易守。当今之世，为人主忠计，为天下结德者，利莫长于此。故君人者无亡国之图，而忠臣无失身之画。明于尊位必赏，故能使人尽力于权衡，死节于官职。通贲、育之情，不以死易生；惑于盗跖之贪，不以财易身；则守国之道毕备矣。

【注释】

①伯夷：商朝末年孤竹国君的长子，因推辞君位而外逃。后又反对周武王伐商，周灭商后，不食周粟而饿死。

②田成：指田成子，即田常。春秋末年齐国的大臣，后杀齐简公控制了齐国政权。

③贤：德才好的人。不肖：与“贤”相对，德才不好的人。

④尧:我国原始社会末期的部落首领,传说中的圣君。

⑤羿:指后羿,夏代东夷族有穷氏的部落首领,以善射著称。

⑥宰予:即宰我。孔子的学生,在齐国做临淄大夫,反对田常夺权,失败后被杀。

⑦六卿:指晋国掌权的六大贵族,即范氏、中行(háng)氏、智氏、赵氏、魏氏、韩氏。

⑧夫差(chāi):春秋末期吴国的君主,因不听伍子胥的劝谏,被越王勾践战败,后自杀。

⑨孙、吴:指孙武、吴起,两人都是春秋战国时期的著名军事家。

⑩玉堂:指王宫。

⑪瞋目:怒目,瞪眼。

⑫金城:金石一样坚固的城,指都城。

⑬扼腕聚唇:左手扼住右腕,噘起嘴唇,愤怒怨恨的样子。嗟唶(jiè):哀怨叹息。

⑭柙(xiá):关猛兽的木笼子。

⑮符:古代朝廷传达命令或调兵时的凭证,用金、玉、铜、竹、木等制成,分成两半,各执其一,有事时合之以验真假。

⑯豫:通“预”。尾生:人名,传说中最守信用的人。

⑰比干:商纣王的叔父,因屡次劝谏商纣王,被剖心而死。

【译文】

君主背离法治而失去人心,那么就算遇到伯夷那样清廉的人也会出现危险,而不能避免田成弑主夺权、盗跖为非作歹这样的祸害。为什么?现在社会上没有一个伯夷,而奸诈的人在社会上不断出现,所以设立法令制度。法制执行坚决,那么伯夷不会失去他的好行为,盗跖也不能为非作歹。法令明确清晰,那么有德才的也不能侵犯才德不好的人,强大的不能侵夺弱小的,人数多的不能欺凌人数少的。把天下寄托于尧的法令,那么清白的人不会失去本分,奸邪的人不会有侥幸的心理。

把金钱寄托在后羿弓箭的保护之下，那么伯夷那样推让的人也不会丢钱，而专门偷盗的盗跖也不敢窃取。尧的法令严明到不放过一个坏人，所以全社会都没有奸邪；后羿的技巧达到了百发百中的地步，所以他守护的金钱不会被偷窃。在这样的情形下奸邪的人活不长而盗窃销声匿迹了。像这样，图书里就不会记载宰我，不会列举六卿；典籍里不会著录伍子胥，不会提到夫差。孙武、吴起的谋略废弃不用，盗跖也不会起盗窃之心。君主在宫殿里锦衣玉食，而没有怒目切齿痛恨奸臣颠覆国家的忧患；臣下垂衣拱手从容地在都城中办事，而没有怨愤哀叹的祸害。制服老虎不用关兽的笼子，禁止奸邪不用刑法，杜绝作伪不用符节，这是孟贲、夏育所担心的，尧、舜也感到为难的事情。所以设立了木笼子，不是用来防备老鼠的，是用来使怯弱的人也能制服老虎的；设立法令，不是用来防备曾参、史鳝的，是为了使平庸的君主能够防止盗跖的；设计信符，不是用来防备最守信用的尾生的，是为了使普通人也不能互相欺诈的。不光依靠比干那样的誓死效忠的节义，不侥幸乱臣们不行欺诈；而是依靠怯弱的人也能制服老虎的“柙”，把握住平庸的君主所容易守住的“法”。在当今社会，如为君主们忠心考虑，为天下人积德造福，没有比实行法治更长远的了。所以做君主的人不会有亡国的图画，而忠臣也不会有杀身的描绘。明白了尊重君位的人一定会受赏赐，所以能使人们在法制内竭尽其力，誓死效忠于自己的官职。即使有孟贲、夏育的勇力，也不会轻易去死；即使被盗跖那样的贪心迷惑，也不会为了谋财而送命；这样，确保国家政权的原则就具备了。

用 人

【题解】

这是一篇阐述法家用人原则的文章，它的核心就是要依法用人。

韩非阐述的依法用人的原则，首先是要“循天顺人而明赏罚”，主要包括“使士不兼官”，即使官吏的职责明确而奠定赏罚分明的基础，依法术而去“心治”、依规矩而去臆度；其次是要“立可为之赏，设可避之罚”，赏罚要有可操作性，赏罚实行的结果是要使“上下之恩结”，而不是君“独立”而“臣叛主”；再者，依法用人就要严格遵循法制，“有赏罚而无喜怒”，这样才能“君高枕而臣乐业，道蔽天地，德极万世矣”。

文章的最后告诫君主，不要效近世“慕贤”之名而粉饰外表，而应该依法用人，真正功成名立。

闻古之善用人者，必循天顺人而明赏罚。循天，则用力寡而功立；顺人，则刑罚省而令行；明赏罚，则伯夷、盗跖不乱[①]。如此，则白黑分矣。治国之臣，效功于国以履位，见能于官以受职[②]，尽力于权衡以任事[③]。人臣皆宜其能，胜其官，轻其任，而莫怀余力于心，莫负兼官之责于君。故内无伏怨之乱，外无马服之患[④]。明君使事不相干，故莫讼；使士不兼官，故技长；使人不同功，故莫争。争讼止，技长立，则强弱不觳力[5]，冰炭不合形[6]，天下莫得相伤，治之至也。

释法术而心治，尧不能正一国[7]；去规矩而妄意度[8]，奚仲不能成一轮[9]；废尺寸而差短长，王尔不能半中[10]。使中主守法术，拙匠守规矩尺寸，则万不失矣。君人者能去贤巧之所不能，守中拙之所万不失，则人力尽而功名立。

【注释】

①伯夷：商朝末年孤竹国君的长子，因推让君位而逃走，后反对周武王灭商而饿死。盗跖：传说中春秋末期的大盗。

②见：同“现”。

③权衡：秤锤和秤杆，比喻法。

④马服：指马服君，赵国名将赵奢的封号。这里指赵奢的儿子赵括。前260年，秦、赵两国相峙于长平(位于今山西高平西北)，赵王中了秦国的离间计，用赵括代替廉颇为将，赵军遭秦将白起围歼，全军覆没。

⑤觳(jué)：通“角”。

⑥形：通“型”。

⑦尧：我国原始社会末期的部落首领，传说中的圣君。

⑧意：通“臆”。

⑨奚仲：人名，传说他善于造车，做过夏代的车正(管车服的官)。

⑩王尔：人名，传说中的巧匠。

【译文】

听说古代善于任用官吏的君主，一定是遵循自然规律、顺应人情而赏罚分明的。遵循自然规律，那么使用的力气就少而建立起功业；顺应人情，那么就使用的刑罚少而法令却得以推行；赏罚分明，那么伯夷、盗跖就不会发生混淆。像这样,社会上的是非就会黑白分明。在一个治理得很好的社会的臣子,都是用为国建功立业来履行职守,用在自己的官位上表现出才能来接受职务,用尽力依法办事来担任职事。做臣子的都能适合他们的才能,胜任他们的职务,轻松地完成他们的任务,而没有人在心里想保留一点余力,无人对君主负有兼任其他职务的责任。所以在朝堂内没有心怀怨恨的祸乱,在朝廷外没有赵括纸上谈兵而遭致全军覆没的忧患。英明的君主使官吏的职事不互相侵犯,所以没有争辩发生;使官吏不兼任其他职务,所以各人的本领就有专长;使人不在同一事上立功,所以就没有人争功。争辩没有了,专长确立了,那么强的和弱的就不会在一起争胜了,冰和炭就不会在一个器皿里了,天下的人不得相互伤害,这是治国到了最好的状态。

放弃法术而凭主观想法办事,尧也不能使一个国家平正;舍弃规矩而胡乱猜测,奚仲连一个车轮也做不成;废弃了尺寸而靠主观来区别长短,王尔也不能做到一半符合标准。让中等才能的君主谨守法术,笨拙的匠人掌握规矩和尺度,就可以做到万无一失。做君主的能放弃贤人巧匠所不能做到的,谨守中等才能的君主和笨拙的匠人所万无一失的做法,那么就能使人竭尽能力而建立功业和名望。

明主立可为之赏,设可避之罚。故贤者劝赏而不见子胥之祸①,不肖者少罪而不见伛剖背②,盲者处平而不遇深溪③,愚者守静而不陷险危。如此,则上下之恩结矣。古之人曰:“其心难知,喜怒难中也。”故以表示目④,以鼓语耳⑤,以法教心。君人者释三易之数而行一难知之心,如此,则怒积于上而怨积于下。以积怒而御积怨,则两危矣。明主之表易见,故约立;其教易知,故言用;其法易为,故令行。三者立而上无私心⑥,则下得循法而治,望表而动,随绳而斫,因攒而缝[7]。如此，则上无私威之毒，而下无愚拙之诛。故上居明而少怒，下尽忠而少罪。

闻之曰："举事无患者，尧不得也。"而世未尝无事也。君人者不轻爵禄，不易富贵，不可与救危国[8]。故明主厉廉耻[9]，招仁义。昔者介子推无爵禄而义随文公[10]，不忍口腹而仁割其肌，故人主结其德，书图著其名。人主乐乎使人以公尽力，而苦乎以私夺威；人臣安乎以能受职，而苦乎以一负二。故明主除人臣之所苦，而立人主之所乐。上下之利，莫长于此。不察私门之内，轻虑重事，厚诛薄罪，久怨细过，长侮偷快，数以德追祸，是断手而续以玉也，故世有易身之患[11]。

人主立难为而罪不及，则私怨生；人臣失所长而奉难给，则伏怨结。劳苦不抚循，忧悲不哀怜；喜则誉小人，贤不肖俱赏；怒则毁君子，使伯夷与盗跖俱辱；故臣有叛主。

使燕王内憎其民而外爱鲁人[12]，则燕不用而鲁不附。民见憎，不能尽力而务功；鲁见说[13]，而不能离死命而亲他主[14]。如此，则人臣为隙穴[15]，而人主独立。以隙穴之臣而事独立之主，此之谓危殆。

【注释】

①子胥：即伍子胥，春秋末期楚国人，后为吴国大夫，因屡谏吴王夫差，被迫自杀，后世视之为忠臣的典范。

②不肖：与"贤"相对，指德才不好的人。

③溪：山涧。

④表：用木树立的标志，表示高低远近。

⑤以鼓语耳：用鼓来校正乐律，使人能听到准确的乐音。

⑥三者:指表、教、法三者。

⑦攒:通“钻”,指锥孔。

⑧与:通“以”。

⑨厉:通“励”,勉励。

⑩介子推:一作介之推,春秋时期晋国人,公子重耳的家臣。文公:指晋文公,即公子重耳,早年被迫流亡,后回国为君,成为著名的“春秋五霸”之一。

⑪易身:即易位,指君位被篡夺。

⑫燕:春秋战国诸侯国名,范围包括今河北北部、中部和山西、辽宁的部分地区。鲁:春秋战国诸侯国名,范围包括今山东南部和河南、江苏的部分地区。

⑬说:同“悦”。下文“必无使燕王说鲁人”之“说”与此同。

⑭离:通“罹”,遭遇。

⑮隙穴:比喻隐患。

【译文】

英明君主设立臣民通过努力可以得到的奖赏,设立百姓可以避免的惩罚。所以有德才的人勉励立功受赏而不会遇到伍子胥那样的灾祸,无德才的人可以少犯罪而不会像驼背人那样受无辜的刑罚,眼瞎的人处在平坦的地方而不会遇到深涧,愚痴的人保持安静的生活而不会陷入危险的境地。像这样,君主和臣下之间的恩情就结下了。古人说:“人心难知,人的喜怒难以猜中。”所以用表给眼睛提示,用鼓来给耳朵定音,用法给人心做规范。做君主的人放弃以上三种简单易行的方法而依难以实行的主观意图来办事,这样,就会使君主积下愤怒而臣子积下怨恨。以积怒的君主驾驭积怨的臣子,那么君主和臣子两者都危险。英明君主的标记使人容易看见,所以就能确立信约;他的教导使人容易明白,所以他的话能被遵用;他的法令容易实行,所以命令能得到执行。“表”、“教”、“法”三者既已确立而君主又没有私心,那么臣下就可以遵循法制来处理政事，看着标记而行动，随着绳墨来砍削，根据锥孔而上针缝线。像这样，那么君主就不会有滥施淫威之毒，而臣下也不会因不会迎合君主而受刑罚。因此君主可以处在明智的地位而不积怒，臣下也可竭尽忠诚而无罪。

曾听说过这样的话："办事不出毛病，尧也不能做到。"而社会上不总是平安无事。做君主的人不轻易赐与爵禄，不轻易赏赐富贵，就不能够解救危亡的国家。所以英明的君主用廉耻勉励臣下，提倡仁义。从前介之推没有爵禄而凭着"义"追随晋文公，不忍心晋文公的口腹受饥而凭着"仁"割下自己腿上的肉给晋文公充饥，所以君主牢记他的恩德，在国家的图书典籍中记下他的名字。君主乐于使人臣为了国家的利益尽力，而苦于被臣下为了私利夺取自己的威权；人臣安于凭才能接受职务，而苦于一身兼任二职。所以英明的君主免除人臣所感到苦恼的事，而建立君主所乐于见到的局面。君臣之间的利益，没有比这样更长远的了。不考察臣子私下的活动，轻率地考虑重大的事情，过重地处罚犯轻罪的人，长期怨恨微小的过错，经常侮弄大臣以求一时快乐，屡次采用施恩的方式来补偿给人臣造成的灾祸，这就像砍断了手臂而用玉接续一样，所以世上有君主被篡夺君位的祸患。

君主树立难以达到的奖赏标准而对达不到标准的人治罪，那么臣子的私怨就会产生；人臣失掉了自己的特长而从事难以胜任的事，心中的怨恨就会集结。君主不去抚慰臣子的劳苦，不哀怜臣子的忧伤悲苦；高兴起来就赞扬小人，德才好的人和不好的人一同赏赐；愤怒的时候就诋毁君子，使伯夷和盗跖同受侮辱；所以臣子就有背叛君主的。

让燕王憎恨本国的人民而爱外面的鲁国人，那么燕国的人就不会听他使用而鲁国人也不会依附他。本国的人民被憎恨，就不会尽力去争取为国立功；鲁国人受喜爱，但他们不会在遭遇死亡危险时去亲近别国的君主。像这样，臣子就会成为君主的隐患，而君主自己就会孤立。用成了隐患的臣子来侍奉孤立的君主，这就叫做危险。

释仪的而妄发[①]，虽中小不巧；释法制而妄怒，虽杀戮而奸人不恐。罪生甲，祸归乙，伏怨乃结。故至治之国，有赏罚而无喜怒，故圣人极；有刑法而死无螫毒[②]，故奸人服。发矢中的，赏罚当符，故尧复生，羿复立[③]。如此，则上无殷、夏之患[④]，下无比干之祸[⑤]，君高枕而臣乐业，道蔽天地，德极万世矣。

夫人主不塞隙穴而劳力于赭垩[⑥]，暴雨疾风必坏。不去眉睫之祸而慕贲、育之死[⑦]，不谨萧墙之患而固金城于远境[⑧]，不用近贤之谋而外结万乘之交于千里，飘风一旦起[⑨]，则贲、育不及救，而外交不及至，祸莫大于此。当今之世，为人主忠计者，必无使燕王说鲁人，无使近世慕贤于古，无思越人以救中国溺者[⑩]。如此，则上下亲，内功立，外名成。

【注释】

①仪的：射箭的靶子。

②螫（shì）：有毒腺的虫子用尾部的毒刺刺人。

③羿：指后羿，夏代东夷族有穷氏的部落首领，以善射著称。

④殷：即商朝，因商王自盘庚起迁都于殷（今河南商丘西），故又称殷。

⑤比干：商纣王的叔父，因强谏商纣王被剖心而死。

⑥赭（zhě）垩（è）：本是用来涂墙的涂料，这里借指对外表的粉饰。赭，红土。垩，白土。

⑦贲、育：指孟贲、夏育，两人都是卫国人，战国时著名的勇士。

⑧萧墙：本指宫内作为屏障的短墙，这里代指宫廷内部。金城：比喻坚固的城。

⑨飘风：疾风。比喻动乱中的政治风暴。

⑩越：诸侯国名，范围包括今浙江大部和江苏、江西的部分地区。中国：指当时的中原地区。

【译文】

放弃箭靶而胡乱射箭，即使射中了很小的东西也不算巧；放弃法制而随意发怒，即使进行杀戮奸人也不会恐惧。甲犯了罪，而灾祸却归到乙身上，心中的怨恨便形成了。所以治理得最好的国家，实施赏罚但不凭君主个人的喜怒，所以圣明的人能达到最高的治国境界；施行刑罚但不会因逞私威置人死地，所以奸人服罪。发箭能射中靶子，赏罚能够得当，所以社会如同尧复活，羿再生。像这样，君主就没有商纣王、夏桀那种亡国的忧患，臣子也没有比干那因忠谏而剖心的灾祸，君主高枕无忧而臣子乐于他们的职业，这样的治国之道普遍实行，恩德就会流布千秋万代。

君主不消除身边的隐患而在屋墙外表的粉饰上花大力，暴风骤雨来到墙一定会崩坏。不远离眼前的祸患而思慕孟贲、夏育那样的勇士为君主卖命，不慎重对待宫墙内的祸患而在远方加固城池，不采用身边贤者的计谋而热心于和千里之外的大国君主结交，国内的政治风暴一旦发生，那么孟贲、夏育也来不及救助，而国外结交的诸侯也来不及援手，祸害没有比这更大的了。在当今社会，为君主忠心献计的人，一定不会让燕王去喜爱鲁国人，不会让现代人去仰慕古代人，不指望会水的越人来救溺水的中原人。像这样，君主和臣子就会亲密无间，在国内建立功业，在国外享有威名。

功　名

【题解】

功名，是说君主如何才能功成名立。文章先阐明君主“立功成名”的四个条件，并特别突出了“天时”、“人心”的重要性。接着，文章着重分析了“势位”对君主建立功名的意义，强调君主必须处在君位，才能有权势；有了权势，又得到臣下的配合，就能使“太山之功长立于国家，而日月之名久著于天地”。这一部分充分阐述了韩非的“势治”学说。

明君之所以立功成名者四：一曰天时[①]，二曰人心，三曰技能，四曰势位。非天时，虽十尧不能冬生一穗[②]；逆人心，虽贲、育不能尽人力[③]。故得天时，则不务而自生；得人心，则不趣而自劝[④]；因技能，则不急而自疾；得势位，则不推进而名成。若水之流，若船之浮。守自然之道，行毋穷之令[⑤]，故曰明主。

【注释】

①天时：指客观的自然条件。

②尧：我国原始社会末期的部落联盟首领，传说中的“圣人”。

③贲、育:指孟贲、夏育,两人都是战国时期的卫国人,著名的大力士。

④趣:通“促”,督促。

⑤毋:通“无”。

【译文】

英明的君主之所以立功成名的条件有四项:一是天时,二是人心,三是技能,四是势位。不顺应天时,即使十个尧也不能使冬天里结出一个穗子;违背人心,即使是孟贲、夏育这样的勇士也不能逼迫人使出全部的力气。所以掌握了天时不努力庄稼也会自行生长,获得了人心就算不督促民众也会自我勉励;依靠技能就算你不着急也会很快成功;有了威势和地位即使你不追求也会建立功名。事情就像水自然向下流,就像船浮在水面上。遵守自然的规律,推行畅通无阻的法令,所以叫做英明的君主。

夫有材而无势,虽贤不能制不肖①。故立尺材于高山之上,则临千仞之溪②,材非长也,位高也。桀为天子③,能制天下,非贤也,势重也;尧为匹夫,不能正三家,非不肖也,位卑也。千钧得船则浮④,锱铢失船则沉⑤,非千钧轻锱铢重也,有势之与无势也。故短之临高也以位,不肖之制贤也以势。人主者,天下一力以共载之⑥,故安;众同心以共立之,故尊。人臣守所长,尽所能,故忠。以尊主御忠臣,则长乐生而功名成。名实相持而成,形影相应而立,故臣主同欲而异使。人主之患在莫之应,故曰,一手独拍,虽疾无声。人臣之忧在不得一,故曰:右手画圆,左手画方,不能两成。故曰:至治之国,君若桴⑦,臣若鼓,技若车,事若马。故人有余力易于应,而技有余巧便于事。立功者不足于力,亲近者不足于信，成名者不足于势，近者不亲，而远者不结，则名不称实者也。圣人德若尧、舜[⑧]，行若伯夷[⑨]，而位不载于世，则功不立，名不遂。故古之能致功名者，众人助之以力，近者结之以成[⑩]，远者誉之以名，尊者载之以势。如此，故太山之功长立于国家[⑪]，而日月之名久著于天地。此尧之所以南面而守名[⑫]，舜之所以北面而效功也。

【注释】

①贤：德才好的人。不肖：与“贤”相反，指德才不好的人。

②仞：古代的高度计量单位，八尺为一仞。溪：深涧。

③桀：夏朝的最后一个王，著名的暴君。

④钧：古代的重量计算单位，三十斤为一钧。

⑤锱铢：都是古代的重量计算单位，六铢为一锱，四锱为一两，这里指很轻的东西。

⑥载：通“戴”，拥戴。

⑦桴：鼓槌。

⑧舜：我国原始社会末期的部落首领，尧的继位人。

⑨伯夷：商朝末年孤竹国君主的长子，因推让君位而逃走，后又反对周武王伐商，商灭后不食周粟而饿死。

⑩成：通“诚”。

⑪太山：即泰山。

⑫南面：指处在君位，因古代的君主临朝时南向而坐。与之相对应，臣子上朝应面向北面而立，故“北面”代表处于臣位。

【译文】

只有才能没有势位，即使是贤德的人也不能制服无德无才的人。所以将一尺长的木材树立在高山上，那么它就可以俯视千仞深的山涧，不是木材长高了，是它处的地位很高。夏桀做了天子，能控制天下，不是他的德才好，是他的权势重；尧做一个普通的百姓，不能管理好三户人家，不是他的德才不好，是他的地位太低下了。千钧的重物有船载就能浮起来，很轻的东西没有船载就会下沉，不是千钧的东西轻锱铢重，而是因为有船这个“势”和没有船这个“势”是不一样的。所以短的东西因为地位高而俯视千仞，无德无才的人因为权势可以控制贤德的人。君主，全天下的人合力来拥戴他，所以地位巩固；大众同心且共同拥立他，所以他尊贵。臣子坚守自己的所长，尽自己的所能，因此叫做忠。以尊贵的君主驱使忠臣，那么君主就可以长久安乐地生活而功名也可建立。名和实相互依赖而形成，形和影相互对应而出现，所以臣子和君主目标一致而使命不同。君主的忧患在于没有人响应，所以说一只手独拍，虽然迅疾却没有响声。人臣的忧患在于不能专守一职，所以说：右手画圆形，左手画方形，不能同时画成两种图形。所以说：治理得很好的国家，君主就好比鼓槌，臣子就好比鼓，技能就好比车子，事情就好比马。因此人有多余的力量就容易响应君主的号召，而有了超人的技能就容易办成事。想为君主立功的人力量不够，和君主亲近的人诚信不够，要拥戴君主成名的人没有权势，贴身的人不贴心，而关系远的人不来结交，那么君主的名声和实际就不相符了。圣明的人的道德如同尧、舜，而行为如同伯夷，但他的地位不被世人所拥戴，就不能立功，也不能成名。所以古代能功成名就的人，大家都来帮他出力，贴身的人用真心来和他结交，关系远的人用好名声来称誉他，地位尊贵的人用权势来拥戴他。像这样，对国家就能建立起如泰山那样的大功，享有像日月那样长久的名声。这就是尧所以能南面为君保住名声，舜北面称臣做出贡献的原因。

大 体

【题解】

大体是整体和根本的意思,即法家治理国家的根本观点。作者认为能治理好国家的关键和根本的一点,就是要“因道全法”。所谓“道”,是指宇宙万物,包括天地、江海、山谷、日月运行的客观法则;所谓“全法”,是指社会治理中的一切都要全面依法而行,不要受自己的私心、私利、爱恶的拖累。作者认为,这样就能出现“至安之世”,“君子乐而大奸止”。而治理得最好的社会,应该是“上下交朴”,协调一致的。这也反映了作者对君臣关系的理想。

古之全大体者①:望天地,观江海,因山谷,日月所照,四时所行,云布风动;不以智累心,不以私累己;寄治乱于法术,托是非于赏罚,属轻重于权衡②;不逆天理③,不伤情性;不吹毛而求小疵,不洗垢而察难知④;不引绳之外⑤,不推绳之内;不急法之外,不缓法之内;守成理,因自然;祸福生乎道法,而不出乎爱恶;荣辱之责在乎己,而不在乎人。故至安之世,法如朝露,纯朴不散,心无结怨,口无烦言。故车马不疲弊于远路,旌旗不乱于大泽,万民不失命于寇戎,雄骏不创寿于旗幢[⑥];豪杰不著名于图书,不录功于盘盂[⑦],记年之牒空虚[⑧]。故曰:利莫长于简,福莫久于安。使匠石以千岁之寿操钩[⑨],视规矩[⑩],举绳墨,而正太山[⑪];使贲、育带干将而齐万民[⑫],虽尽力于巧,极盛于寿,太山不正,民不能齐。故曰:古之牧天下者,不使匠石极巧以败太山之体,不使贲、育尽威以伤万民之性。因道全法,君子乐而大奸止。澹然闲静,因天命[⑬],持大体。故使人无离法之罪[⑭],鱼无失水之祸。如此,故天下少不可。

【注释】

①大体:指事物的整体和根本。

②权衡:秤锤和秤杆,这里指法制。

③天理:指自然的法则。

④难知:指难以察知的隐微的东西。

⑤绳:即木匠用来取直的墨线,比喻准绳、法。

⑥骏:通“俊”。幢(chuáng):指羽盖葆幢,古代的一种旗帜,竿头上有五彩鸟羽做成的羽葆,垂下其形如盖。

⑦盘盂:青铜用具,先秦时常在上面铸文字,记录功名。

⑧牒:古代的书板,这里代指史书。

⑨匠石:人名,古代的著名工匠。钩:古代石匠用的一种工具。

⑩规:指圆规,画圆的工具。矩:画方形的工具。这里都借指法。

⑪太山:即泰山。下文“太山”同。

⑫贲、育:孟贲和夏育,卫国人,战国时期的著名勇士。干将:古代的宝剑名。

⑬天命:指自然的定数或法则。

⑭离:通“罹”,遭受、触犯。

【译文】

古代能顾全大体的人：瞭望天地，观察江海，顺应山谷的起伏、日月照耀、四时变化、云层分布、风向变化的自然法则；不以智巧烦扰心境，不以私利拖累自身；把国家治理的效果寄托在法术上，把事物的是非寄托在赏罚上，把物体的轻重寄托在权衡上；不违背自然的法则，不伤害人的本性；不吹毛求疵，不洗垢索瘢；不偏向到法的外面，也不偏向到法的里面；在法禁以外的事不可严苛，在法禁以内的事不可宽缓；坚守不变的道理，顺应客观自然；祸和福完全由宇宙的普通法则和国家的法制决定，而不出于个人的主观好恶；荣和辱的责任在于自己，而不在于他人。所以最安定的社会，法像早晨的露水一样，清纯而不浊乱，人们对它心中没有积怨，口中没有愤愤不平的言论。因此没有远路奔跑的劳累，旌旗不会战败后丢弃在水泽，民众不会在敌人的侵犯中丧命，勇士不会夭折于将军的旗帜之下；图书里不留下豪杰的名字，盘盂上不铸刻立下的战功，国家编年的史册中一片空白。所以说：没有比政令简约的利更大，没有比天下太平的福更久。让匠石用千岁的寿命拿着钩子，看着规矩，举着墨线而校正泰山；让孟贲、夏育身带利剑治理百姓，虽然极尽技巧，寿比天地，泰山仍无法被校正，而民众也不能被治理好。所以说：古代统治天下的人，不让匠石用尽技巧去破坏泰山的形体，不让孟贲、夏育发挥他们的威力去伤害百姓的本性。依照普遍的自然法则全面把握法度，君子安乐而大的犯罪被制止。安适闲静，顺应自然法则，把握事物的整体和根本。所以使人们没有受法制惩治的罪过，鱼儿没有离开水的祸害。像这样，天下就很少有不能治理好的。

上不天则下不遍覆，心不地则物不必载[①]。太山不立好恶，故能成其高；江海不择小助[②]，故能成其富。故大人寄形于天地而万物备[③]，历心于山海而国家富[④]。上无忿怒之毒，下无伏怨之患，上下交朴，以道为舍。故长利积，大功立，名成于前，德垂于后，治之至也。

【注释】

①必：通“毕”。

②小助：指为江海增加水量的细流。

③大人：这里指君主。

④历心于山海：指像太山那样不立好恶、像江海那样不择小助。

【译文】

如果上面不能像天那样辽阔那么下面就不能覆盖整个世界，如果心不能像地那样浑厚就不能托载起所有的事物。泰山不存有好恶之情，所以能成就它的高大；江海不挑剔奔向它的细流，所以能成就它的博富。因此君主像天地那样生活于世间而使万物齐备，心胸像山海那样阔大而使国家富强。君主没有因忿怒而对臣民的残害，臣民没有因积怨而成君主的祸患，君臣都很纯朴，以道为归宿。所以积累下长远的利益，建立起巨大的功业，在生前树立名望，德泽流传后世，这就是国家大治的最高境界。

内储说上七术

【题解】

“储说”，是韩非创造的一种新文体。这种新文体的基本特点是全文由“经”、“说”两部分组成。每篇先提出论点，然后举例说明。论点叫“经”，举例叫“说”，也有人称之为“解”。“经”文字简练，便于记诵；“说”包括若干故事，相当于将许多故事积聚在一起，故有“储说”之名。“经”、“说”两部分互相配合，前后呼应。在《韩非子》一书中，属于“储说”体的文章共有六篇，即内储说上下两篇；外储说分左右，左右又各分为上下两篇。

《内储说》上下篇附有标题，上篇名《七术》。“七术”，是指君主驾驭和使用臣下的七种权术。这七种权术根据内容又可分为三类：一、“众端参观”和“一听责下”，是讲如何了解实情、全面观察考核臣下的言行的；二、“必罚明威”和“信赏尽能”，是讲赏罚制度的，要求君主利用这些手段诱导或强迫臣下尽力；三、“疑诏诡使”、“挟知而问”和“倒言反事”，是讲君主如何测试臣下是否忠诚并防奸、察奸的。

内、外《储说》各篇体例都是“经”文集中在前，“说”文集中在后，且无“说”字标明之。今人为了便于阅读，按内容将它们分开后重新组合，并各加“经”、“说”以标明。本书也采用了这种形式。

主之所用也七术[①]，所察也六微[②]。七术：一曰众端参观，二曰必罚明威，三曰信赏尽能，四曰一听责下，五曰疑诏诡使，六曰挟知而问，七曰倒言反事。此七者，主之所用也。

【注释】

①七术：指君主控制臣下的七种权术。《内储说》上篇即以此为题。

②六微：指危害君主权位的六种隐蔽的情况。《内储说》下篇以此为题。

【译文】

君主用来控制臣下的有七种方法，所要考察危害君主的隐蔽情况有六种。君主控制臣下的七种方法：一是从多方面验证臣下的言行，二是对犯罪者坚决惩罚以显示君主的威严，三是对立功者一定奖赏以使臣下竭尽才能，四是一一听取臣下的言论以便督责他们的行动，五是用可疑的命令诡诈地使用臣下以考察他们是否忠诚，六是拿已经知道的情况来询问臣下以测试他们言论的真假，七是说与本意相反的话和做与实情相反的事来刺探臣下的阴谋。这七种方法，是君主所使用的。

经一　参观[①]

观听不参则诚不闻，听有门户则臣壅塞[②]。其说在侏儒之梦见灶[③]，哀公之称"莫众而迷"。故齐人见河伯，与惠子之言"亡其半"也。其患在竖牛之饿叔孙，而江乙之说荆俗也。嗣公欲治不知，故使有敌，是以明主推积铁之类，而察一市之患。

【注释】

①参观："众端参观"的省略语，意即从多方面验证臣下的言行。

②听有门户：指只听信某一个人的话，如同出入只经一个门户一样。

③其说在侏儒之梦见灶：这句"经文"或这个论点的说明或解说在……(下面是某个故事的标题或提要)。侏儒，身材矮小的人，古代统治者常视这种人为取乐的玩物。

【译文】

经一　参观

君主考察臣下的行为和听取臣下的言论如果不加以参验，就不能知道真实情况，君主如果只偏听一个人的话，那么臣下就可能会蒙蔽君主。这一论点的解说在侏儒对卫灵公说自己梦见了灶，鲁哀公问孔子"莫众而迷"两则故事中。所以就有齐人见到河伯和惠施"亡其半"的传说。观听不参验的祸患在竖牛饿死叔孙和江乙说楚国风俗的故事中可以见出。卫嗣公想治理好国家但不懂治国的方法，故意让原先得宠的臣下和妃子树立起相抗衡的对手，因此英明的君主能从积铁防箭一类事实中推知防奸之道，而明确认识到整个市上的人都说有虎而蒙蔽视听的祸患。

说一[①]

卫灵公之时[②]，弥子瑕有宠[③]，专于卫国。侏儒有见公者曰："臣之梦践矣。"公曰："何梦？"对曰："梦见灶，为见公也。"公怒曰："吾闻见人主者梦见日，奚为见寡人而梦见灶[④]？"对曰："夫日兼烛天下，一物不能当也[⑤]；人君兼烛一国人，一人不能拥也[⑥]。故将见人主者梦见日。夫灶，一人炀焉[⑦]，则后人无从见矣。今或者一人有炀君者乎？则臣虽梦见灶，不亦可乎！"

鲁哀公问于孔子曰[⑧]："鄙谚曰：'莫众而迷。'今寡人举事，与群臣虑之，而国愈乱，其故何也？”孔子对曰：“明主之问臣，一人知之，一人不知也；如是者，明主在上，群臣直议于下。今群臣无不一辞同轨乎季孙者[9]，举鲁国尽化为一[10]，君虽问境内之人，犹不免于乱也。”

一曰：晏子聘鲁[11]，哀公问曰[12]：“语曰：‘莫三人而迷。’今寡人与一国虑之，鲁不免于乱，何也？”晏子曰：“古之所谓‘莫三人而迷’者，一人失之，二人得之，三人足以为众矣，故曰‘莫三人而迷’。今鲁国之群臣以千百数，一言于季氏之私，人数非不众，所言者一人也，安得三哉？”

【注释】

①说一：指下面的故事或材料都是为了解说前面的“经文”或论点的。从文体形式来看，“说”都是历史故事和传说；从应用功能来看，这些故事和传说又都是为说明“经”或前面的论点而积聚起来的，故又有解释、说明的意思。原文无“说”字，“一”放在正文第一行之首，今改拟标题格式，移在前面与“经文”对应。以下五篇同此。

②卫灵公：名元，春秋时卫国的君主。春秋时卫国的范围包括今河南东北部和河北、山东等的部分地区。

③弥子瑕：人名，卫灵公的宠臣。

④寡人：古代君主的自称。

⑤当：同“挡”，遮挡，遮蔽。

⑥拥：通“壅”，蒙蔽。

⑦炀（yàng）：烘烤东西，引申为烤火。

⑧鲁哀公：春秋末期鲁国的君主，名蒋，约与孔子同时。

⑨季孙：指季康子，名肥，春秋末期鲁国执政的卿。

⑩鲁：诸侯国名，范围包括今山东南部和河南、江苏的部分地区。

⑪晏子：即晏婴，字平仲，春秋末期齐国的相。

⑫哀公：即鲁哀公，但鲁哀公即位时晏婴已死，此处有误。《晏子春秋·内篇问下》作"（鲁）昭公"。

【译文】

说一

卫灵公的时候，弥子瑕受到宠爱，在卫国独揽大权。有个侏儒见到卫灵公说："我的一个梦应验了。"卫灵公问："什么梦？"侏儒回答说："我梦见灶，预示我将见到您。"卫灵公生气地说："我听说将要见到君主的人会梦见太阳，怎么你将见到我却梦见灶？"侏儒回答说："太阳普照全天下，任何一种东西都不能遮蔽它；君主也会光照全国每个人，任何一个人也不能遮挡他的光辉。所以将要见到君主的人梦见太阳。至于灶，一个人在灶门口烤火，那么后边的人就没法看到火光了。现在有可能有一个人在向着您烤火吧？那么我虽然梦见灶，不也是可以的吗？"

鲁哀公问孔子说："民谚说：'办事不与众人商议，一定会迷惑。'现在我办事和群臣一起商量，但国家反而更乱了，这是什么缘故？"孔子回答说："贤明的君主有事问臣下，有人知道，有人不知道；像这样，明君在上，群臣可以直率地在下面议论。现在群臣没有一个人说话的口径不统一于季孙氏，君主您即便问遍全国的所有人，仍然不会免于乱。"

还有一种说法：晏婴到鲁国去访问，鲁哀公问他说："俗语说：'没有三个人就会迷惑。'现在我和全国的人来共同谋划事情，鲁国还免不了乱，这是什么原因？"晏婴说："古代所谓'没有三个人就会迷惑'，是说一个人会失算，两个人就会考虑对，三个人足以形成多数人的意见，所以说'没有三个人就会迷惑'。现在鲁国的群臣虽然数以千计，却都统一于季氏的私利，人数不是不多，但所说的却像出自一人之口，怎么算得上有很多人呢？"

齐人有谓齐王曰："河伯[①]，大神也。王何不试与之遇乎？臣请使王遇之。"乃为坛场大水之上[②]，而与王立之焉[③]。有间，大鱼动，因曰："此河伯。"

张仪欲以秦、韩与魏之势伐齐、荆[④]，而惠施欲以齐、荆偃兵[⑤]。二人争之。群臣左右皆为张子言，而以攻齐、荆为利，而莫为惠子言。王果听张子，而以惠子言为不可。攻齐、荆事已定，惠子入见。王言曰："先生毋言矣。攻齐、荆之事果利矣，一国尽以为然。"惠子因说："不可不察也。夫齐、荆之事也诚利，一国尽以为利，是何智者之众也？攻齐、荆之事诚不可利，一国尽以为利，何愚者之众也？凡谋者，疑也。疑也者，诚疑：以为可者半，以为不可者半。今一国尽以为可，是王亡半也。劫主者固亡其半者也。"

叔孙相鲁[⑥]，贵而主断。其所爱者曰竖牛[⑦]，亦擅用叔孙之令。叔孙有子曰壬[⑧]，竖牛妒而欲杀之，因与壬游于鲁君所。鲁君赐之玉环，壬拜受之而不敢佩，使竖牛请之叔孙。竖牛欺之曰："吾已为尔请之矣，使尔佩之。"壬因佩之。竖牛因谓叔孙："何不见壬于君乎？"叔孙曰："孺子何足见也。"竖牛曰："壬固已数见于君矣。君赐之玉环，壬已佩之矣。"叔孙召壬见之，而果佩之，叔孙怒而杀壬。壬兄曰丙[⑨]，竖牛又妒而欲杀之。叔孙为丙铸钟，钟成，丙不敢击，使竖牛请之叔孙。竖牛不为请，又欺之曰："吾已为尔请之矣，使尔击之。"丙因击之。叔孙闻之曰："丙不请而擅击钟。"怒而逐之。丙出走齐。居一年，竖牛为谢叔孙，叔孙使竖牛召之，又不召而报之曰："吾已召之矣，丙怒甚，不肯来。"叔孙大怒，使人杀之。二子已死，叔孙有病，竖牛因独养之而去左右，不内人[10]，曰："叔孙不欲闻人声。"不食而饿杀。叔孙已死，竖牛因不发丧也，徙其府库重宝空之而奔齐。夫听所信之言而子父为人僇[11]，此不参之患也。

【注释】

①河伯：指黄河的神。

②坛场：祭神的场所。堆土为坛，辟地为场。

③立：通"莅"。

④张仪：战国时纵横家中的连横派人物，本是魏国人，曾任秦惠王的相，后又到魏国任相。秦：诸侯国名，战国时其范围包括今陕西大部和甘肃、河南、山西、四川等的部分地区。韩：战国时诸侯国名，范围包括今河南中部和山西东南部的部分地区。魏：战国时诸侯国名，范围包括今河南大部和山西西南部及山东、河北的部分地区。齐：诸侯国名，战国时其范围包括今山东大部和河北东南部。荆：即楚，诸侯国名，战国时其范围包括今湖北全部、湖南大部和江西、河南、安徽等的部分地区。

⑤惠施：人名，战国时宋国人，曾任魏惠王的相，名家的代表人物。

⑥叔孙：指叔孙豹，春秋后期鲁国执政的三大贵族之一。

⑦竖牛：指叔孙豹的年轻侍仆，名牛。

⑧壬：即仲壬，叔孙豹的次子。

⑨丙：即孟丙，叔孙豹的长子。

⑩内：同"纳"。

⑪僇：通"戮"。

【译文】

齐国有人对齐王说："河伯是个大神。大王您怎么不设法与它见面呢？我请求使大王跟它见面。"于是就在河水边上筑起祭祀的坛场，和齐王一起登临其上。过了一会儿,有一条大鱼游动,这位齐人就说:"这条鱼就是河伯。"

张仪想用秦国、韩国和魏国交好的形势征讨齐国、楚国,而惠施想用这个机会与齐国、楚国休兵不战。张仪、惠施二人为这件事争论不休。君主身边的大臣和侍从都替张仪帮腔,认为攻打齐国、楚国对魏国有利,而没有人为惠施帮腔。魏王果然听从张仪的话,而认为惠施的话不可行。攻打齐国、楚国的事决定以后,惠施进宫去拜见魏王。魏王说:"先生您不要讲了。攻打齐国、楚国这件事确实有利,全国人都以为有利。"惠施便提出自己的观点说:"这件事不可不明察。攻打齐国、楚国如果确实有利,全国人都认为有利,为什么聪明人这样多?攻打齐国、楚国的事如果确定没有利,而全国的人都认为有利,愚蠢人为什么又这么的多?凡是商议的事,是因为还有怀疑。怀疑的事,确实是叫人疑惑不定:认为可以的人有一半,认为不可以的人有一半。现在全国的人都认为可以,这说明大王失掉了另一半。挟持君主的人正是使那一半反对意见丧失掉的人。"

叔孙豹做鲁国的相,地位尊贵而专权独断。叔孙豹所宠爱的是一个叫牛的年轻侍仆,他也常擅自盗用叔孙豹的命令。叔孙豹有个儿子叫仲壬,叫牛的年轻侍仆嫉妒想杀掉仲壬,便找机会和仲壬到鲁国国君那里去游玩。鲁国国君赐给仲壬玉环,仲壬拜谢接受了玉环但不敢佩带,让叫牛的年轻侍仆向父亲叔孙豹请求让他佩带,叫牛的年轻侍仆欺骗仲壬说:"我已替你请求过了,你父亲让你佩带。"仲壬因此便佩带上那个玉环。叫牛的年轻侍仆于是对叔孙豹说:"您为什么不叫仲壬去见国君?"叔孙豹说:"小孩子哪里够得上见君主。"叫牛的年轻侍仆说:"仲壬本来已多次见过君主了。国君赐给他玉环,仲壬已经佩带在身上了。"叔孙豹召见仲壬,仲壬果然已佩带上玉环,叔孙豹发怒便把仲壬杀了。仲壬的哥哥叫孟丙,叫牛的年轻侍仆又嫉妒他而想杀掉他。叔孙豹给孟丙铸造了一口钟,钟铸成后,孟丙不敢敲击,让叫牛的年轻侍仆去向叔孙豹请示。叫牛的年轻侍仆不替他请示，又欺骗孟丙说："我已给你请示过了，你父亲让你敲击。"孟丙便敲击钟。叔孙豹听到这件事后说："孟丙不向我请示而擅自敲钟。"发怒便把孟丙赶跑了。孟丙流落到齐国。过了一年，叫牛的年轻侍仆替孟丙向叔孙豹谢罪，叔孙豹让叫牛的年轻侍仆把孟丙召回来，叫牛的年轻侍仆又不召而向叔孙豹报告说："我已召唤过孟丙，孟丙很忿怒，不肯回来。"叔孙豹非常愤怒，派人去把孟丙杀了。两个儿子已经死了，叔孙豹有重病，叫牛的年轻侍仆便独自供养他而把他身边的人支走，不允许任何人进去见叔孙豹，说："叔孙豹不愿听到人声。"不给叔孙豹食物而把他活活饿死了。叔孙豹已死，叫牛的年轻侍仆借机不发布死讯，把叔孙家的库房里的财宝洗劫一空后逃奔到齐国去了。听信自己所宠信的人的话而父子都被人杀，这就是对事实不加验证的祸害。

江乙为魏王使荆①，谓荆王曰："臣入王之境内，闻王之国俗曰：'君子不蔽人之美，不言人之恶。'诚有之乎？"王曰："有之。""然则若白公之乱②，得无危乎？诚得如此，臣免死罪矣。"

卫嗣君重如耳③，爱世姬④，而恐其皆因其爱重以壅己也，乃贵薄疑以敌如耳⑤，尊魏姬以耦世姬⑥，曰："以是相参也。"嗣君知欲无壅，而未得其术也。夫不使贱议贵，下必坐上，而必待势重之钧也，而后敢相议，则是益树壅塞之臣也。嗣君之壅乃始。

夫矢来有乡⑦，则积铁以备一乡；矢来无乡，则为铁室以尽备之。备之则体不伤。故彼以尽备之不伤，此以尽敌之无奸也。

庞恭与太子质于邯郸⑧，谓魏王曰："今一人言市有虎，王信之乎?”曰:“不信。”“二人言市有虎,王信之乎?”曰:“不信。”“三人言市有虎,王信之乎?”王曰:“寡人信之。”庞恭曰:“夫市之无虎也明矣,然而三人言而成虎。今邯郸之去魏也远于市,议臣者过于三人,愿王察之。”庞恭从邯郸反,竟不得见。

【注释】

①江乙:人名,战国时魏国人,后在楚国做官。

②白公:即白公胜,春秋时楚平王的孙子,太子建的儿子。太子建被杀后逃到吴国,不久被召回,住在白邑,号白公。前479年,他发动政变,杀令尹子西,控制楚国政权,后失败被杀。

③卫嗣君:即卫嗣公,战国时卫国的君主。前320年,被秦贬“公”为“君”。如耳:人名,魏国人,曾在卫国做官。

④世姬:卫嗣君的宠妃。

⑤薄疑:人名,曾在卫国做官。

⑥魏姬:卫嗣君的妃子。

⑦乡:通“向”,方向。

⑧庞恭:人名,生平不详。邯郸:赵国的都城,位于今河北邯郸西南。

【译文】

江乙为魏国出使楚国,对楚王说:“我进入到大王您的国境,听说大王您国家的风俗是:‘君子不掩盖别人的优点,不谈论别人的恶行。’真有这回事吗?”楚王说:“有这么回事。”“既然如此,那么像白公之乱一类的事情,不是很危险吗? 真是这样,我说假话也不会有危险,可以免除死罪了。”

卫嗣君看重大臣如耳,宠爱妃子世姬,但担心二人都会恃自己的宠爱来蒙蔽自己,于是使另一位大臣薄疑尊贵来与如耳抗衡,使另一位爱妃魏姬尊宠来与世姬匹敌,说:“用这种方法使他们互相对付。”卫嗣君懂得不要受蒙蔽，但没有找到不受蒙蔽的方法。假如不使地位卑贱的人议论尊贵的人，不使隐瞒上司罪行的人一定与上司一同受罚，而一定要等到下级与上司的权势相等，然后才敢互相议论，那么这等于树立了更多蒙蔽自己的臣子。卫嗣君的被蒙蔽于是也就开始了。

箭射来有一定的方向，那么就堆积铁来防备这个方向；如果箭射来没有一定的方向，那就要做一座铁房子来全面防备它。防备住了箭那么身体就不会受到伤害。因此防箭的人因为全面防备而不受伤害，君主由于全面对付奸臣而不会发生奸邪的事。

庞恭与魏国的太子一块儿到赵国的邯郸去做人质，庞恭对魏王说："如果一个人对您说市场上有老虎，大王相信这件事吗？"魏王说："不信。""两个人说市场上有老虎，大王您相信吗？"魏王说："不信。""三个人说市场上有老虎，大王相信吗？"魏王说："我相信这件事。"庞恭说："市场上没有老虎是很清楚的，但是三个人都说就变成了有老虎了。现在邯郸离魏国比市场要远得多，议论我的人也超过了三个，希望大王仔细考察他们的话。"庞恭从邯郸回国，最终也没有见到魏王。

经二　必罚[①]

爱多者则法不立，威寡者则下侵上。是以刑罚不必则禁令不行。其说在董子之行石邑，与子产之教游吉也。故仲尼说陨霜，而殷法刑弃灰；将行去乐池，而公孙鞅重轻罪。是以丽水之金不守，而积泽之火不救。成欢以太仁弱齐国，卜皮以慈惠亡魏王。管仲知之，故断死人；嗣公知之，故买胥靡。

【注释】

①必罚："必罚明威"的省略语。

【译文】

经二 必罚

君主有太多的仁爱，法制就难以建立；君主威严不足，就要被臣下侵害。因此刑罚不坚决执行，禁令就无法实施。这种论点的解说在董子巡行石邑和子产教游吉两则故事中。所以孔子谈到陨霜，而商朝的法律要对弃灰的人判刑；车队的领队要离开乐池，而公孙鞅主张对犯轻罪的人判重罪。所以丽水的金藏守不住，而积泽之火没人来救。成欢认为齐王太仁慈一定会使齐国衰弱，卜皮认为魏王太慈惠一定会使魏国衰亡。管仲懂得这个道理，所以要分斩死尸；卫嗣公知道这一点，所以要花钱买回逃走的服役囚犯。

说二

董阏于为赵上地守[①]。行石邑山中[②]，涧深，峭如墙，深百仞[③]，因问其旁乡左右曰[④]："人尝有入此者乎？"对曰："无有。"曰："婴儿、痴聋、狂悖之人尝有入此者乎[⑤]？"对曰："无有。""牛马犬彘尝有入此者乎[⑥]？"对曰："无有。"董阏于喟然太息曰[⑦]："吾能治矣。使吾治之无赦，犹入涧之必死也，则人莫之敢犯也，何为不治？"

子产相郑[⑧]，病将死，谓游吉曰[⑨]："我死后，子必用郑，必以严莅人。夫火形严，故人鲜灼；水形懦，人多溺。子必严子之形[⑩]，无令溺子之懦。"子产死。游吉不肯严形，郑少年相率为盗，处于萑泽[⑪]，将遂以为郑祸。游吉率车骑与战，一日一夜，仅能克之。游吉喟然叹曰："吾蚤行夫子之教[⑫]，必不悔至于此矣。"

鲁哀公问于仲尼曰："《春秋》之记曰[⑬]：'冬十二月贾霜

不杀菽[14]。'何为记此?"仲尼对曰:"此言可以杀而不杀也。夫宜杀而不杀,桃李冬实。天失道,草木犹犯干之,而况于人君乎!"

【注释】

①董阏(yān)于:一作董安于,春秋末期晋国人,赵简子的家臣。上地:指晋国的上党地区,位于今山西东南部。守:郡守,郡的最高长官。

②石邑:晋国地名,位于今河北获鹿西南。

③仞:古代的高度计量单位,八尺为一仞。

④旁乡左右:居住在深涧附近的人。

⑤狂悖(bèi):精神失常。

⑥彘:猪。

⑦喟然:叹息的样子。

⑧子产:即公孙侨,春秋时郑国执政的卿。

⑨游吉:即子太叔,郑国继子产执政的大臣。

⑩形:通"刑"。下文"游吉不肯严形"之"形"同此。

⑪萑(huán)泽:即萑苻之泽,位于今河南中牟。萑,通"萑"。

⑫蚤:通"早"。

⑬《春秋》:古代史书的代称,这里应是未经孔子修改过的鲁国原有的史书。

⑭賈(yǔn):坠落。菽:豆类作物。

【译文】

说二

董阏于担任赵氏的上党郡守。巡视到石邑的山中,山涧很深,陡峭得像墙一样,深有数百尺,便问居住在山涧边的人说:"曾经有人掉到山涧中去过吗?"回答说:"没有。"问:"婴儿、白痴、聋子、精神失常的人曾经掉下去过吗？”回答说：“没有。”“牛马猪狗曾经掉下去过吗？”回答说：“没有。”董阏于长叹一声说：“我可以把上党郡治理好了。假如我惩治犯法的人严厉不赦，如同掉到深涧中必死一样，那么就没有人触犯法禁了，怎么会治理不好呢？”

子产担任郑国的相，病重将死，对郑国的大臣游吉说：“我死之后，你一定会在郑国执政，一定要用威严来对待民众。火的样子很严酷，所以人很少被烧伤；水的样子很柔软，所以很多人被淹死。你一定要严厉执行你的刑罚，不要使人们因你的懦弱而溺毙。”子产死了。游吉不肯严厉实施刑罚，郑国的年轻人拉帮结伙做盗窃，躲藏在萑苻之泽中，最终成为郑国的祸患。游吉率领战车骑兵与他们作战，打了一天一夜，才勉强战胜他们。游吉叹息说：“我早些遵照子产先生的教诲，一定不会后悔到这般地步。”

鲁哀公问孔子说：“《春秋》上的记载说：‘冬天十二月降霜不摧残豆类作物。’为什么要记载这件事？孔子回答说：“这是说可以摧残而没有摧残。应该加以摧残的而不加摧残，那么桃树和李树就会在冬天结果实了。大自然失去了常规，草木尚且侵犯它，何况是人间的君主呢！”

殷之法[①]，刑弃灰于街者[②]。子贡以为重[③]，问之仲尼。仲尼曰：“知治之道也。夫弃灰于街必掩人，掩人，人必怒，怒则斗，斗必三族相残也[④]，此残三族之道也，虽刑之可也。且夫重罚者，人之所恶也；而无弃灰，人之所易也。使人行之所易，而无离所恶[⑤]，此治之道。”

一曰：殷之法，弃灰于公道者断其手。子贡曰：“弃灰之罪轻，断手之罚重，古人何太毅也？”曰：“无弃灰，所易也；断手，所恶也。行所易，不关所恶，古人以为易，故行之。”

【注释】

①殷:商的别名。商朝因商王盘庚迁都于殷(位于今河南安阳西),故商又称殷。

②街:四通八达的大路。

③子贡:即端木赐,春秋时卫国人,孔子的学生。

④三族:泛指多数家庭。

⑤离:通"罹",遭到。下文"无离其所难"之"离"同此。

【译文】

商朝的法律规定,把灰倒在大路上的人要受刑罚。子贡认为这个处罚过重,向孔子请教这个问题。孔子说:"商人这是懂得法治的道理。倒灰在大路上一定会飞起来蒙蔽人的眼睛,蒙蔽人的眼睛,人们一定会发怒,发怒就会争斗,争斗一定会引起许多家族互相残杀,这是一种引起许多家族相残的做法,即使对当事人加以刑罚也是可以的。严重的刑罚,是人们所厌恶的;而不要在大路上倒灰,是人所容易做到的。让人们做他们容易做到的,而不要遭受到他们所厌恶的刑罚,这是治理好百姓的办法。"

另一种说法:商朝的法律,把灰倒在官道上的人要砍断他的手。子贡说:"倒灰的罪很轻,砍断手的处罚重,古人怎么这样严酷?"孔子说:"不倒灰,很容易做到;砍断手,是人们很厌恶的。做他们所容易做到的,不触犯他们所厌恶的,古人认为这样容易实行,所以就实行这样的法律。"

中山之相乐池以车百乘使赵[①],选其客之有智能者以为将行[②],中道而乱。乐池曰:"吾以公为有智,而使公为将行,今中道而乱,何也?"客因辞而去,曰:"公不知治。有威足以服人,而利足以劝之,故能治之。今臣,君之少客也[③]。夫从少正长，从贱治贵，而不得操其利害之柄以制之，此所以乱也。尝试使臣：彼之善者我能以为卿相，彼不善者我得以斩其首，何故而不治！”

公孙鞅之法也重轻罪④。重罪者，人之所难犯也；而小过者，人之所易去也。使人去其所易，无离其所难，此治之道。夫小过不生，大罪不至，是人无罪而乱不生也。

一曰：公孙鞅曰：“行刑重其轻者，轻者不至，重者不来，是谓以刑去刑也。”

【注释】

①中山：春秋时白狄的别支鲜虞族建立的国家，位于今河北中部偏西地区。乐池：人名，生平不详。乘（shèng）：一车四马为一乘。赵：战国时诸侯国名，范围包括今山西大部和河北、河南、山东、陕西等的部分地区。

②将行：指领队。

③少客：下等的门客，即门客中年少位卑的人。

④公孙鞅：即商鞅，本姓公孙，战国时卫国人，故称卫鞅或公孙鞅。

【译文】

中山国的相乐池带领一百乘车去出使赵国，挑选自己门客中有才智和能力的人来作为领队，走到半路上队伍就散乱了。乐池说：“我认为你有才智，而让你做了领队，现在半路上队伍就散乱了，这是什么原因？”这位门客于是辞职离去，说：“您不懂得管理之道。有权威足以制服别人，而有利益足以激励别人，所以就能够管理好别人。现在我，只是您一位年少位卑的门客。由年轻的管理年长的，由地位卑贱的治理地位尊贵的，而不能掌握赏罚的权柄来制约他们，这就是队伍散乱的原因。假如让我有这样的权力：他们中表现好的我能封他为卿相，表现不好的我可以杀他的头，还有什么理由不能治好！”

公孙鞅制定的法律对轻罪加以重罚。重罪，是人们所难犯的；而小的罪过，是人们很容易去掉的。让人去掉容易去掉的，不犯所难犯的，这就是治理好百姓的方法。小的罪过不发生，大的罪过也没有，这样人们就不会犯罪而祸乱也不会产生。

另一种说法：公孙鞅说：“实行刑罚对轻罪加以重罚，轻罪不会出现，重罪不会产生，这就叫做用刑罚去掉刑罚。”

荆南之地，丽水之中生金①，人多窃采金。采金之禁：得而辄辜磔于市②。甚众，壅离其水也③，而人窃金不止。大罪莫重辜磔于市，犹不止者，不必得也。故今有于此，曰：“予汝天下而杀汝身。”庸人不为也。夫有天下，大利也，犹不为者，知必死。故不必得也，则虽辜磔，窃金不止；知必死，则有天下不为也。

鲁人烧积泽④。天北风，火南倚，恐烧国⑤。哀公惧，自将众趣救火⑥。左右无人，尽逐兽而火不救，乃召问仲尼。仲尼曰：“夫逐兽者乐而无罚，救火者苦而无赏，此火之所以无救也。”哀公曰：“善。”仲尼曰：“事急，不及以赏；救火者尽赏之，则国不足以赏于人。请徒行罚。”哀公曰：“善。”于是仲尼乃下令曰：“不救火者，比降北之罪⑦；逐兽者，比入禁之罪。”令下未遍而火已救矣。

【注释】

①丽水：楚国地名，具体地点不详。

②辜：示众，在闹市处死并将尸首暴露街头。磔(zhé)：即车裂，将人

头和四肢分别拴在五辆车上，用马向五个方向拉开以撕裂肢体的一种酷刑，又称“五马分尸”。

③离：遮遏，阻断。

④积泽：日久形成的沼泽，指一个大柴荡。

⑤国：国都，指鲁国国都曲阜城，位于今山东曲阜。

⑥趣：通“促”，督促。

⑦降北：投降和败逃。

【译文】

楚国南部的地方，丽水之中出产黄金，很多人都偷采金矿。采金的禁令规定：抓住了偷采者就砍头分尸在闹市示众。被抓杀死的人很多，阻断了丽水的水流，但人们偷采黄金的行为不能制止。罪罚没有比在闹市砍头分尸示众更大的了，但这样还制止不了，是因为偷采黄金的人不一定能抓到。所以如果有人在这里宣布说：“把天下给你而把你杀掉。”庸人也不会接受。据有天下，是很大的利益，仍然不肯接受的原因，是因为知道这样一定会死。所以不一定能抓住，那么即使砍头分尸而示众，偷采黄金的行为也不停止；知道一定会死，就算是据有天下也不愿接受。

鲁国人焚烧日久积聚而成的沼泽。天起北风，火向南延伸，恐怕会烧到国都曲阜城了。鲁哀公很害怕，亲自带领众人去督促救火。但他的身边没有一个人了，都去追逐野兽而不去救火，鲁哀公便召来孔子询问。孔子说：“追赶野兽的人快乐而又没有处罚，救火的辛苦而又没有奖赏，这就是火没有人来救的原因。”鲁哀公说：“说得好。”孔子说：“事情很紧急，来不及谈奖赏；再说救火的人都要给奖赏，那么把鲁国拿来也不够奖赏救火的人。我请求只用刑罚。”鲁哀公说：“好的。”因此孔子便下令说：“不救火的人，和在战场上投降败逃的人同罪；追赶野兽的，与擅自闯入禁地的人同罪。”命令还没有传遍而火已经被扑灭了。

成欢谓齐王曰[1]:“王太仁,太不忍人。”王曰:“太仁,太不忍人,非善名邪[2]?”对曰:“此人臣之善也,非人主之所行也。夫人臣必仁而后可与谋,不忍人而后可近也;不仁则不可与谋,忍人则不可近也。”王曰:“然则寡人安所太仁?安不忍人?”对曰:“王太仁于薛公[3],而太不忍于诸田[4]。太仁薛公,则大臣无重;太不忍诸田,则父兄犯法。大臣无重,则兵弱于外;父兄犯法,则政乱于内。兵弱于外,政乱于内,此亡国之本也。”

魏惠王谓卜皮曰[5]:“子闻寡人之声闻亦何如焉?”对曰:“臣闻王之慈惠也。”王欣然喜曰:“然则功且安至?”对曰:“王之功至于亡。”王曰:“慈惠,行善也。行之而亡,何也?”卜皮对曰:“夫慈者不忍,而惠者好与也。不忍则不诛有过,好予则不待有功而赏。有过不罪,无功受赏,虽亡,不亦可乎?”

【注释】

①成欢:人名,生平不详。

②邪:同“耶”。

③薛公:指战国时齐国的靖郭君田婴,任齐国的相,被齐湣王封于薛,人称薛公。

④诸田:战国时齐国为田氏政权,故“诸田”即指田氏宗族,也就是齐国君主的宗族。

⑤魏惠王:战国时魏国的君主,名䓨。卜皮:人名,生平不详。

【译文】

成欢对齐王说:“大王您太仁慈,太对人不狠心。”齐王说:“太仁慈,对人太不忍心，这不是好词儿吗？”成欢回答说：“这是臣下的美德，不是君主所应该实行的。臣下一定要是仁德的人才可以与他谋划，有不忍人之心的人才可以与他亲近；不仁慈的人就不能与他谋划，太狠心的人就不能与他亲近。”齐王说：“那么我在哪里太仁慈？在哪些地方不狠心？”成欢回答说：“大王对薛公太仁慈，而对田氏宗族太不狠心。对薛公太仁慈，大臣就没有了权势；对田氏宗族太不狠心，那么您的那些宗族里的父兄就肆意犯法。大臣们没有了权势，那么抵御外敌的兵力就会削弱；您的父兄犯法，那么国家的内政就会混乱。对外的兵力削弱，国内的政治混乱，这是亡国的根本。”

魏惠王对卜皮说：“您听说我的名声怎么样？”卜皮回答说：“我听说大王对臣民仁慈有恩惠。”魏惠王高兴地说：“这样的话，我的功业达到什么地步呢？”卜皮回答说：“大王的功业达到了衰亡的地步。”魏惠王说：“仁慈恩惠，是善德的行为。实行美德而衰亡，这是什么原因？”卜皮回答说：“仁慈的人就会不狠心，而对人有恩惠的人喜欢施舍。不狠心就不会惩罚有罪过的，喜欢施舍则不等人建立了功勋就奖赏。有罪过不受惩罚，没有功劳而受奖赏，即使衰亡，不也是应该的吗？”

齐国好厚葬，布帛尽于衣衾[①]，材木尽于棺椁[②]。桓公患之[③]，以告管仲曰[④]：“布帛尽则无以为蔽，材木尽则无以为守备，而人厚葬之不休，禁之奈何？”管仲对曰：“凡人之有为也，非名之，则利之也。”于是乃下令曰：“棺椁过度者戮其尸，罪夫当丧者。”夫戮死，无名；罪当丧者，无利：人何故为之也？

卫嗣君之时，有胥靡逃之魏[⑤]，因为襄王之后治病[⑥]。卫嗣君闻之，使人请以五十金买之[⑦]，五反而魏王不予，乃以左氏易之[⑧]。群臣左右谏曰：“夫以一都买胥靡，可乎？”王曰：“非子之所知也。夫治无小而乱无大。法不立而诛不必，虽有十左氏无益也；法立而诛必，虽失十左氏无害也。”魏王闻之曰：“主欲治而不听之，不祥。”因载而往，徒献之。

【注释】

①衾：被子。

②棺椁：古代棺材有内外两重，内称棺，外称椁。

③桓公：即齐桓公，名小白，春秋时齐国的君主，著名的“春秋五霸”之一。

④管仲：即管夷吾，齐桓公的相。

⑤胥靡：犯轻罪服劳役的囚犯。

⑥襄王：指魏襄王，名嗣，战国时魏国的君主。后：指魏襄王的王后。

⑦金：古代的货币单位。

⑧左氏：卫国的城邑，位于今山东曹县西北。

【译文】

齐国的风俗喜欢奢侈的葬礼，麻布和丝织物都用去做下葬的衣被了，木材都用去做棺材了。齐桓公对此很担心，把这件事告诉管仲说：“麻布和丝织物都用去做下葬的衣被，活人就没有东西遮体了，木材都用去做棺材，国家就没有东西来修筑防御工事了，而人们奢侈下葬的行为还不停止，怎么禁止这种行为呢？”管仲回答说：“凡是人的所作所为，不是为了名，就是为了利。”因此就下命令说：“棺材超过了制度的斩死者的尸体，并惩罚那个主持丧事的人。”死者被斩，不是名誉的事；主持丧事的受惩罚，他无利可图。人为什么还厚葬呢？

卫嗣君的时候，有个服劳役的囚犯逃到魏国去了，趁机给魏襄王的王后治病。卫嗣君闻说后，让人去魏国请求用五十金把他买回来，往返了五次但魏襄王也不同意，于是卫嗣君就用左氏城邑去换这名囚犯。卫嗣君的身边群臣劝谏说：“您用一座城邑去买一名囚犯，这样行吗？”

卫嗣君说："这不是你所能明白的。治理好国家没有小事而乱不一定起于大事。法令不能确立而惩罚不坚决，即使有十座左氏城邑也没有益处；建立了法令而惩罚坚决，即使失掉了十座左氏城邑也没有什么伤害。"魏襄王听说后说："卫嗣君想治理好国家而我不听从他的要求，这样不吉利。"于是把囚犯用车子装了送回，白白地献给了卫嗣君。

经三　赏誉[①]

赏誉薄而谩者下不用也，赏誉厚而信者下轻死。其说在文子称"若兽鹿"。故越王焚宫室，而吴起倚车辕[②]，李悝断讼以射，宋崇门以毁死[③]。勾践知之，故式怒蛙[④]；昭侯知之，故藏弊裤。厚赏之使人为贲、诸也[⑤]，妇人之拾蚕，渔者之握鳣，是以效之。

【注释】

①赏誉："赏誉尽能"的省略语。

②车辕：压在车轴上伸向前面和衡相连的一根曲木。

③崇门：宋国都城商丘的东门。

④式：通"轼"，车前横木。

⑤贲、诸：孟贲、专诸。孟贲是卫国人，战国早期的勇士；专诸是春秋时期为吴国公子光刺杀吴王僚的勇士。

【译文】

经三　赏誉

赏誉轻而又欺骗人的君主，臣下不会为他所用；赏誉厚而又对人守信用的君主，臣下很容易为他卖命。这种论点的解说在文子称"若兽鹿"这则故事中。所以越王焚烧自己的宫室，而吴起斜靠一根车辕在城门外，李悝用射箭来判断诉讼，宋国君主奖励一个在崇门哀伤过度的人而许多人仿效以至于哀伤致死。勾践懂得这一点，所以倚伏在车轼上对怒蛙致敬；韩昭侯明白这个道理，所以要将旧裤子藏起来。重赏可以使人变成孟贲、专诸那样的勇士，女人拾蚕，渔夫捉鳝鱼，就是证明。

说三

齐王问于文子曰[①]："治国何如？"对曰："夫赏罚之为道，利器也。君固握之，不可以示人。若如臣者，犹兽鹿也，唯荐草而就。"

越王问于大夫文种曰[②]："吾欲伐吴[③]，可乎？"对曰："可矣。吾赏厚而信，罚严而必。君欲知之，何不试焚宫室？"于是遂焚宫室，人莫救之。乃下令曰："人之救火者死，比死敌之赏；救火而不死者，比胜敌之赏；不救火者，比降北之罪。"人涂其体被濡衣而走火者[④]，左三千人，右三千人。此知必胜之势也。

【注释】

①文子：人名，战国初期道家学派的人物。

②越王：指越王勾践，春秋末期越国的君主。大夫：官名。文种：字少禽，一作子禽，楚国人。他帮助越王勾践设计打败了吴国，后受谗害被迫自杀。

③吴：春秋时诸侯国名，范围包括今江苏大部和浙江、安徽两省的部分地区。

④被：同"披"。

【译文】

说三

齐王问文子说："应该如何治国？"文子回答说："赏罚作为治国的原

则，是锐利的武器。君主要牢固地掌握，不能显示给人。至于那些臣下，就好比兽鹿，只要有肥美的草它们就会跑过去。”

越王问大夫文种说：“我想攻打吴国，可以吗？”文种回答说：“可以。我们国家奖赏重而且兑现，惩罚严而且坚决。君主您如果想了解这一点，为什么不试着放一把火点燃宫室？”因此勾践就放火焚烧宫室，没有一个人来救火。便下令说：“人们如果救火而死，等同于为国家平定动乱而死的奖赏；如果救火而不死，等同于战胜敌人的奖赏；不肯去救火的人，等同于战场上投降和败逃者的罪过。”人们用防火材料涂身、披着湿衣裳奔赴火场的，左边有三千人，右边也有三千人。从这件事上可以知道攻打吴国一定能取胜的形势。

吴起为魏武侯西河之守[①]。秦有小亭临境[②]，吴起欲攻之。不去，则甚害田者；去之，则不足以征甲兵。于是乃倚一车辕于北门之外而令之曰：“有能徙此南门之外者，赐之上田、上宅。”人莫之徙也。及有徙之者，还赐之如令[③]。俄又置一石赤菽东门之外而令之曰[④]：“有能徙此于西门之外者，赐之如初。”人争徙之。乃下令曰：“明日且攻亭，有能先登者，仕之国大夫[⑤]，赐之上田宅。”人争趋之。于是攻亭，一朝而拔之。

李悝为魏文侯上地之守[⑥]，而欲人之善射也，乃下令曰：“人之有狐疑之讼者，令之射的[⑦]，中之者胜，不中者负。”令下而人皆疾习射，日夜不休。及与秦人战，大败之，以人之善战射也。

宋崇门之巷人服丧而毁甚瘠，上以为慈爱于亲，举以为官师[⑧]。明年，人之所以毁死者岁十余人。子之服亲丧者，为爱之也，而尚可以赏劝也，况君上之于民乎！

【注释】

①吴起：战国时卫国人，曾在魏、楚两国实行变法。魏武侯：名击，战国时魏国君主。西河：魏国郡名，位于今陕西洛水以东的黄河西岸地区。

②亭：边境上侦察和防敌用的一种军事建筑。

③还：通“旋”，旋即。

④一石：古代计算重量的单位，一百二十斤为一石。赤菽：赤豆。

⑤国大夫：官名。

⑥李悝：战国初期魏国人，法家代表人物，曾任魏文侯的相，制定了《法经》。魏文侯：名斯，战国初期魏国的君主。

⑦的：箭靶。

⑧官师：官长，法家“以吏为师”，故有此称。

【译文】

吴起担任魏武侯的西河郡守。秦国在魏国边境上建有守望的小亭，吴起想攻下它。不拔掉它，对魏国的种田人危害很大；去掉它，又不值得因此而调兵遣将。因此就在北门外面斜靠了一根车辕下令说：“如果有谁能把它搬到南门外面去，就赏赐给他上等的田地和上等的住宅。”没有人去搬它。等到有搬它的人，立即如当初命令所说的那样赏赐了他。不久又放了一石赤豆在东门外面并下令说：“如果有人搬动这一石赤豆到西门之外，给他的奖赏和当初一样。”人们争着去搬赤豆。于是下令说：“明天将要攻打秦国边境上的小亭，如果有谁先登上小亭，让他担任国大夫，赏赐给他上等的田地、住宅。”人们争着向前冲。因此进攻小亭，一早晨就攻下了。

李悝担任魏文侯的上党郡守，希望人们善于射箭，于是下令说：“如果谁有是非不决的诉讼，让他们来射箭靶子，射中了箭靶的胜诉，射不中箭靶的败诉。”命令一下人们都赶快练习射箭，日夜不停。等到与秦国人开战，把秦国打得大败，因为人们都善于作战射箭。

宋国商丘城东门外的居民为亲人守丧而哀痛，致使形体十分瘦弱，宋国的君主认为这个人对亲人很慈爱，提拔他做了官。第二年，守丧哀痛而死的一年就有十多人。儿子为父母服丧，是因为爱父母，尚且还可以用奖赏来鼓励，何况君主对于民众呢！

越王虑伐吴①，欲人之轻死也，出见怒蛙②，乃为之式。从者曰：“奚敬于此？”王曰：“为其有气故也。”明年之请以头献王者岁十余人。由此观之，誉之足以杀人矣。

一曰：越王勾践见怒蛙而式之。御者曰：“何为式？”王曰：“蛙有气如此，可无为式乎？”士人闻之曰：“蛙有气，王犹为式，况士人有勇者乎！”是岁，人有自刭死以其头献者③。故越王将复吴而试其教：燔台而鼓之④，使民赴火者，赏在火也；临江而鼓之，使人赴水者，赏在水也；临战而使人绝头刳腹而无顾心者，赏在兵也。又况据法而进贤，其劝甚此矣。

【注释】

①越王：指越王勾践。

②怒蛙：肚子鼓胀起来的蛙，似发怒，称怒蛙。

③自刭：自刎，自己抹脖子。

④台：用土筑成的一种高建筑物，可供游赏。

【译文】

越王勾践考虑进攻吴国，想要士兵拼死作战，出行时看见气鼓鼓的青蛙，便倚伏在车轼上向青蛙致敬。随从的人说：“为什么要向青蛙致敬？”越王说：“因为它有充足的勇气。”第二年请求把自己的头颅献给越王的人一年就有十多个。由此看来,赞誉人也足以杀掉人。

另一种说法:越王勾践看见气鼓鼓的青蛙而伏轼向它们致敬。他的马车夫说:“为什么要向它们伏轼致敬呢?”越王说:“青蛙有如此充足的勇气,能不为它们伏轼致敬吗?”士人们听到这件事说:“青蛙有勇气,大王尚且为它们伏轼致敬,何况士人中有勇气的呢!”这一年,就有以自刎这种方式把自己的头献给越王的。所以越王勾践将要向吴国复仇而试验他的这种教法:把他的台榭放火焚烧而击鼓令人前进,使人们奔赴火场的原因,是奖赏在火里;在江边击鼓令人前进,使人们敢于投身水中的原因,是奖赏在水中;临到战争时使人们能断头剖腹而没有反顾之心的原因,是因为奖赏在战斗中。又何况君主还依据法制来提升德才兼备的人,它的鼓励作用更大了。

韩昭侯使人藏弊裤[①],侍者曰:“君亦不仁矣,弊裤不以赐左右而藏之。”昭侯曰:“非子之所知也。吾闻明主之爱一嚬一笑[②],嚬有为嚬,而笑有为笑。今夫裤,岂特嚬笑哉!裤之与嚬笑相去远矣。吾必待有功者,故收藏之未有予也。”

鳣似蛇[③],蚕似蠋[④]。人见蛇则惊骇,见蠋则毛起。然而妇人拾蚕,渔者握鳣,利之所在,则忘其所恶,皆为孟贲。

【注释】

①韩昭侯:战国时韩国的君主。

②嚬:同“颦”。

③鳣:通“鳝”,鳝鱼。

④蠋(zhú):一种毛虫。

【译文】

韩昭侯让人把自己的旧裤子藏起来,侍从的人说:“君主您也太不仁慈了，旧裤子不拿来赏赐给身边的人而把它藏起来。”韩昭侯说：“这不是你所能懂得的。我听说英明的君主不轻易露出一颦一笑，颦有颦的目的，而笑有笑的用意。现在那条旧裤子，岂止是一颦一笑那样的事！旧裤子与颦笑相去太远了。我一定要等待有功劳的人出现，所以要把它收藏起来而没有给人。”

鳝鱼外形跟蛇相似，蚕和毛虫相似。人看到蛇就惊恐，看到毛虫就会竖起汗毛。但是妇女拾蚕，渔夫捉鳝鱼，利益所在的地方，就使人忘记了他们所厌恶的东西，都变成了孟贲那样的勇士。

经四　一听[①]

一听则愚智不纷，责下则人臣不参。其说在“索郑”与“吹竽”。其患在申子之以赵绍、韩沓为尝试。故公子汜议割河东，而应侯谋弛上党。

【注释】

①一听：“一听责下”的省略语。

【译文】

经四　一听

君主一一听取臣下的意见就不会造成愚智混乱，君主善于督责臣下就能使人臣中的无能者不会混杂其中。这种论点的解说在“索郑”和“吹竽”两则故事中。这种做法的弊端在于申不害通过赵绍、韩沓去试探韩昭侯的意图。所以秦昭襄王听取了公子汜的话而割让了河东，又听了范雎的话而决定放弃上党。

说四

魏王谓郑王曰[①]：“始郑、梁一国也[②]，已而别，今愿复得郑而合之梁。"郑君患之,召群臣而与之谋所以对魏。公子谓郑君曰[3]:"此甚易应也。君对魏曰:'以郑为故魏而可合也,则弊邑亦愿得梁而合之郑[4]。'"魏王乃止。

齐宣王使人吹竽[5],必三百人。南郭处士请为王吹竽[6],宣王说之[7],廪食以数百人[8]。宣王死,湣王立[9],好一一听之,处士逃。

一曰:韩昭侯曰:"吹竽者众,吾无以知其善者。"田严对曰[10]:"一一而听之。"

【注释】

①郑王:即韩王。韩哀侯二年(前 375)韩灭郑,迁都到郑(位于今河南新郑),所以韩又称郑。下文"郑君"同"郑王"。

②梁:魏国的别名。魏国从前 361 年起移都大梁(位于今河南开封),所以魏又称梁。

③公子:诸侯除太子以外的儿子都称公子。

④弊邑:对自己国家的谦称。弊,通"敝"。

⑤齐宣王:战国时齐国的君主,名辟疆。竽:古代用竹制的一种乐器,形状像笙。

⑥南郭:复姓。处士:隐居不做官的读书人。

⑦说:同"悦"。

⑧廪(lǐn)食:由官仓里供给粮食,即俸禄。

⑨湣王:战国时齐国继齐宣王之后的君主,名地。

⑩田严:人名,生平不详。

【译文】

说四

魏王对韩王说:"起初魏国、韩国本来是一个国家,后来才分开,现在希望再能够把韩国合并到魏国去。”韩王对此感到担忧，召集来群臣与他们商议怎样答复魏国。公子对韩王说：“这很容易答复。您对魏王说：‘因为韩国与魏国原是一个国家所以可将韩国合并到魏国去，那么我们韩国也愿意把魏国合并到韩国来。’”魏王听了这个话便停止了。

齐宣王让人吹竽，一定要三百人合奏。有位南郭先生请求为齐宣王吹奏竽，齐宣王很高兴地答应了，享受着够几百个人吃的官仓供应粮的俸禄。齐宣王死后，齐湣王继位，喜欢听一个个地独奏，南郭先生便逃走了。

另一种说法：韩昭侯说：“吹竽的人多，我无法知道谁吹得好。”田严回答说：“一个一个地听他们吹就知道了。”

赵令人因申子于韩请兵[①]，将以攻魏。申子欲言之君[②]，而恐君之疑己外市也，不则恐恶于赵，乃令赵绍、韩沓尝试君之动貌而后言之[③]。内则知昭侯之意，外则有得赵之功。

三国兵至韩[④]，秦王谓楼缓曰[⑤]：“三国之兵深矣！寡人欲割河东而讲[⑥]，何如？”对曰：“夫割河东，大费也；免国于患，大功也。此父兄之任也，王何不召公子汜而问焉[⑦]？”王召公子汜而告之，对曰：“讲亦悔，不讲亦悔。王今割河东而讲，三国归，王必曰：‘三国固且去矣，吾特以三城送之。’不讲，三国也入韩，则国必大举矣，王必大悔。王曰：‘不献三城也。’臣故曰：王讲亦悔，不讲亦悔。”王曰：“为我悔也，宁亡三城而悔，无危乃悔。寡人断讲矣。”

应侯谓秦王曰[⑧]：“王得宛、叶、蓝田、阳夏[⑨]，断河内[⑩]，困梁、郑[⑪]，所以未王者[⑫]，赵未服也。弛上党在一而已[⑬]，以临东阳[⑭]，则邯郸口中虱也。王拱而朝天下，后者以兵中之。

然上党之安乐，其处甚剧，臣恐弛之而不听，奈何？”王曰：“必弛易之矣。”

【注释】

①申子：即申不害，法家的代表人物，时任韩昭侯的相。

②君：指韩昭侯。

③赵绍、韩沓：人名，生平均不详。

④三国兵至韩：指前298年韩、魏、齐三国联合进攻秦国，军队在韩国集结。

⑤秦王：指秦昭襄王。楼缓：战国时赵国人，纵横家，曾任秦昭襄王的相。

⑥河东：黄河以东的地方，本属赵、魏的土地，被秦国占领。

⑦公子汜：秦国的公子，生平不详。

⑧应侯：范雎的封号。范雎本为战国时魏国人，后到秦国，游说昭襄王，被任用为相，受封于应（今河南鲁山西北），称为应侯。

⑨宛、叶、蓝田、阳夏：都是地名。宛位于今河南南阳，叶位于今河南叶县，蓝田位于今陕西蓝田西南，阳夏位于今河南太康西北。

⑩河内：战国时魏国地名，位于今河南黄河以北地区。

⑪梁、郑：指魏国、韩国。

⑫王（wàng）：做王，统治。

⑬上党：地名，原属韩国，此时已被秦攻取，位于今山西东南部。

⑭东阳：赵国地名，位于今河北南部，太行山以东。

【译文】

赵国让人通过申不害向韩国借兵，准备攻打魏国。申不害想对韩王谈这件事，但恐怕韩王怀疑自己与外国相勾结，不答应又恐怕得罪赵国，便让赵绍、韩沓试探韩王的意向然后再向韩王谈这件事。对内则可以知道韩昭侯的心意，对外可以收到使赵国满意的功效。

韩、魏、齐三国的军队集结到了韩国，秦王对楼缓说："三国的军队已经深入到我国的防地了！我打算割让黄河以东的地区与他们讲和，你看怎么样？"楼缓回答说："割让黄河以东的土地，损失太大了；而使国家免于被侵略的祸患，这是很大的功劳。这事是宗族老臣的责任，大王您为什么不召公子汜来问问他的意见？"秦王召来公子汜告诉他这件事，公子汜回答说："讲和也后悔，不讲和也后悔。大王假如割让了河东地区而讲和，三国的军队回去了，大王您一定会说：'三国本来就要离去的，我白白地送给了他们三座城。'不讲和，三国的军队已集结在韩国，那么我们国家一定要大规模调兵，大王您一定会后悔。大王会说：'这都是因为舍不得献给他们三座城。'所以我说：'大王您讲和也后悔，不讲和也后悔。'"秦王说："如果我后悔的话，宁愿丢失三座城而后悔，不能使国家遇到危亡才后悔。我决定讲和了。"

范雎对秦昭襄王说："大王得到了宛、叶、蓝田、阳夏，切断河内，围困魏国、韩国，之所以还没有称王于天下，是因为赵国还没有臣服。放弃上党只是一个郡而已，如果把军队靠近东阳，那么赵国的都城邯郸就好像您口中的虱子了。大王您拱手就可以使天下来朝拜，来晚了的就派兵去攻击他。但上党现在平安和乐，它处的地理位置很重要，我担心放弃它您不会答应，怎么办？"秦昭襄王说："一定要放弃上党来换取赵国。"

经五　诡使①

数见久待而不任，奸则鹿散。使人问他则不鬻私。是以庞敬还公大夫，而戴欢诏视辒车，周主亡玉簪，商太宰论牛矢②。

【注释】

①诡使："疑诏诡使"的省略语。

②矢：通“屎”。

【译文】

经五 诡使

君主屡次召见一些臣子来让他们长久地等待在身旁而不任用他们做事，奸邪之人就会感到害怕而像鹿一样逃散。派人去办事而又通过另外的事来询问就不敢弄虚作假了。因此庞敬使公大夫中途返回，而戴欢派人侦察辒车的情况，东周君丢失了玉簪，宋太宰问起牛屎。

说五

庞敬[①]，县令也。遣市者行[②]，而召公大夫而还之[③]。立有间，无以诏之，卒遣行。市者以为令与公大夫有言，不相信，以至无奸。

戴欢[④]，宋太宰[⑤]，夜使人曰：“吾闻数夜有乘辒车至李史门者[⑥]，谨为我伺之。”使人报曰：“不见辒车，见有奉笥而与李史语者[⑦]，有间，李史受笥。”

周主亡玉簪[⑧]，令吏求之，三日不能得也。周主令人求而得之家人之屋间[⑨]。周主曰：“吾之吏之不事事也。求簪，三日不得之，吾令人求之，不移日而得之。”于是吏皆耸惧，以为君神明也。

商太宰使少庶子之市[⑩]，顾反而问之曰：“何见于市？”对曰：“无见也。”太宰曰：“虽然，何见也？”对曰：“市南门之外甚众牛车，仅可以行耳。”太宰因诫使者：“无敢告人吾所问于女[⑪]。”因召市吏而诮之曰：“市门之外何多牛矢？”市吏甚怪太宰知之疾也，乃悚惧其所也[⑫]。

【注释】

①庞敬:人名,生平不详。

②市者:管理市场的人。

③公大夫:管理市场的官吏。

④戴欢:人名,生平不详。

⑤太宰:宋国官名,相当于其他诸侯国的相。

⑥辒(wēn)车:古代的一种卧车。李史:人名,生平不详。

⑦奉:通"捧"。笥(sì):盛饭或衣物的方形竹器。

⑧周主:指东周君。前367年,周王朝直接统治的地区,分裂为东周和西周两个小国,它们的君主被分别称为东周君和西周君。簪(zān):古人用来固定发髻或连结头发和冠的长针。

⑨家人:指人家、居民。

⑩商:指宋国。宋国为西周初周人分封商朝遗民建立的国家,故又称宋为商。少庶子:宋国年轻的侍从小吏。

⑪女:通"汝"。

⑫悚:通"耸"。

【译文】

说五

庞敬是县令。他派市场的管理人员去巡视,而叫管理市场的官员中途返回。站了一会儿,没有什么事交待给管理市场的官员,庞敬最终叫他走了。市场的管理人员以为县令与管理市场的官员有什么交待,对市场的管理人员们不相信,因此他们不敢做奸邪的事了。

戴欢是宋国的太宰,晚上派人说:"我听说好几个夜晚有乘辒车到李史家门口的,小心地去给我侦查清楚。"派去的人回来报告说:"没有看到辒车,看到有捧着竹筐与李史谈话的,过了一会儿,李史接受来人的竹筐。"

东周君丢失了玉簪,命令官吏去找,找了三天也没找到。东周君另派人去找却在居民的家里找到了。东周君说:“我的官吏不认真做事。找一枚玉簪,找了三天找不到,我派另外的人去寻找,不到一天就找到了。”因此官吏们人人震恐,以为国君就是神明。

宋国的太宰派少庶子到集市去,回来后问他说:“你在集市上看见什么了?”少庶子回答说:“没有看到什么。”太宰说:“虽然如此,你究竟见到了什么?”少庶子回答说:“集市的南门外面很多牛车,勉强可以走过去人。”太宰就告诫这位使者:“不准告诉别人我问你的话。”于是召来集市的管理官员而责备他们说:“集市的南门外为什么那么多牛屎?”集市的管理官员都对太宰那么快就知道了市场的情况感到很奇怪,于是小心惶恐地对待自己的职守。

经六　挟智①

挟智而问,则不智者智;深智一物,众隐皆变②。其说在昭侯之握一爪也。故必南门而三乡得③。周主索曲杖而群臣惧,卜皮使庶子,西门豹详遗辖④。

【注释】

①挟智:“挟智而问”的省略语。智:同“知”。下文“则不智者智”、“深智一物”中的三“智”字同。

②变:通“辨”。

③乡:通“向”。下文“三乡举而上之”之“乡”同此。

④详:通“佯”。

【译文】

经六　挟智

带着自己知道的事去询问,那么自己不知道的事也知道了;深入地了解一件事,许多不清楚的事都可以分辨清楚。这种论点的解说在韩昭侯握住一只指甲这则故事中。所以韩昭侯确切了解到南门的情况而其余三个方向城门的情况也就知道了。周国的君主索求弯曲的拐杖而大臣们恐惧,卜皮派庶子去暗中刺探,西门豹佯装丢失了车辖。

说六

韩昭侯握爪[①],而佯亡一爪,求之甚急,左右因割其爪而效之。昭侯以此察左右之诚不[②]。

韩昭侯使骑于县。使者报,昭侯问曰:“何见也?”对曰:“无所见也。”昭侯曰:“虽然,何见?”曰:“南门之外,有黄犊食苗道左者[③]。”昭侯谓使者:“毋敢泄吾所问于女[④]。”乃下令曰:“当苗时,禁牛马入人田中固有令,而吏不以为事,牛马甚多入人田中。亟举其数上之;不得,将重其罪。”于是三乡举而上之。昭侯曰:“未尽也。”复往审之,乃得南门之外黄犊。吏以昭侯为明察,皆悚惧其所而不敢为非。

周主下令索曲杖,吏求之数日不能得。周主私使人求之,不移日而得之。乃谓吏曰:“吾知吏不事事也。曲杖甚易也,而吏不能得,我令人求之,不移日而得之,岂可谓忠哉!”吏乃皆悚惧其所,以君为神明。

卜皮为县令,其御史污秽而有爱妾[⑤],卜皮乃使少庶子佯爱之,以知御史阴情。

西门豹为邺令[⑥],佯亡其车辖[⑦],令吏求之不能得,使人求之而得之家人屋间。

【注释】

①爪:指手指甲。

②不:通“否”。

③犊:小牛。

④女:通“汝”。

⑤御史:负责监察的官,这里指监督县令的监察官。

⑥西门豹:战国初期魏国人,著名的无神论者。邺:魏国县名,位于今河北临漳西南。

⑦辖:插在车轴两端防止车轮滑落的插销。

【译文】

说六

韩昭侯握手指甲,而假装掉了一只,找得很急切。他身边的人因而割下自己的手指甲献给韩昭侯。韩昭侯用这种方法来考察身边的近臣对自己是否忠诚。

韩昭侯派骑士到县中去巡视。使者回来报告,韩昭侯问他:“你看到了些什么?”使者回答说:“没有看到什么。”韩昭侯说:“即便如此,你也要说究竟看到了什么?”使者说:“我看到县城南门外面,有头小黄牛在吃路左边的禾苗。”韩昭侯对使者说:“不准把我问你的话泄露出去。”于是下令说:“当禾苗生长的时候,禁止牛马进入他人的田地本来已有惩罚条例,而地方官吏却不当回事,这使很多牛马进入他人的田中。立即将牛马进入农田的数目报上来;如果调查不到,将从重治负责官吏的罪。”因此县城三个城门方向都调查而上报了。韩昭侯说:“还没有全部报告上来。”再次去仔细核查了这件事,才查出了南门外面小黄牛进入农田的事。地方官吏认为韩昭侯明察秋毫,个个都震恐不安地谨守职责而不敢胡作非为。

周国的君主寻找丢失的弯拐杖,官吏找了多日也没有找到。周国的君主私下派人去找拐杖,不到一天就找到了。周国的君主便对官吏说:“我知道你们这些官吏不认真办事。弯拐杖很容易找,而你们却找不到,我派别人去寻找,不到一天就找到了,你们能说对于国君忠诚吗?”官吏们就都震恐而谨慎地对待自己的职守,认为君主是神明。

卜皮任县令,他的御史行为卑鄙但有一位宠爱的妾,卜皮便让年轻的侍从官假意去爱御史的妾,借此去了解御史的隐私。

西门豹任邺县县令,假装丢失了车轴两头的插销,命令属吏寻找没有找到,另派人去找却在一户人家的屋里找到了。

经七 倒言[①]

倒言反事以尝所疑则奸情得。故阳山谩樛竖,淖齿为秦使,齐人欲为乱,子之以白马,子产离讼者,嗣公过关市。

【注释】

①倒言:“倒言反事”的省略语。原作“倒言七右经”,这里将“经”、“说”分别对应编排,已与原来的文体形式有所不同。

【译文】

经七 倒言

用说反话来试探自己所怀疑的事,那么就可以了解到奸情。所以阳山君欺骗樛竖,淖齿让人假装成秦国的使者,齐国有个人想作乱,子之用看见白马的假话试人,子产隔离诉讼的双方,卫嗣公派人通过关市。

说七

阳山君相卫[①],闻王之疑己也,乃伪谤樛竖以知之[②]。

淖齿闻齐王之恶己也[③],乃矫为秦使以知之。

齐人有欲为乱者,恐王知之,因诈逐所爱者,令走王知之。

子之相燕[④],坐而佯言曰:“走出门者何,白马也?”左右皆言不见。有一人走追之,报曰:"有。"子之以此知左右之不诚信。

有相与讼者,子产离之而无使得通辞,倒其言以告而知之。

卫嗣公使人为客过关市⑤,关市苛难之,因事关市以金,关吏乃舍之。嗣公为关吏曰:"某时有客过而所,与汝金,而汝因遣之。"关市乃大恐,而以嗣公为明察。

【注释】

①阳山君:战国初期卫国的一个封君,生平不详。

②樛(jiū)竖:卫国君主的近臣,生平不详。

③淖齿:人名,战国时楚国的将领,前284年带兵救齐,任齐湣王的相。齐王:指齐湣王。

④子之:人名,战国时燕国的相。

⑤关市:这里指管理关市的小吏。

【译文】

说七

阳山君在卫国任相,听说卫国的君主怀疑自己,就假装诽谤樛竖,借此刺激卫国的君主而探知卫君的态度。

淖齿听说齐湣王讨厌自己,就让人假装成秦国的使者来刺探情况。

齐国有个人想作乱,恐怕齐王会知道,便假意赶走自己所亲爱的人,让他逃到齐王那里来让齐王知道这件事。

子之做燕国的相,坐在屋里谎称:"从门口跑过去的是什么,是白马吗?"他身边的人都说没看见。有一个人跑过去追赶马,回来报告说:"是有一匹白马。"子之用这个方法了解到身边的人对自己不诚实。

有两个相互打官司的人,子产把他们隔开使他们不能相互通话,把双方的话倒过来告诉对方来了解实情。

卫嗣公派人扮商客经过国境上入关的集市，关市的管理官吏故意刁难他。商客向关市的管理官吏行贿，关市的管理官吏这才放过他。卫嗣公对关市的管理官吏说："在某个时间有位商客通过你的关卡，给了你钱，你便放过了他。"关市的管理官吏十分恐惧，认为卫嗣公明察秋毫。

内储说下六微

【题解】

“六微”，指危害君主的六种隐蔽的情况。韩非用大量的历史故事和传说，说明这六种隐蔽情况对君权和“法治”的危害，要求君主提高警惕，加强防范。和韩非在前面《八奸》《十过》等篇所列举的危害君权、破坏“法治”的各种情况相比，本篇显得更加宏观和概括。韩非认为，“六微”是“主之所察”的隐微活动，是上篇“主之所用”的“七术”的针对对象，君主在识破“六微”的基础上运用“七术”，就可以把祸害消灭在萌芽状态。

本篇在“废置六”的“经”、“说”之后有“庙攻”和“（说）”“七”，应该属他篇的错简羼入。

六微[①]：一曰权借在下，二曰利异外借，三曰托于似类，四曰利害有反，五曰参疑内争[②]，六曰敌国废置。此六者，主之所察也。

【注释】

①六微：指六种危害君权的阴谋。

②疑：通“拟”，比拟、类似。

【译文】

有六种危害君权的隐蔽情况：一是君主的权势被臣下借用，二是由于君臣利益不同而被臣下借助其他诸侯国的势力谋取私利，三是臣下假托类似的事欺骗君主，四是由于人们利害相反臣下会谋私而危害君主，五是等级不同的臣子越位争权夺利，六是按敌国的意图任免大臣。这六种情况，是君主所应该明察的。

经一　权借①

权势不可以借人。上失其一，臣以为百。故臣得借则力多，力多则内外为用，内外为用则人主壅。其说在老聃之言失鱼也②。是以人主久语，而左右鬻怀刷。其患在胥僮之谏厉公，与州侯之一言，而燕人浴矢也③。

【注释】

①权借："权借在下"的省略语。

②老聃：即老子，名李耳，春秋时期道家学派的创始人。

③矢：通"屎"。下文"狗矢"之"矢"同此。

【译文】

经一　权借

权势不可以借让给他人。君主失去一分权势，臣下就会成百倍地利用。所以臣下能转借到权势就力量强大；力量强大，就会使朝廷内外都为他利用；朝廷内外都为他利用，那么人主就会蒙蔽。这种论点的解说在老聃说"鱼不可脱于渊"这段话里。因此君主和故人谈话的时间过长，君主身边的人就会炫耀受赐来的布巾一类小物品。权势转借他人的祸患在胥僮劝谏晋厉公，与众人齐声维护州侯，以及燕人用屎洗身几则故事中。

说一

势重者，人主之渊也；臣者，势重之鱼也。鱼失于渊而不可复得也，人主失其势重于臣而不可复收也。古之人难正言[①]，故托之于鱼。

赏罚者，利器也，君操之以制臣，臣得之以拥主[②]。故君先见所赏，则臣鬻之以为德[③]；君先见所罚，则臣鬻之以为威。故曰："国之利器，不可以示人[④]。"

【注释】

①古之人：此指老聃。

②拥：通"壅"，蒙蔽。

③见：同"现"。下文"君先见所罚"之"见"同此。

④国之利器，不可以示人：此句见于今本《老子》第三十六章。

【译文】

说一

重大的权势是君主的深潭；臣下是重大权势控制下的鱼。鱼离开了深潭就不能再得到它，君主把他的重大权势落在臣子手里就不可能收回它。老聃不便于正面直说，所以把这个道理寄托在鱼那里。

赏罚是锐利的武器，君主掌握它用来控制臣下，臣下获得它用来蒙蔽君主。所以君主事先显露出所赏赐的对象，臣下就会卖弄人情而作为自己的恩德；君主事先显露出所惩罚的对象，臣下就会卖弄权势以作为自己的威风。所以说："国家的锐利武器，不可以显示给人看。"

靖郭君相齐[①]，与故人久语，则故人富；怀左右刷[②]，则左右重。久语、怀刷，小资也，犹以成富，况于吏势乎？

晋厉公之时[③]，六卿贵[④]。胥僮、长鱼矫谏曰[⑤]："大臣贵重，敌主争事，外市树党，下乱国法，上以劫主，而国不危者，未尝有也。”公曰：“善。”乃诛三卿[6]。胥僮、长鱼矫又谏曰：“夫同罪之人偏诛而不尽，是怀怨而借之间也。”公曰：“吾一朝而夷三卿，予不忍尽也。”长鱼矫对曰：“公不忍之，彼将忍公。”公不听。居三月，诸卿作难，遂杀厉公而分其地。

州侯相荆[7]，贵而主断。荆王疑之，因问左右，左右对曰“无有”，如出一口也。

【注释】

①靖郭君：战国时齐国田婴的封号。他从齐宣王九年起，任齐相十一年。

②刷：布巾之类的小物品。

③晋厉公：春秋时晋国的君主，名州蒲，又名寿曼。

④六卿：指晋厉公时担任晋国六军首领的栾书、荀偃、韩厥、士燮、郤锜和郤至。

⑤胥僮：人名，晋厉公的宠臣，后被栾书、荀偃所杀。长鱼矫：人名，晋厉公的宠臣，胥僮被杀后，逃亡到狄国。

⑥三卿：指郤锜、郤犨（chōu）、郤至三人。

⑦州侯：人名，楚顷襄王的宠臣。相：担任相，这里指担任楚国的令尹。荆：楚国的别名。

【译文】

田婴担任齐国的相，与老相识有一次长谈，老相识因此富裕；赐给身边的侍从布巾一类的小物品，身边的侍从因此尊贵。长谈和赐给布巾之类，只是小的资助，尚且使别人富裕起来，更何况让给官吏以权势呢？

晋厉公的时候，六卿位高权重。胥僮、长鱼矫劝谏说：“大臣尊贵权重，与君主抗衡争权夺利，对外勾结树立私党，对下扰乱国法，对上挟持君主，像这样国家还不危亡的，从没有过。”晋厉公说：“说得对。”于是诛杀了“六卿”中的三人。胥僮、长鱼矫又劝谏说：“罪行相同的人杀了一部分而不能全部除掉，他们就会心怀怨恨而给他们提供作乱的机会。”晋厉公说：“我一下子就杀掉了三个卿，我不忍心把他们全部杀掉。”长鱼矫说：“您不忍心杀他们，他们会忍心杀掉您。”晋厉公不听。过了三个月，其他几个卿作乱，结果杀掉了晋厉公并瓜分了他的土地。

州侯做楚国的令尹，地位尊贵而独断专行。楚王怀疑他有不轨的企图，便问身边的近臣，身边的近臣都回答说：“没有”，如同一张嘴里说出的。

燕人无惑[①]，故浴狗矢。燕人，其妻有私通于士，其夫早自外而来，士适出。夫曰：“何客也？”其妻曰：“无客。”问左右，左右言“无有”，如出一口。其妻曰：“公惑易也[②]。”因浴之以狗矢。

一曰：燕人李季好远出，其妻私有通于士，季突至，士在内中，妻患之。其室妇曰[③]：“令公子裸而解发，直出门，吾属佯不见也。”于是公子从其计，疾走出门。季曰：“是何人也？”家室皆曰：“无有。”季曰：“吾见鬼乎？”妇人曰：“然。”“为之奈何？”曰：“取五牲之矢浴之。”季曰：“诺。”乃浴以矢。一曰浴以兰汤。

【注释】

①燕：诸侯国名，范围包括今河北中部、北部和辽宁南部及山西和内蒙古自治区的部分地区。

②惑易：神志迷乱。易(yì)：痴狂。

③室妇:女仆。

【译文】

燕国人精神没有失常,反而用狗屎洗身。有个燕国人,他的妻子和一个士人私通,她的丈夫早晨从外面来,这个士人正好从他的家里出来。丈夫问道:"这是哪位客人?"他的妻子说:"没有客人。"问身边的仆人,身边的仆人都说"没有",如出一辙。他的妻子说:"老公您神志迷乱了。"因此就用狗屎给他洗身。

另一种说法:燕国人李季喜欢出门远游,他的妻子和一个士人私通,李季突然回家,这个士人还在内室中,他的妻子很担心事情败露,他家的女仆对李季的妻子说:"让这位公子赤身裸体披散着头发,直冲出门,我们都假装没看见。"于是这位公子按照女仆的计策,快跑着冲出门去。李季说:"这是什么人?"他的妻子和女仆都说:"没有。"李季说:"我见到鬼了吗?"他的妻子说:"是的。"李季说:"那该怎么办?"他的妻子说:"拿五种牲畜的屎搅和以后洗身。"李季说:"好吧。"便用牲畜的屎洗身。也有说是用兰草煮的热水洗身的。

经二 利异[①]

君臣之利异,故人臣莫忠,故臣利立而主利灭。是以奸臣者,召敌兵以内除,举外事以眩主,苟成其私利,不顾国患。其说在卫人之妻夫祷祝也。故戴歇议子弟,而三桓攻昭公;公叔内齐军[②],而翟黄召韩兵;太宰嚭说大夫种,大成牛教申不害;司马喜告赵王,吕仓规秦、楚;宋石遗卫君书,白圭教暴谴。

【注释】

①利异:"利异外借"的省略语。

②内：同“纳”，引进。

【译文】

经二 利异

君主和臣下的利益不同，所以臣下没有人忠于君主，臣下得到了利益，君主就失去了利益。因此那些奸臣，招致敌国的军队来除掉国内的私敌，提出外交上的事情来迷惑君主，只要能成就他们的私利，不顾及国家的忧患。这种论点的解说在卫国人一对夫妻祈祷的故事中。所以戴歇对楚王将诸公子派到邻国去一事大发议论，而鲁国的三桓合力攻打鲁昭公；公叔引进齐国的军队，而翟黄招来魏军；太宰伯嚭劝说越国的大夫文种，而大成牛教导申不害应彼此勾结；司马喜私下送情报给赵王，而吕仓规劝楚国和秦国攻打魏国；宋石写信给卫君，而白圭劝暴谴要相互支持。

说二

卫人有夫妻祷者[①]，而祝曰：“使我无故，得百束布。”其夫曰：“何少也？”对曰：“益是，子将以买妾。”

荆王欲宦诸公子于四邻，戴歇曰[②]：“不可。”“宦公子于四邻，四邻必重之。”曰：“子出者重，重则必为所重之国党，则是教子于外市也，不便。”

鲁孟孙、叔孙、季孙相戮力劫昭公[③]，遂夺其国而擅其制。鲁三桓逼公[④]，昭公攻季孙氏，而孟孙氏、叔孙氏相与谋曰：“救之乎？”叔孙氏之御者曰：“我，家臣也，安知公家？凡有季孙与无季孙于我孰利？”皆曰：“无季孙必无叔孙。”“然则救之。”于是撞西北隅而入[⑤]。孟孙见叔孙之旗入，亦救之。三桓为一，昭公不胜。逐之，死于乾侯[⑥]。

【注释】

①卫:诸侯国名,范围包括今河南东北部和河北、山东的部分地区。

②戴歇:人名,生平不详。

③鲁:诸侯国名,范围包括今山东南部和河南、江苏、安徽的部分地区。孟孙:指孟懿子。叔孙:指叔孙昭子。季孙:指季平子。昭公:指鲁昭公,春秋时鲁国的君主,名稠。

④三桓:孟孙、叔孙、季孙三家。他们都是鲁桓公的后代,故称"三桓"。

⑤隅:角落。此指鲁昭公围攻季孙氏阵地的一个角落。

⑥乾侯:晋国地名,位于今河北成安东南。

【译文】

说二

卫国人有一对夫妻向神明祈祷求福,妻子祈求说:"让我没灾没病,得到一百捆布。"他的丈夫说:"怎么这样少?"妻子回答说:"超过了这个数字,你会用它来买妾。"

楚王想让各位公子到邻国去做官,戴歇说:"不行。"楚王说:"让众公子到四周邻国去做官,四周邻国一定会器重他们。"戴歇说:"公子出去受到器重,受到器重必然成为这些国家的党羽,这是教育儿子们学会对外勾结,这样并不适当。"

鲁国的孟孙、叔孙、季孙相互联合来挟持鲁昭公,结果夺取了他的国家并擅自发号施令。鲁国的孟孙、叔孙、季孙三家逼迫鲁昭公的朝廷,鲁昭公攻打季孙氏,孟孙氏、叔孙氏互相商量说:"救不救季孙氏呢?"叔孙氏的车夫对叔孙氏说:"我只是一个家臣,怎么会知道公家的事?只是想说有季孙氏和没有季孙氏哪一样对我们更有利?"众人都说:"没有了季孙氏一定不会有叔孙氏。"车夫说:"既然是这样就去救他。"因此撞开西北角而冲了进去。孟孙氏看见叔孙氏的战旗冲了进去,也赶去救援。三家的军队合而为一,鲁昭公不能取胜。三家把鲁昭公赶跑了,鲁昭公最后死在了晋国的乾侯。

公叔相韩而有攻齐[①]，公仲甚重于王[②]，公叔恐王之相公仲也，使齐、韩约而攻魏。公叔因内齐军于郑[③]。以劫其君，以固其位，而信两国之约[④]。

翟璜[⑤]，魏王之臣也，而善于韩。乃召韩兵令之攻魏，因请为魏王构之以自重也。

越王攻吴王[⑥]，吴王谢而告服，越王欲许之。范蠡、大夫种曰[⑦]："不可。昔天以越与吴，吴不受，今天反夫差，亦天祸也。以吴予越，再拜受之，不可许也。"太宰嚭遗大夫种书曰[⑧]："狡兔尽则良犬烹，敌国灭则谋臣亡。大夫何不释吴而患越乎？"大夫种受书读之，太息而叹曰[⑨]："杀之，越与吴同命。"

大成牛从赵谓申不害于韩曰[⑩]："以韩重我于赵，请以赵重子于韩，是子有两韩，我有两赵。"

【注释】

①公叔：指公叔伯婴，韩国的宗室大臣，任韩宣惠王的相。有：通"又"。攻：善，此指友好。

②公仲：名朋，韩宣王宠信的臣子，与公叔伯婴争权，继公叔伯婴为韩国的相。

③内：同"纳"。郑：韩国的国都，战国时郑国为韩国所灭，韩国迁都至郑（位于今河南新郑）。

④信：通"伸"。

⑤翟璜：一作翟黄，名触，魏文侯的大臣。

⑥越王：指越王勾践。吴王：指吴王夫差（chāi）。

⑦范蠡：春秋时越国大臣，曾帮助越王勾践灭吴。种：即文种，越国大夫。

⑧太宰：吴国官名，相当于其他诸侯国的相。嚭（pǐ）：指伯嚭，吴王夫差的太宰。

⑨太息：深深地叹气。

⑩大成牛：人名，一作大成午，战国时赵国的相。申不害：战国法家的代表人物，韩昭侯的相，与韩非合称“申韩”。

【译文】

公叔任韩国的相又与齐国交好，公仲很受韩王器重，公叔担心韩王要任用公仲担任相，让齐国、韩国约定攻打魏国。公叔趁机把齐国军队引入到韩国都城。借以挟持韩王，巩固自己的地位，而重申齐、韩两国的和约。

翟璜是魏王的大臣，但和韩国交好。便招来韩国军队让他们进攻魏国，趁机请求替魏王去与韩国讲和而提高自己的地位。

越王勾践攻打吴王夫差，吴王夫差谢罪表示臣服，越王勾践准备答应他的请求。范蠡、大夫文种说：“不行。从前上天把越国给了吴国，吴国不接受，现在天反过来不帮助夫差了，这是天祸。上天把吴国赐给越国，越国应再三拜谢接受它，不能答应吴国投降。”吴国的太宰伯嚭给文种写信说：“狡猾的兔子捕光了那么猎犬就要被烹杀，敌国被消灭了，谋臣就会灭亡。大夫您为什么不放开吴国而让它成为越国的祸患呢？”大夫文种收到信读后，长叹一声说：“杀掉我这样的谋臣，越国将会有和吴国同样的命运。”

大成牛从赵国到韩国对申不害说：“您用韩国使我在赵国贵重，我请求用赵国让您在韩国贵重，这样您等于有了两个韩国，我有了两个赵国。”

司马喜，中山君之臣也[①]，而善于赵，尝以中山之谋微告赵王。

吕仓[②]，魏王之臣也，而善于秦、荆。微讽秦、荆令之攻魏，因请行和以自重也。

宋石[3]，魏将也；卫君[4]，荆将也。两国构难，二子皆将。宋石遗卫君书曰："二军相当，两旗相望，唯毋一战，战必不两存。此乃两主之事也，与子无有私怨，善者相避也。"

白圭相魏[5]，暴谴相韩[6]。白圭谓暴谴曰："子以韩辅我于魏，我以魏待子于韩[7]，臣长用魏，子长用韩。"

【注释】

①司马喜：人名，战国时中山国的相，生平不详。中山：指中山国，春秋时白狄的别支鲜虞族建立的政权，位于今河北的中部偏西地区。

②吕仓：人名，战国时魏国的相，生平不详。

③宋石：人名，生平不详。

④卫君：人名，生平不详。

⑤白圭：名丹，战国时的水利家，曾任魏惠王的相。

⑥暴谴：人名，生平不详。

⑦待：通"持"，扶助。

【译文】

司马喜是中山国君的大臣，而和赵国交好，曾把中山国的谋划悄悄地告诉赵王。

吕仓是魏王的大臣，而和秦国、楚国交好。他暗中委婉地劝说秦国、楚国进攻魏国，趁机请求出去讲和以提高自己的地位。

宋石是魏国的将领，卫君是楚国的将领。两国之间发生了战争，宋石、卫君两人都被本国任命为出征的将领。宋石给卫君写信说："双方的军队力量不相上下，两军的旗帜遥遥相望，只希望双方不要打起来，打起来必然两伤。要打仗这是两国君主之间的事，我与您个人没有怨仇,最好的办法是相互回避。”

白圭担任魏国的相,暴谴担任韩国的相。白圭对暴谴说:“您用韩国的力量帮助我在魏国任职,我用魏国的力量帮助您在韩国掌权,我长期在魏国任职,而您则长期在韩国掌权。”

经三 似类[①]

似类之事,人主之所以失诛,而大臣之所以成私也。是以门人捐水而夷射诛,济阳自矫而二人罪,司马喜杀爰骞而季辛诛,郑袖言恶臭而新人劓[②],费无忌教郄宛而令尹诛,陈需杀张寿而犀首走。故烧刍廥而中山罪[③],杀老儒而济阳赏也。

【注释】

①似类:“托于似类”的省略语。

②劓(yì):古代割鼻的刑罚。

③刍廥(guì):存放马草的仓库。

【译文】

经三 似类

似是而非的事情,是君主之所以处罚失当,而大臣之所以能够谋取私利的原因。因此守门人泼水于廊门前而夷射被杀,济阳君假造王命声讨自己而魏王的两位臣子送命,司马喜杀掉季辛的仇人爰骞而季辛被杀,郑袖说新来的美人厌恶楚王的气味使新来的美人被割下了鼻子,费无忌教郄宛上当而使郄宛被令尹杀死,陈需杀死张寿而迫使犀首逃走。所以烧掉了中山君的马草仓库而中山君加罪于地位低贱的公子,济阳君的家臣派人杀了私敌老儒而被逐渐宠信。

说三

齐中大夫有夷射者[①]，御饮于王，醉甚而出，倚于郎门[②]。门者刖跪请曰[③]："足下无意赐之余沥乎？"夷射叱曰："去！刑余之人，何事乃敢乞饮长者！"刖跪走退。及夷射去，刖跪因捐水郎门霤下[④]，类溺者之状。明日，王出而呵之，曰："谁溺于是？"刖跪对曰："臣不见也。虽然，昨日中大夫夷射立于此。"王因诛夷射而杀之。

魏王臣二人不善济阳君[⑤]，济阳君因伪令人矫王命而谋攻己。王使人问济阳君曰："谁与恨？"对曰："无敢与恨。虽然，尝与二人不善，不足以至于此。"王问左右，左右曰："固然。"王因诛二人者。

季辛与爰骞相怨[⑥]。司马喜新与季辛恶，因微令人杀爰骞，中山之君以为季辛也，因诛之。

【注释】

①中大夫：战国时的官名，君主的殿廷侍从官，负责议论朝政，备君主参考。夷射：人名，生平不详。

②郎：通"廊"。

③刖跪：受过砍脚刑的人。刖，古代一种砍掉脚的刑罚。跪，脚。

④霤（liù）下：屋檐下承接雨水的地方。

⑤济阳君：食封于济阳（位于今河南兰考东北）的魏国贵族，具体所指不详。

⑥季辛、爰骞：都是人名，生平不详。

【译文】

说三

齐国有个叫夷射的中大夫，陪齐王喝酒，醉醺醺地从宫中出来，身子斜靠在廊门上。受过砍脚刑罚的守门人请求说:“你不愿赏给我一点吃剩的酒吗?”夷射叱骂守门人说:“滚开!你这个没被砍死的东西,竟敢向老爷讨酒喝!”砍了脚的守门人很快退下。等到夷射离开,砍了脚的守门人便在廊门的屋檐滴水处泼了一些水,好像撒下尿的样子。第二天,齐王走出来看见了呵斥守门人说:“谁在这里撒了尿?”砍了脚的守门人回答说:“我没有看见人在这里撒尿。虽然这样,昨天中大夫夷射曾站在这里。”齐王因此处罚夷射而把他杀了。

魏王有两个臣子和济阳君不友好,济阳君便令人假传王命来谋划攻打自己。魏王派人问济阳君:“谁和你有仇?”济阳君回答说:“我不敢和谁有仇。虽然这样,也曾和两个大臣关系不太好,但还不至于到这种地步。”魏王问身边的近侍是否有这么回事,魏王身边的近侍说:“确实是这样。”魏王因此便处死了这两个人。

季辛与爰骞相互有仇怨。司马喜最近和季辛的关系很坏,便暗中让人杀了爰骞,中山国的君主以为是季辛所为,就处死了季辛。

荆王所爱妾有郑袖者①。荆王新得美女,郑袖因教之曰:“王甚喜人之掩口也,为近王,必掩口。”美女入见,近王,因掩口。王问其故,郑袖曰:“此固言恶王之臭②。”及王与郑袖、美女三人坐,袖因先诫御者曰③:“王适有言,必亟听从王言。”美女前近王甚,数掩口④。王悖然怒曰:“劓之。”御因揄刀而劓美人。

一曰:魏王遗荆王美人,荆王甚悦之。夫人郑袖知王悦爱之也,亦悦爱之,甚于王。衣服玩好,择其所欲为之。王曰:“夫人知我爱新人也,其悦爱之甚于寡人,此孝子所以养亲,忠臣之所以事君也。”夫人知王之不以己为妒也,因为新人曰⑤:“王甚悦爱子,然恶子之鼻,子见王,常掩鼻,则王长幸子矣。”于是新人从之，每见王，常掩鼻。王谓夫人曰：“新人见寡人常掩鼻，何也？”对曰：“不知也。”王强问之，对曰：“顷尝言恶闻王臭。”王怒曰：“劓之！”夫人先诫御者曰：“王适有言，必可从命。”御者因揄刀而劓美人。

【注释】

①荆王：这里指楚怀王，战国时楚国的君主。郑袖：人名，楚怀王的爱妾。

②臭：气味、口气。

③御者：指侍从。

④数（shuò）：多次、屡次。

⑤为：通“谓”。

【译文】

楚王有位宠爱的妾名叫郑袖。楚王最近刚刚得到一位美女，郑袖便教导这位美女说：“大王喜欢别人掩着嘴，如果你靠近大王，一定要用手掩着嘴。”美人进宫去见楚王，靠近楚王，便用手掩住嘴。楚王问其中的原故，郑袖说：“这个女人本来就说厌恶大王口中的气味。”等到楚王与郑袖、这位美人三人同坐，郑袖便事先告诫侍从说：“楚王如果有话，一定要立即听从楚王的吩咐。”美人上前靠楚王很近，多次掩住嘴。楚王勃然大怒说：“给我把她的鼻子割掉。”侍从便抽刀割掉了美人的鼻子。

另外一种说法：魏王送给楚王一个美人，楚王很喜欢她。楚王的夫人郑袖知道楚王喜爱这个美人，也喜爱她，比楚王还要深切。美人所穿的衣服和所用的珍奇的玩物，都选择美人所想要的。楚王说：“夫人知道我喜爱新来的美人，她喜爱的程度还要超过我，这是孝子所用来侍养双亲，忠臣所用来侍奉君主应有的态度。”郑袖知道楚王不认为自己嫉妒，便对新来的美人说：“大王很喜爱你，但讨厌你的鼻子，你见到大王，经常掩着鼻子，那么大王就会长久地宠幸你。”新来的美人听从了郑袖的话，每次见到楚王，总掩着鼻子。楚王对郑袖说：“新来的美人见到我总掩着鼻子，这是什么原因？”郑袖回答说：“不知道是什么原因。”楚王硬是追问她，郑袖回答说：“不久前新来的美人曾说厌恶嗅到大王口里的气味。”楚王大怒说：“割掉她的鼻子。”郑袖事先告诫君主的侍从说：“大王如果有话，一定要听从命令。”侍从便抽刀割掉了美人的鼻子。

费无极[①]，荆令尹之近者也[②]。郄宛新事令尹[③]，令尹甚爱之。无极因谓令尹曰：“君爱宛甚，何不一为酒其家？”令尹曰：“善。”因令之为具于郄宛之家。无极教宛曰：“令尹甚傲而好兵，子必谨敬，先亟陈兵堂下及门庭[④]。”宛因为之。令尹往而大惊，曰：“此何也？”无极曰：“君殆，去之！事未可知也。”令尹大怒，举兵而诛郄宛，遂杀之。

犀首与张寿为怨[⑤]，陈需新入[⑥]，不善犀首，因使人微杀张寿。魏王以为犀首也，乃诛之。

中山有贱公子，马甚瘦，车甚弊。左右有私不善者，乃为之请王曰：“公子甚贫，马甚瘦，王何不益之马食？”王不许。左右因微令夜烧刍厩[⑦]。王以为贱公子也，乃诛之。

【注释】

①费无极：即费无忌，春秋时楚国人，楚平王的宠臣。

②令尹：楚国官名，相当于其他诸侯国的相。这里指楚国的令尹子常。

③郄宛：人名，楚国大臣。

④堂下：指厅堂之下。门庭：院子门口。

⑤犀首：即公孙衍，以主持合纵出名，曾任魏国的相。张寿：人名，

生平不详。

⑥陈需:也作田需,曾任魏国的相。

⑦刍厩:草库和马棚。刍,喂牲畜的草。厩,马棚。

【译文】

费无极是楚国令尹的亲信。郄宛刚来侍奉令尹不久,令尹很喜欢他。费无极便对令尹说:"您很喜欢郄宛,为什么不到郄宛家去办一次酒席?"令尹说:"好的。"便让费无极在郄宛家里置办酒席。费无极教导郄宛说:"令尹很傲慢且喜欢兵器,你一定要小心遵从,先赶快在厅堂下面和院子门口把兵器陈列好。"郄宛便照他说的去做。令尹来到郄宛家大惊失色,说:"这些是什么?"费无极说:"您危险了,快离开!事情不可预知。"令尹非常愤怒,起兵向郄宛问罪,结果杀了他。

犀首和张寿相互结怨,陈需新近到魏国来,和犀首关系不好,便派人暗杀了张寿。魏王还认为是犀首所为,就把犀首杀了。

中山国有位地位低下的公子,马很瘦,车很破旧。公子身边的侍从有和他私人关系不好的,就替他向中山王请求说:"公子很穷,马很瘦,大王您怎么不给他增加一些马食料?"中山王不答应。这位侍从便暗中令人夜晚烧了中山王的马料库。中山王认为是那位地位低贱的公子所为,就把他杀了。

魏有老儒而不善济阳君。客有与老儒私怨者,因攻老儒杀之,以德于济阳君,曰:"臣为其不善君也,故为君杀之。"济阳君因不察而赏之。

一曰:济阳君有少庶子[①],有不见知欲入爱于君者。齐使老儒掘药于马梨之山[②],济阳少庶子欲以为功,入见于君曰:"齐使老儒掘药于马梨之山,名掘药也,实间君之国。君不杀之,是将以济阳君抵罪于齐矣。臣请刺之。"君曰:

“可。”于是明日得之城阴而刺之，济阳君还益亲之[3]。

【注释】

①少庶子：年轻的侍从家臣。

②马梨之山：古代山名，在今何地不详。

③还：通“旋”，随即。

【译文】

魏国有位老儒生和济阳君关系不好。济阳君有位与老儒生有旧仇的门客，便去攻击老儒生杀死了他，借此来讨好济阳君，说：“我因为他和您关系不好，所以替您杀了他。”济阳君便不细加考察而赏赐了这个门客。

另一种说法：济阳君有几位年轻的侍从家臣，有个未被济阳君赏识而又想得到济阳君宠爱的。齐国派遣一位老儒生到马梨之山挖药材，济阳君的年轻侍从家臣想利用这个机会立功，就去晋见济阳君说：“齐国让老儒生来马梨之山，名义上是挖药材，实际上是刺探您的军情。您不杀他，这个人将使您由于齐国的刺探泄密而被治罪。我请求去刺杀他。”济阳君说：“行。”因此第二天在城北遇到了这位老儒生便把他杀了，济阳君随即逐渐亲近此人。

经四　有反[1]

事起而有所利，其尸主之[2]；有所害，必反察之。是以明主之论也，国害则省其利者，臣害则察其反者。其说在楚兵至而陈需相，黍种贵而廪吏覆。是以昭奚恤执贩茅，而僖侯谯其次[3]，文公发绕炙，而穰侯请立帝。

【注释】

①有反:"利害有反"的省略语。

②尸主:主持。"尸"与"主"同义。

③僖侯:即韩昭侯,详下。谯:同"诮",责骂。

【译文】

经四　有反

事情发生了而有利可得,君主应该主持它;如果有害处,一定要从反面考察它。因此英明的君主讨论问题,国家受害就要察看谁从中得利,臣下受害就要考察利害相反的人。这一论点的解说在楚军到达而陈需升任魏相,黍种贵而粮仓官吏被查出罪状两则故事中。因此昭奚恤抓住了贩茅草的人,而韩昭侯责骂厨师的副手;晋文公追查头发缠在烤肉上的事,而魏冉请求同时立秦王、齐王为帝。

说四

陈需,魏王之臣也,善于荆王,而令荆攻魏。荆攻魏,陈需因请为魏王行解之,因以荆势相魏。

韩昭侯之时[①],黍仲尝贵甚[②]。昭侯令人覆廪,吏果窃黍种而粜之甚多。

昭奚恤之用荆也[③],有烧仓廥窌者而不知其人[④]。昭奚恤令吏执贩茅者而问之,果烧也。

昭僖侯之时[⑤],宰人上食而羹中有生肝焉,昭侯召宰人之次而诮之曰:"若何为置生肝寡人羹中?"宰人顿首服死罪[⑥],曰:"窃欲去尚宰人也。"

一曰:僖侯浴,汤中有砾。僖侯曰:"尚浴免[⑦],则有当代者乎?"左右对曰:"有。"僖侯曰:"召而来。"谯之曰:"何为置砾汤中?"对曰:"尚浴免,则臣得代之,是以置砾汤中。"

【注释】

①韩昭侯:战国时韩国的君主。

②黍:黍子,有黏性的黄色小米,似粟。这里泛指粮食。

③昭奚恤:人名,楚国的贵族,楚宣王时任令尹。

④窌(jiào):地窖。

⑤昭僖侯:即韩昭侯,也简称僖侯。

⑥宰人:此指"宰人之次"。宰人,即厨师。

⑦尚浴:宫中主管君主沐浴的官吏。

【译文】

说四

陈需,是魏王的臣子,但和楚王关系很好,因而让楚国进攻魏国。楚国进攻魏国,陈需便请求替魏王前去讲和,于是借助楚国的势力做了魏国的相。

韩昭侯的时候,黍的种子很贵。韩昭侯让人去检查粮仓,主管粮仓的官吏果然偷窃了黍种卖掉了很多。

昭奚恤在楚国专权的时候,有人烧毁了粮仓、草料库和地窖,但不知道是什么人干的。昭奚恤命令官吏抓住贩卖茅草的人加以审问,果然是他放火烧的。

韩昭侯的时候,厨师端上来的带汁的肉汤中有生肝,韩昭侯召来厨师的副手责骂他说:"你为什么放生肝在我的汤中?"这位厨师的副手叩头承认自己犯有死罪,说:"我想私下赶跑厨师。"

另一种说法:韩昭侯洗澡,热水中有小石子。韩昭侯说:"负责洗澡的官员要是免职了,那么有取代他的人吗?"韩昭侯身边的侍从说:"有。"韩昭侯说:"把这个可能取代负责洗澡官员的人给我叫来。"当面责骂这个人说:"你为什么要在热水中放小石子?"这个人回答说:"负责洗澡的官员如果免职,那么我就可以取代他,所以我就在热水中放了小石子。"

文公之时[1]，宰臣上炙而发绕之[2]。文公召宰人而谯之曰："女欲寡人之哽耶[3]，奚为以发绕炙？"宰人顿首再拜请曰："臣有死罪三：援砺砥刀，利犹干将也[4]，切肉肉断而发不断，臣之罪一也；援木而贯脔而不见发，臣之罪二也；奉炽炉，炭火尽赤红，而炙熟而发不烧，臣之罪三也。堂下得无微有疾臣者乎[5]？"公曰："善。"乃召其堂下而谯之，果然，乃诛之。

一曰：晋平公觞客[6]，少庶子进炙而发绕之，平公趣杀炮人[7]，毋有反令[8]。炮人呼天曰："嗟乎！臣有三罪，死而不自知乎！"平公曰："何谓也？"对曰："臣刀之利，风靡骨断而发不断，是臣之一死也；桑炭炙之，肉红白而发不焦，是臣之二死也；炙熟，又重睫而视之，发绕炙而目不见，是臣之三死也。意者堂下其有翳憎臣者乎？杀臣不亦蚤乎[9]！"

穰侯相秦而齐强[10]。穰侯欲立秦为帝而齐不听，因请立齐为东帝，而不能成也。

【注释】

①文公：指晋文公，名重耳，晋国君主，"春秋五霸"之一。

②宰臣：即尚宰人，古代管理膳食的官。

③女：通"汝"。

④干将：古代宝剑名，相传为春秋时吴国的造剑名手干将所造。此泛指宝刀。

⑤堂下：指平时立于堂下的地位低贱的侍从。疾：同"嫉"，忌恨。

⑥晋平公：春秋时晋国的君主，名彪。

⑦趣：通"促"，催促。炮人：即庖人，厨师。

⑧反:平反,引申为赦免。

⑨蚤:通"早"。

⑩穰(ráng)侯:魏冉的封号,魏冉曾任秦昭襄王的相。

【译文】

晋文公的时候,膳食官献上的烤肉上面缠有头发。晋文公叫来厨师责骂他说:"你想要我噎死吗?为什么要在烤肉上缠上头发?"厨师叩头两拜然后请罪说:"我有三条死罪:拿来磨刀石磨刀,刀磨得像干将那样锋利,切肉肉能被切断但头发却切不断,这是我的第一条死罪;拿来木棍儿穿肉片而没有发现头发,这是我的第二条罪状;我捧着烧得很旺的炉子,炭火通红,肉烤熟了但头发却没有烧着,这是我的第三条罪状。您堂下的侍从中该没有暗中嫉恨我的人吧?"晋文公说:"对。"便召他堂下的侍从来责问,果然如此,就把这个侍从杀了。

另一种说法:晋平公宴请客人,年轻的侍从官献上的烤肉上有头发缠着,晋平公催促杀掉厨师,不得赦免。厨师呼天鸣冤说:"唉呀!我虽有三条罪状,至死都不知道为什么被处死啊。"晋平公说:"你的话是什么意思?"厨师回答说:"我的刀锋利的程度,顺风倒下能切断骨头但头发却没被切断,这是我的第一条死罪;用桑树木炭来烤肉,肉烤得精肉红肥肉白而头发却不焦,这是我的第二条死罪;肉烤熟了,我又眯着眼睛细看了一遍,头发缠绕在烤肉上但我却没有看见,这是我的第三条死罪。我猜想堂下大概有憎恨我的人吧?杀我不是太早了吗?"

魏冉做秦国的相使齐国强大。魏冉想立秦昭襄王为帝而齐国不同意,于是他请求立齐王为东帝,但不能成功。

经五　参疑①

参疑之势,乱之所由生也,故明主慎之。是以晋骊姬杀太子申生,而郑夫人用毒药,卫州吁杀其君完,公子根取东周,王子职甚有宠而商臣果作乱,严遂、韩廆争而哀侯果遇贼,田常、阚止、戴欢、皇喜敌而宋君、简公杀。其说在狐突之称“二好”[②],与郑昭之对“未生”也。

【注释】

①参疑:“参疑内争”的省略语。

②二好(hào):指好内和好外,即内宠姬妾和外宠近臣。

【译文】

经五　参疑

等级不同的臣子越位争权夺利的局面,是祸乱之所以产生的根源,所以英明的君主慎重地对待它。因此晋骊姬杀掉了太子申生,而郑国的夫人用毒药毒死了郑国的君主,卫国的州吁杀了卫国的君主卫桓公,公子根取得了东周公的称号,楚国的王子职很受宠爱而商臣果然兴兵作乱,严遂、韩廆争权夺势而韩哀侯最终遇到伤害,田常、阚止、戴欢与皇喜争权导致宋国君主和齐简公被杀。这一论点在狐突谈论“君主宠爱姬妾和近臣的危害”,与郑昭答复君主“太子还没有生下来”的提问二则故事中。

说五

晋献公之时[①],骊姬贵[②],拟于后妻,而欲以其子奚齐代太子申生[③],因患申生于君而杀之,遂立奚齐为太子。

郑君已立太子矣,而有所爱美女欲以其子为后[④],夫人恐,因用毒药贼君杀之。

卫州吁重于卫[⑤],拟于君,群臣百姓尽畏其势重。州吁果杀其君而夺之政。

公子朝[⑥],周太子也,弟公子根甚有宠于君[⑦]。君死,遂以东周叛[⑧],分为两国。

楚成王以商臣为太子[⑨],既而又欲置公子职[⑩]。商臣作乱,遂攻杀成王。

一曰:楚成王以商臣为太子,既欲置公子职。商臣闻之,未察也,乃为其傅潘崇曰[11]:“奈何察之也?”潘崇曰:“飨江芈而勿敬也[12]。”太子听之,江芈曰:“呼,役夫!宜君王之欲废女而立职也[13]。”商臣曰:“信矣。”潘崇曰:“能事之乎?”曰:“不能。”“能为之诸侯乎?”曰:“不能。”“能举大事乎?”曰:“能。”于是乃起宿营之甲而攻成王[14]。成王请食熊膰而死[15],不许,遂自杀。

【注释】

①晋献公:名诡诸,春秋时晋国的君主。

②骊姬:晋献公的宠妾,戎骊君主的女儿,生奚齐、卓子。

③申生:晋献公的正妻所生的儿子,已立为太子。

④后:指继承人,即太子。

⑤州吁:春秋时卫桓公之弟,曾杀兄自立。

⑥公子朝:疑是周威公的长子,即西周惠公。战国时周天子的属地已只是一个小诸侯的领地,后来这块领地又分裂为西周和东周两个诸侯国。

⑦公子根:疑是周威公的小儿子,周天子的直属领地分裂后公子根号东周惠公。君:指周威公。

⑧东周:即由周天子直属领地分裂出的东周小诸侯国。

⑨楚成王:春秋时楚国的君主,名恽。商臣:楚成王的长子,后杀父即位,即楚穆王。

⑩公子职:楚成王的小儿子。

⑪为:通“谓”。傅:师傅。潘崇:人名,生平不详。

⑫江芈(mǐ):人名,楚成王的妹妹,本姓芈,嫁给江国,故称江芈。

⑬女：通“汝”。

⑭宿营之甲：指守卫宫殿的军队。

⑮熊膰(fán)：烤熟的熊掌。膰，同“蹯”。

【译文】

说五

晋献公的时候，骊姬地位尊贵，可以和君主的正妻匹敌，她想用自己的儿子奚齐取代太子申生，便在晋献公面前构陷太子申生而杀死了他，结果就把奚齐立为太子。

郑国的君主已经立了太子，而另有一个所宠爱的美女想把自己的儿子立为王位的继承人，郑国君主的夫人很害怕，于是用毒药毒死了他。

卫国的州吁在卫国地位尊贵，等同于国君，群臣百姓都畏惧他的权势。州吁结果杀了卫国的君主并夺取卫国君主的政权。

公子朝，是周君的太子，他的弟弟公子根很受周君的宠爱。周君死后，公子根便以东周叛乱，把周国分为了东周、西周两个诸侯国。

楚成王立长子商臣为太子，不久又改立公子职为太子。商臣发动叛乱，最终进攻杀死了楚成王。

另一种说法：楚成王立商臣为太子，不久又想改立公子职为太子。商臣听说后，没有弄清楚实情，就对他的老师潘崇说：“怎么来弄清楚这件事呢？”潘崇说：“可以盛宴招待江芈而又对她不敬。”商臣听从了他的意见。江芈受了不恭敬的待遇后说：“呸！下贱的东西！活该你的君王想废掉你而立公子职为太子。”商臣说：“消息确实了。”潘崇说：“你能侍奉公子职吗？”商臣说：“不能。”“你能做公子职所封的诸侯吗？”商臣说：“不能。”“你能发动大事吗？”商臣说：“能。”因此便发动守卫宫殿的军队进攻楚成王。楚成王请求吃过烤熊掌后再死，商臣不答应，楚成王就自杀了。

韩廆相韩哀侯[①]，严遂重于君[②]，二人甚相害也。严遂乃令人刺韩廆于朝，韩廆走君而抱之，遂刺韩廆而兼哀侯。

田恒相齐[③]，阚止重于简公[④]，二人相憎而欲相贼也。田恒因行私惠以取其国，遂杀简公而夺之政。

戴欢为宋太宰[⑤]，皇喜重于君[⑥]，二人争事而相害也，皇喜遂杀宋君而夺其政。

狐突曰[⑦]："国君好内则太子危，好外则相室危。"

郑君问郑昭曰[⑧]："太子亦何如？"对曰："太子未生也。"君曰："太子已置而曰'未生'，何也？"对曰："太子虽置，然而君之好色不已，所爱有子，君必爱之，爱之则必欲以为后，臣故曰'太子未生'也。"

【注释】

①韩廆：人名，韩哀侯的相。韩哀侯：战国时韩国的君主。

②严遂：韩哀侯的宠臣。

③田恒：一作田常，即田成子，春秋末期齐国执政的卿。

④阚止：字子我，齐简公宠信的臣子。简公：指齐简公，名任，春秋末期齐国的君主。

⑤戴欢：人名，战国时期宋桓侯的太宰。下文"宋君"即指宋桓侯。

⑥皇喜：即司城子罕。

⑦狐突：人名，字伯行，春秋时晋国大夫。

⑧郑：诸侯国名，范围包括今河南中部，黄河以南。郑昭：人名，生平不详。

【译文】

韩廆任韩哀侯的相，严遂很受韩哀侯的重用，两人互相很仇恨。严遂便派人在朝堂上刺杀韩廆，韩廆跑到韩哀侯身边抱住韩哀侯，结果刺杀韩廆同时刺中了韩哀侯。

田常任齐简公的相，阚止受齐简公重用，两个人互相怨恨而想害死对方。田常趁机施行私人恩惠收买人心夺取了齐国，于是杀死齐简公并夺取了他的政权。

戴欢任宋国的太宰，皇喜受宋国君主的重用，二人为争权而互相残杀，皇喜便杀了宋国的君主夺取了他的政权。

狐突说：“国君宠爱宫内的姬妾太子就危险，宠信外朝的臣子相国就危险。”

郑国的君主问郑昭说：“我们郑国的太子怎么样？”郑昭回答说：“太子还没有出生。”君主说：“太子早已经立了而你却说‘还没有出生’，这是什么原因？”郑昭回答说：“太子虽然已立，但是君主您喜好美色没完没了，您所喜爱的美人如有儿子，您一定也会喜爱，喜爱他就一定想要把他立为王位的继承人，所以我说：‘太子还没有出生’。”

经六　废置①

敌之所务，在淫察而就靡，人主不察，则敌废置矣。故文王资费仲，而秦王患楚使；黎且去仲尼，而干象沮甘茂。是以子胥宣言而子常用，内美人而虞、虢亡②，佯遗书而苌弘死，用鸡猳而郐桀尽③。

【注释】

①废置：“敌国废置”的省略语。

②内：同“纳”。

③猳（jiā）：同“豭”，猪。郐（kuài）：古国名。周初封国，后为郑武公所灭。故地在今河南郑州南。桀：通“杰”，豪杰。

【译文】

经六　废置

敌国所努力追求的，在于使我国的君主观察错乱而造成错误，君主如果不明察敌国的诡计，那么就会按敌国的意图来任免大臣。所以周文王要资助费仲，而秦王担心楚国的使臣；黎且设计赶跑孔子，而干象阻止楚王推荐甘茂。因此伍子胥通过散布舆论使子常被任用，虞国的君主接受了晋国献来的美人而虞、虢两国灭亡，叔向伪造信件而苌弘被杀，郑桓公用鸡和猪造成盟誓的假相而郐国的豪杰之士全都被杀。

说六

文王资费仲而游于纣之旁[①]，令之谏纣而乱其心。

荆王使人之秦，秦王甚礼之。王曰："敌国有贤者，国之忧也。今荆王之使者甚贤，寡人患之。"群臣谏曰："以王之贤圣与国之资厚，愿荆王之贤人，王何不深知之而阴有之。荆以为外用也，则必诛之。"

仲尼为政于鲁[②]，道不拾遗，齐景公患之[③]。黎且谓景公曰[④]："去仲尼犹吹毛耳。君何不迎之以重禄高位，遗哀公女乐以骄荣其意[⑤]。哀公新乐之，必怠于政，仲尼必谏，谏必轻绝于鲁。"景公曰："善。"乃令黎且以女乐六遗哀公[⑥]，哀公乐之，果怠于政。仲尼谏，不听，去而之楚[⑦]。

楚王谓干象曰[⑧]："吾欲以楚扶甘茂而相之秦[⑨]，可乎？"干象对曰："不可也。"王曰："何也？"曰："甘茂少而事史举先生[⑩]。史举，上蔡之监门也[⑪]，大不事君，小不事家，以苛刻闻天下。茂事之，顺焉。惠王之明[⑫]，张仪之辨也[⑬]，茂事之，取十官而免于罪，是茂贤也。"王曰："相人敌国而相贤，其不可何也？"干象曰："前时王使邵滑之越[⑭]，五年而能亡越。所以然者，越乱而楚治也。日者知用之越，今亡之秦[⑮]，不亦太亟亡乎！"王曰："然则为之奈何？"干象对曰："不如相共立[⑯]。"

王曰："共立可相，何也？"对曰："共立少见爱幸，长为贵卿，被王衣[17]，含杜若[18]，握玉环，以听于朝，且利以乱秦矣。"

【注释】

①文王：指周文王。费仲：人名，商纣王的宠臣，善于阿谀逢迎。纣：商纣王，商朝的最后一个君主。

②仲尼：孔子的字。

③齐景公：春秋末期齐国的君主，名杵臼。

④黎且：一作黎钼，齐景公的臣子。

⑤遗（wèi）：赠送，给。哀公：指鲁哀公，春秋末期鲁国的君主，名蒋。女乐：女子组成的歌舞乐队。

⑥六：指歌舞乐队成员排列为六行。古代歌舞时以八人为一行，六行即四十八人。

⑦楚：诸侯国名，战国时楚国的范围包括今湖北全部和湖南、陕西、河南、安徽、江西、浙江、江苏等的部分地区。

⑧楚王：指楚怀王，战国时楚国的君主。干象：人名，楚怀王的臣子。

⑨甘茂：人名，战国时楚国上蔡人，曾任秦武王的相。

⑩史举：人名，甘茂曾拜他为师。

⑪上蔡：地名，位于今河南上蔡西南。

⑫惠王：指惠文王，战国时秦国的君主。

⑬张仪：战国时魏国人，纵横家中连横派的代表人物，曾任秦国的相。

⑭邵滑：一作召滑，战国时楚国人，长于游说。越：诸侯国名，范围包括今浙江大部及江西、江苏的部分地区。

⑮亡：通"忘"。

⑯共立：《战国策·楚策一》作公孙郝，秦国公子，当时被作为人质派往楚国。

⑰被：同"披"。

⑱杜若：一种香草的名称。

【译文】

说六

周文王资助费仲让他在商纣王身边活动，让他劝谏商纣王从而扰乱商纣王的思想。

楚王派人到秦国去，秦王对来访的楚国人很礼貌。秦王说："敌国有贤德的人，是我国的忧患。现在楚王的使者很有才德，我很担心。"群臣劝谏说："凭大王您的德才和圣明与秦国丰厚的资财，羡慕楚王的贤人，大王何不与他深交而暗中收买下他。楚国认为他已被外国利用，那么一定会杀了他。"

孔子在鲁国执政，使鲁国路上丢了东西也没人捡，齐景公对此很忧虑。黎且对齐景公说："去掉孔子像吹毛一样容易。君主您怎么不用优厚的俸禄和高的职位来招引孔子，送给鲁哀公女乐而使他骄傲和虚荣。鲁哀公沉溺在新近送去的女乐之中，一定会懈怠政事，这样孔子一定会去劝谏，劝谏一定会轻易断绝与鲁国的关系。"齐景公说："好。"便让黎且把四十八个女乐送给鲁哀公，鲁哀公被女乐迷住，果然懈怠政事。孔子去劝谏，鲁哀公不听，孔子便离开鲁国前往楚国。

楚王对干象说："我想用楚国的力量扶助甘茂去秦国做相，可以吗？"干象回答说："不行。"楚王说："为什么？"干象说："甘茂年纪小的时候侍奉史举先生。史举，是上蔡地方的守门人，从大的方面说他不侍奉君主，从小的方面说他不顾家，以刻薄闻名天下。甘茂侍奉他，很顺从他。秦惠文王那样明智，张仪那样明察，甘茂侍奉他们，取得十种官职而没有得罪他们，这些都说明了甘茂很能干。"楚王说："替和我国相当的国家选了一个好的相，这有什么不行的吗？"干象说："以前大王您让邵滑到越国去，过了五年以后越国就灭亡了。之所以会这样，是因为越国乱而楚国治理得好。以前您知道用不贤的邵滑到越国去搞乱敌国，现在却忘了而用贤德的人到秦国去，不也是太健忘了吗？"楚王说："那么怎么处理这件事好呢?”干象回答说:“不如让共立去做秦国的相。”楚王说:“共立可以去任秦国的相,这是为什么?”干象回答说:“共立小时候被秦王宠爱,长大以后被封为贵卿,身穿秦王的衣服,口含杜若这样的香草,手握玉环,在朝堂上处理政事,这将有利于扰乱秦国。”

吴攻荆①,子胥使人宣言于荆曰②:“子期用③,将击之;子常用④,将去之。”荆人闻之,因用子常而退子期也,吴人击之,遂胜之。

晋献公伐虞、虢⑤,乃遗之屈产之乘⑥,垂棘之璧⑦,女乐六,以荣其意而乱其政。

叔向之谗苌弘也⑧,为书曰:“苌弘谓叔向曰:‘子为我谓晋君,所与君期者,时可矣,何不亟以兵来?’”因佯遗其书周君之庭而急去行。周以苌弘为卖周也,乃诛苌弘而杀之。

郑桓公将欲袭郐⑨,先问郐之豪杰、良臣、辨智果敢之士,尽与姓名⑩,择郐之良田赂之,为官爵之名而书之。因为设坛场郭门之外而埋之⑪,衅之以鸡猳⑫,若盟状。郐君以为内难也而尽杀其良臣。桓公袭郐,遂取之。

【注释】

①吴:诸侯国名,范围包括今江苏大部和浙江、安徽的部分地区。攻:通“征”,征伐。

②子胥:指伍子胥,名员,春秋时楚国人,后逃到吴国,帮助吴王阖庐策划攻楚。

③子期:即楚国的公子结,楚平王时任司马。

④子常:人名,楚平王时任令尹。

⑤虞:诸侯国名,位于今山西平陆东北。

⑥屈产之乘:屈产的马匹。屈产,春秋时晋国地名,位于今山西石楼东南,产良马。

⑦垂棘:春秋时晋国地名,在今何处不详。

⑧叔向:人名,即羊舌肸(xī),春秋时晋国的卿。苌弘:人名,春秋时周王朝的大夫。

⑨郑桓公:西周时郑国的君主,名友。郐(kuài):西周时诸侯国名,位于今河南密县东北。

⑩与:通"举",记录。

⑪坛场:古代祭祀、会盟的场地。堆土为坛,辟地为场。

⑫豭(jiā):猪。

【译文】

吴国进攻楚国,伍子胥派人到楚国散布舆论说:"如果楚国任用子期为将军,我们将攻击他;如果楚国任用子常为将军,我们将撤退走。"楚国人听说这个消息,因而任用子常为将军而不用子期,吴国人进攻楚军,于是战胜了楚军。

晋献公进攻虞国和虢国,就先赠送给虞国君主屈产良马和垂棘出产的璧玉,以及四十八人的女子歌舞乐队,用以惑乱他的思想扰乱他的国政。

叔向陷害苌弘,伪造书信说:"苌弘对叔向说:'你替我告诉晋国君主,和晋国君主所约定的事,时机到了,为什么不赶快带兵来呢?'"于是假装把信掉在了周君的朝廷上急忙离去。周朝认为苌弘是在出卖周国,就惩罚苌弘把他杀了。

郑桓公准备偷袭郐国,先问清楚郐国有哪些豪杰、良臣、明察有才及坚定敢作为的士人,把他们的姓名全部记录下来,选择郐国的良田写在他们的名下表示贿赂了他们,在他们的名下写上官爵名称表示已被收买。在郐国国都的城门外设立坛场将这些名册埋在地下,洒上鸡和猪的血作为祭祀,好像举行过盟誓的样子。郐国的君主以为是国内发生了叛乱就把他的良臣全杀了。郑桓公偷袭郐国,于是就攻下了它。

经七 庙攻①

“参疑”“废置”之事,明主绝之于内而施之于外。资其轻者,辅其弱者,此谓“庙攻”。参伍既用于内,观听又行于外,则敌伪得。其说在秦侏儒之告惠文君也。故襄疵言袭邺,而嗣公赐令席。

【注释】

①庙攻:在宗庙里制订进攻敌人的策略。庙,这里代指朝廷。“庙攻”并没有列入“六微”的总纲之中;且加入“庙攻”,“六微”所述就变成七种情况,故疑自此以后为他篇错简羼入。

【译文】

经七 庙攻

“臣下等级混乱而争权夺利”、“君主观察错乱而按敌国的意图任免大臣”这类事情,英明的君主要杜绝在自己国内发生,而把它们施行到国外。资助敌国那些权势轻的,支持敌国那些势力弱的,这就叫做“庙攻”。君主既在国内检查、验证,又在国外观察、探听,那么敌人的奸诈就可以识破。这种观点的解说在秦国的侏儒把偷听到的消息告诉秦惠文王这则故事中。所以襄疵把打听到的赵国偷袭邺县的消息告诉魏王,而卫嗣公赐给县令床褥。

说七

秦侏儒善于荆王,而阴有善荆王左右而内重于惠文君①。荆适有谋,侏儒常先闻之以告惠文君。

邺令襄疵②,阴善赵王左右。赵王谋袭邺,襄疵常辄闻而先言之魏王。魏王备之，赵乃辄还。

卫嗣君时[3]，有人于令之左右。县令发蓐而席弊甚[4]，嗣公还令人遗之席[5]，曰："吾闻汝今者发蓐而席弊甚，赐汝席。"县令大惊，以君为神也。

【注释】

①有：通"又"。惠文君：即秦惠文王。

②邺：魏国县名，位于今河北临漳西南。襄疵：人名，魏惠王时任邺县县令。

③卫嗣君：即卫嗣公，战国时卫国的君主。

④蓐：通"褥"，床单。下文"发蓐"之"蓐"同此。

⑤还：通"旋"，马上。

【译文】

说七

秦国的侏儒和楚王关系很好，而暗中又和楚王身边的臣子关系密切，因而在秦国国内受秦惠文王器重。楚国如有什么谋划，侏儒总是先知道消息并把它告诉秦惠文王。

魏国的邺县县令襄疵，暗中和赵王身边的大臣关系很好。赵王谋划偷袭邺县，襄疵总是马上就听说而事先告诉魏王。魏王防备赵军，赵国就立即撤回。

卫嗣君的时候，有人受命在县令身边观察。县令揭开褥子露出了很破旧的席子，卫嗣公马上派人赠送给他席子，说："我听说你今天揭开褥子下面的席子很破旧，赏赐给你席子。"县令大吃一惊，认为卫嗣君是神明。

外储说左上

【题解】

"外储说"之"外",是相对"内储说"之"内"而言的。"内"是指"君之内谋",即君主应该怎样防奸和君主应该知道臣下可能有哪些奸术,这些都是针对君主本身而言的,故称"内谋";"外"是指"君之外谋",即君主应该如何对待臣下实行赏罚,它针对的方向是朝外的,故称"外谋"。《内储说》两篇各有明确的主旨,故有"七术"、"六微"两个标题;《外储说》内容相对繁杂,所以没有标题。

本篇共有六段"经文"和相应的"说文"。"经一"和"说一"论述君主"听言"不要只顾言辞美丽动听、"观行"不要只看行动闳大深远,而应重在实效。"经二"和"说二"进一步说明"人主之听言也",应以功用为准的,并批判了当时各种空谈学派。"经三"和"说三"从人与人的互相利用关系,论证了实行切实有效法令制度的必要性,嘲笑和抨击了那些死守"先王之言"的人。"经四"和"说四"劝告君主不要任用"居学之士",以免亡国之祸。"经五"和"说五"说明明主应"明分"、"责诚",而不应"躬亲位下";掌握赏罚,就能驾驭臣下。"经六"和"说六"说明推行法治,必须重视信用。

经一

明主之道，如有若之应密子也[①]。人主之听言也，美其辩；其观行也，贤其远。故群臣士民之道言者迂弘，其行身也离世。其说在田鸠对荆王也[②]。故墨子为木鸢，讴癸筑武宫。夫药酒忠言，明君圣主之以独知也。

【注释】

①密子：即宓子。

②荆：即楚。

【译文】

经一

英明君主的治国原则，就像有若回答宓子贱时所说的那样。君主听取言论，欣赏说话人的口才；君主观察行为，赞赏行为人远离实际的作风。所以群臣和民众讲话都迂远阔大，行为都远离现实世界。这种观点的解说在田鸠回答楚王这则故事中。所以墨子做成木鸢，讴癸用唱歌鼓舞建筑武宫。忠言犹如药酒，只有英明的君主独自知道。

说一

宓子贱治单父[①]。有若见之曰[②]："子何臞也[③]？"宓子曰："君不知贱不肖，使治单父，官事急，心忧之，故臞也。"有若曰："昔者舜鼓五弦、歌《南风》之诗而天下治[④]。今以单父之细也，治之而忧，治天下将奈何乎？故有术而御之，身坐于庙堂之上，有处女子之色，无害于治；无术而御之，身虽瘁臞，犹未有益。"

楚王谓田鸠曰[⑤]："墨子者[⑥]，显学也。其身体则可，其言多而不辩，何也？”曰：“昔秦伯嫁其女于晋公子[7]，令晋为之饰装，从衣文之媵七十人[8]。至晋，晋人爱其妾而贱公女。此可谓善嫁妾，而未可谓善嫁女也。楚人有卖其珠于郑者[9]，为木兰之椟[10]，薰以桂椒[11]，缀以珠玉，饰以玫瑰[12]，辑以翡翠[13]。郑人买其椟而还其珠。此可谓善卖椟矣，未可谓善鬻珠也。今世之谈也，皆道辩说文辞之言，人主览其文而忘有用。墨子之说，传先王之道，论圣人之言，以宣告人。若辩其辞，则恐人怀其文忘其直，以文害用也。此与楚人鬻珠、秦伯嫁女同类，故其言多不辩。”

【注释】

①宓子贱：人名，春秋时鲁国人，孔子的学生。单(shàn)父：春秋时鲁国地名，位于今山东单县。

②有若：人名，春秋时鲁国人，孔子的学生。

③臞(qú)：消瘦。

④舜：我国原始社会末期的部落首领。五弦：指琴，古代的一种乐器。《南风》：远古时代的歌谣名。

⑤楚：诸侯国名，范围包括今湖北全部及湖南、河南、安徽、江西等的部分地区。田鸠：即田俅，战国时齐国人，墨家人物。

⑥墨子：指墨翟，战国初期鲁国人，曾任宋国大夫，墨家学派的创始人。

⑦秦伯：秦国的君主。秦国君主始封时爵位为“伯”，故称秦伯。公子：诸侯除太子外的儿子。

⑧媵(yìng)：陪嫁的妾。

⑨郑：诸侯国名，位于今河南中部，黄河以南。

⑩木兰：树名，皮有香气，木质优良。椟：匣子。

⑪薰：通“熏”。桂椒：指肉桂和花椒两种香料。

⑫玫瑰：红色的玉。

⑬翡翠：绿色的玉。

【译文】

说一

宓子贱做单父的地方长官。有若见到他后说：“你怎么这样瘦？”宓子贱说：“君主不知道我没有才德，派我治理单父，公务紧迫，我心里忧愁，所以人就瘦了。”有若说：“从前舜手弹五弦琴、口中唱着《南风》诗就把天下治理好了。现在单父这么小一个地方，你治理它还忧愁，让你治理天下将怎么样呢？所以掌握了术来统治国家，身体坐在朝堂上面，有少女的红润气色，对治理国家没有妨害；没有掌握术而统治国家，虽然身体劳累消瘦，也还是没有什么益处。”

楚王对田鸠说：“墨子是现在声名显赫的学者。他亲身实践是不错的，他的话讲得多但没有文采，这是什么原因？”田鸠说：“从前秦伯把女儿嫁给晋国的公子，让晋国为他的女儿修饰打扮，跟着陪嫁出去的女子有七十人。到了晋国，晋国人喜欢陪嫁的妾而看不起秦伯的女儿。这可以说是善于嫁妾，而不能叫做善于嫁女儿。楚国有个人在郑国卖宝珠，为宝珠做了个木兰树质的匣子，用肉桂和花椒两种香料熏过，用珠子和宝玉点缀，用红色的玉装饰，聚集起绿色的玉。郑国人买下了他的匣子而把宝珠还给了他。这个楚国人可以叫做善于卖匣子，不能叫做善于卖宝珠。现在社会上的言论，都说一些漂亮动听的言词，君主只看到了它们表面的文采而忘记了它们是否有用。墨子的学说，传播先王之道，论述圣人的言词，把它们宣传给人们。如果把他的文词修饰得很华丽，就怕人们会记住它的文词的华丽而忘记了它的内在价值，因为文词而损害了实用。这样就和楚国人卖宝珠、秦伯嫁女儿成了同类了，所以他的言词大多不漂亮动听。”

墨子为木鸢[①]，三年而成，蜚一日而败[②]。弟子曰："先生之巧，至能使木鸢飞。"墨子曰："吾不如为车輗者巧也[③]。用咫尺之木，不费一朝之事，而引三十石之任[④]，致远力多，久于岁数。今我为鸢，三年成，蜚一日而败。"惠子闻之曰[⑤]："墨子大巧，巧为輗，拙为鸢。"

宋王与齐仇也[⑥]，筑武宫[⑦]，讴癸倡[⑧]，行者止观，筑者不倦。王闻，召而赐之。对曰："臣师射稽之讴又贤于癸[⑨]。"王召射稽使之讴，行者不止，筑者知倦。王曰："行者不止，筑者知倦，其讴不胜如癸美，何也？"对曰："王试度其功。"癸四板[⑩]，射稽八板；擿其坚[⑪]，癸五寸，射稽二寸。

夫良药苦于口，而智者劝而饮之，知其入而已己疾也。忠言拂于耳，而明主听之，知其可以致功也。

【注释】

①鸢(yuān)：一种鹰。

②蜚：通"飞"。下文"蜚一日之败"之"蜚"同此。

③輗(ní)：连接车辕和车衡的一个部件。

④石：古代的重量计算单位，一百二十斤为一石。

⑤惠子：即惠施，战国时宋国人，名家的代表人物。

⑥宋：诸侯国名，范围包括今河南东部和山东、江苏的部分地区。齐：诸侯国名，范围包括今山东大部和河北东南部。

⑦武宫：宋国练习武艺的一种建筑物。

⑧讴癸：名叫癸的歌手。倡：通"唱"。

⑨射稽：人名，生平不详。

⑩板：古代用木板夹土筑墙。一板长二丈，宽二尺。

⑪擿(zhì)：同"掷"，引申为戳捣。

【译文】

墨子制作木鸢，三年才做成，飞行一天就坏了。弟子说："先生真是巧手，以至于能使木头的鸢飞起来。"墨子说："我赶不上做车輗的人手巧。他用八寸长的小木头，不费一早晨的功夫，就能做出承担三十石重量的车輗，能行至远方且力量很大，还可以用许多年。现在我做木鸢，三年才做成，飞行了一天就坏了。"惠子听到这番话后说："墨子真是太聪明了，知道做车輗是巧的，做木鸢是笨拙的。"

宋国的君主跟齐王作对，修筑练习武艺的场所。一位名叫癸的歌手带头唱歌，走路的人停下脚步来看，筑土的人不感到疲倦。宋国的君主听说后，召进宫去奖赏了他。癸回答宋国君主的问话说："我的老师射稽的歌唱得比我好。"宋国君主召来射稽让他歌唱，走路的人不停下来，筑土的人感到疲倦。宋国的君主说："射稽歌唱时走路的人不停下，筑土的人感到疲倦，他的歌唱得不如你好，这是什么原因？"癸回答说："大王您设法去检查一下我们的功效。"结果发现癸唱歌时筑土的人只筑了四板，射稽唱歌时筑土的人筑了八板；戳捣筑成土墙的坚固度，癸唱歌时筑的土能戳进去五寸，射稽歌唱时筑的土只能戳进去二寸。

好的药入口很苦，但聪明的人却鼓励人喝下去，知道喝下去能治好自己的病。忠言是不顺耳的，而英明的君主愿听取它，知道忠言能够收得好的功效。

经二

人主之听言也，不以功用为的[①]，则说者多"棘刺"、"白马"之说；不以仪的为关[②]，则射者皆如羿也。人主于说也，皆如燕王学道也；而长说者，皆如郑人争年也。是以言有纤察微难而非务也，故季、惠、宋、墨皆画策也；论有迂深闳大[③]，非用也，故魏、长、瞻、陈、庄皆鬼魅也[④]；行有拂难坚确，非功也，故务、卞、鲍、介、田仲皆坚瓠也[⑤]。且虞庆诎匠也而屋坏，范且穷工而弓折。是故求其诚者，非归饷也不可。

【注释】

①的：箭靶，引申为目标。

②仪：准则。关：关口，比喻衡量事物的客观界限和标准。

③闳：通“弘”。

④瞻：通“詹”，指詹何，战国时期的道家代表人物。另外，此处季（良）、惠（施）、宋（钘）、墨（翟）、魏（牟）、长（卢子）、陈（骈）、庄（周），也都是战国诸子学派的代表人物。务（光）、卞（随）、鲍（焦）、介（之推）、田仲，则为古代以来的著名隐士。

⑤瓠（hù）：一种茎蔓生，花白色，果实细长，圆筒形的瓜，名叫瓠子或瓠瓜，俗称“葫芦”。

【译文】

经二

君主听取言论，不以功用为目的，那么进说的人大多会说“棘刺”、“白马”一类的话；不以客观的标准为准则，那么射箭的人就个个都像后羿那样成了射箭高手。君主对于臣下的进说，如果都像燕王学长生不死之道那样；那么擅长辩说的人，就都会像郑国人争论年龄长短一样没完没了。因此言论有些是细致明察微妙难知但不是迫切需要的，所以季良、惠施、宋钘、墨翟之言都像画竹筒一样微妙而无用；议论有些是深远阔大，但不切实用的，所以魏牟、长卢子、詹何、陈骈、庄周的学说，都是些画鬼怪的活儿；行动有些是违反常理、一般人难以做到而坚定固执的，所以务光、卞随、鲍焦、介之推、田仲的行为都和实心葫芦一样没有用处。况且虞庆把匠人驳得无话可说但按他的意见造出的屋子却坏了，范且把工匠说得无言以对但依他的话做出的弓却折断了。因此要想确实填饱肚子，不回去吃饭就不行。

说二

宋人有请为燕王以棘刺之端为母猴者①，必三月斋然后能观之。燕王因以三乘养之②。右御冶工言王曰③："臣闻人主无十日不燕之斋④。今知王不能久斋以观无用之器也，故以三月为期。凡刻削者，以其所以削必小⑤。今臣冶人也，无以为之削，此不然物也，王必察之。"王因囚而问之。果妄，乃杀之。冶人谓王曰："计无度量，言谈之士多'棘刺'之说也。"

一曰：燕王好微巧。卫人曰："能以棘刺之端为母猴。"燕王说之⑥，养之以五乘之奉⑦。王曰："吾试观客为棘刺之母猴。"客曰："人主欲观之，必半岁不入宫，不饮酒食肉。雨霁日出⑧，视之晏阴之间⑨，而棘刺之母猴乃可见也。"燕王因养卫人，不能观其母猴。郑有台下之冶者谓燕王曰⑩："臣，削者也。诸微物必以削削之，而所削必大于削。今棘刺之端不容削锋，难以治棘刺之端。王试观客之削，能与不能可知也。"王曰："善。"谓卫人曰："客为棘刺之母猴也，何以理之？"曰："以削。"王曰："吾欲观见之。"客曰："臣请之舍取之。"因逃。

【注释】

①棘：一种像枣树那样多刺的树。母猴：即猕猴。

②乘：古代规定土地方六里出兵车一乘。到战国时期，即以方六里的土地面积为一乘。

③右御：官名，掌管宫中进用器物一类的事情。冶工：冶铁的工匠。

④燕：通"宴"。

⑤所以削：所用来刻削的东西，指刻刀。下文“削削”中的前一个“削”字及“大于削”、“削锋”、“以削”中的诸“削”字，均指刻刀。

⑥说：同“悦”。下文“人主说之而不已”之“说”字同此。

⑦奉：通“俸”，指俸禄。

⑧霁(jì)：雨后转晴。

⑨晏：阳，引申为晴。

⑩台下：疑是郑国地名。

【译文】

说二

宋国有人请求替燕王用棘刺的尖端刻出猕猴，但一定要沐浴斋戒三个月之后才能看。燕王因此以三乘土地的俸禄来供养这个宋国人。右御属下的冶铁工匠对燕王说：“我听说君主没有十天不设宴取乐的斋戒。现在他知道大王不可能长时间斋戒来观看这个没有用处的东西，所以要以三个月为期限。大凡刻削物品，用来刻削的东西一定会比被刻削的物品更小。现在我是个冶铁的工匠，没有办法做出他的刻刀来，这个刻刀是不可能有的东西，大王一定要明察。”燕王便囚禁了这个宋国人审问他，果然是假的，就杀了他。冶铁的工匠对燕王说：“计谋没有一定的标准，进献计谋的人所说的就多半是宋人为燕王在棘刺的尖端刻猕猴的把戏。”

另一种说法：燕王喜欢小巧玲珑的东西。有个卫国人说：“我能用棘刺的尖端雕刻猕猴。”燕王听了很高兴，用五乘土地的俸禄来供养他。燕王说：“我想试着看看客人雕刻的猕猴。”客人说：“君主想要看它，一定要半年不进宫，不饮酒吃肉。等雨停云散太阳出来的时候，在晴阴交错之际观看，棘刺尖端的猕猴才能看到。”燕王因而供养这个卫国人，而不能看他雕刻的猕猴。郑国台下有个冶铁工匠对燕王说：“我是做刻刀的人。各种微小的东西一定要用刻刀来削它，而被刻削的东西一定会比刻刀大。现在棘刺的尖端容纳不下刻刀的刀锋，难以来刻削棘刺的尖端。大王您试看他的刻刀，能不能在棘刺的尖端刻猕猴就知道了。”燕王说：“好。”就对这个卫国人说：“你在棘刺的尖端雕刻猕猴，用什么来刻削？”卫国人说：“用刻刀。”燕王说：“我想看看你的刻刀。”卫国人说：“我请到住处去取刻刀。”便趁机逃跑了。

兒说[①]，宋人，善辩者也，持“白马非马也”服齐稷下之辩者[②]。乘白马而过关，则顾白马之赋[③]。故籍之虚辞[④]，则能胜一国；考实按形，不能谩于一人。

夫新砥砺杀矢，彀弩而射[⑤]，虽冥而妄发[⑥]，其端未尝不中秋毫也，然而莫能复其处，不可谓善射，无常仪的也。设五寸之的，引十步之远[⑦]，非羿、逄蒙不能必全者[⑧]，有常仪的也。有度难而无度易也。有常仪的，则羿、逄蒙以五寸为巧；无常仪的，则以妄发而中秋毫为拙。故无度而应之，则辩士繁说；设度而持之，虽知者犹畏失也[⑨]，不敢妄言。今人主听说，不应之以度而说其辩；不度以功，誉其行而不入关。此人主所以长欺，而说者所以长养也。

客有教燕王为不死之道者，王使人学之，所使学者未及学而客死。王大怒，诛之。王不知客之欺己，而诛学者之晚也。夫信不然之物而诛无罪之臣，不察之患也。且人所急无如其身，不能自使其无死，安能使王长生哉？

郑人有相与争年者。一人曰：“吾与尧同年[⑩]。”其一人曰：“我与黄帝之兄同年[⑪]。”讼此而不决，以后息者为胜耳。

【注释】

①兒说：人名，战国时宋国人，名家代表人物。

②白马非马：战国名家学派的一个著名命题，该命题认为“马”和“白”是两个概念，“马”指形状，“白”指颜色，“白马”是两个概念的复合，不同于单一概念“马”。稷下：地名，在齐国都城临淄（位于今山东淄博东北）的西门外，是战国诸子聚众讲学的著名场所。

③顾：通“雇”，酬报，交纳。赋：指税。

④籍：通“藉”，借。

⑤彀(gòu)：张弓。弩：一种利用机械力量发射的箭。

⑥冥：通“瞑”，闭眼。

⑦步：古代长度计量单位，一步为六尺。

⑧羿：即后羿，古代传说中的射箭能手。逄蒙：后羿的徒弟，射箭能手。

⑨知：同“智”。

⑩尧：我国原始社会末期的部落首领。

⑪黄帝：我国传说中比尧年代更早的原始社会的部落首领。

【译文】

兒说是宋国人，是个善于辩说的人，持“白马非马论”说服了齐国稷下的众多辩论者。但骑白马通过关口，还是要交白马的税。所以借助浮虚的言辞，可以胜过一国的辩者；考察实际而对照具体事物，连一个人也不能欺骗。

刚刚磨好的利箭，张满弓弩而射，即使闭着眼睛乱射，箭的尖端没有不射中秋天毫毛那样的细小东西的，然而不能再次射中同样的地方，这不能说是善于射箭，因为没有固定的箭靶作目标。设置一个直径五寸的箭靶，后退十步的距离，不是后羿和逄蒙就不一定能全都射中，是因为有固定的箭靶作为目标。有固定的目标射起来难而没有目标乱射就容易。有固定的箭靶，那么后羿和逄蒙就以射中直径五寸的靶心为灵巧；没有固定的箭靶，乱射而射中了秋天鸟兽细毛那样的小东西也被视为拙劣。所以没有一定的标准来衡量,能言善辩的人就会不断进说;设立标准而加以衡量,即使是有智慧的人也害怕说话有失,而不敢乱说。现在君主听别人进说,不用客观标准来衡量而喜欢他的动听的言辞;不用功效来检验它,却赞美他们的行为而不问是否合乎准则。这就是君主长期被欺骗,而游说者被长期供养的原因。

有位客人教燕王求长生不死的道术,燕王派人去学习这种道术,派去学习的人还没有学会客人就死了。燕王大怒,把这个去学习的人杀掉了。燕王不知道客人是在欺骗自己,而杀掉了去学习的人因为他学得太晚了。相信没有根据的东西而杀掉了根本没有罪的臣子,这是不明察的危害。况且人所看重的无过于自己的生命,那个客人不能使自己不死,又怎么能使燕王长生不死呢?

郑国有两个相互争论年龄大小的人。其中一个人说:“我和尧同年生。”另一个人说:“我和黄帝的哥哥同年生。”争辩这个问题而没有决断,只好以最后停止争辩的人为胜者。

客有为周君画策者,三年而成。君观之,与髹策者同状[①]。周君大怒。画策者曰:“筑十版之墙[②],凿八尺之牖,而以日始出时加之其上而观。”周君为之,望见其状,尽成龙蛇禽兽车马,万物之状备具。周君大悦。此策之功非不微难也,然其用与素髹策同。

客有为齐王画者,齐王问曰:“画孰最难者?”曰:“犬马难。”“孰易者?”曰:“鬼魅最易。”夫犬马,人所知也,旦暮罄于前,不可类之,故难。鬼魅,无形者,不罄于前,故易之也。

齐有居士田仲者[③],宋人屈谷见之[④],曰:“谷闻先生之义,不恃仰人而食。今谷有巨瓠,坚如石,厚而无窍,献之。”仲曰:“夫瓠所贵者,谓其可以盛也[⑤]。今厚而无窍,则不可剖以盛物;而任重如坚石[6],则不可以剖而以斟。吾无以瓠为也。"曰:"然,谷将弃之。"今田仲不恃仰人而食,亦无益人之国,亦坚瓠之类也。

【注释】

①髹(xiū):给器物涂漆。

②版:通"板"。

③田仲:即陈仲子,战国时齐国的隐士。

④屈谷:人名,生平不详。

⑤谓:通"为"。

⑥任:通"妊",包藏。

【译文】

有位为周国的君主画竹筒的人,画了三年才画成。周国君主观看竹筒,和用漆漆过的竹筒形状一样。周国君主非常愤怒。画竹筒的人说:"筑一座十板高的墙,在墙上凿一个八尺的窗户,等太阳刚出来的时候将竹筒放在上面观看。"周国的君主这样做了,望见竹筒的形状,都是龙蛇禽兽车马之类,万物的形状都具备了。周国君主非常高兴。这个画过的竹筒上面的功夫并非不微妙难能,但是它的功用却和没有画过、没有漆过的竹筒一样。

有位给齐王画画的客人,齐王问他说:"画什么最难?"客人说:"画狗和马最难。""画什么最容易?"客人说:"画鬼魅最容易。"狗和马是人们都知道的东西,一天到晚都呈现在人们的面前,不可能画得很相像,所以难画。鬼魅是无形之物,从没有显现在人的面前,所以容易画。

齐国有个隐士叫田仲,宋国人屈谷见到他,说:"我听说先生的高义,不依赖别人而生活。现在我有一只巨大的葫芦,像石头一样坚硬,很厚实却没有一点空隙,我要把它献给你。"田仲说:"葫芦这东西可贵的地方,是因为可以用来装东西。现在这个葫芦厚实而没有空隙,就不能剖开了来盛东西；而它里面包藏的东西如石头一样坚硬，就不能剖开了来斟酒。我没有办法对你的这个大葫芦派上用场。”屈谷说：“的确是这样，我把它扔掉。”现在田仲不依赖别人而生活，也对国家没有什么用处，也是和坚硬的实心葫芦一类的东西。

虞庆为屋[①]，谓匠人曰：“屋太尊。”匠人对曰：“此新屋也，涂濡而椽生。”虞庆曰：“不然。夫濡涂重而生椽挠，以挠椽任重涂，此宜卑。更日久，则涂干而椽燥。涂干则轻，椽燥则直，以直椽任轻涂，此益尊。”匠人诎，为之而屋坏。

一曰：虞庆将为屋，匠人曰：“材生而涂濡。夫材生则挠，涂濡则重，以挠任重，今虽成，久必坏。”虞庆曰：“材干则直，涂干则轻。今诚得干，日以轻直，虽久，必不坏。”匠人诎，作之成，有间，屋果坏。

范且曰[②]：“弓之折，必于其尽也，不于其始也。夫工人张弓也，伏檠三旬而蹈弦[③]，一日犯机，是节之其始而暴之其尽也，焉得无折？且张弓不然：伏檠一日而蹈弦，三旬而犯机，是暴之其始而节之其尽也。”工人穷也，为之，弓折。

范且、虞庆之言，皆文辩辞胜而反事之情。人主说而不禁，此所以败也。夫不谋治强之功，而艳乎辩说文丽之声，是却有术之士而任“坏屋”“折弓”也。故人主之于国事也，皆不达乎工匠之构屋张弓也。然而士穷乎范且、虞庆者：为虚辞，其无用而胜；实事，其无易而穷也。人主多无用之辩，而少无易之言，此所以乱也。今世之为范且、虞庆者不辍，而人主说之不止，是贵“败”“折”之类而以知术之人为工匠也[④]。工匠不得施其技巧，故屋坏弓折；知治之人不得行其方术，故国乱而主危。

夫婴儿相与戏也，以尘为饭，以涂为羹，以木为胾[5]，然至日晚必归饷者，尘饭涂羹可以戏而不可食也。夫称上古之传颂，辩而不悫，道先王仁义而不能正国者，此亦可以戏而不可以为治也。夫慕仁义而弱乱者，三晋也[6]；不慕而治强者，秦也，然而未帝者，治未毕也。

【注释】

①虞庆：即虞卿，"庆"通"卿"。战国时期赵国人，赵孝成王时，被任用为上卿。

②范且：即范雎(jū)，字叔，战国时期魏国人，后到秦国游说，被秦昭襄王任为相。

③檠(qíng)：校正弓弩的工具。

④知：同"智"。

⑤胾(zì)：大块肉。

⑥三晋：指韩、赵、魏三个国家。它们是取代晋国后建立的，故称为"三晋"。

【译文】

虞庆建造房子，对匠人说："屋顶的坡度太陡了。"匠人回答说："这是刚建的房子，泥是湿的而椽木也没有干透。"虞庆说："不对。湿泥巴重而没干透的椽木是弯曲的，用弯曲的椽木承担很重的湿泥，屋顶应当建得低。经过长时间之后，泥就干了而椽木也干燥了。泥巴干了就会轻，树木干了就会直，用直椽木承受变轻了的泥巴，房顶应该日渐变陡。"匠人无话可说，照他说的去建造结果房子坏了。

另一种说法：虞庆准备做房子，匠人说："木材没有干透而泥巴是湿的。木材没干透就会弯曲，泥巴是湿的就重，用弯曲的木材承受很重的泥巴，现在虽然做成了，过久了一定会坏。”虞庆说：“木材干了会变直，泥巴干了会变轻。如果它们确实能变干，就会一天天变直变轻，即使时间很久，也一定不会坏。”匠人无言以对，建成了房子，过了不久，房子果然坏了。

范且说：“弓被折断，一定是在它制作快结束的阶段，不在它刚开始的时候。工匠张弓的时候，先把弓弩放在校弩工具中调节三十天之后才装上弦，一天之内把箭发射出去，这就是开始的时候缓慢而最后使用时急促，弓怎么会不折断？我这张弓不是这样：用校正弩的工具校正一天就装上弓弦，上弦三十天后才把箭发射出去，这就是开始的时候急促而最后有节制。”张弓的工匠无言以对，照范且说的去做，弓折断了。

范且、虞庆的言论，都是漂亮动听而违反实际情况的。君主喜欢听而不加禁止，这是他们事情败坏的原因。不谋治国强兵的实际功效，而羡慕华丽动听的诡辩，这是赶跑有法术的人士而任用“坏屋”、“折弓”这类巧说的原因。所以君主对于国事，都不通晓工匠造房子和张弓的道理。然而有术之士被范且、虞庆所困窘的原因：讲虚浮动听的话，没有用却能取得君主的信用；办切合实际的事，虽属不可改变却受到窘迫。君主赞美没有用处的动听言辞，而轻视说明必然结果的言论，这就是他们国家混乱的原因。现在社会上像范且、虞庆那样的人不断出现，而君主对他们欣赏不已，这是尊重“败屋”、“折弓”之类的言论而把智术之士看成了造屋张弓的工匠。工匠不能施展他们的技巧，所以屋子坏了弓折断了；懂得治国方略的人不能实行他们的治国方略，所以国家混乱而君主处境危险。

小孩子在一起玩耍，用尘土做饭，用泥巴做汤汁，用木块做肉，但等到天黑了一定会回家去吃饭，用尘土泥巴做的饭菜可以用来玩但不能拿来吃。称说上古传颂的东西，虽然动听却不真实，称道先王的仁义而不能使国家走上正途，是因为这些东西只可以用来游戏而不能用来治国。羡慕仁义而使国家衰弱混乱的，是赵、魏、韩这三个国家；不追求仁义而使国家治理好军队强盛的，是秦国这样的国家，但是秦国还没有在天下称帝，是因为它的治理还不完善。

经三

挟夫相为则责望，自为则事行。故父子或怨谯[①]，取庸作者进美羹。说在文公之先宣言与勾践之称如皇也。故桓公藏蔡怒而攻楚，吴起怀瘳实而吮伤。且先王之赋颂，钟鼎之铭，皆播吾之迹，华山之博也[②]。然先王所期者利也，所用者力也。筑社之谚[③]，自辞说也。请许学者而行宛曼于先王，或者不宜今乎？如是，不能更也。郑县人得车厄也[④]，卫人佐弋也，卜子妻写弊裤也，而其少者侍长者饮也。先王之言，有其所为小而世意之大者，有其所为大而世意之小者，未可必知也。说在宋人之解书与梁人之读记也。故先王有郢书，而后世多燕说。夫不适国事而谋先王，皆归取度者也。

【注释】

①谯：同“诮”，责骂。下文凡言“谯”者同此。

②博：通“簙”，古代的一种游戏用物，类似于后代的棋。

③社：土地神。

④厄：通“轭”，俗称轭头，驾车或拉动农具时架在车马颈上的曲木。

【译文】

经三

怀着相互依赖的心理就会责备和埋怨，自己依赖自己事情就能办成。所以父子之间有时也会埋怨和责备，而给雇工准备丰盛的饭菜。这种论点的解说在文公伐宋之前先宣布宋国的罪状与勾践宣布吴王筑如皇台的罪状这两则故事之中。所以齐桓公隐藏起对蔡国的恼怒而进攻楚国,吴起心怀着士兵伤愈去拼命作战的念头为他们吮吸伤口。况且先王所作的那些歌功颂德的文字,铸刻在钟鼎上的铭文,都是和播吾山上赵主父的大脚印,华山上秦昭襄王刻的大棋局同样的东西。然而先王所期待的是利益,所使用的是气力。修筑社坛的谚语,是晋文公辩解和争取他人为自己出力的说辞。允许学者瞎说而实行渺茫广远的先王之道,恐怕不适宜于现在吧?像这样,又不能改变它。郑县人得到车轭,卫国掌管射飞禽的小官帮倒忙,卜子的妻子仿照旧裤子的样子做新裤子,以及年轻人侍候年纪大的人喝酒,就都是这样的行为。先王的言论,有的针对的事情小而在当今社会的意义很大,有的针对的事情大而在当今社会的意义很小,这是不一定能知道的。这种论点的解说有宋人误解所读之书的意义和梁国人读书变呆这两则故事中。所以先王的话有如郢都人写信,而后世的理解则大多像燕国人读信那样胡乱猜测。不管是否适合自己国家的政事而谋求先王之道,都和郑国人买鞋不相信自己的脚而回家取尺码一样。

说三

人为婴儿也,父母养之简,子长而怨;子盛壮成人,其供养薄,父母怒而诮之。子、父,至亲也,而或谯或怨者,皆挟相为而不周于为己也。夫买庸而播耕者[①],主人费家而美食,调布而求易钱者,非爱庸客也,曰:如是,耕者且深,耨者熟耘也。庸客致力而疾耘耕者,尽巧而正畦陌者[②],非爱主人也,曰:如是,羹且美[③],钱布且易云也。此其养功力,有父子之泽矣,而心调于用者,皆挟自为心也。故人行事施予,以利之为心,则越人易和[④];以害之为心,则父子离且怨。

文公伐宋[⑤],乃先宣言曰:"吾闻宋君无道,蔑侮长老[⑥],

分财不中，教令不信，余来为民诛之。”

越伐吴[7]，乃先宣言曰：“我闻吴王筑如皇之台[8]，掘深池，罢苦百姓[9]，煎靡财货，以尽民力，余来为民诛之。”

蔡女为桓公妻[10]，桓公与之乘舟，夫人荡舟，桓公大惧，禁之不止，怒而出之。乃且复召之，因复更嫁之。桓公大怒，将伐蔡。仲父谏曰[11]：“夫以寝席之戏[12]，不足以伐人之国，功业不可冀也，请无以此为稽也。”桓公不听。仲父曰：“必不得已，楚之菁茅不贡于天子三年矣[13]，君不如举兵为天子伐楚。楚服，因还袭蔡，曰‘余为天子伐楚，而蔡不以兵听从’，遂灭之。此义于名而利于实，故必有为天子诛之名，而有报仇之实。”

吴起为魏将而攻中山[14]。军人有病疽者[15]，吴起跪而自吮其脓。伤者之母立泣，人问曰：“将军于若子如是，尚何为而泣？”对曰：“吴起吮其父之创而父死，今是子又将死也，今吾是以泣。”

【注释】

①庸：通“佣”，雇工。

②陌：田间东西方向的道路，这里泛指田埂。

③羹：这里泛指饭菜。

④越人：指居住在我国浙江等东南沿海地区的越族人，这里比喻关系疏远的人。越，诸侯国名，春秋时越族建立的国家，范围包括今浙江北部和江西、江苏的部分地区。

⑤文公：所指不详。

⑥长老：年高有品德的人。

⑦吴：诸侯国名，范围包括今江苏大部和安徽、浙江的部分地区。

⑧吴王：指吴王夫差（chāi），春秋时吴国的君主。如皇之台：名台，具体位置不详。台，古代一种用土筑成的高建筑物，供观望游乐。

⑨罢：通“疲”。

⑩蔡：春秋时诸侯国名，位于今河南上蔡一带。桓公：指齐桓公，名小白，著名的“春秋五霸”之一。

⑪仲父：指管仲，齐桓公的相，辅佐齐桓公完成霸业，齐桓公尊他为仲父。

⑫寝席：比喻夫妻之间的亲密关系。

⑬楚：诸侯国名，范围包括今湖北全部和湖南大部及河南、安徽、江西等的部分地区。菁茅：也称苞茅，草名，滤酒用。

⑭吴起：战国时卫国人，法家代表人物。中山：春秋时由白狄别支鲜虞族建立的国家，位于今河北的中偏西部。

⑮疽：一种毒疮。

【译文】

说三

人在小孩的时候，父母抚养他很马虎，孩子长大以后要埋怨父母；孩子壮年时期，供养父母微薄，父母就恼怒责备他。儿子和父母是血肉至亲，但有时责骂有时埋怨，都是因为各自怀着相互依赖的心理而认为对方不能周到地照顾自己。雇用雇工来播种耕耘，主人花费家财准备好的饮食，挑选布币交换钱币来付报酬，不是喜欢雇工，而是说：像这样做，雇工耕地将会深耕，锄草才会精细。雇工尽力而快速地耕田耕地，使尽技巧整理畦埂，不是因为喜爱主人，而是说：像这样做，饭菜才会丰盛，钱币将会容易得到。主人这样供养雇工而爱惜功力，有父亲和儿子之间的惠泽，而雇工专心一意地为主人工作，都是怀着为自己打算的心理。所以人们办事和给人好处，如果从对自己有利着想，那么关系疏远的人也容易和好;从对别人有害处着想,那么父子之间也要分离而且埋怨。

文公攻打宋国,便先发表言论说:“我听说宋国的君主昏庸无道,蔑视侮辱年老有德之人,分配财物不公平,发布法令不守信用,我来为宋国的百姓除掉他。”

越国攻打吴国,便先发表言论说:“我听说吴王夫差修筑了一座如皇台,挖掘了很深的护城河,使老百姓疲劳困苦,榨干了老百姓的钱财,而且耗尽老百姓的力量,我来替老百姓惩罚他。”

蔡侯的女儿嫁给齐桓公做妻子,齐桓公同她一块儿乘船,这位夫人晃动着船,齐桓公非常害怕,命令她停下来她却不听,齐桓公愤怒地休了她。随后又想召回她,蔡国已把她改嫁了。齐桓公非常恼怒,将要讨伐蔡国。管仲劝谏说:“因为夫妻之间的游戏,不值得去讨伐别人的国家,不能希望通过这个来建功立业,请不要计较这件事。”齐桓公不听从管仲的劝谏。管仲说:“一定不能打消这个念头,楚国给天子上贡的苞茅草已经三年不交了,您不如发兵为周天子讨伐楚国。楚国臣服了,趁机回兵袭击蔡国,说:‘我为周天子讨伐楚国,而蔡国却不派兵来听从调遣’,于是消灭它。这样做在名义上是正义的而实际上是有利的。所以一定要有替天子讨伐的名义,而后有报仇的实利。”

吴起担任魏国的将领去攻打中山国。军人中有个人生了毒疮,吴起跪下亲自吮吸这个士兵伤口的脓血。这个士兵的母亲立即哭起来,有人问她说:“将军对你儿子这般爱护,你为什么还要哭呢?”这位母亲回答说:“吴起为我儿子的父亲吮吸伤口他的父亲战死了,现在这个儿子又将要战死,因此我要哭泣。”

赵主父令工施钩梯而缘播吾①,刻疏人迹其上,广三尺,长五尺,而勒之曰:“主父常游于此②。”

秦昭王令工施钩梯而上华山③,以松柏之心为博,箭长八尺[④]，棋长八寸，而勒之曰："昭王尝与天神博于此矣。"

文公反国[⑤]，至河，令笾豆捐之[⑥]，席蓐捐之[⑦]，手足胼胝面目黧黑者后之[⑧]。咎犯闻之而夜哭[⑨]。公曰："寡人出亡二十年，乃今得反国。咎犯闻之不喜而哭，意不欲寡人反国耶？"犯对曰："笾豆，所以食也，席蓐，所以卧也，而君捐之；手足胼胝，面目黧黑，劳有功者也，而君后之。今臣有与在后，中不胜其哀，故哭。且臣为君行诈伪以反国者众矣，臣尚自恶也，而况于君？"再拜而辞。文公止之曰："谚曰：'筑社者，攓撅而置之[⑩]，端冕而祀之[⑪]。'今子与我取之，而不与我治之；与我置之，而不与我祀之；焉可？"解左骖而盟于河[⑫]。

【注释】

①赵主父：即赵武灵王，他把王位让给小儿子何之后，自称主父。钩梯：带钩的梯子。播吾：一作番(pó)吾，赵国山名，在今河北平山东南。

②常：通"尝"。

③秦昭王：即秦昭襄王，战国时秦国的君主。华山：即西岳华山，在今陕西东部。

④箭：一名箸，骰(tóu)子。

⑤文公：指晋文公，名重耳，著名的"春秋五霸"之一。反：同"返"。

⑥笾豆：古代盛食物的用具，笾盛果实，豆盛肉类。

⑦席蓐：席子和草垫子，指卧具。

⑧手足胼胝(pián zhī)：指手脚因劳累被磨硬变粗。黧黑：黑色。

⑨咎犯：人名，即狐偃，字子犯，是晋文公的舅父，因此又称舅犯。古代舅、咎同音。

⑩攓(qiān):通“褰”,揭起衣裙等。撅:揭衣。

⑪端冕:指玄端和玄冕,古代的礼衣和礼帽。

⑫左骖:古代用四匹马拉一辆车,两边的马为骖。左边的马为左骖,右边的马为右骖。

【译文】

赵武灵王命令工匠安放钩梯攀上播吾山,在上面刻上脚印,宽三尺,长五尺,刻上字:“赵武灵王曾到此游玩。”

秦昭襄王命令工匠安装钩梯攀上华山,用松柏的树心做棋,骰子长八尺,棋子长八寸,刻上字:“秦昭襄王曾在这里与天神下棋。”

晋文公返回晋国,来到黄河边,命令把笾豆扔掉,把席子和草垫子也扔掉,手足粗糙脸色黑的人都退到后面去。子犯听到这个消息夜里哭了。晋文公说:“我出来流亡二十年了,而今才得以回国。舅父你听说了不高兴反而哭,你心里不想我回国吗?”子犯回答说:“笾豆是用来吃饭的,席子垫子是用来睡觉的,而您把它们扔了;手脚磨出老茧,脸色黑的人,都是些辛劳有功的人,而你却让他们到后面去。现在我有理由被安排在后面,心中有说不完的哀伤,所以我哭。况且我替君主您做的使用欺诈手段以便返回晋国的事太多了,我尚且讨厌自己,而何况是您呢?”连拜了两次向晋文公告辞。晋文公制止住他说:“俗话说:‘修筑土地神坛的人,撩起衣服树立社神,穿好衣帽祭祀它。’现在你和我取得了国家,而不和我一起治理它;好比和我一起树立了社神,而不和我一起祭祀它一样;怎么能行呢?”便解开左边的骖马沉入黄河发誓,表示不会背叛子犯。

郑县人卜子使其妻为裤,其妻问曰:“今裤何如?”夫曰:“象吾故裤。”妻子因毁新,令如故裤。

郑县人有得车轭者[①],而不知其名,问人曰:“此何种也?”对曰:“此车轭也。”俄又复得一,问人曰:“此是何种也?”对曰:“此车轭也。”问者大怒曰:“曩者曰车轭[②],今又曰车轭,是何众也?此女欺我也[③]!”遂与之斗。

卫人有佐弋者[④],鸟至,因先以其裷麾之[⑤],鸟惊而不射也。

郑县人卜子妻之市,买鳖以归。过颍水[⑥],以为渴也,因纵而饮之,遂亡其鳖。

夫少者侍长者饮,长者饮,亦自饮也。

一曰:鲁人有自喜者,见长年饮酒不能釂则唾之[⑦],亦效唾之。

一曰:宋人有少者亦欲效善,见长者饮无余,非堪酒饮也而欲尽之。

【注释】

①郑县:战国时韩国的地名,位于今河南郑州。

②曩(nǎng):从前,以前。

③女:通“汝”。

④佐弋:古代掌管射飞禽的一种小官。

⑤裷(yuān):通“帵”,头巾。麾:通“挥”,挥动。

⑥颍水:即颍河,上游在韩国境内。

⑦釂(jiào):把杯中的酒喝光。

【译文】

郑县人卜子让他的妻子做裤子,他的妻子问道:“现在这条裤子做成什么样子?”卜子说:“像我的旧裤子那样。”他的妻子便把新裤子毁坏,让它和旧裤子一样。

郑县有个人得到了一副车轭,但不知道它的名称,问别人说:“这是什么东西?”别人回答说:“这是车轭。”过了一会儿又得一副,问别人说:

"这是什么东西?"别人回答说:"这是车轭。"这个发问的人十分恼怒地说:"从前那个叫车轭,现在这个又叫车轭,哪来这么多车轭?这是你欺骗我!"结果跟别人打起来了。

卫国有个掌管射飞禽的小官,鸟落下来,便先向鸟挥动头巾,鸟惊吓飞走而无法射到。

郑县人卜子的妻子到集市去,买了一只鳖回家。经过颍河时,认为这只鳖渴了,就把它放到河里去喝水,结果丢失了她的鳖。

年纪轻的人侍候年纪大的人喝酒,年纪大的人喝,他自己也喝。

另一种说法:鲁国有个自以为高明的人,看到年纪大的人不能把杯里的酒喝完就呕吐,他也摹仿呕吐。

另一种说法:宋国有个年轻人也想摹仿高明的样子,看到年纪大的人喝酒没有剩余,不能喝酒也想一饮而尽。

书曰:"绅之束之[①]。"宋人有治者,因重带自绅束也。人曰:"是何也?"对曰:"书言之,固然。"

书曰:"既雕既琢,还归其朴。"梁人有治者[②],动作言学,举事于文,曰:"难之。"顾失其实。人曰:"是何也?"对曰:"书言之,固然。"

郢人有遗燕相国书者[③],夜书,火不明,因谓持烛者曰:"举烛。"云而过书"举烛"。举烛,非书意也。燕相受书而说之,曰:"举烛者,尚明也;尚明也者,举贤而任之。"燕相白王,王大说[④],国以治。治则治矣,非书意也。今世举学者多似此类。

郑人有且置履者,先自度其足而置之其坐[⑤],至之市而忘操之。已得履,乃曰:"吾忘持度。"反归取之[⑥]。及反,市罢,遂不得履。人曰:"何不试之以足?"曰:"宁信度,无自信也。”

【注释】

①绅:古代士人束在衣外的大带子。

②梁:即魏国,魏国曾都大梁(今河南开封),所以又称梁。

③郢(yǐng):楚国的国都,位于今湖北荆州城北。燕:诸侯国名,范围包括今河北北部、中部和山西、辽宁的部分地区。

④说:同“悦”。

⑤坐:同“座”。

⑥反:同“返”。

【译文】

古书上说:“反复约束自己。”宋国有个研究这部书的人,用带子把自己重重叠叠地绑起来。有人问他:“这是为什么?”这个人回答说:“书上这么说,当然应该这样做。”

古书上说:“又雕又琢,还原它的本来面目。”魏国有个研究这部书的人,处处都学习这句话,办事样样都讲求文饰,说:“真是困难呀。”反而失掉了他原来的样子。有人问他说:“这是为什么?”这个人回答说:“书上是这么说的,当然应该这样。”

郢都有个人给燕国的相国写书信,夜晚书写,灯火不明亮,因而对拿蜡烛的人说:“举烛。”说过后在信上错写上“举烛”二字。“举烛”,不是信的原意。燕国的相国收到了信后解释说:“‘举烛’的意思,是崇尚光明;崇尚光明,就是要选拔有德才的人加以任用。”燕国的相国把这个意思告诉燕王,燕王非常高兴,燕国因此治理好了。国家是治理好了,但这不是书信里的原意。现在社会上提拔的学者大多类似这样。

郑国有个人要去买鞋,先量好了自己的脚码放在座位上,到了集市忘了带上尺码。已经拿到鞋子了,才想起来说:“我忘了带尺码了。”返回去取尺码。等到他返回,集市已经收市,结果他没买到鞋。有人问他:"为什么不用你的脚试试?"这个人说:"我宁肯相信量下的尺码,不相信自己的脚。"

经四

利之所在,民归之;名之所彰,士死之。是以功外于法而赏加焉,则上不能得所利于下;名外于法而誉加焉,则士劝名而不畜之于君。故中章、胥己仕,而中牟之民弃田圃而随文学者邑之半;平公腓痛足痹而不敢坏坐,晋国之辞仕托者国之锤。此三士者[①],言袭法,则官府之籍也[②];行中事,则如令之民也:二君之礼太甚[③]。若言离法而行远功,则绳外民也[④],二君又何礼之?礼之当亡。且居学之士,国无事不用力,有难不被甲。礼之,则惰修耕战之功;不礼,则害主上之法。国安则尊显,危则为屈公之威[⑤],人主奚得于居学之士哉?故明主论李疵视中山也。

【注释】

①三士:指中章、胥己、叔向三人。

②籍:指国家的法令文件。

③二君:指赵襄子和晋平公。

④绳:木匠用的墨线,比喻法度。

⑤威:通"畏",畏惧。

【译文】

经四

利益所在的地方,民众就归向它;名声可以彰显的事情,士人就会拼死去争取。因此对法制规定之外的功劳给予奖赏,那么君主就不能从臣下得到利益;对法制规定之外的名声加以赞誉,那么士人就会受这种名声的鼓励而不会受君主所蓄养了。所以中章、胥己做了官,而中牟地方的百姓抛弃耕种田地追随文饰虚浮之学的人占了该地的一半;晋平公小腿痛脚麻木了还不敢不端坐,晋国辞去官职和对贵族的依附而仿效叔向的人占了国家的一半。中章、胥己和叔向这三个人,如果言论遵循法制,那么也只是照官府的法典讲话;行为符合事宜,那么就是遵从法令的人:赵襄主和晋平公对他们的礼遇太过分了。如果他们言论背离法制行为没有功效,那就都是些法度之外的人,赵襄主和晋平公又有什么必要礼遇他们?礼遇这种人国家应当灭亡。况且隐居讲学的这些人,国家太平无事的时候不用力农耕,国家有难时不披甲打仗。礼敬这种人,就会使那些致力于耕战的民众懒惰;不敬重他们,他们又会危害君主的法制。国家平安时他们就尊贵显赫,国家有危难时他们就像屈公一样畏惧,君主能从隐居讲学的士人那里得到什么?所以英明的君主肯定李疵看待中山国的观点。

说四

王登为中牟令[①],上言于襄主曰[②]:"中牟有士曰中章、胥己者[③],其身甚修,其学甚博,君何不举之?"主曰:"子见之,我将为中大夫[④]。"相室谏曰[⑤]:"中大夫,晋重列也,今无功而受,非晋臣之意。君其耳而未之目邪[⑥]!"襄主曰:"我取登,既耳而目之矣;登之所取,又耳而目之。是耳目人绝无已也。"王登一日而见二中大夫,予之田宅。中牟之人弃其田耘、卖宅圃而随文学者[⑦],邑之半。

叔向御坐[⑧],平公请事[⑨],公腓痛足痹转筋而不敢坏坐[⑩]。晋国闻之,皆曰:"叔向贤者,平公礼之,转筋而不敢坏坐。"晋国之辞仕托慕叔向者,国之锤矣[⑪]。

郑县人有屈公者[⑫],闻敌,恐,因死;恐已,因生。

赵主父使李疵视中山可攻不也[13]。还报曰："中山可伐也。君不亟伐，将后齐、燕。"主父曰："何故可攻？"李疵对曰："其君见好岩穴之士[14]，所倾盖与车以见穷闾隘巷之士以十数[15]，伉礼下布衣之士以百数矣。"君曰："以子言论，是贤君也，安可攻？"疵曰："不然。夫好显岩穴之士而朝之，则战士怠于行阵；上尊学者，下士居朝，则农夫惰于田。战士怠于行陈者[16]，则兵弱也；农夫惰于田者，则国贫也。兵弱于敌，国贫于内，而不亡者，未之有也。伐之不亦可乎？"主父曰："善。"举兵而伐中山，遂灭也。

【注释】

①王登：一作壬登，赵襄子的家臣。中牟：晋国地名，位于今河北邢台东南。

②襄主：即赵襄子，春秋末期晋国掌实权的卿。当时家臣称卿大夫为主，故又称襄主。

③中章、胥己：人名，生平不详。

④中大夫：侍从官名，负责议论政事、提出建议，供君主参考。

⑤相室：这里指家臣中的头目。

⑥邪：通"耶"。

⑦田：通"佃"，耕种。

⑧叔向：即羊舌肸(xī)，春秋时期晋国的卿。

⑨平公：即晋平公，春秋时晋国的君主，名彪。

⑩腓(féi)：小腿肚。

⑪锤：通"垂"，垂直则分一物为两面，引申为一半。

⑫屈公：人名，生平不详。

⑬李疵：人名，生平不详。不：通"否"。

⑭岩穴之士:指隐居山林的隐士。

⑮穷闾:穷困的街坊。隘巷:狭窄的小巷。

⑯陈:通“阵”。

【译文】

说四

王登担任中牟县令,给赵襄主上书说:“中牟地方有士人叫中章、胥己的,他们的品行很好,他们的学问很渊博,君主您怎么不提拔选用他们?”赵襄主说:“你让他们来见我,我将任用他们为中大夫。”赵襄主的家臣头目说:“中大夫,是晋国重要的官职,现在他们没有功劳而接受这个官位,不符合晋国选拔大臣的原意。您大概只是耳闻其名而没有亲眼看到他们的实际情况吧!”赵襄主说:“我选取王登,是既耳闻又亲眼见过的;王登所选取的人,又是既耳闻又亲眼见过的。这样亲自耳闻目见去考察人就永远没有个完了。”王登很快就让这两个人见了赵襄主,这两个人被任用为中大夫,赵襄主授给了他们土地房屋。中牟的民众放弃了耕种田地、卖掉土地园圃去追随搞私学的人,占了这个地区的一半。

叔向侍陪晋平公坐,晋平公和他商量事情,晋平公的小腿痛脚麻以至于抽筋还不敢不坐端正。晋国人听说后,都说:“叔向是有德才的人,晋平公礼敬他,以至于脚抽筋还不敢不坐端正。”晋国人辞去官职依附仿效叔向的,占了全国的一半。

郑县有个叫屈公的人,听说敌人来了,害怕,吓得死过去;害怕的情绪过后,又活过来。

赵武灵王让李疵去察看是否可以攻打中山国。李疵回来报告说:“中山国可以攻打。您不攻打,齐国、燕国将抢先攻打了。”赵武灵王说:“什么原因说可以攻打中山国?”李疵回答说:“中山国君主表现出很喜欢隐居士人的模样,亲自驱车去拜访穷困狭窄街巷里的读书人就有十几次,以平等礼节相待的平民书生要用百来计算了。”赵武灵王说:“根据你的话来判断，这是位有德才的君主，怎么能去攻打他？”李疵说：“不对。君主喜爱隐居之士让他们入朝，那么战士就会懒于作战；君主尊宠学者，敬重的文人居于朝廷，那么农夫就会懒于耕作。战士懒于作战，军队就会弱；农夫懒于耕作，国家就会贫穷。军队比敌人弱，国内又贫穷，这样的国家不灭亡的，还从未有过。攻打它不也是可以的吗？”赵武灵王说：“好。”出兵攻打中山国，于是灭掉了它。

经五

《诗》曰[①]：“不躬不亲，庶民不信。”傅说之以“无衣紫”，援之以郑简、宋襄，责之以尊厚耕战。夫不明分，不责诚，而以躬亲位下[②]，且为“下走”“睡卧”，与夫“掩弊”“微服”[③]。孔丘不知[④]，故称犹盂；邹君不知，故先自僇。明主之道，如叔向赋猎与昭侯之奚听也。

【注释】

①《诗》：指《诗经》。下文引《诗经》诗句“不躬不亲，庶民不信”，见《诗经·小雅·节南山》。

②位：通“莅”，到，临。

③弊：通“蔽”。

④孔丘：孔子名丘，字仲尼。知：同“智”。

【译文】

经五

《诗经》上说：“君主不以身作则，民众就不会相信。”齐王的师傅用“君主自己不穿紫衣”来说明这个道理，也可引用郑简公、宋襄公的故事，用尊重耕战的观点来指责这句诗。如果不明确君臣的名分，不要求臣下真心实意地效力，反而亲自做臣下该做的事，而且还做出“下走”、

"睡卧",以及"掩蔽"、"微服"一类蠢事。孔子不明智,所以称君如盂民如水;邹君很愚蠢,所以先割断了自己的长缨。英明君主的治国原则,就要像叔向分配猎物和韩昭侯懂得如何听取意见一样。

说五

齐桓公好服紫,一国尽服紫。当是时也,五素不得一紫[①]。桓公患之,谓管仲曰:"寡人好服紫,紫贵甚,一国百姓好服紫不已,寡人奈何?"管仲曰:"君欲止之,何不试勿衣紫也?谓左右曰:'吾甚恶紫之臭[②]。'于是左右适有衣紫而进者,公必曰:'少却,吾恶紫臭。'"公曰:"诺。"于是日,郎中莫衣紫[③];其明日,国中莫衣紫;三日,境内莫衣紫也。

一曰:齐王好衣紫,齐人皆好也。齐国五素不得一紫。齐王患紫贵。傅说王曰[④]:"《诗》云:'不躬不亲,庶民不信。'今王欲民无衣紫者,王请自解紫衣而朝。群臣有紫衣进者,曰:'益远!寡人恶臭。'"是日也,郎中莫衣紫;是月也,国中莫衣紫;是岁也,境内莫衣紫。

【注释】

①素:没有染色的布。

②臭(xiù):气味。

③郎中:君主的侍从官,掌通报和警卫。

④傅:师傅,此疑指管仲。

【译文】

说五

齐桓公喜欢穿紫色的衣服,全国人都穿紫色的衣服。在这个时候,五匹没染色的布抵不上一匹紫色的布。齐桓公对此感到忧虑,对管仲说："我喜欢穿紫色衣服，紫色布就特别贵，全国的老百姓都没有止境地喜欢穿紫色衣服，我该怎么办？"管仲说："您想要制止这种情况，为什么不试着自己不穿紫色衣服呢？您对身边的近侍说：'我很讨厌紫色衣服的气味。'如果在这个时候有近侍穿紫色衣服进见，您一定要说：'稍微往后退一点，我讨厌紫色衣服的气味。'"齐桓公说："好吧。"在当天，郎中就没有一个人穿紫色衣服了；第二天，国都中就没有一个人穿紫色衣服了；第三天，整个国家内没有一个人穿紫色衣服了。

另一种说法：齐王喜欢穿紫色衣服，齐国人都喜欢上了穿紫色衣服。在齐国五匹没有染色的布抵不上一匹紫色的布。齐王对紫色的布太贵感到忧虑。齐王的师傅劝说道："《诗经》说：'君主不以身作则，民众就不会相信。'如果现在大王您想要老百姓没有人穿紫色衣服，请大王自己脱下紫色衣服上朝。群臣有穿紫色衣服进见的，您就说：'离我再远点！我讨厌紫色衣服的气味。'"当天，齐国郎中就没有穿紫色衣服的了；当月，齐国都城之内就没有穿紫色衣服的了；当年，齐国全境都没有穿紫色衣服的了。

郑简公谓子产曰[①]："国小，迫于荆、晋之间。今城郭不完，兵甲不备，不可以待不虞。"子产曰："臣闭其外也已远矣，而守其内也已固矣，虽国小，犹不危之也。君其勿忧。"是以没简公身无患。

一曰：子产相郑，简公谓子产曰："饮酒不乐也。俎豆不大[②]，钟鼓竽瑟不鸣[③]，寡人之事不一，国家不定，百姓不治，耕战不辑睦，亦子之罪。子有职，寡人亦有职，各守其职。"子产退而为政五年，国无盗贼，道不拾遗，桃枣荫于街者莫有援也，锥刀遗道三日可反[④]。三年不变，民无饥也。

【注释】

①郑简公:春秋时郑国的君主,名嘉。子产:人名,姓公孙,名侨,曾任郑简公的相。

②俎豆:古代祭祀时放祭品的两种器具。

③钟鼓竽瑟:古代的四种乐器。竽为像笙一样的管乐器,瑟是像琴一样的弦乐器。

④反:同"返",返回。

【译文】

郑简公对子产说:"郑国小,又在楚国和晋国之间受逼迫。现在我国城郭不完整,武器装备不完备,不能应付意外事变。"子产说:"我严守国境已经很久了,而防守国内也很牢固了,国家虽然很小,但并没有危险。国君您不要担心。"因此直到郑简公去世时郑国都没有危险。

另一种说法:子产担任郑国的相,郑简公对子产说:"我喝酒都不高兴。我们郑国祭品不丰盛,礼乐不兴,我的事务太繁多,国家不太平,老百姓没有治理好,耕战之士不能和睦相处,这也是你的过失。你有你的职责,我有我的职责,我们各人恪守自己的职责。"子产退下来掌管政事五年,国内没有偷盗行为,路上掉了东西也没人捡,桃和枣的枝条遮蔽了大路都没有人伸手去摘,锥子和刀掉在路上三天以后还可找回。三年国家没有变故,老百姓没有饥荒。

宋襄公与楚人战于涿谷上①。宋人既成列矣,楚人未及济。右司马购强趋而谏曰②:"楚人众而宋人寡,请使楚人半涉未成列而击之,必败。"襄公曰:"寡人闻君子曰:'不重伤,不擒二毛③,不推人于险,不迫人于阨④,不鼓不成列。'今楚未济而击之,害义。请使楚人毕涉成阵而后鼓士进之。"右司马曰:"君不爱宋民,腹心不完⑤,特为义耳。"公曰:"不反列，且行法。”右司马反列，楚人已成列撰阵矣，公乃鼓之。宋人大败，公伤股，三日而死。此乃慕自亲仁义之祸。夫必恃人主之自躬亲而后民听从，是则将令人主耕以为食、服战雁行也民乃肯耕战，则人主不泰危乎[6]？而人臣不泰安乎？

齐景公游少海[7]，传骑从中来谒曰[8]：“婴疾甚[9]，且死，恐公后之。”景公遽起，传骑又至。景公曰：“趋驾烦且之乘[10]，使驺子韩枢御之[11]。”行数百步，以驺为不疾，夺辔代之御；可数百步，以马为不进，尽释车而走。以烦且之良而驺子韩枢之巧，而以为不如下走也。

魏昭王欲与官事[12]，谓孟尝君曰[13]：“寡人欲与官事。”君曰：“王欲与官事，则何不试习读法？”昭王读法十余简而睡卧矣[14]。王曰：“寡人不能读此法。”夫不躬亲其势柄，而欲为人臣所宜为者也，睡不亦宜乎？

【注释】

①宋襄公：春秋时宋国的君主，名兹父。涿谷：宋国地名，位置当在今河南柘城北的古泓水附近。

②右司马：古代官名，掌管军政和军事赋税。购强：人名，疑为《左传》中记载的公孙固。

③二毛：黑白两种颜色的毛发（头发和胡子），指年纪大的人。

④阨：通“厄”，困苦。

⑤腹心：比喻国家的根本。

⑥泰：通“太”。下文“泰安”之“泰”与此同。

⑦齐景公：春秋时齐国的君主，名杵臼。少海：即渤海。

⑧传骑：指驿使，负责传递公文和情报的人。

⑨婴：指晏婴，字平仲，齐景公的相。

⑩烦且：一种良马。

⑪驺子：掌驾马车的官。韩枢：人名，驾驭车马的能手。

⑫魏昭王：战国时魏国的君主。

⑬孟尝君：战国时齐国的贵族，著名的战国“四公子”之一，曾任魏昭王的相。

⑭简：古代书写文字的木条或竹片。

【译文】

宋襄公和楚国人在涿谷交战。宋国人已摆好阵势，楚国人还没有完全过河。宋国的右司马购强小步紧跑过来劝谏说：“楚国人多而宋国人少，请求让军人在楚国人渡河过半还没有排好队列时向他们攻击，一定可以打败他们。”宋襄公说：“我听君子说：‘不重复伤害伤兵，不捉须发斑白的老人，不把人推向危险的地方，不逼迫人到困苦的地步，不击鼓向没有排好阵列的敌军进攻。’现在楚军还未渡过河而攻击他们，妨害了道义。请让楚国人完全渡过了河排好阵势然后击鼓向他们进攻。”右司马说：“您不爱惜宋国的民众，不保全国家的根本，只不过要表现自己的仁义罢了。”宋襄公说：“不回到你的队列里去，我将按军法处置你。”右司马回到队列里，楚国人已排好队列构成了阵势，宋襄公这才击鼓进攻。宋国人被打得大败，宋襄公被射伤了大腿，过了三天就死了。这就是追求亲自实行仁义的祸害。一定要依靠君主亲自去做而后民众才能听从，这样就要让君主耕种田地为自己谋食、排在队伍的行列里行军打仗民众才肯耕战，那么君主不是太危险了吗？而臣子不是太安全了吗？

齐景公在渤海游玩，驿使从宫中来拜见说：“晏婴病得很重，将死，恐怕您赶不上见晏婴了。”齐景公立刻起身，驿使又来了。齐景公说：“赶快驾起烦且拉的马车，让韩枢驾驭它。”马车跑了几百步远，齐景公认为韩枢赶车还不够快，夺过他手中的马缰绳代他驾车；大约又过了几百步远，认为马没有奔跑，就将车马全部舍弃了下车奔跑。凭烦且这样的好马和车马手韩枢这样高超的本领，齐景公还认为不如自己下车跑得快。

魏昭王想亲自参与管理国家事务，对孟尝君说："我想来参与管理国家事务。"孟尝君说："大王想管理国家事务，那为什么不试着读些官府的法令呢？"韩昭侯读了十多支简的法令文书就躺下睡着了。韩昭侯说："我读不了这些法令。"君主不亲自掌握权势，而想要做臣下所应当做的事，打瞌睡不是很应该的吗？

孔子曰："为人君者，犹盂也；民，犹水也。盂方水方，盂圜水圜[①]。"

邹君好服长缨[②]，左右皆服长缨，缨甚贵。邹君患之，问左右，左右曰："君好服，百姓亦多服，是以贵。"君因先自断其缨而出，国中皆不服长缨。君不能下令为百姓服度以禁之，断缨出以示先民，是先戮以莅民也[③]。

叔向赋猎，功多者受多[④]，功少者受少。

韩昭侯谓申子曰[⑤]："法度甚不易行也。"申子曰："法者，见功而与赏[⑥]，因能而受官。今君设法度而听左右之请，此所以难行也。"昭侯曰："吾自今以来知行法矣，寡人奚听矣。"一日，申子请仕其从兄官。昭侯曰："非所学于子也。听子之谒，败子之道乎，亡其用子之谒？"申子辟舍请罪[⑦]。

【注释】

①圜：通"圆"。

②邹：诸侯国名，位于今山东邹平。

③戮(lù)：通"僇"，羞辱。

④受：通"授"。下文"受少""因能受官"之"受"同此。

⑤韩昭侯：战国时韩国的君主。

⑥见：同“现”。

⑦辟：通“避”，退避。

【译文】

孔子说：“做君主的人好像盂，民众就像水。盂是方的，民众就是方的；盂是圆的，民众就是圆的。”

邹国的君主喜欢佩带帽子下面的长帽带，邹国君主身边的近侍也都佩带这种长帽带，一时间长帽带非常贵。邹国的国君对此感到忧虑，问身边的近侍，身边的近侍说：“君主喜欢佩带，老百姓也大多跟着佩带，因此就贵了。”邹国的君主因此首先割断长帽带出巡，国都中的人也就不再佩带了。君主不能下达命令为老百姓制订佩带的标准来禁止佩带长帽带，竟至于割断自己的长帽带出巡以表示走在民众前面，这是先侮辱自己而去指导民众。

叔向分配猎物，功劳多的人分配得多，功劳少的分配得少。

韩昭侯对申不害说：“法令制度很不容易实行。”申不害说：“所谓法，就是做出了功劳要给予奖赏，根据才能而授予官职。现在君主设立了法令制度而又听从身边近侍的请托，这就是法制难以实行的原因。”韩昭侯说：“我从今天开始知道如何施行法令了，知道该如何来听取意见了。”有一天，申不害请求委任他的堂兄做官。韩昭侯说：“这不是我从你那里学来的做法。我是听从你的请求，败坏了你的原则呢，还是不采用你的请求呢？”申不害不敢住正屋而请求给予处罚。

经六

小信成则大信立，故明主积于信。赏罚不信则禁令不行，说在文公之攻原与箕郑救饿也。是以吴起须故人而食，文侯会虞人而猎。故明主表信，如曾子杀彘也①。患在厉王击警鼓与李悝谩两和也[②]。

【注释】

①彘(zhì):猪。

②谩(mán):欺骗,蒙蔽。

【译文】

经六

小事上讲信用则能在大事上建立信用,所以明智的君主要在信用上积累声誉。赏罚不坚决落实那么禁令就不能实行,这种论点的解说在晋文公攻打原和箕郑回答晋文公如何救济饥荒两则故事中。因此吴起必须等老朋友回来才吃饭,魏文侯一定要会同主管山泽的官员去打猎。所以英明的君主要表明信用,就像曾子一定要杀猪给孩子吃一样。不守信用的祸患表现在楚厉王误击报警的鼓和李悝欺骗左右两军这两个故事中。

说六

晋文公攻原[①],裹十日粮,遂与大夫期十日。至原十日而原不下,击金而退[②],罢兵而去。士有从原中出者,曰:"原三日即下矣。"群臣左右谏曰:"夫原之食竭力尽矣,君姑待之。"公曰:"吾与士期十日,不去,是亡吾信也。得原失信,吾不为也。"遂罢兵而去。原人闻曰:"有君如彼其信也,可无归乎?"乃降公。卫人闻曰[③]:"有君如彼其信也,可无从乎?"乃降公。孔子闻而记之曰:"攻原得卫者,信也。"

文公问箕郑曰[④]:"救饿奈何?"对曰:"信。"公曰:"安信?"曰:"信名,信事,信义。信名,则群臣守职,善恶不逾,百事不怠;信事,则不失天时,百姓不逾;信义,则近亲劝勉而远者归之矣。”

吴起出[5]，遇故人而止之食。故人曰：“诺，今返而御。”吴子曰：“待公而食。”故人至暮不来，起不食待之。明日早，令人求故人。故人来，方与之食。

魏文侯与虞人期猎[6]。明日，会天疾风，左右止文侯，不听，曰：“不可以风疾之故而失信，吾不为也。”遂自驱车往，犯风而罢虞人。

曾子之妻之市[7]，其子随之而泣。其母曰：“女还[8]，顾反为女杀彘[9]。”适市来，曾子欲捕彘杀之。妻止之曰：“特与婴儿戏耳。”曾子曰：“婴儿非与戏也。婴儿非有知也，待父母而学者也，听父母之教。今子欺之，是教子欺也。母欺子，子而不信其母，非以成教也。”遂烹彘也。

【注释】

①原：春秋时诸侯国名，位于今河南济源西北。

②击金：敲钟，古代打仗时退兵的信号。

③卫：诸侯国名，范围包括今河南东北部和河北、山东的部分地区。

④文公：指晋文公。箕郑：人名，晋国的大夫。

⑤吴起：战国初期卫国人，法家的代表人物，曾在楚国主持变法。

⑥虞人：管理山林河池的官。

⑦曾子：指曾参，鲁国人，孔子的学生。

⑧女：通“汝”。

⑨顾：与“返”同义。反：同“返”。

【译文】

说六

晋文公进攻原国，让军队准备十天的粮食，于是与士大夫约定了十天的期限。到了原国攻打了十天而没能攻下，就敲钟退下，收兵离开了。士人有从原国中出来的，说："原国再有三天就能攻下了。"群臣和身边的近侍都劝谏说："原国已弹尽粮竭了，君主姑且等几天。"晋文公说："我和士人约定十天为期，如果到期不走，这是要失掉我的信用。得到原国而失掉了信用，我不做这样的事。"便收兵撤走了。原国人听到这个消息说："君主有像这样守信用的，能不归附他吗？"便向晋文公投降了。卫国人听说后说："君主有像这样守信用的，能不顺从他吗？"便也投降了晋文公。孔子听说后记下这件事说："晋文公攻下原国获得卫国土地的原因，是因为他守信用。"

晋文公问箕郑说："救济饥荒该怎么做？"箕郑说："守信用。"晋文公说："怎么个守信用法？"箕郑说："在名位、政事、道义上守信用。在名位守信用，就能使群臣忠于职守，政绩的好坏界线清晰，不超越名分，各种事务都不会怠慢；在事情上守信用，就能不违背自然的规律，百姓不会僭越；在道义上守信用，就能使亲近的人勉力工作而远方的人归顺你。"

吴起出门，遇见了老朋友于是留老朋友吃饭。老朋友说："好吧，我立即回来和你一块儿进餐。"吴起说："我等你来吃饭。"老朋友到天黑也没来，吴起就不吃饭等候他。第二天早上，让人去找老朋友。老朋友来了，才和他一起吃饭。

魏文侯和掌管山泽的官员约定去打猎。第二天，正巧碰到刮大风，魏文侯身边的人劝他不要去，魏文侯不听，说："不能因为刮大风的原故而失掉信用，这样的事我不做。"于是自己赶着车前去，冒着风告诉主管山泽的官员打猎的事作罢。

曾参的妻子到集市去，他的儿子跟在后面哭。曾参的妻子对孩子说："你回去，我回来杀猪给你吃。"他的妻子刚从集市上回来，曾参就要去抓猪杀。他的妻子制止他说："只不过是与小孩子开玩笑。"曾参说："小孩子不是开玩笑的对象。小孩子没有判断力，等着向父母学习，听从父母的教育。现在你欺骗他，这是教育孩子去欺骗。母亲欺骗了孩子，孩子因此就不相信母亲了，这不是用来教育孩子的方法。”于是烹杀了那头猪。

楚厉王有警[①]，为鼓以与百姓为戍。饮酒醉，过而击之也，民大惊。使人止之，曰：“吾醉而与左右戏，过击之也。”民皆罢[②]。居数月，有警，击鼓而民不赴。乃更令明号而民信之。

李悝警其两和[③]，曰：“谨警敌人，旦暮且至击汝。”如是者再三而敌不至。两和懈怠，不信李悝。居数月，秦人来袭之，至几夺其军。此不信患也。

一曰：李悝与秦人战，谓左和曰：“速上！右和已上矣。”又驰而至右和曰：“左和已上矣。”左右和曰：“上矣。”于是皆争上。其明年，与秦人战。秦人袭之，至几夺其军。此不信之患。

【注释】

①楚厉王：楚国的君主，具体生活年代史书记载各有不同。

②罢：通“疲”，疲劳。

③李悝：魏国人，曾任魏文侯的相，战国法家的代表人物之一。两和：指左右两边壁垒里的军队。和，军门、垒门。

【译文】

楚厉王约定有一种警报，设置了鼓遇到紧急情况就击鼓让民众一起防守。楚厉王喝醉了酒，错误地击起了鼓，民众非常吃惊。楚厉王派人阻止民众说：“我喝醉了酒和身边的人戏闹，错误地击了鼓。”民众都疲惫地散去了。过了几个月，真有警报，击了鼓民众却不来救援。于是重新下令明确信号后民众才相信。

李悝警告左右壁垒的军队说:“小心警惕敌人,他们早晚会来袭击你们。”像这样反复警告了多次而敌人没有来。左右壁垒的军队都懈怠了,不再相信李悝的话。过了几个月,秦国人来袭击,几乎消灭了李悝的守备军队。这是不讲求信用的祸患。

另一种说法:李悝与秦人交战,对左边壁垒的军队说:“快冲上去!右边壁垒的战士已冲上去了。”又跑去对右边壁垒的军队说:“左边壁垒的战士已冲上去了。”左右壁垒的军队都说:“别人已在前面冲上去了。”因此争着往上冲。到了第二年,与秦国人交战。秦国人袭击魏军,几乎消灭了守备的魏军。这就是不讲信用的祸患。

外储说左下

【题解】

本篇由六段"经文"和"说文"组成。"经一"和"说一"说明君主应严格执法,赏罚得当,避免私怨和私恩。"经二"和"说二"说明君主不能依赖臣下的忠诚,而应该依靠"势"和"术"来驾驭臣下,使其为我所用。"经三"和"说三"说明要巩固等级制度,维护尊卑次序,加强君主的独尊地位。"经四"和"说四"说明君主要正确赏罚,坚决依法办事,杜绝私情请托。"经五"和"说五"说明臣下应按名分享受应得的待遇,使君主的"宠光"发挥应有的作用;同时应一心为君主推荐人才,不能互相勾结。"经六"和"说六"要君主鼓励忠言直谏,但也指出了当时敢于直谏和秉公执法的人可能面对的迫害。

本篇"经文"和"说文"的个别地方并不能相互对应,说明其中应存在错简或脱简。

经一

以罪受诛,人不怨上,跀危坐子皋[①];以功受赏,臣不德君,翟璜操右契而乘轩。襄王不知,故昭卯五乘而履屩[②]。上不过任,臣不诬能,即臣将为夫少室周。

【注释】

①跀:砍脚的刑罚,“跀”通“刖”。危:足,脚。“危”通“跪”。下文凡“跀”、“危”皆同此。坐(cuò):通“侳”,安,引申为保全。

②屩(juē):草鞋。

【译文】

经一

由于犯罪而受惩罚,受惩罚的人对上没有怨恨,被砍脚的人保全了子皋;因功劳受奖赏,臣下不用感激君主,翟璜拿着还贷的凭证而乘坐尊贵的轩车。魏襄王不明白这个道理,所以昭卯有享受五乘的食封犹如赚了很多钱的人穿草鞋之叹。君主不错误地任用臣子,臣子不隐瞒有能力的人,那么臣子将会成为少室周那样诚实的人。

说一

孔子相卫[①],弟子子皋为狱吏[②],刖人足,所跀者守门。人有恶孔子于卫君者[③],曰:“尼欲作乱[④]。”卫君欲执孔子。孔子走,弟子皆逃。子皋从出门,跀危引之而逃之门下室中,吏追不得。夜半,子皋问跀危曰:“吾不能亏主之法令而亲跀子之足,是子报仇之时也,而子何故乃肯逃我?我何以得此于子?”跀危曰:“吾断足也,固吾罪当之,不可奈何。然方公之狱治臣也,公倾侧法令[⑤],先后臣以言,欲臣之免也甚,而臣知之。及狱决罪定,公憱然不悦[⑥],形于颜色,臣见又知之。非私臣而然也,夫天性仁心固然也。此臣之所以悦而德公也。”

孔子曰:“善为吏者树德,不能为吏者树怨。概者[⑦],平量者也;吏者,平法者也。治国者,不可失平也[⑧]。”

【注释】

①卫:诸侯国名,范围包括今河南东北部和河北、山东的部分地区。

②子皋:即子羔,春秋时期卫国人,孔子的学生。狱吏:掌诉讼、刑法的官吏。

③恶(wù):使孔子受讨厌,引申为中伤。

④尼:孔子字仲尼,这里指孔子。

⑤倾侧:倾斜,引申为反复推敲。

⑥慨(cù):通"蹙"。

⑦概:古代量粮食时刮平斗斛的短木。

⑧"孔子曰"至"不可失平也":这一段文字,"经文"中没有相应的文字,原排在"秦、韩攻魏,昭卯西说秦、韩罢"之后。据《说苑·至公》篇,这些话本在子皋刖人足的故事之后,故现移于此。

【译文】

说一

孔子任卫国的相,弟子子皋任卫国的刑狱官,砍掉了犯罪人的脚,被砍掉脚的犯人看守大门。有人向卫国的君主中伤孔子,说:"孔子想发动叛乱。"卫国的君主准备捉拿孔子。孔子逃跑了,他的弟子也都逃跑了。子皋从大门里出来,被砍掉脚的人引导他逃到大门边自己的屋子里,官吏追捕不到。半夜的时候,子皋问被砍脚的人说:"我不能破坏君主的法令而亲手砍掉了你的脚,现在正是你报仇的时候,你为什么还肯引导我逃走?我凭什么能得到你的帮助?"被砍脚的人说:"我被砍脚的时候,本来是我罪有应得,是没有办法的事。但当您给我依法定罪时,您反复推敲法令,先后为我说话,很想免除我的罪,这我是知道的。等案子判下来给我定了罪,您紧皱眉头局促不安,表现在脸色上,这又是我所知道的。这并不是您偏袒我才这样做,而是您天生的仁爱本心就是这样。这就是我为什么喜欢您而对您感恩的原因。"

孔子说:"会做官的人树立恩德,不会做官的人树立仇怨。概,是用来量平斗斛的；官吏，是用来使法制公平的。治理国家的人，不能失掉了公平。”

田子方从齐之魏[①]，望翟黄乘轩骑驾出[②]，方以为文侯也[③]，移车异路而避之，则徒翟黄也。方问曰：“子奚乘是车也?”曰：“君谋欲伐中山[④]，臣荐翟角而谋得果[⑤]；且伐之，臣荐乐羊而中山拔[⑥]；得中山，忧欲治之，臣荐李克而中山治[⑦]：是以君赐此车。”方曰：“宠之称功尚薄。”

秦、韩攻魏[⑧]，昭卯西说而秦、韩罢[⑨]；齐、荆攻魏[⑩]，卯东说而齐、荆罢。魏襄王养之以五乘[⑪]。卯曰：“伯夷以将军葬于首阳山之下[⑫]，而天下曰：‘夫以伯夷之贤与其称仁，而以将军葬，是手足不掩也。’今臣罢四国之兵，而王乃与臣五乘，此其称功，犹羸胜而履屩[⑬]。”

【注释】

①田子方：战国时魏国人，曾为魏文侯师。齐：诸侯国名，范围包括今山东大部和河北东南部。魏：战国诸侯国名，范围包括河南北部和东部、山西西南部及河北、山东、陕西的部分地区。

②翟黄：一作翟璜，战国初期魏文侯的大臣。轩：古代一种前顶较高而有帷幕的车子，供大夫以上乘坐。

③文侯：指魏文侯，战国初期魏国的君主。

④中山：诸侯国名，春秋时白狄别支鲜虞族建立的国家，位于今河北中部偏西。

⑤翟角：人名，魏文侯的谋臣。

⑥乐羊：人名，魏文侯的将。

⑦李克：人名，战国法家人物，任魏国中山的相。一说即李悝。

⑧秦：诸侯国名，范围包括今陕西大部和甘肃、四川、河南的部分地区。韩：战国诸侯国名，范围包括今河南的中部、北部和山西、陕西的部分地区。

⑨昭卯：人名，又作孟卯、芒卯，魏安釐王的将，有辩才。

⑩荆：楚的别名，战国时诸侯国名，范围包括今湖北的全部和湖南的大部，以及河南、安徽、江西、浙江、江苏等的部分地区。

⑪魏襄王：战国时魏国的君主。五乘：以五乘土地的贡赋供养。乘，古时以地方六里出兵车一乘，到战国后称方圆六里的土地为一乘。

⑫伯夷：商朝末年孤竹国君的大儿子，因推让君位逃奔到周。但最后因反对周武王灭商，不食周粟而饿死。首阳山：古代山名，今所在地不详。

⑬羸：通“羸”。屩(juē)：草鞋。

【译文】

田子方从齐国来到魏国，望见翟黄乘坐尊贵的轩车骑队护卫出行，田子方还以为是魏文侯，把车子赶到另一条路上给他让路，但却只是翟黄。田子方问道：“你怎么乘坐这么高贵的车?”翟黄说：“君主计划攻打中山国，我推荐翟角而谋划得很好；将要出兵攻打中山国，我推荐乐羊而攻占了中山国；占领了中山国，君主忧虑如何把它治理好，我推荐李克而中山国治理得很好：因此魏国的君主赐给了我这辆轩车。”田子方说：“这样的宠爱和你的功绩比较起来还嫌薄了。”

秦国、韩国进攻魏国，昭卯到西边去游说结果秦国、韩国罢了兵；齐国、楚国进攻魏国，昭卯到东边去游说结果齐国、楚国收兵退回。魏襄王用五乘食邑的俸禄供养昭卯。昭卯说：“伯夷死后被按将军的礼仪埋葬在首阳山下，而天下的人说：‘凭伯夷的贤德和他相称的仁爱，而只用将军的葬礼埋葬他，这就像连他的手脚都没有掩埋好。’现在我给您劝退了四个国家的军队，但大王就给了我五乘食邑的俸禄，这和我的功劳比起来，就好像赚了很多钱的人却穿草鞋一样。”

少室周者[①]，古之贞廉洁悫者也，为赵襄主力士[②]。与中牟徐子角力[③]，不若也，入言之襄主以自代也。襄主曰：“子之处，人之所欲也，何为言徐子以自代？”曰：“臣以力事君者也。今徐子力多臣，臣不以自代，恐他人言之而为罪也。”

一曰：少室周为襄主骖乘[④]，至晋阳[⑤]，有力士牛子耕[⑥]，与角力而不胜。周言于主曰：“主之所以使臣骖乘者，以臣多力也。今有多力于臣者，愿进之。”

【注释】

①少室周：姓少室，名周，战国初期人，赵襄子的侍卫。

②赵襄主：即赵襄子，春秋末期晋国执政的卿。因当时家臣称所属的卿大夫为主，故有赵襄主之称。

③中牟：晋国地名，位于今河北邢台东南。徐子：人名，生平不详。

④骖(cān)乘：站在驾车人右侧的卫士。

⑤晋阳：晋国地名，当时为赵氏封邑，位于今山西太原西南。

⑥牛子耕：人名，生平不详。

【译文】

少室周是古代正直诚实的人，担任赵襄主的力士。他和中牟徐子比力气，不如中牟徐子，进去告诉了赵襄主并请让中牟徐子代替自己。赵襄主说：“你的职位，是人们所希望得到的，为什么说要让徐子代替你呢？”少室周说：“我是凭力气来侍奉您的。现在徐子的力气比我大，我如果不请求让他来代替我，恐怕别人说到这件事而您怪罪我。”

另一种说法：少室周担任站在赵襄主驾车人右侧的卫士，来到晋阳。有一位力士牛子耕，与少室周比力气而少室周没能取胜。少室周对赵襄主说:"您之所以让我担任站在驾车人右侧的卫士,是因为我的力气大。现在有人比我的力气更大,愿把他举荐给您。"

经二

恃势而不恃信,故东郭牙议管仲;恃术而不恃信,故浑轩非文公。故有术之主,信赏以尽能,必罚以禁邪,虽有驳行,必得所利。简主之相阳虎,哀公问"一足"。

【译文】

经二

君主依赖权势而不信赖臣下的诚实,所以东郭牙议论管仲;依赖权术而不依赖臣下诚信,所以浑轩非议晋文公的做法。所以有权术的君主,一定兑现奖赏以使臣下充分发挥自己的才能;坚决落实惩罚以禁止奸邪发生,即使臣下有杂乱行为,一定有可以利用的地方。赵简主任用阳虎为相,鲁哀公问孔子"一足"如何理解,这两则故事就说明了这个道理。

说二

齐桓公将立管仲[①],令群臣曰:"寡人将立管仲为仲父[②]。善者入门而左,不善者入门而右。"东郭牙中门而立[③]。公曰:"寡人立管仲为仲父,令曰:'善者左,不善者右。'今子何为中门而立?"牙曰:"以管仲之智,为能谋天下乎?"公曰:"能。""以断,为敢行大事乎?"公曰:"敢。"牙曰:"若知能谋天下[④],断敢行大事,君因专属之国柄焉。以管仲之能,乘公之势以治齐国,得无危乎?"公曰:"善。"乃令隰朋治内、管仲治外以相参[5]。

晋文公出亡[6]，箕郑挈壶餐而从[7]，迷而失道，与公相失，饥而道泣，寝饿而不敢食[8]。及文公反国[9]，举兵攻原[10]，克而拔之。文公曰："夫轻忍饥馁之患而必全壶餐，是将不以原叛。"乃举以为原令。大夫浑轩闻而非之[11]，曰："以不动壶餐之故，怙其不以原叛也，不亦无术乎？"故明主者，不恃其不我叛也，恃吾不可叛也；不恃其不我欺也，恃吾不可欺也。

阳虎议曰[12]："主贤明，则悉心以事之；不肖，则饰奸而试之。"逐于鲁[13]，疑于齐，走而之赵，赵简主迎而相之[14]。左右曰："虎善窃人国政，何故相也？"简主曰："阳虎务取之，我务守之。"遂执术而御之。阳虎不敢为非，以善事简主，兴主之强，几至于霸也。

【注释】

①齐桓公：春秋时齐国的君主，名小白，著名的"春秋五霸"之一。管仲：名夷吾，齐桓公的相。

②仲父：齐桓公对管仲的尊称，长辈的意思。

③东郭牙：姓东郭，名牙，齐桓公的大臣。

④知：同"智"。

⑤隰(xí)朋：人名，齐桓公的大臣。

⑥晋文公：春秋时晋国的君主，名重耳，著名的"春秋五霸"之一。

⑦箕郑：人名，晋文公的大臣。壶餐：指水和饭，即食物。

⑧寝：通"寖"，逐渐。

⑨反：同"返"。

⑩原：春秋时的诸侯国名，位于今河南济源西北。

⑪浑轩：人名，春秋时晋国的大夫。

⑫阳虎:又名阳货,春秋时鲁国季孙氏的家臣。

⑬鲁:诸侯国名,范围包括今山东南部和河南、江苏等的部分地区。

⑭赵简主:即赵简子,赵襄主之父,春秋末期晋国执政的六卿之一。

【译文】

说二

齐桓公将立管仲为仲父,下令群臣说:“我将立管仲为仲父。赞成的人进门以后往左站,不赞成的人进门以后往右站。”东郭牙站在门中间。齐桓公说:“我立管仲为仲父,下令说:‘赞成的往左站,不赞成的往右站。’现在你为什么站在门中间?”东郭牙说:“凭管仲的智慧,您以为能谋取天下吗?”齐桓公说:“能。”“凭他的决断,您以为他敢做大事吗?”齐桓公说:“敢。”东郭牙说:“他的智慧能谋取天下,决断敢做大事,君主您因此把国家的权柄全都交给他一个人。凭管仲的才能,借助您的权势来治理齐国,能没有危险吗?”齐桓公说:“说得好。”于是命令隰朋治理朝廷内部事务,管仲治理朝廷外部事务,使两人互相牵制。

晋文公外出逃亡,箕郑带着食物跟随在后,迷路而与晋文公失散了,饿了在路边哭,慢慢饿得很厉害也不敢吃所带的食物。等到晋文公返回晋国,发兵攻打原国,攻克并占领了它。晋文公说:“箕郑能忍受饥饿的痛苦而保全食物,这样的人将不会凭借原国的土地背叛我。”就提拔箕郑做了原国地方的行政长官。大夫浑轩听说后反对这一安排,说:“因为不动食物的缘故,信赖他不会依据原国的土地背叛,不也是没有术的表现吗?”所以英明的君主,不依靠别人不背叛我,而依赖我的不可背叛;不依靠别人不欺骗我,而依赖我的不可欺骗。

阳虎发表议论说:“君主贤明,就尽心侍奉他;君主不贤,就掩饰起邪念去试探他。”阳虎在鲁国被赶跑,在齐国受怀疑,逃跑到赵国,赵简子迎接他并让他为相室。赵简子身边的近侍说:“阳虎很会窃取别人的国家政权,为什么还用他做相室?”赵简子说:“阳虎用尽心思夺取政权,我用心来守护政权。”于是便掌握权术来使用他。阳虎不敢做坏事,很好地侍奉赵简子，使赵简子强盛起来，几乎成了霸主。

鲁哀公问于孔子曰[1]："吾闻古者有夔一足[2]，其果信有一足乎？"孔子对曰："不也，夔非一足也。夔者忿戾恶心，人多不说喜也[3]。虽然，其所以得免于人害者，以其信也。人皆曰：'独此一，足矣。'夔非一足也，一而足也。"哀公曰："审而是，固足矣。"

一曰：哀公问于孔子曰："吾闻夔一足，信乎？"曰："夔，人也，何故一足？彼其无他异，而独通于声。尧曰[4]：'夔一而足矣。'使为乐正[5]。故君子曰：'夔有一，足。'非一足也。"

【注释】

①鲁哀公：春秋末期鲁国的君主。

②夔：古代神话中的一种怪兽，像牛，只有一只脚。传说中尧时的乐官也叫夔。

③说：同"悦"。

④尧：我国原始社会末期的部落首领，传说中的贤君。

⑤乐正：主管音乐的官员。

【译文】

鲁哀公问孔子说："我听说古代有个名叫夔的一条腿，果真是一条腿吗？"孔子回答说："不是的，夔不是一条腿。夔这个东西狠心残暴，人多不喜欢它。虽然这样，它所以能够避免人的伤害，因为它还守信用。人们都说：'只要有这一点，就足够了。'夔不是一条腿，而是只要有守信用这一点也就足够了。"鲁哀公说："如果确实是这样，当然是足够了。"

另一种说法：鲁哀公问孔子说："我听说夔一条腿，确实是这样吗？"孔子说："夔是人，为什么只有一条腿？这个人没有别的特异之处，只是他独能精通声律。尧说:'夔有这一点就足够了。'让他担任主管音乐的官。所以君子说:'夔有这一点就足够了',而不是说他只有一条腿。"

经三

失臣主之理,则文王自履而矜。不易朝燕之处[①],则季孙终身庄而遇贼。

【注释】

①燕:通"宴",安闲,休息。

【译文】

经三

不顾君臣上下的关系,周文王就亲自系鞋带而且以此自夸。不改变为朝堂与闲居时的装束,季孙一生庄重却在偶尔的一次疏忽中遇害。

说三

文王伐崇[①],至凤黄虚[②],袜系解,因自结。太公望曰[③]:"何为也?"王曰:"上,君与处皆其师;中,皆其友;下,尽其使也。今皆先君之臣,故无可使也。"

一曰:晋文公与楚战,至黄凤之陵[④],履系解,因自结之。左右曰:"不可以使人乎?"公曰:"吾闻:上,君所与居,皆其所畏也;中,君之所与居,皆其所爱也;下,君之所与居,皆其所侮也。寡人虽不肖,先君之人皆在,是以难之也。"

季孙好士[⑤],终身庄,居处衣服常如朝廷。而季孙适懈,有过失,而不能长为也。故客以为厌易己,相与怨之,遂杀季孙。故君子去泰去甚[⑥]。

一曰：南宫敬子问颜涿聚曰[7]："季孙养孔子之徒，所朝服与坐者以十数而遇贼，何也？"曰："昔周成王近优侏儒以逞其意[8]，而与君子断事，是能成其欲于天下。今季孙养孔子之徒，所朝服而与坐者以十数，而与优侏儒断事，是以遇贼。故曰：不在所与居，在所与谋也。"

【注释】

①文王：指周文王姬昌。崇：商王朝的属国，位于今陕西西安澧水西。

②凤黄虚：地名，今所在不详。虚，通"墟"，大土堆。

③太公望：即吕望，又称姜尚，曾为周文王师，后帮助周武王灭商，受封于齐。

④黄凤之陵：古代地名，今所在不详。陵，大土山。

⑤季孙：人名，所指不详。

⑥泰：通"太"，下文"车席泰美"、"泰侈逼上"之"泰"同此。

⑦南宫敬子：即南宫敬叔，春秋末期鲁国人。颜涿聚：齐景公的臣子，孔子的学生。

⑧周成王：西周君主，周武王的继位人。侏儒：身材矮小的人，古代统治者常把这种人作为玩弄的对象。

【译文】

说三

周文王攻打崇国，到达凤黄虚，袜子的带子散开了，便自己系好。太公吕望说："这是为什么？"周文王说："上等的人，君主与他们相处时把他们看作自己的老师；中等的人，君主把他们看成自己的朋友；下等的人，都看作自己使唤的人。现在和我在一起的都是先父的旧臣，所以没有可以使唤的。"

另一种说法：晋文公和楚国交战，到达黄凤陵，鞋带子散开了，便自己去系紧。晋文公身边的近侍说："不能让别人来干吗？"晋文公说："我听说：上等的人，君主和他们相处，都是君主所敬畏的；中等的人，君主和他们相处，都是君主所喜爱的；下等的人，君主和他们相处，都是君主所侮弄的。我虽然不贤德，但先父的旧臣都在，所以难以使唤他们。"

季孙喜欢文士，一生很庄重，平常生活中穿着都像在朝廷上一样。而季孙偶然有疏忽，出了差错，不能一直这样做。门下的老门客认为季孙已厌恶轻视自己了，相互怨恨他，于是杀掉了季孙。所以君子要去掉过分和走极端。

另一种说法：南宫敬子问颜涿聚说："季孙供养孔子的学生，穿着朝服和他坐在一起的达十几人而被人杀害，这是为什么？"颜涿聚说："从前周成王亲近侏儒来放纵心意，而和君子决断事情，因此能在天下实现他的愿望。现在季孙供养着孔子的门徒，穿着朝服和他同坐的以十为单位来计数，而和侏儒这样的玩乐对象来决断事情，所以就遇害了。所以说：不在于平时和什么人相处，而在于和什么人谋划大事。"

孔子御坐于鲁哀公，哀公赐之桃与黍①。哀公曰："请用。"仲尼先饭黍而后啖桃，左右皆掩口而笑。哀公曰："黍者，非饭之也，以雪桃也。"仲尼对曰："丘知之矣②。夫黍者，五谷之长也③，祭先王为上盛④。果蓏有六⑤，而桃为下，祭先王不得入庙⑥。丘之闻也，君子以贱雪贵，不闻以贵雪贱。今以五谷之长雪果蓏之下，是以上雪下也。丘以为妨义，故不敢以先于宗庙之盛也。"

简主谓左右⑦："车席泰美。夫冠虽贱，头必戴之；屦虽贵，足必履之。今车席如此，太美，吾将何屩以履之？夫美下而耗上，妨义之本也。"

费仲说纣曰[⑧]:“西伯昌贤[⑨],百姓悦之,诸侯附焉,不可不诛;不诛,必为殷祸[⑩]。”纣曰:“子言,义主,何可诛?”费仲曰:“冠虽穿弊,必戴于头;履虽五采,必践之于地。今西伯昌,人臣也,修义而人向之,卒为天下患,其必昌乎?人臣不以其贤为其主,非可不诛也。且主而诛臣,焉有过?”纣曰:“夫仁义者,上所以劝下也。今昌好仁义,诛之不可。”三说不用,故亡。

齐宣王问匡倩[⑪],曰:“儒者博乎?”曰:“不也。”王曰:“何也?”匡倩对曰:“博贵枭[⑫],胜者必杀枭。杀枭者,是杀所贵也。儒者以为害义,故不博也。”又问曰:“儒者弋乎?”曰:“不也。弋者,从下害于上者也,是从下伤君也。儒者以为害义,故不弋。”又问:“儒者鼓瑟乎[⑬]?”曰:“不也。夫瑟以小弦为大声,以大弦为小声,是大小易序,贵贱易位。儒者以为害义,故不鼓也。”宣王曰:“善。”仲尼曰:“与其使民谄下也,宁使民谄上。”

【注释】

①黍(shǔ):黄色小米,似粟,有黏性。

②丘:孔子的名。孔子名丘,字仲尼。

③五谷:指黍、稷、稻、麦、菽,泛指粮食。

④上盛:盛在祭器里的上等谷物,这里指上等祭品。

⑤蓏(luǒ):瓜类的果实。

⑥庙:指宗庙,即安放祖先神主和祭祀祖先的地方。

⑦简主:指赵简主,即赵简子。

⑧费仲:商纣王的宠臣。纣:即商纣王,商朝的最后一位君主。

⑨西伯昌：指周文王姬昌。商纣王为了笼络他，曾给他“西伯”的封号。

⑩殷：商的别名，商朝盘庚曾迁都于殷，故商朝又称殷朝。

⑪齐宣王：战国时齐国的君主。匡倩：人名，生平不详。

⑫博：通“簙”，古代一种棋类游戏。枭：博戏中的彩名。么为枭，得枭者胜。

⑬瑟：古代的一种弦乐器。

【译文】

孔子为鲁哀公侍坐，鲁哀公赐给他桃子和黍子。鲁哀公说：“请吃。”孔子先吃了黍子然后再吃桃子，鲁哀公身边的侍从都捂着嘴笑孔子。鲁哀公说：“黍子，不是用来吃的，是用来拭桃子的。”孔子回答说：“我知道。但是黍是五谷中的上等品，祭祀先王时是上等的祭品。瓜果之类共有六种，而桃子是下等品，祭祀先王的时候都不能摆到宗庙里去。我听说，君子用地位低贱的东西擦拭地位高的东西，没听说用地位高的东西来擦拭地位低贱的东西。现在用五谷中的最上等品来擦拭瓜果中的下等品，这是用地位高的东西来擦拭地位低贱的东西。我认为这样做妨害了道义，所以不敢把桃子放在宗庙祭品的前面吃。”

赵简子对身边的近侍说：“车上铺的席子太美了。帽子虽然低贱，一定戴在头上；鞋子虽然贵重，一定踩在脚下。现在车上的席子也是这样，太美了，我将用什么脚来踩在上面？美化了下面而损耗了上面，就伤害了道义的根本。”

费仲对商纣王说：“周文王很贤德，老百姓喜欢他，诸侯都归附他，不能不杀掉他；不杀掉他，一定会成为商朝的祸害。”商纣王说：“从你说的来看，他是好君主，怎么能杀掉呢？”费仲说：“帽子虽然破旧，一定戴在头上；鞋子虽然色彩华丽，一定踏在地上。现在周文王是您的臣子，修行仁义而人民归向他，终究会成为天下的祸患，他一定会强盛么？人臣不用他的贤能为他的君主效劳，不能不杀掉。况且君主杀掉臣子，有什么过错?”商纣王说:“仁义,是君主用来勉励臣民的。现在周文王爱好仁义,杀掉他不行。”费仲劝说了多次而不被采用,所以商朝灭亡了。

齐宣王问匡倩说:“儒家的人玩博吗?”匡倩说:“不玩。”齐宣王说:“为什么不玩?”匡倩回答说:“博戏以枭棋为贵,获胜的人一定会杀掉对方的枭棋。杀枭棋,是杀掉尊贵的东西。儒家的人认为这伤害礼义,所以不玩博戏。”齐宣王又问道:“儒家的人射鸟吗?”匡倩说:“不射。射鸟,是从下面伤害上面的事物,这如同臣子从下面伤害君主。儒家的人认为这样伤害礼义,所以不射鸟。”又问:“儒家的人弹奏瑟吗?”匡倩说:“不弹奏。瑟是弹小弦发出大的声音,弹大弦发出小的声音,这是大小颠倒了次序,贵贱改变了位置。儒家的人认为这是伤害礼义的,所以不弹奏瑟。”齐宣王说:“说得对。”孔子说:“与其让人讨好下级,还不如使人讨好上级。”

经四

利所禁,禁所利,虽神不行;誉所罪,毁所赏,虽尧不治。夫为门而不使人,委利而不使进,乱之所以产也。齐侯不听左右,魏主不听誉者,而明察照群臣,则钜不费金钱,孱不用璧。西门豹请复治邺,足以知之。犹盗婴儿之矜裘与跀危子荣衣。子绰左右画,去蚁驱蝇。安得无桓公之忧索官与宣主之患臞马也?

【译文】

经四

让所禁止的得利,让有利的被禁止,即使神也办不好;称赞应受惩罚的,诋毁应受奖赏的,就是尧也不能把国家治理好。做好门而不让人进去,堆积了财利在那里又不让人前去取得,这是祸乱产生的原因。如果齐侯不听身边亲信的谗言，魏王不听捧场人的话，而能明察臣下的用心，那么钜就不用花金钱，孱就不用费玉璧去找官做了。西门豹请求再次治理邺县，这件事就足以知道这个道理。就好比狗盗的儿子夸耀他父亲的皮衣有尾巴和砍脚人的儿子以他的父亲不费裤子为荣。子绰说人不能同时左手画方右手画圆，用肉驱赶蚂蚁用鱼驱赶苍蝇。怎么能不发生齐桓公为臣下纷纷索求官职而担忧和韩宣子为马的消瘦而发愁这一类的事情呢？

说四

钜者①，齐之居士；孱者②，魏之居士。齐、魏之君不明，不能亲照境内而听左右之言，故二子费金璧而求入仕也。

西门豹为邺令③，清克洁悫④，秋毫之端无私利也，而甚简左右。左右因相与比周而恶之。居期年⑤，上计⑥，君收其玺⑦。豹自请曰："臣昔者不知所以治邺，今臣得矣，愿请玺，复以治邺。不当，请伏斧锧之罪⑧。"文侯不忍而复与之⑨。豹因重敛百姓，急事左右。期年，上计，文侯迎而拜之。豹对曰："往年臣为君治邺，而君夺臣玺；今臣为左右治邺，而君拜臣。臣不能治矣。"遂纳玺而去。文侯不受，曰："寡人曩不知子⑩，今知矣。愿子勉为寡人治之。"遂不受。

齐有狗盗之子与刖危子戏而相夸。盗子曰："吾父之裘独有尾。"刖危子曰："吾父独冬不失裤。"

【注释】

①钜：假设的人名。

②孱：假设的人名。

③西门豹：战国初期魏国人，曾在魏文侯时期任邺县令。邺：地名，位于今河北临漳西南。

④克：通“刻”，严格。

⑤期(jī)年：一周年。

⑥上计：向君主上缴税收，汇报一年内的政治经济情况。

⑦玺：印章。

⑧斧锧(zhì)之罪：腰斩的罪行，泛指死罪。锧，古代处腰斩的死刑时的垫具。

⑨文侯：指魏文侯，战国时魏国的君主。

⑩曩(nǎng)：以前，过去。

【译文】

说四

钜，是齐国的隐士；孱，是魏国的隐士。齐国、魏国的君主不清醒，不能亲自洞察国内的情况而听信身边近侍的话，所以钜和孱两人花费金钱宝玉而求官做。

西门豹担任邺县县令，清正廉洁而严明，丝毫不谋私利，但很轻慢君主身边的近侍。君主身边的近侍就相互勾结在君主那里中伤西门豹。过了一周年，君主考核政绩，要收回他的官印。西门豹自己请求说：“我从前不懂得怎样治理邺县，现在我懂了，希望发还官印给我，让我再次去治理邺县。如果治理不当，愿接受腰斩的刑罚。”魏文侯不忍心拒绝又把印给了他。西门豹便加重搜刮老百姓，极力奉承君主身边的近侍。过了一周年，君主考核政绩，魏文侯迎接他向他下拜。西门豹回答说：“以前的年份我替君主把邺县治理得很好，但君主夺去了我的官印；现在我为您身边的近侍治理邺县，而您拜谢我。我不能治理邺县了。”于是上缴了官印离去。魏文侯不接受，说：“我以前不了解你，现在知道了。希望你尽力帮我治理邺县。”于是没有接受他的交印辞官。

齐国有个狗盗的儿子和砍了脚的人的儿子互相夸耀。狗盗的儿子说："只有我父亲的皮衣上有尾巴。"砍了脚的人的儿子说："唯独我父亲冬天不耗费裤子。"

子绰曰①："人莫能左画方而右画圆也。以肉去蚁，蚁愈多；以鱼驱蝇，蝇愈至。"

桓公谓管仲曰："官少而索者众，寡人忧之。"管仲曰："君无听左右之请，因能而受禄②，录功而与官，则莫敢索官。君何患焉？"

韩宣子曰③："吾马菽粟多矣④，甚臞⑤，何也？寡人患之。"周市对曰⑥："使驺尽粟以食⑦，虽无肥，不可得也。名为多与之，其实少，虽无臞，亦不可得也。主不审其情实，坐而患之，马犹不肥也。"

桓公问置吏于管仲，管仲曰："辩察于辞⑧，清洁于货，习人情，夷吾不如弦商⑨，请立以为大理⑩。登降肃让，以明礼待宾，臣不如隰朋，请立以为大行⑪。垦草仞邑，辟地生粟，臣不如宁戚⑫，请以为大田⑬。三军既成陈⑭，使士视死如归，臣不如公子成父⑮，请以为大司马⑯。犯颜极谏，臣不如东郭牙，请立以为谏臣⑰。治齐，此五子足矣；将欲霸王，夷吾在此。"

【注释】

①子绰：人名，生平不详。

②受：通"授"。

③韩宣子：即韩起，春秋末期晋国的卿。

④菽：豆类的总称。

⑤臞(qú):消瘦。

⑥周市:人名,生平不详。

⑦食:通“饲”,喂养。

⑧辩:通“辨”。

⑨夷吾:管仲的字。弦商:人名,生平不详。

⑩大理:掌管刑狱的官。

⑪大行:官名,掌管礼仪和接待宾客。

⑫宁戚:人名,齐桓公的大臣。

⑬大田:官名,掌管农业。

⑭三军:春秋时,大国一般设有上、中、下三军。陈:通“阵”。

⑮公子成父:一作王子城父,生平不详。

⑯大司马:掌军政的官。

⑰谏臣:掌谏议的官。

【译文】

子绰说:“没有人能同时左手画方而右手画圆。拿肉驱除蚂蚁,蚂蚁越多;用鱼驱散苍蝇,苍蝇更要来。”

齐桓公对管仲说:“官职少而求官的人多,我为此担忧。”管仲说:“君主您不要听从身边近侍的请求,根据人的才能而授予俸禄,根据记录的功劳而给予官职,那么就没有人敢求官了。您还担忧什么呢?”

韩宣子说:“我的马饲料很多,但马很瘦,这是为什么?我对此很忧虑。”周市回答说:“让养马的人把你的饲料全都用在喂马上,即使要马不肥,也不可能。名义上多给马吃,实际上却给得很少,即使不要马瘦,也是不可能的。主人不细致考察真实情况,坐在这里担忧,马还是不会肥。”

齐桓公问管仲怎样安置官吏,管仲说:“对诉讼双方的言辞能分辨清楚,廉洁不贪财物,熟悉人情世故,我不如弦商,请求安排他任大理之职。恭敬谦让地登阶下堂,用恰当的礼仪接待宾客,我不如隰朋,请求安排他任大行之职。开荒充实粮仓,垦田多产粮食,我不如宁戚,请求安排他任大田之职。三军已经摆开阵势,使战士视死如归,我不如公子成父,请求安排他任大司马之职。即使君主脸色已变仍极力劝谏,我不如东郭牙,请求安排他任谏臣之职。治理好齐国,这五个人就够了;如果想要成为霸王,我管仲在这里。"

经五

臣以卑俭为行,则爵不足以观赏;宠光无节,则臣下侵逼。说在苗贲皇非献伯,孔子议晏婴[①]。故仲尼论管仲与孙叔敖。而出入之容变,阳虎之言见其臣也。而简主之应人臣也失主术。朋党相和,臣下得欲,则人主孤;群臣公举,下不相和,则人主明。阳虎将为赵武之贤、解狐之公,而简主以为枳棘,非所以教国也。

【注释】

①孔子议晏婴:孔子议论晏婴的事,"说文"中并未提到,说明原文有脱简。

【译文】

经五

臣下的行为如果谦恭节俭,那么爵位就不足以鼓励他们;君主的尊宠和表扬如果没有节制,那么臣下就会侵害、威胁君主。这种论点的解说在苗贲皇非难孟献伯,孔子议论晏婴这两则故事中。所以孔子要议论管仲和孙叔敖的行为。而在职和出逃的时候态度完全改变,阳虎的这番话说的是他举荐的那些臣子。而赵简子答复阳虎的谈话就失去了君主应该掌握的权术。结成朋党而互相唱和,臣下得以实现他们的私欲,君主就会孤立;群臣出以公心而推荐人才,下面不互相拉拢,君主就能明察。阳虎将要做到赵武那样贤良、解狐那样公正，而赵简子却以为是栽了多刺的枳棘，这不是用来教化国人的道理。

说五

孟献伯相晋[1]，堂下生藿藜[2]，门外长荆棘，食不二味，坐不重席，晋无衣帛之妾[3]，居不粟马，出不从车。叔向闻之[4]，以告苗贲皇[5]。贲皇非之曰："是出主之爵禄以附下也。"

一曰：孟献伯拜上卿[6]，叔向往贺，门有御，马不食禾。向曰："子无二马二舆，何也？"献伯曰："吾观国人尚有饥色，是以不秣马；班白者多以徒行[7]，故不二舆。"向曰："吾始贺子之拜卿，今贺子之俭也。"向出，语苗贲皇曰："助吾贺献伯之俭也。"苗子曰："何贺焉？夫爵禄旗章[8]，所以异功伐别贤不肖也。故晋国之法，上大夫二舆二乘，中大夫二舆一乘，下大夫专乘，此明等级也。且夫卿必有军事，是故修车马，比卒乘[9]，以备戎事。有难则以备不虞，平夷则以给朝事。今乱晋国之政，乏不虞之备，以成节，以絜私名[10]，献伯之俭也可与？又何贺？"

管仲相齐，曰："臣贵矣，然而臣贫。"桓公曰："使子有三归之家[11]。"曰："臣富矣，然而臣卑。"桓公使立于高、国之上[12]。曰："臣尊矣，然而臣疏。"乃立为仲父。孔子闻而非之曰："泰侈逼上。"

一曰：管仲父出，朱盖青衣，置鼓而归，庭有陈鼎，家有三归。孔子曰："良大夫也，其侈逼上。"

孙叔敖相楚[13]，栈车牝马[14]，粝饼菜羹[15]，枯鱼之膳，冬羔裘[16]，夏葛衣[17]，面有饥色，则良大夫也。其俭逼下。

【注释】

①孟献伯:春秋时晋国的卿,以盂为封邑。盂,晋国地名,位于今山西阳曲东北。

②藿藜:藿香和蒺藜,泛指野草。

③晋:通“进”,引申为内。帛:丝织品的总称。

④叔向:即羊舌肸(xī),春秋时晋国大夫。

⑤苗贲皇:春秋时楚国令尹斗椒之子,父亲被杀后逃到晋国,被封于苗,便改姓苗,为晋国大夫。

⑥上卿:最高一级的卿。

⑦班:通“斑”。

⑧旗章:旗帜,古代用来标识职位和身份。

⑨卒乘:指步兵和战车。

⑩絜:通“洁”,清白,光耀。

⑪三归:指将齐国市税(商税)的十分之三归于个人。

⑫高、国:指高傒、国懿仲。高氏和国氏世为齐国上卿,春秋时在齐国贵族中两家地位最高。

⑬孙叔敖:春秋时楚国人,任楚平王的令尹(相当于其他诸侯国的相)。

⑭栈车:竹木做棚的车子,不漆,不张皮革,是士乘的车子。牝马:母马,拉车以公马为贵。

⑮粝:粗糙的米,指次等的粮食。

⑯羔裘:羊皮衣。当时在贵族的穿着中,羊皮袄为次等衣料。

⑰葛衣:葛布衣。当时贵族夏天穿丝绸衣,葛布为低级衣料。

【译文】

说五

孟献伯任晋国的相,院子里长出了藿香和蒺藜,门外生出了荆棘,吃饭时没有两样菜,坐下时不垫双层席,室内没有穿丝织品的妾,在家不用谷子喂马，出门没有副车随从。叔向听说这件事，把它告诉了苗贲皇。苗贲皇非难孟献伯说：“这是抛弃君主的爵禄而讨好下人。”

另一种说法：孟献伯被授予了晋国的上卿，叔向前往祝贺，孟献伯的门前停着车马，马没有带秸秆的谷物吃。叔向说：“你只有一辆车子一匹马，这是为什么？”孟献伯说：“我看国人还有饥饿的气色，所以不用粮食喂马；头发斑白的老人大多数还步行，所以不用两辆车子。”叔向说：“我开始的时候是祝贺你封为上卿，现在要祝贺你的节俭了。”叔向出来，对苗贲皇说：“你帮我去贺孟献伯的节俭。”苗贲皇说：“这有什么可贺的？爵禄和旗帜，是用来标明功劳的大小和区别贤与不贤的。所以晋国的法制规定，上大夫两辆车两辆副车，中大夫两辆车一辆副车，下大夫只有一套车马，这是用来标明等级的。况且卿一定掌管军事，因而要修整车马，训练步兵和战车，以防备战事发生。国家有难的时候就可以防备发生意外，太平时候可以供应上朝议事。现在孟献伯扰乱晋国的政事，缺乏防备意外的手段，而来成就他的节俭，以便光耀他私人的名声，孟献伯的节俭可以吗？又有什么值得庆贺的？”

管仲任齐国的相，说：“我尊贵了，但是我还贫穷。”齐桓公说：“我让你家里拥有齐国十分之三的市租。”管仲说：“我富了，但是我地位还卑下。”齐桓公让管仲的位子放在高氏和国氏之上。管仲说：“我地位尊贵了，但是我和您还不够亲近。”齐桓公便立他为“仲父”。孔子听说后反对说：“太过分了会威胁到君主。”

另一种说法：管仲出行，坐的车是朱红的车盖青色的车衣，回来时敲锣打鼓，院子里陈列大鼎，家里拥有国家十分之三的市租收入。孔子说：“他是个良大夫，但他过分的奢侈威胁到君主。”

孙叔敖在楚国任令尹，乘的是母马拉的简陋的车子，吃的是粗粮米饼野菜汤汁，干鱼膳食，冬天穿羊皮袄子，夏天穿粗布衣裳，脸上有饥色，他的确是一位好大夫。但他的节俭威胁到居下位的人。

阳虎去齐走赵，简主问曰："吾闻子善树人。"虎曰："臣居鲁，树三人，皆为令尹[1]；及虎抵罪于鲁，皆搜索于虎也。臣居齐，荐三人，一人得近王，一人为县令，一人为候吏[2]；及臣得罪，近王者不见臣，县令者迎臣执缚，候吏者追臣至境上，不及而止。虎不善树人。"主俯而笑曰："树橘柚者，食之则甘，嗅之则香；树枳棘者，成而刺人。故君子慎所树。"

中牟无令。晋平公问赵武曰[3]："中牟，吾国之股肱[4]，邯郸之肩髀[5]。寡人欲得其良令也，谁使而可？"武曰："邢伯子可[6]。"公曰："非子之仇也？"曰："私仇不入公门。"公又问曰："中府之令[7]，谁使而可？"曰："臣子可。"故曰："外举不避仇，内举不避子。"赵武所荐四十六人，及武死，各就宾位，其无私德若此也。

平公问叔向曰："群臣孰贤？"曰："赵武。"公曰："子党于师人[8]。"向曰："武立如不胜衣，言如不出口，然所举士也数十人，皆得其意，而公家甚赖之。及武子之生也不利于家，死不托于孤，臣敢以为贤也。"

解狐荐其仇于简主以为相[9]。其仇以为且幸释己也，乃因往拜谢。狐乃引弓迎而射之，曰："夫荐汝，公也，以汝能当之也。夫仇汝，吾私怨也，不以私怨汝之故拥汝于吾君[10]。"故私怨不入公门。

一曰：解狐举邢伯柳为上党守[11]，柳往谢之，曰："子释罪，敢不再拜？"曰："举子，公也；怨子，私也。子往矣，怨子如初也。"

郑县人卖豚[12]，人问其价。曰："道远日暮，安暇语汝。"

【注释】

①令尹:指官吏之长。楚国人称县的行政长官为“县尹”,战国时其他国家称“县令”,鲁国为楚国所灭,故有“令尹”连称的记载。

②候吏:防守边疆的官吏。

③晋平公:春秋时晋国的君主。赵武:又称赵孟,即赵文子,晋平公时晋国执政的卿。

④股:大腿。肱(gōng):胳膊。

⑤邯郸:春秋时晋国地名,位于今河北邯郸西南。髀(bì):大腿的上部。

⑥邢伯子:人名,疑即邢伯柳,曾任晋国的上党守。

⑦中府:即内库。

⑧师人:老师,这里指老上级。

⑨解狐:人名,晋国大夫。

⑩拥:通“壅”,壅塞,蒙蔽。

⑪上党:晋国地名,位于今山西东南部。守:行政长官。

⑫郑县:韩国地名,位于今河南郑州。此段文字,前面没有相应的“经文”,可能属错简所致。

【译文】

阳虎离开齐国逃到赵国,赵简子问他说:“我听说你善于培植人。”阳虎说:“我住在鲁国的时候,栽培了三个人,都做了县令;等到我在鲁国获罪,他们都到处寻找抓我。我住在齐国的时候,推荐了三个人,一个人得以亲近齐王,一个人做了县令,一个人任防守边疆的官员;等到我在齐国获罪,亲近齐王的人不肯见我,做县令的捉拿捆绑我,防守边疆的一直把我追到边境上,没有追上才作罢。我不会栽培人。”赵简子低下头笑着说:“栽柑橘树的人,吃起来甜,闻起来香;栽枳棘树的人,等树长大了反而刺人。所以君子栽培人要慎重。”

中牟县还没有县令。晋平公问赵武说:“中牟,是我国的大腿和胳膊，邯郸的肩膀和髀骨。我希望中牟得到一个好县令，谁可以去担任此职？”赵武说：“邢伯子可以。”晋平公说：“他不是你的仇人吗？”赵武说：“私家的仇怨不带到公事中来。”晋平公又问：“中府令这个职位，谁可以来担任？”赵武说：“我的儿子可以。”所以说：“对外举荐不避开仇人，对内举荐不避开儿子。”赵武所推荐的四十六个人，到他死后，都坐在吊唁的客位上，他就是这样不培植私人的恩德。

晋平公问叔向说：“群臣中哪个最贤德？”叔向说：“赵武。”晋平公说：“赵武是你的老上级，你和他结党了。”叔向说：“赵武站着好像连衣服都负担不了，讲话时木讷得好像说不出话来，但他所推荐的士人有好几十个，都合乎他的本意，而国家很信赖这些人。当赵武活着的时候不利用他们为赵家谋利，死去的时候不将孤儿委托他们照顾，我敢认为他贤德。”

解狐向赵简子推荐他的仇人去做相室。他的仇人认为这可能是他幸好消除了对自己的仇怨，便趁机前去拜谢解狐。解狐于是拉开弓迎头向仇人射去，说：“我推荐你，是为了公事，因为你能担当这个职务。我对你有仇，这是我的私怨，不因为与你有私怨的原因而堵塞君主任用你的道路。”所以说私怨不带到公事中来。

另一种说法：解狐推荐邢伯柳担任上党守，邢伯柳前去感谢，说：“你消解了我的罪，敢不对你拜了又拜？”解狐说：“推荐你，是为了公；仇恨你，是为了私。你走吧，我和原先一样怨恨你。”

郑县人卖猪，有人问他价钱。这个人说：“路远而天又晚了，我哪有空闲告诉你。”

经六

公室卑则忌直言，私行胜则少公功。说在文子之直言，武子之用杖；子产忠谏，子国谯怒[①]；梁车用法而成侯收玺；管仲以公而国人谤怨。

【注释】

①谯：同“诮”，责骂。

【译文】

经六

公室衰弱就忌讳直言，谋私的行为盛行就没有人为国立功。这种论点的解说在范文子直言，范武子用手杖打他；子产忠心进谏，他的父亲子国怒责他；梁车依法处罚了自己的姐姐而赵成侯收走了他的官印；管仲以公心坦率答言而守边的官吏却因此怨恨，这几则故事之中。

说六

范文子喜直言[①]，武子击之以杖：“夫直议者不为人所容，无所容则危身。非徒危身，又将危父。”

子产者[②]，子国之子也[③]。子产忠于郑君，子国谯怒之曰：“夫介异于人臣，而独忠于主。主贤明，能听汝；不明，将不汝听。听与不听，未可必知，而汝已离于群臣。离于群臣，则必危汝身矣。非徒危己也，又且危父也。”

梁车新为邺令[④]，其姊往看之，暮而后，门闭，因逾郭而入。车遂刖其足。赵成侯以为不慈[⑤]，夺之玺而免之令。

管仲束缚，自鲁之齐，道而饥渴，过绮乌封人而乞食[⑥]。乌封人跪而食之，甚敬。封人因窃谓仲曰：“适幸，及齐不死而用齐，将何报我？”曰：“如子之言，我且贤之用，能之使，劳之论。我何以报子？”封人怨之。

【注释】

①范文子：即范燮，一作士燮，晋国的卿；其父范武子，一作士会，也

是晋国的卿。

②子产:即公孙侨,曾任郑国的相。

③子国:春秋时郑国执政的卿,子产的父亲。

④梁车:人名,生平不详。

⑤赵成侯:战国初期赵国的君主。

⑥绮乌:春秋时鲁国地名,所在不详。封人:守卫边界的官吏。

【译文】

说六

范文子喜欢直言,范武子用手杖打他:“说直话的人不被别人所容纳,没有人容纳就会危及你自身。不只是危及你自身,还将危及你的父亲。”

子产是子国的儿子。子产忠于郑国的君主,子国怒责他说:“你独特地不同于一般的臣子,而唯独忠于君主。君主贤明,还能听从你的劝谏;如果不贤明,将不会听从你的劝谏。听不听从你的劝谏,还不一定能知道,而你已经远离了群臣。远离了群臣,一定会危及你自身。不只是危及你自己,而且会危及你的父亲。”

梁车刚刚担任邺县县令,他的姐姐来看望他,天黑来迟,城门关上了,她便翻过外城进入城中。梁车于是处罚她砍掉了她的脚。赵成侯认为梁车太不仁慈,夺了梁车的官印免除了他的职务。

管仲被捆绑起来,从鲁国送到齐国,路上又饥又渴,经过绮乌守卫边界的官吏那里向他讨饭吃。绮乌守卫边界的官吏跪着给管仲饭吃,很恭敬。守卫边界的官吏私下对管仲说:“如果偶尔幸运,你到齐国不死而掌了权,你将用什么来报答我?”管仲说:“如果能像你所说的那样,我将任用贤德的人,使用有才能的人,评定有功劳的人。我用什么来报答你呢?”守卫边界的官吏因而怨恨管仲。

外储说右上

【题解】

本文包括三部分，分别阐述君主运用势、术、法控制臣下的道理。“经一”、“说一”集中宣扬势治思想，认为君主必须牢牢掌握权势，对臣下“势不足以化则除之”，即对赏、罚、誉、毁都不起作用的官吏要坚决铲除，从而“蚤绝奸之萌”，把危险消灭在萌芽状态，使臣下不得不“利君之禄、服上之名”，置于君主的绝对控制之下。“经二”、“说二”继承并发展了申不害的术治理思想，说明君主治国必须掌握术，做到申不害所说的“六慎”和“独断”，为防止奸臣钻空子，君主应好恶不现，使臣下窥测不到真实意图，最后归结到：能独断者，故可以为天下主。“经三”、“说三”主要阐述了“法行所爱，不避亲贵”的法治学说，并且进一步明确要“信赏必罚”，主张一切按法办事，对“猛狗”、“社鼠”一样的奸臣要彻底铲除。

本文先总挈大纲，再分叙条目，在“经”中陈述观点，然后在“说”中举历史故事来加以证明。全文观点鲜明，层次分明，说理形象，文风冷峻。

君所以治臣者有三[①]：

经一

势不足以化则除之。师旷之对[②]，晏子之说[③]，皆舍势之易也而道行之难，是与兽逐走也，未知除患。患之可除，在子夏之说《春秋》也[④]；“善持势者，蚤绝其奸萌[⑤]。”故季孙让仲尼以遇势[⑥]，而况错之于君乎[⑦]？是以太公望杀狂矞[⑧]，而臧获不乘骥[⑨]。嗣公知之[⑩]，故不驾鹿；薛公知之[⑪]，故与二栾博[⑫]。此皆知同异之反也。故明主之牧臣也，说在畜乌。

【注释】

①三：指势、术、法。

②师旷：人名，春秋时晋国著名的乐师。

③晏子：即晏婴，字平仲，齐景公的相。

④子夏：即卜商，春秋时卫国人，孔子的学生。

⑤蚤：通“早”，及早，趁早。下文凡“蚤”皆同此。

⑥季孙：季康子，名肥，春秋时鲁国执政大臣。仲尼：孔子的字。

⑦错：通“措”，安置。

⑧太公望：即吕尚，又称姜尚、姜子牙，周初贤臣。狂矞(yù)：人名，生平不详。

⑨臧获：奴婢。臧为奴，获为婢。

⑩嗣公：即卫嗣公，一作卫嗣君，战国时卫国的君主。

⑪薛公：指孟尝君田文。田文封于薛(位于今山东滕州南)，薛公是他的封号。

⑫栾：通“孪”。

【译文】

君主用来控制臣下的办法有三种：

经一

权势不能使其驯化的臣下就要除掉他。师旷的回答、晏婴的议论，都舍弃了利用权势这种易行的办法，而控制臣下的办法实行起来很难，这如同和野兽赛跑一样，不知道除掉祸患。祸患可以除掉，子夏在解说《春秋》时就说过："善于掌握权势的君主，及早杜绝臣下作奸的苗头。"所以，季康子因孔子的门徒滥用了和他对等的权势而指责孔子，何况把这样的事移用于君主呢？因此，吕尚杀掉不为君主所用的狂矞，就像奴婢不乘不听使唤的良马一样。卫嗣公懂得除掉祸患这个道理，所以用鹿不能驾车来说明不能任如耳为相；孟尝君懂得这个道理，所以在和一对双胞胎兄弟赌博时用权势来收服他们。这些都是懂得君臣之间利害相反的表现。所以英明的君主懂得控制臣下，这一论点的说明在驯养乌鸦的故事中。

说一

赏之誉之不劝，罚之毁之不畏，四者加焉不变，则其除之。

齐景公之晋[①]，从平公饮[②]，师旷侍坐。景公问政于师旷曰："太师将奚以教寡人[③]？"师旷曰："君必惠民而已。"中坐，酒酣，将出，又复问政于师旷曰："太师奚以教寡人？"曰："君必惠民而已矣。"景公出之舍，师旷送之，又问政于师旷。师旷曰："君必惠民而已矣。"景公归，思，未醒，而得师旷之所谓——公子尾、公子夏者[④]，景公之二弟也，甚得齐民，家富贵而民说之[⑤]，拟于公室，此危吾位者也。今谓我惠民者，使我与二弟争民耶？——于是反国[⑥]，发廪粟以赋众贫，散府余财以赐孤寡[⑦]，仓无陈粟，府无余财，宫妇不御者出嫁之，七十受禄米[⑧]。鬻德惠施于民也，已与二弟争[⑨]。居二年，二弟出走，公子夏逃楚[⑩]，公子尾走晋。

景公与晏子游于少海，登柏寢之台而还望其国[⑪]，曰：

"美哉！泱泱乎，堂堂乎！后世将孰有此？"晏子对曰："其田成氏乎[12]！"景公曰："寡人有此国也，而曰田成氏有之，何也？"晏子对曰："夫田成氏甚得齐民。其于民也，上之请爵禄行诸大臣，下之私大斗斛区釜以出贷[13]，小斗斛区釜以收之。杀一牛，取一豆肉[14]，余以食士[15]。终岁，布帛取二制焉[16]，余以衣士。故市木之价，不加贵于山；泽之鱼盐龟鳖赢蚌[17]，不贵于海。君重敛，而田成氏厚施。齐尝大饥，道旁饿死者不可胜数也，父子相牵而趋田成氏者不闻不生。故秦周之民相与歌之曰[18]：'讴乎，其已乎！苞乎，其往归田成子乎！'《诗》曰：'虽无德与女[19]，式歌且舞。'今田成氏之德而民之歌舞，民德归之矣。故曰：'其田成氏乎！'"公泫然出涕曰："不亦悲乎！寡人有国而田成氏有之。今为之奈何？"晏子对曰："君何患焉？若君欲夺之，则近贤而远不肖，治其烦乱，缓其刑罚，振贫穷而恤孤寡，行恩惠而给不足，民将归君，则虽有十田成氏，其如君何？"

或曰：景公不知用势，而师旷、晏子不知除患。夫猎者，托车舆之安，用六马之足，使王良佐辔[20]，则身不劳而易及轻兽矣。今释车舆之利，捐六马之足与王良之御，而下走逐兽，则虽楼季之足无时及兽矣[21]。托良马固车，则臧获有余。国者，君之车也；势者，君之马也。夫不处势以禁诛擅爱之臣，而必德厚以与天下齐行以争民，是皆不乘君之车，不因马之利，舍车而下走者也。故曰：景公不知用势之主也，而师旷、晏子不知除患之臣也。

子夏曰："《春秋》之记臣杀君、子杀父者[22]，以十数矣。

皆非一日之积也，有渐而以至矣。”凡奸者，行久而成积，积成而力多，力多而能杀，故明主蚤绝之。今田常之为乱，有渐见矣㉓，而君不诛。晏子不使其君禁侵陵之臣，而使其主行惠，故简公受其祸㉔。故子夏曰：“善持势者，蚤绝奸之萌。”

【注释】

①齐景公：名杵臼，春秋时齐国的君主。晋：诸侯国名，范围包括今山西大部和河南、河北、陕西的部分地区。

②平公：指晋平公，名彪，春秋时晋国的君主。

③太师：古代对乐官的称呼，这里指师旷。

④公子尾、公子夏：两人都是齐惠公的后代，齐景公的同族兄弟。

⑤说：同“悦”，喜欢。下文“卫嗣公说而叹息”之“说”同此。

⑥反：同“返”，返回。

⑦孤：指幼年丧父的人。寡：指丈夫已死的妇女。

⑧受：通“授”，给予。

⑨已：通“以”，用来。

⑩楚：诸侯国名，范围包括今湖北全部和湖南、江西、安徽、河南等的部分地区。

⑪柏寝：齐国地名，位于今山东博兴西北。

⑫田成氏：即田成子，名田常，春秋末期齐国执政大臣。

⑬斗斛(hú)区(ōu)釜(fǔ)：都是齐国量器的名称，十升为一斗，十斗为一斛，一斗六升为一区，六斗四升为一釜。

⑭豆：古代盛肉的器皿，形似后代的高脚盘。

⑮食：通“饲”，供养。

⑯制：古代布帛长度单位，一制分两端，一端为一丈八尺，共三丈

六尺。

⑰蠃:通“螺”。

⑱秦周:齐国城门名,这里用来指齐国首都。

⑲女:通“汝”,你。

⑳王良:春秋末期晋国人,以善于驾车出名。

㉑楼季:战国时魏文侯的弟弟,善于奔跑和跳跃。

㉒《春秋》:鲁国官方的编年史,后经孔子修改,成为儒家的经典。

㉓见:同“现”,现出,显露。

㉔简公:指齐简公,名任,春秋末期齐国君主。

【译文】

说一

奖赏、称赞不能使他受到鼓励,惩罚、谴责不能使他感到畏惧,赏、誉、罚、毁加到身上他都无动于衷,这样的臣子就应当除掉。

齐景公到晋国去,同晋平公一起宴饮,师旷陪坐一旁。齐景公向师旷请教如何治理国事,说:“太师要用什么来教导我呢?”师旷说:“君主一定要给民众施恩惠罢了。”饮酒中途,酒兴已浓,将要离开之际,景公又再次向师旷请教如何治理国事,说:“您用什么来训导我呢?”师旷说:“君主一定要给民众施恩惠罢了。”景公离开宴席到馆舍去,师旷送他,他又向师旷请教如何治理国事。师旷说:“君主一定要给民众施恩惠罢了。”景公回到馆舍,思考着这个问题,酒还没醒,就懂得了师旷所说的意思——公子尾、公子夏是景公的两个弟弟,很得齐国民众的心,他们的私家富贵民众很喜欢,可以和公室相比,这是危害我的君位的事情。现在要我向民众施恩惠,是不是让我和两个弟弟争夺民众呢?——于是返回齐国,发放粮仓中的粮食给那些贫困的民众,将贮藏的财物赐给那些无依无靠的人,粮仓中没有陈年的粮食,府库中没有多余的财物,君主没有亲幸过的宫女就嫁出去,七十岁以上的人,分给他粮食。给民众布施仁德恩惠,用来和公子尾、公子夏这两个弟弟争夺民众。过了两年，两个弟弟从国内逃跑，公子夏逃到了楚国，公子尾逃到了晋国。

齐景公同晏婴出游到了渤海，景公登上柏寝台向四面眺望自己的国家，说："美啊！恢弘盛大啊！雄伟壮观啊！后世谁会拥有这个国家呢？"晏婴回答说："恐怕是田成子吧！"景公说："我拥有这个国家，而你却说田成子将拥有它，为什么？"晏婴回答说："田成子很得齐国民众的心。他对待民众，对上向君主请求爵禄赐给大臣，对下私自扩大量器借出，而缩小量器收回。杀一头牛，自己只取一豆肉，剩下的都给士人吃。一年的布帛，自己只取二制，剩下的都给士人穿。所以集市上木头的价格不比山上的更贵，湖泊里的鱼、盐、龟、鳖、螺、蚌的价格不比海边的贵。君主重视征集财物，田成子却看重布施恩惠。齐国曾经出现严重饥荒，饿死在路边的人不计其数，父子拉扯着投奔田成子的，没有听说不能活下去的。所以齐国都城的民众都在为他歌唱：'呜呼，算了吧！盛大啊，归向田成子吧！'《诗经》上说：'虽然没有恩德施给你们，你们却为我载歌载舞。'现在田成子向民众布施恩惠而民众为他又歌又舞，民众因恩德而归向他了，所以说：'恐怕是田成子吧！'"齐景公眼泪夺眶而出，哭着说："这不是叫人太悲痛了吗！我享有的这个国家将被田成子占有。现在该怎么办呢？"晏婴回答说："您何必担忧呢？如果您想夺回它，就亲近有德才的人而疏远德才不好的人，整顿混乱的局面，放宽刑罚，救济贫穷，抚恤孤寡，施行恩惠，资助不富足的人，民众就会归心于您，那么即使有十个田成子，又能把您怎么样呢？"

有人说：齐景公不懂得利用权势，而师旷、晏婴不懂得除掉祸患。打猎的人凭借车子的安稳，依靠六匹马的脚力，让王良帮忙驾车，那么自身毫不费力就可轻易地追上动作敏捷的野兽了。现在放弃车子的便利，舍弃六匹马的足力和王良的驾驭，却下车跑步追逐野兽，那么即使有楼季的足力也不会有追赶上野兽的时候。依靠好马和稳固的车子，就是奴婢驾车追赶野兽，力量也会有余。国家好比君主的车，权势好比君主的马。不运用权势来限制和处罚那些擅自施行私恩的臣子，而一定要用深厚的恩惠来和一般人用同样的做法去争取民众，这样的做法都像是不利用君主的车子，不依仗马的便利，丢掉车子而下车跑路一样。所以说：齐景公是不懂得运用权势的君主，而师旷、晏婴是不懂得除掉祸患的臣子。

子夏说：“《春秋》记载的臣下杀君主、儿子杀父亲的事，数以十计。这都不是一天的积累，而是逐渐积累达到这样结果的。”凡是奸人，阴谋活动的时间长了，他们的势力就有所积累；积累多了，力量就大；力量大了，就能够谋杀君主，所以英明的君主应该及早消灭他们。现在田成子作乱，已有苗头逐渐显露，君主却不诛杀他。晏婴不让他的君主除掉有越轨犯上行为的臣下，却让他们的君主施行恩惠，所以致使齐简公遭受祸害。所以子夏说：“善于掌握权势的人，要及早杜绝奸邪的苗头。”

季孙相鲁，子路为郈令[①]。鲁以五月起众为长沟，当此之为，子路以其私秩粟为浆饭，要作沟者于五父之衢而餐之[②]。孔子闻之，使子贡往覆其饭[③]，击毁其器，曰：“鲁君有民，子奚为乃餐之？”子路佛然怒，攘肱而入，请曰：“夫子疾由之为仁义乎[④]？所学于夫子者，仁义也；仁义者，与天下共其所有而同其利者也。今以由之秩粟而餐民，不可何也？”孔子曰：“由之野也！吾以女知之[⑤]，女徒未及也。女故如是之不知礼也[⑥]！女之餐之，为爱之也。夫礼，天子爱天下，诸侯爱境内，大夫爱官职，士爱其家，过其所爱曰侵。今鲁君有民而子擅爱之，是子侵也，不亦诬乎！”言未卒，而季孙使者至，让曰：“肥也起民而使之[⑦]，先生使弟子令徒役而餐之，将夺肥之民耶？”孔子驾而去鲁。以孔子之贤，而季孙非鲁君也，以人臣之资，假人主之术，蚤禁于未形，而子路不得行其私惠，而害不得生，况人主乎！以景公之势而禁田常之侵也，则必无劫弑之患矣。

【注释】

①子路：又称季路，即仲由，春秋时鲁国人，孔子的学生。郈(hòu)：鲁国地名，叔孙的封邑，位于今山东东平东南。

②五父之衢：一条交通大道，在鲁国都城曲阜东南。

③子贡：即端木赐，春秋时卫国人，孔子的学生。

④夫子：对孔子的尊称。由：子路自称。

⑤女：通“汝”，你。下同。

⑥故：通“固”，原来。

⑦肥：季孙自称。

【译文】

季康子为鲁国的相，子路为郈县令。鲁国用五个月时间发动民众开挖长沟，在工役进行的过程中，子路用他自己的俸禄所得的粮食做成稀饭，邀请开挖长沟的人到五父之衢来吃。孔子听说了这件事，让子贡去倒掉他的饭，砸烂盛饭的器皿，说：“这些民众是属于鲁国君主的，你为什么给他们饭吃？”子路勃然大怒，卷起衣衫露出胳膊闯入孔子居住的地方，问道：“您憎恨我施行仁义么？我从您那里学到的就是仁义；所谓仁义，就是与天下的人共同享有自己所有的东西，共同享受自己的利益。现在拿我俸禄所得的粮食给民众吃，您却不允许，为什么？”孔子说：“仲由这样粗野啊！我以为你已懂得这个道理了，你却不懂得。你原来是这样不懂礼！你给他们饭吃，是爱他们。所谓礼，是指天子爱全天下的人，诸侯爱国境内的人，大夫爱官职所辖范围内的人，士爱他的家人，逾越了界限去爱就是侵犯。现在是鲁国君主统治下的民众，而你擅自去爱他们，这样你就冒犯了君主，不也是胆大妄为吗！”话没说完，季康子派来的人就到了，责备孔子说：“我发动民众驱使他们，先生让弟子给徒役饭吃，是想夺取我的民众吗？”孔子驾车离开了鲁国。以孔子的贤明，而季康子又不是鲁国的君主，以臣子的身份，凭借君主的权术，在危害还没有形成之前及早杜绝，于是子路不能施行个人的恩惠，而危害也不致发生，何况君主呢！用齐景公的权势去禁止田成子争取民众的越轨行为，就一定不会出现被劫杀的祸患了。

太公望东封于齐，齐东海上有居士曰狂矞、华士昆弟二人者立议曰①：“吾不臣天子，不友诸侯，耕作而食之，掘井而饮之，吾无求于人也。无上之名，无君之禄，不事仕而事力。”太公望至于营丘②，使吏执杀之以为首诛。周公旦从鲁闻之③，发急传而问之曰：“夫二子，贤者也。今日飨国而杀贤者④，何也？”太公望曰：“是昆弟二人立议曰：‘吾不臣天子，不友诸侯，耕作而食之，掘井而饮之，吾无求于人也。无上之名，无君之禄，不事仕而事力。’彼不臣天子者，是望不得而臣也；不友诸侯者，是望不得而使也；耕作而食之，掘井而饮之，无求于人者，是望不得以赏罚劝禁也。且无上名，虽知⑤，不为望用；不仰君禄，虽贤，不为望功。不仕，则不治；不任，则不忠。且先王之所以使其臣民者，非爵禄则刑罚也。今四者不足以使之，则望当谁为君乎？不服兵革而显，不亲耕耨而名，又非所以教于国也。今有马于此，如骥之状者，天下之至良也。然而驱之不前，却之不止，左之不左，右之不右，则臧获虽贱，不托其足。臧获之所愿托其足于骥者，以骥之可以追利辟害也⑥。今不为人用，臧获虽贱，不托其足焉。已自谓以为世之贤士而不为主用，行极贤而不用于君，此非明主之所臣也，亦骥之不可左右矣，是以诛之。”

一曰：太公望东封于齐。海上有贤者狂矞，太公望闻之往请焉，三却马于门而狂矞不报见也，太公望诛之。当是时也，周公旦在鲁，驰往止之，比至，已诛之矣。周公旦曰：“狂矞，天下贤者也，夫子何为诛之？”太公望曰：“狂矞也议不臣天子，不友诸侯，吾恐其乱法易教也，故以为首诛。今有马于此，形容似骥也，然驱之不往，引之不前，虽臧获不托足于其轸也。”

【注释】

①华士：人名，生平不详。

②营丘：古代地名，位于今山东淄博东北。周初封姜尚于齐，定营丘为国都。

③周公旦：即姬旦，周武王的弟弟，被封于周（位于今陕西岐山东北），所以称为周公。

④飨：通“享”，享有。

⑤知：同“智”。

⑥辟：通“避”，避免。

【译文】

吕尚受封于东边的齐国，齐国东部的渤海边有隐居的士人，名叫狂矞、华士的兄弟二人确定宗旨，声称：“我们不臣服于天子，不结交诸侯，吃自己耕种出来的粮食，喝自己挖出的井水，我们没有什么要求助于他人的。不要君主给的名位，不要君主给的俸禄，不做官而从事体力劳动。”吕尚到了营丘，就把他们当成首先惩办的对象派官吏捉拿并杀掉了。周公从鲁国听说了这件事，派出传递紧急公文的信使去询问说：“狂矞、华士二人，是有德才的人，现在您享有封国杀掉他们，为什么？”

吕尚说:“这兄弟二人确定宗旨声称:‘我们不臣服于天子,不结交诸侯,吃自己耕种出来的粮食,喝自己挖出的井水,我们没有什么要有求于人。不要君主给的名位,不要君主给的俸禄,不做官而从事体力劳动。’他们不臣服于天子,这样我就不可能让他们臣服;不结交诸侯,这样我就不能驱使他们;吃自己耕种出来的粮食,喝自己挖出的井水,没有什么有求于人,这样我就不能用奖赏、惩罚来勉励和约束他们。而且他们不要君主给的名位,即使聪慧,也不能为我所用;不仰仗君主授予的俸禄,即使贤明,也不能为我立功。不愿意做官,就无法管教;不接受任用,就对上不忠。况且古代君王用来驱使臣民的,不是爵禄就是刑罚。现在爵、禄、刑、罚都不能用来驱使他们,那么我将做谁的主子呢?不打仗立功而显贵,不耕田种地而出名,也不是用来教化国人的办法。现在这里有一匹马,样子像匹好马,像天下最好的马。然而赶它不前进,拉它又不停止,让它向左它不往左,让它向右它不往右,那么奴婢虽然卑贱,也不会依托它的足力。奴婢希望把足力寄托于良马的原因在于借助良马可以趋利避害。现在它不听人使唤,奴婢虽然卑贱,也不会依托它的足力。这样,狂矞、华士自以为是世上的贤人却不愿为君主所用,自以为行为好到了极点,却不肯为君主效劳,这不是英明的君主可以用来作臣子的人,也就如同良马不听使唤一样,因此要杀掉他们。”

又一种说法:吕尚受封于东边的齐国。渤海边上有位贤人名叫狂矞,吕尚听说了他就登门求见,多次上门拜访但狂矞都不答应见面,吕尚就把他杀掉。此时,周公在鲁国,一路奔驰前来阻止这件事,周公刚到,吕尚已把狂矞杀掉了。周公说:“狂矞是天下知名的贤人,您为什么把他杀掉?”吕尚说:“狂矞主张不臣服于天子,不结交诸侯,我担心他会扰乱法令,改易教令,所以把他作为首先要诛杀的人。现在有马在这里,样子很像良马,然而赶它不走动,拉它不前进,即使是奴婢也不会把脚力寄托于它拉的车子。”

如耳说卫嗣公[①]，卫嗣公说而太息。左右曰："公何为不相也？"公曰："夫马似鹿者而题之千金，然而有千金之马而无千金之鹿者，马为人用而鹿不为人用也。今如耳，万乘之相也[②]，外有大国之意，其心不在卫，虽辨智[③]，亦不为寡人用，吾是以不相也。"

薛公之相魏昭侯也[④]，左右有栾子者曰阳胡、潘其[⑤]，于王甚重，而不为薛公。薛公患之，于是乃召与之博，予之人百金，令之昆弟博；俄又益之人二百金。方博有间，谒者言客张季之子在门[⑥]，公怫然怒，抚兵而授谒者曰："杀之！吾闻季之不为文也。"立有间，时季羽在侧，曰："不然。窃闻季为公甚，顾其人阴未闻耳。"乃辍不杀客，大礼之，曰："曩者闻季之不为文也，故欲杀之；今诚为文也，岂忘季哉！"告廪献千石之粟，告府献五百金，告驺私厩献良马固车二乘，因令奄将宫人之美妾二十人并遗季也[⑦]。栾子因相谓曰："为公者必利，不为公者必害，吾曹何爱不为公？"因私竞劝而遂为之。薛公以人臣之势，假人主之术也，而害不得生，况错之人主乎[⑧]！

夫驯乌者断其下翎焉。断其下翎，则必恃人而食，焉得不驯乎？夫明主畜臣亦然，令臣不得不利君之禄，不得无服上之名。夫利君之禄，服上之名，焉得不服？

【注释】

①如耳：人名，魏国大夫，后到卫国做官。

②万乘：万辆兵车，泛指大国。乘，兵车，包括一车四马。

③辨：通"辩"，有口才。

④魏昭侯：即魏昭王，名遬(sù)，战国时魏国君主。

⑤阳胡、潘其：都是人名，生平不详。

⑥谒者：主管通报、接待工作的小官。张季：人名，生平不详。

⑦奄：通“阉”，宦官。

⑧错：通“措”，安置。

【译文】

如耳游说卫嗣公，卫嗣公感到高兴但深为叹息。嗣公身边的侍从说：“您为什么不任用如耳为相呢？”嗣公说：“一匹像鹿一样的马可以标价千金，然而有价值千金的马却没有价值千金的鹿，因为马能为人所用而鹿却不能为人所用。现在如耳是做大国之相的人才，有到外面大国谋职的心意，他的心不在卫国，即使有辩才和智谋，也不能为我所用，我因此不任他为相。”

孟尝君做魏昭王的相时，昭王身边的侍从中有一对双胞胎兄弟叫阳胡、潘其，很受魏王的爱重，但不肯替孟尝君效力。孟尝君对此感到忧虑，于是就召他们来赌博，给他们每人一百金，让他们兄弟二人赌；一会儿又给每人增加二百金。刚赌一会儿，负责通报工作的人说门客张季的儿子在门口，孟尝君勃然大怒，拿出兵器给报信的人说：“杀掉他！我听说张季不肯为我效力。”过了一会儿，当时身边的人中有张季的党羽，说：“不是这样的。我听说张季为您很出力，只是他暗中出力您没有听说过罢了。”孟尝君于是不杀来客，并给予他非常隆重的礼遇，说：“以前听说张季不肯为我效力，所以打算杀掉他；现在得知他确实在替我效力，我哪能忘记他！”并吩咐管理粮仓的人送给他千石粮食，吩咐管理财物仓库的人送给他五百金，吩咐养马的人从自己的马棚里献出好马和坚固的车子共二乘，还命令宦官把宫中的美女二十人一并送给张季。阳胡、潘其兄弟于是彼此说：“肯为薛公效力的人必定获利，而不肯为薛公效力的必将有祸害，我们顾惜什么而不为薛公效力呢？”因此私下争相劝勉而终于肯替孟尝君效力了。孟尝君凭着人臣的势位，假借君主的权术，使祸害不能发生，何况移用于君主呢？

驯养乌鸦的人剪断它的翅膀和尾巴下边的羽毛。剪断了它翅膀和尾巴下边的羽毛，乌鸦就必须靠人给它东西吃，怎能不驯服呢？英明的君主蓄养臣子也是这样的，使臣子不得不贪图君主给他的俸禄，不能不服役于君主给他的名位。贪图君主所给的俸禄，服役于君主所给的名位，怎么能不驯服呢？

经二

人主者，利害之轺毂也，射者众，故人主共矣。是以好恶见则下有因①，而人主惑矣；辞言通则臣难言，而主不神矣。说在申子之言"六慎"②，与唐易之言弋也③。患在国羊之请变④，与宣王之太息也⑤。明之以靖郭氏之献十珥也⑥，与犀首。甘茂之道穴闻也⑦。堂谿公知术⑧，故问玉卮；昭侯能术⑨，故以听独寝。明主之道，在申子之劝"独断"也。

【注释】

①见：同"现"，表现出。下文"明见"、"知见"之"见"同此。

②申子：指申不害（约前385—前337年），法家代表人物，曾任韩昭侯的相，主张用术驾驭臣下。

③唐易：即唐易鞠，人名，生平不详。

④国羊：人名，生平不详。

⑤宣王：指韩宣王，即韩宣惠王，战国时韩国君主。

⑥靖郭氏：指靖郭君，即田婴，孟尝君田文的父亲。田婴后封于薛，所以又称薛公。

⑦犀首：官名，这里指公孙衍，战国时魏国人，纵横家中合纵派的著名人物。甘茂：战国时楚国下蔡人，曾与樗里疾分别担任秦武王

的左右相。

⑧堂谿公：春秋末期楚国所封的一个吴国逃亡贵族。这里所记的堂谿公，当是这个贵族的后代。

⑨昭侯：指韩昭侯，战国中期韩国君主。

【译文】

经二

君主，就像是利害积聚的车毂，众人追求利益的欲望都像辐条射向车毂一样投向他，所以君主成了群臣共同对准的目标。因此，君主如果表现出爱憎，就会被臣下利用而投其所好，这样君主就受迷惑了；君主如果把听到的话泄露出去，臣下就难以向君主进言，君主就不会神明了。上述论点的说明表现在申不害讲君主应该在六个方面谨慎小心，以及唐易鞠谈论射飞禽必须谨慎两则故事中。祸患体现于国羊用表示悔改来试探君主对他的态度，以及韩宣王的侍者从宣王的叹息中窥探到他的态度两则故事中。靖郭君用献十个玉珥的办法测试齐威王爱哪个妾，甘茂派人从小洞偷听到秦惠王的话因而陷害公孙衍，通过这两个事例就表明了这种观点。堂谿公懂得术，所以通过问韩昭侯没有底的玉杯是否可用来说明君主不能把臣下的话泄露出去；韩昭侯能用术，所以才听取堂谿公的话而单独睡觉。英明君主的治国原则，表现在申不害劝说君主遇事要能独断的议论中。

说二

申子曰："上明见，人备之；其不明见，人惑之。其知见，人饰之；不知见，人匿之。其无欲见，人司之[1]；其有欲见，人饵之。故曰：吾无从知之，惟无为可以规之[2]。"

一曰：申子曰："慎而言也，人且知女[3]；慎而行也，人且随女。而有知见也[4]，人且匿女；而无知见也，人且意女。女有知也，人且臧女[⑤]；女无知也，人且行女。故曰：惟无为可以规之。”

【注释】

①司：通“伺”，侦察，探测。

②规：通“窥”，窥测。

③女：通“汝”，你。下文凡言“女”皆同此。

④知：同“智”。下文“有知”、“无知”之“知”皆同此。

⑤臧：通“藏”，躲避。

【译文】

说二

申不害说：“君主的明察显露出来，人们就会防备他；君主的糊涂显露出来，人们就会迷惑他。君主的智慧显露出来，人们就会美化他；君主的愚蠢显露出来，人们就会隐瞒他。君主没有什么欲望显露出来，人们就会窥探他；君主有欲望显露出来，人们就要引诱他。所以说：我没有办法知道它，只有无为可以窥测它。”

又一种说法：申不害说：“你的言论谨慎，人们将会探测你；你的行为谨慎，人们将会跟从你。你的智慧显露出来，人们将躲开你；你的愚蠢显露出来，人们将算计你。你有智慧，人们将躲避你；你没有智慧，人们将对你采取行动。所以说：只有无为可以窥测它。”

田子方问唐易鞠曰[①]：“弋者何慎？”对曰：“鸟以数百目视子，子以二目御之，子谨周子廪。”田子方曰：“善。子加之弋，我加之国。”郑长者闻之曰[②]：“田子方知欲为廪，而未得所以为廪。夫虚无无见者，廪也。”

一曰：齐宣王问弋于唐易子曰[③]：“弋者奚贵？”唐易子

曰:“在于谨廪。”王曰:“何谓谨廪?”对曰:“鸟以数十目视人,人以二目视鸟,奈何不谨廪也?故曰‘在于谨禀’也。”王曰:“然则为天下何以为此廪?今人主以二目视一国,一国以万目视人主,将何以自为廪乎?”对曰:“郑长者有言曰:‘夫虚静无为而无见也。’其可以为此廪乎!”

【注释】

①田子方:名无择,战国时魏文侯之师。

②郑长者:人名,战国初期的道家人物。

③齐宣王:名辟疆,战国时齐国君主。

【译文】

田子方问唐易鞠说:“射鸟的人要谨慎对待的是什么?”唐易鞠回答说:“鸟用几百只眼睛看着你,你用两只眼睛防备它们,你要谨慎地严密封闭你的谷仓。”田子方说:“好。你把这个道理用在射鸟上,我把它用在治理国家上。”郑长者听说了这件事后说:“田子方知道要守护谷仓,却不知道守护谷仓的办法。虚静无为不显露自己的欲望,才能守护谷仓。”

又一种说法:齐宣王向唐易鞠询问射鸟的事说:“对射鸟的人来说什么最重要?”唐易鞠说:“重要的是谨慎地守护粮仓。”齐宣王问:“什么叫谨慎地守护粮仓?”唐易鞠回答说:“鸟用几十只眼睛看人,人用两只眼睛看鸟,怎么能不谨慎地守护粮仓呢?所以说:‘重要的是守护粮仓。’”齐宣王说:“那么用什么方法像守护粮仓那样来守护国家呢?现在君主用两只眼睛看全国,而全国的人用上万只眼睛看着君主,将用什么方法像守护粮仓那样自去守护国家呢?”唐易鞠回答说:“郑长者有句话是:‘虚静无为不显露自己的欲望。’这就差不多可以防卫国家这一粮仓了吧!”

国羊重于郑君[①]，闻君之恶己也，侍饮，因先谓君曰："臣适不幸而有过，愿君幸而告之。臣请变更，则臣免死罪矣。"

客有说韩宣王，宣王说而太息[②]。左右引王之说之以先告客以为德。

【注释】

①郑君：即韩王。前375年韩灭郑，自阳翟（今河南禹县）迁都到新郑（今河南新郑），所以韩王也称郑君。

②说，同"悦"，满意。

【译文】

国羊被郑君所重用，听说郑君讨厌自己，于是陪郑君饮酒，主动对郑君说："我如果不幸有了过错，希望您能告诉我错在哪里。让我改过，那么我就可以免除死罪了。"

有说客游说韩宣王，韩宣王很满意却深深地叹气。韩宣王身边的近侍将王对说客表示满意的态度争先告诉说客以做人情。

靖郭君之相齐也，王后死，未知所置，乃献玉珥以知之。

一曰：薛公相齐，齐威王夫人死[①]，中有十孺子皆贵于王，薛公欲知王所欲立而请置一人以为夫人。王听之，则是说行于王，而重于置夫人也；王不听，是说不行，而轻于置夫人也。欲先知王之所欲置以劝王置之，于是为十玉珥而美其一而献之。王以赋十孺子。明日坐，视美珥之所在而劝王以为夫人。

【注释】

①齐威王：名田齐，战国中期齐国国君。

【译文】

靖郭君任齐国的相，王后死了，他不知道国君想立谁为王后，于是就用献玉珥的办法来了解内情。

另一种说法：薛公任齐国的相，齐威王的夫人死了，宫内有十个姬妾都被齐威王宠爱，薛公想知道齐威王想立哪一位为夫人以便请求立此人为夫人。齐威王听从了，那就是建议取得成功，而在立夫人这件事上会被齐威王看重；齐威王不听，那就是建议失败，而在立夫人这件事上会被齐威王看轻。薛公想先知道齐威王所想立的人再去劝王立她，于是制作了十个玉珥并把其中一个制作得特别精美献给威王。齐威王把十个玉珥授给十个姬妾。第二天侍坐时，看那只精美的玉珥由谁佩带，就劝齐威王立谁为夫人。

甘茂相秦惠王[①]，惠王爱公孙衍，与之间有所言，曰："寡人将相子。"甘茂之吏道穴闻之，以告甘茂。甘茂入见王，曰："王得贤相，臣敢再拜贺，"王曰："寡人托国于子，安更得贤相?"对曰："将相犀首。"王曰："子安闻之?"对曰："犀首告臣。"王怒犀首之泄，乃逐之。

一曰：犀首，天下之善将也，梁王之臣也[②]。秦王欲得之与治天下，犀首曰："衍其人臣者也，不敢离主之国。"居期年，犀首抵罪于梁王，逃而入秦，秦王甚善之。樗里疾[③]，秦之将也，恐犀首之代之将也，凿穴于王之所常隐语者。俄而王果与犀首计，曰："吾欲攻韩，奚如?"犀首曰："秋可矣。"王曰："吾欲以国累子，子必勿泄也。"犀首反走再拜曰："受命。"于是樗里疾也道穴听之矣。郎中皆曰："兵秋起攻韩，犀首为将。"于是日也，郎中尽知之；于是月也，境内尽知之。

王召樗里疾曰："是何匈匈也，何道出？"樗里疾曰："似犀首也。"王曰："吾无与犀首言也，其犀首何哉？"樗里疾曰："犀首也羁旅，新抵罪，其心孤，是言自嫁于众。"王曰："然。"使人召犀首，已逃诸侯矣。

【注释】

①秦惠王：即秦惠文王，名驷，战国中期秦国君主。

②梁王：指魏惠王。魏受秦的威胁，于前 361 年自安邑(今山西夏县西北)迁都大梁(今河南开封)，所以魏王又称梁王。

③樗里疾：秦惠文王的异母兄弟，受重用，后任秦武王的相。

【译文】

甘茂做秦惠王的相，秦惠王喜爱公孙衍，和公孙衍私下里谈话，说："我想立你为相。"甘茂手下的小官吏从孔洞里偷听到这句话，就把这件事告诉了甘茂。甘茂进宫拜见惠王，说："您得了贤相，我冒昧地拜两拜向您表示祝贺。"秦惠王说："我把国家交托给你，怎么会另得贤相呢？"甘茂说："您将任公孙衍为相。"秦惠王问："你是怎么知道此事的？"甘茂说："公孙衍告诉我的。"秦惠王对公孙衍的泄密很生气，于是把他赶跑了。

又一种说法：犀首是天下知名的良将，梁王的臣子。秦惠王想得到他和他一起治理国家，犀首说："我这做人臣子的，不敢离开魏国。"过了一年，犀首因犯罪受到梁王的处罚，逃到秦国，秦惠王对他很好。樗里疾，秦国的大将，担心犀首将会取代自己成为秦国的将，于是在秦惠王经常说秘密话的地方凿了一个小洞。不久，秦惠王果然同犀首商议，说："我想要攻打韩国，你看怎么样？"犀首说："秋天可以。"秦惠王说："我想用国家大事劳累你，你一定不要泄露。"犀首倒退几步拜了两拜说："遵命。"樗里疾也从小洞中听到了此事。秦惠王的掌管通报和警卫工作的侍从官员们都说："军队秋天一到就攻打韩国，犀首为大将。"在这一天,那些侍从官员们都知道了这件事;在这一月,国境内的人都知道了这件事。秦惠王召见樗里疾问:“为什么议论纷纷,是从哪里传出来的?”樗里疾说:“好像是从犀首那里。”秦惠王说:“我没有同犀首讲过,为什么说是犀首讲的呢?”樗里疾说:“犀首寄居在秦国,又刚受过处罚,心里感到孤单,说这些话是想取悦于众人。”秦惠王说:“对。”于是派人召见犀首,犀首已逃往其他诸侯国了。

堂谿公谓昭侯曰:“今有千金之玉卮,通而无当,可以盛水乎?”昭侯曰:“不可。”“有瓦器而不漏,可以盛酒乎?”昭侯曰:“可。”对曰:“夫瓦器,至贱也,不漏,可以盛酒。虽有乎千金之玉卮,至贵而无当,漏,不可盛水,则人孰注浆哉?今为人之主而漏其群臣之语,是犹无当之玉卮也。虽有圣智,莫尽其术,为其漏也。”昭侯曰:“然。”昭侯闻堂谿公之言,自此之后,欲发天下之大事,未尝不独寝,恐梦言而使人知其谋也。

一曰:堂谿公见昭侯曰:“今有白玉之卮而无当,有瓦卮而有当。君渴,将何以饮?”君曰:“以瓦卮。”堂谿公曰:“白玉之卮美而君不以饮者,以其无当耶?”君曰:“然。”堂谿公曰:“为人主而漏泄其群臣之语,譬犹玉卮之无当。”堂谿公每见而出,昭侯必独卧,惟恐梦言泄于妻妾。

申子曰:“独视者谓明,独听者谓聪。能独断者,故可以为天下主。”

【译文】

堂谿公对韩昭侯说:“现在有价值千金的玉杯,贯通却没有底,可以用它来装水吗?”昭侯说:“不可以。”“有瓦器却不漏,可以用它装酒吗?”韩昭侯说:“可以。”堂谿公说:“瓦器,最不值钱,因为它不漏,就可以用它装酒。即使玉杯价值千金,最贵重却没有底,因为漏,不能用来装水,那么还有什么人往里面倒饮料呢?现在作为人们的君主却泄露群臣的言论,这就好比没有底的玉杯一样。臣下虽有极高的智慧,也不肯充分献出自己的谋略,因为担心它会被泄露出去。”韩昭侯说:“对。”韩昭侯听了堂谿公的话,从这以后,想对天下采取大的行动,没有不是单独睡觉的,唯恐讲梦话而让别人知道了他的计谋。

又一种说法:堂谿公参见韩昭侯说:“现在有白玉做的酒杯却没有底,有瓦做的酒杯而有底。您渴了,将用哪一个来喝酒?”韩昭侯说:“用瓦杯。”堂谿公说:“白玉杯很美但你不用它喝酒,是因为它没有底吗?”韩昭侯说:“是的。”堂谿公说:“作为人们的君主而泄露群臣的言论,就好比玉杯没有底一样。”堂谿公每次参见韩昭侯出来,韩昭侯必定要单独睡觉,唯恐讲梦话把他们的谋略泄露给妻妾。

申不害说:“能独自观察问题叫明,能独自听取意见叫聪。能独自决断的,就可以做天下的君主。”

经三

术之不行,有故。不杀其狗,则酒酸。夫国亦有狗,且左右皆社鼠也①。人主无尧之再诛②,与庄王之应太子③,而皆有薄媪之决蔡妪也。知贵、不能,以教歌之法先揆之。吴起之出爱妻④,文公之斩颠颉⑤,皆违其情者也。故能使人弹疽者,必其忍痛者也。

【注释】

①社鼠:藏身于土地神坛的老鼠。社,祭土地神的坛。

②尧：我国原始社会末期部落联盟首领，传说中的贤君。

③庄王：即楚庄王，名侣，“春秋五霸”之一，又称荆庄王，因楚开始建国于荆山一带，楚又称荆。

④吴起：战国初期卫国人，法家代表人物，杰出的军事家。

⑤文公：指晋文公，名重耳，晋国国君，“春秋五霸”之一。颠颉（xié）：晋国大臣，曾随晋文公在外流亡十九年。

【译文】

经三

术的不能推行，总是有缘故的。卖酒人不杀掉他的恶狗，人家就不敢进门买酒，酒就卖不出去而变酸。国家也有恶狗，况且君主左右的侍从都像是躲在社坛里的老鼠。一般的君主都不能像尧那样，因决定传位给舜而一再杀掉反对这决定的人；不能像楚庄王答复太子时那样，把坚决执法的臣子看作是最好的臣子；而都像薄媪那样，自家的决定却要取决于蔡巫婆。要区分贤能的人和无能的人，就要用教歌那样的方法先对他们进行测试。吴起因为妻子织的带子不合规定而把她休掉，晋文公因爱臣颠颉不遵守法令而把他杀掉，都是违反他们的感情的。所以能让人给自己治疗毒疮的人，一定是能忍痛的人。

说三

宋人有酤酒者①，升概甚平②，遇客甚谨，为酒甚美，县帜甚高著③，然不售，酒酸。怪其故，问其所知。问长者杨倩④，倩曰：“汝狗猛耶？”曰：“狗猛则酒何故而不售？”曰：“人畏焉。或令孺子怀钱挈壶瓮而往酤⑤，而狗迓而龁之，此酒所以酸而不售也。”夫国亦有狗，有道之士怀其术而欲以明万乘之主，大臣为猛狗迎而龁人，此人主之所以蔽胁，而有道之士所以不用也。故桓公问管仲⑥：“治国最奚患？”对曰：

“最患社鼠矣。”公曰：“何患社鼠哉？”对曰：“君亦见夫为社者乎？树木而涂之，鼠穿其间，掘穴托其中。熏之，则恐焚木；灌之，则恐涂阤[7]：此社鼠之所以不得也。今人君之左右，出则为势重而收利于民，入则比周而蔽恶于君。内间主之情以告外，外内为重，诸臣百吏以为富。吏不诛则乱法，诛之则君不安，据而有之，此亦国之社鼠也。”故人臣执柄而擅禁，明为己者必利，而不为己者必害，此亦猛狗也。夫大臣为猛狗而龁有道之士矣，左右又为社鼠而间主之情，人主不觉。如此，主焉得无壅，国焉得无亡乎？

一曰：宋之酤酒者有庄氏者，其酒常美。或使仆往酤庄氏之酒，其狗龁人，使者不敢往，乃酤佗家之酒[8]。问曰：“何为不酤庄氏之酒？”对曰：“今日庄氏之酒酸。”故曰：不杀其狗则酒酸。桓公问管仲曰：“治国何患？”对曰：“最苦社鼠。夫社，木而涂之，鼠因自托也。熏之则木焚，灌之则涂阤，此所以苦于社鼠也。今人君左右，出则为势重以收利于民，入则比周谩侮蔽恶以欺于君，不诛则乱法，诛之则人主危，据而有之，此亦社鼠也。”故人臣执柄擅禁，明为己者必利，不为己者必害，亦猛狗也。故左右为社鼠，用事者为猛狗，则术不行矣。

【注释】

①宋：诸侯国名，范围包括今河南东部和山东、江苏等的部分地区。

②升：量具，这里指量酒的器具。概：刮平升斗的小木棍。

③县：同“悬”，悬挂。

④杨倩：人名，生平不详。

⑤瓮(wèng):盛酒的瓦器。

⑥桓公:指齐桓公,名小白,“春秋五霸”之一。管仲:名夷吾,齐桓公的相。

⑦阤(zhì):毁坏,败坏。

⑧佗(tuō):同“他”,其他。

【译文】

说三

宋国有个卖酒的人,量酒很公平,对待顾客很殷勤,酒酿得也很好,酒旗悬挂得又高又显眼,但是酒却卖不出去,变酸了。卖酒的人感到奇怪,想知道原因,于是就问他熟悉的人。问到长者杨倩,杨倩说:“你的狗凶猛吗?”卖酒的人问:“狗凶猛为什么酒就卖不出去呢?”杨倩说:“人们害怕它。有人让小孩揣着钱拿着壶去买酒,猛狗却迎上去咬他,这就是酒酸卖不出去的原因。”国家也有猛狗,法术之士怀有治国的策略而想使大国的君主明察起来,大臣却像猛狗那样迎上去咬他们,这就是君主被蒙蔽和挟持而法术之士不受重用的原因。所以齐桓公问管仲:“治理国家最忧患什么?”管仲回答说:“最忧患社坛上的老鼠。”齐桓公问:“为什么忧患社坛上的老鼠呢?”管仲回答说:“您也看见过建社坛吧?把木头树起来并涂上泥土,老鼠咬穿木头,在里面挖洞藏身。用烟火熏它,就会担心烧毁木头;用水灌它,又担心涂上的泥会剥落:这就是社鼠捉不到的原因。现在君主身边的近侍,在朝廷外依仗权势从民众那里榨取利益,在朝廷内紧密勾结在君主面前隐瞒罪恶。在宫内刺探君主的情况告诉朝外的同党,内外勾结相互助长权势,群臣百官以此获得富贵。官吏不诛杀他们,国法就要受到扰乱;诛杀他们,君主就不得安宁,他们控制着君主,这也就是国家的社鼠。”所以臣子掌握权势、操纵法令,向人表明:为他卖力的人必有好处,不为他卖力的人必有祸患,这也就是猛狗。大臣像猛狗咬人一样迫害法术之士,身边近侍又像社鼠一样刺探君主内情,而君主却没有察觉。这样,君主怎么能不受蒙骗,国家怎么能不衰亡呢?

又一种说法:宋国有个卖酒的叫庄氏,他的酒一直很好。有人让仆人去买庄氏的酒,庄氏的狗咬人,仆人不敢前往,于是买了别人家的酒。主人问:“为什么不买庄氏的酒?”仆人回答说:“今天庄氏的酒是酸的。”所以说:不杀掉他的狗酒就会变酸。齐桓公问管仲说:“治理国家忧患什么?”管仲回答说:“最令人苦恼的是社鼠。社坛,树起木头涂上泥,老鼠依靠它而藏身。用烟火熏它木头就会烧毁,用水灌它泥巴就会剥落,这就是社鼠最让人苦恼的原因。现在君主身边的近侍,在朝廷外依仗权势从民众那里榨取利益,而在朝廷内就紧密勾结隐瞒罪恶来欺瞒君主,不诛杀他们,国法就会受到扰乱,诛杀他们君主就有危险,他们控制着君主,这也是国家的社鼠。”所以臣子掌握权势、操纵法令,向人表明:为他卖力的人一定会得到好处,不为他卖力的人必定有祸患,这也就是猛狗。所以左右近侍像社鼠,掌权的大臣像猛狗,治国的法术就必然行不通了。

尧欲传天下于舜①。鲧谏曰②:“不祥哉!孰以天下而传之于匹夫乎?”尧不听,举兵而诛杀鲧于羽山之郊③。共工又谏曰④:“孰以天下而传之于匹夫乎?”尧不听,又举兵而诛共工于幽州之都⑤。于是天下莫敢言无传天下于舜。仲尼闻之曰:“尧之知舜之贤,非其难者也。夫至乎诛谏者必传之舜,乃其难也。”一曰:“不以其所疑败其所察则难也。”

荆庄王有茅门之法曰⑥:“群臣大夫诸公子入朝,马蹄践霤者⑦,廷理斩其辀⑧,戮其御。”于是太子入朝,马蹄践霤,廷理斩其辀,戮其御。太子怒,入为王泣曰:“为我诛戮廷理。”王曰:“法者,所以敬宗庙⑨,尊社稷。故能立法从令尊敬社稷者,社稷之臣也,焉可诛也?夫犯法废令不尊敬社稷者,是臣乘君而下尚校也[10]。臣乘君，则主失威；下尚校，则上位危。威失位危，社稷不守，吾将何以遗子孙？”于是太子乃还走，避舍露宿三日，北面再拜请死罪。

一曰：楚王急召太子。楚国之法，车不得至于茆门[11]。天雨，廷中有潦，太子遂驱车至于茆门。廷理曰：“车不得至茆门。至茆门，非法也。”太子曰：“王召急，不得须无潦。”遂驱之。廷理举殳而击其马[12]，败其驾。太子入为王泣曰：“廷中多潦，驱车至茆门，廷理曰‘非法也’，举殳击臣马，败臣驾。王必诛之。”王曰：“前有老主而不逾，后有储主而不属，矜矣[13]！是真吾守法之臣也。”乃益爵二级，而开后门出太子。“勿复过。”

【注释】

①舜：我国原始社会部落联盟首领，尧的继承人。

②鲧：夏后氏部落的首领，禹的父亲。

③羽山：古代山名，位于今江苏连云港西。

④共工：我国古代神话中的人物。

⑤幽州：古代九州之一，位于今河北北部、东部和辽宁部分地区。

⑥茅门：即雉门。古代诸侯宫室有三道大门，即库门、雉门、路门。茅门是第二道门，门前为外朝的地方。

⑦霤(liù)：屋檐下滴水的地方。

⑧辀(zhōu)：车辕。

⑨宗庙：祖宗的神庙，安置祖宗神主和祭祀的地方。

⑩尚：通“上”。

⑪茆门：即茅门。下文凡言“茆”皆同此。茆，同“茅”。

⑫殳(shū)：竹柄上装有八角圆球的长兵器。

⑬矜：通“贤”，贤能。

【译文】

尧想把天下传给舜。鲧进谏说：“不吉利呀！谁把天下传给一个普通民众呢？”尧不听，发动军队攻打鲧并在羽山野外诛杀了鲧。共工又进谏说：“谁把天下传给一个普通民众呢？”尧不听，发动军队攻打共工并在幽州都城诛杀了共工。于是天下没有人敢说不要把天下传给舜了。孔子听说这件事后说：“尧知道舜的贤明，这不难。至于诛杀进谏的人而一定要传位给舜，才是困难的。”另一种说法：“不因为进谏的人提出疑问而败坏自己明察的事情才是困难的。”

楚庄王关于外朝的规定是：“群臣大夫及公子们进入朝廷，马蹄踏到屋檐下滴水地方的人，执法官要砍断他的车辕，杀死车夫。”在这时太子进入朝廷，马蹄踏到了屋檐下滴水的地方，执法官砍断了他的车辕，杀死了他的车夫。太子很生气，进去向荆庄王哭诉说：“请替我杀了执法官。”楚庄王说：“法令，是用来敬守宗庙、尊敬国家的。所以能够制定法令、遵守法令、尊敬国家的人，是国家的重臣，怎么能杀掉呢？违犯法令，废弃法令、不尊敬国家，这些都是臣下对君主的侵犯。臣下侵犯君主，君主就会失去威严；臣下侵犯君主，君位就受到危及。威严丧失君位受到危及，国家就守不住，我将拿什么留给子孙？”于是太子回头就跑，离开居住的房屋露宿了三天，面向北方拜了两拜请求给予死罪。

另一种说法：楚庄王紧急召见太子。楚国的法令规定，车子不能到达茅门。那天下雨，庭院中有积水，太子于是驾车到了茅门。执法官说：“车子不能到茅门。到达茅门，是违犯法令的。”太子说：“父王召见很急，不能等到没有积水的时候。”于是驱赶车马向前。执法官拿起殳击打太子的马，摧毁了他的车，太子进去对楚庄王哭诉说：“庭院中有很多积水，我驾车到了茅门，执法官说‘是违法的’，还拿起殳击打我的马，摧毁了我的车。您一定要杀掉他。”楚庄王说：“前面有年老的君主，他不肯越轨办事，后面有接位的太子，他也不去依附，贤明啊！这真是我守法的臣子。"于是给执法官升官两级,并打开后门让太子出去。(楚庄王告诫太子说)"不要再犯违反茅门之法的错误"。

卫嗣君谓薄疑曰[①]:"子小寡人之国以为不足仕,则寡人力能仕子,请进爵以子为上卿[②]。"乃进田万顷[③]。薄子曰:"疑之母亲疑,以疑为能相万乘所不窕也。然疑家巫有蔡妪者,疑母甚爱信之,属之家事焉。疑智足以信言家事,疑母尽以听疑也,然已与疑言者,亦必复决之于蔡妪也。故论疑之智能,以疑为能相万乘而不窕也;论其亲,则子母之间也;然犹不免议之于蔡妪也。今疑之于人主也,非子母之亲也,而人主皆有蔡妪。人主之蔡妪,必其重人也。重人者,能行私者也。夫行私者,绳之外也;而疑之所言,法之内也。绳之外与法之内,仇也,不相受也。"

一曰:卫君之晋[④],谓薄疑曰:"吾欲与子皆行[⑤]。"薄疑曰:"媪也在中,请归与媪计之。"卫君自请薄媪。薄媪曰:"疑,君之臣也,君有意从之,甚善。"卫君曰:"吾以请之媪[⑥],媪许我矣。"薄疑归,言之媪也,曰:"卫君之爱疑奚与媪?"媪曰:"不如吾爱子也。""卫君之贤疑奚与媪也?"曰:"不如吾贤子也。""媪与疑计家事,已决矣,乃请决之于卜者蔡妪。今卫君从疑而行,虽与疑决计,必与他蔡妪败之。如是,则疑不得长为臣矣。"

【注释】

①薄疑:人名,曾在赵国和卫国做官。

②上卿:最高一级的卿。

③顷：土地计量单位，百亩为一顷。

④晋：魏的别名。魏是取代晋的三个国家之一，故又称晋。

⑤皆：通“偕”，一同，一起。

⑥以：通“已”，已经。

【译文】

卫嗣君对薄疑说：“你瞧不起我的国家，认为不值得做官，但我有能力满足你做官的要求，让你晋升爵位，任命你为上卿。”于是赐给他良田万顷。薄疑说：“我的母亲爱我，认为我是有能力的人，做大国的相仍有余力。但是我家巫师中有一个姓蔡的老妇人，我的母亲非常爱重信任她，把家事交托给她。我的智慧足以使人相信我会办好家事，我的母亲也完全听信我，但是已经和我商量过的事，也一定会再次和蔡巫婆商量决定。所以论我的智慧能力，认为我能胜任大国的相还有余力；论我们之间的亲密关系，则是母子关系；可是还不能避免和蔡巫婆再次商量。现在我和君主，没有母子之间的亲密关系，但君主身边都有类似蔡巫婆的人。君主的蔡巫婆，一定是那些握有权势的人。握有权势的人，是能行私的人。那些行私的人做的是非法的事；而我讲的，是依法办事。非法与合法是敌对的，不能相容。”

另一种说法：卫君到魏国去，对薄疑说：“我想让你同我一起走。”薄疑说：“我母亲在家中，请允许我回去同母亲商量一下。”卫君亲自请问老太太。薄老太太说：“薄疑是您的臣子，您有意让他随从您，很好。”卫君说：“我已经就此事请问过老太太，老太太答应我了。”薄疑回家，同母亲谈论这件事，说：“卫君对我的爱同您对我的爱相比怎么样？”老太太说：“不及我爱你。”“卫君赏识我同您赏识我相比怎么样？”老太太说：“不及我赏识你。”“您同我商计家事，已经决定了，还要请蔡巫婆最终决定。现在卫君让我跟他一起走，虽然和我决定计策，必定会有和蔡巫婆一样的人去败坏它。这样，我就不能长久做臣子了。”

夫教歌者,使先呼而诎之,其声反清徵者乃教之[①]。

一曰:教歌者,先揆以法,疾呼中宫,徐呼中徵。疾不中宫,徐不中徵,不可谓教。

吴起,卫左氏中人也[②],使其妻织组而幅狭于度[③]。吴子使更之,其妻曰:"诺。"及成,复度之,果不中度,吴子大怒。其妻对曰:"吾始经之而不可更也。"吴子出之。其妻请其兄而索入。其兄曰:"吴子,为法者也。其为法也,且欲以与万乘致功,必先践之妻妾然后行之,子毋几索入矣。"其妻之弟又重于卫君[④],乃因以卫君之重请吴子。吴子不听,遂去卫而入荆也。

一曰:吴起示其妻以组曰:"子为我织组,令之如是。"组已就而效之,其组异善。起曰:"使子为组,令之如是,而今也异善,何也?"其妻曰:"用财若一也[⑤],加务善之。"吴起曰:"非语也。"使之衣归。其父往请之,吴起曰:"起家无虚言。"

【注释】

①徵(zhǐ):古代五音(宫、商、角、徵、羽)中的一种音调。

②左氏:卫国的邑名,位于今山东曹县西北。

③组:丝织的带。

④又:通"有"。

⑤财:通"材",材料。

【译文】

教歌的人先让学唱的人放声呼唱,然后转变音调,能在转音之后回复到清越的徵音,这才教他。

另一种说法:教歌的人,先用方法测试,要求学唱的人急呼合于宫调,慢呼合乎徵调。急呼不合宫调,慢呼不合徵调,就不能受教。

吴起是卫国的左氏乡中的人,让他的妻子织丝带,可织出来的丝带比他要求的宽度窄。吴起让她更改,他的妻子说:"好。"等到织成了,再量丝带,结果还是不符合要求的尺度,吴起很生气。他的妻子回答说:"我开头就把经线确定好了,不可以更改了。"吴起休掉了他的妻子。他的妻子请自己的哥哥出面要求同吴起复婚。她的哥哥说:"吴起,是制定法令的人。他制定法令,是想用来为大国建立功业,必须首先实行于自己的妻妾,这之后才能推行,你不要希望回去了。"吴起妻子的弟弟被卫君重用,于是凭着被卫君重用的身份去请求吴起。吴起不听从,就离开卫国到楚国去了。

另一种说法:吴起拿一条丝带给他的妻子看,说:"你给我织条丝带,让它和这条一样。"丝带织成后献给吴起,这条丝带织得特别美。吴起说:"要你织丝带,让它和这条一样,现在却特别美,为什么?"他的妻子说:"用的材料和原来的一样,只是特别用了功夫使它更美。"吴起说:"这不是我的吩咐。"让她穿戴好把她休了。她妻子的父亲前来请求让他女儿复婚,吴起说:"我家没有空话。"

晋文公问于狐偃曰[①]:"寡人甘肥周于堂,卮酒豆肉集于宫[②],壶酒不清,生肉不布,杀一牛遍于国中,一岁之功尽以衣士卒,其足以战民乎?"狐子曰:"不足。"文公曰:"吾弛关市之征而缓刑罚,其足以战民乎?"狐子曰:"不足。"文公曰:"吾民之有丧资者,寡人亲使郎中视事[③],有罪者赦之,贫穷不足者与之,其足以战民乎?"狐子对曰:"不足。此皆所以慎产也[④];而战之者,杀之也。民之从公也,为慎产也,公因而迎杀之,失所以为从公矣。"曰:"然则何如足以战民乎?"狐子对曰:"令无得不战。"公曰:"无得不战奈何?"狐子对曰:“信赏必罚,其足以战。”公曰:“刑罚之极安至?”对曰:“不辟亲贵[5],法行所爱。”文公曰:“善。”明日令田于圃陆[6],期以日中为期,后期者行军法焉。于是公有所爱者曰颠颉后期,吏请其罪,文公陨涕而忧。吏曰:“请用事焉。”遂斩颠颉之脊,以徇百姓,以明法之信也。而后百姓皆惧曰:“君于颠颉之贵重如彼甚也,而君犹行法焉,况于我则何有矣。”文公见民之可战也,于是遂兴兵伐原[7],克之。伐卫[8],东其亩,取五鹿[9]。攻阳[10]。胜虢[11]。伐曹[12]。南围郑[13],反之陴。罢宋围。还与荆人战城濮[14],大败荆人,返为践土之盟[15],遂成衡雍之义[16]。一举而八有功。所以然者,无他故异物,从狐偃之谋,假颠颉之脊也。

夫痤疽之痛也,非刺骨髓,则烦心不可支也;非如是,不能使人以半寸砥石弹之。今人主之于治亦然:非不知有苦则安;欲治其国,非如是不能听圣知而诛乱臣[17]。乱臣者,必重人;重人者,必人主所甚亲爱也。人主所甚亲爱也者,是同坚白也[18]。夫以布衣之资,欲以离人主之坚白、所爱,是以解左髀说右髀者[19],是身必死而说不行者也。

【注释】

①狐偃:字子犯,晋文公的舅父,又叫舅犯。

②卮(zhī)酒豆肉:形容酒肉不多。卮,酒杯。豆,盛肉的器具。

③郎中:君主的侍从官员,负责通报和警卫。

④慎:通“顺”。

⑤辟:通“避”。

⑥圃陆:即被庐,晋国地名。

⑦原:诸侯国名,位于今河南济源西北。

⑧卫:诸侯国名,位于今河南东北部和河北、山东部分地区。

⑨五鹿:卫国地名,位于今河南清丰西北。

⑩阳:指阳樊,地名,位于今河南济源东南。

⑪虢:诸侯国名,位于今河南郑州西北。

⑫曹:诸侯国名,位于今山东定陶西。

⑬郑:诸侯国名,位于今河南中部,黄河以南地区。

⑭城濮:卫国地名,位于今山东濮县南。

⑮践土:郑国地名,位于今河南武陟东南。

⑯衡雍:一作河雍,郑国地名,位于今河南原阳西南。

⑰知:同"智",智慧。

⑱坚白:指石头的"坚"和"白"两种属性。关于这二者的关系问题,曾在战国时引起广泛的学术争论。

⑲髀:大腿。

【译文】

晋文公向狐偃问政,说道:"我把美味的东西遍赐给朝廷里的人,只有少量的酒肉放在宫内,酒酿成后不等澄清就给大家饮,鲜肉不存放就煮给大家吃,杀一头牛也遍分给国人,一年织成的布都给士兵做衣服穿,这样做能够使民众为我打仗了吧?"狐偃说:"不能。"晋文公说:"我放松城关和集市的税收并且放宽刑罚,这样做能够使民众为我打仗了吧?"狐偃说:"不能。"晋文公说:"我的民众有丧失财产的,我亲自派郎中去察看处理,对有罪的人免除刑罚,对贫穷不富足的人布施恩惠,这样做能使民众为我打仗了吧?"狐偃回答说:"不能。这些都是适合民众生存要求的做法;而使他们打仗,等于是要杀死他们。民众追随您,是为了顺顺当当地活着,您却违反他们的要求杀掉他们,这样就失去了民众跟从您的理由。"晋文公问:"既然这样,那么怎么做才能让民众为我打仗呢?"狐偃回答说:"使他们不得不去打仗。"晋文公问:"怎样做才能让他们不得不去打仗？”狐偃回答说：“有功必加奖赏，有罪必加惩罚，这样就能使他们为您打仗了。”晋文公问：“刑罚的最高原则怎样实现呢？”狐偃回答说：“刑罚不避开亲近和显贵的人，法治实施到您所宠幸的人。”晋文公说：“好。”第二天下令在圃陆围猎，约定以中午为期限，迟到的人按军法处置。当时晋文公所爱重的一个叫颠颉的人迟到了，官吏请君主定他的罪，晋文公伤心得落下眼泪。官吏说：“请用刑吧。”于是砍断颠颉的脊梁，以此来昭示民众，来表明实行法令的信用。这之后民众都害怕地说：“君主对颠颉的爱重是那么深切，还对他施加了刑罚，何况对于我们，又有什么值得留情的呢？”晋文公见民众肯为他打仗了，于是就发动军队攻打原国，原国被攻破。攻打卫国，将卫国原来的田亩阡陌方向改为东西向，又攻取了五鹿。攻取阳樊。战胜虢国。进攻曹国。往南围攻郑国，破坏了郑国的城堞。解除了宋国的围兵。回头和楚军在城濮交战，大败楚军，回国时订立了践土之盟，于是又结成了衡雍之盟。一下子就建立了八项功业。之所以能够这样，没有其他原因，是由于听从了狐偃的主张，利用砍断颠颉脊梁的事彰明了法令。

痈疽的疼痛，不用针刺入骨髓，心里的烦苦就支持不了；如果不是这样，也就不会让人用半寸长的石针去刺它。现在君主治理国家也是这样：不是不知道经过痛苦才能平安；要想治理好国家，不是这样就不会听信智慧极高的人而镇压作乱的奸臣。作乱的奸臣，一定是握有重权的人；握有重权的人，一定是君主非常爱重的人。君主和他非常爱重的人，就像石头的“坚”和“白”两属性一样密不可分。凭普通人的条件，想要君主和他亲近爱重的人分开，这等于是劝说右腿同意割掉左腿一样，这样自己一定会被杀害，意见却是不会被采纳的。

外储说右下

【题解】

本文共有五段“经文”和相应的“说文”，阐述了五个问题。“经一”和“说一”说明君主和臣下不能共同掌握赏罚大权，君主的威德不能分于臣下，否则就有身死国亡的危险。“经二”和“说二”说明君主对臣下要严明赏罚，实行法治而不讲私爱；臣下则要效死立功而不必对君主讲私忠。“经三”和“说三”阐明君主不能把权势借给臣下，不可随便暴露自己的爱憎，以妨奸臣阴谋篡权。“经四”和“说四”强调君主应用法术治国，要“治吏不治民”，“不亲细民”，“不躬小事”，达到纲举目张的效果。“经五”和“说五”说明“因事之理，则不劳而成”，否则就会使民众不知所措。

本文篇幅较长，但作者将其分为五个部分，各部分论述一个问题，使全文波澜壮阔而又层次分明。全文观点鲜明，逻辑严密，说理透彻。

经一

赏罚共则禁令不行。何以明之？明之以造父、于期①。子罕为出彘②，田恒为圃池③，故宋君、简公弑④。患在王良、造父之共车⑤，田连、成窍之共琴也⑥。

【注释】

①造父：人名，春秋末期晋国人，以善于驾车著名。一说为西周时人，周穆王西巡，曾命造父驾车。于期：即王子于期，也称王于期，王良的别名，春秋末期晋国人，以善于驾车著名。

②子罕：即皇喜，姓戴，战国时宋国的司城。

③田恒：指田恒成，即田成子，又称陈恒或田成常，"成"是田恒的谥号。春秋末期齐国执政大臣。

④宋君：指宋桓侯，名璧，一作璧兵，战国时宋国君主。简公：指齐简公，名任，春秋末期齐国君主。

⑤王良：人名，古代善于驾车的人。

⑥田连、成窍：两个人名，生平不详。

【译文】

经一

君主和大臣共同掌握赏罚大权，法令就不能推行。用什么来说明这个道理呢？用造父驾车的马被突然窜出的猪所惊吓而失去控制的故事来说明，用王良驾车的马被圃池中的水草所吸引而失去控制的故事来说明。子罕就像突然窜出的猪，田恒就像圃池中的水草，宋君和齐简公的权势被他们所分，因此不免被他们杀害。祸患表现在王良、造父共驾一辆车而无法指挥马，田连、成窍共弹一张琴而不能成曲调。

说一

造父御四马，驰骤周旋而恣欲于马。恣欲于马者，擅辔策之制也。然马惊于出彘而造父不能禁制者，非辔策之严不足也，威分于出彘也。王子于期为駙驾，辔策不用而择欲于马，擅刍水之利也。然马过于圃池而駙驾败者，非刍水之利不足也，德分于圃池也。故王良、造父，天下之善御者也，然而使王良操左革而叱咤之①，使造父操右革而鞭笞之，马不能行十里，共故也。田连、成窍，天下善鼓琴者也，然而田连鼓上、成窍擫下而不能成曲②，亦共故也。夫以王良、造父之巧，共辔而御，不能使马，人主安能与其臣共权以为治？以田连、成窍之巧，共琴而不能成曲，人主又安能与其臣共势以成功乎？

一曰：造父为齐王驸驾，渴马服成，效驾圃中。渴马见圃池，去车走池，驾败。王子于期为赵简主取道争千里之表③，其始发也，彘伏沟中，王子于期齐辔策而进之，彘突出于沟中，马惊驾败。

【注释】

①革：通“勒”，带嚼口的马笼头。

②擫(jiē)：用手指按。

③赵简主：即赵简子，名鞅，春秋末期晋国执政的卿。当时家臣称卿大夫为主，所以又称赵简主。

【译文】

说一

造父驾驭拉车的四匹马，时而向前奔驰，时而绕圈打转，得心应手地驾驭着马。能得心应手地驾驭马的原因，在于他有独掌马缰绳和马鞭的权力。然而，马突然被窜出来的猪所惊吓使造父不能控制的原因，并不是马缰绳和马鞭的威力不足，而是被窜出来的猪分散了这种威力。王良驾驭副车，不用马缰绳和马鞭而是根据马的喜好，专门用草料和水去控制它。可是马经过草圃和水池时驾车却失败了，不是草料和水的好处不够，而是因为这种好处被草圃和池水分散了。所以王良、造父都是天下善于驾驭车马的人，可是让王良掌握着马笼头的左边大声吆喝，让造父掌握着马笼头的右边用鞭子抽打，马连十里也走不到，因为二人共驾一车的缘故。田连、成窍都是天下善于弹琴的人，然而让田连在琴首弹拨，让成窍在琴尾按捺，却不能构成曲调，也是由于两人共弹一张琴的缘故。凭着王良、造父高超的驾车技能，共同掌握马缰绳来驾驭，却驱使不了马，君主怎么能把与他的臣子共掌权柄作为治国之道呢？凭着田连、成窍巧妙的弹琴技法，共弹一张琴却弹不成曲调，君主又怎么能同他的臣子共掌权势来成就功业呢？

另一种说法：造父是齐王副车的御者，他用控制饮水的方法把马训练成功。在园圃中试车，口渴的马看见园圃中的水池，就离开车子跑向水池，试车因此失败。王良驾车替赵简主争夺长途赛程的锦标，车子刚出发时，有头猪伏在沟里，当王良快马加鞭前进时，猪突然从沟里窜出来，马受到惊吓，驾车失败。

司城子罕谓宋君曰①："庆赏赐与，民之所喜也，君自行之；杀戮诛罚，民之所恶也，臣请当之。"宋君曰："诺。"于是出威令，诛大臣，君曰"问子罕"也。于是大臣畏之，细民归之。处期年，子罕杀宋君而夺政。故子罕为出彘以夺其君国②。

简公在上位，罚重而诛严，厚赋敛而杀戮民。田成恒设慈爱，明宽厚。简公以齐民为渴马，不以恩加民，而田成恒以仁厚为圃池也。

一曰：造父为齐王驸驾，以渴服马，百日而服成。服成，请效驾齐王，王曰："效驾于圃中。"造父驱车入圃，马见圃池而走，造父不能禁。造父以渴服马久矣，今马见池，驿而走，虽造父不能治。今简公之以法禁其众久矣，而田成恒利之③，是田成恒倾圃池而示渴民也。

一曰：王子于期为宋君为千里之逐。已驾，察手吻文④。且发矣，驱而前之，轮中绳；引而却之，马掩迹。拊而发之。彘逸出于窦中。马退而却，策不能进前也；马骅而走，辔不能正也。

一曰：司城子罕谓宋君曰："庆赏赐予者，民之所好也，君自行之；诛罚杀戮者，民之所恶也，臣请当之。"于是戮细民而诛大臣，君曰："与子罕议之。"居期年，民知杀生之命制于子罕也，故一国归焉。故子罕劫宋君而夺其政，法不能禁也。故曰："子罕为出彘，而田成常为圃池也。"令王良、造父共车，人操一边辔而出门间，驾必败而道不至也。令田连、成窍共琴，人抚一弦而挥，则音必败、曲不遂矣。

【注释】

①司城：宋国掌管土木建筑的官，即司空，因避宋武公讳而改。

②彘(zhì)：猪。

③田成恒：即田成子，叫田恒，又称田常，春秋末期齐国的执政大臣。

④察：通"擦"。文：同"纹"。

【译文】

司城子罕对宋君说："奖赏恩赐，是百姓所喜爱的，您自己执行；杀戮惩罚，是民众所厌恶的，请让我来担当。"宋君说："好。"于是发布威慑民众的命令、诛杀大臣之类的事，宋君都说"问子罕"。这样，大臣们畏惧子罕，小民们归附子罕。过了一年，子罕杀死宋君夺取了政权。所以说，子罕就像突然窜出的猪一样夺取了他的君主的国家。

齐简公处在国君的位置上，刑罚很重诛杀严酷，赋税繁重且常常杀戮百姓。田恒对民众布施慈爱，显示宽厚。齐简公把齐国的民众当作渴马,不对他们施加恩惠,田恒就用仁厚作为圃池来争取他们。

另一种说法:造父是齐王副车的御者,用控制饮水的办法训练马,一百天后训练成功。训练成功后,他请求为齐王试车,齐王说:"在园圃中试车。"造父驾车进入园圃,马看见园圃中的水池就跑过去,造父没法制止。造父用控制饮水的办法训练马已经很久了,现在马看见水池就凶悍地跑去,即使是造父也没法制止。现在齐简公用法令禁锢百姓很久了,而田恒却给予他们好处,这样做就好比田恒倾倒出圃池中的水而给饥渴的百姓看。

另一种说法:王良替宋君进行长途赛车的角逐。车子已经套好,他摩拳擦掌(准备开始)。比赛将要开始了,王良赶车向前,轮子完全符合车辙;拉着马让它后退,马的前蹄正好掩盖后蹄的足迹。策马出发,却从洞中跑出一头猪。马受惊后退停下来,鞭打也不能使它前进;马凶悍地奔跑,拉紧缰绳也不能矫正它。

另一种说法:司城子罕对宋君说:"奖赏恩赐是民众所喜好的,请您自己执行;惩罚杀戮是民众所厌恶的,请让我来担当。"于是杀戮小民、诛杀大臣一类的事,宋君都说:"和子罕商议去。"过了一年,民众知道发布让人死或让人活这一命令的大权掌握在子罕手中,所以全国的民众都归附于他。所以子罕挟持宋君并夺取了他的政权,法令也不能阻止此事。所以说:"子罕就像突然窜出的猪,田恒就像圃池中的水草。"让王良、造父共同驾驭一辆车,每人各握一边的马缰绳从里巷的门出去,驾车必定失败而不能回到正道上。让田连、成窍共弹一张琴,每人各按一根弦来弹奏,那么弹奏必定失败而弹不成曲调。

经二

治强生于法,弱乱生于阿,君明于此,则正赏罚而非仁下也。爵禄生于功,诛罚生于罪,臣明于此,则尽死力而非忠君也。君通于不仁,臣通于不忠,则可以王矣。昭襄知主情而不发五苑[1]，田鲔知臣情故教田章[2]，而公仪辞鱼[3]。

【注释】

①昭襄：指秦昭襄王，又称秦昭王或襄王，名则，战国时秦国的国君。苑：古代养禽兽植林木以供帝王游猎的场所。

②田鲔(wěi)：人名，生平不详。田章：人名，生平不详。

③公仪：指公仪休，战国时鲁国的博士，曾任鲁穆公的相。

【译文】

经二

国家的安定和强大来自依法办事，国家的衰弱和动乱来自不按法办事，君主明白这个道理，就要公正地实行赏罚而不对臣民讲仁爱。爵位和俸禄来自所立的功劳，杀戮和惩罚来自所犯的罪行，臣民明白这个道理，就会卖命出力而不讲对君主个人效忠。君主明白不讲仁爱的道理，臣下明白不讲私忠的道理，就可以统治天下了。秦昭襄王懂得做君主的道理，所以不散发五苑的瓜果蔬菜去救济民众；田鲔懂得做臣民的道理，所以教育儿子田章一切要从利害出发；公仪休虽爱吃鱼却不接受别人送的鱼。

说二

秦昭王有病，百姓里买牛而家为王祷。公孙述出见之[1]，入贺王曰："百姓乃皆里买牛为王祷。"王使人问之，果有之。王曰："訾之人二甲[2]。夫非令而擅祷，是爱寡人也。夫爱寡人，寡人亦且改法而心与之相循者，是法不立；法不立，乱亡之道也。不如人罚二甲而复与为治。"

一曰：秦襄王病，百姓为之祷；病愈，杀牛塞祷。郎中阎遏、公孙衍出见之[③]，曰："非社腊之时也[④]，奚自杀牛而祠社?"怪而问之。百姓曰："人主病，为之祷；今病愈，杀牛塞祷。"阎遏、公孙衍说[⑤]，见王，拜贺曰："过尧、舜矣。"王惊曰："何谓也?"对曰："尧、舜[⑥]，其民未至为之祷也。今王病而民以牛祷，病愈，杀牛塞祷，故臣窃以王为过尧、舜也。"王因使人问之，何里为之，訾其里正与伍老屯二甲[⑦]。阎遏、公孙衍愧不敢言。居数月，王饮酒酣乐，阎遏、公孙衍谓王曰："前时臣窃以王为过尧、舜，非直敢谀也。尧、舜病，且其民未至为之祷也；今王病，而民以牛祷，病愈，杀牛塞祷。今乃訾其里正与伍老屯二甲，臣窃怪之。"王曰："子何故不知于此?彼民之所以为我用者，非以吾爱之为我用者也，以吾势之为我用者也。吾释势与民相收，若是，吾适不爱而民因不为我用也，故遂绝爱道也。"

【注释】

①公孙述：秦昭襄王的侍从官。

②訾：通"赀"，小罚，用财物赎罪。甲：古代军人穿的金属或皮革做的护身衣服。

③郎中：君主的侍从官，主管通报和警卫。阎遏、公孙衍：秦昭襄王的两个侍从官，生平不详。

④社：土地神，这里指祭祀土地神。腊：指腊祭，古代周历十二月(夏历十月)举行，祭祀百神。

⑤说：同"悦"，高兴。

⑥尧、舜：都是我国原始社会末期的部落联盟首领，传说中的贤君。

⑦里正：里长，古代的乡官。伍老：伍长。伍，古代的居民单位，五家为一伍。

【译文】

说二

秦昭襄王生病，每个里的民众都买牛祭神，家家为他祈祷。公孙述从王宫出来看见了，回宫祝贺秦昭襄王说：“竟然整个国家的民众都买牛祭神为您祈祷。”秦昭襄王派人查问此事，果然确有其事。秦昭襄王说：“罚他们每人出两副甲。没有命令却擅自祈祷，这是爱我。他们爱我，我也将改变法令而以同样的心去爱他们，这样法制就不能建立；法制不建立，则是乱国亡身的途径。不如每人罚两副甲来重新和他们搞好国家的治理。”

另一种说法：秦昭襄王生病，民众为他祈祷；秦昭襄王病好了，民众又杀牛向神还愿。郎中阎遏、公孙衍出宫看见了，说：“现在不是祭土地神和腊祭的时候，为什么要杀牛祭祀呢？”两人感到奇怪而询问此事。民众说：“君主生病时，我们为他祈祷；现在病好了，我们杀牛还愿谢神。”阎遏、公孙衍很高兴，去拜见秦昭襄王，祝贺说：“您胜过了尧、舜。”秦昭襄王吃惊地问：“为什么这样说？”二人回答说：“尧、舜，他们的臣民还没有达到为他们祈祷的地步。现在您生病民众却用牛来祈祷，病好后，民众杀牛向神还愿，所以我们私下以为您胜过了尧、舜。”秦昭襄王于是派人查问此事，哪个居民区这样做的，罚它的乡官和伍长都出两副甲。阎遏、公孙衍惭愧得不敢再说话。过了几个月，秦昭襄王喝酒喝得很痛快情绪很好，阎遏、公孙衍趁此时机对秦昭襄王说：“先前我们私下以为您胜过尧、舜，不是故意要奉承您。尧、舜生病，他们的臣民还没有达到为他们祈祷的地步；现在您生病了，民众却用牛来祈祷，您病好了，他们就杀牛向神还愿。现在您却罚他们的乡官和伍长都出两副甲，我们私下感到不解。”秦昭襄王说：“你们为什么不懂这一点？那些民众为我所用的原因，并不在于我爱他们就为我所用，而在于我有权势就为我所用。如果我放弃了权势而同他们彼此结交，像这样，我偶然不爱他们，他们就不为我所用了，所以最终要摒弃仁爱的做法。”

秦大饥，应侯请曰[1]："五苑之草著：蔬菜、橡果、枣栗，足以活民，请发之。"昭襄王曰："吾秦法，使民有功而受赏，有罪而受诛。今发五苑之蔬草者，使民有功与无功俱赏也。夫使民有功与无功俱赏者，此乱之道也。夫发五苑而乱，不如弃枣蔬而治。"一曰："令发五苑之蓏、蔬、枣、栗[2]，足以活民，是用民有功与无功争取也。夫生而乱，不如死而治，大夫其释之[3]。"

【注释】

①应侯：范雎的封号。范雎是战国时魏国人，任秦昭襄王相，以功封于应（位于今河南鲁山东北）。

②蓏（luǒ）：瓜类植物的果实。

③大夫：指范雎，这里用官位名号作为尊称。

【译文】

秦国发生了严重饥荒，应侯范雎请求说："五苑中著地而生的草木：蔬菜、橡果、枣栗，足够用来养活百姓，请您把它们发放给百姓。"秦昭襄王说："我们秦国的法律，让有功的民众接受赏赐，让有罪的民众受到诛杀。现在发放五苑的蔬果草木的做法，是让有功的民众和无功的民众都接受赏赐。让有功的民众和无功的民众都接受赏赐的做法，这是使国家混乱的做法。发放五苑中的东西使国家混乱，不如不给枣蔬而让国家安定。"另一种说法：秦昭襄王说："命令发放五苑中的瓜果蔬菜，能够用来养活民众，这是让有功的百姓和无功的百姓去争夺。与其让他们活着使国家混乱，不如让他们死掉而使国家安定，应侯您放弃您的主张吧。"

田鲔教其子田章曰："欲利而身，先利而君；欲富而家，先富而国。”

一曰：田鲔教其子田章曰：“主卖官爵，臣卖智力，故自恃无恃人。”

公仪休相鲁而嗜鱼，一国尽争买鱼而献之，公仪子不受。其弟谏曰：“夫子嗜鱼而不受者，何也？”对曰：“夫唯嗜鱼，故不受也。夫即受鱼，必有下人之色；有下人之色，将枉于法；枉于法，则免于相。虽嗜鱼，此不必致我鱼，我又不能自给鱼。即无受鱼而不免于相，虽嗜鱼，我能长自给鱼。”此明夫恃人不如自恃也，明于人之为己者不如己之自为也。

【译文】

田鲔教导他的儿子田章说：“你要想自己得到利益，先要让你的君主得到利益；你要想家庭富有，先要让你的国家富有。”

另一种说法：田鲔教导他的儿子田章说：“君主出售爵位给臣子，臣子出售智力给君主，所以只能依靠自己不能依靠别人。”

公仪休任鲁国的相，他喜欢吃鱼，全国的人都争着买鱼来献给他，他不接受。他的弟弟劝他说：“您爱吃鱼却不接受别人送的鱼，为什么呢？”公仪休回答说：“正因为爱吃鱼，所以才不接受别人送来的鱼。假如接受了鱼，一定会有迁就送鱼者的表现；有迁就他们的表现，就将违背法令；违背法令，就会被罢免相位。即使我爱吃鱼，这样也就不一定会再给我鱼，我也不能自己弄到鱼。如果我不接受鱼，那就不会被罢免相位，尽管爱吃鱼，我能够经常自己弄到鱼。”这是懂得那种依靠别人不如依靠自己的道理，懂得别人为自己不如自己为自己的道理。

经三

明主者，鉴于外也，而外事不得不成，故苏代非齐王[①]。

人主鉴于上也，而居者不适不显，故潘寿言禹情[2]。人主无所觉悟，方吾知之[3]，故恐同衣同族，而况借于权乎！吴章知之[4]，故说以佯，而况借于诚乎！赵王恶虎目而壅[5]。明主之道，如周行人之却卫侯也[6]。

【注释】

①苏代：战国时东周洛阳人，纵横家苏秦的弟弟，合纵的鼓吹者。

②潘寿：人名，生平不详。禹：夏朝的开国君主。

③方吾：人名，生平不详。

④吴章：人名，生平不详。

⑤赵王：指赵孝成王，名丹，战国时赵国国君。

⑥行人：掌管国家对外事物的官。卫侯：指卫文公，原名辟疆，后改名为燬（huǐ），春秋时卫国国君。

【译文】

经三

明智的君主，借鉴国外的经验，然而对国外的事情借鉴不当还是不能成功，因此苏代批评齐王不信任大臣，燕王以此为鉴而让权落到子之手里。君主借鉴上古的事情，然而听隐士的话借鉴不当还是不能显耀自己，因此潘寿谈夏禹传位给伯益的事，燕王以此为借鉴把国位让给了子之。君主对这些还无所觉悟，方吾却懂得这个道理，所以他提到古礼上说不和穿同一服装的人共坐一辆车，不和同一家族的人住在一起，何况把君主的大权转让给别人呢！吴章懂得这个道理，所以劝说君主连假的爱憎都不要表露，何况把真情流露给别人呢！赵王厌恶老虎的眼睛，身边近侍说权臣的眼睛比老虎的眼睛更可怕，赵王却不觉悟而受到蒙蔽。明智的君主的治国方法，就像周王朝主管接待的官员阻挡卫侯那样维护君主的尊严。

说三

子之相燕[1]，贵而主断。苏代为齐使燕[2]，王问之曰："齐王亦何如主也？"对曰："必不霸矣。"燕王曰："何也？"对曰："昔桓公之霸也[3]，内事属鲍叔[4]，外事属管仲[5]，桓公被发而御妇人，日游于市。今齐王不信其大臣。"于是燕王因益大信子之。子之闻之，使人遗苏代金百镒[6]，而听其所使。

一曰：苏代为齐使燕，见无益子之，则必不得事而还，贡赐又不出，于是见燕王，乃誉齐王。燕王曰："齐王何若是之贤也？则将必王乎？"苏代曰："救亡不暇，安得王哉？"燕王曰："何也？"曰："其任所爱不均。"燕王曰："其亡何也？"曰："昔者齐桓公爱管仲，置以为仲父[7]，内事理焉，外事断焉，举国而归之，故一匡天下，九合诸侯。今齐任所爱不均，是以知其亡也。"燕王曰："今吾任子之，天下未之闻也[8]？"于是明日张朝而听子之。

【注释】

①子之：人名，战国时燕王哙(kuài)的相。燕：诸侯国名，范围包括今河北大部和山西、辽宁等的部分地区。

②齐：诸侯国名，范围包括今山东大部和河北东南部。

③桓公：指齐桓公，名小白，"春秋五霸"之一。

④鲍叔：指鲍叔牙，齐桓公的亲信大臣。

⑤管仲：名夷吾，齐桓公的相。

⑥镒(yì)：古代重量单位，二十两(或二十四两)为一镒。

⑦仲父：长辈的意思，这是齐桓公对管仲的尊称。

⑧也：通"耶"，吗。

【译文】

说三

子之任燕国的相,地位尊贵并且专权。苏代为齐国出使燕国,燕王问他说:"齐王是怎样的一个君主?"苏代回答说:"一定不会称霸了。"燕王说:"为什么呢?"苏代回答说:"从前齐桓公称霸,朝廷内的事托付给鲍叔牙,外交活动托付给管仲,齐桓公自己披头散发玩弄女人,每天在宫内的市场上游玩。而现在齐王不信任他的大臣。"从此燕王更加信任子之。子之听说了此事,派人送给苏代百镒黄金,并听从苏代的使唤。

另一种说法:苏代为齐国出使燕国,看到不使子之获得好处,就一定会办不成事而回,燕国给齐国的贡物和燕王给他的赏赐也拿不到手,于是见到燕王,就称赞齐王。燕王说:"齐王怎么会如此贤明?那不是一定要统治天下了吗?"苏代说:"挽救危亡都来不及,怎么能称王呢?"燕王说:"为什么呢?"苏代说:"他对亲信的人任用不当。"燕王说:"那怎么会危亡呢?"苏代说:"从前齐桓公敬爱管仲,立他为仲父,内政由他处理,外交由他决断,全国的事都由他掌握,所以能够一举匡正天下,多次会合诸侯。现在的齐王对他亲信的人任用不当,因此知道齐国要灭亡了。"燕王说:"现在我任用子之,难道天下的人没有听说吗?"于是第二天盛设朝会一切听凭子之处理。

潘寿谓燕王曰:"王不如以国让子之。人所以谓尧贤者,以其让天下于许由[①],许由必不受也,则是尧有让许由之名而实不失天下也。今王以国让子之,子之必不受也,则是王有让子之之名而与尧同行也。"于是燕王因举国而属之,子之大重。

一曰:潘寿,隐者。燕使人聘之。潘寿见燕王曰:"臣恐子之之如益也[②]。"王曰:"何益哉?"对曰:"古者禹死,将传天下于益，启之人因相与攻益而立启[③]。今王信爱子之，将传国子之，太子之人尽怀印，为子之之人无一人在朝廷者。王不幸弃群臣，则子之亦益也。”王因收吏玺[④]，自三百石以上皆效之子之[⑤]，子之大重。夫人主之所以镜照者，诸侯之士徒也，今诸侯之士徒皆私门之党也。人主之所以自浅娋者[⑥]，岩穴之士徒也，今岩穴之士徒皆私门之舍人也。是何也？夺褫之资在子之也。故吴章曰：“人主不佯憎爱人。佯爱人，不得复憎也；佯憎人，不得复爱也。”

一曰：燕王欲传国于子之也，问之潘寿，对曰：“禹爱益而任天下于益，已而以启人为吏。及老，而以启为不足任天下，故传天下于益，而势重尽在启也。已而启与友党攻益而夺之天下，是禹名传天下于益，而实令启自取之也。此禹之不及尧、舜明矣。今王欲传之子之，而吏无非太子之人者也，是名传之而实令太子自取之也。”燕王乃收玺，自三百石以上皆效之子之，子之遂重。

【注释】

①许由：古代隐士。相传尧要把天下让给他，他不愿接受，隐居到箕山下。

②益：指伯益，夏禹的大臣。

③启：禹的儿子，后继位为王，杀掉伯益。

④玺(xǐ)：印章。秦汉以后专指皇帝的印，以前也可指官印。

⑤石：容量单位，十斗为一石。

⑥浅娋(shāo)：防御侵犯，奋起自卫。一说浅娋通“谳陗”(zhǎn qiào)，本义为高峻，引申为尊严。浅(jiǎn)，通“戬”，猛鸟攫物的

情态，引申为勇猛。娋，被侮，被侵犯。

【译文】

潘寿对燕王说："您不如把国家让给子之。人们之所以说尧贤明，是因为他把天下让给了许由，许由又必定不接受，那么这就使尧有了让天下的名声而实际上又没有失去天下。现在您把国家让给子之，子之一定不接受，那么这就使您有了让国给子之的名声而与尧有了同样的高行。"于是燕王就把整个国家交托给子之，子之的地位大大尊贵了。

另一种说法：潘寿，是隐士。燕国派人聘请他。潘寿见到燕王说："我担心子之会像伯益一样。"燕王说："怎么会像伯益一样呢？"潘寿回答说："古代禹死的时候，要把天下传给伯益，启的亲信就相互勾结攻打伯益并立启为王。现在您信任宠爱子之，准备把君位传给他，可是太子的党徒全部控制着大权，支持子之的人没有一个在朝廷内。如果您不幸去世，子之就会像伯益一样了。"燕王就把官吏的印都收上来，凡是领取三百石以上俸禄的官印都交给子之处理，子之的地位大大尊贵了。君主用来作为借鉴的人，是诸侯手下的士人们，而现在诸侯手下的士人们都是一些私人的党羽。君主用来作为自卫的人，是隐居山林的士人们，而现在隐居山林的士人们都是一些私人的门客。这是什么原因呢？因为剥夺的权力掌握在子之手里。所以吴章说："君主不要假装恨人，也不要假装爱人。假装爱人，就不能再恨他；假装恨人，就不能再爱他。"

另一种说法：燕王想把君位传给子之，就此事询问潘寿，潘寿回答说："禹爱重伯益而把天下托付给伯益，不久又让启手下的人做官吏。等到年老的时候，禹认为不能把天下托付给启，所以把天下传给了伯益，但权势都掌握在启的手中。过后不久，启同他的朋友、同党就攻打伯益并把天下从伯益手中夺了过来，这样禹虽然名义上把天下传给了伯益，实际上却是让启自己夺取天下。这表明禹不如尧、舜贤明。现在您想把君位传给子之，可是官吏们无不是太子手下的人，这是名义上传位给子之实际上却是让太子自己夺取君位。”燕王于是收回官印，凡是领取三百石以上俸禄的官印都交给子之处理，子之的地位于是尊贵了。

方吾子曰：“吾闻之古礼：行不与同服者同车，不与同族者共家，而况君人者乃借其权而外其势乎！”

吴章谓韩宣王曰①：“人主不可佯爱人，一日不可复憎；不可以佯憎人，一日不可复爱也。故佯憎佯爱之征见②，则谀者因资而毁誉之。虽有明主，不能复收，而况于以诚借人也！”

赵王游于圃中，左右以兔与虎而辍，盻然环其眼③。王曰：“可恶哉，虎目也！”左右曰：“平阳君之目可恶过此④。见此未有害也，见平阳君之目如此者，则必死矣。”其明日，平阳君闻之，使人杀言者，而王不诛也。

卫君入朝于周，周行人问其号，对曰：“诸侯辟疆。”周行人却之曰：“诸侯不得与天子同号。”卫君乃自更曰：“诸侯燬。”而后内之⑤。仲尼闻之曰：“远哉禁逼！虚名不以借人，况实事乎？”

【注释】

①韩宣王：即韩宣惠王，战国时韩国国君。

②见：同“现”。

③盻（xì）：怒视。环：通“圜”，圆瞪。

④平阳君：赵孝成王叔父赵豹的封号。赵豹曾任赵国的相。

⑤内：同“纳”，接纳。

【译文】

方吾子说："我听说古礼上讲：出外不和穿同样服装的人同坐一辆车，住家不和同一家族的人聚居在一起，何况做君主的还把自己的权势外借呢！"

吴章对韩宣王说："君主不能假装爱人，一旦假装爱了某人，他日就不能再恨他了；君主不能假装恨人，一旦假装恨某人，他日就不能再爱他了。所以假装爱、假装憎的感情稍有表现，阿谀奉承的人就会根据这个去诋毁或称赞他人。即使是英明的君主，也不能再把它收回来，更何况把真实的情感表露给别人呢？"

赵王到花园中游玩，身边的侍从拿一只兔子逗老虎，给它吃又收回来，老虎发怒地圆瞪着双眼。赵王说："老虎的眼睛真让人厌恶！"侍从说："平阳君的眼睛比这老虎的眼睛更可恶。看到老虎的眼睛这样还没有危险，见到平阳君的眼睛像这样子就一定要死了。"第二天，平阳君听说了这件事，派人杀了说这话的人，赵王却不责备平阳君。

卫侯去朝见周天子，周王朝主管接待的官员问卫侯的名字，卫侯回答说："诸侯辟疆。"这官员拒绝让他进去并说："诸侯不能和天子用相同的名号。"卫侯于是自己改名说："诸侯燬。"然后主管接待的官员才让他进去。孔子听说这件事后说："禁止冒犯君主，意义是多么深远啊！虚名都不能拿来假借于人，何况是实际的权力呢？"

经四

人主者，守法责成以立功者也。闻有吏虽乱而有独善之民，不闻有乱民而有独治之吏，故明主治吏不治民。说在摇木之本与引网之纲。故失火之啬夫①，不可不论也。救火者，吏操壶走火，则一人之用也；操鞭使人，则役万夫。故所遇术者，如造父之遇惊马，牵马推车则不能进，代御执辔持策则马咸骛矣。是以说在椎锻平夷，榜檠矫直[2]。不然，败在淖齿用齐戮闵王[3]，李兑用赵饿主父也[4]。

【注释】

①啬夫：主管帛皮币圭等礼品的官。

②榜檠(bēng qíng)：古代矫正弓弩的工具。

③淖齿：战国时楚国的将，后奉命救齐，齐湣王任他为相。闵王：指齐湣王。

④李兑：战国时赵惠文王的相。主父：指赵武灵王。前 299 年，他让位给小儿子何，自称主父。

【译文】

经四

君主是依靠严守法治原则、责令臣下完成任务来建立功业的人。只听说官吏虽然胡作非为而仍有自行守法的民众，没听说过在民众作乱时仍有自行按法办事的官吏，所以明智的君主致力于管理好官吏而不去管理民众。这种说法表现在摇树要摇干、拉网要拉纲的故事里。所以失火时负责救火的啬夫的行为，不能不加以讨论。救火时，啬夫自己提水跑去灭火，只能起到一个人的作用；如果拿着鞭子派人灭火，就能差遣上万的人。所以对待术，就像造父遇到惊马一样，别人牵着马推着车还是不能前进，而他夺过缰绳和马鞭代为驾驭，就能使几匹马一齐奔驰向前。所以这种说法表现在椎锻是用来敲打不平使之平，榜檠是用来矫正不直使之直的故事里。反之，它的失败则表现在淖齿在齐国掌权杀死了齐湣王，李兑在赵国掌权饿死了赵武灵王的故事里。

说四

摇木者一一摄其叶，则劳而不遍；左右拊其本，而叶遍摇矣。临渊而摇木，鸟惊而高，鱼恐而下。善张网者引其纲，若一一摄万目而后得，则是劳而难；引其纲，而鱼已囊矣。故吏者，民之本、纲者也，故圣人治吏不治民。

救火者，令吏挈壶瓮而走火，则一人之用也；操鞭箠指麾而趣使人①，则制万夫。是以圣人不亲细民，明主不躬小事。

造父方耨，时有子父乘车过者，马惊而不行，其子下车牵马，父子推车，请造父助我推车。造父因收器，辍而寄载之，援其子之乘，乃始检辔持策，未之用也，而马咸骛矣。使造父而不能御，虽尽力劳身助之推车，马犹不肯行也。今身使佚②，且寄载，有德于人者，有术而御之也。故国者，君之车也；势者，君之马也。无术以御之，身虽劳，犹不免乱；有术以御之，身处佚乐之地，又致帝王之功也。

【注释】

①趣：通“促”，驱使，督促。

②佚：通“逸”，安逸。

【译文】

说四

摇树的人一一掀动每片树叶，虽很劳累也不能把叶子掀遍；如果左右敲打树干，那么所有的树叶都会晃动了。在深潭边摇树，鸟会受惊而高飞，鱼会被吓而深游。善于张网捕鱼的人牵引渔网的纲绳，如果一个一个地拨弄网眼而后取得，那就不但劳苦而且也难捕到鱼；牵引网上的纲绳，鱼就自然被网住了。所以官吏是民众的本和纲，因此圣明的君主管理官吏而不去管理民众。

救火时，让啬夫提着壶和瓮跑去救火，就只能起到一个人的作用；

让啬夫拿着鞭子、短棍督促人们去救火，就能役使万人。所以圣人不亲自治理民众，明君不亲自处理小事。

造父正在锄草，这时有父子乘车经过，马受了惊不肯向前走，一个儿子下车去牵马，父子几人推车，又请造父帮忙推车。造父于是收拾好农具，停止锄草而把农具寄放到车上，拽住那个儿子牵着的马，然后才拿起缰绳和鞭子，还没有用上它们，马已一齐向前奔跑了。假使造父不会驾驭，即使用尽力气辛辛苦苦帮他们推车，马还是不会往前走。现在自身操作轻松，而且把农具寄放在车上，又有恩德施于人家，是因为有技术能驾驭惊马的缘故。所以国家好比是君主的车子，权势是君主的马。君主没有术来驾驭它，自己即使很劳苦，国家还是不免于乱；有术来驾驭它，自己不但能处在安逸快乐的地位，还能取得帝王的功业。

椎锻者，所以平不夷也；榜檠者，所以矫不直也。圣人之为法也，所以平不夷、矫不直也。

淖齿之用齐也，擢闵王之筋[①]；李兑之用赵也，饿杀主父。此二君者，皆不能用其椎锻榜檠，故身死为戮而为天下笑。

一曰：入齐，则独闻淖齿而不闻齐王；入赵，则独闻李兑而不闻赵王。故曰：人主者不操术，则威势轻而臣擅名。

一曰：武灵王使惠文王莅政[②]，李兑为相，武灵王不以身躬亲杀生之柄，故劫于李兑。

一曰[③]：田婴相齐[④]，人有说王者曰[⑤]：“终岁之计，王不一以数日之间自听之，则无以知吏之奸邪得失也。”王曰：“善。”田婴闻之，即遽请于王而听其计。王将听之矣，田婴令官具押券斗石参升之计[⑥]。王自听计，计不胜听，罢食后，复坐,不复暮食矣。田婴复谓曰:“群臣所终岁日夜不敢偷怠之事也,王以一夕听之,则群臣有为劝勉矣。”王曰:“诺。”俄而王已睡矣,吏尽揄刀削其押券升石之计。王自听之,乱乃始生。

【注释】

①擢闵王之筋:指前 284 年,燕兵破齐,闵王逃奔到莒,被淖齿所杀,悬尸于东庙的屋梁上。

②惠文王:名何,赵武灵王之子。

③一曰:这段文字与经文不相应,原夹在“淖齿用齐戮闵王,李兑用赵饿主父”的两种异说中间,与《储说》的体例也不合,可能是他篇的文字错入本文,现移至“说四”之末。

④田婴:号靖郭君,曾任齐相,后封于薛。

⑤王:指齐宣王。

⑥押券斗石参升之计:指全年的财政收入的账目和凭据。押券,已经签署好的呈报凭证。参,“絫”(累的古字)的误写。“累”是很小的容量计算单位。

【译文】

椎锻,是用来使不平变得平整的;榜檠,是用来矫正不直的。圣人制定法律,是用来平整不平、矫正不直的。

淖齿在齐国掌权,抽掉了齐湣王的筋;李兑在赵国掌权,饿死了赵武灵王。这两个君主,都不能运用他的椎锻和榜檠,所以自己被杀死并被天下人耻笑。

另一种说法:到了齐国,只听说淖齿而没听说齐湣王;到了赵国,只听说李兑而没听说赵武灵王。所以说:君主不掌握权术,威势就会减弱而使大臣垄断名望。

另一种说法:赵武灵王让赵惠文王临朝亲政,李兑为相,赵武灵王因为不亲自掌握生杀大权，所以被李兑劫杀。

另一种说法：田婴任齐国的相，有人游说齐宣王说："一年的财政结算，您如果不用几天时间逐一亲自听取报告，就无法知道官吏的营私舞弊和政事得失。"齐宣王说："对。"田婴听说了此事，立即请宣王听取财政结算报告。宣王将要听取报告了，田婴让官吏准备好全年财政收入的账目和凭据。齐宣王亲自过问财政结算，但听不胜听，吃完饭，又坐下来，累得不能再吃晚饭了。田婴又对齐宣王说："群臣一年到头日日夜夜不敢马虎和懈怠的事情，您再用一个晚上亲自听取报告，那么群臣就由此得到鼓励了。"齐宣王说："好吧。"不一会儿齐宣王睡着了，官吏们抽刀削掉凭证上的结算。君主亲自听取财政结算，于是国家的混乱由此开始出现。

经五

因事之理，则不劳而成。故兹郑之踞辕而歌以上高梁也①。其患在赵简主税吏请轻重；薄疑之言"国中饱"②，简主喜而府库虚，百姓饿而奸吏富也。故桓公巡民而管仲省腐财怨女。不然，则在延陵乘马不得进③，造父过之而为之泣也。

【注释】

①兹郑：人名，生平不详。辕：与车轴相连伸向前和衡木相连的两根直木。梁：桥。

②薄疑：人名，战国时赵国人，曾在赵国和卫国做官。

③延陵：即延陵卓子，人名，生平不详。

【译文】

经五

遵循事物的法则办事，不费劳苦就会成功。所以兹郑用坐在车辕上唱歌的方法吸引行人帮助他把车子推上高桥。祸患表现在赵简主派遣官吏收税，而不定出明确的标准，致使官吏从中作弊；薄疑说“国中饱”，赵简主误以为是国家富强而高兴，实际上却是府库空虚，百姓挨饿而奸吏富足。所以齐桓公视察民情发现有家贫无妻的，就同意管仲削减积财和怨女。不遵循事物的法则，就如延陵卓子用自相矛盾的方法驾车，马无法前进，使造父见了为之哭泣一样。

说五

兹郑子引辇上高梁而不能支。兹郑踞辕而歌，前者止，后者趋，辇乃上。使兹郑无术以致人，则身虽绝力至死，辇犹不上也。今身不至劳苦而辇以上者，有术以致人之故也。

赵简主出税者，吏请轻重。简主曰：“勿轻勿重。重，则利入于上；若轻，则利归于民。吏无私利而正矣。”

薄疑谓赵简主曰：“君之国中饱。”简主欣然而喜曰：“何如焉？”对曰：“府库空虚于上，百姓贫饿于下，然而奸吏富矣。”

【译文】

说五

兹郑拉着车上高桥但拉不上去。他就坐在车辕上唱歌，前面的行人止步，后面的行人赶上来，于是就帮兹郑推车上了桥。假如兹郑没有办法招人来，那么即使他用尽力气以至于累死，车子还是上不了桥。现在兹郑没有经过劳苦车子却上了桥，是因为他有办法招来人的缘故。

赵简主派出收税的官吏，官吏请示收税标准的高低。赵简主说：“不要轻了也不要重了。重了，利就归于君主和国家了；轻了，那么利就归于民众了。官吏从中捞不到私利，轻重就恰到好处了。”

薄疑对赵简主说：“您的国中饱。”赵简主高兴地说：“怎样了呢？”薄疑回答说："上面国家府库空虚，下面民众贫穷挨饿，可是上下之间的奸吏却很富足。"

齐桓公微服以巡民家，人有年老而自养者，桓公问其故。对曰："臣有子三人，家贫无以妻之，佣未反[①]。"桓公归，以告管仲。管仲曰："畜积有腐弃之财，则人饥饿；宫中有怨女，则民无妻。"桓公曰："善。"乃论宫中有妇人而嫁之。下令于民曰："丈夫二十而室，妇人十五而嫁。"

一曰：桓公微服而行于民间，有鹿门稷者[②]，行年七十而无妻。桓公问管仲曰："有民老而无妻者乎？"管仲曰："有鹿门稷者，行年七十矣而无妻。"桓公曰："何以令之有妻？"管仲曰："臣闻之：上有积财，则民臣必匮乏于下；宫中有怨女，则有老而无妻者。"桓公曰："善。"令于宫中"女子未尝御出嫁之"。乃令男子年二十而室，女年十五而嫁。则内无怨女，外无旷夫。

【注释】

①反：同"返"。

②鹿门稷：姓鹿门，名稷，生平不详。

【译文】

齐桓公穿着普通民众的服装去视察民情，有一人年纪很大却自己料理生活，齐桓公问他原因。老人回答说："我有三个儿子，家里穷，无法为他们娶妻，他们出去当雇工还没有回来。"齐桓公回宫，把这件事告诉了管仲。管仲说："朝廷的积蓄中有腐败的财物，民众就得挨饿；宫中有年长而不能及时出嫁的女子，民众就娶不到妻子。"齐桓公说："对。"就考查宫中年长的未婚女子把她们嫁出去。向民众下令说："男子二十岁要娶妻,女子十五岁应出嫁。”

另一种说法:齐桓公穿着普通民众的服装在民间视察,有个叫鹿门稷的人,已有七十岁了却没有娶妻。齐桓公问管仲说:“有百姓年老却没有娶妻的吗?”管仲说:“有个叫鹿门稷的,已经七十岁了却还没有娶妻。”齐桓公说:“怎样才能让他娶上妻子?”管仲说:“我听说:君主和官府有积蓄的财富,那么下面的百姓一定会穷尽困绝;宫中有年长而未出嫁的女子,民间就会有年老而没有娶妻的人。”齐桓公说:“说得对。”在宫中发布命令:“把君主没有亲幸过的女子嫁出去。”于是让男子二十岁娶妻,女子十五岁就出嫁。于是宫中没有年长而未及时出嫁的女子,民间没有无妻的成年男子。

延陵卓子乘苍龙挑文之乘①,钩饰在前,错錣在后②。马欲进则钩饰禁之,欲退则错錣贯之,马因旁出。造父过而为之泣涕,曰:“古人治人亦然矣。夫赏所以劝之,而毁存焉;罚所以禁之,而誉加焉。民中立不知所由,此亦圣人之所为泣也。”

一曰:延陵卓子乘苍龙与翟文之乘,前则有错饰,后则有利錣,进则引之,退则策之。马前不得进,后不得退,遂避而逸,因下抽刀而刎其脚。造父见之,泣,终日不食,因仰天而叹曰:“策,所以进之也,错饰在前;引,所以退之也,利錣在后。今人主以其清洁也进之,以其不适左右也退之;以其公正也誉之,以其不听从也废之。民惧,中立而不知所由,此圣人之所为泣也。”

【注释】

①苍龙:青色的马。古代称高八尺的马为龙。挑(dí):通“翟”,长尾

的野鸡。

②镊(zhuì):马鞭前端交错的针。

【译文】

延陵卓子乘坐高大且毛色鲜艳的青马拉的车,钩、勒等用具在马前面,马鞭在马后面。马要往前走,钩、勒就会阻止它,想后退马鞭子又会抽打它,马于是往斜里跑。造父路过而为马哭泣,说:“古代管理民众也是这样的。奖赏是用来勉励立功的,但毁谤也夹杂在里面;刑罚是用来禁止犯罪的,但又给予它赞美。人们彷徨不知所措,这也是圣人为之哭泣的原因。”

另一种说法:延陵卓子乘坐由高大青马所拉的色彩鲜艳的车子,马前面有交错的钩、勒等物,马后面有锋利的马鞭上的针,马向前走钩、勒等物就扯住它,向后退就会遭到鞭打。马向前不能前进,向后不能后退,于是避开前后而乱跑,延陵卓子于是下车抽出刀割断了马脚。造父看见后哭了,整天吃不下饭。于是仰天叹息说:“鞭打,是让马前进的,但却用钩、勒等物在前面阻止它;拉扯,是让马后退的,却用有锋利尖针的鞭子在后面抽打它。现在君主因为他廉洁而加以任用,又因为他不去迎合身边的亲信而予以辞退;因为他公正而加以赞赏,又因为他不盲从旨意而予以废黜。人们因此感到害怕,彷徨不知所措,这是圣人为之哭泣的原因。”

难　一

【题解】

难(nàn)即辩难,有诘问、辩驳的意思。韩非所诘问、辩驳的是一些有影响的历史传说故事和一些思想家的言论,共有二十八则,组成《难一》至《难四》四篇文章。

《难一》共九则故事。韩非援引这些故事或前人评说,通过辩难,得出了与前人不一致的结论。第一则从分析晋文公赏赐臣下入手,指出兵不厌诈,欺骗敌人是符合国家利益的。第二则通过分析尧舜传说的矛盾,说明君主不必施德化,而是要善赏罚。第三则以齐桓公晚年的遭遇说明杜绝奸臣的最好办法就是赏功罚罪。第四则以赵襄子为例,批判以礼为标准的赏罚原则,提出"明主赏不加于无功,罚不加于无罪"的主张。第五则通过批判师旷的行为,主张维护君道和臣礼,防止奸臣借极谏之名弑君篡权。第六则通过分析齐桓公礼遇小臣稷,说明臣下不能不为君主效力,君主不必慕仁义而礼贤下士。第七则批判郤克的行为,阐明不赦罪人、不杀无辜的原则。第八则以管仲为例,说明臣子取得威信的关键在于尊主明法,而不是增加君主的宠信和爵禄。第九则阐明君主的用人原则在于掌握法术,而不在于同时任用几个大臣还是专用一个大臣。这些辩难,多能言之成理,有较强的逻辑性。后人模仿韩非的这种辩难方法写作,形成一种独特的文体。

一

晋文公将与楚人战[①]，召舅犯问之[②]，曰："吾将与楚人战，彼众我寡，为之奈何？"舅犯曰："臣闻之：繁礼君子，不厌忠信[③]；战阵之间，不厌诈伪。君其诈之而已矣。"文公辞舅犯，因召雍季而问之[④]，曰："我将与楚人战，彼众我寡，为之奈何？"雍季对曰："焚林而田[⑤]，偷取多兽，后必无兽；以诈遇民，偷取一时，后必无复[⑥]。"文公曰："善。"辞雍季，以舅犯之谋与楚人战以败之。归而行爵，先雍季而后舅犯。群臣曰："城濮之事，舅犯谋也。夫用其言而后其身，可乎？"文公曰："此非若所知也。夫舅犯言，一时之权也；雍季言，万世之利也。"仲尼闻之[⑦]，曰："文公之霸也，宜哉！既知一时之权，又知万世之利。"

或曰：雍季之对，不当文公之问。凡对问者，有因问小大缓急而对也。所问高大，而对以卑狭，则明主弗受也。今文公问"以少遇众"，而对曰"后必无复"，此非所以应也。且文公不知一时之权，又不知万世之利。战而胜，则国安而身定，兵强而威立，虽有后复，莫大于此，万世之利奚患不至？战而不胜，则国亡兵弱，身死名息，拔拂今日之死不及，安暇待万世之利？待万世之利，在今日之胜；今日之胜，在诈于敌；诈敌，万世之利而已。故曰：雍季之对，不当文公之问。且文公又不知舅犯之言。舅犯所谓"不厌诈伪"者，不谓诈其民，谓诈其敌也。敌者，所伐之国也，后虽无复，何伤哉？文公之所以先雍季者，以其功耶？则所以胜楚破军者，舅犯之谋也；以其善言耶？则雍季乃道其"后之无复"也，此未有善言也。舅犯则以兼之矣[8]。舅犯曰“繁礼君子,不厌忠信”者:忠,所以爱其下也;信,所以不欺其民也。夫既以爱而不欺矣,言孰善于此?然必曰“出于诈伪”者,军旅之计也。舅犯前有善言,后有战胜,故舅犯有二功而后论,雍季无一焉而先赏。“文公之霸,不亦宜乎?”仲尼不知善赏也。

【注释】

①晋文公:晋国国君,名重耳,“春秋五霸”之一。与楚人战:指前632年晋楚城濮(今山东濮县南)之战,此战楚军大败,晋文公由此建立了霸业。

②舅犯:晋文公的舅父狐偃,字子犯,一作咎犯。

③不厌:不满足,不嫌多。厌,通“餍”。

④雍季:晋文公小儿子公子雍。一说为另一人,生平不详。

⑤田:通“畋”,打猎。

⑥无复:没有第二次。复,重复,第二次。

⑦仲尼:孔子字仲尼。

⑧以:通“已”。

【译文】

晋文公将要与楚人作战,召来舅犯询问道:“我军将要与楚人作战,楚军力量比我军强大,应该如何对付?”舅犯说:“我听说过,讲究礼仪的君子,不嫌多施忠诚和信用;两军对阵的中间,不嫌多用欺诈和伪装。您用欺诈敌人的办法就可以了。”晋文公辞退舅犯,于是召来雍季询问道:“我军将要与楚人作战,楚军力量比我军强大,应该如何对付?”雍季回答说:“焚烧树林来打猎,暂时能够多捕获野兽,而以后却肯定不再有野兽;用欺诈的办法对待民众,暂时能够得到一时的利益,而以后民众肯定不会第二次上当。”晋文公说:“你说得好。”于是辞退雍季,用舅犯的计谋与楚人作战，最后打败了楚人。凯旋后晋文公施行赏赐，先奖赏了雍季而后才奖赏舅犯。群臣都说："城濮之战，是采用了舅犯先主动退却然后选择合适时机猛攻楚军力量薄弱的两翼而取胜的。采用了他的计谋却在后面赏赐他，合适吗？"晋文公说："这不是你们所能懂得的。舅犯的话，是一时的权宜之计；雍季的话，则是符合国家长远利益的。"孔子听到这件事后说："晋文公能成为霸主，是完全合适的啊！他既懂得权宜之计，又懂得长远利益。"

有人说，雍季的回答，不切合晋文公的提问。凡是回答问题，要根据所问问题的大小缓急相应地给予回答。所问问题高深远大，而回答却低下狭隘，那英明的君主是不会接受的。现在晋文公问的是"以少数如何战胜多数"，雍季却回答"以后肯定不会有第二次"，这不是应该用来回答的话。况且晋文公既不懂得一时的权宜之计，又不懂得长远的利益。战争并取得胜利，那就会使国家安定君主地位稳固，兵力强盛而威望树立，即使以后出现同样的情况，也不会比这次胜利获益更大了，怕什么长远的利益不能来呢？战而不胜，那就令国家危亡兵力削弱，君主身死名灭，想免除今日的灾难都来不及，哪有闲暇时间去等待长远利益呢？等待长远利益，就在于今天的胜利；今天的胜利，就在于欺骗敌人；欺骗敌人，就是为了长远利益。因此说：雍季的回答，不切合晋文公的问题。况且晋文公又不懂得舅犯的话。舅犯所谓"不嫌多用欺诈伪装"，不是指欺诈他的民众，而是指欺诈他的敌人。而敌人，是他所讨伐的国家，以后即使没有第二次，那又有什么损害呢？晋文公之所以先奖赏雍季，是因为他的功劳吗？而所以战胜楚国攻破楚军的，是舅犯的计谋；是因为雍季说的话正确吗？那他说的只是"以后没有第二次"，这不能叫正确的话。舅犯则既有功劳，说的话也正确。舅犯说"讲究礼仪的君子，是不嫌多施忠诚和信用的"：忠诚，是用来关爱他的下属；信用，是用来不欺骗他的民众。既然谈到关爱下属不欺骗民众，哪还有比这更正确的话？然而一定要说"出于诈伪"，这是军事斗争的计谋。舅犯在前面说了正确的话，在后面又取得了战争的胜利，所以舅犯有二项功劳而在后面赏赐，雍季没有一项功劳却在前面赏赐。孔子说："晋文公能成为霸主，是完全合适的"，其实是不懂得赏赐的道理。

二

历山之农者侵畔[①]，舜往耕焉[②]，期年[③]，甽亩正[④]。河滨之渔者争坻[⑤]，舜往渔焉，期年而让长[⑥]。东夷之陶者器苦窳[⑦]，舜往陶焉，期年而器牢。仲尼叹曰："耕、渔与陶，非舜官也，而舜往为之者，所以救败也。舜其信仁乎！乃躬藉处苦而民从之。故曰：圣人之德化乎！"

或问儒者曰："方此时也，尧安在[⑧]？"其人曰："尧为天子。""然则仲尼之圣尧奈何？圣人明察在上位，将使天下无奸也。今耕渔不争，陶器不窳，舜又何德而化？舜之救败也，则是尧有失也。贤舜，则去尧之明察；圣尧，则去舜之德化：不可两得也。楚人有鬻盾与矛者[⑨]，誉之曰：'吾盾之坚，物莫能陷也。'又誉其矛曰：'吾矛之利，于物无不陷也。'或曰：'以子之矛陷子之盾，何如？'其人弗能应也。夫不可陷之盾与无不陷之矛，不可同世而立。今尧、舜之不可两誉，矛盾之说也。且舜救败，期年已一过，三年已三过。舜有尽，寿有尽，天下过无已者；以有尽逐无已，所止者寡矣。赏罚使天下必行之，令曰：'中程者赏[⑩]，弗中程者诛。'令朝至暮变，暮至朝变，十日而海内毕矣，奚待期年？舜犹不以此说尧令从己，乃躬亲，不亦无术乎？且夫以身为苦而后化民者，尧、舜之所难也；处势而矫下者，庸主之所易也。将治天下，释庸主之所易，道尧、舜之所难，未可与为政也。"

【注释】

①历山：古代山名，所在不详。畔：田界。

②舜：我国原始社会末期的部落首领，传说中的古代贤君。

③期(jī)年：一周年。

④甽(quǎn)：同“畎”，田边水沟。

⑤河：黄河。坻(chí)：水中高地。

⑥让长(zhǎng)：谦让年纪大的人。

⑦东夷：指古代东方的各部族，带有轻侮的意思。陶者：制造陶器的人。苦窳(yǔ)：粗劣，不坚固。

⑧尧：我国原始社会末期的部落首领，传说中的贤君。

⑨楚：诸侯国名，范围包括今湖北全部、湖南大部和河南、安徽、江西、浙江、江苏的部分地区。矛：古代的兵器，在长杆一头装有铁或青铜的矛头。盾：古代用来防护身体、遮挡刀箭的武器。

⑩中(zhòng)程者赏：符合法令规定的给予赏赐。中，符合、合适。程，准则、法令。

【译文】

历山的农民相互侵占田界，舜到那里去耕作，过了一年，各自的田界都恢复了正常。在黄河边打鱼的争抢水中的高地，舜到那里去打鱼，过了一年，大家都把水中的高地让给年长的人。东方部落中制陶器的制出的陶器粗劣，舜到那里去制陶器，过了一年，大家制造的陶器都很坚固。孔子感叹道：“耕田、打鱼和制陶，并不是舜的职责，而舜到那里做这些事，是为了纠正败坏的风气。舜确实是真正的仁厚啊！如此亲身操劳吃苦而民众都服从他。所以说：圣人的道德能够感化人啊！”

有人问儒者说：“在舜做那些事的时候，尧在哪里呢？”儒者回答说：“尧在做天子。”“既然这样孔子又为什么说尧是圣人呢？圣人处在君位上明察一切，会使天下没有奸猾之事。如果耕田的打鱼的没有争执，制作的陶器也不粗劣，舜又何必用道德去感化他们呢？舜去纠正败坏的风气,那就是尧有过失。赞扬舜的贤德,就会否定尧的明察;赞扬尧的圣明,就会否定舜的德化:不可能两者都得到肯定。楚国有一个卖盾与矛的人,夸耀自己的盾说:‘我卖的盾非常坚固,什么样的东西都刺不穿它。’又夸耀自己的矛说:‘我卖的矛特别锋利,无论什么样的东西都能被它刺穿。’有人问这个楚国人:‘用你的矛刺你的盾,会怎么样呢?’这个楚国人没有办法回答。不能被刺穿的盾与什么东西都能刺穿的矛,不可能同时存在。现在尧和舜不可以同时被称颂,就像上面说的不能被刺穿的盾与什么东西都能刺穿的矛不能同时存在一样。况且舜去纠正败坏的风气,一年纠正一个过错,三年纠正三个过错,像舜一样的人为数有限,人的寿命也有限,而天下的过错却不断地发生;用少数贤明人的有限生命去对付不断发生的过错,所能纠正的一定很少了。只有实行赏罚才能使天下人非遵行不可,如果发布命令说:‘符合法令规定的赏赐,不符合法令规定的杀头。’命令早晨发出,过错到晚上就能纠正;命令晚上发出,过错到第二天早晨就能纠正;十天之内天下的过错就都纠正了,哪里还用等待一年?舜还不能用这些道理劝说尧使天下人顺从自己,却去亲自操劳,不也是没有办法吗?况且那种用自身受苦来感化民众的做法,是尧舜也难以做到的;而踞有地位握有权势的人来纠正下属的做法,平庸的君主也能轻易做到。要想治理天下,放弃平庸的君主都容易成功的办法,而执行连尧舜都难以实行的办法,是不能真正治理好国家的。”

三

管仲有病[①],桓公往问之[②],曰:“仲父病[③],不幸卒于大命,将奚以告寡人[④]?”管仲曰:“微君言,臣故将谒之[⑤]。愿君去竖刁[⑥],除易牙[⑦],远卫公子开方[⑧]。易牙为君主味,君惟人肉未尝,易牙烝其子首而进之[⑨]。夫人情莫不爱其子,今弗爱其子，安能爱君？君妒而好内，竖刁自宫以治内[10]。人情莫不爱其身，身且不爱，安能爱君？开方事君十五年，齐、卫之间不容数日行[11]，弃其母，久宦不归。其母不爱，安能爱君？臣闻之：'矜伪不长，盖虚不久。'愿君去此三子者也。"管仲卒死，桓公弗行。及桓公死，虫出户不葬[12]。

或曰：管仲所以见告桓公者，非有度者之言也。所以去竖刁、易牙者，以不爱其身，适君之欲也。曰"不爱其身，安能爱君？"然则臣有尽死力以为其主者，管仲将弗用也。曰"不爱其死力，安能爱君？"是欲君去忠臣也。且以不爱其身度其不爱其君，是将以管仲之不能死公子纠度其不死桓公也[13]，是管仲亦在所去之域矣。明主之道不然，设民所欲以求其功，故为爵禄以劝之；设民所恶以禁其奸，故为刑罚以威之。庆赏信而刑罚必，故君举功于臣而奸不用于上，虽有竖刁，其奈君何？且臣尽死力以与君市，君垂爵禄以与臣市。君臣之际，非父子之亲也，计数之所出也。君有道，则臣尽力而奸不生；无道，则臣上塞主明而下成私。管仲非明此度数于桓公也，使去竖刁，一竖刁又至，非绝奸之道也。且桓公所以身死虫流出户不葬者，是臣重也。臣重之实，擅主也。有擅主之臣，则君令不下究，臣情不上通。一人之力能隔君臣之间，使善败不闻，祸福不通，故有不葬之患也。明主之道：一人不兼官，一官不兼事；卑贱不待尊贵而进，大臣不因左右而见[14]；百官修通[15]，群臣辐凑[16]；有赏者君见其功，有罚者君知其罪。见知不悖于前，赏罚不弊于后[17]，安有不葬之患？管仲非明此言于桓公也，使去三子，故曰：管仲无度矣。

【注释】

①管仲:名夷吾,齐桓公时为相,帮桓公改革内政,称霸诸侯。

②桓公:齐国国君,名小白,“春秋五霸”之一。

③仲父:齐桓公对管仲的尊称。

④寡人:君主的自称。

⑤故:通“固”,本来。谒(yè):告。

⑥竖刁:人名,桓公侍从,掌管宫内事务。

⑦易牙:人名,一作狄牙,桓公近臣,擅长烹饪。

⑧开方:人名,卫国公子,在齐做官。

⑨烝:同“蒸”。子首:孩子的头。

⑩自宫:自己割去睾丸。宫,古时割去睾丸的一种刑法。治内:管理宫内的事。

⑪齐:诸侯国名,所辖今山东北部、东部及河北东南部。卫:诸侯国名,所辖今河南东北部及河北、山东部分地区。

⑫虫出户不葬:前643年,桓公病,易牙、竖刁、开方乘机作乱,宫门被阻,桓公饿死。三个月无人收葬,尸体腐烂,蛆虫爬出门外。

⑬公子纠:人名,齐桓公的哥哥。管仲原本是公子纠的家臣,公子纠与齐桓公争位失败,被迫自杀,管仲由鲍叔牙推荐,做了齐桓公的相。

⑭左右:君主的左右,指君主身边的侍从。

⑮修通:顺序通畅。修,通“循”,顺序。

⑯辐(fú)凑:车轮的辐条聚集到车毂。辐,辐条。凑,通“辏”,指辐条的汇聚。

⑰弊:通“蔽”,掩蔽。

【译文】

管仲有病,齐桓公去看望,问道:“仲父病了,如果不幸不能救活,你打算向我说些什么呢?”管仲说:“就是国君不问我,我本来也打算向国君报告的。希望国君离开竖刁,除去易牙,疏远卫公子开方。易牙负责为国君主管饮食,国君只有人肉没吃过,易牙便把自己儿子的头蒸熟了献给国君。人的自然感情没有不爱自己儿子的,现在易牙不爱自己的儿子,怎么可能真正爱国君?国君忌妒而喜好内宫女色,竖刁自己割了睾丸来管理宫内的事。人的自然情感没有不爱自己身体的,竖刁连自己身体都不爱,怎么可能真正爱国君?卫公子开方侍奉国君十五年,齐国与卫国之间不过几天的路程,开方抛弃了他的母亲,长期在外做官不回家看看,连他的母亲都不爱,怎么可能真正爱国君?我听说:'夸饰伪装不会长久,掩盖虚假不能持续。'希望国君能离开这三个人。"管仲死后,齐桓公没有按管仲的希望去做。等到齐桓公因三人作乱被饿死时,三个月不能入葬,尸体腐烂长出蛆虫爬到了室外。

有人说:管仲用来面告齐桓公的话,并不是懂得法度的人所说的话。所以去除竖刁、易牙的理由,是因为他们不管自己的身体或感情,以迎合和满足君主的欲望。说什么"不爱自身的人怎么可能爱国君?"如果这样,那么臣下有尽死力来为主人效力的,管仲就不会举用了。说什么"不爱惜自己而拼死效力怎么可能爱国君?"是要国君去掉自己的忠臣。况且用不爱惜自身而推断他不爱自己的君主,是想用管仲不能追随公子纠去死推断他不能追随齐桓公去死,这样管仲也在被君主摒弃的范围了。英明君主的治国方略就不是这样,他设置臣民所希望得到的东西来让他们为君主立功,所以用官爵俸禄来鼓励他们;设置臣民所厌恶的东西来禁止奸邪行为,所以订立刑罚来威慑他们。奖励赏赐一定要遵守信用,用刑处罚一定要坚决果断,所以君主在臣子中选拔有功的人而奸佞的人就不会被任用,虽有像竖刁一类的人,又能对君主怎么样呢?何况臣下拼死效力来换取君主的爵禄,君主设置爵禄来换取臣下的拼死效力。君臣之间不是父子之间的亲缘关系,他们的行为都是从计算利害得失出发的。君主有正确的治国方略,那么臣下就会尽力为君主效力而不产生奸邪;君主没有正确的治国方略,那么臣下就会对上闭塞君主的英明而对下谋取自己的私利。管仲没有对齐桓公阐明这种治国方略，却要齐桓公去除竖刁，那另一个竖刁又会来，这不是杜绝奸邪的办法。况且齐桓公之所以死后蛆虫爬出户外尸体得不到安葬，是臣下的权力太大的原因。臣下权力太大的结果，就会挟持君主。有挟持君主的臣下，那么君主的命令就不能下达，臣下的情况也不能上通。一个人的力量能够隔开君主与臣下之间的联系，使君主听不到好和坏，了解不到祸与福，所以就有了像齐桓公这样死而不能安葬的祸患。英明君主的治国方略应该是，一个人不能兼任几种官职，一种官职不兼管几样事务；地位低的不必等待地位高的推荐进用，大臣不必依靠君主身边的亲信而得到信任，百官能够有秩序地沟通，群臣能够像车轮的辐条聚集到中心一样听命于君主，给予赏赐的人君主知道他的功劳，给予处罚的人君主知道他的过错。君主事前对群臣的功罪了解得清清楚楚，然后施行赏罚，怎么可能出现像齐桓公那样死后不能安葬的祸患呢？管仲对桓公不是讲清楚这个道理，只是叫他除掉三个人，所以说，管仲不懂得法度。

四

襄子围于晋阳中①，出围②，赏有功者五人，高赫为赏首③。张孟谈曰④："晋阳之事，赫无大功，今为赏首，何也？"襄子曰："晋阳之事，寡人国家危，社稷殆矣⑤。吾群臣无有不骄侮之意者，惟赫子不失君臣之礼，是以先之。"仲尼闻之曰："善赏哉！襄子赏一人而天下为人臣者莫敢失礼矣。"

或曰：仲尼不知善赏矣。夫善赏罚者，百官不敢侵职⑥，群臣不敢失礼。上设其法，而下无奸诈之心。如此，则可谓善赏罚矣。使襄子于晋阳也⑦，令不行，禁不止，是襄子无国，晋阳无君也，尚谁与守哉？今襄子于晋阳也，知氏灌之[8]，臼灶生龟[9]，而民无反心，是君臣亲也。襄子有君臣亲之泽，操令行禁止之法，而犹有骄侮之臣，是襄子失罚也。为人臣者，乘事而有功则赏。今赫仅不骄侮，而襄子赏之，是失赏也。明主赏不加于无功，罚不加于无罪。今襄子不诛骄侮之臣，而赏无功之赫，安在襄子之善赏也？故曰：仲尼不知善赏。

【注释】

①襄子：赵襄子，名无恤，春秋末期战国初期晋国的执政大臣。

②出围：指解围。前455年，晋卿智伯瑶以赵襄子拒绝割地给他，联合韩、魏两家攻赵，围困晋阳城，三年不能攻下，后赵襄子派人出城说服韩、魏反戈，消灭了智伯，使晋阳城解围。

③高赫：人名，赵襄子的家臣。赏首：第一个受赏。

④张孟谈：人名，赵襄子的家臣。是他出城说服韩、魏反戈的。

⑤社稷(jì)：指国家。社，土地神。稷，谷神。殆：危险。

⑥侵职：超越自己的职责侵犯他人职守。

⑦使：假使。

⑧知氏：指智伯瑶，春秋末期晋国执政的六卿之一。灌之：智伯瑶攻赵，曾引晋水灌晋阳城。

⑨臼(jiù)：舂米的石臼。

【译文】

赵襄子被围困于晋阳城中，解围后，赏赐有功的五个人，第一个受赏赐的是高赫。张孟谈说："晋阳城解围的事，高赫没有大功，现在第一个赏他，为什么？"赵襄子回答说："晋阳被围的时候，我的国家十分危急。我的群臣们对我都有骄傲轻侮之意，只有高赫没有失去君臣应有的礼节，所以先赏赐他。"孔子听到后说："这是善于赏赐啊！赵襄子奖赏一个人而使天下做臣子的都不敢失礼了。”

有人说：孔子不懂得赏赐。懂得赏赐的，百官不敢超越自己的职权侵犯他人职守，群臣不敢失去君臣的礼节。主上设置了有关法令，而臣下没有奸诈的想法。如果这样，就可以叫做懂得赏罚了。假使赵襄子在晋阳，命令行不通，禁令不起约束作用，那就等于赵襄子失掉了国家，晋阳没有了主子，还有谁替他守城呢？现在赵襄子在晋阳，智伯瑶用晋水灌城，城内石臼和锅灶被水淹没成了乌龟出没的地方，而民众没有反叛之心，这是君臣亲密无间的反映。赵襄子有君臣亲密的恩泽，执行着令行禁止的法令，如果还有骄傲侮慢的臣下，这是赵襄子失去了处罚的原则。做臣下的，参议政事有功就赏。现在高赫仅仅因为不骄傲侮慢，赵襄子就赏赐他，这就赏赐错了。英明君主的赏赐不授给无功的人，处罚不施予无罪的人。现在赵襄子不责罚骄傲侮慢的臣下，而赏赐没有功劳的高赫，赵襄子的善于赏赐又表现在哪里呢？所以说，孔子不懂得善于奖赏的道理。

五

晋平公与群臣饮[①]，饮酣，乃喟然叹曰[②]：“莫乐为人君，惟其言而莫之违。”师旷侍坐于前[③]，援琴撞之。公披衽而避[④]，琴坏于壁。公曰：“太师谁撞[⑤]？”师旷曰：“今者有小人言于侧者，故撞之。”公曰：“寡人也。”师旷曰：“哑！是非君人者之言也。”左右请除之，公曰：“释之，以为寡人戒。”

或曰：平公失君道，师旷失臣礼。夫非其行而诛其身，君之于臣也；非其行则陈其言，善谏不听则远其身者，臣之于君也。今师旷非平公之行，不陈人臣之谏，而行人主之诛，举琴而亲其体，是逆上下之位，而失人臣之礼也。夫为人臣者，君有过则谏，谏不听则轻爵禄以待之，此人臣之礼也。今师旷非平公之过，举琴而亲其体，虽严父不加于子，而师旷行之于君，此大逆之术也。臣行大逆，平公喜而听之，是失君道也。故平公之迹不可明也，使人主过于听而不悟其失；师旷之行亦不可明也，使奸臣袭极谏而饰弑君之道。不可谓两明，此为两过。故曰：平公失君道，师旷亦失臣礼矣。

【注释】

①晋平公：春秋时期晋国国君，名彪。

②喟(kuì)然：感慨的样子。

③师旷：晋国乐师，瞽者。

④披衽(rèn)：拉开衣襟。衽，衣襟。

⑤太师：指师旷。谁撞：撞谁。

【译文】

晋平公与群臣饮酒，酒喝得很畅快，晋平公感叹地说："没有比君主更快乐的了，只有他的话是没有人敢违背的。"乐师师旷陪坐在晋平公前面，拿起琴来撞击晋平公。晋平公拉开衣襟起身躲避，琴撞到了墙壁上。晋平公说："太师撞谁？"师旷说："今天有小人在我旁边讲话，所以撞他。"晋平公说："刚才说话的人是我。"师旷说："哑！这不是当君主的人应该讲的话。"晋平公左右的人请求处罚师旷，晋平公说："免了吧，把这作为我的鉴戒。"

有人说：晋平公失去了做君主的原则，师旷失去了做臣子的礼节。不赞成他的行为而处罚他，这是君主对于臣子的权力；不赞成他的行为而陈述自己的意见，如果婉言劝告仍然不听就远远离开他，这是臣子对于君主的义务。现在师旷不赞成晋平公的言论，不去陈述臣子的忠告，而用君主才能使用的处罚办法，拿起琴来撞击晋平公，是颠倒了君臣上下的位置，而失去了臣子的礼节。做臣子的，君主有过失就规劝，规劝不听就辞去官职放弃俸禄，等待君主的省悟，这就是臣下应有的礼节。现在师旷否定晋平公的过失，拿琴去撞击他，即使是父亲也不这样对待儿子，而师旷却用这种办法对待君主，这是大逆不道的做法。臣子做了大逆不道的事，晋平公高兴地听任他这样做，这是失去了做君主的原则。所以晋平公的事是不可以宣扬的，因为它使君主在听臣下的话时犯了错误而又不知错在哪儿；师旷的行为也是不可以宣扬的，因为它会使奸臣袭用极谏的美名来掩饰他们谋害君主的行径。这不能说是两方英明，而应该说是两方都有过错。所以说，晋平公失去了做君主的原则，师旷失去了做臣子的礼节。

六

齐桓公时，有处士曰小臣稷[①]，桓公三往而弗得见。桓公曰："吾闻布衣之士不轻爵禄[②]，无以易万乘之主[③]；万乘之主不好仁义，亦无以下布衣之士。"于是五往乃得见之。

或曰：桓公不知仁义。夫仁义者，忧天下之害，趋一国之患，不避卑辱谓之仁义。故伊尹以中国为乱[④]，道为宰干汤[⑤]；百里奚以秦为乱[⑥]，道为虏干穆公[⑦]。皆忧天下之害，趋一国之患，不辞卑辱故谓之仁义。今桓公以万乘之势，下匹夫之士，将欲忧齐国，而小臣不行[⑧]，见小臣之忘民也。忘民不可谓仁义。仁义者，不失人臣之礼，不败君臣之位者也。是故四封之内，执禽而朝名曰臣，臣吏分职受事名曰萌。今小臣在民萌之众，而逆君上之欲，故不可谓仁义。仁义不在焉，桓公又从而礼之。使小臣有智能而遁桓公，是隐也，宜刑；若无智能而虚骄矜桓公，是诬也，宜戮。小臣之行，非刑则戮。桓公不能领臣主之理而礼刑戮之人，是桓公以轻上侮君之俗教于齐国也，非所以为治也。故曰：桓公不知仁义。

【注释】

①处士：没有做官的读书人。小臣稷：人名。小臣，复姓。稷，名。

②布衣之士：指上文的"处士"。布衣，穿布衣的人，指平民。

③万乘(shèng)之主：泛指大国君主。乘，兵车。

④伊尹：人名，商汤的相。中国：指河南中西部一带，当时以为居天下之中。

⑤道：通过。宰：厨师。干汤：谋求汤的任用。干，求。汤，商王朝的创立者。

⑥百里奚：春秋时期虞国的大夫，虞灭后入秦，辅佐秦穆公改革内政。

⑦虏：俘虏，奴隶。穆公：秦穆公，春秋时秦国君主。

⑧小臣：指小臣稷。

【译文】

齐桓公的时候，有处士名叫小臣稷，桓公想见他，去了三次没见着。齐桓公说："我听说布衣之士不看轻爵禄，就不能轻视大国的君主；大国的君主不爱好仁义，也不会谦卑地对待布衣之士。"于是去了五次才见到了小臣稷。

有人说：齐桓公不懂得仁义。所谓仁义，忧虑天下的祸害，奔赴国家的患难，不躲避卑下的地位和屈辱的待遇，这就叫做仁义。所以伊尹因中原出现动乱，通过做厨师向汤王献策求得任用；百里奚因秦国出现动乱，通过做奴隶进入秦国求得秦穆公任用。这都是忧虑天下的祸害，奔赴国家的患难，不躲避卑下的地位和屈辱的待遇，所以叫做仁义。现在齐桓公以大国国君的权势，谦卑地去见一个普通读书人，为的是忧虑齐国的政事，而小臣稷不愿出来做官，可见小臣稷忘记了民众。忘记了民众不能够叫做仁义。仁义的人，不失去做臣子的礼节，不败坏君臣的尊卑秩序。因此在一个国家里，拿着不同的鸟兽作为礼物朝见君主的叫做臣；臣子的下属官吏按不同职掌管理事务的叫做萌。现在小臣稷还只是没有职事的萌众一类，却违抗君主的意志，所以不能叫做仁义。仁义已经不在小臣稷那儿，齐桓公却按照仁义之士礼遇他。如果小臣稷确有智慧才能而躲避齐桓公，是想隐匿起来不为君主办事，应该施以处罚；如果小臣稷没有智慧才能而弄虚作假，骄傲自满，在齐桓公面前妄自尊大，这是故意欺骗，应该杀头。小臣稷的行为，不是该罚就是该杀。齐桓公不能摆正君臣之间的关系去敬重一个该罚该杀的人，这是用轻视侮慢君主的坏风气来教化齐国臣民，并不是可以用来作为治国的道理的。所以说：齐桓公不懂得仁义。

七

靡笄之役[①]，韩献子将斩人[②]。郤献子闻之[③]，驾往救之。比至，则已斩之矣。郤子因曰："胡不以徇[④]？"其仆曰："曩不将救之乎[⑤]？"郤子曰："吾敢不分谤乎？"

或曰：郤子言，不可不察也，非分谤也。韩子之所斩也，若罪人，则不可救，救罪人，法之所以败也，法败则国乱；若非罪人，则不可劝之以徇，劝之以徇，是重不辜也，重不辜，民所以起怨者也，民怨则国危。郤子之言，非危则乱，不可不察也。且韩子之所斩若罪人，郤子奚分焉？斩若非罪人，则已斩之矣，而郤子乃至，是韩子之谤已成而郤子且后至也。夫郤子曰"以徇"，不足以分斩人之谤，而又生徇之谤。是子言分谤也[⑥]？昔者纣为炮烙[⑦]，崇侯、恶来又曰斩涉者之胫也[⑧]，奚分于纣之谤？且民之望于上也甚矣，韩子弗得，且望郤子之得之也；今郤子俱弗得，则民绝望于上矣。故曰：郤子之言非分谤也，益谤也。且郤子之往救罪也，以韩子为非也；不道其所以为非，而劝之“以徇”，是使韩子不知其过也。夫下使民望绝于上，又使韩子不知其失，吾未得郤子之所以分谤者也。

【注释】

①靡笄（mí jī）：古代山名，在今山东长清境内。前 539 年，晋卿郤克伐齐，在靡笄山下大败齐军。

②韩献子：即韩厥，晋国的卿，当时任中军司马，掌管军法。

③郤（xì）献子：即郤克，当时任中军主帅。

④徇（xún）：将尸体巡行示众。

⑤曩（nǎng）：先前，早前。

⑥子：指郤子，即郤克。也：通“耶”。

⑦纣（zhòu）：商朝的最后一个君主，暴君。炮烙：古代的一种刑罚，把人放在烧红的铜烙上面烤死。

⑧崇侯：崇侯虎，商朝属国崇的首领。恶（wū）来：商纣王的宠臣。斩涉者之胫：传说纣王冬天见人涉水渡河，听信崇侯虎、巫来的挑唆，把涉水的人捉拿砍下小腿，看他为什么不怕寒冷。

【译文】

在靡笄山的战役中，韩厥掌管军法，打算杀一个人。郤克听说后坐了车子去救这个人。等他刚刚赶到，这个人已被斩首。郤克于是说：“怎么不把这个人的尸体巡行示众？”郤克的仆从说：“早前您不是打算救这个人吗？”郤克说：“我怎敢不为韩献子分担非议呢？”

有人说：郤克的话，不可不做分析，它不是分担非议。韩厥所斩首的，如果是罪人，就不应该救他，救助罪人，法令就会因此败坏，法令败坏，国家就乱了；如果不是有罪的人，郤克就不应该劝说韩厥把被斩首者的尸体巡行示众，劝说巡行示众，是双重委屈无辜，双重委屈无辜，民众会因此产生怨恨，民众怨恨，国家就危险了。郤克的话，不是危险就是混乱，不可不做分析。况且韩厥所杀的如果是有罪的人，郤克要分担什么非议呢？所杀的如果不是有罪的人，那么这个人已经被斩首了，而郤克才到，这是韩厥的非议已经形成而郤克来晚了。郤克说“将尸首巡行示众”，并不足以分担韩厥杀人的非议，反而会产生巡行示众的非议。这是郤克所说的分担非议吗？从前商纣王设立炮烙的酷刑，崇侯虎、恶来又唆使纣王砍下冬天涉水渡河的人的小腿，他们二人怎么可能分担人们对纣王的非议？况且民众对上司依法办事的期望很强烈，韩厥不能满足民众的期望，人们希望郤克能满足；现在郤克也不能满足，那么民众对于上司就绝望了。所以说：郤克的话不是分担人们对韩厥的非议，而是增加了非议。况且郤克去救助这个罪人，以为韩厥的决定是错误的；不向韩厥讲清他的决定错误的原因，反而劝他“将尸体巡行示众”，这是让韩厥不明白自己的过错。使下面的民众绝望于上面的统治者，又使韩厥不知道自己的过失，我不明白郤克所说的可以分担非议的原因。

八

桓公解管仲之束缚而相之。管仲曰：“臣有宠矣，然而臣卑。”公曰：“使子立高、国之上[①]。”管仲曰：“臣贵矣，然而臣贫。”公曰：“使子有三归之家[②]。”管仲曰：“臣富矣，然而臣疏。”于是立以为仲父。霄略曰[③]：“管仲以贱为不可以治贵，故请高、国之上；以贫为不可以治富，故请三归；以疏为不可以治亲，故处仲父。管仲非贪，以便治也。”

或曰：今使臧获奉君令诏卿相[④]，莫敢不听，非卿相卑而臧获尊也，主令所加，莫敢不从也。今使管仲之治不缘桓公，是无君也，国无君不可以为治。若负桓公之威，下桓公之令，是臧获之所以信也，奚待高、国、仲父之尊而后行哉？当世之行事、都丞之下征令者⑤，不辟尊贵⑥，不就卑贱⑦。故行之而法者，虽巷伯信乎卿相⑧；行之而非法者，虽大吏诎乎民萌⑨。今管仲不务尊主明法，而事增宠益爵，是非管仲贪欲富贵，必暗而不知术也。故曰：管仲有失行，霄略有过誉。

【注释】

①高、国：指高傒、国懿仲，齐国当时最大的两个贵族。

②三归：齐国规定市租（商税）的十分之三归国君所有。

③霄略：人名，生平不详。

④臧获：奴婢。奴为臧，婢为获。

⑤行事、都丞：均为当时地位低下的官吏。征令：征兵、征税的命令。

⑥辟：通“避”，回避。

⑦就：通“蹴”，践踏，引申为欺侮。

⑧巷伯：宦官。

⑨诎：同“屈”，屈服。民萌：普通民众。

【译文】

齐桓公亲自替管仲松绑后拜他为相。管仲说：“我虽然已经得宠了，但我的地位还很低。”齐桓公说：“把你的地位提到高氏和国氏两个贵族之上。”管仲说：“我虽然已经高贵了，但我还是贫穷。”齐桓公说：“让你得到‘三归’的收入。”管仲说：“我虽然富裕了，但我与君主还是疏远。”于是齐桓公立管仲为仲父。霄略说：“管仲以为地位低下的人不可以治理地位高贵的人，所以请求地位在高氏、国氏两大贵族之上；以为贫穷的人不可以治理富裕的人，所以请求拥有'三归'俸禄的家业；以为和君主关系疏远的人不可以治理与君主关系亲密的人，所以要齐桓公立他为仲父。管仲并不是贪婪，而是为了便于治理国家。”

有人说：现在如果让奴仆奉君主之命去告知卿相，没有人敢不听从，这不是卿相卑贱而奴仆尊贵，而是由于君主下达了命令，没有人敢不听从。假如管仲治理国家不遵循齐桓公的旨意，就等于没有君主，国家没有君主就不能进行治理。如果凭借齐桓公的威信，下达齐桓公的命令，就是奴仆也可以取信于人，何必非要等待有了高氏、国氏、仲父这样尊贵的地位才能行事呢？当代的行事、都丞之类的小官下达征兵、征税的命令，不回避尊贵的人，也不欺侮卑贱的人，所以办事遵照法令，即使像宦官这样卑贱的人，也可使卿相信从；办事不遵照法令，虽然是大官，在普通民众面前也会理屈。现在管仲不致力于尊敬君主、彰明法度，而去干增加自己的宠信和爵禄之事，如果不是管仲贪心富贵，一定是他糊涂而不懂得治国的法术。所以说：管仲有不得体的行为，霄略有错误的夸奖。

九

韩宣王问于樛留[①]：“吾欲两用公仲、公叔[②]，其可乎？”樛留对曰：“昔魏两用楼、翟而亡西河[③]，楚两用昭、景而亡鄢、郢[④]。今君两用公仲、公叔，此必将争事而外市，则国必忧矣。”

或曰：昔者齐桓公两用管仲、鲍叔[⑤]，成汤两用伊尹、仲虺[⑥]。夫两用臣者国之忧，则是桓公不霸，成汤不王也。湣王一用淖齿[⑦]，而身死乎东庙[⑧]；主父一用李兑[⑨]，减食而死。主有术，两用不为患；无术，两用则争事而外市，一则专制而劫弑。今留无术以规上，使其主去两用一，是不有西河、鄢、郢之忧，则必有身死减食之患，是樛留未有善以知言也。

【注释】

①韩宣王：即韩宣惠王，战国时韩国君主。樛(jiū)留：人名，生平不详。

②两用：同时重用。公仲、公叔：韩国贵族，受韩宣惠王宠信。公仲名朋，公叔名伯婴。

③楼、翟(zhái)：指楼廪(bí)、翟强，魏国大臣，二人同时受魏王任用，楼廪主张合楚，翟强主张联齐。亡：失陷。西河：指魏国在黄河以西的统治区域，后被秦军占领。

④昭、景：楚国王族两大姓氏，世代把持楚国大权。鄢(yān)、郢(yǐng)：楚国两大城市，鄢位于今湖北宜城南，郢位于今湖北荆州北，二城先后被秦军攻陷。

⑤鲍叔：即鲍叔牙，曾随公子小白(桓公)奔莒(jǔ)，桓公即位后任他为相，他推荐管仲代替自己。

⑥成汤：即商汤。仲虺(huǐ)：人名，商汤的左相。

⑦湣王：指齐湣王。淖(zhuō)齿：人名，楚将。前284年，燕将乐毅破齐，楚使淖齿率兵救齐，齐湣王任淖齿为相。

⑧东庙：齐国君主的宗庙，位于今山东莒县境内。燕军攻入临淄后，齐湣王奔莒，被淖齿杀死在东庙。

⑨主父：即赵武灵王。前299年，他传位给小儿子何(赵惠文王)，自称主父。李兑：人名，任赵惠文王司寇，与公子成等操纵朝政。前295年，他帮助围困主父于沙丘宫达三月，主父饿死。

【译文】

韩宣王问樛留说："我想同时任用公仲、公叔，这样做行吗？"樛留回答说："从前魏王同时任用楼廪、翟强而失陷了西河地区，楚王同时任用昭、景两姓而失陷了鄢城、郢城。现在国君同时任用公仲、公叔，必将导致内争权势外通敌国，这样国家就一定有忧患了。”

有人说：从前齐桓公同时任用管仲、鲍叔牙，成汤同时任用伊尹、仲虺。如果同时任用两个臣子是国家的忧患，那么齐桓公就不能称霸诸侯，成汤也就不能称王了。齐湣王只用了一个淖齿，却被淖齿杀死在东庙；赵武灵王只用了一个李兑，却被围困活活饿死。君主有法术，同时任用两人不是祸患；君主没有法术，同时任用两人就会导致内争权势外通敌国，用一人就会独断专行挟持国君或杀害国君。现在樛留没有法术来规劝君主，让他的君主不同时任用两人而只任用一人，这不是造成失陷西河、鄢、郢的忧患，就一定有杀身饿死的忧患，这是樛留没有好的见解向君主进言啊。

难　二

【题解】

《难二》共讨论了七则故事。第一则分析晏婴的谏言，说明用刑不在多少，而在于是否恰当。第二则分析齐桓公雪耻的故事，说明赏无功、不诛过是祸乱的根源。第三则批判孔子对文王的赞美，主张智者应“无为无见”以避祸。第四则批判叔向、师旷的观点，强调君臣合力才能治理好国家。第五则否定齐桓公对待人的办法，说明发现人才和使用人才同样重要，考察人才的办法是看其言行是否相符。第六则分析了国家增加收入的各种因素，指出上缴钱粮多的官吏不一定使用了不恰当的手段。第七则指出用兵之道在于信赏必罚，不在于亲冒矢石。

一

景公过晏子[①]，曰：“子宫小，近市，请徙子家豫章之圃[②]。”晏子再拜而辞曰：“且婴家贫，待市食，而朝暮趋之，不可以远。”景公笑曰：“子家习市，识贵贱乎？”是时景公繁于刑。晏子对曰：“踊贵而屦贱[③]。”景公曰：“何故？”对曰：“刑多也。”景公造然变色曰[④]：“寡人其暴乎！”于是损刑五。

或曰：晏子之贵踊，非其诚也，欲便辞以止多刑也。此不察治之患也。夫刑当无多，不当无少。无以不当闻，而以太多说，无术之患也。败军之诛以千百数，犹北不止；即治乱之刑如恐不胜，而奸尚不尽。今晏子不察其当否，而以太多为说，不亦妄乎？夫惜草茅者耗禾穗，惠盗贼者伤良民。今缓刑罚，行宽惠，是利奸邪而害善人也，此非所以为治也。

【注释】

①景公：指齐景公，春秋末期齐国君主。过：走访，探望。晏子：晏婴，字平仲，任齐景公的相。

②豫章之圃：齐国都城的风景区。豫章，地名，一说即樟木；圃，种花果的园地。

③踊（yǒng）：被刖（yuè）足的人所穿的鞋子。屦（jù）：常人穿的鞋子。

④造然：吃惊而惨痛的样子。

【译文】

齐景公探望晏婴，说："您的住宅太小，又靠近市场，我请您把家搬到豫章景区去。"晏婴反复拜谢并推辞说："晏婴家里贫穷，依赖到市场买来东西生活，早晚要到市场去，不能住得离市场远了。"齐景公笑着说："您家熟悉市场，懂得贵贱吗？"这时齐景公正在施行繁酷的刑罚，受刖刑（砍掉脚）的人很多。晏婴回答说："被刖了脚的人所穿的鞋子价格昂贵，平常人穿的鞋子价格低廉。"齐景公问："是什么原因啊？"晏婴回答说："刑罚用得太多了。"齐景公显出吃惊而惨痛的样子说："我太残暴了吧！"于是减去五种刑罚。

有人说：晏婴说刖足的人穿的鞋子贵，并不是真实的情况，是想借此来劝说齐景公不要多用刑罚。这是他不明白治理国家所造成的问题。刑罚恰当不嫌其多，刑罚不当少也无益。晏婴不把刑罚不当告知齐景公，而以用刑太多来劝说他，这是不懂得法术的错误。打了败仗的军队被处罚或杀头的人虽然以千万计数，还是败逃不止；即使治理祸乱的刑罚用得唯恐不够，而奸邪还是不能除尽。现在晏婴不去考察用刑是否恰当，而以刑罚太多劝说齐景公，这不是很荒唐吗？爱惜茅草就会损害庄稼，宽容盗贼就会伤害良民。现在减轻刑罚，实行宽惠，这是有利于奸邪而伤害好人的，这不是用来治理国家的办法。

二

齐桓公饮酒醉，遗其冠[①]，耻之，三日不朝[②]。管仲曰："此有国之耻也[③]，公胡其不雪之以政？"公曰："故其善！"因发仓囷赐贫穷[④]，论囹圄出薄罪[⑤]。处三日而民歌之曰："公胡不复遗冠乎！"

或曰：管仲雪桓公之耻于小人，而生桓公之耻于君子矣。使桓公发仓囷而赐贫穷，论囹圄而出薄罪，非义也，不可以雪耻；使之而义也，桓公宿义，须遗冠而后行之，则是桓公行义非为遗冠也？是虽雪遗冠之耻于小人，而亦生遗义之耻于君子矣。且夫发囷仓而赐贫穷者，是赏无功也；论囹圄而出薄罪者，是不诛过也。夫赏无功，则民偷幸而望于上；不诛过，则民不惩而易为非。此乱之本也，安可以雪耻哉？

【注释】

①冠：帽子。

②不朝(cháo)：不朝见群臣，处理政务。

③有国：据有国家的人，指国君。

④仓囷(qūn):一种圆形的粮仓。

⑤囹圄(líng yǔ):监狱。

【译文】

齐桓公喝酒喝醉了,丢失了帽子,感到羞耻,三天不上朝理事。管仲说:"这是国君的耻辱,您为什么不用搞好政事来洗刷它呢?"齐桓公说:"您的意见多么好啊!"于是打开粮仓将粮食分赐给贫穷的人,审查狱中的囚犯放掉罪轻的人。这样办了三天以后,民众就唱着说:"齐桓公为什么不再丢失帽子啊!"

有人说:管仲在小人中洗刷了齐桓公的耻辱,却在君子中滋生了齐桓公的耻辱。假使齐桓公打开粮仓把粮食分赐给贫穷的人,审查狱中囚犯而放出罪轻的人,是不合乎义的,就不能够洗刷齐桓公的耻辱;假使这样做就是义,齐桓公不及时行义,要等到丢失帽子以后才去做,那么齐桓公行义不就是因为丢失了帽子的缘故吗?这虽然在小人中洗刷了耻辱,却在君子中滋生了耻辱。况且打开粮仓把粮食分赐给贫穷的人,是赏赐没有功劳的人;审查狱中囚犯而放出罪轻的人,是没有惩罚有过错的人。赏赐没有功劳的人,民众就存在侥幸心理而希望在君主那里得到意外赏赐;不惩罚有罪的人,民众犯了罪不受惩罚就容易为非作歹。这是国家混乱的根源,怎么可以用来洗刷耻辱呢?

三

昔者文王侵盂、克莒、举酆[①],三举事而纣恶之[②]。文王乃惧,请入洛西之地、赤壤之国方千里[③],以请解炮烙之刑。天下皆说[④]。仲尼闻之[⑤],曰:"仁哉,文王!轻千里之国而请解炮烙之刑。智哉,文王!出千里之地而得天下之心。"

或曰:仲尼以文王为智也,不亦过乎?夫智者,知祸难之地而辟之者也[⑥],是以身不及于患也。使文王所以见恶于纣者[7]，以其不得人心耶，则虽索人心以解恶可也。纣以其大得人心而恶之，已又轻地以收人心，是重见疑也，固其所以桎梏、囚于羑里也[8]。郑长者有言[9]："体道，无为无见也[10]。"此最宜于文王矣，不使人疑之也。仲尼以文王为智，未及此论也。

【注释】

①文王：周文王姬昌。盂：古地名，一作邘(yū)，位于今河南沁阳西北。莒(jǔ)：古地名，位于今山西祁县东南。酆(fēng)：古地名，一作丰，位于今陕西西安鄠邑区东北。

②恶(wù)：憎恨，厌恶。

③洛西：洛水以西。赤壤：古地名，具体方位不详。

④说：同"悦"，喜欢。

⑤仲尼：孔子字仲尼，名丘。

⑥辟：通"避"，躲避。

⑦纣：商纣王，商朝的最后一个君主。

⑧桎梏(zhì gù)：木制刑具，桎锁脚，梏锁手。羑(yǒu)里：古地名，位于河南汤阴北，传说文王被纣王囚禁于此。

⑨郑长者：人名，战国前期道家学派的人物。

⑩无为：道家概念，有顺应自然、减少人为的意思。见：同"现"，表露。

【译文】

从前文王侵占盂、攻克莒、夺取酆，做了这三件事商纣王很憎恨他。文王感到害怕，请求进献洛水以西、赤壤方圆千里的土地，用来请求废除炮烙这种刑罚。天下的人都很高兴。孔子听到这件事后说："文王真仁慈啊！不在乎方圆千里的土地而请求废除炮烙的刑罚。文王真聪明啊！献出千里的土地而得到了天下人的心。”

有人说：孔子认为文王聪明，不也是错误的吗？那些聪明的人，是知道祸难的所在而能够避开它的人，所以自身不至于遭受祸难。假使文王被纣王憎恨的原因，是文王不得人心，那么文王用求得人心的办法来解除纣王对他的憎恨是可以的。纣王因为文王大得人心而憎恶他，他自己又轻易地放弃土地来收买人心，这就更加重了纣王的怀疑，这就是他被戴上脚镣手铐囚禁在羑里的原因。郑长者曾说过：“能领会和实行道的人是无所作为、无所表现的。”这话最适用于文王，因为这样做可以不让人怀疑他。孔子以为文王聪明，还赶不上郑长者的这种看法。

四

晋平公问叔向曰[①]：“昔者齐桓公九合诸侯，一匡天下，不识臣之力也[②]，君之力也？”叔向对曰：“管仲善制割，宾胥无善削缝[③]，隰朋善纯缘[④]，衣成，君举而服之。亦臣之力也，君何力之有？”师旷伏琴而笑之[⑤]。公曰：“太师奚笑也[⑥]？”师旷对曰：“臣笑叔向之对君也。凡为人臣者，犹炮宰和五味而进之君[⑦]。君弗食，孰敢强之也？臣请譬之：君者，壤地也；臣者，草木也。必壤地美，然后草木硕大。亦君之力也，臣何力之有？”

或曰：叔向、师旷之对，皆偏辞也。夫一匡天下，九合诸侯，美之大者也，非专君之力也，又非专臣之力也。昔者宫之奇在虞[⑧]，僖负羁在曹[⑨]，二臣之智，言中事，发中功，虞、曹俱亡者，何也？此有其臣而无其君者也。且蹇叔处干而干亡[⑩]，处秦而秦霸[⑪]，非蹇叔愚于干而智于秦也，此有君与无君也。向曰“臣之力也”，不然矣。昔者桓公宫中二市，妇闾二百[12]，被发而御妇人[13]。得管仲，为五伯长[14]；失管仲、得竖刁而身死，虫流出户不葬。以为非臣之力也，且不以管仲为霸；以为君之力也，且不以竖刁为乱。昔者晋文公慕于齐女而亡归，咎犯极谏[15]，故使反晋国[16]。故桓公以管仲合，文公以舅犯霸，而师旷曰"君之力也"，又不然矣。凡五霸所以能成功名于天下者，必君臣俱有力焉。故曰：叔向、师旷之对，皆偏辞也。

【注释】

①晋平公：春秋时期晋国国君。叔向：人名，姓羊舌，名肸(xī)，晋国的卿。

②识：知道。也：通"耶"。

③宾胥无：人名，齐桓公的大臣。削缝：缝纫。削，缝制。

④隰(xí)朋：人名，与管仲同为齐桓公的相。纯(zhǔn)缘：装饰衣边。纯，装饰衣领袂口。

⑤师旷：人名，晋文公的乐师。

⑥太师：乐师，这里指师旷。

⑦炮宰：厨师。炮，通"庖"。

⑧宫之奇：人名，一作宫子奇，春秋时虞国大夫。前655年，晋献公假道攻打虢(guō)国，许以厚礼，宫之奇劝虞公不要答应，虞公不听，结果晋灭虢后回头消亡了虞国。虞：诸侯国名，位于今山西平陆东北。

⑨僖(xī)负羁(jī)：人名，一作釐(xī)负羁，春秋时曹国大夫。晋公子重耳流亡时经过曹国，僖负羁主张以礼相待，曹恭公不听，对重耳很不礼貌，后来重耳回国后做了晋国国君，即晋文公，果然出兵攻打曹国。曹：诸侯国名，位于今山东定陶西。

⑩蹇(jiǎn)叔:人名,春秋时秦国大夫。干:虞国的别称。

⑪秦:诸侯国名,范围包括今陕西大部和甘肃、四川、山西、河南、河北等的部分地区。

⑫妇闾(lǘ):妇女居住的地方。闾,里巷的门,这里指住处。

⑬被发:披散着头发。被,通"披"。

⑭五伯:五霸,指春秋时期先后称霸的齐桓公、晋文公、楚庄王、吴王阖闾、越王勾践。伯,通"霸"。长:居于首位。

⑮咎犯:即狐偃,字子犯,为晋文公的舅父,又称舅犯。

⑯反:同"返",回到。

【译文】

晋平公问叔向说:"从前齐桓公多次会合诸侯,使天下走上正道,不知道是靠臣子的力量,还是靠君主的力量?"叔向回答说:"管仲善于裁剪,宾胥无善于缝纫,隰朋善于装饰衣边。衣服做好了,君主拿起来穿在身上。这是臣子的力量,君主出了什么力呢?"师旷俯在琴上笑了。晋平公说:"太师为何发笑呢?"师旷回答说:"我笑叔向对您问题的回答。凡是做臣子的,好比厨师将五味调和好了送给君主吃。君主如果不吃,谁敢强迫他呢?让我打个比喻:君主好比土地,臣子好比草木。一定是土地肥美,然后草木才茂盛。这是君主的力量啊,臣子有什么力量可言呢?"

有人说:叔向、师旷的回答,都是片面的说法。使天下走上了正道,多次会合诸侯,这样美好的大事业,不单单是君主的力量,也不单单是臣子的力量。从前宫之奇在虞国,僖负羁在曹国,这两个臣子很智慧,说的话都合乎事实,行动都合乎功利,而虞国、曹国都灭亡了,是什么原因呢?这是因为虽有好的臣子却没有好的君主啊。况且蹇叔在虞国时虞国灭亡了,到秦国后秦国却称霸诸侯,这并不是蹇叔在虞国时笨,到了秦国就聪明了,而是决定于有没有好的君主。叔向说"是臣子的力量",其实不是这样的。从前齐桓公的宫中有两个市场,妇女的住地有二百处，他披散着头发玩弄女人。得到管仲，成为春秋五霸中第一个称霸的君主；失去管仲、得到竖刁后生命不保，死后蛆虫爬出室外，三月不得安葬。如果认为不是臣子的力量，就不能说因为用了管仲而称霸；如果认为是君主的力量，就不能说因为用了竖刁而产生祸乱。从前晋文公爱恋齐女姜氏而不想回晋国，咎犯尽力劝谏，终于让他返回晋国。所以齐桓公因为管仲而会合诸侯，晋文公因为咎犯而称霸天下，而师旷说"是君主的力量"，事实也不是这样。所有五霸之所以能够在天下成功扬名，一定是君主和臣子都出了力。所以说：叔向和师旷的回答都是片面的说法。

五

齐桓公之时，晋客至，有司请礼①。桓公曰"告仲父"者三②。而优笑曰③："易哉，为君！一曰仲父，二曰仲父。"桓公曰："吾闻君人者劳于索人，佚于使人④。吾得仲父已难矣，得仲父之后，何为不易乎哉？"

或曰：桓公之所应优，非君人者之言也。桓公以君人为劳于索人，何索人为劳哉？伊尹自以为宰干汤⑤，百里奚自以为虏干穆公⑥。虏，所辱也；宰，所羞也。蒙羞辱而接君上，贤者之忧世急也。然则君人者无逆贤而已矣，索贤不为人主难。且官职，所以任贤也；爵禄，所以赏功也。设官职，陈爵禄，而士自至，君人者奚其劳哉？使人又非所佚也。人主虽使人，必以度量准之，以刑名参之⑦；以事遇于法则行，不遇于法则止；功当其言则赏，不当则诛。以刑名收臣，以度量准下，此不可释也，君人者焉佚哉？

索人不劳，使人不佚，而桓公曰"劳于索人，佚于使人"

者，不然。且桓公得管仲又不难。管仲不死其君而归桓公，鲍叔轻官让能而任之，桓公得管仲又不难，明矣。已得管仲之后，奚遽易哉？管仲非周公旦[8]。周公旦假为天子七年，成王壮[9]，授之以政，非为天下计也，为其职也。夫不夺子而行天下者[10]，必不背死君而事其仇；背死君而事其仇者，必不难夺子而行天下；不难夺子而行天下者，必不难夺其君国矣。管仲，公子纠之臣也[11]，谋杀桓公而不能[12]，其君死而臣桓公，管仲之取舍非周公旦，可知也。若使管仲大贤也，且为汤、武[13]。汤、武，桀、纣之臣也[14]；桀、纣作乱，汤、武夺之。今桓公以易居其上，是以桀、纣之行居汤、武之上，桓公危矣。若使管仲不肖人也，且为田常[15]。田常，简公之臣也[16]，而弑其君。今桓公以易居其上，是以简公之易居田常之上也，桓公又危矣。管仲非周公旦以明矣，然为汤、武与田常，未可知也。为汤、武，有桀、纣之危；为田常，有简公之乱也。已得仲父之后，桓公奚遽易哉？若使桓公之任管仲，必知不欺己也，是知不欺主之臣也。然虽知不欺主之臣，今桓公以任管仲之专借竖刁、易牙，虫流出户而不葬，桓公不知臣欺主与不欺主已明矣，而任臣如彼其专也，故曰：桓公暗主。

【注释】

①有司：专职官吏。

②仲父：长辈的意思，这里是对管仲的尊称。

③优：优伶，以歌舞诙谐供人娱乐的人。

④佚：通“逸”，安逸。

⑤伊尹：人名，商汤的相。宰：厨师。

⑥百里奚:人名,春秋时虞国的大夫,后来秦国受秦穆公重用。穆公:指秦穆公,春秋时秦国的君主。

⑦刑名:即名实。刑,通"形"。下文凡言"刑名"之"刑"同此。

⑧周公旦:即周武王弟姬旦,以功封于周,世称周公。

⑨成王:周成王,武王的儿子。壮:长大成人。

⑩子:指幼主周成王。行:政令施行。

⑪公子纠:齐桓公的哥哥。齐国内乱奔鲁,管仲是他的随从。齐襄公死后,公子纠与公子小白争夺齐国君位,失败,公子纠为鲁国所杀,管仲投降了齐桓公。

⑫谋杀桓公:指公子小白从莒出兵回国,鲁国也派兵送公子纠回国夺位,管仲从小路袭击公子小白,射中小白带钩,小白装死脱险。桓公,指齐桓公。

⑬汤、武:商汤王、周武王。

⑭桀、纣:夏桀王、商纣王。

⑮田常:即田成子,又名陈恒,春秋末齐国执政的卿。前481年,他发动政变,杀死了齐国君主齐简公。

⑯简公:指齐简公,春秋末期齐国的君主。

【译文】

齐桓公的时候,晋国的客人到了,主管官请示如何接待。齐桓公说了三遍:"告诉仲父去。"优笑着说:"做君主真容易啊!只要说几声仲父就行了。"齐桓公说:"我听说君主寻求人才很费力,使用人才就安闲了。我得到仲父已是很难的了,得到了仲父之后,为什么不能容易呢?"

有人说:齐桓公回答优的话,不像是做君主的人说的话。齐桓公以为君主寻求人才费力,寻求人才有什么费力呢?伊尹自己通过做厨师求见商汤得到任用,百里奚自己通过做家奴陪嫁到秦国求得秦穆公的任用。家奴,是人们感到屈辱的;厨师,是人们感到羞耻的。蒙受羞耻屈辱而接近君主,有道德有才能的人忧虑天下是很急迫的。那么君主只要不拒绝有道德有才能的人就可以了，寻求贤能的人才不是君主的难事。况且官职是用来任用贤人的，爵禄是用来赏赐有功劳的。设置官职，安排爵禄，有才能的人自然会来，君主有什么费力呢？使用人才也不是安闲的。君主虽然使用人，但必须用法度来衡量他们，用名实来验证他们；事情符合法度就实行，不符合法度就禁止；功绩和他陈述的一致就赏，不一致就罚。用名实是否一致来选用臣子，用法度为标准来衡量臣下，这是不可以放弃的原则，君主哪里是安闲的呢？

寻求人才不辛劳，使用人才不轻松，而齐桓公却说“寻求人才费力，使用人才安闲”，这是不对的。况且齐桓公得到管仲并不困难。管仲没有跟他的主人公子纠一同赴死而归顺了齐桓公，鲍叔牙不在乎自己的官职而把重要的职位让给有才能的管仲担任，齐桓公得到管仲并不难，是很明白的了。得到管仲之后，哪里就容易了呢？管仲不是周公旦。周公旦代理天子的职务七年，成王长大成人后，把政权交还给成王，这不是为自己得天下着想，而是为了尽自己的职责。能够不篡夺幼小的君主权力去治理天下的人，一定不肯背叛已死的君主而侍奉他的仇敌；背叛已死的君主而侍奉他的仇敌的人，一定不难于篡夺幼君的君位而统治天下；不难于篡夺幼君的君位而统治天下的人，一定不难于篡夺他的君主的国家。管仲是公子纠的臣子，谋杀齐桓公没有成功，他的君主死了他却做了齐桓公的臣子，管仲的取舍不像周公旦那样，是很明白的。假如管仲是个大贤人，他将成为商汤王、周武王。商汤王、周武王，原来是夏桀和商纣的臣子；夏桀和商纣的政治混乱，商汤和周武王夺取了他们的君位。现在齐桓公悠闲安逸地处在管仲之上，就像有桀、纣一样的行为而处在汤、武之上一样，齐桓公很危险啊。假如管仲是个德行不好的人，他将成为田常。田常是齐简公的臣子，而杀死了齐简公。现在齐桓公安逸地处在管仲之上，这是和齐简公安逸地处在田常之上一样，齐桓公又是很危险的。管仲不是周公旦已经很清楚了，然而他准备做汤、武还是做田常，还不知道哩。如果管仲做汤、武，齐桓公就有桀、纣的危险；如果管仲做田常，齐桓公就有简公的祸乱。得到管仲之后，齐桓公哪里就容易呢？假如齐桓公任用管仲时，确实知道他不会欺骗自己，就是说齐桓公知道不欺骗君主的臣子。然而，虽说齐桓公知道不欺骗君主的臣子，现在齐桓公像信任管仲那样使用竖刁、易牙，以致死后尸体生虫爬到门外还不能下葬，齐桓公不知道臣子是欺骗君主还是不欺骗君主已经很清楚了，而他任用臣子又是那样专一。所以说，齐桓公是一个昏庸糊涂的君主。

六

李克治中山[①]，苦陉令上计而入多[②]。李克曰："语言辨[③]，听之说[④]，不度于义，谓之窕言。无山林泽谷之利而入多者，谓之窕货。君子不听窕言，不受窕货。子姑免矣[⑤]。"

或曰：李子设辞曰[⑥]："夫言语辩，听之说，不度于义者，谓之窕言。"辩，在言者；说，在听者：言非听者也。所谓不度于义，非谓听者，必谓所听也。听者，非小人，则君子也。小人无义，必不能度之义也；君子度之义，必不肯说也。夫曰"言语辩，听之说，不度于义"者，必不诚之言也。入多之为窕货也，未可远行也。李子之奸弗蚤禁[⑦]，使至于计，是遂过也。无术以知而入多，入多者，穰也[⑧]，虽倍入，将奈何？举事慎阴阳之和[⑨]，种树节四时之适，无早晚之失、寒温之灾，则入多。不以小功妨大务，不以私欲害人事，丈夫尽于耕农，妇人力于织纴[⑩]，则入多。务于畜养之理，察于土地之宜，六畜遂[⑪]，五谷殖[⑫]，则入多。明于权计，审于地形、舟车、机械之利，用力少，致功大，则入多。利商市关梁之行[⑬]，能以所有致所无，客商归之，外货留之，俭于财用，节于衣食，宫室器械周于资用，不事玩好，则入多。入多，皆人为也。若天事，风雨时，寒温适，土地不加大，而有丰年之功，则入多。人事、天功二物者皆入多，非山林泽谷之利也。夫无山林泽谷之利入多，因谓之窕货者，无术之言也。

【注释】

①李克：人名，魏文侯时任中山相。一说即李悝(kuī)，战国初任魏相，主持变法。中山：地名，位于今河北灵寿、玉唐一带。春秋时为小国，后被魏攻灭。

②苦陉(xíng)：地名，位于今河北无极东北，原属中山国辖区。令：县一级地方长官。上计：地方官年终时向上级报告户口、赋税等情况。入多：指钱粮收入多。

③辨：通"辩"，动听。

④说：同"悦"，喜欢。

⑤子：你，指苦陉令。姑：暂且，姑且。免：免除，这里指免职。

⑥李子：指李克。设辞：设立言辞，提出观点。

⑦蚤：通"早"。

⑧穰(rǎng)：丰收。

⑨举事：办事，这里指农作。慎阴阳之和：顺应自然的变化。慎，通"顺"。

⑩织纴(rèn)：纺织。

⑪六畜：指马、牛、羊、猪、狗、鸡六种家畜。这里代指一切家畜。遂：顺利成长。

⑫五谷：五种谷物，具体哪五种说法不一。这里代指一切谷物。殖：蕃殖。

⑬关梁：关口、桥梁。

【译文】

李克治理中山，苦陉令年终上报的钱粮收入多。李克说：“话说得好听，听了叫人喜欢，但不符合义，这种话叫做窕言。没有山岭森林湖泽峡谷等自然资源而收入多的，这种收入叫做窕货。君子不听窕言，不接受窕货。暂且免除你的苦陉令吧。”

有人说：李克提出的观点是：“话说得好听，听了叫人喜欢，但不符合义，这种话叫做窕言。”动听，在于说话的人；喜欢，在于听话的人：说话的人不是听话的人。所谓说话不符合义，不是指听话的人，一定是指所听到的话。听话的人，不是小人，就是君子。小人不懂得义，一定不能用义来度量它；君子用义去度量它，一定不会喜欢窕言。说“话说得好听，听了叫人喜欢，但不符合义”，一定不是诚实的话。收入多叫做窕货，是不能够通行无阻的。李克对于这种不好的行为不及早禁止，让它到年终上报，这是造成过错的原因。李克没有办法去了解情况而只知收入多了，收入多，是因为粮食丰收，即使有成倍的收入，又能怎么样呢？耕作顺从自然的变化，种植按照四时季节进行适宜的安排，没有种早种晚的失误，没有太冷太热灾害，收入就多。不因小的收益防害大的农事，不因私人欲望而损害耕织，成年男子尽力耕作，妇女尽力纺织，收入就多。致力于牲畜饲养的道理，仔细考究土地的情况，六畜兴旺，五谷蕃盛，收入就多。善于权衡计算，周密考察地形、舟车和机械的作用，花的力气少，获得功效大，收入就多。使商市、关口、桥梁便于通行，能够用自己剩余的东西换取缺少的东西，客商聚拢起来，外来的货物存放下来，节俭财用，节约衣食，宫室器具都合于实用，不贪恋珍宝玩物，收入就多。收入增多，都是人为的结果。至于自然的情况，风雨适时，冷暖适宜，土地不增加，却有丰收的年景，收入就多。人的努力，天时的作用，这两方面都能使收入增多，并不是山岭森林湖泽峡谷给予的利益。没有山岭森林湖泽峡谷给予利益却收入多，因此称它为窕货的，是没有法术的话。

七

赵简子围卫之郛郭[①]，犀盾、犀橹[②]，立于矢石之所不及[③]，鼓之而士不起。简子投枹曰[④]：“乌乎！吾之士数弊也[⑤]。”行人烛过免胄而对曰[⑥]：“臣闻之：亦有君之不能耳，士无弊者。昔者吾先君献公并国十七[⑦]，服国三十八，战十有二胜[⑧]，是民之用也。献公没，惠公即位[⑨]，淫衍暴乱，身好玉女，秦人恣侵，去绛十七里[⑩]，亦是人之用也。惠公没，文公授之[⑪]，围卫，取邺[⑫]，城濮之战[⑬]，五败荆人[⑭]，取尊名于天下，亦此人之用也。亦有君不能耳，士无弊也。”简子乃去盾、橹，立矢石之所及，鼓之而士乘之，战大胜。简子曰：“与吾得革车千乘[⑮]，不如闻行人烛过之一言也。”

或曰：行人未有以说也，乃道惠公以此人是败，文公以此人是霸，未见所以用人也。简子未可以速去盾、橹也。严亲在围[⑯]，轻犯矢石，孝子之所以爱亲也。孝子爱亲，百数之一也。今以为身处危而人尚可战，是以百族之子于上皆若孝子之爱亲也，是行人之诬也。好利恶害，夫人之所有也。赏厚而信，人轻敌矣；刑重而必，夫人不北矣。长行徇上[⑰]，数百不一人；喜利畏罪，人莫不然。将众者不出乎莫不然之数，而道乎百无一人之行，行人未知用众之道也。

【注释】

①赵简子：即赵鞅，春秋末晋国执政的卿，曾于前490年攻打卫国。卫：诸侯国名，范围包括今河南东北部和河北、山东的部分地区。郛(fú)郭：外城。

②犀盾、犀橹：用犀牛皮制作的大小盾牌。橹，大盾牌。

③矢:箭。石:战争用的滚石。

④投枹(fú):丢下鼓槌。枹,同“桴”,鼓槌。

⑤数:通“速”,很快。弊:疲困。

⑥行人:官名,掌管外交事务。烛过:人名,生平不详。免胄(zhòu):脱下头盔。胄,头盔。

⑦献公:指晋献公,名诡诸,春秋时晋国的君主。

⑧有:通“又”。

⑨惠公:指晋惠公,名夷吾,春秋时晋国的君主。

⑩绛(jiàng):晋国的都城,位于今山西翼城东南。

⑪文公:指晋文公,名重耳,著名的“春秋五霸”之一。授:同“受”,接受。

⑫邺(yè):卫国地名,位于今河北临漳西南。

⑬城濮之战:前632年,晋楚争霸,在城濮打了一仗,结果楚败晋胜。城濮,地名,位于今山东濮县南,当时属卫。

⑭荆人:楚人。荆是楚的另一称呼。

⑮乘(shèng):古时以四匹马拉的一辆车为一乘。

⑯严亲:父亲。

⑰徇:通“殉”。

【译文】

赵简子包围了卫国都的外城,用犀盾和犀橹防护,站立在箭石所达不到的地方,击打战鼓指挥攻击,而战士们没有行动。赵简子丢下鼓槌说:“哎呀,我的战士这么快就疲惫了。”行人烛过脱去头盔回答说:“我听说:仅仅是君主不能使用战士罢了,战士没有疲惫的。从前我们的先君献公并吞了十七国,征服了三十八国,打了十二次胜仗,就是用的这些民众。献公逝世后,惠公即位,荒淫无度,残暴昏乱,贪恋美女,秦人肆意入侵,打到离国都绛城仅十七里的地方,用的也是这些民众。惠公死后,文公接替君位,围困卫国,攻下邺城,城濮之战,五次打败楚军,成为天下霸主，用的也是这些民众。仅仅是君主不能使用战士罢了，战士没有疲惫的。”赵简子于是丢掉盾、橹，站在箭石可以达到的地方，击打战鼓指挥作战，士兵趁着鼓声进攻，战斗取得全胜。赵简子说：“与其让我得到战车一千辆，不如听行人烛过的一句话。”

有人说：行人并没有说出有理论价值的话，只是说惠公失败用的是这些人，文公称霸用的是这些人，却没有发现他们是如何用人招致失败或称霸的。赵简子不应该这么快就丢掉防身用的盾和橹。父亲在包围之中，儿子不怕冒着箭和滚石去援救，这是孝子热爱父亲的缘故。孝子热爱父亲，一百里面才有一个。现在认为君主处在危险之中兵士还可以战斗，就是认为从各家各户来的兵士对于君主都能像孝子热爱父亲一样去拼命，这是行人的欺骗。喜好利益嫌恶祸患，这是任何一个人都有的感情。赏赐多而守信用，人们就不怕敌人；刑罚重而一定实行，任何人都不敢败逃了。为了君主而牺牲自己的高尚所为，数百人里没有一个；喜欢利赏害怕犯罪，没有人不是这样。统率兵士的人不采用必然的术数，而根据百人中无一人能做到的行为行事，行人烛过其实不懂如何使用兵士的道理。

难　三

【题解】

《难三》包括六则故事和两段议论，第一则通过分析鲁穆公与子思、子服厉伯的故事，说明告奸应该受赏、隐恶应该处罚的道理。第二则讨论寺人披的故事，指出君主不能自以为贤明而丧失对心怀二心的臣子的警惕。第三则通过管仲猜隐语的事，指出防止国家的危难主要是维护等级秩序，不让身份低的人凌驾于身份高的人之上。第四则批评孔子对政治的认识，指出君主的首要任务是洞察下情，而不是施恩、选贤或节财。第五则通过子产判断奸情的故事，说明君主不应该依靠个人的智慧去了解奸情，而应该利用事物来治理事物，依靠他人来了解奸人。第六则通过分析秦昭王与近臣讨论韩、魏强弱的故事，指出君主治理国家要依靠他的权势，并利用好法术。第七、八两则批评管仲的两段言论，说明臣子在君主面前的行为都是蓄意掩饰的，君主不应该以看到的假象决定对臣子的赏罚；君主治国靠法与术，法要公开，让全国的民众都知道，术要隐藏，即使君主的亲信也不让他知道。

一

鲁穆公问于子思曰[①]："吾闻庞𫍲氏之子不孝[②]，其行奚如？"子思对曰："君子尊贤以崇德，举善以观民。若夫过行，是细人之所识也，臣不知也。”子思出。子服厉伯入见[3]，问庞䌹氏子，子服厉伯对曰：“其过三。”皆君之所未尝闻。自是之后，君贵子思而贱子服厉伯也。

或曰：鲁之公室[4]，三世劫于季氏[5]，不亦宜乎？明君求善而赏之，求奸而诛之，其得之一也。故以善闻之者，以说善同于上者也[6]；以奸闻之者，以恶奸同于上者也：此宜赏誉之所及也。不以奸闻，是异于上而下比周于奸者也，此宜毁罚之所及也。今子思不以过闻而穆公贵之，厉伯以奸闻而穆公贱之。人情皆喜贵而恶贱，故季氏之乱成而不上闻，此鲁君之所以劫也。且此亡王之俗，取、鲁之民所以自美[7]，而穆公独贵之，不亦倒乎？

【注释】

①鲁穆公：战国时鲁国君主。子思：孔子的孙子，名伋(jí)。

②庞䌹(xiàn)氏：人名，生平不详。一作“庞撊(xiàn)是”。

③子服厉伯：人名，鲁国大夫。

④鲁：诸侯国名，范围包括今山东南部和河南、江苏部分地区。

⑤三世：三代，指鲁哀公、鲁悼公、鲁元公三代。劫：劫持，控制。季氏：即季孙氏，鲁国执政的卿。

⑥说：同“悦”，喜欢。

⑦取(zhōu)：通“郰”。郰也作陬，鲁邑名，位于今山东曲阜东南，孔子的家乡。

【译文】

鲁穆公向子思询问说：“我听说庞䌹氏的儿子不孝，他的行为到底怎么样？”子思回答说：“君子以尊重贤人来崇尚道德，以提倡好事来给民众做示范。至于那些不好的行为，是小人所牢记不忘的，我不知道。”

子思走了出去。子服厉伯进来见鲁穆公,鲁穆公又问庞𫄩的儿子不孝的事,子服厉伯回答说:"他有三条过错。"子服厉伯所说的庞𫄩氏儿子的过错都是鲁穆公所未曾听说过的。从这以后,鲁穆公尊重子思而轻视子服厉伯了。

有人说:鲁国的政权,三代都被季孙氏所控制,不是应该的吗?英明的君主发现有人做好事就给予赏赐,发现有人干坏事就给予惩罚,赏与罚所得到的效果是一样的。所以把好事报告给君主的人,因为他喜欢好事的心情和君主是一样的;把坏事报告给君主的人,因为他厌恶坏事的心情和君主是一样的:这正是应该给予奖赏和赞誉的。不把坏事向君主报告,就是和君主两条心而和坏人狼狈为奸,这正是应该给予贬斥和处罚的。现在子思不把庞𫄩氏儿子的过错报告鲁穆公,穆公却尊重他;子服厉伯把庞𫄩氏儿子的过错报告鲁穆公,穆公反而轻视他。常人的心情都是喜欢尊重而厌恶轻视,所以季孙氏作乱的事已经发生而没有人向君主报告,这正是鲁国君主所以被季孙氏挟持的原因。况且这种亡国的习俗,是郰鲁地方的人自我欣赏的东西,而鲁穆公偏偏尊崇它,不也是搞颠倒了吗?

二

文公出亡①,献公使寺人披攻之蒲城②,披斩其袪③,文公奔翟④。惠公即位⑤,又使攻之惠窦⑥,不得也。及文公反国⑦,披求见。公曰:"蒲城之役,君令一宿,而汝即至;惠窦之难,君令三宿,而汝一宿,何其速也?"披对曰:"君令不二。除君之恶,惟恐不堪。蒲人、翟人,余何有焉?今公即位,其无蒲、翟乎?且桓公置射钩而相管仲⑧。"君乃见之。

或曰:齐、晋绝祀⑨,不亦宜乎?桓公能用管仲之功而忘射钩之怨,文公能听寺人之言而弃斩袪之罪,桓公、文公能容二子者也。后世之君，明不及二公；后世之臣，贤不如二子。不忠之臣以事不明之君，君不知，则有燕操、子罕、田常之贼[⑩]；知之，则以管仲、寺人自解。君必不诛而自以为有桓、文之德，是臣仇而明不可烛，多假之资，自以为贤而不戒，则虽无后嗣，不亦可乎？且寺人之言也，直饰君令而不贰者[⑪]，则是贞于君也。死君复生，臣不愧，而后为贞。今惠公朝卒而暮事文公，寺人之不贰何如？

【注释】

①文公：晋公子重耳，后即位，史称晋文公。出亡：出国逃亡。重耳的父亲晋献公听信宠妾骊姬谗言，杀太子申生，重耳也遭陷害，于前 656 年出逃。

②献公：晋献公，晋国的君主，重耳的父亲。寺人：宦官。披：人名。蒲城：地名，重耳的封地。位于今山西隰(xí)县西北。

③袪(qū)：衣袖。

④翟(dí)：通“狄”，少数民族，这是指散布在陕西、山西一带的赤狄、白狄。下文“翟人”之“翟”同此。

⑤惠公：晋惠公，重耳的哥哥。

⑥惠窦：地名，即渭渎，位于渭水附近。

⑦反：同“返”，返回。

⑧桓公：指齐桓公，名小白，“春秋五霸”之一。管仲：名夷吾，齐桓公的相。

⑨齐：诸侯国名，范围包括今山东大部和河北东南部。晋：诸侯国名，范围包括今山西大部和陕西、河南、河北的部分地区。绝祀：宗庙断绝祭祀，指国家灭亡。

⑩燕操：指燕将公孙操，他于前 271 年杀死燕惠文王。子罕：即皇

喜，曾任宋国司城，后劫杀宋桓侯自立。田常：即田成子，他于前481年发动政变，杀死齐简公，控制了齐国政权。

⑪直：只。饰：通“饬”，遵守，执行。不贰：没有二心。

【译文】

公子重耳外逃，晋献公命令寺人披攻打到蒲城，寺人披追到重耳身边，斩断了他的衣袖，重耳逃到翟。晋献公死，惠公即位，又命令寺人披攻打重耳到惠窦，没能捉到重耳。等到重耳回国做了国君，寺人披求见。晋文公说：“蒲城一战，献公限令你第二天赶到蒲城，你当天就赶到了；我在惠窦蒙难，惠公限令你过三夜赶到，而你只过一夜就赶到了。为什么这么快呢？”寺人披回答说：“君主的命令是说一不二的。要除掉君主所憎恨的人，我只担心自己不能胜任。我心里哪有什么蒲人、翟人的念头呢？现在您即位做了国君，难道就没有像蒲人、翟人那样的敌人了吗？况且还有齐桓公不记管仲射中他的带钩的仇恨而任命管仲为相的事呢。”晋文公于是召见了寺人披。

有人说：齐国和晋国灭亡，不是也很应该吗？齐桓公能够任用管仲的事功而忘记射中带钩的仇怨，晋文公能够听从寺人披的话而放弃对他斩断衣袖的罪行的处罚，这是齐桓公、晋文公能够宽容他们两个人。后世的君主，英明不及齐桓公、晋文公；后世的臣子，贤良不如管仲、寺人披。不忠的臣子侍奉不明智的君主，君主不觉察，就会出现燕将公孙操杀死燕惠文王、子罕杀死宋桓侯、田常杀死齐简公这样的祸害；君主觉察了，奸臣就会用管仲、寺人披的事例来自我解脱。君主如果不惩办他们而自以为有齐桓公、晋文公的德行，这是用仇人为臣子而对他们的阴谋不能洞察，反而给他们提供很多条件，自以为他们都是贤臣而不加戒备，那么即使丢掉了政权，不也是应该的吗？况且照寺人披所说，只要遵守君主的命令而没有二心的，就是忠于君主。君主死而复生，做臣子的无愧于心，这才叫做忠贞。现在晋惠公刚刚死去就马上侍奉晋文公，寺人披的忠贞不贰又是怎么回事呢？

三

人有设桓公隐者曰[①]:"一难,二难,三难,何也?"桓公不能对,以告管仲。管仲对曰:"一难也,近优而远士[②]。二难也,去其国而数之海[③]。三难也,君老而晚置太子[④]。"桓公曰:"善。"不择日而庙礼太子[⑤]。

或曰:管仲之射隐,不得也。士之用不在近远,而俳优侏儒固人主之所与燕也[⑥],则近优而远士而以为治,非其难者也。夫处势而不能用其有,而悖不去国,是以一人之力禁一国。以一人之力禁一国者,少能胜之。明能照远奸而见隐微,必行之令,虽远于海,内必无变。然则去国之海而不劫杀,非其难者也。楚成王置商臣以为太子[⑦],又欲置公子职[⑧],商臣作难,遂弑成王。公子宰[⑨],周太子也,公子根有宠[⑩],遂以东州反[⑪],分而为两国。此皆非晚置太子之患也。夫分势不二,庶孽卑[⑫],宠无藉,虽处大臣,晚置太子可也。然则晚置太子,庶孽不乱,又非其难也。物之所谓难者,必借人成势而勿使侵害己,可谓一难也。贵妾不使二后,二难也。爱孽不使危正适[⑬],专听一臣而不敢偶君,此则可谓三难也。

【注释】

①桓公:指齐桓公。隐:隐语,类似后世的谜语。

②优:古代以歌舞诙谐供人娱乐的人。

③国:指国都。数(shuò):多次。

④太子:君位的法定继承人。

⑤庙:宗庙,安排神主和进行祭祀的地方。

⑥俳(pái)优:即优。侏儒:身材矮小的人,古代统治者常用他们取乐。燕:通"宴",娱乐。

⑦楚成王:春秋时楚国君主。商臣:楚成王的太子,后杀父自立,即楚穆王。

⑧公子职:楚成王的小儿子。

⑨公子宰:周天子的大臣周威公的大儿子。一作公子朝。

⑩公子根:公子宰的弟弟。

⑪东州:即东周。前367年,周威公死,公子宰代主,公子根占据东周争夺君位,形成东周、西周两个小国。

⑫庶孽(niè):妃妾所生的儿子。

⑬适:通"嫡"。

【译文】

有一个出隐语让齐桓公猜的人说:"一个困难,两个困难,三个困难,是什么?"齐桓公不能回答,便告诉管仲。管仲回答说:"治国的第一个困难是君主亲近优人疏远文士。第二个困难是君主离开国都经常到海上去游玩。第三个困难是君主年岁大了很迟才立太子。"齐桓公说:"你说得好。"于是没有选择日期就在宗庙里举行了立太子的仪式。

有人说:管仲猜隐语,并没有猜中。文士的被任用不在乎离君主是远还是近,而俳优侏儒本来就是和君主一起娱乐的人,那么近优人远文士而治理国家,并不构成治国的困难。君主处在有权势的地位而不能运用他的权势,反而迷迷糊糊不敢离开国都,这是要用一个人的力量来控制一个国家。能用一个人的力量控制一个国家的人,很少有人能胜过他。君主的明智能够洞察远处的奸邪而发现隐蔽的危机,他的命令一定能够执行,虽然到遥远的海上游玩,国内一定不会有变乱。既然这样,那么离开国都到海上游玩而不被劫持或杀害,也不是困难的事。楚成王先立商臣为太子,后又想立公子职,商臣发动叛乱,杀了成王。公子宰是周威公的太子，公子根得到了威公的宠爱，威公死后，公子根以东州为根据地反叛，于是分成东周、西周两个小国。这都不是很晚立太子所带来的祸患。如果分给继位者的权势不分散，妃妾生的儿子地位低下，受到宠爱也无所凭借，即使做了大臣，晚立太子也是可以的。那么晚立太子，妃妾生的儿子不生变乱，又不是困难的了。事情当中称得上是困难的，一定是给予人家权力形成威势而又不让他危害自己，这可说是第一件困难的事。宠爱妃妾又不让她和王后的地位匹敌，这可说是第二件困难的事。喜欢庶出的儿子又不让他威胁太子，专听一个大臣的意见又让他不敢与君主抗衡，这可说是第三件困难的事。

四

叶公子高问政于仲尼[①]，仲尼曰："政在悦近而来远。"哀公问政于仲尼[②]，仲尼曰："政在选贤。"齐景公问政于仲尼[③]，仲尼曰："政在节财。"三公出，子贡问曰[④]："三公问夫子政一也，夫子对之不同，何也？"仲尼曰："叶都大而国小[⑤]，民有背心，故曰'政在悦近而来远'。鲁哀公有大臣三人[⑥]，外障距诸侯四邻之士，内比周而以愚其君，使宗庙不扫除，社稷不血食者[⑦]，必是三臣也，故曰'政在选贤'。齐景公筑雍门[⑧]，为路寝[⑨]，一朝而以三百乘之家赐者三，故曰'政在节财'。"

或曰：仲尼之对，亡国之言也。叶民有倍心[⑩]，而说之"悦近而来远"，则是教民怀惠。惠之为政，无功者受赏，而有罪者免，此法之所以败也。法败而政乱，以乱政治败民，未见其可也。且民有倍心者，君上之明有所不及也。不绍叶公之明，而使之悦近而来远，是舍吾势之所能禁而使与下行惠以争民，非能持势者也。夫尧之贤[⑪]，六王之冠也[⑫]，舜一徙而成邑[13]，而尧无天下矣。有人无术以禁下，恃为舜而不失其民，不亦无术乎？明君见小奸于微，故民无大谋；行小诛于细，故民无大乱。此谓"图难于其所易也，为大者于其所细也"。今有功者必赏，赏者不得君[14]，力之所致也；有罪者必诛，诛者不怨上，罪之所生也。民知诛赏之皆起于身也，故疾功利于业，而不受赐于君。"太上，下智有之[15]。"此言太上之下民无说也[16]，安取怀惠之民？上君之民无利害，说以"悦近来远"，亦可舍已。

【注释】

①叶公子高：人名，姓沈，名诸梁，字子高，楚国大夫，因封地在叶（今河南叶县南），故称叶公子高。仲尼：孔子名丘，字仲尼。

②哀公：指鲁哀公，春秋末期鲁国君主。

③齐景公：春秋末期齐国君主。

④子贡：孔子弟子，姓端木，名赐，字子贡。

⑤都：大的城市。国：国都，君主所在地。

⑥大臣三人：指孟孙氏、叔孙氏、季孙氏，为鲁国执政的贵族。

⑦社：土地神。稷（jì）：谷神。血食：杀牲祭祀。

⑧雍门：齐国都城西门名。

⑨路寝：高台名。

⑩倍：通"背"，叛。

⑪尧：我国原始社会末期的部落首领，传说中的贤君。

⑫六王之冠：六王的第一位。六王，指尧、舜、禹、商汤、周文王、周武王。

⑬舜：我国原始社会末期的部落首领，尧的继位人。一徙而成邑：相传舜很得民心，民众愿意跟随他，他所到的地方，就形成了新

的城邑。

⑭得：通“德”，感恩戴德。

⑮智：同“知”，知道。

⑯说：同“悦”，喜欢。

【译文】

叶公子高向孔子询问治国的方法，孔子说：“治国的方法在于近者喜欢远者归顺。”鲁哀公向孔子询问治国的方法，孔子说：“治国的方法在于挑选贤能的人才。”齐景公向孔子询问治国的方法，孔子说：“治国的方法在于节省财政开支。”三个人离开后，子贡问孔子说：“三个人询问先生关于治国的方法是一样的，先生回答却不相同，这是为什么呢？”孔子说：“在叶公的封地内，城市大而国都小，民众有背叛之心，所以我说‘治国的方法在于近者喜欢远者归顺’。鲁哀公有孟孙氏、叔孙氏、季孙氏三个执政大臣，对外阻挡四邻诸侯的士人到鲁国来，对内培植私党来愚弄他们的君主，使宗庙得不到打扫清洁，土地神谷神享受不到牺牲祭祀，一定是这三个大臣，所以说‘治国的方法在于挑选贤能的人才’。齐景公建豪华的雍门，造高大的路寝台，一个早上就把三百套马车的户口数赏赐给三个人，所以我说‘治国的方法在于节省财政开支’。”

有人说：孔子的回答，说的是亡国的话。叶地民众有背叛之心，却劝说叶公让“近者喜欢远者归顺”，这是教导民众寄希望于恩赐。以恩赐作为治国的方法，没有功劳的人受到奖赏，而有罪行的人免除刑罚，这是国家的法制所以败坏的原因。法制败坏，政治就会混乱，用混乱的政治去治理风气败坏的民众，没有见过是行得通的。况且民众有背叛之心，是君上的英明还有不能达到的地方。不让叶公继续发展他的英明，而让他使近者喜欢远者归顺，这是放弃了自己的权势所能够发挥的制约作用而和手下的一起用施行恩赐的方法来争取民众，这不是能够掌握权势的方法。尧是六王中开头的贤君，舜是他的臣子却很得人心，他每到一地百姓就跟到一地，这个地方就成了新的城邑，尧就没有天下了。人不能用法术来控制臣下，指望效仿舜而不失民心，不也是没有治国的方法吗？英明的君主能够发现小的奸邪于萌芽状态，所以民众没有背叛君主的大的阴谋；能够对细小的过错进行细致的处罚，所以民众没有大的动乱。这就叫“做困难的事要从容易的地方着手，做大事要从细小的地方开始”。现在有功劳的一定奖赏，受到奖赏的人并不感谢君主的恩德，因为这是他出力得来的；有罪过的一定处罚，受处罚的人也不抱怨君上，因为这是他的罪过造成的。民众知道受罚受赏的原因都在于自己，所以急于在自己的事业上谋取功利，而不接受君主的恩赐。“最高明的君主，民众只知道有那么一个人就是了。”这是说最高明的君主统治下的民众没有什么喜欢不喜欢的，哪里寄希望于君主的恩赐？最高明的君主统治下的民众对君主不讲利与害，劝说君主让“近者喜欢远者归顺”，也是可以舍弃的。

哀公有臣外障距内比周以愚其君，而说之以“选贤”，此非功伐之论也，选其心之所谓贤者也。使哀公知三子外障距内比周也，则三子不一日立矣。哀公不知选贤，选其心之所谓贤，故三子得任事。燕子哙贤子之而非孙卿[①]，故身死为僇；夫差智太宰嚭而愚子胥[②]，故灭于越[③]。鲁君不必知贤，而说以选贤，是使哀公有夫差、燕哙之患也。明君不自举臣，臣相进也；不自贤，功自徇也。论之于任，试之于事，课之于功，故群臣公政而无私[④]，不隐贤，不进不肖。然则人主奚劳于选贤？

景公以百乘之家赐，而说以“节财”，是使景公无术以知富之侈，而独俭于上，未免于贫也。有君以千里养其口腹，则虽桀、纣不侈焉[⑤]。齐国方三千里而桓公以其半自养，是侈于桀、纣也；然而能为五霸冠者[⑥]，知侈俭之地也。为君不能禁下而自禁者谓之劫，不能饰下而自饰者谓之乱，不节下而自节者谓之贫。明君使人无私，以诈而食者禁；力尽于事归利于上者必闻，闻者必赏；污秽为私者必知，知者必诛。然，故忠臣尽忠于公，民士竭力于家，百官精克于上，侈倍景公，非国之患也。然则说之以节财，非其急者也。

夫对三公一言而三公可以无患，知下之谓也。知下明，则禁于微；禁于微，则奸无积；奸无积，则无比周；无比周，则公私分；公私分，则朋党散；朋党散，则无外障距内比周之患。知下明，则见精沐；见精沐，则诛赏明；诛赏明，则国不贫。故曰：一对而三公无患，知下之谓也。

【注释】

①燕子哙(kuài)：即燕王哙，战国时期燕国君主。燕，诸侯国名，范围包括今河北大部和辽宁、山西等的部分地区。子之：人名，燕王哙的相。孙卿：即荀卿，名况，是李斯、韩非的老师。

②夫差(chāi)：即吴王夫差，春秋末吴国君主。太宰嚭(pǐ)：即伯嚭，吴国太宰。子胥：即伍子胥，由楚入吴，长于谋略，吴王夫差听信太宰嚭的谗言，逼他自杀。

③越：诸侯国名，范围包括今浙江大部和江西、江苏部分地区。

④政：通“正”。

⑤桀、纣：桀为夏朝的最后一个君主，纣是商朝最后一个君主，都是暴君。

⑥五霸：指春秋时期的齐桓公、晋文公、楚庄王、吴王阖闾、越王勾践五位霸主，其中齐桓公首创霸业，所以称“五霸冠”。

【译文】

鲁哀公有臣子对外阻碍士人到鲁国来，对内培植党羽愚弄君主，而孔子劝说哀公挑选贤能的人才，这不是主张根据功劳来选贤授能，是选择君主心目中的所谓贤能的人才。假如鲁哀公知道孟孙、叔孙、季孙这三个臣子对外阻碍士人到鲁国来,对内培植党羽愚弄君主,那么这三个臣子一天也呆不下去了。鲁哀公不懂得如何挑选贤才,只选择他心目中的所谓贤才,所以这三个人才能够执掌大权。燕王哙以子之为贤能而否定孙卿,所以自己被杀而遭到羞辱;夫差认为太宰嚭聪明、伍子胥愚蠢,所以被越国灭掉了。鲁君不一定知道谁是贤才,而孔子劝说他挑选贤才,这是让哀公有吴王夫差、燕王哙的祸患发生。英明的君主不主观地提拔大臣,大臣自然会争相进取;不自以为谁是贤才,立功的人自然涌现出来。从办事的能力上鉴别臣子,用实际工作检验臣子,按工作业绩的大小考核臣子,所以所有的臣子都公正无私,不隐瞒贤人,不推荐德才不好的人。这样,君主为什么还要为挑选贤才劳神费力呢?

齐景公用百套马车的户口赏赐臣下,而孔子劝说节省财政开支,这是让齐景公没有办法了解富人的奢侈,却单独地自己节俭,是不能免除贫困的。君主用千里土地的收入供自己吃穿,那么即使是桀、纣也比不上他那样奢侈。齐国土地方圆三千里而齐桓公以一半的收入来供养自己,这样就已经比桀、纣还要奢侈了;然而齐桓公能够成为春秋五霸之首,齐国是懂得什么是奢侈、什么是节俭的地方。做国君的不能禁止臣下而只是约束自己叫做“劫”,不能整治臣下而只是检点自己的叫做“乱”,不能节制臣下而只是节制自己的叫做“贫”。英明的君主使民众没有私心,禁止那些靠诈骗吃饭的人;尽力办事把利益归于君主的人,君主一定要了解,了解了一定要赏赐;对于用肮脏手段谋私的人一定要知道,知道了一定要惩罚。这样,所以忠臣为公家尽忠,民众为家庭尽力,百官在朝廷上廉洁公正,即使比景公再奢侈几倍,也不是国家的祸患。既然这样,孔子劝说齐景公节省开支,并不是急着要办的事。

对于叶公、哀公、景公用一句话就可以让他们没有祸患,这就要“知下”,即了解下情。了解下情很清楚,就能把坏事禁止在萌芽状态;能够把坏事禁止在萌芽状态,那么奸邪之事就不可能累积;奸邪不能累积,就没有结党营私愚弄君主的事；不结党营私愚弄君主，那么公与私就能分清；公私分清了，朋党就会解散；朋党解散了，就不会有对外阻碍士人对内结党营私愚弄君主的祸患。了解下情清楚，看问题就会明白；看问题明白，赏罚就会准确；赏罚准确，国家也就不会贫困。所以说，孔子的一句回答能够让三公没有祸患，其实是叫他们了解下情。

五

郑子产晨出①，过东匠之闾②，闻妇人之哭，抚其御之手而听之。有间，遣吏执而问之，则手绞其夫者也。异日，其御问曰："夫子何以知之③？"子产曰："其声惧。凡人于其亲爱也，始病而忧，临死而惧，已死而哀。今哭已死，不哀而惧，是以知其有奸也。"

或曰：子产之治，不亦多事乎？奸必待耳目之所及而后知之，则郑国之得奸者寡矣。不任典成之吏④，不察参伍之政⑤，不明度量⑥，恃尽聪明劳智虑而以知奸，不亦无术乎？且夫物众而智寡，寡不胜众，智不足以遍知物，故因物以治物。下众而上寡，寡不胜众者，言君不足以遍知臣也，故因人以知人。是以形体不劳而事治，智虑不用而奸得。故宋人语曰⑦："一雀过羿⑧，羿必得之，则羿诬矣。以天下为之罗⑨，则雀不失矣。"夫知奸亦有大罗，不失其一而已矣。不修其理，而以己之胸察为之弓矢⑩，则子产诬矣。老子曰⑪："以智治国，国之贼也。"其子产之谓矣。

【注释】

①郑：诸侯国名，位于今河南中部。子产：人名，即公孙侨，春秋时

郑昭公的相。

②东匠之闾：闾里名，古时二十五家为一闾。

③夫子：古时对大夫的尊称，这里指子产。

④典成之吏：主管判案的官吏。

⑤参伍：即参伍之验，用事实来多方面加以验证。

⑥度量：计量长短和容积的标准，这里指法度。

⑦宋：诸侯国名，范围包括今河南东部和山东、江苏部分地区。

⑧羿：传说为夏代东夷族的部落首领，善射。

⑨罗：网罗，捕鸟的工具。

⑩胸察：主观判断。弓矢：弓箭，这里比喻察奸的手段。

⑪老子：人名，即老聃(dān)，春秋末著名学者，道家学派创始人。

【译文】

郑国子产早上出行，经过东匠闾，听到一个妇女的哭声，他按住驾车人的手示意停车倾听。一会儿，子产派遣手下人捕捉这名妇女审问，结果她就是亲手绞死丈夫的女人。另一天，子产的驾车人问子产："您怎么知道这个女人是凶手？"子产说："她的哭声恐惧。所有人对于他们亲爱的人，刚病时会忧虑，快死时会恐惧，死以后会悲哀。现在这个妇女是哭已死的亲人，不悲哀却恐惧，所以知道她有奸情。"

有人说：子产的治国，岂不是太多事了吗？奸邪一定要等到亲耳听到和亲眼看到才能知道，那么郑国获得的奸情就很少了。不使用主管狱讼的官吏，不采用多方面考察验证的政治措施，不明确法度，只是依赖竭尽聪明劳心费神来获知奸情，不也是缺少治国的办法吗？况且事物众多而智力有限，有限不能胜过众多，智力难于普遍了解事物，所以应该利用事物来治理事物。臣下多而君主少，少数敌不过多数，也就是说君主难于普遍地了解群臣，所以要依靠人来了解人。这样君主不需事必躬亲而国家大事得到处理，不需劳心费神而奸邪隐情得以了解。所以宋人的话说："任何一只麻雀飞过羿的身旁，羿一定把它射下，这是羿的欺骗。把天下作为捕获麻雀的罗网,麻雀就会一只也逃不掉。”了解奸邪也有大的罗网,能够不放过任何一种奸邪。不整顿法制,而用自己的主观判断作为察奸的手段,这是子产的欺骗。老子说:“靠聪明来治理国家,这是国家的祸害。”这话指的就是子产这样的人。

六

秦昭王问于左右曰[①]:“今时韩、魏孰与始强[②]?”右左对曰:“弱于始也。”“今之如耳、魏齐孰与曩之孟尝、芒卯[③]?”对曰:“不及也。”王曰:“孟尝、芒卯率强韩、魏,犹无奈寡人何也。”左右对曰:“甚然。”中期推琴而对曰[④]:“王之料天下过矣。夫六晋之时[⑤],知氏最强[⑥],灭范、中行而从韩、魏之兵以伐赵[⑦],灌以晋水[⑧],城之未沈者三板[⑨]。知伯出[⑩],魏宣子御[⑪],韩康子为骖乘[⑫]。知伯曰:‘始吾不知水可以灭人之国,吾乃今知之。汾水可以灌安邑[⑬],绛水可以灌平阳[⑭]。’魏宣子肘韩康子,康子践宣子之足,肘足接乎车上,而知氏分于晋阳之下[⑮]。今足下虽强[⑯],未若知氏;韩、魏虽弱,未至如其在晋阳之下也。此天下方用肘足之时,愿王勿易之也。”

或曰:昭王之问也有失,左右中期之对也有过。凡明主之治国也,任其势。势不可害,则虽强天下无奈何也,而况孟尝、芒卯、韩、魏能奈我何?其势可害也,则不肖如如耳、魏齐及韩、魏犹能害之。然则害与不侵,在自恃而已矣,奚问乎?自恃其不可侵,则强与弱奚其择焉?失在不自恃,而问其奈何也,其不侵也幸矣。申子曰[⑰]:“失之数而求之信,则疑矣。”其昭王之谓也。知伯无度,从韩康、魏宣而图以水灌灭其国,此知伯之所以国亡而身死,头为饮杯之故也[⑱]。

今昭王乃问孰与始强，其畏有水人之患乎？虽有左右，非韩、魏之二子也，安有肘足之事？而中期曰“勿易”，此虚言也。且中期之所官，琴瑟也[19]。弦不调，弄不明[20]，中期之任也，此中期所以事昭王者也。中期善承其任，未慊昭王也，而为所不知，岂不妄哉？左右对之曰“弱于始”与“不及”则可矣，其曰“甚然”则谀也。申子曰：“治不逾官，虽知不言。”今中期不知而尚言之。故曰：昭王之问有失，左右中期之对皆有过也。

【注释】

①秦昭王：战国时秦国君主。左右：君主身边的侍从。

②韩：战国时诸侯国名，范围包括今河南中部和山西东南部。魏：战国时诸侯国名，范围包括今河南北部、东部和山西西南部。孰：谁，哪一个。始：开始，这里指建国之初。

③如耳：人名，魏国大臣。魏齐：人名，魏国的相。曩(nǎng)：从前。孟尝：即孟尝君，本齐国贵族，曾逃亡到魏，做过魏昭王的相。芒卯：人名，一作孟卯，魏安釐(xī)王的将。

④中期：人名，一作中旗，秦国的琴师。

⑤六晋：指晋国的六卿执政时，六卿包括智襄子、赵襄子、魏襄子、韩简子、范昭子、荀文子。

⑥知氏：即智襄子。

⑦范：即范昭子。中行(háng)：指荀文子。

⑧晋水：汾水的支流，现名晋渠。

⑨沈：同“沉”，指淹没。板：指筑墙用的夹板，每板高二尺。

⑩知伯：即智伯瑶。

⑪魏宣子：魏襄子的儿子，名驹。

⑫韩康子:韩简子的儿子,名虎。骖(cān)乘:指站在马车上保护“御者”(即驾车手)的人。

⑬汾水:即汾河、黄河的支流,流经山西中部。安邑:地名,魏宣子的封邑,位于今山西夏县西北。

⑭绛(jiàng)水:一名白水,源出山西绛县北。平阳:地名,韩康子的封邑,位于今山西临汾西北。

⑮晋阳:地名,赵襄子的封邑,位于今山西太原西南。

⑯足下:古时对人的尊称,这里指秦昭王。

⑰申子:指申不害,韩昭侯的相,主张以术治国。

⑱头为饮杯:智伯瑶败亡后,其头盖骨被制成饮杯。

⑲琴瑟(sè):两种乐器,都用弦,瑟的弦数更多。

⑳弄:弹奏,引申为曲调。

【译文】

秦昭王向他身边的人问道:“现在的韩国与魏国和它们建国初期比较,哪个时候更强大?”身边的人回答说:“现在的韩魏赶不上建国初期。”秦昭王又问:“现在的如耳、魏齐与从前的孟尝君、芒卯相比怎么样?”身边的人回答:“赶不上。”秦昭王说:“孟尝、芒卯统率强大的韩、魏联军尚且不能把我怎么样呢。”身边的人回答:“完全是这样。”乐师中期放下琴回答说:“您对天下的推测错了。晋国六卿主政的时候,智襄子最强,他灭掉了范昭子、荀文子,又统率韩简子、魏襄子的军队去讨伐赵襄子,用晋水去灌赵城,城墙只剩下三板的高度没有被淹。智伯瑶出兵,魏襄子的儿子魏宣子驾车,韩简子的儿子韩康子在旁边保护。智伯瑶说:‘开始我不知道水还可以灭亡一个国家,我现在才知道了。汾水可以灌安邑城,绛水可以灌平阳城。’听了智伯瑶的话,魏宣子用胳膊肘暗击韩康子,韩康子用脚踩魏宣子的脚,胳膊肘击打和脚踩脚发生在车上,而智氏的领地就被瓜分在晋阳城下了。现在您虽然强大,还没有强到有智氏的力量;韩、魏虽然弱小,还没有弱小到他们当时在晋阳城下的程度。这正是天下用胳膊肘和脚进行阴谋勾结的时候,希望大王不要轻视。”

有人说:秦昭王的问话有失误,他身边的人和琴师中期的回答也有错误。大凡英明的君主治理国家,是依靠他们的权势。权势不可受侵害,那么即使天下最强大的国家也不能把我怎么样,何况是孟尝、芒卯、韩国、魏国,能够把我怎么样呢?君主的权势可以受到侵害,那么像无能的如耳、魏齐及韩国、魏国也能够成为祸患。既然如此,那么受不受侵害,就在自己把握而已,哪里还用问旁人呢?依靠自己的把握不受侵害,那又何必去管谁强谁弱呢?如果过错在于不能把握好自己,而询问敌人会把我怎么样,那他不受到侵害也只是侥幸而已。申不害说:“丢掉法术而要求别人忠信,那就糊涂了。”这说的就是秦昭王一类的人。智伯瑶狂妄没有节制,统率韩康子、魏宣子却图谋用水来灌灭他们的封邑,这是智伯瑶国家灭亡性命不保,死后头盖骨被人做成酒杯的原因。现在秦昭王却问起目前的韩、魏与开国之初的韩、魏哪个强大,难道是害怕有智氏引晋水攻赵氏而遭到身死国灭那样的祸患吗?虽然有身边的人,却不是韩康子和魏宣子,哪里会有胳膊肘暗击和脚踩脚的阴谋之事呢?而琴师中期说“不要轻视”,这是不切实际的话。况且中期的职守是琴瑟。弦调得不准,曲调演奏不清,这是中期的责任,是中期所用来侍奉秦昭王的。中期很好地承担他的责任,不能使秦昭王满足,反而去做他不懂的事,岂不是荒唐吗?秦昭王身边的人回答说:“现在的韩、魏赶不上建国之初”和“现在的大臣不如从前的大臣”是可以的,而说“完全是这样”就是阿谀奉承了。申不害说:“办事情不要超越自己的职责,职责外的事情虽然知道也不要去说。”现在中期并不知道却还要去说。所以说,秦昭王的问话有失误,他身边的人和中期的回答也都有错误。

七

管子曰[①]:“见其可,说之有证[②];见其不可,恶之有形[③]。

赏罚信于所见，虽所不见，其敢为之乎？见其可，说之无证；见其不可，恶之无形。赏罚不信于所见，而求所不见之外，不可得也。”

或曰：广廷严居④，众人之所肃也；宴室独处，曾、史之所僈也⑤。观人之所肃，非行情也。且君上者，臣下之所为饰也。好恶在所见，臣下之饰奸物以愚其君，必也。明不能烛远奸，见隐微，而待之以观饰行，定赏罚，不亦弊乎？

【注释】

①管子：即管仲，齐桓公的相。

②说：同“悦”，喜欢、高兴。证：通“征”，征验，这里指受赏赐。

③形：通“刑”，惩罚。

④广廷：大庭，指众人聚集的地方。廷，通“庭”。

⑤曾：指曾参（shēn），孔子弟子。史：指史鱼，一名史鰌（qiú），春秋时卫国大夫。僈（màn）：通“慢”，轻慢、放纵。

【译文】

管仲说：“看到合法的事，喜欢它要给予奖赏；看到不合法的事，厌恶它要给予处罚。君主察见到的事，赏罚都兑了现，虽有察见不到的事，还有谁敢做违法的事呢？看到合法的事，喜欢它不给予奖赏；看到不合法的事，厌恶它不给予处罚。君主亲自察见的事，赏罚都不能兑现，而要查出君主看不到的违法行为，那是不可能的。”

有人说：在大庭广众严肃的场合，大家都能表现出肃敬的态度；而独自待在私室里，即使是曾参、史鱼这样的贤人也会随意放纵。观察人们在严肃场合的表现，并不是他的行为的真实情况。况且在君主面前，臣下总是要掩饰自己的。只根据自己看到的确定喜欢不喜欢，臣下要掩饰自己的奸邪言行来愚弄君主也就是必然的了。君主的明察不能洞悉远离君主身边的坏人和发现隐蔽着的坏事，而根据观察经过粉饰的行为去对待臣下，确定赏罚，不也是一种弊病吗？

八

管子曰[①]："言于室，满于室；言于堂，满于堂：是谓天下王。"

或曰：管仲之所谓言室满室、言堂满堂者，非特谓游戏饮食之言也，必谓大物也。人主之大物，非法则术也。法者，编著之图籍，设之于官府，而布之于百姓者也。术者，藏之于胸中，以偶众端而潜御群臣者也。故法莫如显，而术不欲见[②]。是以明主言法，则境内卑贱莫不闻知也，不独满于堂；用术，则亲爱近习莫之得闻也[③]，不得满室。而管子犹曰"言于室满室，言于堂满堂"，非法术之言也。

【注释】

①管子曰：管子所说的这一段话，见于今本《管子·牧民》篇。

②见：同"现"，显现。

③近习：指君主亲近宠幸的人。

【译文】

管仲说："在室内讲话，满室都能听到；在堂上讲话，满堂都能听到：这就叫做天下的王。"

有人说：管仲所说的在室内讲话满室能听到、在堂上讲话满堂能听到，不仅是说平时游戏饮食的家常话，一定是说君主的大事。君主的大事，不是法就是术。法是编写成文，设置在官府，而颁布于百姓的。术是藏在君主胸中，用来汇合验证各方面事情而暗中驾驭群臣的。所以法越公开越好，而术就不要显露出来。所以英明的君主谈论法，整个国内包括卑贱的人没有不知道的，不仅仅是满堂的人知道；而使用术，就连君主宠爱亲近的亲信都没人能知道，不能让满室的人知道。然而管仲还说“在室内讲话满室人知道，在堂上讲话满堂人知道”，这不属于法术的言论。

难　四

【题解】

《难四》讨论了四则故事。与前面三篇不同的是，作者讨论这些故事时提出了两种不同的观点，前一种观点驳斥故事中提出的结论，而后一种观点则驳斥前一种观点，这样便多方面阐述了作者的意见。第一则讨论孙文子访鲁失礼的故事，指出臣子对君主失礼是君主的过失造成的；而君臣地位的确立决定于民心的向背。第二则讨论鲁国阳虎到齐国避难的故事，指出君主只有明察和严厉，臣下方不敢犯上作乱；而君主只有坚决地杀戮乱臣，才可以杀一儆百。第三则讨论高渠弥杀死郑昭公的故事，指出君主不应对臣下恼怒而不采取行动，这样会带来自身的危险；而更重要的是在杀戮问题上要顺应民心。第四则讨论卫灵公宠信弥子瑕而受蒙蔽的故事，指出君主不要被自己认为是贤能的人蒙蔽了；而被真正是贤人的人蒙蔽并没有危险。

一

卫孙文子聘于鲁[①]，公登亦登[②]。叔孙穆子趋进曰[③]：“诸侯之会，寡君未尝后卫君也。今子不后寡君一等[④]，寡君未知所过也。子其少安。”孙子无辞，亦无悛容[⑤]。穆子退而告人曰：“孙子必亡。亡臣而不后君[⑥]，过而不悛，亡之本也。”

或曰：天子失道，诸侯伐之，故有汤、武[7]。诸侯失道，大夫伐之，故有齐、晋[8]。臣而伐君者必亡，则是汤、武不王，晋、齐不立也。孙子君于卫[9]，而后不臣于鲁，臣之君也。君有失也，故臣有得也。不命亡于有失之君，而命亡于有得之臣，不察。鲁不得诛卫大夫，而卫君之明不知不悛之臣。孙子虽有是二也[10]，巨以亡[11]？其所以亡其失，所以得君也。

或曰：臣主之施，分也。臣能夺君者，以得相踦也。故非其分而取者，众之所夺也；辞其分而取者，民之所予也。是以桀索岷山之女[12]，纣求比干之心[13]，而天下离；汤身易名，武身受詈[14]，而海内服；赵咺走山[15]，田氏外仆[16]，而齐、晋从。则汤、武之所以王，齐、晋之所以立，非必以其君也，彼得之而后以君处之也。今未有其所以得，而行其所以处，是倒义而逆德也。倒义，则事之所以败也；逆德，则怨之所以聚也。败亡之不察，何也？

【注释】

①卫：诸侯国名，范围包括今河南东北部和河北、山东部分地区。孙文子：人名，春秋时卫国执政的卿。聘：国事访问。

②公：指鲁襄公。登：指登台阶。按照周礼，国君登上东边台阶第二级的时候，使臣才能登上西边台阶的第一级。此后均比国君低一级登阶。

③叔孙穆子：人名，鲁国的卿，当时任相礼。趋：小步快走。

④子：您，指孙文子。寡君：敝国君主。古时对本国君主的谦称。

⑤悛(quān)容：悔改的神色。

⑥亡:通"忘",忘记。后君:在君主之后,这里指登台阶时走在君主后面。

⑦汤、武:汤是指商朝的开国君主成汤,武指周朝的开国君主周武王。

⑧齐、晋:都是诸侯国名。这里指齐国发生的田氏取代吕氏政权和晋国的赵、魏、韩三家分晋的事。

⑨君于卫:在卫国以君主自居,指孙文子在卫已有了君主一样的权势。

⑩是二:这两事,指"亡臣而不后君,过而不悛"二事。

⑪巨:通"讵",怎么。

⑫桀:夏朝的最后一位君主,著名的暴君。岷山之女:传说夏桀伐岷山,得琬、琰二女。岷山,即有缗(mín)氏,东夷的一个部族。

⑬纣:商朝的最后一个君主,著名的暴君。比干:人名,商纣王的叔父。

⑭武:指周武王。受詈(lì):遭受责骂。

⑮赵咺(xuān):指赵宣子,春秋时晋国执政的卿。走山:跑到山里去。前607年,晋灵公要杀赵宣子,赵宣子逃到温山避难。

⑯田氏:指田成子,春秋末齐国执政的卿。外仆:出行在外当仆人,指田成子曾装扮成鸱夷子皮的仆人逃亡燕国。

【译文】

卫国的孙文子到鲁国进行国事访问,鲁襄公登上东边的第一级台阶,他也登上西边的第一级台阶。叔孙穆子快步赶上对孙文子说:"各国诸侯聚会,敝国君主从来没有列在卫国君主的后面。现在您不在敝国君主后一步登上台阶,敝国君主不知道有什么过错。请您稍慢一点。"孙文子无言以对,也没有歉疚悔过的神色。叔孙穆子在结束会见后告诉别人说:"孙文子一定会败亡。忘记了自己是臣子的身份而不走在君主的后面,有了过错而没有悔过的表示,这是败亡的根源。"

有人说：天子失去了准则，诸侯就会讨伐他，所以有商汤灭夏、周武王灭商的事。诸侯失去了准则，大夫就会讨伐他，所以有齐国田氏取代吕氏掌权和赵、魏、韩三家分晋的事。如果臣子讨伐君主的必然灭亡，那么商汤、周武王就不能称王于天下，赵、魏、韩和田齐也不能立国了。孙文子已经在卫国有了君主的权势，而后不以使臣的身份对待鲁君，臣子事实上成了君主。卫国君主失去准则，所以臣子取得了君主的权势。不说国家亡于失去准则的君主，而说国家亡于取得了权势的臣子，这是很糊涂的。鲁国不能够处罚卫国的大夫，而卫国君主的明察也不能了解孙文子是一个不悔过的大臣。孙文子虽然有"不臣"和"不悛"这两种表现，怎么可能败亡？他正是忘记了自己的过失，所以才得到君主的权势的。

有人说：臣子和君主的设立，是等级名分制度规定的。臣子之所以能够夺取君主的位置，是他比君主更能得民心。所以违反名分而取得君位的，是众人帮他夺取的；背离名分而取得君位的，是民众给予的。因为这样，所以夏桀贪求岷山的女子，纣王取出比干的心脏，而天下人与他们离心；商汤改换名字，武王遭受责骂，而海内民众都臣服他们；赵宣子逃到山里避难，田成子装扮成奴仆逃出齐国，而齐国和晋国的人后来都跟从了他们。那么，商汤、周武王之所以天下称王，田齐、三晋中的赵之所以立国，原因并不在他们原来的君主身上，而是他们得到民众拥护而后才当上君主的。现在还没有得到民众的拥护，就像君主那样去做，是违背义和德的。违背义，是事情失败的原因；违背德，是怨恨聚集的原因。连败亡都不了解，那是为什么呢？

二

鲁阳虎欲攻三桓[①]，不克而奔齐，景公礼之[②]。鲍文子谏曰[③]："不可。阳虎有宠于季氏而欲伐于季孙，贪其富也。今君富于季孙，而齐大于鲁，阳虎所以尽诈也。"景公乃因阳虎。

或曰：千金之家，其子不仁，人之急利甚也。桓公[④]，五伯之上也[⑤]，争国而杀其兄[⑥]，其利大也。臣主之间，非兄弟之亲也。劫杀之功，制万乘而享大利[⑦]，则群臣孰非阳虎也？事以微巧成，以疏拙败。群臣之未起难也，其备未具也。群臣皆有阳虎之心，而君上不知，是微而巧也。阳虎贪，知于天下，以欲攻上，是疏而拙也。不使景公加诛于齐之巧臣，而使加诛于拙虎，是鲍文子之说反也。臣之忠诈，在君所行也。君明而严，则群臣忠；君懦而暗，则群臣诈。知微之谓明，无救赦之谓严。不知齐之巧臣而诛鲁之成乱，不亦妄乎？

或曰：仁贪不同心。故公子目夷辞宋[⑧]，而楚商臣弑父[⑨]；郑去疾予弟[⑩]，而鲁桓弑兄[⑪]。五伯兼并，而以桓律人[⑫]，则是皆无贞廉也。且君明而严，则群臣忠。阳虎为乱于鲁，不成而走，入齐而不诛，是承为乱也。君明则诛，知阳虎之可以济乱也，此见微之情也。语曰："诸侯以国为亲。"君严则阳虎之罪不可失，此无救赦之实也，则诛阳虎，所以使群臣忠也。未知齐之巧臣而废明乱之罚，责于未然而不诛昭昭之罪，此则妄矣。今诛鲁之罪乱以威群臣之有奸心者，而可以得季、孟、叔孙之亲，鲍文之说，何以为反？

【注释】

①阳虎：人名，一名阳货，鲁国大夫季孙氏的家臣。三桓：指鲁国执政的贵族季孙氏、叔孙氏、孟孙氏，他们都是鲁桓公的后代，故称三桓。

②景公：指齐景公，春秋时齐国的君主。

③鲍文子：人名，齐国的大夫。谏：臣子对君主的规劝。

④桓公：指齐桓公，名小白，“春秋五霸”之一。

⑤五伯：即“春秋五霸”。伯，通“霸”。下文“五伯”同此。

⑥争国而杀其兄：齐桓公(登基前称公子小白)与其兄公子纠争夺齐国君主继承权，发生战争，公子纠失败，被鲁人杀死。

⑦万乘(shèng)：万辆兵车，泛指大国。

⑧目夷辞宋：前652年，宋太子兹父要把君位让给庶兄目夷，目夷不受。目夷，人名。宋，诸侯国名，范围包括今河南东北部和山东、江苏等的部分地区。

⑨楚：诸侯国名，范围包括今湖北全境及湖南、河南、江西、陕西、安徽部分地区。商臣弑父：前626年，楚成王想把君位传给小儿子职，太子商臣起兵，逼死成王，自立为君。商臣，人名，即楚太子商臣。

⑩郑：诸侯国名，位于今河南中部。去疾予弟：据《左传》载，前605年，郑国公子去疾把君位让给庶兄公子坚，与此叙述不同。去疾，人名，即郑公子去疾。

⑪鲁桓弑兄：前712年，鲁桓公杀死哥哥隐公自己做了鲁国国君。

⑫以桓律人：用齐桓公衡量别人。桓，指齐桓公。律，衡量、要求。

【译文】

鲁国的阳虎打算攻打季孙、叔孙、孟孙三家，失败后逃到齐国，齐景公待他很客气。鲍文子规劝齐景公说：“不能这样。阳虎得宠于季孙而想攻打季孙，是为了贪图季孙的财富。现在您比季孙还富，而齐国又比鲁国大，这是阳虎尽力欺诈的原因。”齐景公于是将阳虎囚禁起来。

有人说：有千金财富的家庭，儿子们不和睦友爱，是因为他们追求利益的心情太过迫切。齐桓公，在五霸中居于首位，为争夺国君的位置杀了他的哥哥，因为国君的利益太大了。臣子和君主之间，不是兄弟之间的亲情。劫杀的结果,能统治大国而享有大利,那么群臣有哪一个不是阳虎呢?事情因隐蔽巧妙而成功,因疏忽笨拙而失败。群臣还没有作乱,是他们还没有准备好条件。群臣都有阳虎的叛乱之心,而君主却不知晓,这是隐蔽而巧妙的。阳虎贪婪,天下人都知道,他用贪欲攻击季孙氏,这是疏忽而笨拙的。不让齐景公去处罚齐国的狡猾的臣子,而让他去处罚笨拙的阳虎,这是鲍文子把意见说反了。臣子的忠诚或奸诈,决定于君主的所作所为。君主英明而严厉,群臣就会忠顺;君主懦弱而昏庸,群臣就会欺诈。能够知道隐微的阴谋叫做明,不赦免奸诈的罪行叫做严。不知道齐国隐蔽的奸臣而去处罚已造成鲁国混乱的阳虎,不是很荒谬吗?

有人说:仁厚的人和贪婪的人心地不同。所以有公子目夷不接受宋太子兹父让给他的宋国君之位,而楚国太子商臣杀死了准备把君位传给商臣弟弟的他们的父亲;郑公子去疾要把君位让给他的弟弟,而鲁桓公却杀了他的哥哥鲁隐公,自己做了国君。五霸都是施行兼并的,而用齐桓公的标准来衡量人,那就没有忠贞廉洁的人了。况且君主英明而严厉,群臣就会忠诚。阳虎在鲁国制造动乱,失败了就逃跑,逃到齐国而不受处罚,是让他在齐国接着作乱。君主英明就给以处罚,是知道阳虎可以助长齐国的动乱,这是发现隐蔽的苗头。常言道:“诸侯要和别的国家亲善友好。”君主严厉,那么阳虎的罪行就不能放过,没有赦免其罪行的理由,那么处罚阳虎,就是要使群臣忠诚于君主。不知道齐国的狡猾的臣子而废除对公开作乱者的处罚,追究还没有发生的过错而不处罚明摆着的罪行,这是很荒谬的。现在如果处罚在鲁国作乱的罪犯阳虎用来威慑群臣中有奸邪之心的人,而又可以博得鲁国季孙、孟孙、叔孙氏的亲善,鲍文子的意见,为什么说是错的呢?

三

郑伯将以高渠弥为卿[①],昭公恶之[②],固谏不听。及昭公即位，惧其杀己也，辛卯[③]，弑昭公而立子亶也[④]。君子曰[⑤]：“昭公知所恶矣。”公子圉曰[⑥]：“高伯其为戮乎[⑦]，报恶已甚矣。”

或曰：公子圉之言也，不亦反乎？昭公之及于难者，报恶晚也。然则高伯之晚于死者，报恶甚也。明君不悬怒，悬怒，则罪臣轻举以行计，则人主危。故灵台之饮[⑧]，卫侯怒而不诛[⑨]，故褚师作难[⑩]；食鼋之羹[⑪]，郑君怒而不诛，故子公杀君[⑫]。君子之举“知所恶”，非甚之也，曰：知之若是其明也，而不行诛焉，以及于死。故“知所恶”，以见其无权也。人君非独不足于见难而已，或不足于断制，今昭公见恶[⑬]，稽罪而不诛，使渠弥含憎惧死以侥幸，故不免于杀，是昭公之报恶不甚也。

或曰：报恶甚者，大诛报小罪。大诛报小罪也者，狱之至也。狱之患，故非在所以诛也[⑭]，以仇之众也。是以晋厉公灭三郤而栾、中行作难[⑮]，郑子都杀伯咺而食鼎起祸[⑯]，吴王诛子胥而越句践成霸[⑰]。则卫侯之逐，郑灵之弑，不以褚师之不死而公父之不诛也[⑱]，以未可以怒而有怒之色，未可诛而有诛之心。怒其当罪，而诛不逆人心，虽悬奚害？夫未立有罪，即位之后，宿罪而诛，齐胡之所以灭也[⑲]。君行之臣，犹有后患，况为臣而行之君乎？诛既不当，而以尽为心，是与天下为仇也。则虽为戮，不亦可乎！

【注释】

①郑伯：即郑庄公，春秋时郑国君主，爵位为伯，故称郑伯。高渠弥：人名，郑国执政的卿。

②昭公:指郑昭公,郑庄公的大儿子,后接替庄公为国君。恶(wù):厌恶,不喜欢。

③辛卯:古时用天干地支计算日期,这里指鲁桓公十七年(前695)农历九月二十三日。

④子亶(dǎn):公子亶。据《左传》记载,高渠弥立的是郑庄公的二儿子公子亹(wěi),与韩非所说不同。

⑤君子:指有道德有才能的人。

⑥公子圉(yǔ):人名,生平不详。

⑦高伯:指高渠弥。伯,排行第一称伯。戮:杀。

⑧灵台:台名,为贵族游乐之所。

⑨卫侯:指卫出公,春秋时卫国君主。

⑩褚师作难:前470年,卫出公和大臣们在灵台宴饮,褚师入席未遵礼制,出公发怒,要砍掉褚师的脚,却没有执行。散席后,褚师兴兵作乱,逐走出公。褚师,人名,时任市官。

⑪鼋(yuán):大鳖。羹(gēng):带肉的浓汁。

⑫子公杀君:前605年,楚国送郑灵公一只大鳖,灵公宴请大臣,子公与子家相视而笑。灵公问子公何故发笑,子公说事前自己的手指颤动,知道一定有好吃的。灵公偏不让子公吃,子公用手指伸到汤汁中尝味,灵公大怒,扬言要杀子公。子公与子家合谋,杀了灵公。子公,人名,即公子宋,郑国大臣。

⑬昭公:指郑昭公。见:同"现"。

⑭故:通"固",本来。以:通"已",已经。

⑮晋厉公:春秋时晋国的君主。灭三郤(xì)而栾、中行(háng)作难:前573年,晋厉公杀掉了执政的郤氏三卿(即郤至、郤锜、郤犨),栾书,中行偃二卿害怕也被杀,便指使程滑杀死了晋厉公。

⑯郑子都杀伯咺而食鼎起祸:史实不详。

⑰吴王:指吴王夫差(chāi)。子胥:即伍子胥。越:诸侯国名,范围

包括今江苏南部、浙江北部、安徽南部、江西东部等地。勾践：指越王勾践。

⑱公父：指公子宋，公父是其美称。

⑲齐胡：指春秋时齐太公的后代胡公靖。胡公靖在没有即位前，虐待驺(zōu)马繻，即位后，驺马繻把他杀了。

【译文】

郑庄公打算用高渠弥为卿，郑昭公厌恶高渠弥，反复谏阻但庄公不听。等到郑昭公即位，高渠弥害怕郑昭公要杀害自己，在辛卯这一天，高渠弥杀死昭公而立公子亹为国君。君子说："郑昭公知道自己所厌恶的人。"公子圉说："高渠弥应该被杀吧，报复人家对他的厌恶太过分了。"

有人说：公子圉的话，不是说反了吗？郑昭公之所以遇难，是因为他惩罚所厌恶的人太晚了。既然这样，高渠弥比郑昭公死得晚，正由于他对郑昭公进行了过份的报复。英明的君主不把愤怒挂在脸上而不采取行动，如果只是发怒而不采取行动，那么有罪的臣子就会轻率地行使计谋，君主就危险了。所以在灵台宴饮，卫出公发怒而不处罚褚师，褚师作乱赶走了卫出公；子公用手指尝大鳖的汤汁，郑灵公发怒而不处罚子公，子公后来杀了郑灵公。君子所提出的郑昭公"知所恶"，并非说得过份了，他是说，郑昭公既然对高渠弥了解得那样清楚，而又不把他杀掉，以致自己被杀了。所以君子说郑昭公"知所恶"，是说明他不懂得权衡利害得失。君主不但不能充分地看到祸乱，有时又不能及时地作出决断加以制裁，现在昭公表露了对高渠弥的厌恶，察明了他的罪过又不予以惩罚，使高渠弥含恨怕死而施行侥幸得逞的阴谋，所以昭公不免于被杀，这是昭公对待自己厌恶的人报复得不过份造成的。

有人说：报复厌恶的人最厉害的，是用大的杀戮报复小的罪过。用大的杀戮报复小的罪过，是最严酷的刑狱。刑狱的危害，本来并不在于已经被处罚了的人，而是在于诛戮不当引起更多人的仇恨。所以晋厉公杀掉郤氏三卿而引起栾书、中行偃二卿作乱，郑子都杀死伯咺而食鼎起祸，吴王夫差杀害伍子胥而使越王勾践成就霸业。那么卫灵公被驱逐、郑灵公被杀，并不是因为卫出公没有把褚师杀掉和郑灵公没有对子公进行处罚，而是因为君主本不该发怒而有了发怒的表现，对不该杀戮的人有了杀戮的想法。君主发怒符合臣下的罪过，杀了这样的臣下不违背人心，即使表现出愤怒而不进行处罚又有什么害处呢？君主未立之前臣子有了罪，即位之后，臣子害怕旧罪重提而把君主杀掉，这就是齐胡公被灭掉的原因。君主对臣子这样做，尚且会留下后患，何况作为臣子而对君主这样做呢？杀戮既然不对，而且还想全部杀掉，这是把天下人当做自己的敌人了。那么公子圉说高渠弥该杀，不也是可以的吗？

四

卫灵公之时，弥子瑕有宠[①]，专于卫国。侏儒有见公者曰[②]："臣之梦浅矣[③]。"公曰："奚梦？""梦见灶者，为见公也。"公怒曰："吾闻见人主者梦见日，奚为见寡人而梦见灶乎？"侏儒曰："夫日兼照天下，一物不能当也[④]。人君兼照一国，一人不能壅也。故将见人主而梦日也。夫灶，一人炀焉[⑤]，则后人无从见矣。或者一人炀君邪？则臣虽梦灶，不亦可乎？"公曰："善。"遂去雍钼[⑥]，退弥子瑕，而用司空狗[⑦]。

或曰：侏儒善假于梦以见主道矣[⑧]，然灵公不知侏儒之言也。去雍钼，退弥子瑕，而用司空狗者，是去所爱而用所贤也。郑子都贤庆建而壅焉[⑨]，燕子哙贤子之而壅焉[⑩]。夫去所爱而用所贤，未免使一人炀己也。不肖者炀主，不足以害明；今不加知而使贤者炀己，则必危矣。

或曰：屈到嗜芰[⑪]，文王嗜菖蒲菹[⑫]，非正味也，而二贤尚之，所味不必美。晋灵侯说参无恤[13]，燕哙贤子之，非正士也，而二君尊之，所贤不必贤也。非贤而贤用之，与爱而用之同。贤诚贤而举之，与用所爱异状。故楚庄举孙叔而霸[14]，商辛用费仲而灭[15]，此皆用所贤而事相反也。燕哙虽举所贤，而同于用所爱，卫奚距然哉[16]？则侏儒之未可见也。君壅而不知其壅也，已见之后而知其壅也，故退壅臣，是加知之也。曰“不加知而使贤者炀己则必危”，而今以加知矣，则虽炀己，必不危矣。

【注释】

①弥子瑕：人名，卫灵公的近臣。

②侏（zhū）儒：身材矮小供统治者取乐的人。

③浅：通“践”，实践，应验。

④当：通“挡”，挡住。

⑤炀（yàng）：烤火。

⑥雍钼：人名，卫灵公宠幸的宦官。

⑦司空狗：人名。名史狗，官至司空。

⑧见：同“现”，体现。主道：君主的治国原则。

⑨郑子都贤庆建而雍：史实不详。

⑩燕子哙：即燕国哙，战国时燕国君主。子之：人名，燕王哙的相。

⑪屈到：人名，春秋时楚国大臣。嗜：爱好，喜欢。芰（jì）：菱角。

⑫文王：指周文王姬昌。菖蒲菹（zū）：用菖蒲做的腌菜。

⑬晋灵侯：即晋灵公，春秋时晋国君主。说：同“悦”，喜欢。参（shēn）无恤（xù）：人名，生平事迹不详。

⑭楚庄：即楚庄王，春秋时楚国君主，为五霸之一。孙叔：即孙叔敖，楚庄王的令尹。

⑮商辛：即商纣王。费仲：人名，商纣王的宠臣。

⑯距：通“讵”，岂。

【译文】

卫灵公的时候，弥子瑕很受宠爱，独揽卫国大权。有个侏儒见灵公说：“我的梦应验了。”灵公问：“什么梦？”侏儒回答：“我梦见了灶，预示将要见到您。”灵公生气地说：“我听说过见到君主的人总是先梦见太阳，为什么你要见到我而先梦见灶呢？”侏儒说：“太阳普照天下，一个物体是不能挡住它的光芒的。君主惠及一个国家，一个人是不能蒙蔽他的。所以要见君主就先梦见太阳。灶就不一样了，一个人烤火，后面的人就无法看见火了。是不是有一个人像在灶前烤火那样蒙蔽了您呢？如果是这样，那么臣虽然梦见灶，不也是可以的吗？”灵公说：“你说得好。”于是便辞退了雍鉏、弥子瑕，而起用司空狗。

有人说：侏儒善于假借梦来阐明君主治国的道理，然而灵公并不明白侏儒所说的话。辞退雍鉏、弥子瑕，而起用司空狗，这是去掉自己所喜爱的人而用自己认为贤能的人。郑子都以为庆建贤能而受到蒙蔽，燕王哙以为子之贤能而受到蒙蔽。去掉自己喜爱的人而用自己认为贤能的人，未免会让一个人在自己身边烤火。德行不好的人蒙蔽君主，还不足以危害君主的明察；如果君主不加以了解而使所谓的贤能的人蒙蔽自己，就一定危险了。

有人说：楚国的屈到喜欢吃菱角，周文王喜欢吃菖蒲做的腌菜，这都不是正道的美味，而他们两个贤人喜爱它，人们喜欢的味道不一定是美味。晋灵公喜欢参无恤，燕王哙认为子之是贤人，他们都不是正派的人，而这两个君主都尊重他们，君主认为贤能的人不一定是贤人。不是贤人而作为贤人来使用，和由于宠爱来使用是一样的。君主认为是贤人又确实是贤人而提拔他，和君主使用自己所喜爱的人是不一样的。所以楚庄王提拔了孙叔敖而称霸，商纣王任用了费仲而灭亡，这些都是用了自己所认为的贤人而事情的结果却相反的例子。燕王哙虽然提拔了他认为贤能的人,而与使用他所喜欢的人是一样的,卫灵公难道是这样的吗?这是侏儒所认识不到的。君主被蒙蔽而不知道受了蒙蔽,听到侏儒的话以后知道受了蒙蔽,因此辞退蒙蔽他的臣子,这就是对蒙蔽他的臣子有了了解。说什么"不加以了解而使贤能的人蒙蔽自己一定很危险",而现在了解到这是真正的贤人,这样即使他蒙蔽君主,也一定不会有危险了。

难　势

【题解】

《难势》是围绕势治理论进行辨难。“难”(nàn)是辨难,“势”指君主的地位和权力,即权势。文章首先引用慎到的观点,以为君主的势是制服众人的根本条件,君主利用好势就能治理好国家。文章接着按照儒家的看法,对慎到的势治学说加以驳斥,提出治理国家靠贤才的主张。韩非则针对儒家的看法进行驳难,认为君主必须“抱法处势”,才能使国家长治久安,不仅否定了儒家“贤治”的主张,而且维护和发展了慎到的“势治”学说。

慎子曰[①]:飞龙乘云,腾蛇游雾[②],云罢雾霁[③],而龙蛇与蚓蚁同矣,则失其所乘也。贤人而诎于不肖者[④],则权轻位卑也;不肖而能服于贤者,则权重位尊也。尧为匹夫[⑤],不能治三人;而桀为天子[⑥],能乱天下:吾以此知势位之足恃而贤智之不足慕也。夫弩弱而矢高者[⑦],激于风也;身不肖而令行者,得助于众也。尧教于隶属而民不听,至于南面而王天下[⑧],令则行,禁则止。由此观之,贤智未足以服众,而势位足以屈贤者也。

【注释】

①慎子：即慎到，战国时赵人，曾在齐国稷下讲学。

②腾蛇：古代传说中的龙类动物。

③云罢雾霁(jì)：云消雾散。霁，雨停止，这里引申为雾消散。

④诎(qū)：屈服。不肖者：无德无才的人。

⑤尧：古代传说中的贤君。匹夫：普通的人。

⑥桀(jié)：夏代最后一个王，传说中的暴君。

⑦弩(nǔ)：一种利用机械力发射箭的弓。矢：箭。

⑧南面：指处在君位。古代帝王临朝时面南而立。王(wàng)：称王。

【译文】

慎到说：飞龙、腾蛇在云雾中飞行，云消雾散，它们就同蚯蚓、蚂蚁一样了，这是因为它们失去了飞行的凭借。贤人之所以屈服于不肖的人，是因为贤人权力小地位低；不肖的人能被贤人制服，是由于贤人权力大地位高。假如尧是一个普通的人，他连三个人也治理不了；而桀做了天子，能搞乱天下：我由此知道权势和地位是足以依靠的，而贤能和智慧是不值得羡慕的。一张不强劲的弩能把箭射得很高，那是风力推动的缘故；自己的品德不好，而命令却能推行，那是得力于众人帮助的缘故。如果尧以普通人身份在奴隶中施教，民众就不会听他的；而当他南面称王时，就能有令则行，有禁则止。由此看来，贤能和才智不足以让众人服从，而权势地位却足以使贤人屈服。

应慎子曰：飞龙乘云，腾蛇游雾，吾不以龙蛇为不托于云雾之势也。虽然，夫释贤而专任势，足以为治乎？则吾未得见也。夫有云雾之势而能乘游之者，龙蛇之材美也；今云盛而蚓弗能乘也，雾醲而蚁不能游也[①]，夫有盛云醲雾之势而不能乘游者，蚓蚁之材薄也。今桀、纣南面而王天下[②]，以天子之威为之云雾，而天下不免乎大乱者，桀、纣之材薄也。

且其人以尧之势以治天下也[③]，其势何以异桀之势也，乱天下者也。夫势者，非能必使贤者用之，而不肖者不用之也。贤者用之则天下治，不肖者用之则天下乱。人之情性，贤者寡而不肖者众，而以威势之利济乱世之不肖人，则是以势乱天下者多矣，以势治天下者寡矣。夫势者，便治而利乱者也。故《周书》曰[④]："毋为虎傅翼[⑤]，将飞入邑，择人而食之。"夫乘不肖人于势，是为虎傅翼也。桀、纣为高台深池以尽民力[⑥]，为炮烙以伤民性[⑦]，桀、纣得成肆行者，南面之威为之翼也。使桀、纣为匹夫，未始行一而身在刑戮矣。势者，养虎狼之心而成暴乱之事者也，此天下之大患也。势之于治乱，本未有位也，而语专言势之足以治天下者，则其智之所至者浅矣。

夫良马固车，使臧获御之则为人笑[⑧]，王良御之而日取千里[⑨]。车马非异也，或至乎千里，或为人笑，则巧拙相去远矣。今以国位为车，以势为马，以号令为辔[⑩]，以刑罚为鞭策[⑪]，使尧、舜御之则天下治[⑫]，桀、纣御之则天下乱，则贤不肖相去远矣。夫欲追速致远，不知任王良；欲进利除害，不知任贤能：此则不知类之患也。夫尧舜亦治民之王良也。

【注释】

①醲（nóng）：通"浓"，浓厚。

②纣：商朝的最后一个君主，著名的暴君。

③其人：指慎到。下文称"其人"与此同。

④《周书》:记载周代训诰誓命的史书,今本《尚书》中保留有一部分。

⑤傅:通"附",添上。翼:翅膀。

⑥高台:传说纣王建有鹿台,用以淫乐。深池:传说纣王作有酒池。

⑦炮烙:本作"炮格",古代的一种酷刑,把受刑者放在烧红的铜格子上烤死。性:生命。

⑧臧(zāng)获:奴婢,奴仆。奴为臧,婢为仆。

⑨王良:人名,春秋末期晋国人,以善于驾驭车马而闻名。

⑩辔(pèi):马的缰绳。

⑪鞭策:马鞭子。

⑫舜:我国原始社会末期的部落首领,尧的继位人。

【译文】

有人反驳慎到说:飞龙、腾蛇在云雾中飞行,我不认为龙蛇的飞行是不依托云雾这种势的。虽然如此,如果放弃贤能而专门依靠势,难道能足以治理国家吗?这是我没有见到的。有那种云雾之势而能依托它飞行的,这是龙蛇的资质好的缘故。现在云气浩盛而蚯蚓不能乘云,雾气浓烈而蚂蚁不能游雾,这种有盛云浓雾却不能依托它们飞行,是蚯蚓、蚂蚁的资质薄劣的缘故。现在夏桀、商纣南面称王统治天下,把天子的权威当作云雾,而天下还是免不了大乱,这是因为夏桀、商纣的资质薄劣的缘故。

况且这个人以为用尧的势可以治理天下,尧的势与桀的势有什么差别呢,这是扰乱天下的说法。所谓势,并不是一定能够让贤能的人利用,而不肖的人不能利用。贤能的人利用势天下就能治,不肖的人利用势天下就会乱。从人的本性来说,贤能的人少而不肖的人多,而用威势的好处来帮助扰乱天下的不肖之人,那么这是用势来扰乱天下的多,而用势来治理天下的少了。势这个东西,是便于统治却有利于祸乱的。所以《周书》说:"不要给老虎添上翅膀,它将飞入城市,逢人便吃。"如果让不肖的人凭借权势，就是给老虎添上翅膀。夏桀、商纣筑高台掘深池耗尽了民力，用炮烙的酷刑伤害民众的生命，桀、纣能够这样放肆地干坏事，是因为有天子的威势作为他们的翅膀。假使桀、纣只是普通的人，不等他们干一件坏事就被处死了。势是滋生虎狼之心、成就暴乱之事的东西，这个东西是天下的大祸害。势对于治和乱，本来没有什么固定的关系，而那种专讲势可以治天下的人，他的智力所达到的程度是多么浅薄啊。

如果有良好的马匹和坚固的车辆，让奴仆来驾驶就会被人笑话，让王良驾驶就会日行千里。车马没有不同，有的人驾驶可以到达千里，有的人驾驶遭人嘲笑，灵巧和笨拙相差太远了。现在把国君的位置当作车，把权势当作马，把发号施令当作马缰绳，把刑罚当作马鞭子，让尧、舜来驾驶就会天下大治，让桀、纣驾驶就会天下大乱，那么贤君和暴君相差就太远了。想赶上快速奔驰的车马到达远方，不晓得任用王良；想增进利益免除祸害，不晓得任用贤能的人：这是不知道类比带来的危害。那个尧、舜也是治理百姓的王良啊。

复应之曰：其人以势为足恃以治官；客曰"必待贤乃治"，则不然矣。夫势者，名一而变无数者也。势必于自然，则无为言于势矣。吾所为言势者，言人之所设也。夫尧、舜生而在上位，虽有十桀、纣不能乱者，则势治也；桀、纣亦生而在上位，虽有十尧、舜而亦不能治者，则势乱也。故曰："势治者则不可乱，而势乱者则不可治也。"此自然之势也，非人之所得设也。若吾所言，谓人之所得设也而已矣，贤何事焉？何以明其然也？客曰："人有鬻矛与盾者[①]，誉其盾之坚，'物莫能陷也'，俄而又誉其矛曰：'吾矛之利，物无不陷也。'人应之曰：'以子之矛，陷子之盾，何如？'其人弗能应也。”以为不可陷之盾，与无不陷之矛，为名不可两立也[②]。夫贤之为道不可禁，而势之为道也无不禁，以不可禁之贤与无不禁之势，此矛盾之说也。夫贤势之不相容亦明矣。

且夫尧、舜、桀、纣千世而一出，是比肩随踵而生也[③]。世之治者不绝于中，吾所以为言势者，中也。中者，上不及尧、舜，而下亦不为桀、纣。抱法处势则治，背法去势则乱。今废势背法而待尧、舜，尧、舜至乃治，是千世乱而一治也。抱法处势而待桀、纣，桀、纣至乃乱，是千世治而一乱也。且夫治千而乱一，与治一而乱千也，是犹乘骥、駬而分驰也[④]，相去亦远矣。夫弃隐栝之法[⑤]，去度量之数，使奚仲为车[⑥]，不能成一轮。无庆赏之劝，刑罚之威，释势委法，尧、舜户说而人辨之，不能治三家。夫势之足用亦明矣，而曰“必待贤”，则亦不然矣。

且夫百日不食以待粱肉[⑦]，饿者不活；今待尧、舜之贤乃治当世之民，是犹待粱肉而救饿之说也。夫曰：“良马固车，臧获御之则为人笑，王良御之则日取乎千里”，吾不以为然。夫待越人之善海游者以救中国之溺人[⑧]，越人善游矣，而溺者不济矣。夫待古之王良以驭今之马，亦犹越人救溺之说也，不可亦明矣。夫良马固车，五十里而一置[⑨]，使中手御之，追速致远，可以及也，而千里可日致也，何必待古之王良乎？且御，非使王良也，则必使臧获败之；治，非使尧、舜也，则必使桀、纣乱之。此味非饴蜜也[⑩]，必苦莱、亭历也[⑪]。此则积辩累辞，离理失术，两末之议也，奚可以难夫道理之言乎哉？客议未及此论也。

【注释】

①鬻(yù):卖。矛:古代的兵器,在长杆的一端装有青铜或铁制的枪头。盾:古代防身的兵器。

②名:名义,概念,这里指判断。

③比肩随踵:肩膀挨着肩膀,脚跟接着脚跟。比,并。踵,脚后跟。

④骥(jì):千里马。駬(ěr):即騄(lù)駬,古代名马。分驰:背道而驰。

⑤隐栝(kuò):矫正曲木的工具。隐或作檃、櫽,栝或作括、桰。

⑥奚仲:人名,善于造车,传说做过夏代掌管车服的车正。

⑦粱肉:精美的食物。粱,质量好的小米。

⑧越人:越国的人。越,诸侯国名,范围包括今浙江大部和江苏、江西的部分地区。溺人:掉进水里的人。中国:指当时的中原地区。

⑨置:驿站,古代传送公文的人歇息或换马的地方。

⑩饴(yí):糖稀。蜜:蜂蜜。

⑪亭历:一种草,味苦,子可入药。

【译文】

又有人反驳这个反驳的人说:慎到认为完全可以依靠势来处理官职范围内的事;而您说"一定要等待贤人出现才能治理好天下",这是不对的。势的名称虽然只有一个,但它有无数不同的含义。势如果一定出于自然,那就不必讨论势了。我所要说的势,是人为设立的。尧、舜降生于世而处在君主的位置,即使有十个桀、纣也不能扰乱天下,那是由于势治的缘故;桀、纣也降生于世而处在君主的位置,即使有十个尧、舜也不能治理天下,那是由于势乱的缘故。所以说:"势治了的就不可能再乱,势乱了的就不可能再治。"这是自然之势,不是人为设立的势。

像我说的势，只是说人所设立的势罢了，贤人能做什么事呢？凭什么知道是这样呢？有人告诉我说："有一个卖矛和盾的人，称赞他的盾十分坚固，'什么东西都刺不穿它'，过了一会儿又称赞它的矛说：'我的矛十分锋利，没有什么东西刺不穿。'有人责难他说：'用你的矛去刺你的盾，结果怎么样呢？'这个人不能回答了"因为不能被刺穿的盾和什么都能刺穿的矛，按照判断是不能同时成立的。按照贤治的原则，贤人是不受约束的；而按照势治的原则，无论什么人都要受约束，"不要约束"的贤治和"什么都要约束"的势治，就构成了矛盾的说法。这样贤治与势治不能相容也就明明白白了。

况且像尧、舜、桀、纣这样的人一千年出现一个，就算是一个接一个降生了。而世上治理国家的君主不断出现的是中才，我所要讲的势，就是针对这些中才。中才的君主，与上比较不及尧、舜，与下比较也不会做桀、纣。这样的君主守住法度、据有势位就能治理国家，背弃法度、抛弃势位就会扰乱国家。现在废弃势位、背离法度而等待尧、舜，尧、舜来了国家才能治理，这是千世乱而一时治。如果守住法度、握有势位而等待桀、纣，桀、纣来了国家才出现混乱，这是千世治而一时乱。况且治千世而乱一时，与治一时而乱千世，就好比骑着好马分道而驰，二者相距会越来越远。如果放弃了矫正曲木的工具，丢掉了测量长短的尺度，让奚仲来造车，连一个轮子也做不成。没有庆功赏赐的鼓励，放弃势位和法度，即使尧、舜挨家挨户劝说，逢人就宣传辨析，连三家也治理不好。势足以利用来治理国家是明明白白的，却说"一定要等待贤人来治理国家"，这也是不对的。

况且要一百天不吃饭的人等待吃一餐美食，这个饥饿的人是活不了的；现在要等待尧、舜这样的贤君来治理当今世上的民众，这好比要人们等待美食来解救饥饿的说法。反驳慎到的人说"好的马匹和坚固的车，奴仆驾驶就会被人笑话，王良驾驶就可以日行千里"，我认为不是这样。等待越地会在海中游泳的人来救中原落水的人，越地的人虽然会游泳,而中原落水的人已经不行了。等待古代的王良来驾驭今天的马匹,也像等待越地的人来救中原落水的人一样,行不通也是明明白白的。好的马和坚固的车,五十里有一个驿站,让一个中等水平的人来驾驶,用较快的速度驰向远方,是可以达到的,就是一千里也能在一定时间到达,何必要等待古代的王良呢?况且驾车,不是让王良来驾,就一定让奴仆来败坏它;治国,不是让尧、舜来治,就一定让桀、纣来扰乱它。这种味道不是糖蜜一样甘甜,就一定是苦莱、亭历一样苦涩。这都是在制造说辞,背离常理,趋于极端的议论,怎么可以用来责难那些有道理的言论呢?您的贤治的议论赶不上势治的理论啊。

问辩

【题解】

《问辩》是对战国时期辩说成风的一种问答。春秋战国时期，百家争鸣，战国中后期，甚至形成“道路曲辩”、“说者成伍”的局面。如何看待这一时期的辩说，这是本文讨论的问题。韩非认为辩说的产生是君主不明智造成的，他主张“言行而不轨于法令者必禁”，而以“功用”作为衡量言行的标准。

或问曰：“辩安生乎？”

对曰：“生于上之不明也①。”

问者曰：“上之不明因生辩也，何哉？”

对曰：“明主之国，令者，言最贵者也；法者，事最适者也。言无二贵，法不两适，故言行而不轨于法令者必禁。若其无法令而可以接诈、应变、生利、揣事者，上必采其言而责其实。言当，则有大利；不当，则有重罪。是以愚者畏罪而不敢言，智者无以讼。此所以无辩之故也。乱世则不然：主有令，而民以文学非之②；官府有法，而民以私行矫之。人主顾渐其法令而尊学者之智行③，此世之所以多文学也。夫言行者，以功用为之的彀者也[4]。夫砥砺杀矢而以妄发[5]，其端未尝不中秋毫也[6]，然而不可谓善射者，无常仪的也[7]。设五寸之的，引十步之远[8]，非羿、逄蒙不能必中者[9]，有常仪的也。故有常，则羿、逄蒙以中五寸的为巧；无常，则以妄发之中秋毫为拙。今听言观行，不以功用为之的彀，言虽至察，行虽至坚，则妄发之说也。是以乱世之听言也，以难知为察，以博文为辩；其观行也，以离群为贤，以犯上为抗。人主者说辩察之言[10]，尊贤抗之行，故夫作法术之人，立取舍之行，别辞争之论，而莫为之正。是以儒服、带剑者众，而耕战之士寡；坚白、无厚之词章[11]，而宪令之法息。故曰："上不明，则辩生焉。"

【注释】

①上：君上，君主。明：明智，明察。

②文学：文治教化，文化学术。

③渐：通"潜"，隐蔽，放弃。

④的：射箭用的靶。彀(gòu)：拉满了的弓弩。

⑤砥砺：磨。砥、砺都是磨刀石。杀矢：一种打猎用的箭。

⑥秋毫：野兽在秋天新长出的细毛，这里指细小的东西。

⑦仪的：设定的目标。的，箭靶。

⑧引：拉弓射箭。

⑨羿(yì)：夏代东夷族有穷氏部落首领，善射。逄(páng)蒙：传为羿的学生，善射。

⑩说：同"悦"，喜欢。

⑪坚白：即"离坚白"，这是战国时期公孙龙提出的著名论题，认为石头的"坚"与"白"可以离开石头而独立。无厚：即"无厚不可积

也，其大千里"，这是战国时期惠施提出的著名论题，认为平面只有面积而无体积，所以面积对于体积来说是无厚，却可以大至千里。章：通"彰"，彰显。

【译文】

有人问道："辩说是怎么产生的呢？"

回答说："产生于君主的不明智。"

问的人又说："君主不明智，因而产生辩说，这是为什么呢？"

回答说："在英明君主统治的国家里，命令是最尊贵的言辞，法律是处理政事的唯一准绳。除命令以外，国家没有第二种尊贵的言辞；除法律外，国家没有第二种处理政事的准则，所以言论和行为不符合法令的都必须禁止。如果他没有法令作依据却可以对付诈骗、应付事变、谋取利益、推断事理，君主必须采纳他的言论而责求其效果。言论与实效相一致，就给予大的赏赐；言论与实效不一致，就重重地处罚。如果这样，那么愚笨的人害怕获罪就不敢讲话，聪明的人也不敢争辩。这就是所以不产生辩说的原因。乱世就不是这样：君主下达了命令，而民众就用文化学术反对它；官府公布了法规，而民众就用个人行为违反它。君主反而放弃法令而尊重学者的聪明行为，这就是世上有这样多的人从事文学的原因。言行是要以功用为它的目标的。如果磨利了箭瞎射一气，箭头也未尝不可以射中微小的东西，然而这不能叫善射，因为它没有设定具体目标。如果设定五寸大小的箭靶，在十步之远拉弓射箭，不是善射的羿和逢蒙就不能肯定射中，是因为有固定目标。因此，有固定目标，那么羿和逢蒙因为可以射中五寸大小的箭靶被称为巧射；没有固定目标，那么瞎射一气射中了微小的东西也是拙射。现在听言观行，不以功用作为目的，言论虽然分析入微，行为虽然非常坚定，也就像胡乱放箭一样。所以乱世听取言论，以不知所云为明察，以博学多文为雄辩；观察行为，以远离社会为贤能，以违抗君主为刚直。君主喜欢"雄辩"、"明察"的言论，尊重"贤能"、"刚直"的行为，所以那些制订法术的人，虽然确立了行为的标准，分清了争辩的是非，但没有人来加以肯定。因此，儒生、侠客多了，耕田打仗的人少了；“坚白”、“无厚”的辩说之词彰显了，国家的制度、法令就消亡了。所以说：“君主不明智，辩说也就产生了。”

问　田

【题解】

《问田》取文章首句“徐渠问田鸠”中的“问田”二字做题目。先通过徐渠和田鸠二人的对话，阐明了选拔官吏必须经过低级职务和基层工作的锻炼和考验的用人主张；再通过堂谿公和韩非的对话，反映出韩非不避艰险推行法治的大无畏精神。

徐渠问田鸠曰[①]：“臣闻智士不袭下而遇君[②]，圣人不见功而接上[③]。今阳城义渠[④]，明将也，而措于屯伯[⑤]；公孙亶回[⑥]，圣相也，而关于州部[⑦]，何哉？”田鸠曰：“此无他故异物，主有度、上有术之故也。且足下独不闻楚将宋觚而失其政[⑧]，魏相冯离而亡其国[⑨]？二君者驱于声词，眩乎辩说，不试于屯伯，不关乎州部，故有失政亡国之患。由是观之，夫无屯伯之试，州部之关，岂明主之备哉！”

堂谿公谓韩子曰[⑩]：“臣闻服礼辞让，全之术也；修行退智，遂之道也。今先生立法术，设度数，臣窃以为危于身而殆于躯。何以效之？所闻先生术曰：‘楚不用吴起而削乱[⑪]，秦行商君而富强[⑫]。二子之言已当矣，然而吴起支解而商君车裂者[13],不逢世遇主之患也。'逢遇不可必也,患祸不可斥也。夫舍乎全遂之道而肆乎危殆之行,窃为先生无取焉。"韩子曰:"臣明先生之言矣。夫治天下之柄,齐民萌之度[14],甚未易处也。然所以废先王之教,而行贱臣之所取者,窃以为立法术,设度数,所以利民萌便众庶之道也。故不惮乱主暗上之患祸,而必思以齐民萌之资利者,仁智之行也。惮乱主暗上之患祸,而避乎死亡之害,知明夫身而不见民萌之资利者,贪鄙之为也。臣不忍向贪鄙之为,不敢伤仁智之行。先生有幸臣之意,然有大伤臣之实。"

【注释】

①徐渠:人名,生平事迹不详。田鸠(jiū):人名,一作田俅,齐国人。

②臣:我,古人的谦词。袭下:指从低级职务做起,逐级上升。遇:礼遇,指受赏识。

③见:同"现",表现,显现。接上:被君主接纳。

④阳城义渠:人名,生平事迹不详。

⑤屯伯:即屯长,军队的小官。

⑥公孙亶(dǎn)回:人名,生平事迹不详。

⑦州部:当时的基层行政单位。

⑧宋觚(gū):人名,生平事迹不详。

⑨冯离:人名,生平事迹不详。

⑩堂谿公:人名,生平事迹不详。韩子:指韩非。

⑪吴起:人名,战国时卫人,楚悼王时任楚国的令尹,实行变法。悼王死后,被楚国旧贵族杀害。

⑫商君:即商鞅,战国时卫人,为秦孝公主持变法。孝公死后,被谗害而死。

⑬支解：古代一种分裂肢体的酷刑。支，通“肢”。

⑭民萌：民众。萌，通“氓”。

【译文】

徐渠问田鸠说：“我听说智士不用从低级职务逐级上升就能被君主赏识，圣人不用表现出成绩就能被君主重用。现在阳城义渠是英明的将领，却被安置在一个屯长的位置；公孙亶回是杰出的相国，却被安置在州部的岗位，这又是为什么呢？”田鸠说：“这没有别的原因，是因为君主有驾驭群臣的法度和手段。难道您没有听说过楚国因为任用宋觚为将而使政事败坏，魏国因为任用冯离为相而使国家危亡吗？两国的君主被好听的言词所驱使，被花言巧语的辩说所迷惑，不在屯长这种低级职务和州部这样的基层机构工作考验，所以才有政事败坏和国家危亡的祸患。从这里看来，那种不经屯长这种低级职务和州部这样的基层工作考验而任用将军和相国的办法，难道是英明的君主应该采用的吗！”

堂谿公对韩非说：“我听说遵循古礼，讲究谦让，是保全自己的方法；修养品行，隐藏才智，是使自己顺心如意的途径。现在您定立法术，设立度数，我以为会危及您的生命。用什么来证明它呢？我曾经听您讲过：‘楚国因为不用吴起的主张而国力削弱，社会混乱，秦国因为实行商鞅的主张而国家富足、力量强大。两人的理论已被证明是正确的，然而吴起被肢解，商鞅被车裂，是因为他们没有碰上好的世道和未遇到英明的君主所发生的祸患。’人的遭遇是不能事先设定的，祸患也是不能完全排除的。放弃保全自己和顺心如意的生活道路而不顾一切地去干危害自己性命的事，我替先生设想是不可取的。”韩非说：“我明白了先生所说的话。治理天下的权柄，整齐民众的法度，是很不容易做好的。然而之所以要废除先王的遗教，实行我选择的主张，是因为设立法术度数是有利于广大民众的做法。所以不怕遇到昏乱糊涂的君主所带来的祸患，而一定要考虑用法度来统一民众的好处，是因为这是仁慈智慧的行为。害怕遇到昏乱糊涂的君主所带来的祸患,而避免死亡的危险,只知道明哲保身而不考虑民众的利益,那是贪生怕死的卑鄙行为。我不愿意选择贪生怕死的卑鄙行为,不敢伤害仁慈智慧的行为。先生有爱护我的好意,然而实际上又大大地伤害了我。”

定　法

【题解】

《定法》阐述了韩非对于申不害的“术”与商鞅的“法”的理解与评价，提出了他自己对于“法”、“术”的认识。文章分三层递进。第一层提出“术”与“法”不可偏废的主张。第二层解释为什么不能“徒术而无法，徒法而无术”。第三层指出不能简单地采用申不害的“术”和商鞅的“法”，因为他们主张的“法”与“术”也是不完善的。

问者曰[①]：“申不害、公孙鞅[②]，此二家之言孰急于国？”

应之曰：“是不可程也。人不食，十日则死；大寒之隆，不衣亦死。谓之衣食孰急于人，则是不可一无也，皆养生之具也。今申不害言术而公孙鞅为法。术者，因任而授官，循名而责实，操杀生之柄，课群臣之能者也。此人主之所执也。法者，宪令著于官府，刑罚必于民心，赏存乎慎法，而罚加乎奸令者也[③]。此臣之所师也[④]。君无术则弊于上，臣无法则乱于下，此不可一无，皆帝王之具也。”

【注释】

①问者:指假设发问的人。

②申不害:人名,战国时郑人,曾任韩昭侯相,主持改革,主张用"术"驾驭臣下。公孙鞅:即商鞅,战国时卫人,在秦孝公支持下进行变法。孝公死后被车裂而死。

③奸令:触犯禁令,这里指触犯禁令的人。奸,通"干",触犯。

④臣:我,说话的人谦词。师:师法,遵循。

【译文】

有人问:"申不害、商鞅,这两家的言论哪一家对治理国家最为急需?"

回答说:"这是不好比较评价的。如果一个人不吃东西,十天就会饿死;如果天气寒冷到了极点,不穿衣服就会冻死。如果问衣服与食物哪一样是人的急需,应该说这两样都是不能缺少的,它们都是维持生命必须具备的东西。现在申不害主张的是术而商鞅主张的是法。所谓'术',就是依据才能授予官职,按照名位去责求实绩,操控生杀大权,考核群臣的能力。这是君主所要掌握的。所谓'法',就是法令由官府明确制定,刑罚在民众心中扎根,奖赏那些严格守法的人,惩罚那些触犯禁令的人。这是臣下所要遵循的。君主没有术就会在上面受蒙蔽,臣子没有法就会在下面闹乱子。术和法是一样也不能少的,都是帝王治理国家必须具备的东西。"

问者曰:"徒术而无法,徒法而无术,其不可何哉?"

对曰:"申不害,韩昭侯之佐也①。韩者,晋之别国也②。晋之故法未息,而韩之新法又生;先君之令未收,而后君之令又下。申不害不擅其法,不一其宪令,则奸多。故利在故法前令则道之,利在新法后令则道之,利在故新相反,前后相勃[3]，则申不害虽十使昭侯用术，而奸臣犹有所谲其辞矣。故托万乘之劲韩[4]，十七年而不至于霸王者，虽用术于上，法不勤饰于官之患也[5]。公孙鞅之治秦也，设告相坐而责其实[6]，连什伍而同其罪[7]，赏厚而信，刑重而必。是以其民用力劳而不休，逐敌危而不却，故其国富而兵强；然而无术以知奸，则以其富强也资人臣而已矣。及孝公、商君死[8]，惠王即位[9]，秦法未败也，而张仪以秦殉韩、魏[10]。惠王死，武王即位[11]，甘茂以秦殉周[12]。武王死，昭襄王即位[13]，穰侯越韩、魏而东攻齐[14]，五年而秦不益尺土之地，乃城其陶邑之封[15]。应侯攻韩八年[16]，成其汝南之封[17]。自是以来，诸用秦者，皆应、穰之类也。故战胜，则大臣尊；益地，则私封立：主无术以知奸也。商君虽十饰其法，人臣反用其资。故乘强秦之资数十年而不至于帝王者，法虽勤饰于官，主无术于上之患也。”

【注释】

①韩昭侯：战国时韩国君主，曾任用申不害为相，实行变法。

②晋之别国：晋国后来分裂成韩、赵、魏三国，所以说韩是晋之别国。

③勃：通“悖”，违背，背离。

④万乘（shèng）：万辆兵车，指军力强大。乘，四匹马拉一辆兵车为一乘。

⑤饰：通“饬”，整顿，整治。

⑥告：告发，检举。坐：坐罪，定罪。商鞅变法规定，不告奸的一同定罪，称“同坐”，告奸不实的也定罪，叫“反坐”。

⑦什伍：秦国户籍制度规定，十家为什，五家为伍，告奸以什伍连坐。就是说，一家有奸，九家同告，如不同告，九家连坐。

⑧孝公:指秦孝公,战国时秦国的君主,任用商鞅变法。商君:即商鞅。

⑨惠王:指秦惠文王。

⑩张仪:人名,战国时魏人,主张连横之说,当时影响很大。以秦殉韩、魏:秦惠王时,张仪用秦国的兵力迫使魏国割让土地,张仪被封为秦相;又游说韩国依附秦国,张仪被封为武信君。

⑪武王:指秦武王。

⑫甘茂:人名,战国时楚人,曾任秦武王相。周:指战国后期的周,原为周天子所在地,已沦落为仅有七个城邑的小国。

⑬昭襄王:指秦昭襄王。

⑭穰(ráng)侯:即魏冉,战国时楚人,四次出任秦昭襄王相,封于穰(今河南邓州),故称穰侯。齐:诸侯国名,范围包括今山东北部、东部和河北东南部。

⑮陶邑之封:前284年,秦、燕等五国联兵伐齐,秦占领定陶(即陶邑,位于今山东定陶北),魏冉把它占为自己的封地。

⑯应侯:即危雎(jū),战国时魏人,曾代魏冉为相,以功封于应(今河南鲁山东北),故称应侯。

⑰汝南之封:应在汝水之南,所以称汝南之封。

【译文】

有人问:“只有术而没有法,或者只有法而没有术,这为什么不可以呢?”

回答说:“申不害是韩昭侯的相。韩国是从晋国分离出来的。晋国以前的旧法还没有废除,而韩国的新法又产生了;晋国君主的命令还没有收回,而韩国君主的命令又颁布了。申不害不专一地推行新法,不统一韩国的法令,奸邪的事情就多起来了。所以奸人看到旧法前令对自己有利就照旧法前令办事,看到新法后令对自己有利就照新法后令办事,他们利用了新法、旧法和前令、后令的矛盾从中渔利,那么申不害即使多次让韩昭侯用术，奸臣仍然有办法进行诡辩。所以申不害虽然依托军力强大的韩国，经过十七年的努力仍然没有成就霸王之业，就是因为君主虽然在上面用术，却没有免除由于在官吏中不用法进行整顿所带来的祸患。商鞅治理秦国，设立告奸和连坐的制度来落实犯罪的实情，使什伍之家互相监视、同受责罚，该厚赏的一定厚赏，该重罚的一定重罚。因此秦国的民众努力耕作，劳累了也不休息，战时追赶敌人，冒着危险也不退却，所以国富兵强；但是，君主没有术了解奸邪，只不过是用国家的富强帮助奸臣罢了。等到秦孝公、商鞅死后，秦惠王即位，秦国的法治还未败坏，而张仪把秦国的力量牺牲在韩国和魏国来谋取他的私利。秦惠王死后，秦武王即位，甘茂出兵打到周而消耗了秦国的实力。秦武王死后，秦昭襄王即位，魏冉越过韩国、魏国而攻打东边的齐国，打了五年秦国没有增加尺寸土地，他却在定陶的封地上筑起了城墙。范雎攻打韩国八年，成就了他在汝南的封地。从此以后，所有在秦国受到重用的，都是魏冉、范雎一类人物。所以战争胜利了，大臣得到尊宠；扩大的版图，则成了他们私人的封地；君主没有术来知道大臣的奸情。商鞅虽然多次整顿法令，臣下反而利用他变法的成果。所以凭借强秦雄厚的实力，努力了几十年还没有成就帝王的事业，是因为法令虽然不断地在下面整顿，却仍然消弭不了君主在上面不能用术所带来的祸患。

问者曰："主用申子之术，而官行商君之法，可乎？"

对曰："申子未尽于术，商君未尽于法也。申子言：'治不逾官，虽知弗言。'治不逾官，谓之守职也可；知而弗言，是不谓过也。人主以一国目视，故视莫明焉；以一国耳听，故听莫聪焉。今知而弗言，则人主尚安假借矣？商君之法曰：'斩一首者爵一级[①]，欲为官者为五十石之官[②]；斩二首者爵二级,欲为官者为百石之官。'官爵之迁与斩首之功相称也。今有法曰:'斩首者令为医、匠。'则屋不成而病不已。夫匠者手巧也,而医者齐药也[3],而以斩首之功为之,则不当其能。今治官者,智能也;今斩首者,勇力之所加也。以勇力之所加而治智能之官,是以斩首之功为医、匠也。故曰:二子之于法术,皆未尽善也。"

【注释】

①首:指披铠甲的小军官的头。爵:指秦国的爵位级别,秦将爵位分为二十级。

②石(dàn):容量单位,十斗为一石,相当于一百二十市斤。战国时一些国家以"石"作为俸禄的计量单位。

③齐:通"剂",调治。

【译文】

有人问:"君主采用申不害的术,百官执行商鞅的法,可以吗?"

回答说:"申不害的术还不完善,商鞅的法也不完善。申不害说:'官吏处理政务不能超越职权,职权外的事虽然知道也不要插嘴。'如果说官吏处理政务不超越职权,说它是恪尽职守还说得通;而职权外的事知道了也不说,就是要大家不告发别人的罪过了。君主用一国人的眼睛去看,所以没有比他更明察的;用一国人的耳朵去听,所以没有比他更聪明的。假如臣下知道别人有过错而不向君主告发,那么君主还凭借谁来做自己的耳目呢?商鞅的法规定:'斩获一个甲首的升爵一级,想做官的给年俸五十石的官职;斩获两个甲首的升爵二级,想做官的给年俸一百石的官职。'官爵的升迁与斩获甲首的军功是相称的。如果有法令规定:'斩获甲首的让他做医生或工匠。'那就会建不成房子看不好病。工匠是会做手艺的,医生是会调配药物的,如果用斩首立功的人来干这些事，他们的能力是不适合的。担任官职，是要有智慧和才能的；而斩获甲首靠的是勇敢加力气。依靠勇敢和力气得功的人去担任需要智慧和才能去胜任的官职，那就等于让斩首立功的人去当医生、工匠。所以说：商鞅的'法'和申不害的'术'，都没有达到完善的地步。"

说　疑

【题解】

《说疑》是解说君主对于臣下奸情的疑虑以及如何防止奸邪言行的办法。文章首先提出中心论点："有道之士，远仁义，去智能，服之以法。"君主必须用法术来禁止奸邪，"禁奸之法，太上禁其心，其次禁其言，其次禁其事"。接着，作者列举了六十个历史人物和若干历史事件，说明君主"明于择臣"是国家安定君位稳固的根本保证。最后文章得出结论，只有坚决地去"五奸"，破"四拟"，奸臣才不会有可乘之机，君主也不必怀疑臣下。

凡治之大者，非谓其赏罚之当也。赏无功之人，罚不辜之民[①]，非所谓明也。赏有功，罚有罪，而不失其人，方在于人者也，非能生功止过者也。是故禁奸之法，太上禁其心[②]，其次禁其言，其次禁其事。今世皆曰："尊主安国者，必以仁义智能"，而不知卑主危国者之必以仁义智能也。故有道之主，远仁义，去智能，服之以法。是以誉广而名威，民治而国安，知用民之法也。凡术也者，主之所执也；法也者，官之所师也[③]。然使郎中日闻道于郎门之外[④]，以至于境内日见法，又非其难者也。

【注释】

①不辜:没有罪。辜,罪。

②太上:最重要的,第一位的。

③师:学习,遵循。

④郎中:官名,主管侍卫、通报工作。郎门:即廊门。郎,通“廊”。

【译文】

治理国家最重要的事情,并不是说它的赏罚得当。赏没有功的人,罚没有罪的人,不能叫做明。赏有功的人,罚有罪的人,而又没有搞错对象,其作用仅仅在受赏受罚的个别人身上,并不能产生新的功劳和禁止其他犯罪行为。因此,禁止奸邪的办法,最重要的是禁止奸邪的念头,其次是禁止奸邪的言论,再其次是禁止奸邪的行为。现在世人都说:“尊重君主安定国家,一定要用仁义智能。”但人们不知道卑微的君主和危险的国家也一定是在用仁义智能。所以有道的君主,疏远仁义,抛弃智能,用法使奸邪的人服从。这样,君主的声誉远播而名声大噪,民众得到治理而国家得到安定,君主懂得了驱使民众的方法。术是君主要掌握的,法是官吏要遵循的。这样,君主派侍从官员每天在廊门外传达法治的办法,甚至让国境之内的每个地方当天都知道国家新颁布的法令,也不是很困难的。

昔者有扈氏有失度①,谨兜氏有孤男②,三苗有成驹③,桀有侯侈④,纣有崇侯虎⑤,晋有优施⑥,此六人者,亡国之臣也。言是如非,言非如是,内险以贼,其外小谨,以征其善⑦;称道往古,使良事沮;善禅其主⑧,以集精微,乱之以其所好:此夫郎中左右之类者也。往世之主,有得人而身安国存者,有得人而身危国亡者。得人之名一也，而利害相千万也，故人主左右不可不慎也。为人主者诚明于臣之所言，则别贤不肖如黑白矣。

【注释】

①有扈(hù)氏：又称户氏，夏朝一个部落的名称。失度：人名，传说是有扈氏的相。

②谨(huān)兜氏：尧时一个部落的名称。孤男：人名，事迹不详。

③三苗：又称有苗，古代南方的一个部落。成驹：人名，事迹不详。

④桀(jié)：夏代最后一个君主。侯侈(chǐ)：人名，一作推哆(chǐ)，传说是夏桀的宠臣。

⑤纣(zhòu)：商代最后一个君主。崇侯虎：人名，商纣的宠臣。

⑥晋：春秋时诸侯国名，范围包括今山西大部和河南、河北、陕西的部分地区。优施：晋献公的优，名施，曾唆使晋献公宠妾骊姬杀害太子申生，引起内乱。

⑦征：通“证”，证明。

⑧禅：通“擅”，专擅、控制。

【译文】

从前有扈氏有失度，谨兜氏有孤男，三苗有成驹，桀有侯侈，纣有崇侯虎，晋有优施，这六个人都是亡国的臣子。把对的说成好像是错的，把错的说成好像是对的，内心险恶狠毒，外表谨慎小心，以此证明自己的善良；称引远古的事情，让好事办坏；善于控制君主，收集君主隐微的意向，扰乱国家来投合君主的爱好；这就是那种侍候君主在君主身边的一类人。以前的君主，有得到这些人而身体安逸国家存续的，有得到这些人生命危殆国家灭亡的。得到这些人在名义上是一样的，但利害的差别是很大的，所以君主对身边的臣子是不能不谨慎的。做君主的确实能明察近臣所说的话，那么辨别贤人和小人就像辨别黑白一样清楚了。

若夫许由、续牙、晋伯阳、秦颠颉、卫侨如、狐不稽、重明、董不识、卞随、务光、伯夷、叔齐[①]，此十二人者，皆上见利不喜，下临难不恐，或与之天下而不取，有萃辱之名[②]，则不乐食谷之利[③]。夫见利不喜，上虽厚赏，无以劝之；临难不恐，上虽严刑，无以威之：此之谓不令之民也。此十二人者，或伏死于窟穴，或槁死于草木，或饥饿于山谷，或沉溺于水泉。有民如此，先古圣王皆不能臣，当今之世，将安用之？

若夫关龙逄、王子比干、随季梁、陈泄治、楚申胥、吴子胥[④]，此六人者，皆疾争强谏以胜其君。言听事行，则如师徒之势；一言而不听，一事而不行，则陵其主以语，待之以其身，虽身死家破，要领不属[⑤]，手足异处，不难为也。如此臣者，先古圣王皆不能忍也，当今之时，将安用之？

【注释】

①许由：人名，传说尧想把天下让给他，他不接受而逃隐到箕山下。续牙：人名，传说是舜的七友之一。晋伯阳：人名，也称伯阳，传说是舜的七友之一。秦颠颉（jié）：人名，事迹不详。卫侨如：人名，事迹不详。狐不稽：人名，事迹不详。重明：人名，事迹不详。董不识：疑即“东不訾（zī）”，传说是舜的七友之一。卞随、务光：均为人名，传说商汤灭夏后想把君位让给他们，他们都不接受，投河而死。伯夷、叔齐：均为人名，商朝末年孤竹国君主的两个儿子，都不肯继承君位，逃到周，后又谏阻周武王伐纣，逃隐到首阳山不食周粟而饿死。

②萃（cuì）：通“瘁”，劳累。

③食谷：指享受俸禄。谷，粮食，这里指代俸禄。

④关龙逄（páng）：人名，夏桀的大臣，因直谏被杀。比干：人名，商

纣王的叔父，因劝谏纣王被剖心而死。随：春秋时诸侯国名，位于今湖北北部。季梁：人名，随国大夫，劝随侯内修国政，外不与楚为敌。泄治：人名，春秋时陈国大夫，因向陈灵公直谏而被杀。申胥：人名，即葆申，楚文王大臣，直谏楚王，以为“王罪当诛”。子胥：即伍子胥，先是楚人，后为吴国大夫，因谏吴王夫差（chāi）被疏远，后自杀。

⑤要领不属（zhǔ）：指身首异处。要，同“腰”。领，头颅。属，连接。

【译文】

至于许由、续牙、晋伯阳、秦颠颉、卫侨如、狐不稽、重明、董不识、卞随、务光、伯夷、叔齐，这十二个人，都是见到利益不动心，碰到危难不害怕，或把君位让给他他不要，有了负重忍辱的名声，却不愿接受官府的俸禄。见到利益不动心，君主虽然厚赏，也没有办法感动他；遇到危难不害怕，君主虽然有严厉的刑罚，却没有办法威慑他：这些就叫做不服从命令的人。这十二个人，有的隐匿生活而死在崖洞里，有的形容枯槁而死在草丛树林里，有的在山谷中忍受饥饿，有的葬身在水中。像这样的人，连古代帝王都不能让他为臣，处在现在的时代，又怎么能用他们呢？

至于关龙逢、王子比干、随国的季梁、陈国的泄治、楚国的申胥、吴国的伍子胥，这六个人都是用激烈的争辩和极力的规劝来说服君主。如果君主接受他的意见，按他的意见办事，那么君臣之间就如师徒一般；如果君主不接受他的意见，不按他的意见办事，那么他们就用强硬的语言来侵侮君主，豁出性命来等待处理，即使家破人亡，身首分开，手足异处，也不畏惧。像这样的臣子，连古代圣王都不能容忍，处在现在的时代，又怎么能用他们呢？

若夫齐田恒、宋子罕、鲁季孙意如、晋侨如、卫子南劲、郑太宰欣、楚白公、周单荼、燕子之[①]，此九人者之为其臣也，皆朋党比周以事其君，隐正道而行私曲，上逼君，下乱治，援外以挠内，亲下以谋上，不难为也。如此臣者，唯圣王智主能禁之，若夫昏乱之君，能见之乎？

若夫后稷、皋陶、伊尹、周公旦、太公望、管仲、隰朋、百里奚、蹇叔、舅犯、赵衰、范蠡、大夫种、逢同、华登[②]，此十五人者为其臣也，皆夙兴夜寐，卑身贱体，竦心白意；明刑辟、治官职以事其君，进善言、通道法而不敢矜其善，有成功立事而不敢伐其劳；不难破家以便国，杀身以安主，以其主为高天泰山之尊，而以其身为壑谷鬴洧之卑[③]；主有明名广誉于国，而身不难受壑谷鬴洧之卑。如此臣者，虽当昏乱之主尚可致功，况于显明之主乎？此谓霸王之佐也。

【注释】

①田恒：人名，即田常，又称田成子，春秋末期齐国执政的卿。前481年，他发动政变，攻杀齐简公，控制了齐国政权。子罕：人名，战国时宋国的大臣，他劫杀宋桓侯，夺取了君位。季孙意如：人名，即季平子，春秋末期鲁国执政的卿。前517年，他驱逐鲁昭公，独掌鲁国政权。侨如：人名，事迹不详。子南劲：人名，春秋时卫国将军子南弥牟的后代，后投靠魏国，魏灭卫后，魏惠成王封他为侯。太宰欣：人名，事迹不详。白公：即白公胜，楚平王孙。前479年发动政变，杀令尹子西，废楚惠王自立，不久兵败自杀。单(shàn)荼(tú)：人名，事迹不详。子之：人名，战国时燕王哙(kuài)的相。前316年，燕王哙让君位于子之，引起太子平的反抗，齐国出兵干涉，子之被杀。

②后稷(jì)：周族的始祖，传说是尧帝的农官。皋陶(yáo)：古代夷族部落首领，传说在尧的时代掌管刑法。伊尹：商汤的相，帮助

汤灭了夏，建立商朝。周公旦：即姬旦，又称周公，周武王的弟弟，帮助武王灭商，又替成王摄政，建立周代礼乐制度。太公望：即吕望，一名姜尚，又称姜太公、姜子牙，武王灭纣时，被任为军师。管仲：人名，齐桓公的相，帮助齐桓公成为春秋时期第一个霸主。隰(xí)朋：人名，齐桓公的右相，协助管仲进行改革。百里奚：人名，春秋时虞国大夫，晋灭虞后入秦，帮助秦穆公革新政治，建立霸业。蹇(jiǎn)叔：人名，春秋时秦国大夫，与百里奚共同辅佐秦穆公成就霸业。舅犯：即狐偃，字子犯，晋文公的舅父，人称舅犯。曾随晋文公(重耳)在外流亡十七年，帮助重耳继承晋国君位。赵衰(cuī)：人名，晋文公的卿，曾随晋文公流亡，帮助晋文公取得君位成就霸业。范蠡：人名，春秋末期越国大夫，帮助越王勾践灭吴，建立霸业。大夫种：即文种，越国大夫，同范蠡一起帮助越王勾践灭亡，建立霸业。逄(páng)同：人名，越国大夫，曾劝导越王勾践结齐亲楚附晋，布置对吴国的外交攻势。华登：人名，春秋时期宋国司马华费遂的儿子，后入吴为大夫。

③壑(hè)谷：山沟。鬴(fǔ)：水名，即复鬴，古代九河之一，位于今河北境内。洧(wěi)：水名，今河南双洎河。

【译文】

至于齐国的田恒、宋国的子罕、鲁国的季孙意如、晋国的侨如、卫国的子南劲、郑国的太宰欣、楚国的白公、周国的单荼、燕国的子之，这九个人作为臣子，却是拉帮结党营私舞弊来蒙蔽他们的君主，隐匿治国的正道而走谋私的邪路，对上逼迫君主，对下扰乱法治，援引其他诸侯的力量来扰乱内部秩序，给手下的小恩小惠来阴谋推翻君主，他们也不害怕。像这样的臣子，只有圣王和聪明的君主能够禁止他们，如果是昏庸糊涂的君主，能够看得出他们的阴谋吗?

至于后稷、皋陶、伊尹、周公姬旦、太公吕望、管仲、隰朋、百里奚、蹇叔、舅犯、赵衰、范蠡、大夫种、逄同、华登，这十五个人作为臣子，都是早起晚睡，从不爱惜身体，恭敬地表达意见；修明刑法、整顿吏治来侍奉君主，向君主提出好的建议、作出处理事情的正确安排，也不敢夸耀自己的好处，办成功了事情也不敢张扬自己的功劳；为了国家的利益不怕损害家庭利益，为了君主的安全不怕牺牲生命，把自己的君主当作高高在上的天和巍巍耸立的泰山一样尊崇，却把自己的生命看得像山沟和河水一样卑贱。君主在全国有美好的名声和广泛的声誉，而自己却不难接受像山沟和河水一样低下的地位。像这样的臣子，虽然身逢昏庸糊涂的君主也还能够建功立业，何况遇到豁达英明的君主呢？这些人叫做霸王的辅佐。

若夫周滑之、郑王孙申、陈公孙宁、仪行父、荆芋尹申亥、随少师、越种干、吴王孙额、晋阳成泄、齐竖刁、易牙[①]，此十二人者之为其臣也，皆思小利而忘法义，进则掩蔽贤良以阴暗其主，退则挠乱百官而为祸难；皆辅其君，共其欲[②]，苟得一说于主[③]，虽破国杀众，不难为也。有臣如此，虽当圣王尚恐夺之，而况昏乱之君，其能无失乎？有臣如此者，皆身死国亡，为天下笑。故周威公身杀[④]，国分为二；郑子阳身杀[⑤]，国分为三；陈灵公身死于夏征舒氏[⑥]；荆灵王死于乾谿之上[⑦]；随亡于荆；吴并于越；知伯灭于晋阳之下[⑧]；桓公身死七日不收。故曰：谄谀之臣，唯圣王知之，而乱主近之，故至身死国亡。

【注释】

①滑之：人名，一作滑伯，周威公时人，事迹不详。王孙申：春秋时郑国人，事迹不详。公孙宁：即孔宁，春秋时陈国大夫。仪行父：春秋时陈国大夫，与孔宁一同引诱陈灵公淫乱。荆：楚国的别名。芋尹：楚国官名。申亥：人名，楚灵王的臣子。少师：春秋时

随国大夫，与楚交战，被楚军俘虏。种(chóng)干：人名，事迹不详。王孙额(é)：一作王孙雒(luò)，春秋时吴国大夫，他鼓励夫差与越议和，北上伐齐，与晋争霸，结果吴为越所灭。阳成泄：人名，春秋末期晋国智伯瑶的家臣。竖刁：人名，齐桓公的近臣。易牙：人名，齐桓公的近臣，他与竖刁勾结，趁桓公生病发动叛乱，阻塞宫门，桓公被饿死，死后尸体不能下葬，蛆虫爬到室外。

②共：通“供”，提供，满足。

③说：同“悦”，喜欢，高兴。

④周威公：战国时周天子属下大臣周桓公的儿子，死后传位给惠公，惠公长子袭西周公位，而少子则于封地巩(今河南巩义)称君，号东周公，周从此“国分为二”。

⑤子阳：战国时郑国大臣，被郑缧公所杀，而子阳党羽又杀死郑缧公，郑国大乱。

⑥陈灵公：春秋时陈国君主。夏征舒：人名，陈国大夫御叔的妻子夏姬所生，陈灵公与孔宁、仪行父一起与夏姬通奸，并侮辱夏征舒，夏征舒杀死陈灵公。荆灵王：即楚灵王，春秋时楚国君主。

⑦乾谿：地名，位于今安徽亳州东南。前529年，楚灵王灭陈、蔡，驻军乾谿，以威胁吴国，国内发生叛乱，太子被杀，楚军闻风溃散，灵王逃到申亥家自缢而死。

⑧知伯：即智伯瑶，春秋时晋国执政之一。灭于晋阳之下：前455年，智伯瑶联合韩、魏两家围攻赵襄子于晋阳(今山西太原)，久攻不下，后襄子家臣说服韩、魏两家，里应外合，灭掉智伯瑶。

【译文】

至于周国的滑之、郑国的王孙申、陈国的公孙宁、仪行父、楚国的芋尹申亥、随国的少师、越国的种干、吴国的王孙额、晋国的阳成泄、齐国的竖刁、易牙，这十二个人作为臣子，都是只记得小利而忘掉法义，他们在内就掩盖遮蔽贤良的人，让君主得不到光明，他们在外就扰乱百官而发动祸难;他们都引诱君主满足私欲,如能取得君主的一点儿欢心,即使国家残破杀人如麻,他们也不害怕去做。有这样的臣子,虽然处在圣王之世尚且害怕他们夺取君位,何况遇上昏庸糊涂的君主,能够没有失误吗?有这样的臣子的君主,都身死国亡,成为天下的笑谈。所以周威公死后,周国分为西周和东周两个小国;郑子阳被杀,郑国分成三片;陈灵公死在夏征舒之手;楚灵王自缢在申亥家中;随被楚灭亡;吴国被越国吞并;智伯瑶被消灭在晋阳城下;齐桓公被饿死后七天不能收尸安葬。所以说:阿谀奉承的臣子,只有圣明的君王了解,而昏乱的君主亲近他们,所以得到身死国灭的下场。

圣王明君则不然,内举不避亲,外举不避仇。是在焉,从而举之;非在焉,从而罚之。是以贤良遂进而奸邪并退[①],故一举而能服诸侯。其在记曰[②]:尧有丹朱[③],而舜有商均[④],启有五观[⑤],商有太甲[⑥],武王有管、蔡[⑦]。五王之所诛者,皆父兄子弟之亲也,而所杀亡其身残破其家者何也?以其害国伤民败法类也。观其所举,或在山林薮泽岩穴之间,或在囹圄缧绁缠索之中[⑧],或在割烹刍牧饭牛之事[⑨]。然明主不羞其卑贱也,以其能,为可以明法,便国利民,从而举之,身安名尊。

乱主则不然,不知其臣之意行,而任之以国,故小之名卑地削,大之国亡身死,不明于用臣也。无数以度其臣者,必以其众人之口断之。众之所誉,从而悦之;众之所非,从而憎之。故为人臣者破家残赙,内构党与、外接巷族以为誉,从阴约结以相固也,虚相与爵禄以相劝也。曰:“与我者将利之,不与我者将害之。”众贪其利,劫其威:“彼诚喜,则能利己;忌怒,则能害己。"众归而民留之,以誉盈于国,发闻于主。主不能理其情,因以为贤。彼又使谲诈之士,外假为诸侯之宠使,假之以舆马,信之以瑞节[10],镇之以辞令,资之以币帛[11],使诸侯淫说其主,微挟私而公议。所为使者,异国之主也;所为谈者,左右之人也。主说其言而辩其辞,以此人者天下之贤士也。内外之于左右,其讽一而语同。大者不难卑身尊位以下之[12],小者高爵重禄以利之。夫奸人之爵禄重而党与弥众,又有奸邪之意,则奸臣愈反而说之,曰:"古之所谓圣君明王者,非长幼世及以次序也[13];以其构党与,聚巷族,逼上弑君而求其利也。"彼曰:"何知其然也?"因曰:"舜逼尧[14],禹逼舜[15],汤放桀[16],武王伐纣[17]。此四王者,人臣弑其君者也,而天下誉之。察四王之情,贪得之意也;度其行,暴乱之兵也。然四王自广措也,而天下称大焉;自显名也,而天下称明焉。则威足以临天下,利足以盖世,天下从之。"又曰:"以今时之所闻,田成子取齐,司城子罕取宋,太宰欣取郑,单氏取周[18],易牙之取卫[19],韩、魏、赵三子分晋,此八人者,臣之弑其君者也。"奸臣闻此,蹷然举耳以为是也。故内构党与,外摅巷族,观时发事,一举而取国家。且夫内以党与劫弑其君,外以诸侯之权矫易其国,隐正道,持私曲,上禁君,下挠治者,不可胜数也。是何也?则不明于择臣也。记曰:"周宣王以来[20],亡国数十,其臣弑其君而取国者众矣。"然则难之从内起与从外作者相半也。能一尽其民力,破国杀身者,尚皆贤主也。若夫转身易位,全众传国,最其病也。

【注释】

①并：通“摒”，排除。

②记：历史载记，典籍。

③丹朱：传说为尧的儿子，因德才不好，尧把帝位传给了舜。

④商均：传说为舜的儿子，因德才不好，舜把帝位传给了禹。

⑤启：夏禹的儿子，继承禹的君位。五观：启的五个儿子，曾发动叛乱失败，被流放。

⑥太甲：商汤的孙子，放荡不检，伊尹代政，将他流放到桐（位于今河南虞城南）。

⑦武王：指周武王。管、蔡：指管叔、蔡叔，周武王的两个弟弟。武王死后，他们勾结商纣王的儿子武庚发动叛乱，被摄政的周公旦镇压。

⑧囹圄（líng yǔ）：监狱。缧绁（xiè xiè）：绳索。

⑨割烹：宰割烹调，指做厨师。刍（chú）牧：割草放牧。饭牛：喂牛。

⑩瑞节：使者所执的凭证。瑞，玉做的凭证。节，竹做的凭证。

⑪币帛：古代赠送用的礼物。

⑫尊：通“撙”，限制，节省，表示卑屈谦让。

⑬世及：指王位传承。父传位给子称世，兄传位给弟称及。

⑭舜逼尧：传说尧德衰，为舜所囚。

⑮禹逼舜：传说禹黜舜而立商均。

⑯汤放桀：传说商汤灭夏后，把夏桀流放到南巢（位于今安徽巢湖市东北）。

⑰武王伐纣：周武王联合西方各部落讨伐商纣王，灭商。

⑱单氏取周：史实不详。

⑲易牙之取卫：易牙是齐国人，齐桓公的宠臣，此处疑是“易牙取齐”之误。

⑳周宣王：西周天子。

【译文】

圣明的君主就不是这样,他们选拔人才对内不回避亲属,对外不排除仇敌。是正确的,就任用他;有错误,就处罚他。因此,德才好的人得到进用,而奸邪的人都被摒退,所以一举就能使诸侯臣服。据史书记载:尧的儿子丹朱,舜的儿子商均,夏启的五个儿子,商汤的孙子太甲,周武王的弟弟管叔、蔡叔,都受到了处罚。以上五王所处罚的,都是父兄子弟一类的亲属,而之所以要杀戮处罚他们使家庭残破的原因是什么呢?是因为他们有祸害国家损伤民众败坏法律的行为。观察这些君主所任用的人,或者在山林沼泽岩穴之间,或者在监狱囚禁捆绑之中,或者在做烹饪放牧喂牛的事。然而,英明的君主不嫌弃他们的卑贱,因为他们的才能,可以彰明法治,有利于国家民众,从而任用他们,因而君主的地位巩固、声望提高。

昏聩的君主就不是这样,他们不了解臣子的思想和行为,而让他们来管理国家,所以轻则损害名声损失国土,重则国家灭亡性命不保,这是不能正确任用臣子造成的。不能用术来衡量臣子,必然根据他周围一伙人的话来判断他。众人都说他好,于是就喜欢他;众人都说他不好,于是就讨厌他。因此,做臣子的不惜破费家产,在朝廷内组织朋党,在朝廷外勾结地方势力来制造声誉,用暗中订立密约来加强勾结,用封官许愿来鼓励营私。并且说:“紧跟我的我会给他好处,不跟我的要叫他尝尝利害。”众人贪图他的利益,迫于他的威势,知道:“他真的高兴了就能给自己好处,真的忌恨就会迫害自己。”众人都归附于他,民众也靠拢他,把对他的一片赞美声传遍全国,一直上达到君主的耳边。君主又不能弄清楚实情,因此认为他是贤人。他又让那些奸诈的人在外充作别国诸侯宠信的使者,借给车马,拿着取信的瑞节,学会庄重的外交辞令,带上贵重的礼物,利用诸侯使臣的身份来游说他的君主,暗中夹带私心来议论公事。这个作为使臣的,是别国君主派来的;而他所谈论的,却是这个国家君主身边的人。这个国家的君主听了很高兴,以为使臣讲得很有道理，以为使臣所称誉的那个人就是天下的贤士。国家内外对于君主身边的那个奸臣，都异口同声地称赞。君主大则甘愿卑身让位而居他之下，小则赏赐给他高官厚禄让他得利。奸人位高禄重，党羽越聚越多，又有篡夺君权的野心，其他奸臣就会迎合他的心意而劝他，说："古代的所谓圣明君主，并不是父子兄弟依次传承王位，而是依靠在朝廷内组织党羽、在朝廷外勾结地方势力，威逼和杀害君主而谋求利益的。"他会说："你们怎么知道是这样的？"劝进的人说："舜逼尧，禹逼舜，汤放桀，武王伐纣。这四个王就是以臣子身份杀害君主的，天下的人都称赞他们。体察四王的心情，他们有贪婪的野心；推测四王的行为，他们有暴乱的兵力。然而四王自己积极扩充势力，天下都说他们强大；自己显耀声名，天下都说他们英明。只要威势足以统治天下，利益足以压倒天下，天下就会服从他。"又说："现在我们所听到的，田成子取代了齐，司城子罕取代了宋，太宰欣取代了郑，单氏取代了周，易牙取代了齐，韩、魏、赵三家瓜分了晋，这八个人都是臣子杀害君主自立的。"奸臣听了这些话，急忙竖起耳朵点头称是。所以奸臣便组织朝廷党羽、勾结地方势力，窥测时机起事，一举夺取国家政权。况且在国内利用党羽挟持或杀害君主，在国外利用其他诸侯的权势来颠覆自己的国家，隐蔽治国的正道，搞个人阴谋诡计，对上钳制君主，对下阻挠治理的奸臣，是数也数不清的。这是什么原因呢？就是由于君主不懂得选择臣子。史书记载说："自周宣王以来，被灭亡的国家有几十个，臣子杀害他的君主夺取国家的有很多。"那么祸乱从内部产生和从国外兴起的各占一半。能集中民力抵抗祸乱，即使国破身死，还算是贤明的君主。至于转过身子让出君位，把整个国家和全体人民拱手让人，这才是最大的耻辱。

为人主者，诚明于臣之所言，则虽罼弋驰骋[①]，撞钟舞女，国犹且存也；不明臣之所言，虽节俭勤劳，布衣恶食，国犹自亡也。赵之先君敬侯[②]，不修德行，而好纵欲，适身体之所安,耳目之所乐,冬日罼弋,夏浮淫,为长夜,数日不废御觞③,不能饮者以筒灌其口,进退不肃、应对不恭者斩于前。故居处饮食如此其不节也,制刑杀戮如此其无度也,然敬侯享国数十年,兵不顿于敌国,地不亏于四邻,内无群臣百官之乱,外无诸侯邻国之患,明于所以任臣也。燕君子哙④,邵公奭之后也⑤,地方数千里,持戟数十万,不安子女之乐,不听钟石之声,内不堙污池台榭⑥,外不罼弋田猎,又亲操耒耨以修畎亩⑦,子哙之苦身以忧民如此其甚也,虽古之所谓圣王明君者,其勤身而忧世不甚于此矣。然而子哙身死国亡,夺于子之,而天下笑之。此其何故也?不明乎所以任臣也。

【注释】

①罼(bì):捕捉鸟兽用的长柄小网。弋(yì):射鸟用的带丝绳的箭。

②先君:前代君主。敬侯:指赵敬侯,战国时赵国的君主。

③御觞(shāng):指喝酒。觞,酒杯。

④燕君子哙(kuài):即燕王哙,战国时燕国的君主。前316年,他把君位让给相国子之,引起太子平的不满,起兵反抗,齐宣王出兵干涉,杀燕王哙和子之。

⑤邵公奭(shì):即召公奭,周武王的弟弟,封于燕。

⑥堙(yān):修治。污池:大而深的池子。台榭(xiè):筑在高台上的敞屋。

⑦耒(lěi)耨(nòu):农业生产工具。耒,古代耕地的工具。耨,古代除草的工具。畎(quǎn)亩:田地。

【译文】

做君主的,如确实能洞察臣子所说的一切,那么即使打猎骑马、耽于女乐，国家还是可以存在的；不能洞察臣子所说的一切，即使节俭勤劳，布衣粗食，国家还是会灭亡。赵国前代的君主敬侯，不修德行，喜欢纵欲，尽量满足身体的安逸，享受耳目的快乐，冬日打猎，夏天游玩，不分白天黑夜地饮酒，几天不放下酒杯，不能饮酒的用竹筒把酒往他嘴里灌，进退不严肃、回答不恭敬的，就在酒席前杀死。生活上这样没有节制，制刑杀人这样没有标准，然而敬侯在位十二年，军队不被敌国挫败，土地不被邻国侵占，国内没有群臣百官捣乱，国外没有诸侯邻国侵犯，是因为赵敬侯懂得如何任用臣子的缘故。燕王哙是邵公奭的后代，拥有方圆几千里土地，几十万士兵，不以安享美貌女色为乐，不听钟磬的音乐之声。他既不修建池馆台榭，又不外出打猎游玩，还亲自拿起农具去田里耕作。像燕王哙这样辛苦自己忧劳百姓，即使是古代的所谓圣王明君，他们的勤身忧世也没有如此突出。然而，燕王哙身死国亡，让子之夺了君位，被天下人耻笑。这是什么原因呢？是因为燕王哙不懂得任用臣子的道理。

故曰：人臣有五奸，而主不知也。为人臣者，有侈用财货赂以取誉者，有务庆赏赐予以移众者，有务朋党徇智尊士以擅逞者，有务解免赦罪狱以事威者，有务奉下直曲、怪言、伟服、瑰称以眩民耳目者。此五者，明君之所疑也，而圣主之所禁也。去此五者，则諓诈之人不敢北面立谈[①]；文言多、实行寡而不当法者，不敢诬情以谈说。是以群臣居则修身，动则任力，非上之令不敢擅作疾言诬事，此圣王之所以牧臣下也。彼圣主明君，不适疑物以窥其臣也[②]。见疑物而无反者，天下鲜矣。故曰：孽有拟适之子[③]，配有拟妻之妾[④]，廷有拟相之臣，臣有拟主之宠，此四者，国之所危也。故曰：内宠并后，外宠贰政[⑤]，枝子配适[⑥]，大臣拟主，乱之道也。故《周记》曰[7]："无尊妾而卑妻，无孽适子而尊小枝，无尊嬖臣而匹上卿[8]，无尊大臣以拟其主也。"四拟者破，则上无意、下无怪也[9]；四拟不破，则陨身灭国矣。

【注释】

①谍诈之人：浮躁奸诈的人。

②适：主，引申为专注、只是。

③孽(niè)：孽子，即庶子，妾所生的儿子。适(dí)：通"嫡"，即嫡子，正妻所生的儿子。

④配：婚配，指夫妇。

⑤政：通"正"，指执政的正卿。

⑥枝子：庶子。配：匹配，匹敌。

⑦《周记》：即《周书》，记载周代诰誓训令的史书，今本《尚书》中保存有一部分。

⑧嬖(bì)臣：君主亲近宠幸的臣子。上卿：国家地位最高的臣子。

⑨意：通"臆"，怀疑，顾虑。

【译文】

所以说，做臣子的有五种奸情，而做君主的不了解。做臣子的，有滥用财物行贿以骗取个人声誉的，有致力于奖励赏赐来拉拢众人的，有致力于交结朋党网罗智士以为非作歹的，有致力于减免赋税赦免罪犯来提高声威的，有致力于迎合下属拨弄是非、危言耸听、奇装异服、夸饰声誉来迷乱民众耳目的。这五种人，是英明的君主所怀疑的，是圣明的君主所禁止的。如果除去这五奸，那么浮躁奸诈的人就不敢站在臣子的位置随意讲话；那些说漂亮的话多、实际行动少而又不符合法令的，就不敢隐瞒实情来夸夸其谈了。这样，群臣居外时就提高自己的品德，行动时就全力以赴，不是君主的命令不敢擅自轻率地讲话和歪曲事实，这就是圣明君主用来役使臣下的办法。那些圣主明君，不仅仅在可疑的事情上观测考察臣下。看到可疑的事物而不反过来联系其他事物的，天下是少见的。所以说：庶子中有想和嫡子比拟的公子，配偶中有想和正妻同尊的妾，朝廷上有想和宰相同享权力的大臣，臣子中有想取代君主的宠臣，这四种情况是使国家陷入危机的根源。所以说：内廷宠爱的妃子与王后并列，外朝宠爱的重臣和正卿分权，庶子与嫡子匹敌，大臣与君主相似，都是国家祸乱的途径。所以《周记》说："不要尊宠小妾而贬低正妻，不要轻视嫡子而抬高庶子，不要尊重嬖臣而让他与上卿同列，不要宠幸大臣而让他把自己当做君主。"这四种现象如果破除，那么君主就不用怀疑臣下，臣下也不会兴风作浪；这四种现象不破除，君主就会身死国灭。

诡使

【题解】

《诡使》通过对大量社会现象的分析，说明当时君主的治国实践和社会舆论与正确的治国原则相背离。诡，违反；使，有令和教的意思。诡使，就是指对法治原则的违反。韩非认为，君主治理国家的原则有三条："利"、"威"、"名"，而统归于法治。名份的颠倒，赏罚的不公，法令的不行是造成国家政治混乱的根源。他对"乱上反世"的"二心私学者"进行了猛烈抨击，主张君主要对他们采取严厉措施："禁其欲"、"禁其行"、"破其群而散其党"、"灭其迹"，从而表达了他在思想文化领域坚决主张实行专制的强硬立场。

圣人之所以为治道者三[①]：一曰"利"[②]，二曰"威"[③]，三曰"名"[④]。夫利者，所以得民也；威者，所以行令也；名者，上下之所同道也。非此三者，虽有不急矣。今利非无有也，而民不化上；威非不存也，而下不听从；官非无法也，而治不当名。三者非不存也，而世一治一乱者，何也？夫上之所贵与其所以为治相反也。

【注释】

①治道：治理国家的原则。

②利：利禄。

③威：威权，指赏罚。

④名：名号，名誉。

【译文】

圣人用来治理国家的原则有三条，一是利禄，二是威权，三是名份。利禄是用来获得民众的，威权是用来发号施令的，名份是用来协调上下关系统一行动的。除去这三种，虽然还有其他措施，却不是急需的了。现在利禄不是没有，而民众却不为君主所感化；威权不是不存在，而下边的人却不听从；官府不是没有法令，而用来治理时却名不副实。治国的三条原则不是不存在，而社会一会儿安定，一会儿混乱，这是为什么呢？是因为君主所推崇的东西与他应该用来治理国家的原则相背离。

夫立名号，所以为尊也；今有贱名轻实者，世谓之“高”。设爵位[①]，所以为贱贵基也；而简上不求见者，世谓之“贤”。威利，所以行令也；而无利轻威者，世谓之“重”。法令，所以为治也；而不从法令为私善者，世谓之“忠”。官爵，所以劝民也；而好名义不进仕者，世谓之“烈士”。刑罚，所以擅威也；而轻法不避刑戮死亡之罪者，世谓之“勇夫”。民之急名也，甚其求利也；如此，则士之饥饿乏绝者，焉得无岩居苦身以争名于天下哉？故世之所以不治者，非下之罪，上失其道也。常贵其所以乱，而贱其所以治，是故下之所欲，常与上之所以为治相诡也。

今下而听其上，上之所急也。而惇悫纯信[②]，用心怯言，则谓之“窭”[③]。守法固，听令审，则谓之“愚”。敬上畏罪，则谓之“怯”。言时节[④],行中适[⑤],则谓之“不肖”。无二心私学[⑥],听吏从教者,则谓之“陋”。

难致,谓之“正”。难予,谓之“廉”。难禁,谓之“齐”。有令不听从,谓之“勇”。无利于上,谓之“愿”。少欲、宽惠、行德,谓之“仁”。重厚自尊,谓之“长者”[⑦]。私学成群,谓之“师徒”。闲静安居,谓之“有思”。损仁逐利,谓之“疾”。险躁佻反覆,谓之“智”。先为人而后自为,类名号[⑧],言泛爱天下,谓之“圣”。言大本[⑨],称而不可用,行而乖于世者,谓之“大人”。贱爵禄,不挠上者,谓之“杰”。下渐行如此,入则乱民,出则不便也。上宜禁其欲,灭其迹,而不止也,又从而尊之,是教下乱上以为治也。

【注释】

①爵位:贵族的等级称号。

②惇(dūn):忠厚。悫(què):诚恳。纯:纯朴。信:诚实。

③窭(jù):拘谨,小气。

④言时节:言论合乎时宜而有分寸。

⑤行中适:行为合乎法令而又适当。

⑥二心:指与君主两条心。私学:指违背君主教令而私自设学的各家学说。

⑦长(zhǎng)者:年纪大有德行的人。

⑧类名号:对爵位、官职同等看待,不分高低。类,同类,一律。

⑨大本:指治天下的根本道理。

【译文】

设立官职的名位称号,是用来表示尊贵的;现在有人轻视名号实权,社会舆论称之为“高”。设立等级爵位,是用来作为区别贵贱的基础的;而那些轻慢君主不愿求见的,社会舆论称之为“贤”。威权利禄,是用来推行法令的,而无视利禄轻视威权的,社会舆论称之为“重”。国家法令,是用来治理社会的,而不遵守法令为私人做好事的,社会舆论称之为“忠”。设立官职爵位,是用来鼓励民众耕战的;而喜好名义不愿做官的,社会舆论称之为“烈士”。设立刑罚,是用来独揽威权的;而轻视法令不怕刑法处罚和杀头之罪的,社会舆论称之为“勇夫”。民众急于追求名声,超过追求实利;这样,一些沦落到饥饿贫困境地的士人,怎么能不隐居深山折磨自己以便在天下争得名声呢?因此社会之所以得不到安宁,不是臣下的罪过,是君主失去了治国的原则。君主常常尊重那些造成社会祸乱的行为,而轻视那些能使社会安定的措施,所以臣下所向往的,常常与君主应该用来治国的原则相违背。

臣下听从君主,是君主所迫切要求的。然而忠厚诚恳纯朴守信,做事用心,说话谨慎,却叫做“窭”。严格遵守法令,认真听从命令,却叫做“愚”。尊敬君主害怕犯罪,却叫做“怯”。言论合乎时宜而有分寸,行为合乎法令而又适当,却叫做“不肖”。没有和君主二心鼓吹私家学说,听从官吏教化,服从法治教育,却叫做“陋”。

君主难以招致,叫做“正”。君主难以给予,叫做“廉”。君主难以禁止,叫做“齐”。有法令却不听从,叫做“勇”。对君主没有好处,叫做“愿”。个人欲望少,宽厚地施予恩惠,行为讲求道德,叫做“仁”。持重自尊,叫做“长者”。成群结队学习私学,叫做“师徒”。悠闲安静地生活,叫做“有思”。损害别人追逐利益,叫做“疾”。阴险浮躁轻薄反覆,叫做“智”。主张先人后己,看淡官职名号,主张泛爱天下的,叫做“圣”。鼓吹治理天下的根本,说的好听却不能实行,所做的事又背离现实的,叫做“大人”。鄙视爵位利禄,不屈服于君主,叫做“杰”。臣下习染这种风气已经到了如此地步,在国内就会扰乱民众,出国就会不利于国家。君主应该禁止他们的欲望,消灭他们的活动踪迹,这样尚且禁止不了,反而又去尊重他们,这是教下边的人犯上作乱而又把它当做治国的原则。

凡上之所以治者，刑罚也；今有私行义者尊[①]。社稷之所以立者[②]，安静也；而躁险谗谀者任。四封之内所以听从者[③]，信与德也；而陂知倾覆者使[④]。令之所以行，威之所以立者，恭俭听上也；而岩居非世者显。仓廪之所以实者[⑤]，耕农之本务也；而綦组、锦绣、刻画为末作者富[⑥]。名之所以成，城池之所以广者，战士也；今死士之孤饥饿乞于道，而优笑酒徒之属乘车衣丝[⑦]。赏禄，所以尽民力易下死也；今战胜攻取之士劳而赏不沾，而卜筮、视手理、狐蛊为顺辞于前者日赐[⑧]。上握度量，所以擅生杀之柄也；今守度奉量之士欲以忠婴上而不得见[⑨]，巧言利辞行奸轨以幸偷世者数御[⑩]。据法直言，名刑相当[⑪]，循绳墨[⑫]，诛奸人，所以为上治也，而愈疏远；谄施顺意从欲以危世者近习[⑬]。悉租税，专民力，所以备难充仓府也，而士卒之逃事伏匿、附托有威之门以避徭赋而上不得者万数。夫陈善田利宅，所以战士卒也，而断头裂腹、播骨乎平原野者，无宅容身，身死田夺；而女妹有色，大臣左右无功者，择宅而受，择田而食。赏利一从上出，所以善制下也；而战介之士不得职，而闲居之士尊显。上以此为教，名安得无卑，位安得无危？夫卑名危位者，必下之不从法令、有二心务私学反逆世者也；而不禁其行、不破其群以散其党，又从而尊之，用事者过矣。上之所以立廉耻者，所以厉下也[⑭]；今士大夫不羞污泥丑辱而宦，女妹私义之门不待次而宦。赏赐，所以为重也；而战斗有功之士贫贱，而便辟优徒超级[⑮]。名号诚信，所以通威也；而主掩障，近习女谒并行[⑯]，百官主爵迁人，用事者过矣。大臣官人，与下先谋比周,虽不法行,威利在下,则主卑而大臣重矣。

【注释】

①行义:通“行谊”,道义。

②社稷:象征国家。社,土地神。稷,谷神。

③四封之内:指国境以内。封,边界。

④陂(bì)知:狡猾巧诈。知,同“智”,智巧。

⑤仓廪(lǐn):粮仓。实:充实,装满。

⑥綦(qí)组:带方格花纹的丝织品。末作:指手工艺。

⑦优:古代以歌舞诙谐娱乐君主的人。

⑧卜筮(shì):古代用龟甲和蓍(shī)草来预测吉凶的活动。视手理:通过看掌纹来推断一个人的命运的活动。狐蛊(gǔ):迷惑。

⑨婴:通“撄”,触犯。

⑩奸轨:通“奸宄(guǐ)”,外奸为“奸”,内奸为“宄”。数(shuò)御:经常进用。数,屡次,经常。

⑪名刑:名实。刑,通“形”,真实表现。

⑫循绳墨:指按法令办事。绳墨,木匠划线的工具,比喻法令。

⑬谄施:逢迎取媚。施,通“迤”,邪。

⑭厉:通“励”,激励,劝勉。

⑮便辟:善于谄媚逢迎的人。超级:越级任用。

⑯女谒(yè):为人请托私事的宫女。

【译文】

君主用来治理国家的是刑罚,而有私德的人却受到君主的尊重。国家之所以设立,是为了减少社会冲突而让人们安静地生活;而浮躁阴险谗谀的人却被任用。国境之内的人们之所以服从统治,是因为统治者讲信用有赏赐;而狡猾巧诈倾轧陷害别人的却被使用。法令之所以施行,威权之所以树立,是大家恭敬谦卑地听君主的话,而隐居深山诽谤现实的人却声名显赫。粮仓之所以装满，是耕作的农民以农为本的结果；而那些经营纺织、刺绣、雕刻等的手艺人却富裕起来。为君主树立威望，扩大疆土的，是打仗的士兵；可现在阵亡战士的孤儿忍饥挨饿在路边乞讨，而那些陪君主吃喝玩乐的人，却乘着车子穿着丝绸过着悠闲的日子。君主赏赐利禄，是为了换取民众为君主死心塌地拼命效力；可现在为君主打了胜仗攻占了土地的战士虽有功劳却得不到一点赏赐，而那些为君主卜筮以预测吉凶、看手相以推断命运、在君主面前说些讨好奉承话的人却每天得到赏赐。君主掌握着国家法度，是用来专断生杀权柄的；现在奉公守法的人想用逆耳的忠言向君主进谏都得不到接见；而那些花言巧语、内外行奸、在社会上投机取巧的人却常常得到进用。依据法令直言不讳，名实相符，按法令办事，处罚奸人，是君主用来治理国家的原则，君主却越来越疏远；而那些逢迎取媚、顺着君主的意愿和欲望说话办事而危害社会的，却被君主亲近宠幸。征收租税，集中民力，是为了防备危难充实仓库的，但兵士为了逃避战争而躲藏起来，依附权门势族以逃避徭役赋税，使君主得不到使用的人，数以万计。君主拿出好的田地和住宅，是用来鼓励士兵作战的，而真正拼死战斗、把尸骨抛散在战场上的，却没有住房容身，死后田地也被剥夺；但那些有姿色的少女、没有功劳的君主身边的大臣亲信，却可以挑选豪宅居住，挑选良田生活。赏赐利禄一律从君主那儿颁发，是为了便于控制臣下；而披甲的战士却得不到官职，那些闲居无事的读书人却尊贵荣显。君主以此为教，声名怎能不低下，君位怎能不危险？使君主声名低下、地位危险的，一定是下面那些不服从法令、有二心搞私学、反对现实社会的人；如果不禁止他们的行为，不破坏他们的组织来解散他们的朋党，却反而尊重他们，这是当权者的过错啊。君主之所以树立廉耻，是用来激励臣下的；现在士大夫利用卑鄙肮脏的手段去做官，靠女色和走后门越级做官。赏赐本来是用来使人贵重的；但有功的战士们贫贱不堪，而善于逢迎谄谀、陪君主玩乐的人却被越级提拔。给予臣下的名号确实与实际相符，是与君主的威望相通的；而君主被蒙蔽，左右宠幸的人和宫中的女谒同时弃权，所有的官员都能给人定爵和提职，这是当权者的过失。大臣们任用官吏，先和手下的党羽勾结串通策划，虽然不符合法令也照样执行，威势和利禄都在臣下那儿，君主就卑下而大臣则尊贵了。

夫立法令者，以废私也[①]。法令行而私道废矣。私者，所以乱法也。而士有二心私学、岩居窞路、托伏深虑[②]，大者非世，细者惑下；上不禁，又从而尊之以名，化之以实，是无功而显，无劳而富也。如此，则士之有二心私学者，焉得无深虑、勉知诈与诽谤法令[③]，以求索与世相反者也？凡乱上反世者，常士有二心私学者也。故《本言》曰[④]："所以治者，法也；所以乱者，私也。法立，则莫得为私矣。"故曰：道私者乱[⑤]，道法者治。上无其道，则智者有私词，贤者有私意。上有私惠，下有私欲，圣智成群，造言作辞，以非法措于上。上不禁塞，又从而尊之，是教下不听上、不从法也。是以贤者显名而居，奸人赖赏而富。贤者显名而居，奸人赖赏而富，是以上不胜下也。

【注释】

①私：指不符合法治要求的一切个人行为。

②窞(dàn)：坑穴。路：通"露"，指野外。

③勉知诈：尽力玩弄智巧欺诈。勉，勉力。知，同"智"，智巧。

④《本言》：古代著作，已失传。

⑤道：遵循，由。下文"道法者治"之"道"同此。

【译文】

设立法令，是为了废除一切不符合法令要求的"私"。法令得到执行私道就被废除了。私是扰乱法治的根源。那些怀有二心搞私学、隐居山林僻野、老谋深算的士人,重则诽谤现实,轻则造谣惑众;君主不去禁止他们,反而用名声来尊显他们,用实利来提升他们,这是无功而尊重,无劳而富裕。像这样,那些怀有二心搞私学的士人,怎么会不挖空心思、玩弄智巧和诽谤法令,来追求和当代社会需要相反的东西呢?凡是危害君主统治反对现实社会的,通常是那些怀有二心搞私学的士人。所以《本言》说:"用来治理国家的是法,用来扰乱国家的是私。法立,就不能为私。"所以说:遵循私道治国国家就会动乱,遵循法制治国国家就能安定。如果君主没有治国的原则,那些聪明的人就有违法的言论,贤能的人就有违法的意图。君主有法外的恩惠,臣下就有非法的欲望,"圣人"和"智士"成群结党,制造谣言和诡辩,用非法的手段对付君主。君主不禁止这些人的言行,反而尊重他们,这是教下面的人不听命于君主、不服从法令啊。因此,所谓贤者就以显赫的名声处在高位,奸人就依靠君主的赏赐富裕起来。贤者以显赫的名声处在高位,奸人依靠君主的赏赐富裕起来,这样,君主就不能制服下面的人了。

六　反

【题解】

《六反》是针对儒家仁政思想而作的。韩非开篇即指出，社会上有六种“奸伪无益之民”应该受到斥责而反被尊重和称道；又有六种“耕战有益之民”应该受到尊重而反被轻视和诋毁。儒家这种颠倒是非、毁誉相反的认识和行为形成了错误的社会舆论，致使“名赏在乎私恶当罪之民”，而“毁害在乎公善宜赏之士”，有害于国家。

针对儒家“重刑伤民”的观点，韩非逐条驳斥了儒家“去利”、“爱民”、“轻刑”、“轻赋”等主张，提出应该“用法之相忍，而弃仁人之相怜”。进而反复申明重刑的必要性，要求君主“审于法禁，必于赏罚”，以厚赏重罚激励人们“以力得富，以事致贵”，禁绝一切违法行为，这样才能国富兵强，才是“帝王之政”。

文章反复强调禁奸必用重刑，反映了集权专政的要求，尤其体现了法家的法治原则。

畏死远难[①]，降北之民也[②]，而世尊之曰“贵生之士”。学道立方[③]，离法之民也，而世尊之曰“文学之士”。游居厚养，牟食之民也[④]，而世尊之曰“有能之士”。语曲牟知[⑤]，伪诈之民也，而世尊之曰“辩智之士”。行剑攻杀，暴憿之民也[⑥]，而世尊之曰“礦勇之士”[7]。活贼匿奸，当死之民也，而世尊之曰“任誉之士”。此六民者，世之所誉也。赴险殉诚，死节之民，而世少之曰“失计之民”也。寡闻从令，全法之民也，而世少之曰“朴陋之民”也。力作而食，生利之民也，而世少之曰“寡能之民”也。嘉厚纯粹，整谷之民也，而世少之曰“愚戆之民”也。重命畏事，尊上之民也，而世少之曰“怯慑之民”也。挫贼遏奸，明上之民也，而世少之曰“谄谗之民”也。此六民者，世之所毁也。奸伪无益之民六，而世誉之如彼；耕战有益之民六，而世毁之如此：此之谓“六反”。布衣循私利而誉之，世主听虚声而礼之，礼之所在，利必加焉。百姓循私害而訾之[8]，世主壅于俗而贱之，贱之所在，害必加焉。故名赏在乎私恶当罪之民，而毁害在乎公善宜赏之士，索国之富强，不可得也。

【注释】

①难（nàn）：危难。

②降北：投降败逃。

③方：方术，学说。

④牟（móu）食之民：指靠游说混饭吃的人。牟，贪取，侵夺。

⑤语曲：诡辩。牟知：从事于玩弄智巧。牟，通“务”。知，同“智”。

⑥暴憿（jī）之民：凶暴而冒险的人。憿，通“侥”，侥幸。

⑦礦（lián）：磨刀石，引申为有棱角、有锋芒。

⑧訾（zǐ）：诋毁。

【译文】

贪生怕死、逃避危险，是投降败逃的人，而社会上还尊称他们为“珍惜生命的人”。钻研道理、建立学说，是违反法制的人，而社会上却尊称他们为“搞学术的人”。到处游说、俸养优厚，是靠耍嘴皮混饭吃的人，而社会上还尊称他们为“有才能的人”。空谈诡辩、玩弄智巧，是虚伪诡诈的人，而社会上却尊称他们为“能说会道有智谋的人”。用剑行刺、攻杀别人，是凶暴而冒险的人，而社会上还尊称他们为“有锋芒而勇敢的人”。包庇强盗、隐藏坏人，是应当处死刑的人，而社会上却尊称他们为“讲名声有信誉的人”。这六种人，是社会舆论所赞美的。奔赴国难、忠诚献身，是为节操而死的人，而社会上还贬低他们为“不会算计的人”。见闻很少、服从命令，是遵纪守法的人，而社会上却贬低他们为“浅薄愚昧的人”。努力耕作、自食其力，是创造利益的人，而社会上却贬低他们为“没有才能的人”。品性敦厚、单纯朴实，是正派善良的人，而社会上却贬低他们为“愚笨呆板的人”。重视命令、谨慎从事，是尊敬君主的人，而社会上还贬低他们为“胆小怕事的人”。打击盗贼、制止坏人，是使君主明察的人，而社会上却贬低他们为“阿谀奉承、说人坏话的人”。这六种人，是社会舆论所诋毁的。奸诈虚伪无益于国家的人有六种，社会上是那样地赞美他们；努力耕战有益于国家的人有六种，社会上又是这样地诋毁他们：这就叫做“六反”。平民根据对个人有利而称赞前六种人，君主听信虚名而礼遇他们，礼遇他们，就必然给予奖赏。百姓根据对个人有害而诋毁后六种人，君主被世俗之见所蒙蔽而鄙薄他们，鄙薄他们，就必然给予惩罚。所以名誉赏赐就落到为私作恶应当治罪的人的头上，而诋毁惩罚却给了为公行善应当奖赏的人，这样想求得国家的富强，是不可能的。

古者有谚曰[①]：“为政犹沐也，虽有弃发，必为之。”爱弃发之费而忘长发之利，不知权者也。夫弹痤者痛[②]，饮药者苦，为苦惫之故不弹痤饮药，则身不活，病不已矣。今上下之接，无子父之泽，而欲以行义禁下，则交必有郄矣[③]。且父母之于子也，产男则相贺，产女则杀之。此俱出父母之怀衽[④]，然男子受贺，女子杀之者，虑其后便，计之长利也。故父母之于子也，犹用计算之心以相待也，而况无父子之泽乎？今学者之说人主也，皆去求利之心，出相爱之道，是求人主之过父母之亲也，此不熟于论恩，诈而诬也，故明主不受也。圣人之治也，审于法禁，法禁明著，则官治；必于赏罚，赏罚不阿，则民用。民用官治则国富，国富则兵强，而霸王之业成矣。霸王者，人主之大利也。人主挟大利以听治，故其任官者当能，其赏罚无私。使士民明焉，尽力致死，则功伐可立而爵禄可致，爵禄致而富贵之业成矣。富贵者，人臣之大利也。人臣挟大利以从事，故其行危至死，其力尽而不望。此谓君不仁，臣不忠，则可以霸王矣。

【注释】

①谚：谚语。

②弹痤：用石针割刺痈。痤(cuó)，痈。

③郄：通“隙”，裂痕。

④怀衽(rèn)：怀抱。衽，衣襟。

【译文】

古代有句谚语说：“治理政事就像洗头发一样，虽然要掉落一些头发，也一定要洗头发。”爱惜掉头发的损耗而忘记生长新发的好处，这是不懂得权衡利害得失。用石针割刺痈疮是很疼的，喝药是很苦的，因为痛苦的缘故而不刺痈喝药，那么就活不成了，疾病也不会治愈了。现在君主和臣下的关系，没有父母和儿女那样深的恩泽，而君主却想用品德来约束臣下，君臣之间就必然会有裂痕了。况且父母对于儿女，生了男孩就互相祝贺，生了女孩就把她溺死。儿女都是从父母的怀抱中出来的，然而男孩受贺，女孩被杀，是因为父母考虑他们以后的好处，计算长远的利益。所以父母对于子女，还用算计的心理相对待，何况没有父子般恩泽的人呢？现在学者游说君主，都叫君主去掉求利的心，而采用相爱的原则，这是要求君主有超过父母对子女的爱，这是对恩泽问题的无知，是奸诈和欺骗，所以英明的君主是不会接受的。圣人治理国家，要详细考察法律禁令，法律禁令明白清楚，那么官吏就会依法治理；坚决地实行赏罚，赏罚公正而不偏私，那么民众就会听从使唤。民众听从使唤而官吏依法治理，国家就富足，国家富足，军队就会强大，那么就能成就天下霸王的事业。成为天下霸王，是君主最大的利益。君主怀着获取大利的愿望去治理国家，所以他任用做官的人就要有相称的能力，他的赏罚没有偏私。要使士人民众懂得这一点，尽心尽力，拼命战斗，那么就可以建立功劳，获得爵位和俸禄，爵位和俸禄一旦获得就可以成就富贵的家业。获得富贵，是臣下最大的利益，臣下怀着获取大利的愿望去从事，所以他就肯冒险牺牲，竭尽全力而无怨无悔。这就是说，君主对臣下不一定行仁爱（而应以能授官，赏罚无私），臣下对君主不一定讲忠心（而应以力致富，以功得赏），就可以成就霸王的事业了。

夫奸必知则备，必诛则止；不知则肆，不诛则行。夫陈轻货于幽隐，虽曾、史可疑也[①]；悬百金于市，虽大盗不取也。不知，则曾、史可疑于幽隐；必知，则大盗不取悬金于市。故明主之治国也，众其守而重其罪，使民以法禁而不以廉止。母之爱子也倍父，父令之行于子者十母；吏之于民无爱，令之行于民也万父。母积爱而令穷，吏用威严而民听从，严爱之策亦可决矣。且父母之所以求于子也，动作则欲其安利也，行身则欲其远罪也。君上之于民也，有难则用其死，安平则尽其力。亲以厚爱关子于安利而不听，君以无爱利求民之死力而令行。明主知之，故不养恩爱之心而增威严之势。故母厚爱处，子多败，推爱也；父薄爱教笞[②]，子多善，用严也。

【注释】

①曾、史：指曾参（shēn）、史鳅（qiū）。曾参是孔丘的学生，史鳅也称史鱼，春秋时卫国大夫。二人在古代都被认为是有道德修养的人。

②笞（chī）：用竹板施行的一种体罚。

【译文】

奸人一定会被察觉，他才会戒惧；一定会受到惩罚，他才不敢活动；不会被察觉，他就会放肆；不会受惩罚，他就会横行。假如把便于携带的物品放在僻静无人的地方，即使像曾参、史鳅那样有道德修养的人是否会偷也值得怀疑；而把百金放在人多的闹市上，即使是大盗也不敢去窃取。不被察觉，在僻静无人的地方曾参、史鳅是否偷东西也值得怀疑；必定会被察觉，在人多的闹市上大盗也不敢窃取放置的百金。因此英明的君主治理国家，要多设监守以察奸，重罚罪犯，使民众由法令而受到约束，不靠廉洁自爱的品德而停止作恶。母亲对儿子的爱加倍于父亲，但父亲的命令在子女那里得到施行却是十倍于母亲；官吏对于民众没有慈爱，但他们的命令在民众那里得以施行却是万倍于父亲。母亲厚爱子女，而命令却行不通，官吏使用威严，而民众却能听从，因此是采用威严还是采用仁爱的策略，也就可以决断了。况且父母对于子女所希望的，是要求他们一举一动都能安全有利，要求他们立身做人能够远离犯罪。君主对于民众，国家有难就让他们拼死战斗，国家太平就让他们竭力生产。父母怀着深厚的爱，把子女安置在安全有利的环境下，但子女却不听从；君主不用爱和利，要求民众为他出死力，命令却能通行。英明的君主懂得这些道理，所以不培养仁爱之心而加强威严的权势。母亲怀着深厚的爱对待子女，子女大多变坏，这是因为溺爱；父亲怀着比较淡薄的爱，用竹板子抽打管教，子女大多变好，这是使用威严的结果。

今家人之治产也，相忍以饥寒，相强以劳苦，虽犯军旅之难，饥馑之患[①]，温衣美食者，必是家也；相怜以衣食，相惠以佚乐，天饥岁荒，嫁妻卖子者，必是家也。故法之为道，前苦而长利；仁之为道，偷乐而后穷。圣人权其轻重，出其大利，故用法之相忍，而弃仁人之相怜也。学者之言皆曰"轻刑"，此乱亡之术也。凡赏罚之必者，劝禁也。赏厚，则所欲之得也疾；罚重，则所恶之禁也急[②]。夫欲利者必恶害，害者，利之反也。反于所欲，焉得无恶？欲治者必恶乱，乱者，治之反也。是故欲治甚者，其赏必厚矣；其恶乱甚者，其罚必重矣。今取于轻刑者，其恶乱不甚也，其欲治又不甚也。此非特无术也，又乃无行。是故决贤、不肖、愚、知之策[③]，在赏罚之轻重。且夫重刑者，非为罪人也。明主之法，揆也。治贼，非治所治也；治所治也者，是治死人也。刑盗，非治所刑也；治所刑也者，是治胥靡也[④]。故曰：重一奸之罪而止境内之邪，此所以为治也。重罚者，盗贼也；而悼惧者，良民也。欲治者奚疑于重刑！若夫厚赏者，非独赏功也，又劝一国。受赏者甘利，未赏者慕业，是报一人之功而劝境内之众也，欲治者何疑于厚赏！今不知治者皆曰："重刑伤民，轻刑可以止奸，何必于重哉？"此不察于治者也。夫以重止者，未必以轻止也；以轻止者，必以重止矣。是以上设重刑者而奸尽止，奸尽止，则此奚伤于民也？所谓重刑者，奸之所利者细,而上之所加焉者大也。民不以小利加大罪,故奸必止者也。所谓轻刑者,奸之所利者大,上之所加焉者小也。民慕其利而傲其罪,故奸不止也。故先圣有谚曰:"不踬于山[5],而踬于垤[6]。"山者大,故人顺之;垤微小,故人易之也。今轻刑罚,民必易之。犯而不诛,是驱国而弃之也;犯而诛之,是为民设陷也。是故轻罪也,民之垤也。是以轻罪之为民道也,非乱国也,则设民陷也,此则可谓伤民矣!

【注释】

①饥馑(jǐn):荒年。

②恶(wù):厌恶。

③贤:才德好。不肖:德才不好。知:同"智"。

④胥靡:犯轻罪被罚苦役的人。

⑤踬(zhì):绊倒。

⑥垤(dié):小土堆。

【译文】

现在普通人家治理产业,用忍饥受寒来相互强制,用吃苦耐劳来相互督促,这样的人家,即使遭受战争的灾难,荒年的祸患,也能穿暖吃饱;用丰衣美食来相互怜爱,用安逸享乐来相互照顾,这样的人家,遇到天灾荒年,就得卖妻卖子。所以按照法的原则,开始艰苦但能得到长远的利益;按照仁的原则,暂时快乐但终究会处于困境。圣人权衡利益的轻重,选择其中最大的利益,所以采用法制的相互强制,而抛弃仁人的相互怜爱。很多学者都主张"轻刑",这是乱世亡国的办法。大凡赏罚坚决,都是为了鼓励立功和禁止犯罪。赏赐厚,希望获得的东西就会迅速取得;惩罚重,令人厌恶的东西就能很快禁止。想要得到利益的人必然厌恶祸害,祸害是利益的反面。违反自己的欲望,怎能不厌恶呢?希望安定的人必然厌恶动乱,动乱是安定的反面。因此迫切希望治理好国家的人,他的赏赐一定丰厚;非常厌恶动乱的人,他的惩罚一定很重。现在主张轻刑的人,他们厌恶动乱的态度不急切,他们希望安定的心情也不急切。这不仅是没有治国的手段,也是没有治国的理论。因此判断德才的好或不好、愚昧或明智的方法,就在于赏罚的轻重。采用重刑,不是为了惩罚某个人。贤明君主的法,是衡量所有人行为的准则。惩办坏人,并不仅仅是惩办这个所惩办的人;如果只惩办所惩办的人,那就只是惩办一个死人。处罚小偷,也不仅仅是处罚这个所处罚的人;如果只处罚所处罚的人,那就只是处罚一个囚犯。所以说:对一个坏人的罪行施加重罚来制止全国的奸邪,这才是惩办的目的。受到重罚的是盗贼;而感到恐惧的是良民。想要治理好国家的人对于重刑还有什么可疑虑的呢!至于说到厚赏,也不仅是奖励某个人的功劳,而是勉励全国的人。受到奖赏的人乐于得利,没有得到奖赏的人羡慕受赏者的功业,这是酬报了一个人的功劳而勉励了全国的民众,想要治理好国家的人对于厚赏还有什么可疑虑的呢!现在不懂治国的人都说:“用重刑会伤害民众,用轻刑可以制止邪恶,何必一定要用重刑呢?”这是没有认真考察治国的道理。用重刑能制止的,用轻刑未必能制止;用轻刑能制止的,用重刑也一定能制止。因此君主设立重刑,所有的邪恶都能被制止,所有的邪恶被制止了,对于民众又有什么伤害呢?所谓用重刑,必定是坏人所得的利益小,而君主所加给坏人的惩罚大。民众不会因贪图小利而被大罚,所以坏人就一定能被制止。所谓轻刑,必然是坏人所得利益大,而君主所加给坏人的惩罚小。民众羡慕做坏事的好处而轻视做坏事应得的惩罚,所以坏人就不能被制止。因此先前的圣人有句谚语说:“人不会被高山绊倒,而会被小土堆绊倒。”高山很大,所以人们谨慎小心地对待它;土堆微小,所以人们忽视它。现在实行轻刑,民众一定忽视它。民众犯了罪而不处罚,等于驱使国人犯罪而抛弃他们;让人犯了罪再加以惩罚,就等于为民众设立陷阱。所以从轻处罚罪行,就是给民众设置的绊倒他们的小土堆。因此把轻刑作为治理民众的原则，不是乱国，就是为民众设下陷阱，这才称得上是真正的伤民啊！

今学者皆道书策之颂语①，不察当世之实事，曰："上不爱民，赋敛常重②，则用不足而下怨上，故天下大乱。"此以为足其财用以加爱焉，虽轻刑罚，可以治也。此言不然矣。凡人之取重罚，固已足之之后也；虽财用足而后厚爱之，然而轻刑，犹之乱也。夫当家之爱子，财货足用，货财足用则轻用，轻用则侈泰。亲爱之则不忍，不忍则骄恣。侈泰则家贫，骄恣则行暴。此虽财用足而爱厚，轻刑之患也。凡人之生也，财用足则隳于用力，上懦则肆于为非。财用足而力作者，神农也③；上治懦而行修者，曾、史也④，夫民之不及神农、曾、史亦明矣。老聃有言曰⑤："知足不辱，知止不殆⑥。"夫以殆辱之故而不求于足之外者，老聃也。今以为足民而可以治，是以民为皆如老聃也。故桀贵在天子而不足于尊⑦，富有四海之内而不足于宝。君人者虽足民，不能足使为天子，而桀未必以为天子为足也，则虽足民，何可以为治也？故明主之治国也，适其时事以致财物，论其税赋以均贫富，厚其爵禄以尽贤能，重其刑罚以禁奸邪，使民以力得富，以事致贵，以过受罪，以功致赏，而不念慈惠之赐，此帝王之政也。

【注释】

①道：称说。书策：典籍。策，通"册"，写字的竹简。

②赋敛：征收的赋税。

③神农：传说中发明原始农耕的人。

④曾、史：指曾参、史鳝。

⑤老聃(dān)：即老子，春秋末期的哲学家，道家学说的创始人。

⑥知足不辱，知止不殆：这句引文见今本《老子》第四十四章。

⑦桀：夏朝最后一个王，传说中的暴君。

【译文】

现在的学者都称引典籍中歌功颂德的话，而不了解当代的实际情况，说什么："君主不爱民众，赋税一直很重，民众就会因日用不足而怨恨君主，所以天下大乱。"这种看法认为君主满足了民众的财用并对他们施加仁爱，即使采用轻刑，也可以治理好国家。这种说法是不对的啊。凡是受到重罚的人，本来就是在他的财用富足以后犯罪的；即使财用富足以后君主加以厚爱，然后用轻刑，还是会乱的。当家人厚爱子女，子女的财物足够使用，财物足够使用就随便滥用，随便滥用就奢侈无度。亲子之爱就不能坚决加以约束，不能坚决加以约束就会产生骄横放纵。奢侈无度家里就要变穷，骄横放纵行为就会暴虐。这就是财用充足仁爱深厚，采用轻刑的恶果啊。大凡人的本性，都是财用充足后懒惰不出力，统治者管治不严就会出现胡作非为。财用充足仍能努力耕作的，是神农这样的人；统治者管治不严仍能行为美好的，是曾参、史鳝这样的人。普通民众赶不上神农、曾参、史鳝也是不言而喻的。老子有这样的话："知道满足就不会受到屈辱，知道适可而止就不会有危险。"因为危险和屈辱的缘故，在已经满足之后不再需求什么的人，只有老子。现在以为使民众财用富足就可以治理好国家，这是把民众看得都如同老子。夏桀贵为天子还不满足于自己的地位尊贵，富有天下还不满足于他的珍宝。君主纵然能满足民众的财用，但不能满足到使他们当上天子，而夏桀未必以当上天子为满足，那么即使满足民众的财用，又怎么能以此作为治国的原则呢？所以英明的君主治理国家，适时应事以获取财物，评定赋税使贫富平均负担，用丰厚的爵禄使人们竭尽才能，加重刑罚来禁止奸邪，让民众靠自己的气力得到富裕，因对国家办事有功而获得尊贵，因犯罪而受到惩罚，因立功而获得奖赏，而不考虑仁慈恩惠的赏赐，这才是成就帝王大业的治国之道。

人皆寐，则盲者不知；皆嘿[①]，则喑者不知[②]。觉而使之视，问而使之对，则喑盲者穷矣。不听其言也，则无术者不知；不任其身也，则不肖者不知。听其言而求其当，任其身而责其功，则无术不肖者穷矣。夫欲得力士而听其自言，虽庸人与乌获不可别也[③]；授之以鼎俎[④]，则罢健效矣[⑤]。故官职者，能士之鼎俎也，任之以事而愚智分矣。故无术者得于不用，不肖者得于不任。言不用而自文以为辩，身不任而自饰以为高。世主眩其辩、滥其高而尊贵之，是不须视而定明也，不待对而定辩也，喑盲者不得矣。明主听其言必责其用，观其行必求其功，然则虚旧之学不谈，矜诬之行不饰矣。

【注释】

①嘿：同“默”，沉默。

②喑(yīn)：哑。

③乌获：人名，战国秦武王时的大力士。

④鼎：古代金属制的器具，大小不一，用作食器、炊器、祭祀时礼器、君主传国的重器等。古代大力士常以举鼎比试气力。俎(zǔ)：盛肉用的长方形盘，有用青铜制成的。

⑤罢：通“疲”，疲弱。

【译文】

人都睡着了，就分不清谁是瞎子；人都不说话，就分不清谁是哑巴。睡醒了让他们看东西，提问题要他们回答，那么哑巴、瞎子就原形毕露了。不听他们讲话，就不知道谁是无术的人；不任用他们做事，就不知道谁是无才的人。听他们讲话而要求他们言行相符，任用他们做事而责求他们办事的功效，那么无术和无才的人也就原形毕露了。要想得到大力士而只听他们自我吹嘘，即使是庸人和乌获那样的大力士也无法分辨；如果把鼎和俎这样的重器让他们举一举，那么谁疲弱无力谁勇健有力就可以分辨了。所以官职就相当于有才能之士的鼎和俎，委任事情让他们做，愚蠢和聪明就可以区分了。所以无术的人因为没有检验他们言行是否相符而滥竽充数，无才的人因为没有考察他们办事是否称职而鱼目混珠。言论不被采纳就自我粉饰，以为自己有口才；自身不被任用就自我吹嘘，以为自己很高明。君主迷惑于他们的口才，盲目地器重他们的高明，而使他们尊贵，这就像不等待观看就确定他们的视力好，不等待回答就确定他们的口才好，因此谁是哑巴谁是瞎子就分辨不出来了。英明的君主听取言论一定要责求它的实际作用，观察行为一定要责求它的功效，这样，那些虚伪陈腐的学说就没有人谈了，自大虚妄的行为也就不能再得到掩饰了。

八 说

【题解】

“八说”是指危乱国家的八种言行。韩非认为“任人以事”是“存亡治乱之机”。他主张用人以术，防止智士的欺诈和修士的乱政。他还强调治术应当随时代的变化而改变。在“大争之世”，“揖让”、“仁义”都是过时的，只有法才是“无易之事”，才是立国的基准，所以应当“息文学而明法度”。为强调法治的重要性，文章批驳了“以爱持国”的主张，揭示了暴政的危害，认为“仁暴者，皆亡国者也”。

具体说来，文章后半部分指出，要想国富兵强，一方面国家应当“务本作”、奖耕战，“法必详尽事”；另一方面君主应当“亲观听”，大权独揽，赏罚出于己，任用有功的“贵臣”，清除拥有权势的弄虚作假的“重臣”。

为故人行私谓之“不弃”，以公财分施谓之“仁人”，轻禄重身谓之“君子”，枉法曲亲谓之“有行”①，弃官宠交谓之“有侠”，离世遁上谓之“高傲”，交争逆令谓之“刚材”，行惠取众谓之“得民”。不弃者，吏有奸也；仁人者，公财损也；君子者，民难使也；有行者，法制毁也；有侠者，官职旷也；高傲者，民不事也；刚材者，令不行也；得民者，君上孤也。此八者，匹夫之私誉，人主之大败也[②]。反此八者，匹夫之私毁，人主之公利也。人主不察社稷之利害，而用匹夫之私誉，索国之无危乱，不可得矣。

【注释】

①有行（xìng）：品行好。

②败：祸害。

【译文】

为老朋友枉法徇私叫做“够交情”，用公家财物散发施舍叫做“仁人”，轻视俸禄看重自身叫做“君子”，违反法制袒护亲人叫做“品行好”，放弃官职看重私交叫做“讲义气”，逃避现实避开君主叫做“清高傲世”，相互争斗违抗禁令叫做“刚直好汉”，施行恩惠笼络民众叫做“得民心”。所谓够交情者，官吏就会有奸邪的行为；所谓做仁人，公家财富就会有损失；所谓做君子，民众就难以驱使；所谓品行好，法制就会败坏；所谓讲义气，官职就会出现空缺；所谓清高傲世，民众就不会侍奉君主；所谓刚直好汉，法令就不会推行；所谓得民心，君主就会孤立。这八种名声，是个人的私誉，君主的大祸害。与这八种相反的，则是个人的恶名，君主的公利。君主不考察这些对国家有利害关系的情形，而听任个人的私誉，要想求得国家避免危险的动乱，是不可能的。

任人以事，存亡治乱之机也，无术以任人[①]，无所任而不败。人君之所任，非辩智则修洁也。任人者，使有势也。智士者未必信也，为多其智，因惑其信也。以智士之计，处乘势之资而为其私急，则君必欺焉。为智者之不可信也，故任修士者，使断事也。修士者未必智，为洁其身、因惑其智。以愚人之所惛[②]，处治事之官而为其所然，则事必乱矣。故无术以用人，任智则君欺，任修则君事乱，此无术之患也。明君之道，贱得议贵，下必坐上[③]，决诚以参，听无门户[④]，故智者不得诈欺。计功而行赏，程能而授事，察端而观失，有过者罪，有能者得，故愚者不任事。智者不敢欺，愚者不得断，则事无失矣。

【注释】

①术：指君主使用和驾驭各级官吏的措施和手段。

②惛(hūn)：认识糊涂，不明事理。

③坐：指连坐，即不告奸者与奸者同罪。

④门户：比喻单一的途径。

【译文】

任用什么样的人办理政事，是国家存亡治乱的关键，如果没有什么方法来任用人，则无论任用什么人都会失败。君主所任用的人，不是有口才、有智巧的人，就是修养好、品行好的人。任用人，就是使他有权势。智士不一定诚实，因为欣赏这种人的智谋，就错误地认为他们诚实可靠。以智士所具有的计谋，加之有权势作凭借，而去干他们的私事急务，君主就一定会被欺骗。由于智士不可信，所以就任用有修养的人，叫他们处理政事。有修养的人不一定有智谋，因为觉得这种人品德纯洁，就错误地认为他们有智谋。这种人以蠢人的糊涂，处在治理国家政事的官位上，自以为是地行事，那么政事必然要被搞乱。所以在用人上没有什么方法，任用了智士，国君就会被欺骗；任用了有修养的人，国君的事情就会被搞乱，这都是用人缺少方法的祸患。英明君主的用人原则是，地位低的人可以议论地位高的人；上级有罪，下级不告发则牵连受罪；用检验的办法去判明事情的真相；听取意见没有门户之见；因此智士就不能欺骗君主。计算功劳而给予赏赐，衡量才能而授予职事，分析事情的起因来观察官吏的过失，对有过错的人给予处罚，对有才能的人给予赏赐，所以愚蠢的人就不能担任政事了。智士不敢欺骗，愚蠢的人不敢独断专行，政事就不会出现失误。

察士然后能知之，不可以为令，夫民不尽察。贤者然后能行之，不可以为法，夫民不尽贤。杨朱、墨翟[①]，天下之所察也，干世乱而卒不决，虽察而不可以为官职之令。鲍焦、华角[②]，天下之所贤也，鲍焦木枯，华角赴河，虽贤不可以为耕战之士。故人主之所察，智士尽其辩焉；人主之所尊，能士能尽其行焉。今世主察无用之辩，尊远功之行，索国之富强，不可得也。博习辩智如孔、墨[③]，孔、墨不耕耨[④]，则国何得焉？修孝寡欲如曾、史[⑤]，曾、史不战攻，则国何利焉？匹夫有私便，人主有公利。不作而养足，不仕而名显，此私便也；息文学而明法度，塞私便而一功劳，此公利也。错法以道民也[⑥]，而又贵文学，则民之所师法也疑；赏功以劝民也，而又尊行修，则民之产利也惰。夫贵文学以疑法，尊行修以贰功，索国之富强，不可得也。

【注释】

①杨朱：战国初期魏国人，道家人物。他主张“为我”、“贵己”，反对墨家的兼爱和儒家的伦理思想。墨翟(dí)：春秋末期、战国初期鲁国人，墨家学说的创始者。他主张“兼爱”、“非攻”，幻想调和阶级矛盾，对儒家学说持批评态度。

②鲍焦：春秋末期人，传说他对现实不满，抱木而死。华角：人名，生平不详，投河自杀。

③孔、墨:指孔丘、墨翟。

④耨(nòu):古代锄草的工具,这里指做锄草一类的农活。

⑤曾、史:曾参和史鳍。曾参为孔子的学生,以孝亲著称;史鳍又名史鱼,春秋时卫国人,是正直的典范。

⑥错:通“措”,设置。道:通“导”,引导。

【译文】

只有明察之士才能知晓的事务,是不能作为制订法令的依据,因为民众不都是能够明察的。只有贤能的人才能做到的事情,是不能作为制订法律的依据,因为民众不都是贤能的。杨朱、墨翟是天下公认的明察之士,想整顿社会的混乱但终究找不到办法,他们的学说虽然是明察的,但不能作为官府的法令。鲍焦、华角是天下公认的贤能的人,鲍焦抱木而死,华角投河自杀,他们虽然有贤才,但不能成为替国家种地打仗的人。所以,君主所明察的东西,有智慧的人就会在这方面去尽力施展他的辩才;君主所推崇的东西,有才能的人就会在这方面竭尽全力地干。当今的君主把没有实际用处的辩论当作明察,把没有实际功效的行为认为可贵,而想求得国家的富强,是不可能的。像孔丘、墨翟那样知识广博而又善于辩论,但他们不会种田,国家能从这些人那里得到什么好处呢?像曾参、史鳍那样讲究孝道而又少私寡欲,但他们不会打仗,国家能从这些人那里得到什么利益呢?百姓有个人的私利,君主有国家的公利。不从事劳作而生活供给却很充足,不担任官职而名声却很显赫,这是个人的私利;停止私学而彰明法度,堵塞个人私利而一概按功行赏,这是君主的公利。设置法令是用来引导民众,但又以仁爱之学为尊贵,那么民众对遵守法令就产生怀疑;奖赏功劳是为了鼓励民众,但又以修身养性为尊贵,那么民众就懒于生产获利。推崇仁爱之学就会使法律受到怀疑,尊奉修身养性而不专心论功行赏,要想求得国家的富强,是不可能的。

搢笏干戚[①]，不适有方铁铦[②]；登降周旋[③]，不逮日中奏百[④]；《狸首》射侯[⑤]，不当强弩趋发[⑥]；干城距冲[⑦]，不若堙穴伏櫜[⑧]。古人亟于德，中世逐于智，当今争于力。古者寡事而备简，朴陋而不尽，故有珧铫而推车者[⑨]。古者人寡而相亲，物多而轻利易让，故有揖让而传天下者[⑩]。然则行揖让，高慈惠，而道仁厚，皆推政也[⑪]。处多事之时，用寡事之器，非智者之备也；当大争之世，而循揖让之轨，非圣人之治也。故智者不乘推车，圣人不行推政也。

【注释】

①搢(jìn)：插。笏(hù)：古时臣下朝见君主时手中所拿的狭长的板子，用来指划和记事。干戚：古代兵器，干是盾牌，戚像大斧，这里指用于舞蹈的兵器道具。

②适：通“敌”。有方：一种有刃的长兵器。一说，“有方”当为“酋矛”，古代长二丈的兵器。有、酋音近，方、矛形近而误。铦(xiān)：古代锸一类的短兵器。

③登降周旋：指上阶、下阶、登堂、下堂和转身等动作，即古代贵族宾主相见时的礼仪。

④日中奏百：战国时魏国考选武卒的要求，规定参加的人要全副武装，背着三天粮食，半天走一百里路才能中选。这里泛指训练士卒。日中，指半天时间。奏，通“走”，奔跑。

⑤《狸首》：古代诸侯行射礼时演奏的乐章。侯：在布或皮上画有方形靶心的箭靶。

⑥弩：古代一种用机械力发射箭的弓。趋(cù)发：激射。

⑦距：通“拒”。冲：古代攻城用的兵车，即冲车。

⑧堙(yīn)穴：用水淹敌方地道。堙，通“湮”，水淹。穴，地道，这里

指战国时期开始采用的一种攻城战术，挖掘地道迫近敌方，然后用火破坏城墙。伏橐(tuó)：战国时期地道战中的一种新战术。把橐安置在地道里，烧柴火后，用橐把烟压送到敌方地道去，击败敌人。橐，古代用牛皮做成的像大皮囊样的鼓风器。

⑨珧铫(yáo yáo)：古代用蚌壳做的原始农具。珧，蚌壳。铫，耘苗用的农具。推车：用手推的简陋车子。

⑩揖让：拱手让位，指传说中尧、舜、禹之间的"禅让"。

⑪推政：指古代的统治方法，像推车一样简单。

【译文】

手持笏板的朝臣与手拿干戚的武士，都敌不过长矛、短枪；讲究宾主相见礼仪的人士，也不敌善于训练士卒的人才；一面演奏《狸首》乐章一面打靶射箭，也不敌直接用强弩急射箭；捍卫城邑、抗拒冲车的老战术，比不上用水或烟火来破坏敌方地道进攻的新战术。古代的人在道德上竞争，中世的人在智谋上角逐，现代的人在力量上较量。古代的事情少而设备简陋，器物质朴而不精致，所以有用蚌壳做的原始农具以及用手推的简陋车子。古时候人少而互相亲爱，东西多而轻视财利、容易谦让，所以有人拱手让出天下，推崇慈善恩惠，称道仁爱宽厚，都是像推车一样简单的治理方法。处在多事的时代，而用少事的古代的简陋器具，不是聪明人的办法；身处大争的年代，而遵循拱手相让的老规矩，不是圣人的治国方略。所以聪明人不乘坐推车，圣人不推行推车式的政治。

法所以制事，事所以名功也。法有立而有难，权其难而事成，则立之；事成而有害，权其害而功多，则为之。无难之法，无害之功，天下无有也。是以拔千丈之都①，败十万之众，死伤者军之乘②，甲兵折挫，士卒死伤，而贺战胜得地者，出其小害计其大利也。夫沐者有弃发，除者伤血肉。为人见其难，因释其业，是无术之士也。先圣有言曰：“规有摩而水有波，我欲更之，无奈之何！”此通权之言也。是以说有必立而旷于实者，言有辞拙而急于用者。故圣人不求无害之言，而务无易之事。人之不事衡石者[③]，非贞廉而远利也，石不能为人多少，衡不能为人轻重，求索不能得，故人不事也。明主之国，官不敢枉法，吏不敢为私利，货赂不行，是境内之事尽如衡石也。此其臣有奸者必知，知者必诛。是以有道之主，不求清洁之吏，而务必知之术也。

【注释】

①千丈之都：指每边有五里多长的城墙的城市，在诸侯国中是较大的都城。

②乘：三分之一。

③衡：衡器。石：量器，古时一石为一百二十斤。

【译文】

法律是用来管制事情的，事情是用来显示功效的。法制的设立如有困难，估计它虽有困难但能办成事情，那么就设立它；事情的成功如果包含有害的一面，估计它虽有害处但功绩很大，那么就去做。不遇到困难的法制，没有害处的事功，天下是没有的。因此占领千丈的都城，打败十万的兵众，自己死伤的将士占全军的三分之一，铠甲兵器被折损，士兵有伤亡，但还是庆贺战斗的胜利并取得土地，这是忽略它的小害处而考虑它的大好处。洗头发的人有掉落下来的头发，医治创伤要伤及好的血肉。如果有人见到这些害处而放弃他的事业，就是没有见识和办法的人士。先前的圣人说过：“圆规用久了就有误差，水面再平也有波纹，我要想改变它们，是没有办法的！”这是懂得权衡得失的说法。所以理论有言之成理然而脱离实际的，言论有词句笨拙然而能立即付之实用的。因此圣人不去追求没有毛病的空话，而是致力于那些不可改变的事情。人们所以不求助于衡器量器，并不是由于正直廉洁，远离财利，而是由于量器不能为人们增多或减少，衡器不能为人们加重或减轻，对它们有所要求是不能得到的，所以人们就不去求助它们了。英明君主的国家，官吏不敢违反法禁，不敢谋取私利，人们不用进行贿赂，这样全国的事情就像衡器量器那样公正无私了。这样，大臣中如有奸邪行为的，就必然被察觉，察觉了就必然会受到惩罚。所以懂得法治的君主，不寻求廉洁的官吏，而是致力于掌握一定能察知臣下奸邪行为的方法。

慈母之于弱子也，爱不可为前。然而弱子有僻行，使之随师；有恶病，使之事医。不随师则陷于刑，不事医则疑于死①。慈母虽爱，无益于振刑救死，则存子者非爱也。子母之性，爱也；臣主之权，策也。母不能以爱存家，君安能以爱持国？明主者通于富强，则可以得欲矣。故谨于听治，富强之法也。明其法禁，察其谋计。法明则内无变乱之患，计得则外无死虏之祸②。故存国者，非仁义也。仁者，慈惠而轻财者也；暴者，心毅而易诛者也。慈惠，则不忍；轻财，则好与。心毅，则憎心见于下③；易诛，则妄杀加于人。不忍，则罚多宥赦；好与，则赏多无功。憎心见，则下怨其上；妄诛，则民将背叛。故仁人在位，下肆而轻犯禁法，偷幸而望于上；暴人在位，则法令妄而臣主乖，民怨而乱心生。故曰：仁暴者，皆亡国者也。

【注释】

①疑：通“拟”，近于。

②死虏之祸：指外来侵略的祸患。死虏，死伤和被俘虏。

③见：同“现”，表现。

【译文】

慈母对于幼子的宠爱，没有什么能比得上的。然而孩子有了不正当的行为，就得让他跟从老师学习；有了严重的疾病，就得让他请求医生看病。不跟从老师学习，就会犯法受刑；不请求医生看病，就会接近死亡。慈祥的母亲虽然有慈爱，但对于拯救孩子摆脱受刑和死亡都没有什么益处，所以保护自己孩子的标准不是爱。母子之间的天性，是爱；君臣之间所考虑的，是互相算计。母亲不能用她的爱保存家庭，君主怎么能用爱来维持国家呢？英明的君主通晓使国家富强的办法，就可以实现自己的理想。所以谨慎地处理政事，是使国家富强的办法。要使法律禁令显明，要使智谋计划得到考察。法令显明就使国内不会有发生事变动乱的祸患，计谋得当就使国外不会有外来侵略的祸患。所以保存国家的办法，并不在于仁义。仁爱的人，是慈祥宽厚而轻视钱财的人；残暴的人，是内心残忍而轻易处罚别人的人。慈祥宽厚，就下不了狠心；轻视钱财，就喜欢施舍。内心残忍，憎恶别人的心思就会暴露在下属面前；轻易处罚，就会胡乱杀人。不狠心，就会赦免许多该处罚的人；好施舍，就使赏赐大都给了没有功劳的人。憎恶别人的心思表露出来，臣下就会怨恨君主；胡乱杀人，民众就会背叛君主。所以仁爱的人处在君位上，臣民就会放肆而轻易违法犯禁，以侥幸的心情希望得到君主的赏赐；残暴的人处在君位上，就会滥用法令随意处罚人，臣下和君主就会离心离德，民众怨恨而产生叛乱的想法。所以说：仁爱的人和残暴的人，都是使国家灭亡的人。

不能具美食而劝饿人饭，不为能活饿者也；不能辟草生粟而劝贷施赏赐[①]，不能为富民者也。今学者之言也[②]，不务本作而好末事[③]，知道虚圣以说民[④]，此劝饭之说。劝饭之说，明主不受也。

书约而弟子辩，法省而民讼简，是以圣人之书必著论，明主之法必详尽事。尽思虑，揣得失，智者之所难也；无思无虑，挈前言而责后功，愚者之所易也。明主虑愚者之所易，不责智者之所难，故智虑力劳不用而国治也。

【注释】

①辟草：开荒。粟：小米，泛指粮食。

②学者：指儒家。

③本作：指法家提倡的农耕。末事：指儒家主张的贷施赏赐之类的“仁政”。

④虚圣：指儒家假托的圣人。说：同“悦”。

【译文】

不能提供美味佳肴而只是劝饥饿的人吃饭，这不能算是能救活饥饿者的人；不能开荒生产粮食而只是劝君主施舍赏赐，这不能算作使民众富裕的人。现在学者的言论，不致力于农业生产而好谈论施舍赏赐，只晓得称引虚假的圣人来取悦于民众，这就像是没有准备好饭却劝饿人吃饭一样的空话。这种口头上鼓励人们吃饭的空话，英明的君主是不会接受的。

书写得太简略，弟子们就会发生争论，法律条文太省略，民众的诉讼就会轻慢法律，所以圣人写的书一定论点鲜明，英明君主的法律一定详尽规定所要裁断的事情。用尽心思，估量得失，聪明的人也感到困难；不动脑筋，根据已制定的法令来责求办事的实效，愚笨的人也容易做到。英明的君主选择愚笨的人也容易做到的办法，不采用聪明人感到为难的办法，所以不用费心操劳，国家就可以治理好。

酸甘咸淡，不以口断而决于宰尹①，则厨人轻君而重于宰尹矣。上下清浊②，不以耳断而决于乐正③，则瞽工轻君而重于乐正矣④。治国是非，不以术断而决于宠人，则臣下轻君而重于宠人矣。人主不亲观听，而制断在下，托食于国者也。

使人不衣不食而不饥不寒，又不恶死，则无事上之意。意欲不宰于君，则不可使也。今生杀之柄在大臣，而主令得行者，未尝有也。虎豹必不用其爪牙而与鼷鼠同威⑤，万金之家必不用其富厚而与监门同资⑥。有土之君，说人不能利⑦，恶人不能害，索人欲畏重己，不可得也。

【注释】

①宰尹：管理君主饭食的官。

②上下：指音调的高低。清浊：指音质的清扬和凝浊。

③乐正：主管乐队的官。

④瞽(gǔ)工：奏乐的盲人。古代常用盲人做乐工。

⑤鼷(xī)鼠：小家鼠。

⑥监门：看门的人。

⑦说：同“悦”。

【译文】

酸甜咸淡，君主不亲自品尝而让管理君主膳食的官员来决断，那么厨师就会轻视君主而尊重宰尹了。音调的高低，音质的清浊，君主不亲自用耳朵来判断而让乐官来决断，那么乐工就会轻视君主而尊重乐正了。治理国家的是非，不用法术来决断而让受宠幸的人来决断，臣下就轻视君主而尊重君主的亲信了。君主不亲自观察听取政事，而是让臣下来决断一切，自己就像是寄食在国内的客人一样。

假使人们不穿衣、不吃饭而不感到饥饿、寒冷，又不怕死，就不会有侍奉君主的想法。人们的想法和欲望不受君主控制，君主也就不能使唤他们。现在的生杀大权掌握在大臣手里，而君主的命令仍然能够贯彻执行，这是从来没有过的。如果虎豹不用它的爪牙，那就和小家鼠的威风一样；有万金家财的人如果不运用他的财富，那就和看门人的资产一样。拥有国土的君主，喜欢某人却不能给他利益，憎恶某人却不能给他处罚，要想让人畏惧和敬重自己，是不可能。

人臣肆意陈欲曰侠，人主肆意陈欲曰乱；人臣轻上曰骄，人主轻下曰暴。行理同实，下以受誉，上以得非。人臣大得，人主大亡。

明主之国，有贵臣，无重臣。贵臣者，爵尊而官大也；重臣者，言听而力多者也。明主之国，迁官袭级，官爵受功，故有贵臣。言不度行而有伪，必诛，故无重臣也。

【译文】

臣下无所顾忌地表现自己的欲望，被说成是“侠”，君主无所顾忌地表现自己的欲望，却被说成是“乱”；臣下轻视君上，被说成是“骄”，君主轻视臣下，却被说成是“暴”。这两种行为实质上是一样的，但臣下因此受到称誉，君主却因此遭到诽谤。人臣得到了大好处，君主则受到大损失。

英明君主的国家，只有尊贵的大臣，而没有重权在手的大臣。尊贵的大臣，是指爵位高、官职大；重权在手的大臣，是指君主听信他的话而他的势力又很大。英明君主的国家，升官晋级，赐予爵位，都是根据功劳的大小，所以有尊贵的大臣。对发表言论不考虑如何实行而弄虚作假的大臣，一定严惩，所以就没有权势很大的重臣。

八　经

【题解】

经，法也。八经指君主治理国政的八法。文中阐述了以法为主，法、术、势相结合的法治主张，明主执法要像天一样公正无私，用术要像鬼一样神妙莫测，这样君主的威势就自然显露。

韩非认为应当把法作为行动的基本原则。“因情”中指出应根据人好利恶害的天性制订法令；“听法”中强调一切当遵循法度，“赏誉同轨，非诛俱行”；“主威”劝告君主不要崇尚行义而破坏“主威”，讲求“慈仁”而败坏法制，主张“设法度”、“信赏罚”、“明诽誉”，将名号、赏罚与法令结合起来运用到治理中去。

文中还提出了一些辅助法治的具体手段——术。“主道”指导君主如何“尽人之智”；“起乱”列举分析了几种祸乱的根源并提出了防治方法；“立道”论述了一系列考察臣下言行的策略；“类柄”要求君主“周密而不见”，推行连坐之法；“参言”提供了检验言论的方法。

这样，君主治国以法为主，以术为辅，权柄集中于一人之手，威势立显。君主“执柄以处势”，自然令行禁止。

本篇各节标题原来都在正文后面，为了便于阅读，现移置在正文前面。

一、因情[①]

凡治天下，必因人情。人情者，有好恶[②]，故赏罚可用；赏罚可用，则禁令可立而治道具矣。君执柄以处势，故令行禁止。柄者，杀生之制也；势者，胜众之资也。废置无度则权渎[③]，赏罚下共则威分。是以明主不怀爱而听，不留说而计[④]。故听言不参，则权分乎奸；智力不用，则君穷乎臣。故明主之行制也天，其用人也鬼。天则不非，鬼则不困。势行教严，逆而不违，毁誉一行而不议。故赏贤罚暴，举善之至者也；赏暴罚贤，举恶之至者也：是谓赏同罚异。赏莫如厚，使民利之；誉莫如美，使民荣之；诛莫如重，使民畏之；毁莫如恶，使民耻之。然后一行其法，禁诛于私家，不害功罪。赏罚必知之，知之，道尽矣。

【注释】

①因情："因情"下旧注："一曰收智。"

②好恶：喜好和厌恶。

③度：标准。渎（dú）：轻慢，不敬。

④说：同"悦"。

【译文】

一、因情

大凡要治理好天下，必须依据人情。人情有喜好和厌恶，所以奖赏和刑罚就可以使用；奖赏和刑罚能够使用，法令就可以建立起来，治理国家的办法因而就完备了。君主掌握了权柄并据有势位，所以能够令行禁止。权柄，是决定生杀的职责；权势，是制服众人的资本。废除和建立法制如果没有一定的标准，君主的权柄就会受到轻慢；和臣下共同掌握赏罚大权，君主的威势就分散了。所以，英明的君主不怀着个人的喜爱去听取意见，不带着自己的喜好去谋划事情。因此君主听取意见而不去多方验证，权力就会分散到奸人手中；处理政事而不去多用智慧，君主就会陷入臣下设置的困窘。英明的君主行使法定的职责要像上天一样公正无私，用人要像鬼神一样神秘莫测。公正无私，就不会遭到非议；神秘莫测，就不会陷入困境。君主运用权势，管教严厉，臣民虽有抵触情绪，也不敢违背；贬斥和赞美一律依法实施，臣民就不会议论纷纷。所以奖赏贤人，惩罚暴行，是鼓励做好事的最好办法；奖赏暴行，惩罚贤人，是鼓励做坏事的最坏办法，这就叫做奖赏相同的东西，惩罚不相同的东西。奖赏不如优厚一些，让民众觉得有利；赞誉不如美好一些，让民众感到荣幸；惩罚不如加重一些，让民众感到畏惧；贬斥不如严厉一些，让民众感到羞耻。然后坚定明确地执行法制，禁止臣下私行惩罚，不让他们破坏赏功罚罪的制度。奖赏谁，惩罚谁，君主一定要知道，知道这些，治国之道就完备了。

二、主道[1]

力不敌众，智不尽物。与其用一人，不如用一国，故智力敌而群物胜。揣中则私劳[2]，不中则任过。下君尽己之能，中君尽人之力，上君尽人之智。是以事至而结智，一听而公会。听不一则后悖于前，后悖于前则愚智不分；不公会则犹豫而不断，不断则事留。自取一，则毋堕壑之累[3]。故使之讽，讽定而怒。是以言陈之日，必有策籍[4]。结智者事发而验，结能者功见而谋成败[5]。成败有征，赏罚随之。事成则君收其功，规败则臣任其罪。君人者合符犹不亲[6]，而况于力乎？事智犹不亲，而况于悬乎？故其用人也不取同，同则君怒。使人相用则君神，君神则下尽。下尽，则臣上不因君，而主道毕矣。

【注释】

①主道:当君主的原则。标题下旧注:“一曰结智。”

②揣(chuǎi):猜度。中(zhòng):恰好符合。

③毋:通“无”。壑(hè):山沟。

④策籍:即册籍,指记录言行的簿册。策,竹简。籍,簿书。

⑤见:同“现”。

⑥合符:符剖分为二,双方各执一半,有事时检验相合,叫“合符”。符,古代朝廷传达命令或调兵遣将时用的凭证,用金、玉、铜或竹、木做成。

【译文】

二、主道

一个人的力量不能胜过众人的力量,一个人的智慧不能认识万事万物。君主与其靠一人的智慧和力量,不如用一国人的智慧和力量,所以就能敌得过众人的智慧和力量而胜过万物了。君主遇事只靠自己揣度,对了,则花费了自己的精力;错了,却要自己承担责任。智慧低下的君主只是用尽自己的能力,中等智慧的君主会尽量发挥别人的力量,上等智慧的君主则能充分发挥别人的智慧。所以遇到事情就应集中众人的智慧,一一听取意见,然后把大家的意见集中起来讨论。君主如果不首先一一听取意见,就集合众人议论,臣下后来发表的意见就可能参照别人的观点,而改变自己原先的看法,这样前后不一,君主就会分不清臣下的愚智;君主如果只是一一听取意见而不集合众人的议论,那就会犹豫而不能决断,不能决断,事情也就解决不了。君主听取了众人意见后,应有主见地选择其中一种,那么就不会有掉入臣下所设陷阱的危险。所以君主先让臣下发表意见,然后威严地责令他完成。所以群臣发表意见时,一定要有记录。对出谋划策的人,等事情发生后,来验证他们的计谋正确与否;对贡献能力的人,等功效出来后,再来判断他们所办事情的成败。验证了成败,随之进行奖赏或惩罚。事情办成了,君主收取功劳；计划失败了，臣下承担责任。君主对合符这样容易做的事还不亲自去做，何况对用力的事呢？君主对用智的事还不亲自去做，何况对那些难以推测的事呢？君主使用人时，不取彼此意见相同的人，意见相同，君主就要严厉地斥责。使臣下意见有别相互为君所用，那么君主就神秘莫测，臣下也就会竭尽所能。臣下竭尽所能，就不会向上钻君主的空子，君主驾驭臣下的方法也就完备了。

三、起乱[①]

知臣主之异利者王[②]，以为同者劫，与共事者杀。故明主审公私之分，审利害之地，奸乃无所乘。乱之所生六也：主母，后姬，子姓，弟兄，大臣，显贤。任吏责臣，主母不放；礼施异等，后姬不疑[③]，分势不贰，庶适不争[④]；权籍不失[⑤]，兄弟不侵；下不一门，大臣不拥[⑥]；禁赏必行，显贤不乱。臣有二因，谓外内也。外曰畏，内曰爱。所畏之求得，所爱之言听，此乱臣之所因也。外国之置诸吏者，结诛亲昵重帑[⑦]，则外不籍矣[⑧]；爵禄循功，请者俱罪，则内不因矣。外不籍，内不因，则奸宄塞矣。官袭节而进，以至大任，智也。其位至而任大者，以三节持之：曰质，曰镇，曰固。亲戚妻子，质也；爵禄厚而必，镇也；参伍责怒，固也。贤者止于质，贪饕化于镇[⑨]，奸邪穷于固。忍不制则下上，小不除则大诛，而名实当则径之。生害事，死伤名，则行饮食；不然，而与其仇：此谓除阴奸也。翳曰诡，诡曰易。见功而赏，见罪而罚，而诡乃止。是非不泄，说谏不通，而易乃不用。父兄贤良播出曰游祸，其患邻敌多资。僇辱之人近习曰狎贼，其患发忿疑辱之心生[⑩]。藏怒持罪而不发曰增乱，其患侥幸妄举之人起。大臣两重提衡而不踦曰卷祸[11]，其患家隆劫杀之难作。脱易不自神曰弹威，其患贼夫酖毒之乱起[12]。此五患者，人主之不知，则有劫杀之事。废置之事，生于内则治，生于外则乱。是以明主以功论之内，而以利资之外，故其国治而敌乱。即乱之道：臣憎，则起外若眩；臣爱，则起内若药。

【注释】

①起乱：发生危乱。标题下旧注："一曰乱起。"

②王(wàng)：称王：即统治天下。

③疑：通"拟"，比量，比拟。

④庶：妾生的儿子。适：通"嫡"，正妻生的儿子。

⑤籍：通"阼"，君位。

⑥拥：通"壅"，堆塞。

⑦结：通"诘"，追问。昵(nì)：亲密。帑(tǎng)：钱财。

⑧籍：通"借"。

⑨饕(tāo)：贪婪。

⑩疑：通"凝"，凝结。

⑪提衡：平衡。踦(qī)：偏重。卷祸：卷入祸乱。

⑫酖(zhèn)毒：用毒酒害人。

【译文】

三、起乱

君主懂得君臣之间的利益是不同的，才能称王于天下；认为利益是相同的，就要被臣下所挟制；和臣下共同执政的，就会被臣下所杀害。因此，英明的君主详察公私的不同和各自利害之所在，奸臣就没有可乘之机。产生祸乱的根源有六种：太后、妻妾、子孙、兄弟、大臣、名贤。依法任用官吏，按律督责臣下，太后就不敢放肆；区分不同的礼仪等级，妻和妾就不会混淆界限；权势不平分给后代，庶子就不会与嫡子争夺；权位不丧失，君主的兄弟就不会来侵害；臣民不为权臣私门所控制，权臣就不能蒙蔽君主；禁令和奖赏要坚定地实施，名贤就不敢暗中作乱。臣子有两种可以利用的力量，这就是国内的和国外的。国外的诸侯是君主所害怕的，国内的亲信是君主所宠爱的。对所害怕的人的要求总是给予满足，对所宠幸的人的意见总是言听计从，这就是奸臣所依据的力量。由外国暗中安插的各个官吏，君主要追查和惩办跟外国关系密切并接受贿赂的人，这样臣子就不敢借助外国的力量作乱了；爵位俸禄要根据功劳授予，对于无功而请求爵禄的人，连同替他求情的人一起办罪，这样左右亲信也就不会成为臣子作乱的凭借了。国外的诸侯不能借助，国内的亲信不能利用，那么内奸和外奸作乱的途径就都被堵塞了。官吏逐级提拔，一直到担任重大的职务，这才是明智的用人方法。对于官位很高并担任重大职务的人，要用三种办法来控制他们：一是质押，二是安抚，三是稳固。厚待他们的亲戚妻子而暗中加以软禁，叫做“抵押”；爵位俸禄优厚并坚决兑现，叫做“安抚”；多方检验他们的言论，威严地责求它的功效，叫做“稳固”。贤能的人由于“质押”而不敢有任何活动，贪婪的人由于“安抚”而消除野心，奸邪的人由于“稳固”而无计可施。容忍而不制裁，臣下就会侵犯君上；小的奸邪不除掉，势必导致大的诛罚；罪名和罪行相符，就直接除掉他。有些人留着会坏事，杀掉又会败坏名声，就通过饮食毒死他；不这样干，就交给他的仇敌杀掉他：这叫做“除阴奸”。蒙蔽君主，就是诡诈；所谓诡诈，就是变化无常。君主能够按功行赏，见罪行罚，奸臣就不敢欺诈。君主不泄露自己对是非的判断，不透露臣下的进谏和劝说，奸臣随机应变的诡诈手段也就不敢使用。君主的父兄和有才能的人逃亡到其他诸侯国去叫做“游祸”，它的害处是邻近的敌国得到许多资助。君主与受过刑罚的人亲昵叫做“狎贼”，它的祸患是这种人的忿恨和凝结在心头的耻辱会产生。君主隐藏自己的愤怒而不发作，掌握了臣下的罪行而不揭露，叫做“增乱”，它的危险是怀着侥幸心理而轻举妄动的人就会发动叛乱。君主同时重用两个大臣,二者权势相当,叫做"卷祸",它的祸害是私家势力强大,劫杀君主的灾难会出现。君主马虎随便而不使自己神秘莫测,叫做"弹威",它的危害是妻子贼杀丈夫、后妃毒死君主的灾难发生。这五种祸患,君主如果不了解,就会有遭到劫杀的事变。官吏的任免大事,由国君自己决定,天下就太平,由国外的力量所控制,天下就大乱。因此,英明的君主在国内讲求事功,而从国外取得利益,所以本国安定而敌国混乱。导致国家发生祸乱的途径在于:臣下被君主憎恨,就会借助国外诸侯国的力量做坏事,使君主晕头转向;臣下被君主宠爱,就会倚仗君主的左右亲信胡作非为,使君主像吃了暗中下的毒药一样危及生命。

四、立道[①]

参伍之道[②]:行参以谋多,揆伍以责失。行参必拆,揆伍必怒。不拆则渎上,不怒则相和。拆之征足以知多寡,怒之前不及其众。观听之势,其征在比周而赏异也,诛毋谒而罪同[③]。言会众端,必揆之以地,谋之以天,验之以物,参之以人。四征者符,乃可以观矣。参言以知其诚,易视以改其泽[④],执见以得非常。一用以务近习,重言以惧远使。举往以悉其前,即迩以知其内,疏置以知其外。握明以问所暗,诡使以绝黩泄[⑤]。倒言以尝所疑,论反以得阴奸。设谏以纲独为,举错以观奸动。明说以诱避过,卑适以观直谄。宣闻以通未见,作斗以散朋党。深一以警众心,泄异以易其虑。似类则合其参,陈过则明其固。知罪辟罪以止威,阴使时循以省衷[⑥]。渐更以离通比。下约以侵其上:相室[⑦],约其廷臣;廷臣,约其官属;军吏[⑧],约其兵士;遣使[⑨],约其行介;县令,约其辟吏[10];郎中[11];约其左右;后姬,约其宫媛。此之谓条达之道。言通事泄,则术不行。

【注释】

①立道:指立参伍之道。

②参伍:多方面检验、考量。

③毋谒(yè):指不告发奸邪活动。

④泽:光泽,引申为现象或表现。

⑤黩(dú)泄:侮慢不恭。

⑥循:通“巡”。省(xǐng):明了。

⑦相室:指相国。

⑧军吏:中级军官。

⑨遣使:派遣到国外的使者。

⑩辟吏:指县令直接任命的小官吏。

⑪郎中:君主的侍从官。

【译文】

四、立道

综合检验考察的方法是:运用多方面的情况来谋求更多的功效,运用多方面的情况来追究过失。多方面地检验,必须对臣下的言行细细分析;多方面地衡量,必须对臣下的过错严加斥责。不分析臣下的言行,臣下就会轻慢君上;不怒责臣下的过失,臣下就会狼狈为奸。分析臣下的言行所得到的证明,是以看出臣下事功的多少;君主在责罚之前,不把意图泄露给众人。观察臣下行为和听取臣下意见的一般情况是:臣下有紧密勾结的迹象,君主就奖赏那些不跟他们合作的人;臣下知道罪恶情况而不告发,君主就将他和坏人同罪惩治。对于臣下言论,要会合各方面的情况,一定要根据地利加以衡量,参照天时加以思考,运用物理加以验证,根据人情加以分析。这四方面的验证都符合了,就可以观察人的言行是非。用事实验证臣下的言论,就可以知晓他对君主是否忠诚;从不同角度考察臣下,了解他各方面的表现,掌握已经了解的情况,得知臣下反常的行为。君主要用专一任用的办法,使近臣专心尽职;君主要反复强调禁令,使出使远方的臣子感到畏惧。列举臣下过去的事情来详尽了解他们以往的情况,接近臣下以便了解他们的内心想法,安排臣下到远处工作以便了解他们的在外表现。掌握已经明了的情况来探问还不清楚的事情,用诡诈使用的方法来杜绝侮慢不恭的行为。用说反话来试探自己所疑惑的事,从反面考察来发现隐蔽的奸邪活动。设置谏官来纠正大臣的专权独断,举出错误来观察奸臣的动静。公开宣传法制,引导臣下避免过错;谦卑地对待臣下,观察他们是正直还是奉承。宣布已了解的事情,以便通晓没有发现的事情;促使坏人相互争斗,以便让他们自行瓦解。深入探究一件事情的真相,使众人心中有所警戒;故意泄露不同的意见,使坏人改变他们的企图。遇到类似的事情,要用检验的方法去比照分析;列举臣下的过失,要指明他的根本毛病。知道臣下的罪过,就要对他的罪过用刑,以便禁止他的威权;暗中派使者时时巡查各地官吏,来了解地方官员是否忠诚。逐步更换官吏,来离散勾结在一起的奸党。君主和臣下约定,要他们告发上司:要告发丞相,就和廷臣约定;要告发廷臣,就和他下属的官吏约定;要告发军吏,就和兵士约定;要告发派遣的使者,就和他的随从人员约定;要告发县令,就和他任命的属吏约定;要告发郎中,就和他的侍从约定;要告发后姬,就和宫女约定。这就叫做上通下达的办法。如果把臣下的告密和要办的事情泄露了出去,君主考察臣下的手段就行不通了。

五、类柄[①]

明主,其务在周密。是以喜见则德偿,怒见则威分。故明主之言隔塞而不通,周密而不见。故以一得十者[②],下道也;以十得一者,上道也。明主兼行上下,故奸无所失。伍、闾、连、县而邻[3],谒过赏,失过诛。上之于下,下之于上,亦然。是故上下贵贱相畏以法,相诲以利。民之性,有生之实,有生之名。为君者有贤知之名,有赏罚之实。名实俱至,故福善必闻矣。

【注释】

①类柄:按同一类例施行赏罚。类,类同,类推。柄,权力,指赏罚。乾道本《韩非子》从这一节开始,标题和内容不符。本节原题是"参言"。"类柄"是第七节的题目,今按内容移置于此。

②一:一人,指谏官。

③伍、闾、连、县:都是古代行政划分的组织形式。

【译文】

五、类柄

英明的君主,最要紧的事情是严密周到。因此,君主对某人的喜爱表现出来,臣下就会利用这种喜爱而奖赏那个人,从而窃取君主的恩德;君主对某人的愤怒表现出来,臣下就会利用这种愤怒而惩罚那个人,从而分散君主的权威。所以英明君主的言论是隔绝封闭而不泄露,严密周到而不随便外露。所以用一人察得十人的阴谋活动,是揭露下面阴谋活动的办法;用十人察得一人的阴谋活动,是揭露上面阴谋活动的办法。英明的君主兼用上、下两种办法,所以坏人不会有所遗漏。伍、闾、连、县各层组织的人像邻居一样,互相监督,告发坏人就奖赏,放过坏人就惩罚。上级对下级,下级对上级,也是这样。所以上司和下属,尊贵者和卑贱者,都互相畏惧,不敢违法;都互相教诲,立功受奖。人民的本性,既要求获得厚赏的实惠,又希望有美好的名声。做君主的既要有贤能智慧的名声,又要有奖赏和惩罚的实权。名和实都得到满足，所以“福善”之名必定传闻于天下后世。

六、参言[①]

听不参，则无以责下；言不督乎用，则邪说当上。言之为物也以多信，不然之物，十人云疑，百人然乎，千人不可解也。呐者言之疑，辩者言之信。奸之食上也[②]，取资乎众，籍信乎辩，而以类饰其私。人主不餍忿而待合参[③]，其势资下也。有道之主听言，督其用，课其功，功课而赏罚生焉，故无用之辩不留朝。任事者知不足以治职[④]，则官收。说大而夸则穷端，故奸得而怒。无故而不当为诬，诬而罪臣。言必有报，说必责用也，故朋党之言不上闻。凡听之道，人臣忠论以闻奸，博论以内一[⑤]，人主不智则奸得资。明主之道，己喜，则求其所纳；己怒，则察其所构；论于已变之后，以得毁誉公私之征。众谏以效智故，使君自取一以避罪，故众之谏也败。君之取也，无副言于上以设将然[⑥]，令符言于后以知谩诚语。明主之道，臣不得两谏，必任其一语；不行擅行，必合其参，故奸无道进矣。

【注释】

①参言：检验言论的方法。乾道本《韩非子》本节的原题是“听法”。“参言”原是第五节的题目，今按内容移置于此。

②食：通“蚀”，损伤，伤害。

③餍（yàn）：饱，引申为盛。

④知：同“智”，智慧。

⑤内：同“纳”。

⑥无：通“毋”，不要。副言：另一种说法。

【译文】

六、参言

君主听到言论不检验，就不能责求臣下；不考察言论是否实用，奸邪的说法就会迎合君主。言语这种东西，说的人多了，就以为可信；对不真实的东西，听十个人说，就会半信半疑；听一百个人说，就以为可能真实；听一千个人说，就不能不相信了。言辞笨拙的人说的话使人怀疑，善于辩说的人说的话使人相信。奸臣危害君主，靠的是人多，凭借能言善辩而取得信任，用类似的事情来掩饰自己的私心。君主对此不盛怒斥责，而要等待考验，在这种形势之下，就等于帮助了臣下。通晓治国方略的君主听取臣下的言论，要察看它的用处，考核它的功效，功效考核之后，赏罚的依据就产生了，所以无用的辩说不能留于朝廷之内。担任官职的人，智慧不能胜任工作的，就罢官，收回任命。对说大话而浮夸的人，要追根究底，所以奸邪的人就能被察觉并受到严厉斥责。没有什么原因而出现言行不一的情况，就是欺骗；欺骗，就要治臣下的罪。对臣下的言论必须核实，督察它的效用，所以朋党之间相互勾结的话就不敢对君主说。凡是听取言论的方法在于，通过臣下忠诚的言论来了解奸邪的情况，让臣下广泛地议论，君主可以从中采纳一种意见，君主如果不明智，奸邪的人就有机可乘。英明君主的听言方法，对于使自己高兴的话，要探求它的虚实；对于使自己发怒的话，要明察它的是非；等情绪已经转变之后再下结论，这样就可以得出诋毁还是赞誉，为公还是为私的验证。众人用多种说法向君主进说，臣下就会玩弄智巧，要君主自己从中选择一种意见，以逃避罪责，所以同时提出几种说法是行不通的。君主所采取的，是不让臣下在一种意见之外又附加另一种意见，而又说这种附加意见也有实现的可能性，要使进言与以后的事实相符，以此来判断进言是欺人之谈，还是诚实的话。英明君主的方法是，臣下不能有两种不同的进说，一定只能用一种说法；不许他们擅自行动，进说必须符合检验的结果，这样奸臣就没有办法钻空子了。

七、听法[①]

官之重也，毋法也[②]；法之息也，上暗也。上暗无度，则官擅为；官擅为，故奉重无前[③]；奉重无前，则征多；征多故富。官之富重也，乱功之所生也。明主之道取于任，贤于官，赏于功。言程 ，主喜，俱必利；不当，主怒，俱必害；则人不私父兄而进其仇雠[④]。势足以行法，奉足以给事，而私无所生，故民劳苦而轻官。任事者毋重，使其宠必在爵；处官者毋私，使其利必在禄；故民尊爵而重禄。爵禄，所以赏也；民重所以赏也，则国治。刑之烦也，名之缪也[⑤]，赏誉不当则民疑，民之重名与其重赏也均。赏者有诽焉[⑥]，不足以劝；罚者有誉焉，不足以禁。明主之道，赏必出乎公利，名必在乎为上。赏誉同轨，非诛俱行[⑦]。然则民无荣于赏之内。有重罚者必有恶名，故民畏。罚，所以禁也；民畏所以禁，则国治矣。

【注释】

①听法：一切根据法度的意思。乾道本《韩非子》中“听法”原是第六节的题目，今按内容移置于此。

②毋：通“无”。

③奉：同“俸”，俸禄。前：通“剪”，截断，引申为限制。

④雠(chóu)：同“仇”。

⑤名：好名声，引申为赞扬。缪：通“谬”。

⑥有：通“又”。

⑦非:通“诽”。

【译文】

七、听法

官吏权力大,是因为没有法制;法制不起作用,是因为君主昏庸。君主昏庸没有法度,官吏就胡作非为;官吏胡作非为,俸禄之多也就没有限制;俸禄无限制地增加,征收的租税就增多;租税征收多了,官吏就更富有。官吏富有,权力又大,是由政事混乱所造成的。英明君主的治国原则是:选用能办事情的人,赞扬忠于职守的人,奖赏有功劳的人。大臣进言推荐的人才合乎标准,君主就喜欢,大家都必定得到好处;推荐的人不合标准,君主就恼怒,大家都必定受到惩罚;这样进言的人就不敢偏袒自己的父兄而愿意推荐自己的仇人。君主给臣下的权威足以使他们执行法令,俸禄足以保证他们办好公事,因而营私舞弊就无从发生,所以民众虽然劳苦,但并不感到官家的赋税重。委任政事的人权力不能太大,使他们得到的宠幸只表现在爵位上;当官的人不能谋取私利,使他们的利益只表现在俸禄上;所以臣民尊重爵位而看重俸禄。爵位俸禄是君主用来奖赏臣民的,臣民重视君主所用来奖赏的爵位俸禄,国家就能治理好了。刑罚烦乱,名声错误,奖赏和赞誉不当,就会使臣民怀疑,因为臣民对赞誉和奖赏同样重视。对受奖赏的人加以非议,就不能鼓励立功;对受惩罚的人加以赞誉,就不能禁止奸邪。英明君主的治国原则,受奖赏的一定是对国家有功的人,受赞誉的一定是为君主效劳的人。奖赏和赞誉一致,贬斥和惩罚并行。这样的话,民众虽然受到奖赏也不感到荣耀。受到严厉惩罚的人,必定有坏名声,所以民众害怕。刑罚是用来禁止奸邪的,臣民害怕刑罚,国家就治理好了。

八、主威[①]

行义示则主威分[②],慈仁听则法制毁。民以制畏上,而上以势卑下,故下肆很触而荣于轻君之俗[③],则主威分。民以法难犯上，而上以法挠慈仁，故下明爱施而务赇纳之政，是以法令隳。尊私行以贰主威，行赇纳以疑法，听之则乱治，不听则谤主，故君轻乎位而法乱乎官，此之谓无常之国。明主之道，臣不得以行义成荣，不得以家利为功，功名所生，必出于官法。法之所外，虽有难行，不以显焉，故民无以私名。设法度以齐民，信赏罚以尽民能，明诽誉以劝沮。名号、赏罚、法令三隅。故大臣有行则尊君，百姓有功则利上，此之谓有道之国也。

【注释】

①主威：君主的威势。乾道本《韩非子》本节题目原缺，今据迂评本、凌瀛初本补。

②行（xìng）义：通“行谊”，品行，道义。

③很：通“狠”。

【译文】

八、主威

个人的品德如果得到表彰，君主的威势就会分散；仁慈的说教如果被听信，法律制度就会被破坏。民众因为有法制而畏惧君主，君主却压低自己的权势谦卑地对待臣下，所以臣下敢于放肆地触犯法令，以轻视君主的习俗为荣，君主的威势就会被分散。民众因为法制而难以侵犯君主，君主却听任仁慈的说教去扰乱法治的推行，所以臣下就会公开追求施舍而热衷于行贿受贿的腐败政治，因此法令就遭到毁坏。尊崇臣民私人的行为而分散君主的威势，施行贿赂而怀疑法制，君主听之任之就要扰乱国家的治理，加以制止就要受到诽谤，因而君主的地位被人看轻，法制被官吏所破坏，这就叫做没有法度的国家。英明君主的治国原则是，臣民不能因个人的品德而得到荣耀，不能以私家的利益获取功名，功名的获取，必须来自国家的法制。在法制的规定之外，虽有难能特异的行为也不表彰，所以臣民就没有因私利而得到名声的。设立法度来统一臣民的言行，靠奖赏惩罚有信用来发挥臣民的才能，明确赞誉和贬斥的标准来鼓励好事和禁止坏事。名号、赏罚、法令三者相结合。所以大臣有作为就尊敬君主、民众有功劳就有利于君主，这就叫做有法度的国家。

五蠹

【题解】

“五蠹”，指学者（儒家）、言谈者（纵横家）、带剑者（游侠刺客）、患御者（逃避兵役的人）、商工之民（商人手工业者）。韩非认为，这五种危害国家的人像蛀虫一样，君主应当清除。文章集中反映了韩非的历史进化观及其法治主张。

韩非首先从历史进化观和当今的历史现状出发，论证了法治的必然性和合理性。他指出治国方法应随时代而发生相应的变革，“世异则事异，事异则备变”。要治“急世之民”，不能采用过去的“宽缓之政”，所以，他反对仁治、礼治，主张施行法治、势治。他认为“赏莫如厚而信，使民利之；罚莫如重而必，使人畏之；法莫如一而固，使民知之”。在实行法治中，韩非特别强调一切依法办事的原则，主张用权势、财富和权术来辅助法的实施。

为了保证其法治主张的实现，韩非针对当时的社会现实，提出了清除五蠹之民的主张，指责君主尊重儒侠贤智、听信纵横家的错误。他认为“儒以文乱法，侠以武犯禁”，“言谈者，为设诈称，借于外力，以成其私，遗社稷之利”，“患御者”“事私门”而“远战”，“商工之民”“蓄积待时而侔农夫之利”，都是破坏法治，妨碍耕战、对君王有害的人，必须坚决地加以铲除。

上古之世，人民少而禽兽众，人民不胜禽兽虫蛇。有圣人作，构木为巢以避群害，而民悦之，使王天下[①]，号曰有巢氏[②]。民食果蓏蚌蛤[③]，腥臊恶臭而伤害腹胃，民多疾病。有圣人作，钻燧取火以化腥臊[④]，而民说之[⑤]，使王天下，号之曰燧人氏[⑥]。中古之世，天下大水，而鲧、禹决渎[⑦]。近古之世，桀、纣暴乱[⑧]，而汤、武征伐[⑨]。今有构木钻燧于夏后氏之世者[⑩]，必为鲧、禹笑矣；有决渎于殷、周之世者[⑪]，必为汤、武笑矣。然则今有美尧、舜、汤、武、禹之道于当今之世者，必为新圣笑矣。是以圣人不期修古，不法常可，论世之事，因为之备。宋人有耕田者[⑫]，田中有株，兔走触株，折颈而死，因释其耒而守株[⑬]，冀复得兔。兔不可复得，而身为宋国笑。今欲以先王之政，治当世之民，皆守株之类也。

【注释】

①王(wàng)：称王，即统治。

②有巢氏：传说中发明巢居的人。

③果蓏(luǒ)：瓜果的总称。蓏，瓜类植物的果实。蛤(gé)：蛤蜊(lí)。

④燧(suì)：古代取火的器具。

⑤说：同“悦”，喜欢。

⑥燧人氏：传说中发明钻木取火的人。

⑦鲧(gǔn)、禹决渎：传说鲧是禹的父亲，夏后氏的部落首领。他奉尧的命令治水，采用拦河筑坝的方法，没有成功，被舜杀死；禹接受了他父亲的教训，疏通河道，导流入海，治服了洪水。韩非把鲧列入圣人之列，说他也是治水有功之人。

⑧桀：名履癸，夏朝最后一个王。纣：名受辛，商朝最后一个王。

⑨汤：指商汤，名子履，商朝的开国君主。武：指周武王，名姬发，灭商朝后建立了周朝。

⑩夏后氏之世：指夏朝。

⑪殷：商朝的别称，因为商朝传到盘庚时，迁都于殷（今河南安阳西）。

⑫宋：诸侯国名，范围包括今河南东部和山东、江苏的部分地区。

⑬耒（lěi）：古代翻土的农具。

【译文】

上古时代，人民少而禽兽多，人民经受不住禽兽虫蛇的侵害。有位圣人起来，用树枝搭成像鸟巢一样的住处来避免各种禽兽的侵害，人民就爱戴他，让他统治天下，号称有巢氏。人民吃野生的瓜果和河里的蛤蜊，有腥臊难闻的气味而伤害肠胃，人民有很多疾病。有位圣人起来，钻木取火，烧熟食物以去掉腥臊气味，人民就爱戴他，让他统治天下，号称燧人氏。中古时代，天下出现洪水，鲧和禹疏通河道。近古时代，夏桀和商纣残暴昏乱，商汤和周武王起兵征讨。假如在夏朝时还有构木为巢、钻燧取火的人，一定会被鲧和禹所嘲笑；假如在殷商和周代还有像鲧和禹那样疏通河道的人，一定会被商汤和周武王所嘲笑。然而，假如当今之世有人赞美尧、舜、汤、武、禹那一套办法，也一定会被新时代的圣人所嘲笑。因此，新时代的圣人不羡慕远古时代，不效法永恒不变的常规，而是研究当代的实际情况，从而采取相应的措施。宋国有个农民，他的田地里有一个树桩，有一天一只兔子奔跑时撞到树桩上，碰断脖子死了，这个农民因此就放下农具而守候在树桩旁，希望再次得到死兔。兔子当然不可能再得到了，而他自己却受到宋国人嘲笑。现在还想用先王的政治来治理当代的民众，也就像守株待兔一样可笑。

古者丈夫不耕①，草木之实足食也；妇人不织，禽兽之皮足衣也。不事力而养足，人民少而财有余，故民不争。是以厚赏不行，重罚不用，而民自治。今人有五子不为多，子又有五子，大父未死而有二十五孙。是以人民众而货财寡，事力劳而供养薄，故民争，虽倍赏累罚而不免于乱。

尧之王天下也，茅茨不翦②，采椽不斫③；粝粢之食④，藜藿之羹⑤；冬日麑裘⑥，夏日葛衣⑦；虽监门之服养，不亏于此矣。禹之王天下也，身执耒臿以为民先⑧，股无胈⑨，胫不生毛⑩，虽臣虏之劳，不苦于此矣。以是言之，夫古之让天子者，是去监门之养，而离臣虏之劳也，古传天下而不足多也。今之县令，一日身死，子孙累世絜驾⑪，故人重之。是以人之于让也，轻辞古之天子，难去今之县令者，薄厚之实异也。夫山居而谷汲者，媵腊而相遗以水⑫；泽居苦水者，买庸而决窦。故饥岁之春，幼弟不饷；穰岁之秋，疏客必食。非疏骨肉爱过客也，多少之实异也。是以古之易财，非仁也，财多也；今之争夺，非鄙也，财寡也。轻辞天子，非高也，势薄也；争士橐⑬，非下也，权重也。故圣人议多少、论薄厚为之政。故罚薄不为慈，诛严不为戾，称俗而行也。故事因于世，而备适于事。

【注释】

①丈夫：泛指成年男子。

②茅茨(cí)：茅草盖的屋顶。翦：通"剪"，修剪。

③采椽(chuán)：栎木做的椽子。

④粝(lì)粢(zī)：泛指粗劣的食物。粝，粗米。粢，谷类。

⑤藜(lí)：通"藜"，一年生草本植物，嫩叶可吃。藿(huò)：豆叶。羹(gēng)：浓汤。

⑥麑(ní)裘：泛指质量差的兽皮衣服。麑，小鹿。裘，皮衣。

⑦葛衣：用葛的纤维做的粗布衣。葛，一种多年生蔓草，根可吃，纤维可织布。

⑧臿(chā)：锹。

⑨股：大腿。胈(bá)：肌肉。

⑩胫(jìng)：小腿。

⑪累世：接连几代。絜(xié)驾：系马套车，这里是说有马车坐。

⑫膢(lóu)：楚国人二月间祭祀饮食神的节日。腊(là)：祭名，周历十二月(夏历十月)举行，祭祀百神。遗(wèi)：赠送。

⑬士：通"仕"，做官。橐：通"托"，依托，指依附贵族。

【译文】

古时候男人不耕地，是因为草木的果实充足够吃；妇女不纺织，是因为禽兽的毛皮充足够穿。不用费力劳动而生活给养就很充足，人民数量少而财物有多余的，所以人民不争夺。因此不必施行厚赏，也不用进行重罚，人民自然安定。现在的人一个人有五个孩子不算多，每个孩子分别又有五个孩子，祖父还没死就有二十五个孙子。因此，人民数量增多而财物缺少，费力劳动而供养微薄，所以人民相互争夺，即使加倍地奖赏和多次地惩罚，也难免祸乱。

尧统治天下时，茅草屋顶不用修剪，栎木椽子不用砍削；吃的是粗粮，喝的是野菜汤；冬天披的是质量很差的兽皮衣，夏天穿的是用葛纤维做的粗布衣；现在即使是看门的人吃穿也不会比这更差了。禹统治天下时，自己拿着农具走在民众的前面，累得大腿肌肉消瘦，小腿上汗毛也磨掉了，现在即使是奴隶的劳动，也不比这更苦。就此而言，古人让出天子王位，不过是去掉看门人那样的供养，离开奴隶般的劳苦而已，所以古代人把天下传给别人也不值得赞扬。当今的县令，一旦死去，他的子孙接连几代都会有马车坐，所以人们看重县令的位置。因此，人们对于让位这件事，很容易辞掉古代的天子，却很难辞去现在的县令,这是因为利益待遇的大小实在很不相同啊。住在山上要到深谷去打水的人,遇到节日,用水作礼物互相赠送;住在洼地苦于水涝的人,却要雇人去挖渠排水。所以荒年的春天,对自己幼小的弟弟也没有食物供给;丰年的秋天,对来往很少的远方客人也一定招待吃喝。这不是疏远自己的亲人偏爱过路的客人,而是因为收成的多少实在很不相同啊。因此,古人轻视财物,并不是讲仁慈,而是财物很多;今人争夺财物,并不是太贪吝,而是财物太少。轻易地辞掉天子职位,不是什么品德高尚,而是因为古代的权势很小;争夺官职和依附权贵,不是什么品德卑下,而是因为今天的权势很大。所以圣人研究社会财富的多少,考虑权势的轻重,然后制定相应的政治措施。所以惩罚轻不是仁慈,诛杀严不是凶暴,是适应社会情况而行事。因此,政事随着时代的变化而变化,措施必须适应已经变化了的政事。

古者文王处丰、镐之间[①],地方百里,行仁义而怀西戎[②],遂王天下。徐偃王处汉东[③],地方五百里,行仁义,割地而朝者三十有六国。荆文王恐其害己也[④],举兵伐徐,遂灭之。故文王行仁义而王天下,偃王行仁义而丧其国,是仁义用于古不用于今也。故曰:世异则事异。当舜之时,有苗不服[⑤],禹将伐之。舜曰:“不可。上德不厚而行武,非道也。”乃修教三年,执干戚舞[⑥],有苗乃服。共工之战[⑦],铁铦短者及乎敌[⑧],铠甲不坚者伤乎体。是干戚用于古不用于今也。故曰:事异则备变。上古竞于道德,中世逐于智谋,当今争于气力。齐将攻鲁[⑨],鲁使子贡说之[⑩]。齐人曰:“子言非不辩也,吾所欲者土地也,非斯言所谓也。”遂举兵伐鲁,去门十里以为界。故偃王仁义而徐亡,子贡辩智而鲁削。以是言之,夫仁义辩智,非所以持国也。去偃王之仁,息子贡之智,循徐、鲁之力使敌万乘[11]，则齐、荆之欲不得行于二国矣。

【注释】

①文王：指周文王，名姬昌，武王姬发的父亲。丰、镐（hào）：古代地名。丰，位于今陕西西安鄠邑区东北，沣水以西。镐，位于今陕西西安西南，沣水以东。

②西戎：我国周代时西北部的少数民族。

③徐偃（yǎn）王：徐国国君。徐，古代国名，位于今安徽泗县一带。汉东：汉水以东。

④荆文王：即楚文王，名熊赀（zī），春秋时楚国君主，前689—前677年在位。荆，楚国别名。

⑤有苗：我国古代长江流域的少数民族，也称三苗。

⑥干：盾，古代打仗时一种挡住敌人刀、箭的防身武器。戚：一种像大斧的兵器。

⑦共工：古史传说中的人物，事迹多带有神话色彩。

⑧铦（xiān）：铁锸一类的武器。

⑨齐：诸侯国名，范围包括今山东北部、东部和河北东南部。鲁：诸侯国名，范围包括今山东西南部和河南、江苏的部分地区。

⑩子贡：姓端木，名赐，春秋末期卫国人，孔丘的学生，善于辩说。

⑪万乘（shèng）：万辆兵车，指拥有强大军队的国家。乘，战车，每乘包括一车四马，甲士三人，步卒七十二人。

【译文】

古时候周文王处于丰、镐一带，土地不过方圆百里，他推行仁义怀柔西戎，于是就统治了天下。徐偃王居于汉水以东，土地方圆五百里，他推行仁义有三十六个国家向他割地朝贡。楚文王害怕徐国会危害自己，就起兵讨伐徐国，于是把它灭掉了。周文王推行仁义而统治天下，徐偃王推行仁义而丧失国家，这说明仁义可以用于古代而不能用于今天。因此说：时代不同了，事情就会随之变化。当舜统治天下时，苗族人不服，禹准备去讨伐他们。舜说："不行。我们崇尚道德还不够深厚而动用武力，这不是正确的治国原则。"于是连续三年进行德教和精神感化，人们拿着兵器跳舞，苗族人就降服了。到了共工打仗的时候，武器短的被敌人击中，铠甲不坚固的身体受到伤害。说明拿着兵器跳舞来教化的方法，只适用于古代，不适用于现代。所以说：事情变了，措施就要跟着改变。上古时在道德上竞争，中世时在智谋上角逐，当今则在力量上较量。齐国将要攻打鲁国，鲁国派子贡去游说齐人。齐国人说："你的话不是没有道理，但我想要的是土地，不是你说的那一套空话。"于是就发兵攻打鲁国，一直打到离鲁国都城城门十里的地方作为边界。所以徐偃王推行仁义而徐国灭亡，子贡善于辩说而鲁国丧失土地。由此说来，仁义、辩智都是不能用来保全国家的。抛弃徐偃王的仁义，不用子贡的辩智，依靠徐国、鲁国的力量来抵抗拥有强大军队的国家，那么齐国、楚国的野心就不能在徐、鲁两国得逞了。

夫古今异俗，新故异备。如欲以宽缓之政，治急世之民，犹无辔策而御駻马[①]，此不知之患也[②]。今儒、墨皆称先王兼爱天下，则视民如父母。何以明其然也？曰："司寇行刑[③]，君为之不举乐；闻死刑之报，君为流涕。"此所举先王也。夫以君臣为如父子则必治，推是言之，是无乱父子也。人之情性莫先于父母，皆见爱而未必治也[④]，虽厚爱矣，奚遽不乱？今先王之爱民，不过父母之爱子，子未必不乱也，则民奚遽治哉？且夫以法行刑，而君为之流涕，此以效仁，非以为治也。夫垂泣不欲刑者，仁也；然而不可不刑者，法也。先王胜其法，不听其泣，则仁之不可以为治亦明矣。

且民者固服于势，寡能怀于义。仲尼[⑤]，天下圣人也，修行明道以游海内,海内说其仁、美其义而为服役者七十人[⑥]。盖贵仁者寡,能义者难也。故以天下之大,而为服役者七十人,而仁义者一人。鲁哀公[⑦],下主也,南面君国[⑧],境内之民莫敢不臣。民者固服于势,势诚易以服人,故仲尼反为臣而哀公顾为君。仲尼非怀其义,服其势也。故以义则仲尼不服于哀公,乘势则哀公臣仲尼。今学者之说人主也,不乘必胜之势,而务行仁义则可以王,是求人主之必及仲尼,而以世之凡民皆如列徒,此必不得之数也[⑨]。

【注释】

①辔(pèi):缰绳。策:马鞭子。馯(hàn)马:烈马。

②知:同"智"。

③司寇:古代掌管刑狱的高级官吏。

④见:同"现",表现。

⑤仲尼:孔子名丘,字仲尼。

⑥说:同"悦"。

⑦鲁哀公:名蒋,春秋末期,战国初期的鲁国君主。

⑧南面:古代国君临朝时南向而立,表示尊贵。

⑨数(shù):术,方法。

【译文】

古今的社会情况不同,新旧时代的政治措施也不一样。假如想用宽容和缓的仁政去治理处在急剧变动时代的民众,就好像没有缰绳和鞭子而去驾驭烈马一样,这是不明智所带来的祸害。现在儒、墨两家都称颂先王爱天下的一切人,看待民众就像父母疼爱子女一样,拿什么来证明它是这样的呢?人们说:"司寇行刑时,君主为此而停止奏乐;听到死刑的判决,君主为此流泪。"这就是他们所列举的先王的例证。如果认为君臣的关系如同父子的关系，天下就一定能治理好，那么按照这种说法推论，天下就应该没有不和睦的父子了。就人的本性而言，没有一种爱能超过父母对子女的爱，尽管子女都受到父母的爱护，但家庭未必和睦，即使爱得深厚，怎么就能保证不发生冲突呢？先王爱民，不会超过父母关爱子女，但子女未必不会叛逆，那么民众怎么就一定能治理好呢？况且按法令执行刑罚，君主却为之流泪，用这个表示仁爱，是不可以用来治国的。流着眼泪而不想用刑，这是君主的仁慈；然而却不能不用刑，这是国家的法制。先王把以法办事放在首位，而不听从仁慈的心肠办事，那么不能用仁慈来治国，道理也就很清楚了。

况且民众本来就屈服于权势，很少能被仁义所感化的。孔丘，是天下的圣人，修养德行，宣传儒学，周游海内，天下的人都喜欢他的仁，赞美他的义，而愿为他效劳的门徒只有七十人。这大概是因为看重仁的人很少，能够做到义是很难的。所以以天下之广大，而能听从他指使的人只有七十人，而行仁义的只有孔丘自己一个人。鲁哀公是一个不高明的君主，他坐在朝廷里统治国家，国内的老百姓没有敢不服从的。老百姓总是屈服于权势的，权势也的确容易使人服从，所以孔丘做了臣子，而哀公反而做了国君。孔丘并不是胸怀哀公的义，而是服从他的权势。所以根据义，孔丘不会臣服于鲁哀公，然而凭借权势，哀公就可以让孔丘臣服。现在的学者劝说君主，不是让君主依仗必胜的权势，而是让君主致力于行仁义就可以称王天下，这是要求君主必须做到像孔丘那样，而把世上的普通民众都当成孔丘的门徒，这是必定行不通的办法。

今有不才之子，父母怒之弗为改[①]，乡人谯之弗为动[②]，师长教之弗为变。夫以父母之爱、乡人之行、师长之智，三美加焉[③]，而终不动，其胫毛不改。州部之吏[④]，操官兵，推公法，而求索奸人，然后恐惧，变其节，易其行矣。故父母之爱不足以教子，必待州部之严刑者，民固骄于爱、听于威矣。故十仞之城[5]，楼季弗能逾者[6]，峭也；千仞之山，跛牂易牧者，夷也。故明王峭其法而严其刑也。布帛寻常[7]，庸人不释；铄金百溢[8]，盗跖不掇[9]。不必害，则不释寻常；必害手，则不掇百溢。故明主必其诛也。是以赏莫如厚而信，使民利之；罚莫如重而必，使民畏之；法莫如一而固，使民知之。故主施赏不迁，行诛无赦，誉辅其赏，毁随其罚，则贤、不肖俱尽其力矣。

今则不然。以其有功也爵之，而卑其士官也；以其耕作也赏之，而少其家业也；以其不收也外之，而高其轻世也；以其犯禁也罪之，而多其有勇也。毁誉、赏罚之所加者，相与悖缪也[10]，故法禁坏而民愈乱。今兄弟被侵，必攻者，廉也；知友被辱，随仇者，贞也。廉贞之行成，而君上之法犯矣。人主尊贞廉之行，而忘犯禁之罪，故民程于勇[11]，而吏不能胜也。不事力而衣食，则谓之能；不战功而尊，则谓之贤。贤能之行成，而兵弱而地荒矣。人主说贤能之行，而忘兵弱地荒之祸，则私行立而公利灭矣。

【注释】

①弗：通“不”，下同。

②乡人：同一乡的人。谯(qiào)：通“诮”，责骂。

③三美：指“父母之爱、乡人之行、师长之智”。

④州部：当时的一种地方基层行政机关。

⑤仞(rèn)：古代的高度计算单位，八尺为一仞。

⑥楼季：战国初期魏文侯的弟弟，善于攀登跳跃。

⑦帛:丝织品的总称。寻常:古代长度计算单位,八尺为一寻,两寻为一常。

⑧铄(shuò):熔化。溢:通“镒”,黄金的重量单位。一镒为二十两,一说为二十四两。

⑨跖(zhí):春秋末期的著名强盗,被称为盗跖。

⑩缪:通“谬”。

⑪程:通“逞”,炫耀。

【译文】

现在有一个不成器的孩子,父母训斥他,他不悔改;老乡责备他,他无动于衷;老师教诲他,他不肯改变。把父母的慈爱、老乡的品德、老师的智慧这三样美好的东西,一起施加到他身上,然而他始终不被触动,丝毫也不改变。直到地方官吏拿着官府的兵器,执行国家的法令,到处搜捕坏人的时候,他才感到恐惧,改变了坏品行,纠正了坏行为。所以父母的慈爱不足以教育好子女,必须等待官吏执行严厉的刑罚,这是因为人们总是受到慈爱就骄横,见到权威就服从。因此十仞高的城墙,即使是善于攀登的楼季也不能越过,因为它太险峻了;千仞高的大山,就是跛脚的母羊也容易放牧,因为它的坡度平缓。所以英明的君王总是严峻地制订国法并严格地执行刑罚。一丈左右的布帛,一般人见了也舍不得放手;成百上千两黄金正在熔化,即使是盗跖也不敢去拿。不是一定会受害时,很小的东西也不愿放弃;一定会烧伤手时,就是大量的金子也不敢去取。所以英明的君主必须要坚定地执行刑罚。因此奖赏不妨优厚而坚决兑现,使民众有利可图;惩罚不妨严厉且坚决执行,使民众感到畏惧;法令不妨统一而固定,使民众都知道。所以,君主施行奖赏而不随意改变,执行惩罚不会有赦免,给予奖赏的同时辅以荣誉,实施惩罚的同时加以恶名,这样贤能的人和不贤能的人都会尽力去干事。

现在却不是这样。因为他有功劳而给他爵位,却鄙视他做官;因为他努力耕作而给他奖赏，却轻视他创立家业；因为他不愿被录用而疏远他，却推崇他轻视世俗功利；因为他触犯禁令而责罚他，却赞美他有勇气。施加给臣下的毁誉、赏罚，互相矛盾，所以法律禁令被破坏，民众就越发混乱。现在如果自己的兄弟遭到侵犯，就必定帮他反击，这被叫做方正；知道自己的朋友受到侮辱，就跟随他一起报仇，这被叫作忠贞。方正、忠贞的风气形成了，君主的法令就会被破坏。君主尊重这种忠贞、方正的品行，而忘记他们违反法禁的罪过，因此民众就会逞勇犯禁，而官吏不能制止了。不从事农耕劳动就有吃有穿，却说他有才能；不打仗立功就受到尊重，却说他是贤人。"贤"、"能"的风气形成了，国家的兵力就会削弱，土地就会荒芜。君主喜欢所谓"贤"、"能"的品行，而忘记兵力削弱、土地荒芜的祸害，那么谋求私利的行为就会得逞，国家利益就会不存在。

儒以文乱法①，侠以武犯禁②，而人主兼礼之，此所以乱也。夫离法者罪③，而诸先生以文学取；犯禁者诛，而群侠以私剑养④。故法之所非，君之所取；吏之所诛，上之所养也。法、趣、上、下⑤，四相反也，而无所定，虽有十黄帝不能治也⑥。故行仁义者非所誉，誉之则害功；文学者非所用，用之则乱法。楚之有直躬⑦，其父窃羊，而谒之吏。令尹曰⑧："杀之！"以为直于君而曲于父，报而罪之。以是观之，夫君之直臣，父之暴子也。鲁人从君战，三战三北。仲尼问其故，对曰："吾有老父，身死莫之养也。"仲尼以为孝，举而上之。以是观之，夫父之孝子，君之背臣也。故令尹诛而楚奸不上闻，仲尼赏而鲁民易降北。上下之利，若是其异也，而人主兼举匹夫之行，而求致社稷之福⑨，必不几矣⑩。

古者苍颉之作书也⑪，自环者谓之私，背私谓之公，公私之相背也，乃苍颉固以知之矣[12]。今以为同利者，不察之患也。然则为匹夫计者，莫如修行义而习文学[13]。行义修则见信，见信则受事；文学习则为明师，为明师则显荣：此匹夫之美也。然则无功而受事，无爵而显荣，为有政如此，则国必乱，主必危矣。故不相容之事，不两立也。斩敌者受赏，而高慈惠之行；拔城者受爵禄，而信廉爱之说；坚甲厉兵以备难[14]，而美荐绅之饰[15]；富国以农，距敌恃卒[16]，而贵文学之士；废敬上畏法之民，而养游侠私剑之属。举行如此，治强不可得也。国平养儒侠，难至用介士，所利非所用，所用非所利。是故服事者简其业，而游学者日众，是世之所以乱也。

【注释】

①文：文学，指诗书礼乐之类。

②侠：游侠，即带剑者，指行凶逞勇的侠客。

③离：通"罹"(lí)，触犯。

④私剑：不遵守国家法令而仗剑行凶。

⑤趣：通"取"。

⑥黄帝：即轩辕氏，传说中我国原始社会最早的部落联盟首领。

⑦楚：诸侯国名，范围包括今湖北全部和河南、陕西、湖南、江西、安徽等的部分地区。直躬：人名，据说他因正直而得名。

⑧令尹：楚国最高官职，相当于其他诸侯国的相。

⑨社稷：土地神和谷神，象征国家。

⑩几：通"冀"，希望。

⑪苍颉(xié)：一作仓颉，传说为黄帝时的史官，汉字的创造者。

⑫以：通"已"，已经。

⑬行义：通“行谊”，品德。

⑭厉兵：把武器磨锋利。厉，通“砺”。

⑮荐绅：古时官吏上朝时把手版插在衣带间。这里指穿着宽袍大袖。荐，通“搢”，插。绅，宽的衣带。

⑯距：通“拒”，抵御。

【译文】

儒家利用文学扰乱法治，游侠依靠武力违犯禁令，然而君主对他们都以礼相待，这就是造成国家祸乱的原因。触犯法制的本该治罪，而那些儒生却因懂得文学得到录用；违反禁令的本该惩罚，而那些游侠却因不守法令仗剑行凶得到供养。因此，法令所反对的，君主却加以任用；官吏要处罚的，君主却加以供养。法治所反对的和君主所任用的，官吏所惩罚的和君主所供养的，这四种情况互相矛盾没有确定的标准，即使有十个黄帝也不能治理好国家。所以对推行仁义的人不应该称赞，称赞他们就会危害耕战；对搞文学的人不应该任用，任用他们就会扰乱法治。楚国有个很正直的人名叫直躬，他的父亲偷了别人的羊，他向官吏告发。令尹说：“杀掉他！”认为他对君主虽然忠心，对父亲却是大逆不道，因而判他有罪。由此看来，君主的直臣却是父亲的逆子。有个鲁国人跟随君主打仗，三次上阵三次败逃。孔丘问他什么缘故，他回答说：“我上有老父，我如果战死就没有人供养他。”孔丘认为他是孝子，就提拔他做官。由此看来，父亲的孝子却是君主的叛臣。所以令尹杀了直躬，楚国的坏人坏事就没有人向上报告了；孔丘奖励了逃兵，鲁国人就容易投降敌人，临阵脱逃了。国家的利益和个人的利益是如此不同，君主既推崇个人的私利行为又谋求国家的利益，一定是没有成功的希望的。

古代苍颉创造文字，把为自己盘算叫做“私”，和“私”相反的叫做“公”。公私的相互对立，那是苍颉本来就知道的了。现在认为公私的利益相同，是没有明察的失误。那么为个人打算，不如去修养品德、研习文学。品德修养好了就会受到信任重用，受到信任重用就能接受官职；文学研习好了就可以成为明师，成为明师就可以显贵荣耀：这是个人美满的事。然而没有功劳却能接受官职，没有爵位却能显贵荣耀，如此处理政事，国家就必然混乱，君主就必然有危难。因此互不相容的事是不能并存的。杀敌的受奖赏，同时又推行仁慈厚道的品行；攻克城池的受爵禄，同时又信奉清廉慈爱的学说；加强戒备以预防战乱，同时又赞美宽袍大袖的服饰；富国靠农民，抗敌靠士卒，同时又尊崇文学之士；不用尊君守法的臣民，却供养游侠刺客之类的人。像这样做，要想把国家治理得强大是不可能的。国家太平时养儒、侠，战争发生时用士兵，国家给予利益的人，不是国家所要用的人，国家所要用的人，却得不到国家的利益。因此农民和士兵就会荒废他们的职业，游侠和儒生却一天天多起来。这就是社会之所以发生祸乱的原因。

且世之所谓贤者，贞信之行也；所谓智者，微妙之言也[①]。微妙之言，上智之所难知也。今为众人法，而以上智之所难知，则民无从识之矣。故糟糠不饱者不务粱肉[②]，短褐不完者不待文绣[③]。夫治世之事，急者不得，则缓者非所务也。今所治之政，民间之事，夫妇所明知者不用，而慕上知之论[④]，则其于治反矣。故微妙之言，非民务也。若夫贤贞信之行者，必将贵不欺之士；不欺之士者，亦无不欺之术也。布衣相与交，无富厚以相利，无威势以相惧也，故求不欺之士。今人主处制人之势，有一国之厚，重赏严诛，得操其柄，以修明术之所烛，虽有田常、子罕之臣[⑤]，不敢欺也，奚待于不欺之士？今贞信之士不盈于十，而境内之官以百数，必任贞信之士，则人不足官。人不足官，则治者寡而乱者众矣。故明主之道，一法而不求智，固术而不慕信，故法不败，而群官无奸诈矣。

【注释】

①微妙之言:深奥玄妙的言辞。

②粱肉:泛指精美的饭食。粱,品种好的小米。

③短褐:粗布短衣。褐,粗布衣服。文绣:有刺绣的华丽服装。

④知:同“智”。

⑤田常:即田成子,又称陈恒、陈成子,春秋末期齐国执政的卿。前481年,他发动政变,杀掉齐简公,控制了政权。子罕:即皇喜,战国中期任宋国的司城。他劫杀宋桓侯,夺取了政权。

【译文】

况且社会上所谓的贤人,是指他们有忠贞诚实的行为;所谓智者,是指他们善于深奥玄妙的言辞。深奥玄妙的言辞,就是智慧极高的人也难以理解。现在把智慧极高的人所难以理解的微妙之言,作为民众的行为规范,民众就无从懂得它。连糟糠都吃不饱的人是不会去追求精美的饭食,连粗布衣服都穿得破破烂烂的人是不会去渴望有刺绣的华丽服装。治理国家的事情,如果急切的事情还没有办好,缓慢的事情就不要急着去办。现在所治理的国家的政事以及民间的常事,那些普通男女都明白易知的道理不被运用,却去羡慕智慧极高的人也难以理解的言论,这就违反了治国的原则。所以那些深奥玄妙的言辞,不是普通民众所追求的。至于看重忠贞诚实的行为,就必然会尊重不搞欺骗的人;其实不搞欺骗的人,也没有让人不搞欺骗的办法。平民相互结交,没有丰厚的财物互相利用,也没有什么权势互相威胁,所以才寻求不搞欺骗的人。现在君主有着控制人的权势,拥有一国的财富,掌握重赏严罚的大权,可以很好地处理用术所洞察的问题,即使有田常、子罕一类的臣子,也不敢进行欺骗了,为什么要等待忠诚不欺的人呢?今天忠贞诚信的人太少了,而国内所需要的官吏却数以百计,如果一定要任用忠贞诚信的人，那么能做官的人就不够官职所需的人数。人数不够官职所需，那么能够把政事办好的人就很少，而把政事搞乱的人就很多。因此，英明君主的治国原则是，专一地用法而不追求用智，坚定地用术而不崇尚诚信，这样法治就不会败坏，群臣也就不会有奸诈的行为了。

今人主之于言也，说其辩而不求其当焉[1]，其用于行也，美其声而不责其功。是以天下之众，其谈言者务为辨而不周于用[2]，故举先王言仁义者盈廷，而政不免于乱；行身者竞于为高而不合于功，故智士退处岩穴，归禄不受，而兵不免于弱。兵不免于弱，政不免于乱，此其故何也？民之所誉，上之所礼，乱国之术也。今境内之民皆言治，藏商、管之法者家有之[3]，而国愈贫，言耕者众，执耒者寡也；境内皆言兵，藏孙、吴之书者家有之[4]，而兵愈弱，言战者多，被甲者少也[5]。故明主用其力，不听其言；赏其功，必禁无用。故民尽死力以从其上。夫耕之用力也劳，而民为之者，曰：可得以富也。战之为事也危，而民为之者，曰：可得以贵也。今修文学，习言谈，则无耕之劳而有富之实，无战之危而有贵之尊，则人孰不为也？是以百人事智而一人用力。事智者众，则法败；用力者寡，则国贫：此世之所以乱也。

故明主之国，无书简之文[6]，以法为教；无先王之语，以吏为师；无私剑之捍[7]，以斩首为勇。是境内之民，其言谈者必轨于法，动作者归之于功，为勇者尽之于军。是故无事则国富，有事则兵强，此之谓王资。既畜王资而承敌国之亹[8]，超五帝侔三王者[9]，必此法也。

【注释】

①说:同“悦”。当(dàng):适当,恰当。

②谈言者:指长于辞令的人。辨:通“辩”。

③商、管:指商鞅和管仲。商鞅是战国时卫国人,曾帮助秦孝公变法,法家的代表人物。管仲是春秋时期齐桓公的相。

④孙、吴:指孙武和吴起。孙武是春秋时期齐国人,吴起是战国时期卫国人,他们都是著名的军事家,都著有兵书。

⑤被甲:指当兵。被,通“披”。

⑥书简:即书籍。古代把字写在竹简上,所以称“书简”。

⑦捍:通“悍”,强悍。

⑧亹(xìn):同“衅”,缝隙,引申为弱点。

⑨五帝:一般指古史传说中的黄帝、颛顼(zhuān xū)、帝喾(kù)、尧、舜。三王:指夏禹、商汤和周文王、武王等夏、商、周三代的开国君主。

【译文】

现在的君主对于言谈,只喜欢它的巧言善辩而不管它的内容是否适当;用人做事,只欣赏他的虚名而不责求他办事的功效。因此天下的民众,那些擅长辞令的人都致力于巧言善辩而不考虑是否实用,所以导致称引先王、大谈仁义的人充满朝廷,而国家的政事就难免不混乱;那些注重道德修养的人都竞相标榜清高,而不符合国家的事功,所以有智慧的人都隐居深山,归还君主给他的俸禄而不愿意接受,致使国家的兵力难免不被削弱。国家的兵力难免不被削弱,政事就难免不混乱,造成这种局面的究竟是什么原因呢?民众所称赞的,君主所尊重的,都是使国家混乱的办法。现在国内的民众都在议论治理国家的问题,收藏商鞅、管仲法家著述的人几乎每家都有,可是国家却越来越贫穷,这是因为空谈农耕的人很多,而实际种地的人很少;国内的民众都在议论军事问题,收藏孙子、吴起兵书的人几乎每家都有,可是国家的兵力却越来越软弱，这是因为空谈战争的人很多，而实际上战场的人很少。所以英明的君主使用民众的气力，而不听他们空谈；奖励民众的功劳，而坚决禁止无用的行为。所以民众就会竭尽全力来服从君主。耕地用力是很辛苦的劳作，而老百姓还愿意去干，说："可以由此富裕起来。"打仗的事情是很危险的，而老百姓仍然愿意去打仗，说："可以由此显贵。"现在讲求文学从事言谈的人，没有农耕的劳苦而享有财富的实惠，没有打仗的危险却能获得显贵的尊位，那么谁不愿意这样做呢？所以许多人去从事智辩活动，极少的人为国出力。从事智辩活动的人多了，法治就会败坏；为国出力的人少了，国家就会贫穷：这就是社会之所以混乱的原因。

所以英明君主的国家，不用文献典籍而以法令为教材；禁绝先王的言论而以官吏为老师；制止游侠刺客的凶暴举止而鼓励杀敌立功的勇敢行为。这样国内的民众，那些擅长言谈的人一定要遵守法律，从事劳动的人让他们回归到农业生产，表现勇敢的人叫他们全部到军队中去服役。因此，太平时国家富有，发生战争则兵力强大，这就叫做称王天下的资本。已经积累了成就王业的资本，又能利用敌国的弱点，那么超过五帝赶上三王，一定得靠这种办法。

今则不然，士民纵恣于内①，言谈者为势于外②，外内称恶，以待强敌，不亦殆乎！故群臣之言外事者，非有分于从衡之党③，则有仇雠之忠④，而借力于国也。从者，合众弱以攻一强也；而衡者，事一强以攻众弱也：皆非所以持国也。今人臣之言衡者，皆曰："不事大，则遇敌受祸矣。"事大未必有实，则举图而委，效玺而请兵矣⑤。献图则地削，效玺则名卑，地削则国削，名卑则政乱矣。事大为衡，未见其利也，而亡地乱政矣。人臣之言从者，皆曰："不救小而伐大，则失天下，失天下则国危，国危而主卑。"救小未必有实，则起兵而敌大矣。救小未必能存,而伐大未必不有疏,有疏则为强国制矣。出兵则军败,退守则城拔。救小为从,未见其利,而亡地败军矣。是故事强,则以外权士官于内;救小,则以内重求利于外。国利未立,封土厚禄至矣;主上虽卑,人臣尊矣;国地虽削,私家富矣。事成,则以权长重;事败,则以富退处。人主之听说于其臣,事未成则爵禄已尊矣;事败而弗诛,则游说之士孰不为用矰缴之说而侥幸其后⑥?故破国亡主以听言谈者之浮说。此其故何也?是人君不明乎公私之利,不察当否之言,而诛罚不必其后也。皆曰:"外事,大可以王,小可以安。"夫王者,能攻人者也;而安,则不可攻也。强,则能攻人者也;治,则不可攻也。治强不可责于外,内政之有也。今不行法术于内,而事智于外,则不至于治强矣。

【注释】

①士民:这里主要指儒生、游侠。

②言谈者:指在各诸侯国之间游说的纵横家。

③从衡:即纵横,指合纵、连横。南北为纵,燕、齐、赵、韩、魏、楚为对抗秦国而结成联盟,在位置上成南北向,所以称合纵;东西为横,秦国为对付合纵而与六国分别结盟,以便各个击破,在位置上成东西向,所以称连横。

④雠:通"仇"。忠:通"衷",心思。

⑤效玺:指献出君主的印章,这是取消独立地位臣服他国的表示。玺,君主和官吏的印章。

⑥矰缴(zēng zhuó)之说:比喻用来猎取功名富贵的花言巧语。矰缴,用来射鸟的带细绳的箭,射出后,箭能收回。

【译文】

现在却不是这样，士民在国内违法乱纪，言谈者在国外造就自己的声势，他们内外一同作恶，要对付强大的敌人，不是也很危险吗！所以那些议论外交大事的群臣，不是属于合纵或连横的一党，就是对某国怀有报仇的私心，想借助国内的力量进行报复。合纵，就是联合众多弱小的国家去攻打一个强国；而连横，就是事奉一个强国去攻打许多弱小的国家：这都不是保全国家的办法。当今主张连横的大臣们都说："不事奉大国，遇到强敌就会受到祸害。"事奉大国不一定有什么实际好处，必须先献出本国的地图，呈上国家的印章来求得军事上援助。献出地图，国家的土地就会缩小；献上印章，君主的名声就会降低；国土缩小国家就削弱，君主名声降低政治就混乱了。事奉大国参与连横，还没有看到它的利益，就已丧失了土地，搞乱了政治。主张合纵的大臣们都说："不去援救小国而攻打大国，就会失去天下各国的信任，失去天下各国的信任，国家就危险了，国家危险了，君主的地位也就降低了。"援救小国不一定有实际的好处，且要起兵对抗大国。援救小国不一定能保存小国，对抗大国不一定没有疏失，有疏失就会被强国所制服。出兵打仗军队就会失败，退兵防守城池就会被攻占。援救小国参与合纵还没有看到它的利益，就已丧失了国土，让军队打了败仗。因此，事奉强国，就让那些主张连横的人借助国外势力在国内捞取官职；援救小国，就让那些主张合纵的人借助国内的权势在国外取得好处。国家的利益没有确立，而那些搞连横合纵的人却把封地和厚禄捞到手了；君主的地位降低了，而臣子的地位却尊贵起来；国家的土地被削弱了，权门豪族却富足了。事情成功了，那些纵横家凭借猎取的权势长期受到重用；事情失败了，他们就靠获得的财富隐居起来。君主听取了那些搞合纵连横的臣下的意见，事情还没有办成就给予他们很高的爵位与俸禄；事情失败了也不责罚他们，那么游说之士谁不愿意用猎取功名富贵的花言巧语来谋取爵禄，而希望在事败之后侥幸地免除祸害呢？所以国家破灭、君主死亡都是因为听信了那些纵横家的夸夸其谈。这其中的缘故是什么呢？是因为君主分不清公与私的利益，没有考察正确与错误的言论，事败之后又不坚决惩罚他们。都说："搞外交，收效大的可以称王天下，收效小的可以保持安全。"所谓称王天下，就是能攻打别人；所谓保持安全，就是不可能被别人所攻破。强大，就是能进攻别人；安定，就是不可能被别人所攻破。国家的安定强大不能救助于外交活动，只有从搞好内政中取得。现在不在国内推行法术，而专门在外交上动脑筋，那是达不到使国家安定强大的目的的。

鄙谚曰："长袖善舞，多钱善贾。"此言多资之易为工也[①]。故治强易为谋，弱乱难为计。故用于秦者[②]，十变而谋希失[③]，用于燕者[④]，一变而计希得。非用于秦者必智，用于燕者必愚也，盖治乱之资异也。故周去秦为从[⑤]，期年而举[⑥]；卫离魏为衡[⑦]，半岁而亡。是周灭于从，卫亡于衡也。使周、卫缓其从衡之计，而严其境内之治，明其法禁，必其赏罚，尽其地力以多其积，致其民死以坚其城守，天下得其地则其利少，攻其国则其伤大，万乘之国莫敢自顿于坚城之下，而使强敌裁其弊也，此必不亡之术也。舍必不亡之术而道必灭之事，治国者之过也。智困于外而政乱于内，则亡不可振也。

民之政计[⑧]，皆就安利如辟危穷[⑨]。今为之攻战，进则死于敌，退则死于诛，则危矣。弃私家之事而必汗马之劳[⑩]，家困而上弗论，则穷矣。穷危之所在也，民安得勿避？故事私门而完解舍[⑪]，解舍完则远战，远战则安。行货赂而袭当涂者则求得[⑫]，求得则私安，私安则利之所在，安得勿就？是以公民少而私人众矣。

夫明王治国之政，使其商工游食之民少而名卑，以寡趣本务而趋末作[13]。今世近习之请行，则官爵可买；官爵可买，则商工不卑也矣。奸财货贾得用于市，则商人不少矣。聚敛倍农而致尊过耕战之士，则耿介之士寡而商贾之民多矣。

【注释】

①工：通“功”。

②秦：诸侯国名，范围包括今陕西大部、甘肃东南部和四川、河南的部分地区。

③希：同“稀”，很少。

④燕（yān）：诸侯国名，范围包括今河北北部、中部和山西、辽宁等的部分地区。燕在当时七国中力量较弱。

⑤周去秦为从：前256年，西周君背离秦国，参加了赵、魏、楚对秦的战争，结果失败，被秦国吞并。周，指西周君。前367年，周分裂成西周、东周两个小国。西周王城位于今河南洛阳。

⑥期（jī）年：一周年。

⑦卫离魏为衡：指卫与秦连衡而灭亡的事。卫一向依附魏国，前253年，与秦连衡，与魏敌对，被魏灭亡。卫，诸侯国名，位于今河南东北部。魏，诸侯国名，范围包括今河南北部和东部、山西西南部和山东、河北等的部分地区。

⑧政：通“正”。

⑨辟：通“避”。

⑩汗马之劳：指战争的劳苦。汗马，战马奔走而出汗。

⑪私门：指权门豪族。解舍：官署房屋。解，通“廨”。一说，解舍即免除兵役和徭役。

⑫涂：通“途”。

⑬趣：通“趋”。

【译文】

民间的谚语说：“袖子长便可跳舞，本钱多好做买卖。”这是说条件好的事情容易成功。所以国家安定强大，就容易谋划；国家贫弱混乱，就难以想办法。所以为秦国出计谋，变化十次也很少失败；为燕国出计谋，变化一次也很少成功。不是替秦国出计谋的人一定聪明，替燕国出计谋的人一定愚蠢，而是因为秦国安定强大，燕国贫弱混乱，两国的条件不同。所以周背离秦国去搞合纵，只一年的时间就被秦攻陷了；卫背离魏国搞连横，只半年的工夫就被魏灭亡了。这就是说周因合纵而被消灭，卫因连横而被覆亡。假使周、卫放缓参加合纵连横的计划，加强国内的治理，彰明法律禁令，坚定地实行赏罚，充分利用地力增加物质积累，劝导百姓竭尽全力坚守城池，天下各国即使夺取它们的土地所得利益也很少，攻打它们则会伤亡惨重，就是拥有万辆兵车的强国也不敢在这样坚城之下把自己拖垮，而让别的强敌利用这种疲惫来进行攻击，这才是使国家一定不会灭亡的办法。放弃一定不会亡国的办法而去干势必亡国的事情，这是治国者的过失。外交上无计可施，内政上又陷入混乱，那么国家的灭亡就不可挽救了。

民众通常的打算，都是追求安全和利益而避开危险和困苦。今天让他们去打仗，前进就会被敌人打死，后退又要被军法处死，那他可就危险了。抛弃私人的家事而坚定地去承受战争的劳苦，家庭有困难上面也不过问，那他家可就穷困了。处在穷困和危险的境地，民众怎能不逃避呢？所以就事奉私家贵族而替他们修缮房屋，替贵族服劳役就能避开战争，避开战争就能得到安全。用财物进行贿赂而投靠当权者，就可以使自己的要求得到满足；要求得到满足，就能使自身得到安全；自身得到安全，利益就明显地摆在那里，怎能不去追求呢？因此为国家出力的人少而为私家贵族出力的人就多了。

英明君主治理国家的政策，总是使商人、手工业者和游手好闲的人尽量减少，而且使他们名位卑贱，因为从事农耕的人太少而经营商业、手工业的人太多。现在社会上向亲近君主的人请托的事情很风行，这样官职爵位就可以买到；官职爵位可以买到，那么经营商业和手工业的人就不卑贱了。用非法钱财做买卖的通行于市场，那么商人就不会少了。奸商搜括所得成倍地超过农民的收入，而在社会上受到的尊重又超过从事耕战的人，那么光明正直的人就会减少，而经营工商业的人就会增多。

是故乱国之俗：其学者，则称先王之道以籍仁义[①]，盛容服而饰辩说，以疑当世之法，而贰人主之心。其言谈者，为设诈称[②]，借于外力，以成其私，而遗社稷之利。其带剑者，聚徒属，立节操，以显其名，而犯五官之禁[③]。其患御者，积于私门，尽货赂，而用重人之谒，退汗马之劳。其商工之民，修治苦窳之器，聚弗靡之财[④]，蓄积待时，而侔农夫之利[⑤]。此五者，邦之蠹也。人主不除此五蠹之民，不养耿介之士，则海内虽有破亡之国，削灭之朝，亦勿怪矣。

【注释】

①籍：通“藉”，依托，凭借。

②为：通“伪”，虚假。

③五官之禁：泛指国家的法令。五官，司徒、司马、司空、司士、司寇，当时分掌国家各种权力的官。

④弗：通“费”。

⑤侔（móu）：谋取。

【译文】

所以扰乱国家的风气是：那些学者称颂先王之道，凭借仁义进行说教，讲究仪表服饰而又注意言语修辞，用以扰乱当代的法治，动摇君主依法治国的决心。那些言谈者，制造谎言，借助外国的力量，谋求他们的私利，把国家的利益抛在一边。那些游侠剑客，聚集党徒，标榜气节，用来显扬他们的名声，而触犯国家的禁令。那些害怕服兵役的人，聚集在豪门贵族门下，大行贿赂，依仗权贵的请托，逃避战争的劳苦。那些从事商业和手工业的人，制造粗劣的器物，积聚奢侈的财物，囤积居奇，等待时机，从农民身上牟取利益。这五种人，是国家的蛀虫。君主如果不去掉这五种像蛀虫一样的人，不供养光明正直的人，那么四海之内即使出现残破覆亡的国家，地削国灭的朝廷，也就不足为怪了。

显　学

【题解】

“显学”，指的是当时最为显赫的儒家和墨家两个学派。战国时期，社会处于剧烈变动状态，意识形态领域里呈现出“百家争鸣”的局面，各家学派展开激烈的斗争。韩非站在法家的立场，在本文中着重批判了儒、墨两家的思想。

韩非认为儒、墨学说是“无参验而必之”、“弗能必而据之”的“愚诬之学”；“孝戾、侈俭、宽廉、恕暴”都是“杂反之行”。“显学”妨碍人民“疾作而节用”的积极性，儒者脱离实际的主张像巫祝那样“无益于治”。人主兼听于“杂学缪行同异之辞”，是乱亡之道。

韩非认为，君主对各种学说应采取的态度是“若是其言，宜布之官而用其身；若非其言，宜去其身而息其端”，否则“言无定术，行无常议”会导致国家的败亡。这反映了他要求统一思想的主张。最终他还是落到“举实事，去无用”、崇尚实力、彰明法度、以攻战为务的法治思想上。只是，他的“民智之不足用”的看法有一定的偏见。

世之显学，儒、墨也。儒之所至，孔丘也①。墨之所至，墨翟也②。自孔子之死也，有子张之儒③，有子思之儒④，有颜氏之儒⑤，有孟氏之儒⑥，有漆雕氏之儒⑦，有仲良氏之儒[8]，有孙氏之儒[9]，有乐正氏之儒[10]。自墨子之死也，有相里氏之墨[11]，有相夫氏之墨[12]，有邓陵氏之墨[13]。故孔、墨之后，儒分为八，墨离为三，取舍相反不同，而皆自谓真孔、墨，孔、墨不可复生，将谁使定世之学乎？孔子、墨子俱道尧、舜[14]，而取舍不同，皆自谓真尧、舜，尧、舜不复生，将谁使定儒、墨之诚乎？殷、周七百余岁[15]，虞、夏二千余岁[16]，而不能定儒、墨之真；今乃欲审尧、舜之道于三千岁之前，意者其不可必乎！无参验而必之者，愚也；弗能必而据之者，诬也。故明据先王，必定尧、舜者，非愚则诬也。愚诬之学，杂反之行，明主弗受也。

【注释】

①孔丘：孔子的名。孔子，字仲尼，春秋末期鲁国陬（zōu）邑（今山东曲阜）人，生于前551年，卒于前479年。他做过鲁国的司寇（掌管刑法的官）。儒家学派的创始人。他的言行，记录在他的门徒编撰的《论语》一书中。

②墨翟（dí）：战国初期鲁国人，约生于前480年，卒于前420年。他做过宋国的大夫。墨家学派的创始人。他的言行记录在他的弟子或再传弟子编撰的《墨子》一书中。

③子张：姓颛（zhuān）孙，名师，孔子的学生。

④子思：孔子的孙子，名伋（jí）。他继承和发挥了孔丘关于“仁”的思想，主张“中庸之道”。代表他思想的有《中庸》一书。

⑤颜氏：指颜回，字子渊，孔丘的学生。一说孔子有颜氏学生八人，除颜回以外，还有颜无繇（yóu）、颜幸、颜高、颜祖、颜之仆、颜哙（kuài）、颜何，这里指谁不明确。

⑥孟氏：指孟轲（约前372—前289年），战国时邹（今山东邹县）人，

子思的再传弟子，孔子以后儒家的主要代表人物。他系统地发挥了孔子、子思的学说，形成了“思孟学派”。他的主要言行记录在《孟子》一书中。

⑦漆雕氏：姓漆雕，名启，也称漆雕开，孔丘的学生。

⑧仲良氏：可能是仲梁子，战国时鲁国人，儒家人物。

⑨孙氏：指孙卿，即荀况，战国时赵国人，曾在齐国稷下讲过学。他是从儒家向法家过渡的人物，韩非和李斯都是他的学生。一说孙氏指公孙尼子，孔子的再传弟子。

⑩乐正氏：乐正子春，曾参(shēn)的学生。

⑪相里氏：指相里勤，墨家的代表人物。

⑫相夫氏：一作伯夫氏，墨家的代表人物。

⑬邓陵氏：即邓陵子，属后期墨家中的南方一派。

⑭尧、舜：我国原始社会末期的部落首领，传说中的贤君。

⑮殷、周七百余岁：从商末周初算起到韩非时，已经七百余年。儒家崇拜周文王(姬昌)和周公(姬旦)，所以这里韩非从商末周初算起。

⑯虞夏二千余岁：从虞夏之际算起，到韩非那时，已经两千多年。墨家推崇夏禹，所以这里韩非从虞、夏之际算起。虞、夏，指虞舜、夏禹。舜是有虞氏的部落长，夏禹是夏后氏的部落长，夏朝的建立者。

【译文】

当今世上最显赫的学派是儒家和墨家。儒家学说达到最高成就的人是孔丘。墨家学说达到最高成就的人是墨翟。自从孔丘死后，儒家有子张之儒、子思之儒、颜氏之儒、孟氏之儒、漆雕氏之儒、仲良氏之儒、孙氏之儒、乐正氏之儒等各流派。自从墨子死后，墨家有相里氏之墨、相夫氏之墨、邓陵氏之墨等各流派。所以孔丘、墨翟死后，儒家分为八派，墨家分为三派，他们对孔、墨学说的取舍相互矛盾，各不相同，但都自称得孔、墨的真传，孔丘、墨翟不能复活，让谁来判断社会上这些学派的真假呢？孔子、墨子都称赞尧、舜，但他们对尧、舜的取舍不一样，可都自认为得尧、舜的真传，尧、舜不能复活，让谁来判定儒、墨两家学说哪一家是得尧、舜之道的真传呢？殷、周之际离现在七百多年，虞、夏之际离现在两千多年，尚且不能判定儒家和墨家两个学派所说的真实性；更何况现在还想弄清三千多年前的尧、舜之道，想来是不可能确定的吧！不用事实加以检验就对事物做出绝对判断，那是愚蠢；不能判定正确与否就引为依据，那是欺骗。所以，那种公然宣称依据先王之道，绝对地肯定尧、舜的一切，不是愚蠢，就是欺骗。愚蠢骗人的学说，杂乱矛盾的行为，英明的君主是不接受的。

墨者之葬也，冬日冬服，夏日夏服，桐棺三寸①，服丧三月，世主以为俭而礼之。儒者破家而葬，服丧三年，大毁扶杖，世主以为孝而礼之。夫是墨子之俭，将非孔子之侈也；是孔子之孝，将非墨子之戾也。今孝、戾、侈、俭俱在儒、墨，而上兼礼之。漆雕之议，不色挠，不目逃，行曲则违于臧获②，行直则怒于诸侯③，世主以为廉而礼之。宋荣子之议④，设不斗争，取不随仇，不羞囹圄⑤，见侮不辱，世主以为宽而礼之。夫是漆雕之廉，将非宋荣之恕也；是宋荣之宽，将非漆雕之暴也。今宽、廉、恕、暴俱在二子，人主兼而礼之。自愚诬之学、杂反之辞争，而人主俱听之，故海内之士，言无定术，行无常议。夫冰炭不同器而久，寒暑不兼时而至，杂反之学不两立而治。今兼听杂学缪行同异之辞⑥，安得无乱乎？听行如此，其于治人又必然矣。

【注释】

①桐棺三寸：表示棺板很薄。这是和儒家主张棺椁(guǒ)几重的厚葬制度相比较而说的。桐棺，用桐木做的棺材。桐木质地疏松，容易腐烂。

②臧获：奴婢。奴为臧，婢为获。

③诸侯：天子以外的列国之君。

④宋荣子：即宋钘，又称宋牼(kēng)，战国时宋国人，曾在齐国稷下地方游学，属黄老学派。

⑤囹圄(líng yǔ)：监狱。

⑥缪：通“谬”，荒谬，颠倒。

【译文】

墨家的丧葬思想是，冬天死了人就用冬天的服装，夏天死了人就用夏天的服装。用三寸厚的桐木板做棺材，守孝三个月，当代的君主认为这是节俭，因而礼遇他们。儒家提倡倾家荡产办丧事，守孝三年，要极度悲哀以致损坏了身体，靠扶着拐杖才能行走，当代的君主认为这是孝道，因而礼遇他们。那么，肯定墨子的节俭，就要否定孔子的奢侈；肯定孔子的孝道，就要否定墨子的不孝。现在孝与不孝、奢侈与节俭全都包含在儒、墨两家学说里，君主却同样地优待他们。漆雕氏主张，与人争斗时脸上不露出屈服的表情，眼睛不露出回避的神色，行为不正，对奴仆也要避让，行为正直，对诸侯也敢当面斥责，当代的君主以为正直而敬重他。宋荣子主张，不和别人争斗，不向仇人报复，关进监狱不感到羞愧，被人欺侮不以为耻辱，当代的君主以为宽宏大量而敬重他。那么，肯定漆雕氏的正直，就要否定宋荣子的宽恕；肯定宋荣子的宽恕，就要否定漆雕氏的凶暴。现在宽宏大量、正直、宽恕、凶暴全都包含在这两个人的学说中，君主却同样地优待他们。从愚蠢欺骗的学说到杂乱矛盾的言词争论不休，而君主都听信了，所以天下的士人，言论没有固定的宗旨，行为没有一定的准则。冰和炭不能长久地放在同一个容器里，寒天和暑天不能同时到来，杂乱矛盾的学说不能同时并存而用来治理国家。现在的君主同时听取那些杂乱的学说和行为荒谬人的互相矛盾的言辞，国家怎么能不乱呢？君主听言、行事是这个样子，他在治理民众方面也必然如此了。

今世之学士语治者，多曰："与贫穷地以实无资。"今夫与人相若也，无丰年旁入之利而独以完给者，非力则俭也。与人相若也，无饥馑、疾疚、祸罪之殃独以贫穷者，非侈则堕也[1]。侈而堕者贫，而力而俭者富。今上征敛于富人以布施于贫家，是夺力俭而与侈堕也，而欲索民之疾作而节用，不可得也。

今有人于此，义不入危城，不处军旅，不以天下大利易其胫一毛[2]，世主必从而礼之，贵其智而高其行，以为轻物重生之士也。夫上所以陈良田大宅，设爵禄，所以易民死命也。今上尊贵轻物重生之士，而索民之出死而重殉上事，不可得也。藏书策[3]，习谈论，聚徒役，服文学而议说[4]，世主必从而礼之，曰："敬贤士，先王之道也。"夫吏之所税，耕者也；而上之所养，学士也。耕者则重税，学士则多赏，而索民之疾作而少言谈，不可得也。立节参明，执操不侵，怨言过于耳，必随之以剑，世主必从而礼之，以为自好之士。夫斩首之劳不赏，而家斗之勇尊显，而索民之疾战距敌而无私斗[5]，不可得也。国平则养儒侠，难至则用介士。所养者非所用，所用者非所养，此所以乱也。且夫人主于听学也，若是其言，宜布之官而用其身；若非其言，宜去其身而息其端。今以为是也，而弗布于官；以为非也，而不息其端。是而不用，非而不息，乱亡之道也。

【注释】

①堕：通“惰”，懒惰。下文“堕者”、“侈堕”之“堕”同。

②不以天下大利易其胫一毛：这是早期道家杨朱一派的观点。胫，小腿。

③策：通“册”，古代用竹简编成的书籍。

④文学：指诗、书、礼、乐等。

⑤距：通“拒”，抵抗。下文凡“距敌”之“距”皆同此。

【译文】

当代的学者谈论治理国家的事情，多数人都说：“把土地分给贫穷的人，充实他们匮乏的资财。”现在有的人和别人的情况差不多，又没有丰年的收获和其他收入的利益而独能自给自足，这不是由于勤劳就是由于节俭。还有的人和别人的情况相类似，又没有遇到荒年、久病、灾难、犯罪等灾殃，而唯独他受穷受苦，那不是由于奢侈，就是由于懒惰。奢侈懒惰的人贫穷，勤劳节俭的人富裕，现在君主向富人征收财物施舍给穷人，这是剥夺勤劳节俭人的东西而给予奢侈懒惰的人，这样，要想求得民众努力耕作和省吃俭用，是不可能的。

如果现在有一个人在这里，他认为，不进入危险的城里，不到军队里参战，不肯为了天下的大利而换取他小腿上的一根毫毛，这些都是合理的行为，当世君主一定会听从并敬重他，推崇他的智慧，称赞他的行为，认为他是轻视物质利益而看重自己生命的人。君主之所以拿出肥沃的田地和高大的住宅，设置爵位和俸禄，是用来换取民众的出力卖命。现在的君主推尊敬重那些轻视财物重视生命的人，这样要想求得民众看重君主的事业，愿意拼命去干，那是不可能的。有人收藏图书，学习辩术，钻研文献典籍而高谈阔论，当代君主必定听信并尊重他，说：“敬重贤士，正是先王的原则。”官吏租收赋税的对象是种田的人，而君主所供养的却是不劳而食的学士。种田的人负担沉重的赋税，不劳而食的学士却得到丰厚的奖赏，这样，要想求得民众辛勤劳作，少说空话，那是不可能的。讲究气节，炫耀高明，坚持操守而不容侵犯，一听到怨恨自己的话，马上拔剑追赶上去，当代君主必定听信并尊重他，以为这是爱惜自己名声的人。士兵在战场上杀敌的功劳没有奖赏，而那些为私家争斗的勇士却得到荣誉和地位，这样，要想求得民众努力作战抗敌，不去为私利而争斗，那是不可能的。国家太平的时候供养儒生和侠客，危难到来时却要用战士去打仗。所供养的人不是所要用的人，所要用的人不是所供养的人，这就是发生祸乱的原因。再说，君主听取学士的意见，如果认为他讲得对，就应在官府公布并且任用他；如果认为他讲得不对，就应辞退他，不让他的主张露头。现在认为正确的，没有在官府里公布；认为错误的，也没有在这种主张露头时加以禁止。正确的不运用，错误的不禁止，这是国家发生祸乱以至灭亡的道路。

澹台子羽[①]，君子之容也，仲尼几而取之[②]，与处久而行不称其貌。宰予之辞[③]，雅而文也，仲尼几而取之，与处久而智不充其辩。故孔子曰："以容取人乎，失之子羽；以言取人乎，失之宰予。"故以仲尼之智而有失实之声。今之新辩滥乎宰予，而世主之听眩乎仲尼，为悦其言，因任其身，则焉得无失乎？是以魏任孟卯之辩[④]，而有华下之患[⑤]；赵任马服之辩[⑥]，而有长平之祸[⑦]。此二者，任辩之失也。夫视锻锡而察青黄[⑧]，区冶不能以必剑[⑨]；水击鹄雁[⑩]，陆断驹马，则臧获不疑钝利。发齿吻形容，伯乐不能以必马[⑪]；授车就驾，而观其末涂[⑫]，则臧获不疑驽良。观容服，听辞言，仲尼不能以必士；试之官职，课其功伐，则庸人不疑于愚智。故明主之吏，宰相必起于州部[⑬]，猛将必发于卒伍[⑭]。夫有功者必赏，则爵禄厚而愈劝；迁官袭级，则官职大而愈治。夫爵禄大而官职治，王之道也⑮。

【注释】

①澹(tán)台子羽：姓澹台，字子羽，春秋末期鲁国人，孔子的学生。

②仲尼：孔子的字。

③宰予：字子我，春秋末期鲁国人，孔子的学生，以善辩出名。

④魏：诸侯国名，范围包括今河南东北部和河北、山西的部分地区。孟卯：即芒卯，一作昭卯，战国时魏国的相，有口才。

⑤华下之患：前273年，孟卯率魏军联合赵军攻韩，秦将白起来救，战于华下，魏赵联军大败，死伤十五万。华下，韩国地名，即华阳，位于今河南密县东北。

⑥马服：山名，位于今河北邯郸西北。赵国名将赵奢以功封为马服君，这里指他的儿子赵括。

⑦长平之祸：前260年，秦将白起攻赵，与赵军相拒于长平，赵王中了秦的反间计，用赵括代廉颇为将。赵括熟读兵书，好纸上谈兵，毫无作战经验。结果赵军大败，被坑杀四十五万，赵括战死。长平，赵国地名，位于今山西高平西。

⑧锻锡：古人锻炼金属时掺的锡。青黄：锻炼金属时的火色。

⑨区(ōu)冶：人名，即欧冶子，春秋末期越国人，铸剑名工。

⑩鹄(hú)：水鸟名，俗称天鹅。

⑪伯乐：人名，春秋末期晋国人，善于相马。

⑫涂：通"途"。

⑬州部：古代一种基层行政单位。

⑭卒伍：指军队的基层单位。

⑮王(wàng)：称王，即统治天下。

【译文】

澹台子羽，有君子的仪表，孔丘以为他像君子而选中他作弟子，和他相处久了就发现他的品行和相貌不相称。宰予的言辞，高雅而有文采。孔丘看中他收他作弟子，和他相处久了就发现他的智慧不及他的口才。所以孔丘说："以仪表取人，在子羽身上出了差错；以口才取人，在宰予身上出了差错。"所以像孔丘这样的智慧，还发出看人不符合实际的感叹。现在新出现的辩说之辞大大超过了宰予的辩说之辞，而当代的君主听这些辩辞比孔丘还要糊涂，因为喜欢他们的言论，就去任用他们，那么怎能没有失误呢？所以魏国听信了孟卯的夸夸其谈，就造成华下兵败的祸患；赵国听信了赵括的纸上谈兵，就带来了长平兵败的灾祸。这两件事情，都是听信辩说之辞所铸成的过失。仅看锻炼时掺锡多少和烧色如何，就是区冶也不能判定剑的好坏；用剑到水上去砍杀鹄和雁，到陆地上去劈斩大小马匹，就是奴仆也不会弄错剑的利钝。只是掰开马口看牙齿，审视马的外表，就是伯乐也无法判定马的优劣；把马套在车上奔跑，一直看着它跑到路途的终点，就是奴仆也不会搞错马的好坏。只看容貌和服饰，只听言谈和辩辞，就是孔子也不能据此判定一个士人的能力大小；通过担任官职来试用他，考查他的功绩，那么，就是一个平庸的人也能分得清他是愚笨还是聪明。所以英明君主任用的官吏，宰相必定是从下层官吏中提拔上来的，猛将必定是从士兵队伍中挑选出来的。有功劳的人一定给予奖赏，那么爵位越高俸禄越厚就越能使人们受到鼓励；要逐级提升官职，那么官职越大职责就越大，就越能把政事管理好。爵位高，俸禄厚，各种官吏都会尽职尽责，这就是称王天下的原则。

磐石千里[①]，不可谓富；象人百万[②]，不可谓强。石非不大，数非不众也，而不可谓富强者，磐不生粟，象人不可使距敌也。今商官技艺之士亦不垦而食[③]，是地不垦，与磐石一贯也。儒侠毋军劳[4]，显而荣者，则民不使，与象人同事也。夫知祸磐石象人，而不知祸商官儒侠为不垦之地、不使之民，不知事类者也。

故敌国之君王虽说吾义[5]，吾弗入贡而臣；关内之侯虽非吾行[6]，吾必使执禽而朝[7]。是故力多则人朝，力寡则朝于人，故明君务力。夫严家无悍虏，而慈母有败子。吾以此知威势之可以禁暴，而德厚之不足以止乱也。

【注释】

①磐(pán)石：大石，这里指石头地。

②象人：俑，古代殉葬时用木头、陶泥做的假人。

③商官：用金钱买得官爵的商人。技艺之士：从事精巧的手工业的人。

④毋：通“无”，没有。

⑤说：同“悦”，喜爱。

⑥关内之侯：即关内侯，战国时设置的一种爵号，有封号，没有封地。

⑦执禽：古代朝见君主时有持禽类作礼物的制度，大夫执雁(鹅)，卿执羔(小羊)，表示忠心于君主。禽，鸟兽的总名。

【译文】

不能种庄稼的石头地，即使有一千里，也不能说是富饶；用木头或陶泥做的俑人，纵然有一百万个，也不能说是强大。石头地并非不广大，俑人数量并非不多，之所以不能说是富饶和强大，是因为石头地不生产粮食，俑人不能用来抗击敌人。现在的商官和从事技艺活动的人也都不耕而食，这样土地得不到开垦，也就和石头地一样了。儒生和侠客没有军功，却能得到显贵和荣耀，那么民众就不听从使唤，就跟俑人一样了。只知道把石头地和俑人看作祸害,而不懂得商官、儒生和侠客就像不能耕种的地和不听使唤的人一样也是祸害,那就是不懂得事情的类似性。

所以国力相当的国家的君主虽然喜欢我们的道义,但我们无法让他们进贡称臣;关内侯虽然反对我们的行为,我们却必定能使他们拿着礼物来朝拜。因此力量强大,别人就来朝拜,力量弱小,就要朝见别人,所以英明的君主致力于增强自己的力量。在管教严厉的家庭中没有凶悍的奴仆,而在慈母溺爱下却有败家子。我由此知道威严的权势可以禁止暴行,而深厚的恩德却不能制止祸乱。

夫圣人之治国,不恃人之为吾善也,而用其不得为非也。恃人之为吾善也,境内不什数[①];用人不得为非,一国可使齐。为治者用众而舍寡,故不务德而务法。夫必恃自直之箭,百世无矢;恃自圜之木[②],千世无轮矣。自直之箭,自圜之木,百世无有一,然而世皆乘车射禽者何也?隐栝之道用也[③]。虽有不恃隐栝而有自直之箭、自圜之木,良工弗贵也。何则?乘者非一人,射者非一发也。不恃赏罚而恃自善之民,明主弗贵也。何则?国法不可失,而所治非一人也。故有术之君,不随适然之善,而行必然之道。

今或谓人曰:"使子必智而寿",则世必以为狂[④]。夫智,性也;寿,命也。性命者,非所学于人也,而以人之所不能为说人[⑤],此世之所以谓之为狂也。谓之不能然,则是谕也,夫谕性也。以仁义教人,是以智与寿说也,有度之主弗受也。故善毛啬、西施之美[⑥],无益吾面;用脂泽粉黛[⑦],则倍其初。言先王之仁义,无益于治;明吾法度,必吾赏罚者,亦国之脂泽粉黛也。故明主急其助而缓其颂,故不道仁义。

【注释】

①不什数:不能用十来计算,即不到十个。什,通"十"。

②圜:通"圆",下同。

③隐栝(guā)之道:指运用矫正工具改造自然物的原则。隐栝,矫正曲木的工具。

④狂:通"诳",欺骗。下同。

⑤说:同"悦",讨好。

⑥毛啬(qiáng)、西施:两人都是春秋末期著名的美女。

⑦脂泽:化妆用的脂膏。黛:画眉用的青黑色颜料。

【译文】

圣明的君主治理国家,不是依靠人们自觉地替自己做好事,而是要使他们不得为非作歹。依靠人们自觉地替自己做好事,全国数不到十个这样的人;而使人们不得为非作歹,就能使全国整齐一致。治理国家的人要采用对多数人有效的方法而放弃只对少数人有效的措施,所以不应致力于德治而应致力于法治。假如一定要用自然生长得直的竹杆做箭杆,那就一百代也没有箭了;假如一定要用自然生长得圆的木材做车轮,那就一千代也没有车轮了。自然生长得直的竹杆,自然生长得圆的木材,一百代没有一棵,然而世上的人们都有车子可坐有箭射鸟,这是为什么呢?这是因为用工具矫正自然物的方法已被人们所采用。即使有不依靠工具矫正而自然直的竹杆和自然圆的木材,但技艺高明的工匠不看重它们。这是为什么呢?因为坐车的并不是一个人,射箭的也不是只发一支箭。不依靠奖赏和惩罚而自觉做好事的人,英明的君主是不看重的。为什么呢?因为国家的法令不可以抛弃,而所要治理的又不只是一个人。所以掌握了统治方法的君主,不追求少数人的偶然行善,而要推行必然实行的治国之道。

现在有人对人说："我能使你必定聪明并且长寿"，那么世人一定认为这是骗人的话。聪明，是生来的天性；寿命，是自然命定的。性和命，不是从别人那里学得来的，用人们做不到的事去讨好别人，这就是世人所以说他是欺骗的原因。对人说这事（使你一定聪明、长寿）做不到，就是明白告诉人们，说明人们的本性就是如此。用仁义来教人，就是利用聪明与长寿来劝说人一样，有法度的君主是不接受的。所以赞扬毛啬、西施的美貌，对自己的脸面并没有什么益处；只有使用脂膏、花粉、黛墨化妆打扮，就会比原来的容颜加倍美丽。谈论先王的仁义，无助于治理国家；只要明确自己国家的法度，坚决实行赏罚措施，这也就好比是使国家富强的"脂泽粉黛"了。因此英明的君主看重对他治国有帮助的东西，而轻视对先王的颂扬，所以不讲什么仁义。

今巫祝之祝人曰[①]："使若千秋万岁。"千秋万岁之声括耳[②]，而一日之寿无征于人，此人所以简巫祝也。今世儒者之说人主，不善今之所以为治，而语已治之功；不审官法之事，不察奸邪之情，而皆道上古之传誉、先王之成功。儒者饰辞曰："听吾言，则可以霸王。"此说者之巫祝，有度之主不受也。故明主举实事，去无用，不道仁义者故[③]，不听学者之言。

今不知治者必曰："得民之心。"欲得民之心而可以为治，则是伊尹、管仲无所用也[④]，将听民而已矣。民智之不可用，犹婴儿之心也。夫婴儿不剔首则腹痛[⑤]，不揊痤则寖益[⑥]。剔首、揊痤，必一人抱之，慈母治之，然犹啼呼不止，婴儿子不知犯其所小苦致其所大利也。今上急耕田垦草以厚民产也，而以上为酷；修刑重罚以为禁邪也，而以上为严；征赋钱粟以实仓库，且以救饥馑、备军旅也，而以上为贪；境内必知介而无私解，并力疾斗，所以禽虏也[7]，而以上为暴。此四者，所以治安也，而民不知悦也。夫求圣通之士者，为民知之不足师用[8]。昔禹决江浚河，而民聚瓦石；子产开亩树桑[9]，郑人谤訾[10]。禹利天下，子产存郑人，皆以受谤，夫民智之不足用亦明矣。故举士而求贤智，为政而期适民，皆乱之端，未可与为治也。

【注释】

①巫：古代以歌舞降神为人祈祷的人。祝：古代为人求神祝福的人。

②括：通"聒"，声音吵闹。

③者：通"诸"，之。

④伊尹：商汤的相，曾辅助汤灭夏，建立了商朝。管仲：春秋时齐桓公的相，曾辅助桓公改革政治，富国强兵，建立霸业。

⑤不剔（tī）首则腹痛：婴儿不剃头发就会肚子疼。可能是古代的一种迷信说法。剔首，剃头。

⑥揊（pì）：剖开，割开。痤（cuó）：疖子。

⑦禽：同"擒"。

⑧知：同"智"。

⑨子产：即公孙侨，春秋末期郑国执政的卿。

⑩郑：春秋时诸侯国名，位于今河南中部，在黄河以南。谤訾（zǐ）：恶意咒骂。郑国人咒骂子产，见《左传·襄公三十年》。

【译文】

如今的巫祝为人祝福说："让你长生千年万年。"只听见长生千年万年的声音在身边喋喋不休，可是连使人延长一天寿命的效验也没有，这就是人们所以轻视巫祝的原因。当代儒生游说君主,不谈现在用来治理国家的办法,而谈论过去的治国功绩;不审察官府法令方面的事情,不考察奸邪方面的情况,而都去称道远古流传的美谈,赞誉先王成就的功业。儒家吹嘘说:“听我的话,就可以称王称霸。”这是游说者中的巫祝,有法度的君主是不会接受的。所以英明的君主做实事,去掉无用的东西,不谈仁义道德方面的事,不听信学者的话。

现在不懂得如何治理国家的人一定会说:“要得民心。”假如需要得民心才能治理好国家,那么,像伊尹、管仲这样的人才也没有什么用场了,只要听凭民众的意愿就可以了。民众的智力不可采用,就像婴儿的心理一样。婴儿不剃头发就会肚子疼,不给疖子开刀病状就会逐渐加重。剃头发或给疖子开刀时,一定需要有一个人抱住婴儿,通常由慈母做这件事,可是婴儿还是会不停地啼哭呼喊,因为婴儿不懂得遭受一点小痛苦就会得到解除痛苦的大利。现在的君主急于开荒种田以增加民众的财产,而民众却认为君主太严酷了;修订刑法、加重处罚,本来是为了禁止邪恶,而民众却认为君主太严厉了;征收钱粮,用来充实国家仓库,将用于救济灾荒、准备军队给养,而民众却认为君主太贪婪;国内的人都必须知道要武装起来而没有私下逃避兵役时,同心协力奋勇战斗,擒获俘虏,而民众却认为君主暴虐。以上四种举措,都是为了使国家得到治理、民众生活安定,然而民众却不知道高兴。君主要寻找圣明通达的人,就是因为民众的智慧不足以效法和使用。从前大禹疏通江河,民众却堆积瓦石加以阻挡;子产开垦田地种桑养蚕,郑国人却恶意咒骂他。禹为天下人谋利,子产关怀郑国人,都因此遭到诽谤,民众的智慧不足以使用也就很清楚了。因此,君主选拔人才要寻求贤能而有智慧的人,处理政事而希望迎合民众,这都是祸乱的根源,是不可以用来治国的。

忠　孝

【题解】

这篇文章讨论的是“孝悌忠顺之道”。

韩非站在法家的立场重新解释尧舜汤武之道，指出它是“天下之乱术”，明确提出了“上法不尚贤”的口号。他认为只有“尽力守法，专心于事主者为忠臣”，“臣事君，子事父，妻事夫”才是“天下之常道”。文章批判了道家的“恬淡之学”、“恍惚之言”和纵横家“不言国法而言纵横”的“虚言”，强调只有治理好内政方能制裁天下。

天下皆以孝悌忠顺之道为是也，而莫知察孝悌忠顺之道而审行之，是以天下乱。皆以尧舜之道为是而法之①，是以有弑君，有曲于父。尧、舜、汤、武或反君臣之义②，乱后世之教者也。尧为人君而君其臣，舜为人臣而臣其君，汤、武为人臣而弑其主、刑其尸，而天下誉之，此天下所以至今不治者也。夫所谓明君者，能畜其臣者也；所谓贤臣者，能明法辟、治官职以戴其君者也。今尧自以为明而不能以畜舜，舜自以为贤而不能以戴尧，汤、武自以为义而弑其君长，此明君且常与而贤臣且常取也。故至今为人子者有取其父之家,为人臣者有取其君之国者矣。父而让子,君而让臣,此非所以定位一教之道也。臣之所闻曰:“臣事君,子事父,妻事夫。三者顺则天下治,三者逆则天下乱,此天下之常道也。”明王贤臣而弗易也,则人主虽不肖,臣不敢侵也。今夫上贤任智无常③,逆道也,而天下常以为治。是故田氏夺吕氏于齐④,戴氏夺子氏于宋⑤。此皆贤且智也,岂愚且不肖乎?是废常上贤则乱,舍法任智则危。故曰:上法而不上贤。

【注释】

①尧舜之道:尧、舜治理天下的一套办法,实际上就是儒家所提倡的“仁政”、“礼治”。尧、舜,都是我国原始社会末期的部落首领,传说中的贤君。

②汤、武:指商汤和周武王。

③上:通“尚”,崇尚。下文“上贤”、“上法”之“上”皆同此。

④田氏:指田常,即田成子,春秋末期齐国执政的卿。吕氏:这里指齐简公吕任。指前481年田成子发动政变,杀掉齐简公控制政权的事。齐:诸侯国名,范围包括今山东北部和河南东南部。

⑤戴氏:指子罕,即皇喜,战国时任宋国司城(即司空,主管土木建筑工程的官)。子氏:这里指宋桓侯,姓子名璧,或璧兵。这指的是子罕劫杀宋桓侯自立为君主的事。

【译文】

天下的人都认为孝悌忠顺之道是对的,却没有人懂得去考察它的内容而慎重地实行它,因此天下混乱。天下的人都认为尧舜之道是正确的而去效法它,因此出现臣子杀死君主、儿子悖逆父亲的事情。尧、舜、汤、武,在有的问题上也违反君臣之间的道德原则,成为扰乱后世教化的人。尧作为君主,却把他的臣子舜奉为君主;舜作为臣子,却把他的君主尧当作臣子;汤、武作为臣子却杀害他们的君主,斩断君主的尸体,然而天下的人却称赞这种行为,这就是天下从古至今所以不太平的原因。所谓英明的君主,就是能够驯服自己臣子的人;所谓贤能的臣子,就是能够彰明法度、忠于职守来拥戴自己君主的人。现在尧自以为英明却不能驯服舜,舜自以为贤能而不能拥戴尧,汤、武自以为有道义而杀害他们的君主,这就是明君和贤臣一方面经常交出权力一方面经常夺取权力的情况。所以直到今天还存在做儿子的夺取他父亲的家、做臣子的夺取他君主的国的事。父亲让家给儿子,君主让国给大臣,这不是用来确定名位、统一政教的办法。我听说:"臣子事奉君主,儿子事奉父亲,妻子事奉丈夫。顺从这三条原则,天下就大治;违背这三条原则,天下就大乱;这是天下永恒不变的原则。"英明的君主、贤能的大臣只要不改变这些原则,那么即使君主不太高明,臣下也不敢侵夺他的权位。现在尊崇贤人任用智者而没有固定的原则,而是背离孝悌忠顺之道,而天下的人却常常认为国家得到治理。因此田氏在齐国篡夺了吕氏的政权,戴氏在宋国篡夺了子氏的政权。这些都是贤能而且有智慧的人,难道他们真是愚蠢而不贤明吗?这说明废掉固定的原则而尊崇贤人,国家就混乱;舍弃法度而任用智者,君主就危险。所以说:治国应崇尚法度而不要崇尚贤人。

记曰[①]:"舜见瞽瞍[②],其容造焉[③]。孔子曰:'当是时也,危哉,天下岌岌[④]!有道者,父固不得而子,君固不得而臣也。'"臣曰:孔子本未知孝悌忠顺之道也。然则有道者,进不为主臣,退不为父子耶?父之所以欲有贤子者,家贫则富之,父苦则乐之;君之所以欲有贤臣者,国乱则治之,主卑则尊之。今有贤子而不为父,则父之处家也苦;有贤臣而不为君，则君之处位也危。然则父有贤子，君有贤臣，适足以为害耳，岂得利焉哉？所谓忠臣，不危其君；孝子，不非其亲。今舜以贤取君之国，而汤、武以义放弑其君，此皆以贤而危主者也，而天下贤之。古之烈士[5]，进不臣君，退不为家，是进则非其君，退则非其亲者也。且夫进不臣君，退不为家，乱世绝嗣之道也[6]。是故贤尧、舜、汤、武而是烈士，天下之乱术也。瞽瞍为舜父而舜放之，象为舜弟而杀之[7]。放父杀弟，不可谓仁；妻帝二女而取天下[8]，不可谓义。仁义无有，不可谓明。《诗》云："普天之下，莫非王土；率土之滨，莫非王臣[9]。"信若《诗》之言也，是舜出则臣其君，入则臣其父，妾其母，妻其主女也。故烈士内不为家，乱世绝嗣；而外矫于君，朽骨烂肉，施于土地，流于川谷，不避蹈水火。使天下从而效之，是天下遍死而愿夭也。此皆释世而不治是也。世之所为烈士者[10]，离众独行，取异于人，为恬淡之学而理恍惚之言。臣以为恬淡，无用之教也；恍惚，无法之言也。言出于无法，教出于无用者，天下谓之察。臣以为人生必事君养亲，事君养亲不可以恬淡；治人必以言论忠信法术，言论忠信法术不可以恍惚。恍惚之言，恬淡之学，天下之惑术也。孝子之事父也，非竞取父之家也；忠臣之事君也，非竞取君之国也。夫为人子而常誉他人之亲曰："某子之亲，夜寝早起，强力生财以养子孙臣妾。"是诽谤其亲者也。为人臣常誉先王之德厚而愿之，是诽谤其君者也。非其亲者知谓之不孝，而非其君者天下皆贤之，此所以乱也。故人臣毋称尧舜之贤，毋誉汤、武之伐，毋言烈士之高，尽力守法，专心于事主者为忠臣。

【注释】

①记：历史典籍。

②瞽瞍（gǔ sǒu）：人名，传说是舜的父亲。

③造：通"蹙"，局促不安。

④岌岌（jí）：危险的样子。

⑤烈士：讲究气节的人。这里含有贬义，相当于"所谓的烈士"。

⑥乱世绝嗣：扰乱社会、断绝子嗣。嗣，嗣息，子孙。

⑦象：瞽瞍后妻所生的儿子。舜的异母弟。传说他替瞽瞍策划，多次谋害舜。舜后来没有怪罪他，反而给他封地。韩非在这里则说舜杀掉象，和《孟子》、《史记》等书的记载不同。

⑧妻帝二女：指舜娶尧的两个女儿娥皇、女英做妻子。

⑨"普天之下"以下四句：见《诗经・小雅・北山》。《诗》，指《诗经》。

⑩为：通"谓"。

【译文】

史书上记载："舜见到父亲瞽瞍来朝见他，表情局促不安。孔子说：'在那个时刻，危险呀，天下真是非常危险！像舜这样道德高尚的人，父亲本来不应该把他看作儿子，君主当然也不应该把他看作臣子。'"我认为：孔子根本就不懂得孝悌忠顺之道。既然如此，道德高尚的人上朝就可以不做君主的臣子，回家就可以不做父亲的儿子吗？父亲之所以希望有孝子，是因为家里贫穷时他能使家业富裕起来，父亲精神痛苦时他能让父亲高兴起来；君主之所以希望有贤能的臣子，是因为国家混乱时他能把国家治理好，君主地位下降时他能使君主地位提高。假如有孝子而不孝敬父亲，那么父亲在家里就会很痛苦；假如有贤能的臣子而不效忠君主，那么君主在位上就很危险。这样，父亲有孝子，君主有贤臣，恰好成为祸害了，哪里还能得到什么利益呢？所谓忠臣，是不危害他的君主的;所谓孝子,是不非议他的父母的。现在舜靠贤能夺取了君主的国家,商汤、周武王靠道义放逐和杀害了他们的君主,这都是靠着贤明而危害君主的人,可是天下的人却认为他们贤能。古代的烈士,上朝不臣服于君主,回家不治理家业,因此他们是在朝廷上反对自己的君主,在家里反对自己的父亲的人。再说,在朝廷不臣服于君主,回家不治理家业,这是扰乱社会、断子绝孙的行为。因此,以尧、舜、汤、武为贤能,以烈士为正确,是造成天下混乱的办法。瞽瞍作为舜的父亲而舜把他放逐了,象作为舜的弟弟而舜杀害了他。放逐父亲,杀害弟弟,不能叫做仁;娶尧帝两个女儿为妻并且夺取天下,不能叫做义。没有仁义,就不能称作圣明。《诗经》上说:"普天之下,没有不是君王的土地;四海之内,没有不是君王的臣子。"果真像《诗经》上所说的那样,舜就是在朝廷上把君主作为臣下,在家里把父亲作为臣仆,把母亲看作奴婢,把君主的女儿当妻子。所以烈士对内不考虑家庭,扰乱社会,断绝后代;在外不服从君主,即使会尸骨腐烂,散在野地,流入河谷,也不怕赴汤蹈火。如果让天下的人都跟从和仿效他们,就会出现天下到处是死人并且大家都愿意早死。这些烈士都是置社会于不顾而不想把国家治理好的人。社会上所说的烈士,脱离众人独往独来,有意与别人不同,提倡清静淡泊不追求名利的学说,研究故弄玄虚难以捉摸的言论。我认为"恬淡之学"是毫无用处的说教;"恍惚之言"是没有法治的言论。对于没有法治的言论和毫无用处的说教,天下的人却认为是对事物看得很清楚。我认为人生活在世上一定要事奉君主,赡养双亲,而事君养亲就不可能清静淡泊;治理民众必须让言论忠实于法术,言论忠实于法术就不可以说些恍惚不清的话。恍惚之言,恬淡之学,都是社会上流行的惑乱人心的学说。孝子孝敬父亲,不是要去夺取父亲的家;忠臣事奉君主,不是要去夺取君主的国。假若做儿子的经常称赞别人的父亲说:"某人的父亲,晚睡早起,极力积累财富用来供养子孙奴婢。"这就是在诽谤自己的父亲。作为臣子,经常称赞先王的恩德深厚并表示羡慕，就是在诽谤自己的君主。对于非议父母的人，人们一定说他不孝，然而对于非议君主的人，天下的人都认为他很贤能，这就是国家混乱的原因。所以做臣子的不要称颂尧、舜的贤明，不要赞扬汤、武的功绩，不要宣传烈士的高尚，只有竭尽全力、遵守法度，一心一意地侍奉君主的人才是忠臣。

古者黔首悗密蠢愚①，故可以虚名取也。今民儇调智慧②，欲自用，不听上。上必且劝之以赏，然后可进；又且畏之以罚，然后不敢退。而世皆曰："许由让天下③，赏不足以劝；盗跖犯刑赴难④，罚不足以禁。"臣曰：未有天下而无以天下为者，许由是也；已有天下而无以天下为者，尧、舜是也。毁廉求财，犯刑趋利，忘身之死者，盗跖是也。此二者，殆物也。治国用民之道也，不以此二者为量。治也者，治常者也；道也者，道常者也⑤。殆物妙言，治之害也。天下太上之士，不可以赏劝也；天下太下之士，不可以刑禁也。然为太上士不设赏，为太下士不设刑，则治国用民之道失矣。

故世人多不言国法而言从横⑥。诸侯言从者曰："从成必霸"；而言横者曰："横成必王"⑦。山东之言从横未尝一日而止也⑧，然而功名不成，霸王不立者，虚言非所以成治也。王者独行谓之王，是以三王不务离合而正⑨，五霸不待从横而察⑩，治内以裁外而已矣。

【注释】

①黔首：黑头，指农民。悗(mèn)密：勤勉，质朴。

②儇调(xuān xiòng)：机灵，奸诈。

③许由：传说是尧时的隐士，尧想把天下让给他，他不接受，逃隐到箕山。

④跖（zhí）：春秋末期的著名强盗，被称为盗跖。

⑤道：通“导”，指引，引导。

⑥从横：即纵横，指战国时期的合纵连横活动。从，同“纵”。下文凡言“从横”之“从”与此同。

⑦王（wàng）：称王，指统治天下。

⑧山东：指崤（xiáo）山（位于今河南渑池西）以东的地区，实指韩、赵、魏、楚、齐、燕六国。

⑨三王：指夏、商、周三代开国君主，即夏禹、商汤和周文王。

⑩五霸：指春秋时期先后称霸的齐桓公、晋文公、楚庄王、吴王阖闾（hé lǘ）、越王勾践。

【译文】

古代的民众勤恳愚笨，所以可以用虚假的名声去争取他们。当今的民众机灵有智谋，想按自己意愿行事，不愿服从君主。君主必须用奖赏去鼓励他们，然后才能使他们上进；又要用刑罚来威胁他们，然后才能使他们不敢后退。然而社会上的人都说：“许由让天下，说明奖赏不适宜劝勉；盗跖触犯刑法而不避危难，说明刑罚也不适宜起到禁止的作用。”我认为：没有统治天下而又不把天下当作一回事的，是许由这样的人；已经统治天下而又不把天下当作一回事的，是尧、舜这样的人。败坏廉洁去谋求财富，触犯刑法去追求私利，忘记自己生死的，是盗跖这样的人。许由和盗跖这两种人的行为是危险的事情。治理国家驭使民众的准则，不能以这两种人的行为作为标准。所谓治，是指治理一般民众的通常情况而言；所谓道，是指引导一般民众的通常情况而言。那些危险的行为玄妙的言论，是治理国家的祸害。世界上（像许由那样）的大好人，是不能用奖赏来鼓励的，世界上（像盗跖那样）的大坏人，是不能靠刑罚来禁止的。然而为了大好人而不设奖赏，为了大坏人而不设刑罚，那就把治理国家和使用民众的原则丢掉了。

因此社会上的人大都不讲治国的法度而是大谈合纵连横。诸侯中主张合纵的说："合纵成功就必能称霸天下"；而主张连横的说："连横成功就必能称王天下。"山东六国宣扬纵横之说一天也没有停止过，然而功名没有成就，霸王的事业没有建立，可见虚妄的言谈是不能用来治理好国家的。做君王的能独断专行才能称得上是王，因此三王不致力于合纵连横而使天下走上正道，五霸不搞合纵连横而能明察天下，他们不过是先治理好内政然后来控制天下罢了。

人　主

【题解】

“人主”指的是君王。文章分两个部分，讲了两个问题。第一部分论述君王应掌握权势控制臣下，否则会身死国亡；第二部分论述君主应任用法术之士。他指出君王经常受“当涂之臣”及其“左右近习朋党”的蒙蔽，所以应当“退大臣之议，背左右之讼”，而任用“法术之士”。

此篇与《孤愤》、《二柄》、《和氏》、《爱臣》等篇的内容文字有相似重合之处。

人主之所以身危国亡者，大臣太贵，左右太威也。所谓贵者，无法而擅行，操国柄而便私者也。所谓威者，擅权势而轻重者也。此二者，不可不察也。夫马之所以能任重引车致远道者，以筋力也。万乘之主、千乘之君所以制天下而征诸侯者[①]，以其威势也。威势者，人主之筋力也。今大臣得威，左右擅势，是人主失力；人主失力而能有国者，千无一人。虎豹之所以能胜人执百兽者，以其爪牙也，当使虎豹失其爪牙[②]，则人必制之矣。今势重者，人主之爪牙也，君人而失其爪牙，虎豹之类也。宋君失其爪牙于子罕[③]，简公失其爪牙于田常④,而不蚤夺之,故身死国亡。今无术之主皆明知宋、简之过也,而不悟其失,不察其事类者也。

【注释】

①万乘之主、千乘之君:有万辆和千辆兵车的君主,泛指大国和中等国家的君主。

②当:通“倘”。

③宋君:指宋桓公子璧,一作子璧兵,战国时宋国君主。子罕:即皇喜,姓戴,曾任宋国司城(掌管土木建筑的官),后杀桓侯而夺取了政权。

④简公:指齐简公,名任,春秋时齐国君主。田常:即田成子,齐简公时执政的大臣,他采取各种措施,争取民众,前481年,杀掉简公,控制了政权。

【译文】

君主之所以自身危险国家灭亡,是因为大臣太显贵,左右侍从太有威势。所谓显贵,就是无视法令而独断专行,掌握国家大权以便谋取私利。所谓威势,就是独揽权势而随意决定事情的轻重。这两种情况不能不进行考察。马之所以能负重拉车走到很远的地方,靠的是筋骨。拥有万辆兵车的大国君主和拥有千辆兵车的中等国家的君主,之所以能制服天下并征伐诸侯,是因为他们有权威和势力。权威和势力就是君主的筋骨。当今大臣取得了权威,左右侍从形成了势力,君主因此就失去了力量;君主失去力量还能拥有国家的,一千人中也没有一个。虎和豹之所以能够胜过人而擒获各种野兽,是因为它们有锋利的爪子和牙齿,假如虎、豹失去了锋利的爪牙,人类就一定能够制服它们。现在有权势的人,就是君主的爪牙,统治人民而失去自己的爪牙,那就和失去爪牙的虎、豹相似了。宋桓公失去自己的爪牙给子罕,齐简公失去自己的爪牙给田成子,而又不及早夺回他们,因此自己被杀死,国家也灭亡了。当今不懂得治国之术的君主，都明知道宋桓公、齐简公的过错，却不清楚自己的过失所在，这是不懂得君主失去权势和虎豹失去爪牙相类似呀。

且法术之士与当涂之臣[1]，不相容也。何以明之？主有术士，则大臣不得制断，近习不敢卖重；大臣、左右权势息，则人主之道明矣。今则不然，其当涂之臣得势擅事以环其私，左右近习朋党比周以制疏远，则法术之士奚时得进用，人主奚时得论裁？故有术不必用，而势不两立。法术之士焉得无危？故君人者非能退大臣之议，而背左右之讼，独合乎道言也，则法术之士安能蒙死亡之危而进说乎？此世之所以不治也。明主者，推功而爵禄，称能而官事，所举者必有贤，所用者必有能，贤能之士进，则私门之请止矣。夫有功者受重禄，有能者处大官，则私剑之士安得无离于私勇而疾距敌[2]，游宦之士焉得无挠于私门而务于清洁矣？此所以聚贤能之士，而散私门之属也。今近习者不必智，人主之于人也或有所知而听之，入因与近习论其言，听近习而不计其智，是与愚论智也。其当涂者不必贤，人主之于人或有所贤而礼之，入因与当途者论其行，听其言而不用贤，是与不肖论贤也。故智者决策于愚人，贤士程行于不肖，则贤智之士奚时得用，而人主之明塞矣。昔关龙逄说桀而伤其四肢[3]，王子比干谏纣而剖其心[4]，子胥忠直夫差而诛于属镂[5]。此三子者，为人臣非不忠，而说非不当也，然不免于死亡之患者，主不察贤智之言，而蔽于愚不肖之患也。今人主非肯用法术之士，听愚不肖之臣，则贤智之士孰敢当三子之危而进其智能者乎？此世之所以乱也。

【注释】

①涂：通“途”。

②距：通“拒”，抵抗。

③关龙逄(páng)：夏桀的大臣，因直谏被杀。说(shuì)：劝说。桀：夏的最后一个王。

④比干：商纣王的叔父，商王文丁的儿子，所以称王子。比干多次强谏纣王，被剖心而死。纣，商朝的最后一个王。

⑤子胥：指伍子胥，名员。春秋时楚国人，后逃到吴国，任吴王夫差的大臣。夫差(chāi)：春秋末期吴国的君主。属镂，剑名。诛于属镂(zhǔ lòu)：前494年，吴败越后，越向吴求和，伍子胥劝吴王拒绝，吴王不从。后又听信谗言，赐属镂剑逼他自杀。

【译文】

况且法术之士与当权的大臣，是互不相容的。怎样来说明它呢？君主任用了法术之士，大臣就不能独断专行，左右近侍也不敢卖弄权势；大臣和左右近侍的权势没有了，那么君主的治国原则也就明确了。今天的情况则不是这样的，那些大臣掌握权势后擅自决定政事以谋求个人的私利，左右近侍结党拉派紧密勾结，整治关系疏远的人，那么法术之士什么时候才能得到选拔任用，君主什么时候才能论断裁决呢？所以法术之士即使有术也不一定被任用，和权臣又势不两立。法术之士怎么能够没有危险呢？所以君主如果不能力排大臣的意见，摒弃左右亲侍的告状，独立地做出符合原则的判断，那么法术之士哪能冒死亡的危险向君主进献自己的主张呢？这就是社会不能治好的原因。英明的君主，按照功劳授予爵位和俸禄，根据能力来安排官职任以政事，所选拔的人一定要品德好，所任用的人一定要能力强，品德好能力强的人得到任用，那么私家的请托就停止了。有功劳的人得到优厚的俸禄，有能力的人处在重要的官位上，那么私家供养的剑客怎么能不远离私斗之勇而去奋力抵抗敌人，到处游说以谋取官职的人又怎么能不远离私门而注意检点自己的言行呢？这就是聚集贤能之士而离散私门势力的办法。现在君主身边的侍从不一定有智慧，君主对于某人有时看到他有智慧而听取了他的意见，回头又同左右亲信谈论那个人的意见，听信左右亲信的话，不考虑那个人的智慧，这正是和愚蠢的人一起来评论有智慧的人。那些当权的大臣不一定贤能，君主在人群中发现有的人贤能便礼遇他们，回到朝廷又同大臣谈论他的品行，听取大臣的意见而任用贤能的人，这是与品行不好的人一起来评论品行好的人。所以有智慧的人的主张由愚蠢的人来决断，品行好的人要由品行不好的人来衡量，那么贤智之士何时才能得到任用？而君主的圣明也就被蒙蔽阻塞了。从前关龙逄劝说夏桀而被伤害四肢，王子比干向商纣王进谏而被剖去心脏，伍子胥对吴王夫差忠心耿耿却被赐属镂宝剑杀死。这三个人，作为臣子并非不忠，而他们的意见并非不正确，然而却免不了死亡的灾难，这是君主不考察贤人、智者的意见，而被愚蠢的人、品行不好的人所蒙蔽的结果。现在的君主不肯任用法术之士，而听从愚蠢不肖的臣子的话，那么品性好、有智慧的法术之士，谁敢冒关龙逄、比干、伍子胥那样的危险，而进献自己的智慧和才能呢？这就是社会所以混乱的原因啊。

饬令

【题解】

饬(chì)令即整顿、贯彻法令。

本篇指出君主应当正确实行赏罚,反对“任善”(根据善言任用),提倡“任功”(根据功劳任用)。他认为君主应当“以刑治,以赏战,厚禄以用术”,这样才能“以治去治,以言去言”,才能无敌。他还主张“重刑少赏”,以便“以刑去刑”。

《饬令》的文字与《商君书·靳令》大致相同,只在字句上略有改动。篇末有“行刑重其轻者,轻者不至,重者不来,此谓以刑去刑”,《内储说上七术》有同样的文字,且明说是“公孙鞅曰”。

饬令,则法不迁;法平,则吏无奸。法已定矣,不以善言害法[①]。任功,则民少言;任善,则民多言。行法曲断[②],以五里断者王[③],以九里断者强,宿治者削。

以刑治,以赏战,厚禄以用术。行都之过,则都无奸市。物多末众[④],农弛奸胜,则国必削。民有余食,使以粟出爵,必以其力,则农不怠。三寸之管毋当[⑤],不可满也。授官爵出利禄不以功,是无当也。国以功授官与爵,此谓以成智谋,以威勇战,其国无敌。国以功授官与爵,则治者省,言有塞,此谓以治去治,以言去言,以功与爵者也。故国多力,而天下莫之能侵也。兵出必取,取必能有之;案兵不攻必富[6]。朝廷之事,小者不毁,效功取官爵,廷虽有辟言[7],不得以相干也,是谓以数治。以力攻者,出一取十;以言攻者,出十丧百。国好力,此谓以难攻;国好言,此谓以易攻。

重刑少赏,上爱民,民死赏;多赏轻刑,上不爱民,民不死赏。利出一空者[8],其国无敌;利出二空者,其兵半用;利出十空者,民不守。重刑明民,大制使人,则上利。行刑,重其轻者,轻者不至,重者不来,此谓以刑去刑。罪重而刑轻,刑轻则事生,此谓以刑致刑,其国必削。

【注释】

①善言:好话,指儒家的"仁义"之言。

②曲:乡里,泛指乡村下层单位。

③里:古代民众的居住单位,一里约五十户。王(wàng):称王,指统一天下。

④物:指奢侈品。末:指工商业。

⑤毋:通"无"。当(dàng):底。

⑥案:通"按"。

⑦辟:通"僻",邪曲不正。

⑧空:通"孔",引申为来源。下文"二空"、"十空"之"空"同此。

【译文】

整顿、贯彻法令,法就不会随意改变;法令公正,官吏就不会有奸邪的行为。法令已经制定了,就不能用仁义道德之类的好话来妨害法令。任用有功劳的人,民众就少说空话;任用善谈"仁义"之言的人,民众就崇尚空谈。

执行法令在乡村断案,五里之内能断案的国家,就能称王天下;九里以内能断案的国家,就能强盛;办事缓慢不能及时断案的国家,就会被削弱。

用刑罚治理国家,用奖赏鼓励作战,俸禄要优厚,而且要注意策略和手段。巡查都邑中的违法行为,都市中就没有违法的买卖了。物品繁多,从事工商业的人众多,农事便荒废,坏事就占了上风,那么国家就必定会被削弱。民众有了多余的粮食,就让他们用粮食捐取官爵,取得官爵一定得靠自己的力量,农事就不会懈怠了。三寸长的管子没有底,是不可能装满的。授给官爵和俸禄不根据人们的功劳,也像没有底的管子一样。国家根据功劳授予官职和爵位,这就叫做用官职爵位来成就智谋,激励勇敢作战,这样的国家是无敌的。国家根据功劳授予官职和爵位,治理国家就省事,空话就被杜绝了,这就叫做用政治措施减省政治事务,用言论去除空话,这就是按功劳授予官爵的缘故。所以国家实力雄厚,天下没有谁能够侵犯它。出兵打仗一定能攻取,攻取了一定能占有;按兵不动(努力耕作),国家就一定富强。朝廷上的政事,小事也不准诽谤,做出成绩的就能取得官爵,朝廷中即使有人讲坏话,也不能干扰这种做法,这就叫做用法术治国。国家凭实力去进攻敌人,出一分力量能够取得十分的收效;凭空话去进攻敌人,出十分力量反而会遭到百分的损失。国家崇尚实力,这叫做从难处入手准备进攻;国家崇尚空谈,这叫做从易处入手准备进攻。

加重刑罚,减少奖赏,这是君主爱护臣民,臣民就会拼命去争取奖赏;增加奖赏,减轻刑罚,这是君主不爱护臣民,臣民就不会拼命去争取奖赏。利禄出于君主一个人,这个国家就无敌;利禄出于两个人,军队就只有一半听君主使用;利禄出于十个人,民众就不守护自己的君主。用严厉的刑罚让民众明白法制,用重大的法制去驱使人们,对君主就有利。执行刑罚,对轻罪用重刑,这样轻罪就不敢犯,重罪更不敢犯,这就叫做用刑罚去掉刑罚。犯重罪而用轻刑,刑罚轻了,犯法的事就容易发生,这就叫做用刑罚招致刑罚,这样的国家必定被削弱。

心 度

【题解】

本篇论述的是民心与法度的关系。韩非认为君主应根据民心确立“明赏”、“严刑”的原则，以便“禁奸于未萌，服战于民心”。和本书中其他篇一样，他强调“治民无常，唯法为治”。法度又要随时代而有所变化，即“法与时转则治，治与世宜则有功”。他还要求君主明奖罚，重耕战，以增强国力，统一天下。

圣人之治民，度于本，不从其欲①，期于利民而已。故其与之刑，非所以恶民②，爱之本也。刑胜而民静，赏繁而奸生。故治民者，刑胜，治之首也；赏繁，乱之本也。夫民之性，喜其乱而不亲其法。故明主之治国也，明赏，则民劝功；严刑，则民亲法。劝功，则公事不犯；亲法，则奸无所萌。故治民者，禁奸于未萌；而用兵者，服战于民心。禁先其本者治，兵战其心者胜。圣人之治民也，先治者强，先战者胜。夫国事务先而一民心，专举公而私不从，赏告而奸不生，明法而治不烦。能用四者强，不能用四者弱。夫国之所以强者，政也；主之所以尊者，权也。故明君有权有政，乱君亦有权有政，积而不同，其所以立异也。故明君操权而上重，一政而国治。故法者，王之本也③；刑者，爱之自也。

【注释】

①从：通“纵”，放纵。

②恶（wù）：厌恶，憎恨。

③王（wàng）：称王，即统治天下。

【译文】

圣人治理民众，把法度作为衡量事情的根本，不放纵他的欲望，只期望有利于民众罢了。所以，君主对民众施用刑罚，并不是憎恨民众，而是爱护他们的根本措施。刑罚严峻，民众就安宁；奖赏太滥，奸邪行为就滋生。所以治理民众，刑罚严峻，是治理国家的首要事务；奖赏太滥，是国家混乱的本源。民众的本性，喜欢无法无天的乱世，而不喜欢刑罚。所以圣明的君主治理国家，实施明白恰当的奖赏，这样，民众就会被鼓励去建立功业；实行严厉的刑罚，这样，民众就接受法制。鼓励建功立业，国家的政事就不会受到侵犯；接受法制，奸邪行为就无从萌生。因此治理民众，要在奸邪行为尚未萌发时就加以禁止；用兵打仗，要使民众的心理适应战争。禁止奸邪要在奸邪的本源出现之前加以禁止，这样国家就能治理好；用兵打仗使民众的心理适应战争就会胜利。圣人治理民众，抢先治理奸邪就强大，抢先做好战斗准备就能取胜。管理国家大事要致力于“抢先”的原则来统一民心；专门推崇公家的利益，使私欲不会放纵；奖励告发奸邪的人，使奸邪行为不会发生；明确法度，使国家的治理不会烦乱。能做到这四点的国家就强大，不能做到这四点的国家就衰弱。国家之所以强大，靠的是政策；君主之所以尊贵，靠的是权力。所以，贤明的君主有权力有政策；昏乱的君主也有权力有政策，但所得的结果不一样，是因为他们确立的原则不一样。所以贤明的君主掌握权力而地位尊贵，专一地实行法治，国家安定太平。所以法律，是统治天下的根本；刑罚，是爱护民众的开始。

夫民之性，恶劳而乐佚。佚则荒，荒则不治，不治则乱，而赏刑不行于天下者必塞。故欲举大功而难致其力者，大功不可几而举也；欲治其法而难变其故者，民乱不可几而治也。故治民无常，唯法为治。法与时转则治，治与世宜则有功。故民朴而禁之以名则治，世知维之以刑则从[①]。时移而治不易者乱，能众而禁不变者削。故圣人之治民也，法与时移而禁与能变。

能越力于地者富，能起力于敌者强，强不塞者王。故王道在所开，在所塞，塞其奸者必王。故王术不恃外之不乱也，恃其不可乱也。恃外不乱而治立者削，恃其不可乱而行法者兴。故贤君之治国也，适于不乱之术[②]。贵爵，则上重，故赏功爵任而邪无所关。好力者其爵贵；爵贵，则上尊；上尊，则必王。国不事力而恃私学者其爵贱；爵贱，则上卑；上卑者必削。故立国用民之道也，能闭外塞私而上自恃者[③]，王可致也。

【注释】

①知：同“智”。

②适（dí）：专注，专门在这方面致力的意思。

③上：通“尚”，崇尚。

【译文】

民众的本性，是好逸恶劳的。好逸，事业就要荒废；荒废了，政事就治理不好；治理不好，国家就要混乱；如果赏罚不能在全国实行，国家的发展就必定堵塞不前。所以要想建立大的功业而难以争取民众全力支持的,大的功业是不可能期望成功的;要想搞好法治而又难以改变旧法,民众必然混乱而不能期望把国家治理好。所以治理民众没有一成不变的常规,只有法治才能治理好国家。法律能随着时代而变化,国家就能治理好;治国措施能适应社会情况,就会有功效。因此民众质朴,只要用好坏的名声来约束就能治理好;社会上有人崇尚智巧,只有用刑罚束缚他们才会服从。时代变化了,治理措施不改变的国家就要混乱;玩弄智巧的人多了,禁令不能随着改变的国家就会削弱。所以圣人治理民众,法制随着时代的变化而发展,禁令随着玩弄智巧的人的表现而改变。

能在农耕上发挥出力量的国家就富裕,能在战争上调动起力量的国家就强大,强大到不能被阻挡的国家,就可以称王天下。因此,称王天下的途径,在于开创什么堵塞什么,能够堵塞奸邪行为的,必定能称王天下。所以称王天下的策略,在于不依赖外国势力不捣乱,而是依靠正确的治理使它们不可能捣乱。依赖外国势力不捣乱而治民立国,国家就会削弱;立足于使外国势力不可能捣乱而推行法治,国家才能兴盛。所以贤明的君主治理国家,专注于使其他外国势力不可能捣乱的策略。人们以爵位为贵,君主就会受尊重,所以奖赏有功的人,把爵位授给胜任的人,奸邪的人就无可乘之机。提倡耕战的国家,它的爵位贵重;爵位贵重,君主就受到尊重;君主受到尊重,就一定能称王于天下。不事耕战而依靠私学的国家,它的爵位被看得低贱;爵位被看得低贱,君主就被人轻视;君主被人轻视,国家就一定会削弱。所以立国用民的原则,在于防止外国势力的捣乱,堵塞私学的传播,而看重依靠自己的力量,这样称王天下的功业就可以达到了。

制　分

【题解】

制，控制，掌握。分(fèn)，分际，界限。制分，就是掌握刑赏的界限，控制好分寸。韩非认为治国法制要分明，即刑赏要分明；要识别“奸人”和“奸功”，以“去微奸”。他还强调最高明的治国方法是确定赏罚分明的基本原则，即“任数不任人”；“有术之国”“去言而任法”。

夫凡国博君尊者，未尝非法重而可以至乎令行禁止于天下者也。是以君人者分爵制禄[①]，则法必严以重之。夫国治则民安，事乱则邦危。法重者得人情，禁轻者失事实。且夫死力者，民之所有者也，情莫不出其死力以致其所欲；而好恶者[②]，上之所制也，民者好利禄而恶刑罚。上掌好恶以御民力，事实不宜失矣，然而禁轻事失者，刑赏失也。其治民不秉法为善也，如是，则是无法也。

故治乱之理，宜务分刑赏为急。治国者莫不有法，然而有存有亡；亡者，其制刑赏不分也。治国者，其刑赏莫不有分：有持异以为分，不可谓分；至于察君之分，独分也。是以其民重法而畏禁，愿毋抵罪而不敢胥赏[③]。故曰：不待刑赏而民从事矣。

【注释】

①爵：爵位，古代贵族的等级称号。禄：俸禄。

②好(hào)：喜欢。恶(wù)：讨厌。

③胥(xū)：等待。

【译文】

凡是国土广大君主尊贵的，从来没有不是法制严厉而可以达到在天下令行禁止的。所以君主划分爵位，制定俸禄，法制必定严厉而苛刻。国家得到治理，民众就会安宁；政事混乱，国家就危险。法制严厉符合人之常情，法禁松弛则不符合事情的实际。况且拼命卖力，是民众所具有的，按人之常情没有不是想用拼命卖力去获得想要得到的东西；他们的喜好和厌恶，是君主能够加以控制的，民众喜好的是利禄，厌恶的是刑罚。君主把握民众好利恶害的心理来驾驭民众的力量，和实际情况不应该有什么差错了，然而法禁松弛政事有过失，是由于赏罚不得当。君主治理民众不掌握法制而使他们去恶从善，像这样，那就等于没有法制了。

所以决定国家是治还是乱的道理，应把致力于区分刑、赏的界限作为最迫切的任务。治理国家的人没有一个没有法制，然而有的起作用，有的名存实亡；名存实亡，是因为没有掌握刑赏界限的缘故。治理国家的人，他的刑、赏没有不确定界限的；有的人用不同的标准作为界限，不能说是界限；至于明察的君主所确立的界限，是按照唯一的法制来划界的。因此民众都尊重法制而畏惧禁令，希望不要犯法判罪而不敢期待奖赏。所以说：不用等到用刑奖赏，民众就已努力做事了。

是故夫至治之国，善以止奸为务。是何也？其法通乎人情，关乎治理也。然则去微奸之道奈何[①]？其务令之相规其情者也[②]。则使相窥奈何？曰：盖里相坐而已[③]。禁尚有连于己者[④]，理不得不相窥，唯恐不得免。有奸心者不令得忘[⑤]，窥者多也。如此，则慎己而窥彼，发奸之密。告过者免罪受赏，失奸者必诛连刑。如此，则奸类发矣。奸不容细，私告任坐使然也。

夫治法之至明者，任数不任人。是以有术之国，不用誉则毋适[⑥]，境内必治，任数也。亡国使兵公行乎其地，而弗能圉禁者[⑦]，任人而无数也。自攻者人也，攻人者数也。故有术之国，去言而任法。

【注释】

①微奸：不易察觉的奸邪行为。

②规：通"窥"。

③里：古代民众聚居的单位，一里约五十户。相坐：即连坐。同里有罪，相连受罚。

④尚：通"倘"。

⑤忘：通"亡"，逃亡，隐蔽。

⑥毋：通"无"。适：通"敌"。

⑦圉(yǔ)：御。

【译文】

因此，那种治理得最好的国家，善于把禁止奸邪作为首要的任务。这是为什么？因为禁奸的法律与人之常情相通，关系到治国的道理。既然如此，那么去掉那些不易察觉的奸邪行为的方法又是什么呢？那就是务必使民众互相窥探彼此的情况。然而使民众互相窥探的方法又是什么呢？就是：同里的人犯罪，互相牵连受罚罢了。禁令倘若牵连到自己，从情理上讲不得不相互监视，唯恐别人犯罪，自己受到连坐。有奸邪想法的人不让他们隐蔽起来，因为监视的人很多。这样，民众自己小心谨慎，对别人加以监视，告发坏人的隐秘。告发奸邪者的人免罪受赏，有奸邪不报的人一定要连带受罚。这样，各种各样的坏人就被揭发出来。连细小的奸邪行为都不容发生，是由于私人告密和实行连坐所起的作用。

最高明的治国原则是，依靠法术而不依靠个人。所以有统治术的国家，不根据个人的声誉而用人，国家就会无敌天下，国内也一定会太平安宁，这是因为使用了法术。丧失主权的国家，让敌兵在自己领土上公然横行，不能防御和制止，是由于任用个人而不运用法术的缘故。自己放任别人攻打自己，是因为只依靠个人；有力量进攻别国，是因为推行法术。所以，有治国方术的国家，要去除空谈而运用法制。

凡畸功之循约者难知，过刑之于言者难见也[①]，是以刑赏惑乎贰[②]。所谓循约难知者，奸功也；臣过之难见者，失根也。循理不见虚功，度情诡乎奸根，则二者安得无两失也？是以虚士立名于内，而谈者为略于外，故愚、怯、勇、慧相连而以虚道属俗而容乎世[③]。故其法不用，而刑罚不加乎僇人[④]。如此，则刑赏安得不容其二？实故有所至，而理失其量，量之失，非法使然也，法定而任慧也。释法而任慧者，则受事者安得其务？务不与事相得，则法安得无失，而刑安得无烦？是以赏罚扰乱，邦道差误，刑赏之不分白也。

【注释】

①刑：通“形”，显露。见：同“现”，发现。

②贰：不一致。

③愚、怯、勇、慧：指四种破坏法治的人。愚指宣扬仁义的人，怯指

逃避战争的人，勇指勇于私斗的人，慧指从事私学善于辩论的人。

④僇(lù)人：该刑辱的人，有罪的人。僇，羞辱。

【译文】

凡是表面符合论功行赏条例而又是不正当的功劳，难以知晓；那些被辞令掩饰的错误，难以发现，所以刑罚和奖赏就被这些表里不一的情况所迷惑了。所谓依照论功行赏的条例而难以识别的功劳，是奸邪的功劳；臣下那些难以发现的过错，就是错误的根源。依照常理则不能发现奸邪的功劳，只以常情来衡量，就看不出奸邪的根源，这样奖赏和刑罚这两件大事怎么能不都发生差错呢？因此，有虚假功劳的人在国内获取了名声，游说之士在国外为自己谋划，所以愚、怯、勇、慧四种人互相勾结，用虚伪无用的学说来迎合世俗，取悦于社会。所以这些国家的法制不执行，刑罚不施加给罪人。这样，刑罚和奖赏怎么会不发生不一致的情况呢？事实本来是有所表现的，但按照常理考察却失去了应有的度量，度量的失误，并不是法制所造成的，而是因为法制虽已制定，却又去依靠个人的智慧。放弃法治而依靠个人的智慧，接受职事的官吏怎能得到要领呢？办事的要领与事情的实际不相称，法治怎么会不出现过失而刑罚又怎能不烦乱呢？因此，奖赏和刑罚受到干扰，出现混乱，治国之道发生错误，这是由于刑赏界限不分明的缘故。

中华经典名著
全本全注全译丛书
（已出书目）

周易
尚书
诗经
周礼
仪礼
礼记
左传
韩诗外传
春秋公羊传
春秋穀梁传
孝经·忠经
论语·大学·中庸
尔雅
孟子
春秋繁露
说文解字
释名
国语
晏子春秋
穆天子传
战国策
史记
吴越春秋
越绝书
华阳国志
水经注
洛阳伽蓝记
大唐西域记
史通
贞观政要
营造法式
东京梦华录
唐才子传
大明律
廉吏传
徐霞客游记

读通鉴论
宋论
文史通义
鬻子·计倪子·於陵子
老子
道德经
帛书老子
鹖冠子
黄帝四经·关尹子·尸子
孙子兵法
墨子
管子
孔子家语
曾子·子思子·孔丛子
吴子·司马法
商君书
慎子·太白阴经
列子
鬼谷子
庄子
公孙龙子(外三种)
荀子
六韬
吕氏春秋
韩非子
山海经
黄帝内经
素书
新书
淮南子
九章算术(附海岛算经)
新序
说苑
列仙传
盐铁论
法言
方言
白虎通义
论衡
潜夫论
政论·昌言
风俗通义
申鉴·中论
太平经
伤寒论
周易参同契
人物志
博物志
抱朴子内篇
抱朴子外篇
西京杂记
神仙传

搜神记

拾遗记

世说新语

弘明集

齐民要术

刘子

颜氏家训

中说

群书治要

帝范·臣轨·庭训格言

坛经

大慈恩寺三藏法师传

长短经

蒙求·童蒙须知

茶经·续茶经

玄怪录·续玄怪录

酉阳杂俎

历代名画记

唐摭言

化书·无能子

梦溪笔谈

东坡志林

唐语林

北山酒经（外二种）

折狱龟鉴

容斋随笔

近思录

洗冤集录

传习录

焚书

菜根谭

增广贤文

呻吟语

了凡四训

龙文鞭影

长物志

智囊全集

天工开物

溪山琴况·琴声十六法

温疫论

明夷待访录·破邪论

陶庵梦忆

西湖梦寻

虞初新志

幼学琼林

笠翁对韵

声律启蒙

老老恒言

随园食单

阅微草堂笔记

格言联璧

曾国藩家书

曾国藩家训

劝学篇

楚辞

文心雕龙

文选

玉台新咏

二十四诗品·续诗品

词品

闲情偶寄

古文观止

聊斋志异

唐宋八大家文钞

浮生六记

三字经·百家姓·千字文·弟子规·千家诗

经史百家杂钞